改訂11版　　　　模範実例

社内規程百科

経営書院

改訂11版

模範実例

社内規程百科

経営書院

はじめに

本書の初版刊行は、一九七五年一一月であるが、その後現在までに版を多く重ねることができたのは、刊行趣旨である「社内規程を作成するための資料と指針を提供する」ことが幸いにも多くの方に認められ、お役に立つことができたからだと思われる。

ところで、初版以来すでに二十数年を経過し、その間急激な経済変動、労働力の急速な高齢化等を背景に、労働関係については新しい法律の制定や既存の法律の大幅な改正が行われている。

このため企業が合理的な運営を行っていくためには、時代に即した新しい感覚をもって対処しなければならないことは言うまでもない。規程は、あくまでも企業の活動にとって必要なルールを文書化したものであり、企業運営上の基準を示したビジネスの基本ルールである。その内容についても、法律が変わったからやむをえず改正するという消極的な態度ではなく、なぜそのような法律がつくられたのかを考え、時代の変化に対応して積極的に改訂を加えていく必要がある。

規程の作成や改正にあたっては、本来はそれぞれの企業によってニーズも異なるのであるから、その企業に合った独自の規程作りが望まれるところであるが、他社の規程をみると、その行間にそれぞれの問題認識の所在がうかがわれ、大いに参考となるものである。

今回は、その後の状況の変化をふまえて収集した新しい社内規程・規則類を分類整理して体系的な整理を行い、かつそれぞれの項目についての解説も加筆訂正して、中堅・中小企業の経営者の方々のお役に立つよう改訂を行った。今回の改訂によって、社内規程についての理解が深まり、規程の作成、整備にあたって十分活用されることを期待している。

二〇〇七年八月 改定

経営書院

本書を利用される方に

◆ 規程の一般化について

本書に掲載した規程類は、いずれも実在企業規程、協約や、行政官庁等のモデル例を参考にして、編集部が可能な限り一般化したものです。したがって業種、規模による特性や、それぞれの企業の個性や経営政策はあまり出ていません。

これを参考に規程を作成される場合に、社名、日付、金額等を加筆されれば、それですぐに役立つように配慮はしていますが、それは一応の基準を満たしているにとどまります。できれば、各社独自の社風や条件、経営政策を加味して、個性ある規程をおつくりください。

◆ 法令との関連について

就業規則をはじめ、社内規程類のほとんどは、国の法令によってさまざまな基準、規制を受けています。その基本的な点については各編の冒頭の解説で示していますが、規程づくりにあたっては、とくにご留意ください。また、法令によって随時改正されるケースもあります。社内規程もそれに対応して、時おり見直されることをおすすめします。

◆ 総合規程と個別規程

社内規程のなかには、たとえば就業規則、賃金規則、福利厚生規程のように、多くのテーマを総括的に収録した総合規程と「〇〇手当支給規則」などといった個別規程が現存しています。その点は労働協約についても同様といえます。

本書では、重複することを避けずに、総合規程に加えて、活用度の高い個別規程も紙面の許す範囲でとりあげました。

各社の実情に応じて、必要なものを総合規程にまとめるなり、あるいは個別規程に分割するなり、ご自由に利用ください。ただし、就業規則にあっては、労働基準法に定められた絶対必要な記載事項があることに、ご留意ねがいます。

◆ 細則、別表の活用について

現在のような社会経済情勢の変化がはげしいときには、たとえば旅費規程のなかの宿泊費などのような可変部分は、細則、別表などを活用された方が、改訂に便利です。

本書では、できる限り、細則、別表などをとりあげましたが、そうでないものについても、細則、別表などを活用されることをおすすめします。ただし、原則に関する規定は必ず本規程のなかに盛りこまねばなりません。

4

本書を利用される方に

◆ 形式について

本書の編集にあたって、参考として集めた実在の規程は、約九〇％が「横書き」形式でした。とくに新しい規程は、ほとんどが横書きになっています。

本書は、あくまでも「規程づくり」の参考として「読んで」いただくために編集しましたので、読みやすくする目的から、あえて「縦書き」にしました。また、同じ目的から「第1条、第2項、第③号」という算用数字を多用しました。

実際に規程を作成、改訂される際には、なるべく「横書き」にし、形成なども統一されることをおすすめします。

◆ 文章、用語について

前項の形式のほか、文章の形式（文体）、用語や文字の使い方も、実在の規程は実にさまざまです。しかし、本書では内容ばかりでなく形式、文章、用語についても本書なりに統一するよう心がけました。

最近の傾向としては、①文語体は使わず口語体とする、②法律用語やその専門用語はなるべく避け、日常用語と語法を使う、③当用漢字、現代かなづかいにしたがう――というものが多くなっています。本書でも、この傾向をふまえるよう努めました。

◆ 規程の見直し

経営環境のめまぐるしく変わる最近の情勢に対応して、各企業とも現行規程の見直しが必要となっていますが、見直しをする場合、つぎの諸点に留意する必要があります。

(1) 現行の規程が、現状の経営環境のもとに真に生かされ、実践利用に便利か。

(2) 内容は、理解しやすいか。

(3) 何かの時に、直ちにその規則が引用でき、判断することができるか。

(4) 各規程間の関連づけ、補足関係が十分であるか。

(5) 法律や判例法規に抵触したり、信義則の原則に反する規程はないか。

最新実例・社内規程百科　目次

はじめに ……………………………………… 3

本書を利用される方に ……………………… 4

Ⅰ　社規社則の総論

社規社則の総論（解説）……………………… 13

規程管理規程 ………………………………… 20

Ⅱ　社是および経営方針

社是および経営方針（解説）………………… 27

社是・社訓・経営方針・その他 …………… 29

Ⅲ　組織権限規程

組織権限規程（解説）………………………… 35

職制規程 ……………………………………… 37

職務分掌規程 ………………………………… 40

組織・職務分掌規程 ………………………… 44

職務権限規程 ………………………………… 53

職務分掌および責任権限規程 ……………… 56

職務権限表 …………………………………… 59

職級規則 ……………………………………… 64

職階制度規則 ………………………………… 71

資格規程 ……………………………………… 76

Ⅳ　業務運営規程

業務運営規程（解説）………………………… 81

経営管理規程 ………………………………… 84

社達取扱規程 ………………………………… 85

稟議および合議取扱規程 …………………… 85

稟議決裁事項 ………………………………… 91

会議規程 ……………………………………… 93

6

目　次

部長会議規程 … 93
報告書管理規程 … 94
文書取扱規程① … 96
文書取扱規程② … 102

V　役員・経営者関係規程

役員・経営者関係規程（解説） … 109
定　款① … 111
定　款② … 115
取締役会議事録（臨時） … 117
株式取扱規程 … 118
株主総会議事規則 … 119
取締役会規則 … 121
常務会規程 … 124
監査役監査基準 … 127
社長の管理事務処理要項 … 128
役員規程 … 131

VI　雇用管理に関する規程（就業規則等）

雇用管理に関する規程（解説） … 151
就業規則①（中堅企業向け） … 153
就業規則②（小規模企業向け） … 161
就業規則③（一〇人以下の小企業向け） … 173
就業規則④ … 182
契約社員就業規則 … 185
嘱託規程① … 196
嘱託規程② … 197
定年退職者勤務延長および再雇用規程③ … 200

印章管理規程 … 103
経営計画作成および管理規程 … 105
事務合理化委員会規則 … 107

役員賞与規程 … 137
役員報酬規程 … 138
役員退職慰労金規程 … 140
相談役・顧問規程① … 142
相談役・顧問規程② … 142
役員の定年および退職後の処遇基準 … 143
役員退職慰労金規程 … 143
役員報酬・賞与規程 … 145
使用人兼務役員就任覚書 … 146
執行役員規程 … 147
役員・社員社葬取扱要領 … 148

勤務延長および参与制度に関する規程 … 201
選択定年制優遇規程① … 203
早期退職者優遇制度規程② … 204
早期体側社優遇規程③ … 204
早期退職優遇規程④ … 204
出向者取扱規則 … 206
計画的年次有給休暇規程 … 207

有給休暇積立保存制度規程	208
ストック休暇制度規程	208
変形労働時間制の解説	209
一か月単位の変形労働時間制の規定	209
一年単位の変形労働時間制の規定①	210
一年単位の変形労働時間制の規定②	212
一週間単位の非定型的変形労働時間制の規定	213
一週間単位の非定型的変形労働時間制の就業規則記載例	213
一週間単位の非定型的変形労働時間制の労使協定	213
フレックスタイム制規程①	215
フレックスタイム制規程②	215
フレックスタイム勤務規程③	216
フレックスタイム勤務規程④	218
事業場外労働勤務規程	219
裁量労働勤務規程	219
企画業務型裁量労働労使委員会規程	221
労働者派遣契約基本契約書	224
労働者派遣契約基本契約書	226
業務委託契約書	228
人事規程	229
身分取扱規程	231
人事考課規程	235
賞罰審査委員会規程	236
接客従業員心得	240
守衛勤務規程	243
出欠勤取扱規程	246
出向取扱職規則	248
傷病休職取扱規程	249
出向等規程	251
国内出向者取扱規程①	251
海外関連企業への出向者取扱規程②	252
関連会社出向等規程事務取扱要領③	256
育児休業等規程	257
育児休業等に関する労使協定	262
介護休業等規程	262
介護休業等に関する労使協定	263
在宅勤務者服務規程	264
ソフトウェア管理規程	265
永年勤続特別休暇規程	265
永年勤続者海外研修規程	266
永年勤続慰労金規程	266

Ⅶ パートタイマー就業規則 …… 269

社章バッチ取扱規定①	271
社章着用規程②	276
パートタイマー就業規則（解説）	286
パートタイマー就業規則①	292
パートタイマー労働者就業規則	296
準社員就業規則	298
パートタイマー社員給与・賞与規程①	302
パートタイマー賃金規則②	303
パートタイマー給与規則③	
パートタイマー退職慰労金規程①	

目次

VIII 賃金・出張旅費関係諸規程

- 賃金・出張旅費関係諸規程（解説） …………309
- 給与規程①（職能給制度の例） …………314
- 賃金規程②（総合決定給の例） …………323
- 賃金規程③（年俸制の例） …………325
- 嘱託賃金規程 …………330
- 別居手当支給規程 …………331
- 給与の振込に関する協定書 …………332
- 給与等の銀行振込に関する協定書 …………333
- 海外出張規程 …………333
- 出張旅費取扱規程 …………334
- 出張旅費規程① …………335
- 出張旅費規程② …………336
- JR新幹線通勤取扱規程 …………340
- 通勤費支給規程 …………341
- 賞与支給規程 …………350

- パートキャディ退職金規程② …………303
- パートタイマー退職金規程③（中退共制度に加入） …………304

IX 退職金・年金関係規程

- 退職金・年金関係規程（解説） …………357
- 退職金支給規程①（自社制度のみの場合） …………360
- 退職金支給規程②（職能指数方式） …………361
- 退職金支給規程③（ポイント制・自社制度） …………363
- 退職金支給規程④（厚生年金基金加算上乗せ） …………364

- 退職金支給規程⑤（中退共併用の場合） …………367
- 退職金支給規程⑥（企業年金併用の場合） …………368
- 退職金支給規程⑦（中退共制度のみの場合） …………370
- 退職年金規程① …………371
- 退職年金規程② …………376
- 拠出年金制度規則③ …………377
- 退職年金規程④ …………380

目次

X 企業福祉に関する規程

企業福祉に関する規程（解説）	391
親睦会規約	397
レクリエーション委員会規約	399
福利厚生規程	401
慶弔見舞金規程①	408
慶弔に関する取扱い内規②	410
社内預金管理規程	411
持家制度管理規程	413
社員持家借上規程	417
住宅財形融資制度に関する協定書	418
住宅財形貯蓄規程	421
財形貯蓄多目的ローン規程	422
財形貯蓄規程	423
財形持家転貸融資規程	427
従業員持株会規約	429
賃借社宅規程	433
独身寮管理規定	435
給食規程	439
食堂・給食等利用に関する規程①	440
会社保養施設利用に関する規程②	441
貸与品規程	442
ホームヘルパー利用補助規程	443
退職後医療保険手続き規程	444
定年退職者等医療基金規約	444
成人病対策規程（人間ドック実施規程）	447
○○定年退職者OB会会則	448
○○○OB会会則	449
社内慰安旅行実施基準	451
業務外傷病扶助規程	452
退職者の送別会・記念品代の取扱内規	454

XI 労働協約

労働協約（解説）	459
労働協約書	462
給与に関する協定	477
争議協定書	484
在籍専従者規程	486
苦情処理委員会協定	486
転籍協定書	487
転籍に関する協定	489
転籍に関する確認事項	490
一週間単位の非定型的変形労働時間協定	491
一年単位変形労働時間制協定④	494
一年単位変形労働時間制協定③	495
三カ月単位変形労働時間制協定	496
一年単位の変形労働時間制協定②	496
一年単位の変形労働時間制労使協定①	497
フレックスタイム協定書①	499
フレックスタイム制に関する協定②	500
裁量労働のみなし労働時間制に関する協定	

目　次

裁量労働のみなし労働時間労使協定② ………………………………………… 501
裁量労働に関する協定書③ ………………………………………………………… 502
夏期一斉休暇協定 …………………………………………………………………… 503
保存有給休暇協定（年休の計画的取得） ……………………………………… 503
育児休業に関する労使協定 ………………………………………………………… 504
育児のためのフレックスタイム制に関する労使協定 ………………………… 505
介護休業に関する協定書 …………………………………………………………… 505
介護のためのフレックスタイム制に関する協定書 …………………………… 506
新技術導入に関する覚書 …………………………………………………………… 507
新技術導入に関する協定書 ………………………………………………………… 507
ノー残業デーに関する協定 ………………………………………………………… 508

XII　教育訓練・能力開発に関する規程 …………………………… 511

教育訓練・能力開発に関する規程（解説） …………………………………… 513
教育規則 ……………………………………………………………………………… 518
訓練要綱 ……………………………………………………………………………… 520
能力開発援助規程 …………………………………………………………………… 522
研修休職規程 ………………………………………………………………………… 524
通信教育制度規程 …………………………………………………………………… 526
資格取得援助制度規程 ……………………………………………………………… 527
自己啓発援助制度要項 ……………………………………………………………… 528
事務用機器貸与制度規程 …………………………………………………………… 529
自己研修レポートの取扱いについて ……………………………………………… 529
国内留学規則 ………………………………………………………………………… 530
海外留学規則 ………………………………………………………………………… 532
発明考案取扱規程 …………………………………………………………………… 534
提案委員会規程 ……………………………………………………………………… 536
提案制度取扱要綱 …………………………………………………………………… 537
改善提案規程 ………………………………………………………………………… 538
改善提案規程施行規程 ……………………………………………………………… 540
自己申告制度取扱規程 ……………………………………………………………… 542
自己申告要領 ………………………………………………………………………… 543
自己申告制度運営要領 ……………………………………………………………… 544
自己向上カード実施要領 …………………………………………………………… 548
従業員意見調査要領 ………………………………………………………………… 551

XIII　安全衛生管理規程 …………………………………………………… 555

安全衛生管理規程（解説） ………………………………………………………… 557
安全及び衛生 ………………………………………………………………………… 557
安全管理体制及び健康診断 ………………………………………………………… 557
災害補償義務 ………………………………………………………………………… 558
安全衛生規則 ………………………………………………………………………… 560
安全衛生委員会規程 ………………………………………………………………… 562
快適職場推進委員会規程 …………………………………………………………… 563
安全衛生に関する労使協定 ………………………………………………………… 565

11

XIV 自動車管理規程

- 自動車管理規程（解説）……………………………605
- 自動車管理規程の重要性……………………………605
- 交通事故対策規程の重要性…………………………605
- マイカー通勤規程の重要性…………………………606
- マイカー業務使用規程の重要性……………………606
- 自動車管理規程………………………………………608
- 自動車事故対策規程…………………………………609
- 自動車事故取扱規程…………………………………610
- 交通事故対策規程……………………………………611
- 自動車修理規程………………………………………612
- 安全運転教育課程……………………………………613
- 安全運転者表彰規程…………………………………613
- マイカー通勤規程……………………………………614
- マイカー通勤取扱規程………………………………614
- 構内駐車場利用規程…………………………………617
- マイカー駐車場管理規程……………………………618
- 自家用自動車の業務上使用規程……………………619
- マイカー業務使用規程………………………………620
- マイカー出張規程……………………………………622

XV 労使協議制に関する規程

- 労使協議制に関する規程（解説）…………………627
- 中央労働協議会協定…………………………………630
- 中央労働協議会規則…………………………………630
- 経営参加に関する特別協定書………………………631
- 経営協議会規則………………………………………632
- （労働協約記載事項の例）
- 労使協議会規程………………………………………633
- 労使協議会運営細則…………………………………634
- （労働組合のない企業）
- 従業員代表との労使懇談会…………………………636
- 社員会との経営懇談会………………………………637
- 社員会との経営協議会規程…………………………639

頸肩腕障害患者の退職後に関する協定……………566
レジチェッカー業務に関する協定…………………568
災害補償に関する取扱規程…………………………572
労働災害特別補償規程………………………………572
通勤途上災害規程……………………………………573
安全衛生管理規程……………………………………579
産業用ロボット安全規則……………………………586
安全衛生心得…………………………………………593
防火管理規則…………………………………………597
非常災害防衛規程……………………………………599
安全衛生標識規程……………………………………600
安全衛生表彰基準……………………………………603

I 社規社則の総論

I

芸能古層の継承

I 社規社則の総論（解説）

社規社則の意義

企業は、多くの人々が集まって構成する一つの組織体である。しかも、その構成員が共同して生産や販売などの行為によって利益を追求するという目的をもった集団である。この集団が行動するには、一つの"よりどころ"となるものが要求される。その"よりどころ"となるものが、社是、社訓、経営方針、社内規程などである。

このうち社規社則すなわち社内規程は、企業を組織化するために成文化された手段であるといえよう。企業の組織化とは、経営目的を達成するための秩序を形成し維持する活動であるが、そこでは経営上、業務に関してのルールを定め、成文化する必要がある。つまり、秩序ある組織化には、その前提となる社内規程の整備が欠かせないのである。

ただし、社内規程は成文化されたルールだからといって、固定的・硬直的にとらえてはならない。国内外の急激な経済環境の変化、価値観の転換、従業員の意識の変化など、著しく経営環境が変化している今日、企業は今こそ従業員個々の能力を十分に発揮させ、その社会的責任も考慮した現行の組織や諸制度の見直しを行うことを考えねばならない、社内規程の作成・改訂についても、常に時代に即した新しい感覚をもって臨むことが求められるのである。

社規社則の内容

社内規程は前述のとおり、経営目的を達成するための経営活動の合理的な秩序を成文化したものである。これを分類し、体系化（組織化）するには、分類基準が必要となる。その分類基準にはさまざまなものがあり、おおまかに分けて、①経営方針、②定款、③企業便覧、④組織規程、⑤手続規程、⑥就業規則などが列挙されるが、ここでは業務内容に応じた次のような分類を行うことにした。

① 経営基本規程
② 経営組織規程
③ 業務運営規程

次に、この3つの分類に沿って、それぞれの内容を解説する。

経営基本規程

経営基本規程はその構成要素によって、次の二つに分けられる。

① 経営の基本的規程

これは、経営の基本的姿勢を定める規程であり、どういう理念で企業を経営していくかという経営理念的なものと、社是・社訓のたぐいである。現状の社会的要請からくる企業の社会的責任を付加した経営目的に沿って行う企業全体としての意思決定のあり方と、企業の根本的な事業計画と実践計画の方向性を明確にする規程である。

経営関係の基本的規程としては、主に次のものがあげられる。

・定款

① 企業経営の政策及び意思決定をする

てみると、別図のようになる。

経営の機能を縦に考えた場合、次の三つに分けることができる。この関係を三角形にし

経営組織規程

企業においては、役員や従業員のそれぞれが仕事を分担して働いている。この個々の働きが経営活動であり、そのいずれもが経営目的に向かって組織体を通じて運営されているわけである。この活動が「経営の機能」と呼ばれている。

- 株式取扱規程
- 関係会社管理規程
- 労使協議会規程
- 労働協約
- 共済会（互助会・親睦(しんぼく)団体）規約
- 健康保険組合規約

② 対境的規程

対境的規程とは、その企業と相互に利害関係にある関係会社、株主、健康保険組合、労働組合などの関係を経営的な観点から調整するもので、主な規程は次のとおりである。

- 取締役会規程
- 常務会規程
- 監査役会規程
- 役員規程（役員就業規則）
- 経営方針書
- 経営計画書

(決定機能)

② ①に基づいて、企業の経営のしかたを定める（管理機能）

③ ②に基づいて職務を執行する（実施機能）

別図　階層組織における機能分担の比率

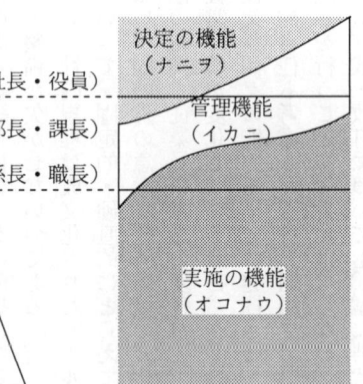

経営者層（社長・役員）
管理経営者層（部長・課長）（係長・職長）
実施層（一般従業員）

決定の機能（ナニヲ）
管理機能（イカニ）
実施の機能（オコナウ）

業務運営規程

業務運営規程は、企業の業務の管理・運営に関するもので、かなり広範な領域となる。大きく制度的組織関係の規程（業務の運営〈手続き〉規程が中心）と物的機構関係の規程（規格関係・作業方法改善など）に分けられるが、中心となるのは制度的組織関係の規程、すなわち管理規程である。ここでは、次の13種の分野に分けて、主な規程の種類を紹介する。

① 雇用管理に関する規程

- 就業規則
- パートタイマー就業規則
- 定年嘱託規程
- 社員配置登用規程
- 採用規程
- 出向規程

- 組織規程
- 業務分掌規程
- 職務分掌規程
- 職務権限規程
- 業務管理規程
- 職能資格等級規程
- 決裁規程
- 文書取扱規程
- 稟議規程
- 報告書管理規程
- 会議規程（各種）

経営組織規程は、その組織運営にあたって以上の機能を取り入れた規程が必要とされる。主な経営組織規程は以下のとおりである。

- 規程管理規程

16

① 労働条件に関する規程
- 勤務延長・再雇用規程
- 転勤規程
- 人事考課規程
- 自己申告規程
- 賞罰委員会規程
- 育児休業規程
- 介護休業規程

② 給与規程
- 別居手当支給規程
- 単身赴任手当支給規程
- 新幹線通勤手当支給規程
- 管理職手当支給規程
- 時間外・休日出勤手当規程
- 外勤手当支給規程
- 賞与支給規程
- 退職金支給規程
- 退職年金規程
- 出張旅費規程（国内・国外）
- 海外駐在規程

③ 福利厚生に関する規程
- 慶弔見舞金規程
- 社宅管理取扱規程
- 家族寮管理規程
- 賃貸社宅規程
- 持ち家借り上げ取扱規程
- 貸付金規程
- 子女奨学金規程
- 保養所利用規程

④ 財産形成に関する規程
- 社友会（社友OB会）規程
- 給食規程
- 食堂管理規程
- ボランティア活動援助規程
- ホームヘルプ制度規程
- 遺族育英規程
- 定年慰労取扱規程
- 財形貯蓄規程
- 預金保全委員会規程
- 社内預金管理規程
- 住宅資金貸付規程
- 財形持ち家転貸融資規程
- 従業員持ち株制度規程

⑤ 能力開発等に関する規程
- キャリア開発研修手続規程
- 社員教育実施規程
- 人材育成委員会規程
- 研修休職規程
- 通信教育制度規程
- 公的資格取得報奨規程
- 自己啓発援助規程
- 自己開発制度規程
- 自己申告制度規程
- 外国留学規程
- 資格免許取扱規程

⑥ 生産性向上に関する規程
- 生産協議会規程
- 提案規程
- 発明考案取扱規程
- 品質管理委員会規程
- QC活動規程
- 効率化推進委員会規程

⑦ 安全・衛生に関する規程
- 安全衛生管理規程
- 安全衛生委員会規程
- 防火管理規程
- 非常防災対策規程
- 車両管理規程
- 通勤車両管理規程
- 業務災害附加給付規程
- 遺族年金支給規程

⑧ 勤務心得に関する規程
- 服務心得
- 服務規律規程
- 服装規律規程
- 安全心得
- 社員心得

⑨ 経理に関する規程
- 経理業務規程
- 伝票処理規程
- 勘定科目取扱規程
- 金銭出納取扱規程
- 会計監査実施規程
- 決算事務処理規程
- 原価計算規程

⑩ 仕入れ・購買業務運営規程
- 購買業務運営規程

- 外注管理規程
- 資材管理規程
- 検収取扱規程
- 製品管理規程
- 運搬管理規程
⑪ 販売業務運営規程
- 販売業務運営規程
- 市場調査実施規程
- 販売業務事務処理規程
- 販売対応基準
- 販売契約取扱規程
⑫ 製造業務運営規程
- 製造方針および製造計画立案要領
- 生産管理規程
- 作業管理規準
- 品質管理規程
- 製品検査規程
- 機械工具等管理規程
- 設計業務運営規程
- 新製品開発規程

社内規程の作成

(1) 社内規程の組み立て

社内規程の条文は、だれにでもわかるように、明瞭かつ正確に表現することと、簡潔で平易に記載することが大切である。そのために条文の配列に、章・節・条・項・号が設けられている。

① 章と節

社内規程の本則は、規程によっては多数の条文で構成されている場合と少数の条文で構成されている場合がある。これらの規程においては、一定の理論的体系のもとに、条文を分類・整理して配列しなければならない。これは条文の内容を正しく理解するとともに、多数の条文の中から、目的の条文を見つけだしやすくするためである。このため多くの条文を有する規程においては、これらの条文をその内容に応じて、「章」「節」に区分する。

② 条

社内規程は、理解しやすく、また早く見つけ出せるよう箇条書きの形で成文化されているが、その基本的な構成単位とされているのが「条」である。
一つの事項は一つの条に盛り込むのが原則

である。ただし、条文が長くなってわかりにくい場合は、これを二つ以上の条に分けることもある。

③ 項

一つの条の規程の内容に応じて、さらに区分する必要がある場合は、それぞれの内容ごとに文書をまとめて別の行から書き出す。別行ごとに第2項以下の頭には2、3、4の項番号をつける。

④ 号

一つの条や項の中で、二つ以上の事項を並べる必要がある場合は、これを抜き出して「(1)、(2)、(3)……」(法文では「一、二、三、……」）と、別に列記する。これを「号」という。号の中において、さらに区分して列挙する必要がある場合は、「①、②、③……」が用いられ、さらに区分が必要な場合は「イ、ロ、ハ……」が用いられる。

⑤ 見出し

「見出し」というのは、規程の条文の内容を簡潔に要約して掲げ、理解と引用の便宜を図るためのものである。
見出しは条文の前に並べて、カッコ書きで記載する。見出しは一条ごとにつけるのが原則であるが、連続する二つ以上の条文が相関連した内容を定める場合は、その一群の条文をひとまとめにして、前の条文に見出しをつけるだけでよい。

⑥ 附則

社内規程は、本則の最終条文の後に「附則」がある。本則には本体的、実質的規程が記載されるが、附則には、規程の制定や改廃の趣旨についての付随的な内容と施行年月日が記載される。

附則は、条、項番号のいずれで始めてもかまわないが一般的には、本則の最終条に続いて連番で記すことが多い。

(2)「規程」と「規定」のどちらがよいかこの解説では「規程」と表記しているが、どちらが本当かと、ときどき論争の種となっている場合がみられる。＊

法令上の取扱では、「規程」は前記の個々の条項の定めではなく、一定の目的のために定められた一連の総体を一団の定めと呼ぶときに用いられている。一方、「規程」は前記の個々の条項の定めではなく、一定の目的のために定められた一連の総体を一団の定めと呼ぶときに用いられている。

＊『広辞苑（第三版）』では次のように解説している。
規定：①規則や規準を定めること。またその規則や規準。さだめ。②法令の個々の条文として定めること。また法令の個々の条項。
規程：①規則。②法令。一定の条項の総体をいうによるが、原則である。字体は「常用漢字字体表」によるのが原則である。字体は「常用漢字字体表」による。③官公署などの内部の組織・事務執行の準則。

社内規程作成上の注意事項

(1) 条文は正確にわかりやすく
前項でも述べたように、社内規程の条文は、だれにでもわかるように、明瞭かつ正確に表現することと、簡潔で平易に規定することが大切である。わかりやすく規定するには、次の点に注意しなければならない。

・通常使い慣れている用語を用いること
・条文を短く区切り、簡潔なものとすること
・表や算式を用いたほうがわかりやすい場合もあること
・長い語句や重複する語句の反復を避け、準用規程を適当に設け、条文の簡略化に努めること。
・読み誤らないように、語句の位置や句読点の使い方に注意すること

(2) 用字用語について
① 「常用漢字表」を原則に
社内規程で使用する漢字は「常用漢字表」により、音訓は「常用漢字音訓表」によるのが原則である。字体は「常用漢字字体表」によるのが原則であるが、音訓は「常用漢字音訓表」によるのが原則である。字体は「常用漢字字体表」によるのが原則であるが、簡易字体のあるものは簡易字体を用いてもかまわないので、どちらを採用してもかまわないが、要は、誤読、難読を避けるということである。

② 「現代かなづかい」を原則に
社内規程は、漢字交じりの平がな書きで表示される。かなの用字上注意しなければならない点は、次の三点である。

・かなづかい
・送りがなのつけかた

「現代かなづかい」は、原則として発音どおりのかなづかいを用いる。ただし、「ワ」「エ」と発音される助詞の「は」「へ」については「わ」「え」とせず、もとのままに書くことになっている。「ず」と「づ」、「じ」と「ぢ」などの用い方も「現代かなづかい」により、原則として「ず」「じ」を用いることになっている。

送りがなのつけ方は、昭和48年に内閣告示された「改定送り仮名のつけ方」をはじめとして、「法令用語の送りがなのつけ方」「公用文の送りがなのつけ方」といったようなものがある。ちなみに、このテキストにおける送りがなは「改定送り仮名のつけ方」の本則（例外を含む）に準拠し、「許容」については採用していないが、法令・公用文では「許容」を採用することが多い（例：打ち切り（本テキスト）、打切り（法令・公用文）。特に定めはないので、どちらを採用してもかまわないが、要は、誤読、難読を避けるということである。
・濁点、半濁点のつけ方

③ 「及び」「並びに」の用法
併合的に並列される名詞、動詞などが二個以

規程管理規程

どのような社内規程を、どのような手続で、だれが、だれの承認を得て作成または改訂するのか、また制定された社内規程の管理は、だれがどのようにして行うのか、などの基本事項を定めた規程が「規程管理規程」である。

特に中堅・中小企業では、企業規模の拡大や業務の変更などにより、この規程が必要になってくるが、現状では規程管理規程を設けている企業は数少ないものと思われる。しかし、社内規程の制定が必要となったときに、この規程があればスムーズに規程を作成することができるので、ぜひとも作成して置きたいものである。

第一章　総　則

（目的）
第1条　この規程は、当社の諸規程の起案、作成および調整について定め、もって会社業務の円滑なる運営を図ることを目的とするものである。

（規程の定義）
第2条　「規程」とは、その形式、名称、公布範囲のいかんを問わず、経営、業務、職務などに関して定めたもので、かつ成文化されたものをいう。

（順守義務）

上であっても同一の意味の叙述における並列であるときは、併合的に並列される字句のうち、初めの法で読点でつなぎ、最後の語句を「及び」で結ぶものとする。

並列される語句に段階がある複雑な文書では、大きな意味の併合的連結には「並びに」を用いることになっている。

④「又は」「若しくは」の用法

並列する語句を選択的に示すには、二個のときは「又は」で結び、二個以上のときは初めの語句を読点でつなぎ、最後の語句を「又は」で結ぶ。選択される語句が多いときは、大きな選択的連結に「又は」を使い、小さい選択的連結には「若しくは」を用いる。

なお、一般的には、「または」「もしくは」と平がなが使われることが多い。

⑤「者」「物」「もの」の用法

「者」は、法律上の人格をもつ対象の単数、複数をさす。これに対し「物」は、人格をもたない有体物を総称する語で、必ず漢字の「物」を用いる。また、「もの」は、者または物で表現できない抽象的なものを表現する場合に用いる。

⑥「場合」「時」「とき」の用法

「場合」は、仮定的な条件、またはすでに規定された事例を引用する包括的条件を示す語として用いられ、「時」は、ある時点を瞬間的にとらえて表現する場合に用いられる。「とき」は、不特定の場合を表し、「場合」

といういう表現と類似した意味にも用いられる。

⑦「以下」「未満」「以上」「超える」の用法

「以上」「以下」と表現すると、起算点になる数量や日時を含むことになり、「未満」「超える」と表現すると、起算点になる数量や日時は含まないことになる。

⑧「推定する」「みなす」の用法

「推定する」は、当事者間に取り決めのない場合や反対の証拠がない場合に、ある事実について、一応このようであろうという判断を下すときに用いる。「みなす」は、本来異なるものを、他のものと認定してしまうときに用いる。

社内規程と法令の関係

社内規程の多くは、企業が作成するものである。しかし、社内規程の中には、法令で作成の義務が課せられているものもあり（定款）、就業規則、社内預金制度など）、この関係にも十分に注意する必要がある。その内容については、絶対的必須記載事項、相対的記載事項、任意記載事項に分かれている。その他、その規程と法令に関係する部分は十分に検討されたい。また、規程の条文の表現については、民法の「公序良俗」に反するようなものがないよう注意する必要があろう。

規程管理規程

第3条 規程類（付属規程・細則・マニュアル等）は、会社の業務執行管理する規準であり、厳正に遵守されなければならない。

（疑義の裁定）
第4条 この規程の効力または解釈について疑義が生じたときは、総務部長が関係部門の責任者と協議のうえこれを裁定する。

第二章　規程の分類

（規程の種類）
第5条 当社の規程を、次の6種類に分ける。
① 基本規程
② 組織規程
③ 管理規程
④ 業務規程
⑤ 対環境規程
⑥ 規準・規格

（基本規程の内容）
第6条 基本規程は定款とその付属規程、就業規則とその付属規程、規程管理規程の3種とし、それぞれ次のとおりの内容を規定する。
① 定款とその付属規程
　会社の営業範囲や経営の基本となる事項を定める。
② 就業規則とその付属規程
　会社と従業員の権利義務について定める。
③ 規程管理規程

（組織規程の内容）
第7条 組織規程は、組織分掌規程、職務権限規程、会議・委員会規程の3種とし、それぞれ次の内容を規定する。
① 組織分掌規程
　業務組織単位の設置と、その業務範囲を定める。
② 職務権限規程
　業務組織単位の業務執行責任者の職階と職務権限を定める。
③ 会議・委員会規程
　会議・委員会の組織と、その運営手続きを定める。

（管理規程の内容）
第8条 管理規程は、各業務の主管部門を統制する組織、規準、手続きについて定める。

（業務規定の内容）
第9条 業務規程は、管理規程に基づいて関係部門が業務を処理する手続きについて定める。

（対環境的の内容）
第10条 対環境的規程（労働協約・経営協議会規程・共済会規約・関係企業協力規程等）は、会社と利害関係のある企業、労働組合、団体等と経営的な観点から調整することを定める。

（規準・規格）
第11条 規準・規格は、これを業務規準、物品規格の種類とし、それぞれ次の内容を規定する。
① 業務規準
　業務規程に定められた業務処理手続きの具体的な方法・手段を定めるもので、「マニュアル」「要項」と呼ぶこともある。
② 物品規格
　製作または使用する物品の形状、寸法、品質を定める。

（通達と規程の関係）
第12条 通達は、規程に関連して次の事項について行う。
① 諸規程の部分的改正
② 一時的な業務上の処理
③ 規程の説明、解釈
④ 規程の施行に必要な措置や準備

第三章　制定および改廃手続き

（定款およびその付属規程）
第13条 定款とその付属規程の制定および改廃は次の手続きによる。
① 定款は社長が立案し、株主総会でこれを決定する。
② 取締役会規則、株主取扱規則および定款付属規程は社長の命により、総務部長が立案し、取締役会で決定する。

（就業規則および付属規程）

21

第14条　就業規則とその付属規程の制定・改廃は次の手続きによる。
① 就業規則は社長の命により総務部長が立案し、取締役会で仮決定する。従業員の過半数を代表するものの意見聴取を行い、取締役会で決定する。
② 給与規程および就業規則の付属規程は次による。
イ　全社に適用するものは関係業務主管部長が立案し、取締役会がこれを仮決定する。従業員の過半数を代表するものの意見聴取を行い、取締役会が決定する。
ロ　本社に適用するものは関係業務主管課長が立案し、関係業務主管部長が査閲の後、社長の承認を経て実施する。

（制定・改廃）
第15条　会社規程管理規程の制定・改廃は、社長の命により総務部長が立案し、取締役会で決定する。

（組織分掌規程）
第16条　組織分掌規程で全社および本社に適用するものは、社長の命により総務部長が立案し、取締役会で決定する。

（職務権限規定）
第17条　職務権限規定で全社および本社に適用するものは、社長の命により総務部長が立案し、取締役会で決定する。

（会議・委員会規程）
第18条　会議・委員会規程で全社および本社に適用するものは、会議・委員会の主管部長が立案し、社長が決定する。

（管理規程）
第19条　管理規程で全社および本社に適用するものは、本社の関係業務主管部長が立案し、社長が決定する。

（業務規程）
第20条　業務規程で全社および本社に適用するものは、本社の関係業務主管部長が立案し、関係業務主管課長が立案し、社長が決定する。

（対境的規程）
第21条　対境的規程で、全社および本社に適用するものは、本社の関係主管部長が相手方と協議の上立案し、総務部長を通じて代表取締役が決定する。

（規準・規格）
第22条　規準・規格で全社および本社に適用するものは、本社の関係業務主管部長が立案し、関係業務主管部長が決定する。

（拘束順位）
第23条　基本規程、組織規程、管理規程、業務規程、規準・規格は、以上の順位により、その下位に当たる規程を拘束し、上位の規程に反する条項は効力を有しないものとする。

第四章　規程の効力

（効力の発生）
第24条　規程の効力は、その規程に定められた施行期日から発生する。

（効力の消滅）
第25条　規程を廃止して新規程を制定した場合、旧規程の効力は特別に規程した場合を除き、新規程施行の日に消滅する。
2　規程を単に廃止する場合は、規程効力消滅の日は公布者が通達で定める。

（規程の保存期限）
第26条　規程の保存期限は次の4種類とする。
① 永久保存
② 10年保存
③ 5年保存
④ 3年保存
2　前項の定めにかかわらず法令に保存期限の定める文書（規程）は、法令の定める期間とする。
3　事項が完成間証拠として保存する必要がある文書（規程）の保存期限は、事項が完成するまでとする。

（周知徹底の義務）
第27条　規程類が公布発行されたときは、各管理者は所属員にその内容を周知徹底させなければならない。
2　規程の周知不徹底、遵守義務の不十分などにより業務処理に不都合が生じたときは、その管理者の責任とし、相応の処分を行うことを原則とする。

第五章　規程の統制

（規程の統制）

第28条　規程の統制は総務部長がこれを行う。

2　総務部長の規程統制にあたっての職務権限は次のとおりとする。

① 規程の起案、作成、公布、施行をこの総則に基づいて統制する。
② 規程の様式について規準を制定し、これに基づいて統制する。
③ 規程の制定・改廃案について、事前に会議を設け、この規程に基づいて原案の訂正を求める。
④ この規程に定めるところにより各組織単位に規程を制定または改廃をしたときは、その写しの提出を受けるものとする。
⑤ 会社規程集を編集し、原本を保管管理する。

　　　　附　　則

（施行）

第29条　この規程は、平成〇〇年〇月〇日から施行する。

Ⅱ 社是および経営方針

Ⅱ 社是および経営方針（解説）

社是・経営方針の内容は

社是・社訓および経営方針は、多くの場合社規社則の冒頭に掲げられているが、それは経営の基本姿勢を示す規程のひとつといえる。

社是・社訓は、経営トップの企業経営に関する信条または基本精神を端的なことばで表現したものであり、日本国憲法の前文に該当する一種の憲章であり、その沿革は極めて古く、旧財閥系の創業者が、後継者のためにつくりあげた家憲、家法に端を発し、これを中興の祖が手直しして今日に伝えるものが多い。その内容は、主として儒学的色彩が強く、その後近代的精神を加味して創造性の追求、利潤の確保という表現が追加され、また近くは国際的視野と社会への貢献、企業の社会的責任を織りこんで現在に至っている。

ところで、"寄らしむべし、知らしむべからず"は昔のこと。現在では、とくに秘密を要するもの以外は、経営方針、経営目標、生産計画、販売実績などは従業員にも周知させ、従業員の仕事に対する積極的な協力を確保することが望ましい。普通これをコミュニケーションの活用といっているが、従業員は自分の置かれている企業の状況を理解しようとする欲求をもち、適切な情報が得られないときは、企業に対して、不安、懐疑心を抱き、好ましくない態度を形成しがちである。

現実には、コミュニケーションが円滑に行なわれていそうに見えるが、経営陣が必要なこと以外は黙っていても知らせない方針をとっていたり、あるいは黙っていても分かるはずだと考えて、コミュニケーションに積極性を欠き、そのために、仕事上の手違いが生じたり、従業員の仕事に対する心構え（勤労意欲）を消極的にしたりしている事例がみられる。

経営の内部的な点では、従業員の好意や協力姿勢を得ることによって生産能率の向上や経営活動を活発に発展することになる。すなわち経営モラルの形成向上の一つである。それは、経営全体という場で、具体的には経営幹部と一般従業員との間によい人間関係をつくり出して、従業員がその経営に対して好意をもつようになり（「うちの会社は、よい会社だ」「よし働こう」「さあ頑張ろうぜ」）すすんで協力しようという気持ちになることである。いわゆる「経営におけるよい人間関係」の形成といえよう。

経営方針の目的

経営方針は、一般的に抽象的観念論に終りやすく、具体的行動基準、実践のための具体的制度施策、方法の設定整備に欠け、新しい社員から忘れ去られていることが多い。

これに対し、アメリカの経営綱領の例では「企業は、できる限り高い利潤をあげることを第一義と考え」とか「積極的に公害を防止して、地域社会の環境改善に努め」などときわめて具体的表現がとられているが、大きく分けるとつぎの五つになる。

① **業務向上の目的**……利益を増大させ内部保留を高めることを中心に、コストを引き下げ、生産高や売上高を向上させる

社是・社訓の内容

社是、社訓および経営方針は、前述のとおり、社内では「経営における よい人間関係」の前提にもなる柱であり、社外に対しては「経営の信条および会社の社会的責任」を示すものともなるものである。各社では、どのような内容を盛り込んでいるかを、かつて住友生命保険相互会社が調査したものを参考のために紹介しておく。

この調査は三五都道府県の三、六〇〇社を対象に行ったものである。

この表からまずいえることは、和、誠実、努力の三つの種類の社是、社訓が、一〇パーセントを越えて多く採用されている。四位の信用以下の割合は四・六パーセント以下であるから、この三つの社是、社訓を掲げている企業が、いかに多いかがうかがえる。

順位	内容	会社数	占める割合%
1	和	548社	15.2%
2	誠実	466社	12.9%
3	努力	380社	10.6%
4	信用	165社	4.6%
5	誠意	138社	3.8%
6	奉仕	126社	3.5%
7	責任	98社	2.7%
8	貢献	81社	2.3%
9	創意工夫	71社	2.0%
10	安全	70社	1.9%
11	信頼	67社	1.9%
12	感謝	66社	1.8%
13	誠心誠意	47社	1.3%
14	協力	28社	0.8%
15	健康	28社	0.8%
16	創造	28社	0.8%
17	忍耐	25社	0.7%
18	親切	24社	0.7%
19	創意	21社	0.6%
20	協調	19社	0.5%

社是および経営方針は、内には前述の「経営におけるよい人間関係」の前提にもなる柱であり、外に対しては経営の信条および社会的責任を示すものともなる。

また、社是および経営方針は、事業の基本的な目標と原理を決めたものであるから、従業員には公平な判断を下す「よりどころ」を与えることとなる。責任ある地位にいるものは、この基本的な目標と原理の枠内で自由に仕事を進めたり、行動する場合の手引ともなろう。

社是および経営方針の目的には、

① 経営および経営方針の目的を明らかにすること

② 会社のバックボーンを認識させること

③ よい"社風づくり"の基礎となること

④ 幹部の判断基準をはっきりさせること

⑤ 企業の社会的責任を明らかにすること

以上の精神をとり入れて作成することが必要とされる。「よき社是・社訓」とは、よく理解され、よく受け入れられ、よく実行されるものでなければならない。それは企業がもっている個性を生かし作られるものであって経営者の理想と事業の目的とがはっきり示されているようにしなければならない。よく朝礼などで「社是・社訓」を唱える風景がみられるが、意味も理解せず行っている場合がある。注意が必要であろう。

経営方針の計画、目的

① 業績向上の目的……利益を増大させ内部留保を高めることを中心に、コストを引き下げ、生産高や売上高を向上させる。

② 能力主義の目的……従業員の能力主義的な熱意と迫力のある意欲

③ 業績安定の目的……激変のなかにあって、業績の安定を図ること

④ 経営発展の目的……経営計画によって、常に会社を成長させること

⑤ 事業永続の目的……事業を永遠に発展させるためには、長期計画的に未来を開発し、先取りすべきであること

社是および経営方針の作成

社是および経営方針は、内には前述の「経営におけるよい人間関係」の前提にもなる柱であり、外に対しては経営の信条および社会的責任を示すものともなる。

さらに、今後考えられる具体策としては、

① 国際化の推進 ② 安定低廉な生活資源の供給体制の確立 ③ 流通、社会開発、組織化などの新機能の重視 ④ IT（情報技術）の重視 ⑤ 経営管理体制の強化──を掲げている。

② 意欲開発の目的……経営計画の推進で従業員のヤル気を開発する

③ 業績安定の目的……激変の中にあって、業績の安定を図ること

④ 経営発展の目的……経営計画によって、常に会社を成長させること

⑤ 事業永続の目的……事業を永遠に発展させるためには、長期計画的に未来を開発し、先取りすべきであること

社是・社訓・経営方針・その他

ST工業

社是

一、公共に向かい、社会に貢献することを第一主義とすること
二、相和し、力をあわせ、互いに争わないこと
三、常に向上に努め、努力をやめないこと
四、質実を尊び、虚飾を慎むこと
五、礼節を守り、謙譲を持すること

TM商事

社是

産業人たるの本分に徹し、社会生活の改善と向上を図り世界文化の進展に寄与せんことを期す。

AH興業

社是

1　会社の信用を重んじ、顧客に満足される製品を供給することによって、広く社会に貢献する
2　英和を育て、技術の革新をはかり、つねに経営の前進につとめる
3　和と協調につとめ、会社の総力を結集する

クボタ

社是

一流の品格
一流の信用
一流の製品

クボタは国を思う会社なり
クボタは需要家を思う会社なり
クボタは恩義を忘れぬ会社なり
人情の会社たれ

NK工業

社憲

第一章　会社の真の発展は国家・社会に貢献し得るものでなければならない。

第二章　経営者と従業員はともに会社の根幹である。互に相寄り相扶け、和の心をもって一致協力する。

第三章　関係先に対しては相手の身になって考え、とくに得意先に対しては、企業の四原則の筆頭と自覚して、サービス精神に徹底する。

第四章　会社の一員として誇りと責任を持つところに人間の意気は生まれる。各自会社の支柱である誇りを持て。

第五章　各自の信用が会社の信用である。約束をたがえず己の良心に従い、正しく行動し、いやしくも己を守るが如き事をしてはならない。

第六章　冗費は例え鉛筆一本、紙一枚をも省き、挙げて会社伸長の用に供し為になる事の支出を惜しむなかれ。

第七章　吾々は一人一業を目標とする。人各々必ず特性を持って居る。上司は此れを最高に活躍出来る道を作ってやり、責任を持って指導教育しなければならない。
部下は上司の不行届は己の道しるべと心得、上司を補佐する心掛で自分を育てる。

第八章　経営者の選択は会社の興廃を左右す。社務に尽力し、人物、手腕、識見ともに優れ、この社憲に最も忠実な者より老若を問わず推挙する。

YK薬品

綱領・信条

（綱領）
産業人タルノ本分ニ徹シ社会生活ノ改善ト向上ヲ図リ　世界文化ノ進展ニ寄与センコトヲ期ス

（信条）
ハ　得難シ　各員至誠ヲ旨トシ　一致団結社務ニ服スルコト
向上発展ハ各員ノ和睦協力ヲ得ルニ非サレ

社是・社訓・経営方針・その他

S製紙

企業精神

① 森林のような集団である
② 資本をローンと考える集団である
③ 技術革新を推進する集団である
④ 人間性を尊重する集団である
⑤ 経営基盤を拡充、整備する集団である

電通

鬼十則

一、仕事は自ら、「創る」べきで、与えられるべきではない。
二、仕事とは、先手先手と「働き掛け」、受身でやるべきではない。
三、「大きい仕事」と取り組め、小さい仕事は己を小さくする。
四、「難しい仕事」をねらえ。それを成し遂げるところに進歩がある。
五、取組んだら「放すな」、殺されても放すな。
六、周囲を「引きずり回せ」引きずるのと引きずられるのとでは長い間に天地の開きが出来る。
七、「計画」をもて。長期の計画をもっておれば、忍耐と工夫と正しい努力と希望が生まれる。
八、「自信をもて」。自信がないから君の仕事は迫力も粘りも厚みすらない。
九、頭は常に「全回転」八方に気を配って一分のすきがあってはならぬ。サービスとはそのようなものだ。
十、「摩擦を恐れるな」摩擦は進歩の母。積極の肥料だ。でないと、君は卑屈未練になる。

キヤノン

会社の方針

目的
一 世界一の製品をつくり、文化の向上に貢献する。
二 理想の会社をきずき、永遠の繁栄をはかる。

社風
一 自発、自覚、自治の三自の精神をもって進む。
二 実力主義をモットーとし、人材の登用をはかる。
三 たがいに信頼と理解を深め、和の精神をつらぬく。
四 健康と明朗をモットーとし、人の涵養につとめる。

松下電器

松下電器の遵奉すべき七精神

一、産業報国の精神
産業報国は当社綱領に示す処にして我産業人たるものは本精神を第一義とせざるべからず。

一、公明正大の精神
公明正大は人間処在の大本にして如何に学識を有するも、此の精神なきものは以て範とするに足らず。

一、和睦一致の精神
和睦一致は既に当社信条に掲ぐる処、個々に欠くるあらば優秀の人材を蒐るも、この精神に欠くるあらば所謂烏合の衆にして何等の力なし。

一、力闘向上の精神
我等使命の達成には徹底的力闘こそ唯一の要諦にして真の平和も向上も、此の精神なくばかち得られざるべし。

一、礼節謙譲の精神
人にして礼節を蔑ろし謙譲の心なくんば社会の秩序は整わざるべし。正しき礼儀と謙譲の徳の存する処社会を情操的に美化せしめ以って潤いある人生を現出し得るものなり。

一、順応同化の精神
進歩発達は自然の摂理に順応同化するに非ざれば得難し、社会の大勢に即せず人為に偏する如きにては決して成功は望み得ざるべし。

一、感謝報恩の精神
感謝報恩の念は吾人に無限の悦びと活力を与うるものにして、此の念深きところ如何なる艱難をも克服するを得、真の幸

社是・社訓・経営方針・その他

日本生命保険

経営基本理念

一、国民各層が真に求める保険を提供し、充実したサービスを行ない、契約者に対する経済的保障責任を誠実に果たすことを第一義とする。

二、生命保険業の公共性を自覚し、適正な資産の運用を行なうとともに広く社会の福利増進に尽力する。

三、英智にもとづく創造性と確信にみちた実行力とをもって、経営の生産性をたかめ、業績のあらゆる面における発展を期する。

四、会社の繁栄とともに全従業員の生活の向上をはかり、また、すぐれた社会人としての資質の育成につとめる。

五、生命保険業界の一員として、自主性のある協調の立場に立ち、保険思想の普及と、業界全般の進歩発展に貢献する。

NK電子

社風

一、顧客を大切にして公衆の中に福祉の発展することを念願する。

二、労使相携えて職場と家庭の経済的向上と明朗化に努める。

三、適正利潤を指向し、健全な経済社会の発展を期する。

福を招来する根源となるものなり。

四、内外の情報に関心を持ち、つとめてコミュニケーションの疎通を図る。

五、日々の仕事に励むばかりでなく、新しいアイデアの開発、技術の革新に努める。

六、読みを深め、統制に生きるよりは計画性を信条とする。

七、事に当っては積極果敢にして有終の美を済すことを志す。

本田技研工業

社 是

一、われらは半導体工業に専念し、わが国産業の発展に寄与する。

二、われらは関連企業と提携協力して企業相互の発展に寄与する。

三、われらは全社的結合のもとに明朗にして文化的な生活環境の実現を期し、わが国文化の向上に寄与する。

わが社の運営方針

1 常に夢と若さを保つこと。
2 理論とアイデアと時間を尊重すること。
3 仕事を愛し職場を明るくすること。
4 調和のとれた仕事の流れを作り上げること。
5 不断の研究と努力を忘れないこと。

シャープ

経営精神　五つの蓄積

信用の蓄積
資本の蓄積
人材の蓄積
取引先の蓄積
奉仕の蓄積

江崎グリコ

社 是

食品による国民の体位向上

信条

創意工夫　不屈邁進
勤倹力行　質実剛健
協力一致　奉仕精神

ワコール

社 是

わが社は　相互信頼を基調とした格調の高い社風を確立し　一丸となって「世界のワコール」を目指し　不断の前進を続けよう

経営方針

・愛される商品を作ります
・時代の要求する新製品を開拓します

社是・社訓・経営方針・その他

- 大いなる将来を考え正々堂々と営業します。
- より良きワコールはより良き社員によって造られます。
- 失敗を恐れず成功を自惚れません。

社 是　太陽工業

一、考えて行動せよ
二、独自の商品
　　独自の販売網
　　臨機応変の処置をとる経営システム
三、われわれは
　　のぼる太陽のように
　　動的に
　　成長し向上し
　　世界的な市場と商品を
　　持ちたいと念願しています

社 是　ライオン

一、創業の精神を体し社業の発展を期する。
一、優良製品を生産し口腔衛生を普及して国民の健康に寄与する。
一、福利を増進し簡素明朗な生活を建て文化の向上に努める。

社 是　オイレス

われわれは世界に通ずるオイレスのOILESの名のもとにあつまった。世界に通ずるOILESで、ともに成長しよう。

Onward────日々前進を
（きのうよりもきょう、きょうよりもあす、と力づよく前進しよう）

Idea────創意と工夫
（たえず創意をうみ、研究と努力をかさね開拓者精神に生きよう）

Liberty and Law────自由と秩序を
（人格を尊重し、個性と能力を生かしあって、秩序正しい職場をきずこう）

Expert────みんな専門家に
（ひとりひとりは専門家に、会社は専門メーカーに徹しよう）

Service────社会に奉仕を
（つねにまごころこめて仕事にあたり、社会に奉仕しよう）

Ⅲ 組織権限規程

路桥结构设计

Ⅲ 組織権限規程（解説）

経営組織は、経営、管理、作業の三階層から成立つ。経営は、めまぐるしく変わりゆく環境の変化に即応して、現在の組織を、いきいきとした組織へと展開し、常に合理的経営活動を目指して発展を続けなければならない。前述の三階層は、それぞれの部分において、主体者としての、機能担当者による仕事の分担により構成されるとともに、さまざまな要因をとりまく物的な機構との関連において有機的な形として相互に協働して形成されている。

前者を制度的組織、後者を物的機能的組織と名づける。

この組織を円滑に運営するため、組織管理規程を設け、トップの意思を部下に的確に伝達し、それに沿った行動を部下に求めるのである。

組織管理規程としては、管理者がどのようにして組織機構、手続、制度といった仕事のしくみを形成し、フォローアップするか、そのやり方を明らかにすること、そのためには、

①いかにして組織化原則にしたがって組織化するか、②どのような手続を形成にして、組織機構や手続および制度を定めなければならない。フォーアップをするかを定めなければならない。そして組織化の対象であるフォーマルな組織を次のような形で規定化するのが一般である。

(一) 総則規定
(二) 組織機構の設定と改正
(三) 手続制度の設定と改正
(四) 規定の体系
(五) 規定の公布
(六) 規定のフォローアップ

右のような組織管理規程の構成について、各項目につき解説する。

総則規程

目的規程、用語の定義、組織化の原則などを内容とする。

このうち、組織化の原則は、いうまでもなく、組織化の結果、企業経営の能率につながらなければならない。能率とは、いうまでもなく目的に最も適合する体制をみつけることであり、非合目的手段であるムダ、ムラ、ムリの排除にある。

組織機構の設定と改正

組織機構は、①役員の職位と職務、部門の編成、職位の体系と指令系統、職位と資格に関連した職制、②職務と権限の割当て、③部門に対する分掌業務の割当て、④会議体の設置などそれぞれについてその決定者を明示しておく必要がある。

職制のうち、役員の職位と職務は、社長の決定事項であり、職位の体系と指令系統、職位と資格の関係は、全体的関連のもとで決定することが必要である。また、部門の編成では、その内容によって、下位の管理者に機能分権をはかるべきである。

組織管理規程の体系

組織管理規程をさらに細分化して
① 組織体管理規程、職務権限規程、会議体管理規程
② 職制規程、業務分掌規程
③ 組織図

のような形があり、企業の種類、規程により異なる形をとっている。

このように組織規程は、問題を処理する際の①問題の回避、②責任のなすり合い、③組織上の越権行為、④業務の渋滞、⑤従業員のモラル低下を防止するよう組織的分担を明記しておく必要がある。

業務分掌の基本原則

業務の分掌は、組織の階層的構造に合致し一本化されなければならず、そのためには、組織を構成する各部門の協力と協調が前提となる。したがって、分掌事項は、できるだけ明細を具体化し、分類をはっきりさせておくとともに、特定の恒常的、周期的なものを主内容とし、臨時または突発異例な事項を除くのを原則とする。

職能は、同質なものをとりまとめ、異質なものと混合しないよう配意するとともに、その配分は、体系的、網羅的でなければならない。

職務権限の規程

業務分掌規程は、分掌業務の内容を確定することにあるが、職務権限の規程は、分掌規程で定められた業務についての権限を定めたものである。職務分掌規程のみでは不十分であり、各職位に付与されている職務権限を明らかにし、基準化しておくことは、権限の執行に関し疑義を生ずることなく、職務の遂行が正しく行われることになる。

そのため職務権限規程を作るときは、その源となる権限そのものに関して作成担当者が、その内容なり取扱い留意点を実務の観点から十分に熟知していないと、真に組織運営が効率よく円滑に寄与する規程はできない。

それゆえ、職務権限規程は、業務分掌規程より一層具体的に表現する必要があり、明細書をもって規定するものが多い。

モデルとして掲載した「業務分掌規程」では、①本部、②信号部門、③交通信号部門、④半導体機器部門、⑤その他のライン部門（工機部、特機部、海外部、建設部）⑥その他のスタッフ部門（資材部、生産部、製品部、電算センター、関西支店）⑦営業所ごとに分掌が定められている。

また、つぎの「組織・職務分掌規程」では、第一章組織、第二章業務執行、第三章職務分

掌の構成となっている。
業務執行の原則として、①職務分掌にしたがい、組織的かつ能率的に業務を遂行すること、②組織的統一的指令系統にしたがい、分掌と協業の二面があり、相互の協調が必要であること、③組織の運営、④権限委譲に関する一定のルールがあること、⑤人間関係の円滑を期し業務執行すべきであることを掲げている。

職務分掌としては、企画本部、業務合理化本部、研究開発本部、生産性向上本部、国際部、社内監査室その他の管理部門および営業本部のもとに部、室、工場がおかれている。

職制規程

第一章 総則

（目的）
第1条 この規程は、定款および取締役会の決議にもとづいて、会社の最高経営方策を実施するための基本原則を定めることを目的とする。

（解釈上の疑義）
第2条 この規程に定められた事項の解釈について疑義が生じた場合には、取締役会の決議にもとづいて、社長がこれを裁定するものとする。

（効力）
第3条 この規程は、会社の事務組織の運営に関する基本規程であって、法令、法令にもとづく規則、定款、取締役会の決議およびとくに定める規程を除き、これに抵触する他の規程等はその範囲内において無効とする。

2 この規程に反する命令、指示、その他職務に関する行為はその効果を生じないものとする。

（規程の改正）
第4条 この規程の改正は、取締役会の決議によらなければならない。

第二章 役員

（役員の区分）
第5条 会社の役員は、定款の定めるところにより、次のとおり区分する。

社　長　　一名
専務取締役　　若干名
常務取締役　　若干名
取　締　役　　若干名
監　査　役　　若干名

2 取締役および監査役は、常勤と非常勤とに区分する。

（会社代表者の権限）
第6条 社長は、会社を代表する。

2 社長は、取締役会の決議を執行し、一切の業務を統轄する。

3 社長に事故があるときは、専務がその職務を行う。

4 社長および専務に事故があるときは、あらかじめ定められた序列により他の取締役がこれを代行する。

（役員の職務）
第7条 取締役は、取締役会を組織して、会社の経営目的を達成するうえに必要な重要事項を審議決定するとともに、その執行に対しては、自己監査を行う。

2 監査役は、会社の会計監査を実施し、株主総会に対してはその監査結果を報告しなければならない。

（職務の委嘱）
第8条 社長は、専務取締役およびその他の取締役に対し、会社業務運営上特定の職務を委嘱することができる。

（相談役、顧問）
第9条 社長は、会社の経営目的達成上必要があると認めるときは、取締役会の決議にもとづいて、相談役または顧問をおくことができる。

2 相談役は、会社業務について、その意見を述べることができる。

3 顧問は、会社業務についての、取締役会の諮問に応ずるとともに、その委嘱業務を担当することができる。

（社印、社長印の取扱い）
第10条 社印および社長印の管理責任者は、社長がこれを指定する。

第三章 従業員

（従業員）
第11条 所定の手続により採用されたものを従業員とする。

2 前項に定める従業員のほか、必要により嘱託および臨時社員をおくことができる。

3 新たに従業員を採用しようとするときは、原則として〇ヵ月間の試用期間をおくものとする。

（任免、賞罰等）
第12条 従業員の任免、賞罰、配置および解

職制規程

休職に関する事項は、社長がこれを執行する。

(従業員の服務)
第13条 従業員の服務については、別に定める就業規則による。

第四章 組 織

(会社の組織)
第14条 会社の業務運営の基本組織として、次の各部をおく。

総務部
経理部
営業第一部
営業第二部
資材部
技術部
製造第一部
製造第二部

2 この規程にもとづく組織図は別表のとおりである。

(各部門の分掌)
第15条 各部の分掌事項は次のとおりとする。

(1) 総務部は、総合調整、人事、厚生、労務、寮務、文書、広報、庶務、秘書、企画統計事項、個人情報の保護、その他他部門に属しない事項を分掌する。

(2) 経理部は、資金の調達、運用、保管ならびに債権債務、および損益算定等の一切の財務会計、株式、部門別損益算定に関す

る事項を分掌する。

(3) 営業第一部は、○○金物、○○○材料および現場取付工事等の受注、販売および販路の開拓、新製品開発ならびに市場調査に関する業務を分掌する。

(4) 営業第二部は、○○○○ボルト等○○○関連製品、○○○○用ビス、鉄構、架台類の受注、販売および販路の開拓ならびに市場調査に関する業務を分掌する。

(5) 資材部は、○○、××、□□、△△およびその付帯設備を中心とした各種資材の受注、販売、販路の開拓ならびに市場調査に関する業務に加えて、その製造、工事の各手配と管理、監督、設計、研究、見積等の業務を分掌する。

(6) 技術部は、営業第一部および営業第二部関係の製品について、その生産計画、製作、外注、納入、工事の各手配と管理、監督および設計、研究、在庫管理、主要資材の購入、見積業務ならびに品種別実績評価に関する事項を分掌する。

(7) 製造第一部は、○○工場における自社製作品の製造および工程管理、現品在庫管理ならびに検査業務および部内庶務に関する事項を分掌する。

(8) 製造第二部は、△△工場における自社製品の製造および工程管理ならびに求人等の労務管理および庶務に関する事項を分掌する。

第五章 職 務

(部長の職務)
第16条 部の業務を分化して、部の下に課を、業務の分化にもとづく事務分掌については、別に事務分掌規程を定める。

2 部長は、社長の命をうけ、その所管業務一切を遂行する責任を負う。

(次長の職務)
第17条 部に部長をおくことができる。

2 次長は、部長を補佐し、部長に事故あるときはその職務を代理する。

(課長、課長代理の職務)
第18条 課に課長をおくことができる。

2 課長は、部長の命をうけて分課事務を管掌し、課員を指導監督して、その責任を負う。

3 課長代理は、課長を補佐し課長に事故あるときは、その職務を代理する。

(係長の職務)
第19条 係に係長をおくことができる。

2 係長は、直属上長の命をうけて分掌事務を担当し、係員を指揮監督して、担当事務に責任を負う。

(主任以下役付職務)
第20条

職制規程

第21条 課に(係のあるところは係に)、必要に応じ主任を、製造第一部および製造第二部の各課にあっては、さらに組長および班長をおくことができる。

2 主任以下の役付は、それぞれ直属上長および上席者の指示をうけて、分掌事務を担当し、直属部下を指揮監督して、その責任を負う。

(一般従業員の職務)
第22条 役付以外の従業員は、直属上長、および上席者の指示をうけてそれぞれ担当事務に従事し、その責任を負う。

(職務の代行)
第23条 役付職員に事故があるときは、その上長あるいは直属部下に、順次その職務を代行させることができる。上長において代理者を指定したときは、その指定された者が代行する。

組織図
平成〇〇年〇月現在

```
                        ┌──────────┐
                        │  社  長  │
          ┌─────────────┤          ├─────────────┐
   ┌──────┴──┐          │          │          ┌──┴──────┐
   │ 監査役  │          └────┬─────┘          │取締役会 │
   └─────────┘               │                └─────────┘
                        ┌────┴─────┐
                        │専務・常務│
                        └────┬─────┘
   ┌──────┬──────┬──────┬──────┬──────┬──────┬──────┐
製造   製造   技術   資材   営業   営業   経理   総務
第2部  第1部   部     部    第2部  第1部   部     部
 │      │      │      │      │      │      │      │
製造   第2   技術   工務   第3   第1   物品   厚生
 課    課    課    課    課    課    課    課
        │      │     資材         第2   開発   経理   総務
       第1   業務    課           課    課    課    課
        課    課    販売
              管理   2課
              課    販売
                    1課
```

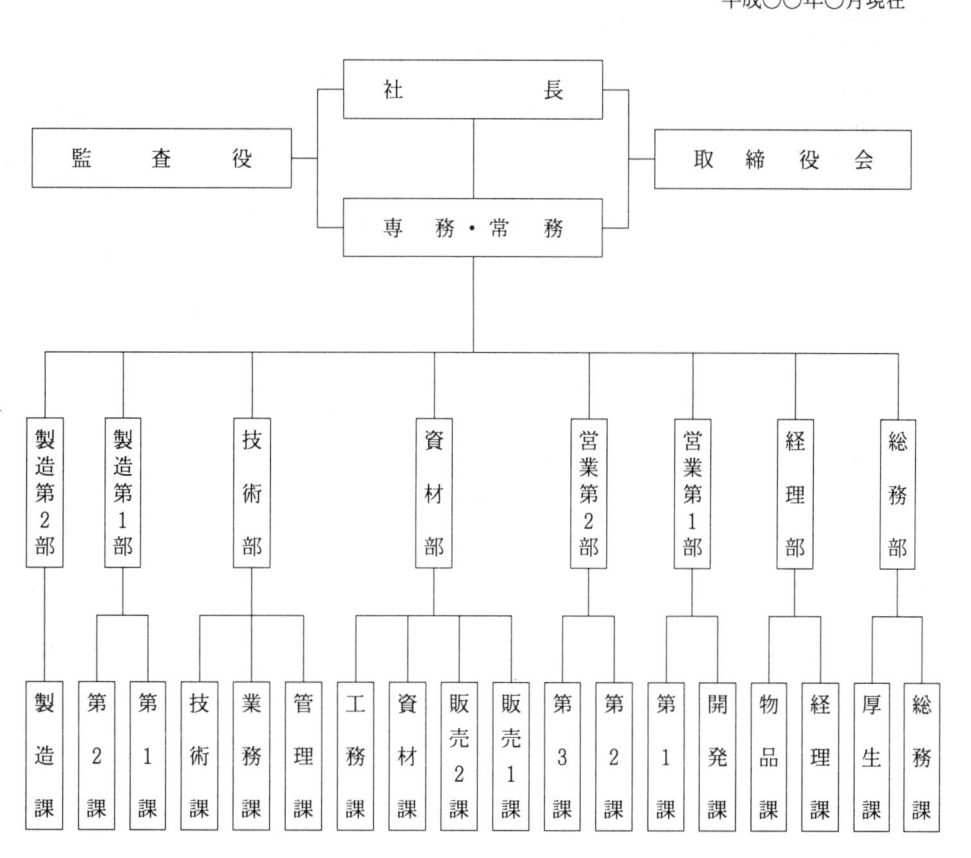

職務分掌規程

(目的)

第1条　この規程は会社業務執行の責任体制を確立し、業務運営の有機的能率化を図るため各職位の職務権限を明確に定めることを目的とする。

2　この規程において従業員とは正規の手続を経て雇用された常傭の社員をいう。

(用語の定義)

第2条　本規程における主要なる用語の定義は次の通りとする。

① 職位　会社内で割り当てられた職制上の地位

② 職能　職位の果たすべき仕事の領域（職能は会社内におけるその職位の役割を示すものである）

③ 職務　職能に含まれる一つの仕事（職務は広義の責任と同義語である）

④ 権限　職務を遂行するために決定を行うことのできる権利

(職制上の地位ならびに職務上の指揮命令系統の序列)

第3条　職制上の地位ならびに職務上の指揮命令系統の序列は次のとおりとする。

① 職制上の地位

社長―管掌取締役―工場長―副工場長―部長―次長―課長―係長―作業長―班長―社員

社長―部長―次長―課長―係長―社員

② 職務上の指揮命令系統の序列

(1) 本社

イ　部長―次長―課長―係長―社員

ロ　工場長―副工場長―部長―次長―課長―作業長―班長―社員
　　　　　　　　　　　　　　　　係長―社員

(2) 営業所、出張所

ハ　所長―室長―室員
　　　　　課長―係長―社員
　　　　　　　　　　　社員

40

職務分掌規程

③ 前号に掲げる職には必要により代理職を設けあるいは実員を配さないことがある。

④ 前項の規定により代理職を設けた場合の責任ならびにその権限は該当職の責任ならびに権限と同様とする。

⑤ 各職制には必要により権限と同様の権限を設けることがある。

⑥ 前項の規定により待遇職を設けた場合の職制上の地位はこれを該当職とする。

（職務権限）
第4条　各職位はこの規程の定めるところにより、所属上長の職務上の命令にしたがって誠実にその職務を遂行するとともに所属上長の職務上の命令にもとづく場合のほか、その権限をこえて行動することはできない。

ただし、所属上長不在その他やむを得ない理由により所属上長の権限を代行する場合にはあらかじめ定められた範囲内とする。

2　前項ただし書の規定により所属上長の権限を代行する場合の代行権の範囲はあらかじめ定められた範囲内とする。

3　各職位の権限行使に伴う引責者の範囲は次のとおりとする。

(1) 従業員がその固有の権限を直接行使する場合は直接行使者

(2) 上長の権限を代行する場合は代行権の範囲内で代行者

(3) 上長の命をうけて行動する場合は命令者

各職位は上長の職務上の命令が同一事項に関して矛盾する場合はその直属上長の命令にしたがうものとする。

4　副工場長および次長はそれぞれ所属上長の職能を補佐し、不在または事故あるときその職務を代理して工場および部の業務遂行の円滑な処理を期するとともに特定の業務につきその業務を分担し責に任ずる。

（全般経営層）
第5条　業務執行の全般管理の職位については次のとおりとする。

1　社長は取締役会の委任をうけ、取締役会で決定された経営方針を実現するため、常務取締役および常務会の協力を経て次の任務を行う。

(1) 全般的執行方針の樹立
(2) 経営管理組織の確立、維持
(3) 人事管理
(4) コンプライアンスの確立と実施
(5) 会社の執行活動の統制
(6) 対外的代表責任者としての任務
(7) 取締役会に対する報告提案
(8) 決裁規程に定める事項の決裁
(9) 常務会および常勤取締役会を招集しこれを主宰する。

2　常務取締役は社長を補佐し、社長より委任された業務の執行を管掌するとともに常務会を通じて会社全般にわたる活動を管理する。

（本社部長および室長）
第6条　本社部長および室長は社長の命をうけ、管掌取締役の指示にしたがい部および室の業務を主管し所属従業員を指揮監督してその担当業務の企画立案およびそれに必要な調査研究をし、所定の手続を経てこれを各関係先に通達し、その実施について常に関係先と密接に連絡してこれを監督し次に掲げる事項を処理してその責に任ずる。

(1) 部内予算の収支に関すること（室長については室内）
(2) 部内組織の分掌に関すること（室長については室内）
(3) 部内の個人情報の保護管理に関すること
(4) 所属課（課のないときは係）間における業務の調整に関すること（室長については室内）
(5) 所属従業員の部内課係間における人事の異動に関し立案すること（室長については室内）
(6) 担当事項に関する諸規則（規程を含む）の細則の制定または改廃に関し立案すること
(7) 所属従業員の任免、解雇ならびに賞罰

職務分掌規程

に関し立案すること
(8) 所属従業員の昇給賞与の額について立案すること
(9) 所属従業員の勤務評定ならびに教育訓練に関すること
(10) 所属従業員の安全衛生に関すること
(11) 所属従業員のメンタルヘルスに関すること
(12) 所属従業員の出張を命ずること
(13) 所属従業員の採用に関し立案すること
(14) 関係文書に閲覧印および出金伝票(部、室内予算の範囲における出金)に認証印を与えること
(15) 所属従業員に時間外勤務を命ずること
(16) 所属従業員に休暇を認めること
(17) 前各号のほか所属従業員の意見具申、申請その他会社諸規程に定める権限内の事項を処理すること

(工場長)
第7条 工場長は社長の命を受け所属従業員を指揮監督して工場を総合管理業務の遂行について常に本社各部長と密接に連絡し次に掲げる事項を処理してその責に任ずる。
(1) 工場内予算の収支に関すること
(2) 工場に適用する諸規則(規程を含む)の制定または改廃に関し審議すること
(3) 工場の組織ならびに分掌に関すること
(4) 所属従業員の工場内における人事の異動および任免、解雇ならびに賞罰に関し調整または審議すること
(5) 所属従業員の所属課係間における人事の異動に関し調整すること
(6) 直属部課係間の業務調整に関すること
(7) 所属従業員の任免、解雇、賞罰に関し立案すること
(8) 所属従業員の昇給および賞与の額について立案すること
(9) 所属従業員の勤務評定ならびに教育訓練に関すること
(10) 所属従業員の安全衛生に関すること
(11) 所属従業員のメンタルヘルスに関すること
(12) 所属従業員の個人情報に関すること
(13) 所属従業員に直属室、課、係長に出張を命ずること
(14) 所属部長以上ならびに直属室、課、係長の休暇を認めること
(15) 前各号のほか所属従業員の意見具申、申請その他会社諸規程に定める権限内の事項を処理すること

(工場部長および工場管理室長)
第8条 工場部長および工場管理室長は工場長の命をうけ部および室の業務を主管し所属従業員を指揮監督して所管業務に関する実施方針の企画立案、調査研究、実施状況の監督に参画し、工場長を補佐するとともに次の事項を執行してその責に任ずる。
(1) 部、室予算の収支に関すること
(2) 所属部課係間の業務の調整に関すること(室長については室内予算の範囲における出金)に認証印を与えること
(3) 関係文書に閲覧印および出金伝票(部、室内予算の範囲における出金)に認証印を与えること
(4) 所属課係長、室員に出張を命ずること
(5) 所属課係長、室員の休暇を認めること
(6) 所属課係長、室員の組織、分掌に関し工場長へ意見を具申すること
(7) 所属従業員の勤務評定ならびに教育訓練に関すること
(8) 所属従業員の安全衛生に関すること
(9) 所属従業員のメンタルヘルスに関すること
(10) 所属従業員の昇給および賞与の額について立案すること
(11) 所属従業員の勤務評定ならびに教育訓練に関すること
(12) 所属課係長、室員の休暇を認めること
(13) 所属課係長、室員に出張を命ずること
(14) 前各号のほか所属従業員の意見具申、申請その他会社諸規程に定める権限内の事項を処理または上申すること

(東京営業所長および名古屋出張所長)
第9条 東京営業所長および名古屋出張所長は、所属上長の命をうけ、所の業務を主管し、所属従業員を指揮監督してその担当業務の基本方針の企画立案およびそれに必要な調査研究をし、常に本社各関係

先と密接に連絡し次に掲げる事項を処理してその責に任ず。

(1) 所内予算の収支に関すること
(2) 所内のみに適用する諸規則（規程を含む）の細則の制定または改廃に関し所属上長に意見を具申すること
(3) 所内業務の調整に関すること
(4) 所内における人事の異動および任免、解雇ならびに賞罰に関し意見を上申すること
(5) 従業員の採用に関し意見を上申すること
(6) 所属従業員の昇給および賞与の額の審査ならびに上長へ意見を具申すること
(7) 所属従業員の勤務評定ならびに教育訓練に関すること
(8) 所属従業員の安全衛生に関すること
(9) 所属従業員のメンタルヘルスに関すること
(10) 所属従業員に出張を命ずること
(11) 所属従業員に時間外勤務を命ずること
(12) 関係文書に閲覧印および出金伝票（所内予算の範囲内における出金）物品要求書に認証印を与えること
(13) 前各号のほか所属従業員の意見具申、申請その他会社諸規程に定める権限内の事項につきこれを処理または上申すること

（課長）

第10条 課長は所属上長の命をうけ、その補佐に任ずるとともに所管業務の円滑な遂行を図り次の事項を執行してその責に任ずる。

(1) 課内予算の収支に関すること
(2) 所属課係間の業務の調整に関すること
(3) 課内雇用量に関し所属上長に上申すること
(4) 課内組織分掌の変更を上申すること
(5) 所属従業員の所属課内における人事の異動に関し意見を上申すること
(6) 所属従業員の任免、解雇、賞罰に関し意見を上申すること
(7) 所属従業員の昇給および賞与の額について所属上長に意見を具申すること
(8) 所属従業員の勤務評定ならびに教育訓練に関すること
(9) 所属従業員の安全衛生に関すること
(10) 所属従業員のメンタルヘルスに関すること
(11) 所属従業員に出張を命ずること
(12) 所属従業員に時間外勤務を命ずること
(13) 所属従業員の休暇を認めること
(14) 関係文書に閲覧印および出金伝票（課内予算の範囲内における出金）物品要求書に認証印を与えること
(15) 前各号のほか所属従業員の意見具申、申請その他会社諸規程に定める権限内の事項につきこれを処理または上申すること

（係長）

第11条 係長は所属上長の命をうけ、その補佐に任ずるとともに所管業務の円滑な遂行について所属上長の直接の指揮監督者として担当しその責に任ずる。

(1) 担当業務の企画立案、調査研究を行ない、これを所属上長に上申しまたは実施すること
(2) 所属従業員の業務執行状況の監査に関すること
(3) 所属従業員の職務分担の決定ならびに業務に対する適否の査定に関すること
(4) 所属従業員の業務の調整に関すること
(5) 所属従業員に会社諸規則の遵守ならびに解釈につき必要な知識を与えること
(6) 所属従業員の任免、異動、解雇、賞罰に関し所属上長に意見を上申すること
(7) 所属従業員の昇給および賞与の額について所属上長に意見を具申すること
(8) 所属従業員の勤務評定ならびに教育訓練に関すること
(9) 所属従業員の安全衛生に関すること
(10) 班長からの時間外勤務の申請を審査し、これを所属上長に上申すること（ただし所属課長のないときは係長が許可するものとする）
(11) 係内雇用量に関し所属上長に意見具申

すること

⑿　前各号のほか、所属従業員の意見具申、申請その他会社諸規程に定める権限内の事項につきこれを処理しまたは上申すること

（作業長）

第12条　作業長は所属上長の命をうけてその補佐に任ずるとともに所管業務の円滑な遂行について所属従業員の指揮監督者として次の事項を担当しその責に任ずる。

(1)　作業計画の企画立案を行いこれを所属上長に上申しまたは実施すること

(2)　所属従業員の作業執行状況の監査に関すること

(3)　所属従業員の職務分担の決定ならびに業務に関する適否の査定に関すること

(4)　所属従業員の作業の調整に関すること

(5)　所属従業員に会社諸規則の遵守ならびに解釈につき必要な知識を与えること

(6)　所属従業員の任免、異動、解雇、賞罰に関し所属上長に意見を具申すること

(7)　所属従業員の昇給および賞与の額について所属上長に意見を具申すること

(8)　所属従業員の勤務評定ならびに教育訓練に関すること

(9)　所属従業員の安全衛生に関すること

⑽　班長からの時間外勤務の申請を審査し、これを所属上長に上申すること（ただし所属課長のないときは作業長が許可するものとする）

⑾　係内雇用量に関し所属上長に意見を具申すること

⑿　前各号のほか所属従業員の意見具申申請その他会社諸規程に定める権限内の事項につきこれを処理しまたは上申すること

（班長）

第13条　班長は作業長の命をうけ担当作業に関し係員と密接に連絡して所属従業員を指揮監督するとともに率先作業に従事し次に掲げる事項を担当してその責に任ずる。

(1)　作業計画の打合せに関すること

(2)　作業計画の実施に関して所属従業員に指示しその確実な遂行に努力すること

(3)　担当作業に対する雇用量の適否ならびに充足に関し作業長に意見を具申すること

(4)　作業方法、作業機械器具の改善を作業長に提案すること

(5)　所属従業員の作業の適否ならびに異動、任免、解雇、昇給、賞罰その他給与に関し必要な事項を作業長に内申すること

(6)　所属従業員の勤務評定ならびに教育訓練に関すること

(7)　所属従業員の安全衛生に関すること

(8)　作業用具、設備の改善、充足その他作業環境、作業条件等に関し作業長に意見を具申すること

(9)　所属従業員の時間外勤務を作業長に申請すること

⑽　前各号のほか所属従業員の希望および意見を作業長に具申すること

（一般従業員）

第14条　一般従業員は所属上長の命をうけてその業務に専念する。

（付則）

第15条　この規程は○○年○月○日から実施する。

組織・職務分掌規程

（目的）

第1条　会社における各組織単位の職務分掌はこの規程の定めるところによる。

（企画管理室）

第2条　企画管理室はトップマネジメントのスタッフとして経営活動の効率を高めるため経営について次の業務をつかさどる。

①　中、長期経営計画の立案
②　予算編成方針の立案
③　組織の基本方針の立案
④　国内外経済、産業の調査研究
⑤　製品需要動向の調査
⑥　常務会特命事項の処理
⑦　関係会社に対する連絡
⑧　幹部会事務局の業務

組織・職務分掌規程

（総務部）
第3条　総務部は庶務、人事、経理および他部の分掌に属さない総括業務をつかさどる。

（庶務課）
第4条　庶務課は次の業務をつかさどる。
① 社内通知
② 受付案内
③ 郵便物の受付発送
④ 事務用品および什器備品の購入ならびに管理
⑤ 新聞雑誌および図書の購入ならびに保管
⑥ 諸団体への申込、加入および脱退
⑦ 交際（寄付、賛助を含む）および他部課係に属さない一般の対外交渉連絡
⑧ 全社的広告および宣伝
⑨ タイプおよび通信
⑩ 所管設備（会議室、応接室、社用乗用車）の運用管理
⑪ 固定資産（土地、建物および構築物）の管理
⑫ 保安
⑬ 会社行事
⑭ 不用品の売却
⑮ 不動産その他重要なる権利の保全
⑯ 環境整備および清掃
⑰ 火災保険、自動車保険、生命保険

⑱ 電話設備の取得、配備、保全、処分
⑲ 役員秘書
⑳ 社則の管理
㉑ 諸官庁への調査、報告
㉒ 信用調査の手続および保管
㉓ プロパンガスの購入
㉔ その他他部課係の分掌に属さない事項

（人事係）
第5条　人事係は次の業務をつかさどる。
① 人事計画および統制
② 従業員の募集、採用、配属、任命、異動および服務
③ 資格および給与
④ 人事考課および賞罰
⑤ 離職および退職金
⑥ 社内の慶弔見舞
⑦ 福利厚生施設（寮を含む）の企画、管理
⑧ 安全衛生（健康管理含む）
⑨ 勤怠および出張
⑩ 社会保険および労災保険
⑪ 企業年金、従業員預金
⑫ 旅費および通勤費
⑬ 給与計算および支給
⑭ 給与査定基準
⑮ 労働組合との折衝連絡および労使交渉
⑯ 労働条件に関する実施案の作成および調整
⑰ 新入社員および一般社員の教育訓練

⑱ 技能検定
⑲ 従業員の給食および作業服貸与
⑳ ZDおよび提案の表彰
㉑ 社内報
㉒ 住民税および源泉所得税
㉓ 従業員台帳の作成保管
㉔ 個人情報の保護管理

（経理課）
第6条　経理係は次の業務をつかさどる。
① 会社印および社長印の保管
② 総括予算の編成および実行
③ 月次、年次総括決算（貸借対照表、損益計算書および決算付属諸表の作成）
④ 資金計画および統制
⑤ 資金の調達および運用
⑥ 金銭および有価証券の出納ならびに保管
⑦ 法人税務および地方税務に関する事項
⑧ 内部監査
⑨ 公認会計士および関係会社の監査に関する事項
⑩ 有価証券報告書の作成
⑪ 関係会社および諸法令にもとづく経理関係提出書類の作成
⑫ 固定資産会計
⑬ チャート算定
⑭ 原価計算業務（原価関係決算諸表の作成を含む）
⑮ 予実算比較および分析

組織・職務分掌規程

（営業部）
第7条　営業部は繊維機械、空気圧縮機および産業機械に関する業務をつかさどる。

（事務係）
第8条　事務係は次の業務をつかさどる。
① 文書の受発信
② 部の営業会議資料の作成
③ 売上に関する帳票の作成保管
④ 売掛金の請求および回収事務
⑤ 信用限度の管理
⑥ 部内他課係に属さない事項

（営業一課）
第9条　営業一課は繊維機械に関する次の業務をつかさどる。

（販売係）
① 販売方針ならびに計画
② 販売予算の編成
③ 市場調査
④ 販路の開拓、広告宣伝
⑤ 取引先の信用調査と信用限度の申請
⑥ 見積および契約
⑦ 製造指図書の発行
⑧ 売掛金の請求ならびに回収
⑨ 製品の在庫調整
⑩ 見本品、返品、支給品、預り品等
⑪ 取引先よりの苦情処理
⑫ 製品のアフターサービス
⑬ 販売原価および販売価格の調査検討

（営業二課）
第10条　営業二課は空気圧縮機に関する次の業務をつかさどる。

（業務一係）
業務一係は遮断機以外の業務をつかさどる。
① 経費予算の編成
② 販売資料の作成
③ 広告宣伝
④ 仕込品販売計画の立案および製造指図書の発行
⑤ 仕込品の納期および販売調査
⑥ 製品の在庫調整
⑦ 補用部品の管理
⑧ 取引先よりの苦情処理
⑨ 製品のアフターサービス
⑩ 販売原価および販売価格の調査検討
⑪ 営業所、出張所との業務連絡

（業務二係）
業務二係は遮断機に関する業務をつかさどる。
① 販売方針ならびに計画
② 販売予算の編成
③ 経費予算の編成
④ 市場調査
⑤ 販路の開拓、広告宣伝
⑥ 取引先の信用調査と信用限度
⑦ 見積および契約
⑧ 製造指図書および出荷指図書の発行
⑨ 売掛金の請求ならびに回収

（販売係）
販売係は遮断機以外の販売に関する業務をつかさどる。
① 販売方針ならびに計画
② 販売予算の編成
③ 販売計画
④ 市場調査
⑤ 販路の開拓、販売促進
⑥ 取引先の信用調査と信用限度の申請
⑦ 見積および契約
⑧ 製造指図書および出荷指図書の発行
⑨ 売掛金の請求ならびに回収
⑩ 委託品の管理
⑪ 見本品の返品、支給品、預り品等
⑫ 仕込品の生産計画の立案
⑬ 仕込品の納期および販売調整
⑭ 製品の在庫調整
⑮ 販売原価および販売価格の調査検討

（営業三課）
第11条　営業三課は産業機械に関する次の業務をつかさどる。
① 販売計画および販売予算の作成
② 市場および業況調査
③ 得意先の信用調整および信用限度の申請
④ 代理店教育および販売督励
⑤ 得意先との連絡接渉

組織・職務分掌規程

⑥ 販売に関する見積、契約ならびに変更
⑦ 受注、試作、仕込、各指図書の発行、台帳の整理
⑧ 製品の在庫調査ならびに調整
⑨ 納期の監視および調整
⑩ 売掛金の請求および回収
⑪ 製品に関する苦情受付ならびに処理
⑫ サービス資料の作成検討
⑬ 販売原価および販売価格の調査検討
⑭ 販売報告ならびに販売資料の作成検討
⑮ 仕込品、支給品、預り品の充当および台帳の整理

（東京営業所）
第12条　東京営業所はその定められた地区における繊維機械、空気圧縮機および産業機械に関する次の業務をつかさどる。
① 所印、所長印の押印および保管
② 文書の受発信
③ 交際（寄付、賛助を含む）
④ 事務用品および什器備品の管理
⑤ 経費予算の編成
⑥ 所内人事管理
⑦ 福利厚生施設の管理
⑧ 所内の経理
⑨ 販売方針および計画
⑩ 市場調査
⑪ 販売開拓、販売促進
⑫ 取引先の信用調査と信用限度の申請
⑬ 見積および契約

⑭ 製造指図書および出荷指図書の発行
⑮ 売掛金の請求ならびに回収
⑯ 委託品および部品在庫の管理
⑰ 見本品、返品、支給品、預り品等の処理

（名古屋営業所）
第13条　名古屋営業所はその定められた地区における空気圧縮機の販売に関する業務をつかさどる。
① 所印、所長印の押印および保管
② 文書の受発信
③ 交際（寄付、賛助を含む）
④ 事務用品および什器備品の管理
⑤ 経費予算の編成
⑥ 所内人事管理
⑦ 福利厚生施設の管理
⑧ 所内の経理
⑨ 販売方針および計画
⑩ 市場調査
⑪ 販売開拓、販売促進
⑫ 取引先の信用調査と信用限度の申請
⑬ 見積および契約
⑭ 製造指図書および出荷指図書の発行
⑮ 売掛金の請求および回収
⑯ 委託品および部品在庫の管理
⑰ 見本品、返品、支給品、預り品等の処理
⑱ 取引先よりの苦情処理
⑲ 製品のアフターサービス
⑳ その他所内庶務事項

（資材部）
第14条　資材部は資材の購入、申請、調整、調査、統計、在庫管理に関する業務をつかさどる。

（購買係）
① 購買計画および購買予算の編成
② 市場調査および購入先調査検討
③ 購入契約および発注
④ 見積依頼および検討
⑤ 購入先との連絡接渉および指導
⑥ 生産計画にもとづく納期督促ならびに納入統制
⑦ 支払請求明細書の作成ならびに納期検収による支払手続および調整
⑧ 購入実績に関する諸表の作成検討
⑨ 関係他部門に対する市況報告
⑩ 関係規格の作成

（倉庫係）
① 準備表（含出庫伝票）にもとづく請求に対する在庫品引当調査および購入手続
② 常備品に対する不足分の購入手続
③ 特定部品の納品受付ならびに素材検査依頼
④ 入庫、出庫、保管
⑤ 入庫、出庫に関する帳票の整理

組織・職務分掌規程

（技術部）
第15条　技術部は試験研究、開発、特許、設計製図、検査等に関する業務をつかさどる。

（開発課）
第16条　開発課は次の業務をつかさどる。
① 常務会の決定による新製品、製品改良の研究ならびに開発に対する計画と実施
② 技術研究資料の収集発行、整理、保管
③ 技術説明検討会の運営
④ 市場調査
⑤ 発明、考案、特許等の調査申請
⑥ 製品および部品の標準化
⑦ 特定機種に関する原価予算の作成ならびに実績原価検討
⑧ 関係規格の作成

（技術一課）
第17条　技術一課は繊維機械に関する次の業務をつかさどる。
① 設計および出図計画の作成および実施
② 図面検討会の主催
③ 部品リスト、材料、買入部品表、製造仕様書の作成

④ 原図の保管
⑤ 営業用図面の作成および仕様の決定
⑥ 見積資料の作成
⑦ 取扱説明書の作成
⑧ 技術資料、研究資料の蒐集発行、整理保管

（技術二課）
第18条　技術二課は圧縮機およびその関連機器に関する次の業務をつかさどる。
① 設計および出図計画の作成および実施
② 図面検討会の主催
③ 材料、買入部品表、製造仕様書の作成
④ 原図の保管
⑤ 営業用図面の作成および仕様の決定
⑥ 見積資料の作成
⑦ 取扱説明書の作成
⑧ 技術資料、説明資料の収集発行および保管

（技術三課）
第19条　技術三課は押出機、食品機械その他産業機械に関する次の業務をつかさどる。
① 設計および出図計画の作成および実施
② 図面検討会の主催
③ 材料、買入部品表、製造仕様書の作成
④ 原図の保管
⑤ 営業用図面の作成および仕様の決定
⑥ 関係見積資料の作成
⑦ 設計担当工事に関する取扱説明書の作

⑥ 棚卸ならびに在庫統制
⑦ 鋼材の切断
⑧ 廃材の整理および保管
⑨ 関係規格の作成
⑩ 倉庫日誌等の作成

保管
⑨ 製品の研究、改造
⑩ 発明、考案、特許等の調査申請
⑪ 苦情調査アフターサービス
⑫ 立会検査の準備および立会
⑬ 基礎研究および試作品の実用化
⑭ 試験室の管理
⑮ 関係規格の作成
⑯ その他特命事項および関連書類作成

（設計係）
第一係は技術係以外の主として受注設計に関する次の業務をつかさどる。
① 設計および出図計画の作成および実施
② 図面検討会の主催ならびに図面の管理
③ 作成原図の保管
④ 関係見積資料の作成
⑤ 設計担当工事に関する取扱説明書の作

④ 原図の保管
⑤ 営業用図面の作成および仕様の決定
⑥ 見積資料の作成
⑦ 取扱説明書の作成
⑧ 技術資料、研究資料の蒐集発行、整理保管
⑨ 製品の研究、改造
⑩ 発明考案特許等の調査申請
⑪ 苦情調査
⑫ 試作研究および実用化
⑬ 関係規格の作成

成
⑥ 試運転に関する立案ならびに成績表の作成
⑦ 製品に関する事故、苦情の調査および

組織・職務分掌規程

⑧ 各種資料の調査および作成対策

(第二係)

第二係は食品機械その他産業機械に関する次の業務をつかさどる。

① 設計および出図計画の作成および実施
② 図面検討会の主催
③ 買入部品表、製造仕様書の作成
④ 営業用図面、資料の作成
⑤ 作成原図の保管
⑥ 見積資料の作成
⑦ 取扱説明書の作成
⑧ 製品の研究および改造
⑨ 製品に関する事故、苦情の調査および対策
⑩ 各種資料の調査および作成

(検査課)

第20条　検査課は次の業務をつかさどる。

(検査一係)

検査一係は繊維機械に関する次の業務を分担する。

① 納入品の受付
② 部品または完成機器に対する精度、機能、発送状況の検査
③ 検査成績書、損傷票の作成配布
④ 検収業務
⑤ 特別採用の処置および連絡
⑥ 不合格品の連絡および処置
⑦ 検査規格および要領書の作成

⑧ 客先および官庁検査立合
⑨ 計測器および検査設備の保管
⑩ 検査日程計画の作成および配布

(検査二係)

検査二係は空気圧縮機に関する次の業務を分担する。

① 納入品の受付
② 部品または完成機器に対する精度、機能、商品価値、発送状況の検査
③ 検査成績書、損傷票の作成配布
④ 検収業務
⑤ 特別採用の処置および連絡
⑥ 不合格品の連絡および処置
⑦ 検査規格および要領書の作成
⑧ 客先および官庁検査立合
⑨ 計測器および検査設備の保管
⑩ 検査日程計画の作成および配布
⑪ 水圧検査

(工場管理室)

第21条　工場管理室は工場長のスタッフとして生産管理に関する次の業務をつかさどる。

① 総合生産計画、人員計画、設備計画の立案
② 生産能力の調査および向上
③ 工場試験研究の総括
④ 技術標準化の総合的推進
⑤ 生産管理方式の調査研究
⑥ 生産技術の調査、改善および新生産技

術の導入
⑦ 生産施設の新設、改廃、技術的検討
⑧ 提案制度および ZD に関する事項
⑨ その他工場長特命事項の処理

(第一生産部)

第22条　第一生産部は繊維機械、空気圧縮機の生産に関する業務をつかさどる。

(製造一課)

第23条　製造一課は繊維機械に関する次の業務をつかさどる。

(工務係)

① 生産計画ならびに生産統制
② 工程計画の作成および推進
③ 日程計画の作成および推進
④ 作業伝票の発行および保管
⑤ 作業日報、時間報告、残業報告書の作成
⑥ 外注先の調査連絡ならびに指導
⑦ 内外注区分の決定および外注契約
⑧ 加工外注の見積依頼および検討
⑨ 材料および部品の出庫請求
⑩ 外注先への材料、図面、工具等の支給手配
⑪ 完成品の引渡および返送依頼
⑫ 製造技術および品質管理の研究実施
⑬ 作業改善および作業標準の設定
⑭ 標準時間および標準原価の設定
⑮ 安全衛生管理
⑯ 検査不合格品の連絡保管および返却

49

組織・職務分掌規程

⑰ 損傷票の発行および保管
⑱ 製品に関する苦情調査および対策
(作業係)
① 仕上組立、塗装作業の実施
② 係内作業の進行および報告
③ 不良および異状報告
④ 材料および製品の受渡
⑤ 所属施設機器類の管理保全
(サービス係)
① 製品に関するアフターサービス
② 製品に関するクレームの処理
③ その他課内特命事項
(製造二課)
第24条 製造二課は圧縮機に関する次の業務をつかさどる。
(工務係)
① 生産計画ならびに統制
② 工程計画の作成および推進
③ 日程計画の作成および推進
④ 作業伝票の発行および保管
⑤ 残業報告書の作成
⑥ 外注先の調査連絡ならびに指導
⑦ 内外注区分の決定および外注契約
⑧ 加工外注の見積依頼および検討
⑨ 材料および部品の出庫請求
⑩ 外注先への材料、図面、工具等の支給手配
⑪ 製品倉庫への部品、製品の入庫
⑫ 完成品の引渡および発送依頼

⑬ 製造技術および品質管理の研究実施
⑭ 作業改善および作業標準の設定
⑮ 標準時間および標準原価の設定
⑯ 安全衛生管理
⑰ 損傷票の発行および保管
⑱ 製品に関する苦情調査および対策
⑲ 納入計画ならびに統制
(作業係)
① 仕上、組立、熔接作業の実施
② 係内作業の進行および報告
③ 不良および異常の報告
④ 材料および製品の受渡
⑤ 所属施設機器類の管理保全
⑥ 作業日報の作成発行
(第二生産部)
第25条 第二生産部は押出機、食品機械等各種産業機械に関する次の業務をつかさどる。
(製造一課)
第26条 製造一課は押出機およびその付属機器に関する次の業務をつかさどる。
(作業係)
① 工場総括に関する事項
② 実行予算および収益予算
③ コスト低減対策の立案推進
④ 内外注区分の決定および外注要求
⑤ 注文主との折衝および連絡
⑥ 材料ならびに納入部品類の受渡および保管

⑦ 材料ならびに部品購入の依頼、督促
⑧ ロット部品の管理、払出および保管
⑨ 標準図面の管理保管
⑩ 技術研究事項
(組立係)
① 製品の仕上、組立作業ならびに運転調整
② 技術教育訓練ならびに職場管理
③ 安全衛生
④ 所属諸施設機器類の管理保全
⑤ 係内人事ならびに労務管理
⑥ 作業方法の改善に関する事項
(製造二課)
第27条 製造二課は食品機械その他産業機械に関する次の業務をつかさどる。
(工務係)
① 生産計画、工事量調整その他総合企画の立案
② 部品表の作成発行
③ 図面の管理保全
④ 材料の受渡
⑤ 工事に関する購入、他部門への依頼督促等調達諸手配事項
⑥ 諸調査資料の作成
(作業係)
① 工事総括に関する事項
② 注文主との折衝連絡
③ 実行予算、収益予算
④ コスト低減対策の立案推進

組織・職務分掌規程

⑤ 組立計画、時数計画、発送計画の立案推進
⑥ 工程計画の立案推進ならびに統制
⑦ 内外注区分の決定および外注要求
⑧ 技術研究事項
⑨ 納入部品類の受渡、保管

（組立係）
① 製品の仕上組立作業ならびに運転調整
② 技術教育訓練ならびに職場管理
③ 安全衛生
④ 所属施設機器類の管理、保全
⑤ 係内人事ならびに労務管理
⑥ 作業方法の改善に関する事項

（輸送課）
第28条　輸送課は次の業務をつかさどる。
① 輸送計画および予算の作成
② 製品の荷造、発送の計画、統制および実施
③ 荷造および輸送の見積依頼ならびに検討
④ 荷造および輸送の外注契約
⑤ 輸送保険に関する手続
⑥ 梱包材料の納品受入および保管
⑦ 荷造および運送方法の調査研究
⑧ 物品の工場内外への運搬
⑨ 運搬車輛、天井クレーン、貨物自動車の運転、配車ならびに管理
⑩ 所管臨時労務者の配置ならびに監督
⑪ 荷造および輸送に関する苦情調査ならびに対策
⑫ 梱包規格に関する事項
⑬ 社内営繕関係対策管理
⑭ 製品入出庫、倉庫管理および在庫報告
⑮ 戻り品に関する事項
⑯ 各課使用運賃の計算
⑰ 塵埃処理、焼却炉管理および浴場の清掃管理
⑱ 場内整理、作業屑運搬

（機工課）
第29条　機工課は機械作業に関する次の業務をつかさどる。

（外注係）
① 外注先の調査、連絡および指導
② 加工外注の見積依頼ならびに検討
③ 内外注区分の決定および外注契約
④ 納入計画および統制
⑤ 材料および部品の出庫請求
⑥ 外注先への材料、図面、工具等の支給ならびに貸与
⑦ 損傷票の発行および保管
⑧ 検査不合格品の外注先への連絡、不合格品の処理

（作業係）
① 工程計画の作成および推進
② 日程計画の作成および推進
③ 機械作業の実施
④ 作業日報、時間報告、残業報告書の作成
⑤ 材料および製品の受渡し
⑥ 損傷票の発行および保管
⑦ 加工技術および品質管理の研究実施
⑧ 作業改善および作業標準の設定
⑨ 標準時間の設定
⑩ 安全衛生管理
⑪ 所属施設機器類の管理保全
⑫ 関係規格の作成

第30条　設備係は機械設備、冶工具、電気、水道に関する次の業務をつかさどる。

（設備係）
① 機械設備、冶工具の購入計画ならびに予算の作成
② 購入に必要な市場調査および購入先の調査検討
③ 購入先との連絡接渉ならびに購入請求
④ 見積依頼ならびに検討
⑤ 納入計画ならびに統制
⑥ 機械設備および冶工具の製作、保全ならびに改修の計画と実施
⑦ 設備用図面管理
⑧ 機械設備冶工具の検査（受入検査および日常または定期検査を含む）
⑨ 関係規格の作成
⑩ 不良および異常の報告
⑪ 作業日報、時間報告、残業報告書の作

職務権限規程

工具係は工具に関する次の業務をつかさどる。

（工具係）

① 工具および計測器ならびに工場消耗品の購入計画ならびに予算の作成
② 購入に必要な市場調査および購入先の調査検討
③ 購入先との連絡接渉ならびに購入請求
④ 見積依頼ならびに検討
⑤ 納入計画ならびに統制
⑥ 作業伝票の発行ならびに保管
⑦ 作業日報、時間報告、残業報告書の作成
⑧ 購入品の納入受付
⑨ 関係規格の作成
⑩ 工具、計測器および工場消耗品の管理（検査を含む）
⑪ 棚卸および在庫統制
⑫ 修理および廃却手続

（電気係）

① 電気保全、運転操作基準の設定
② 電気工事の設計、計画、予算作成、検収
③ 特設水道、水源施設の保全および水質管理
④ 電気設備（自動火災報知設備を含む）の検査ならびに保全管理
⑤ 機械設備および屋内外の電気配線工事
⑥ 製品の電装工事
⑦ 納品の受付および検査
⑧ 購入先との連絡接渉ならびに購入請求
⑨ 購入に必要な市場調査および購入先の調査検討
⑩ 電気関係の苦情調査および対策
⑪ 関係諸官庁および電力会社との連絡折衝
⑫ 図面の整理保管
⑬ 設備、器具、資材の管理
⑭ 作業日報、作業伝票、残業報告書の作成
⑮ 関係設備、器具の廃却手続

第31条　鋳造課は鋳造に関する次の業務をつかさどる。

（鋳造課）

（作業係）
① 造型、芯取、熔解、砂処理、製品処理作業の実施
② 所属施設、機器類の管理保全
③ 不良品および異常報告
④ 関係規格の作成

（木型班）
① 木型製作、修理、検査作業の実施
② 木型、金型外注に関する見積依頼ならびに検討および外注先の決定
③ 木型用材の購入手続
④ 木型用図面の整理保管
⑤ 不良および異常報告
⑥ 木型の整理保管
⑦ 所属施設機器類の管理保全

（工務係）
① 生産計画の立案
② 日程計画の作成および推進
③ 鋳造日報の発行および保管
④ 外注先の調査決定および価格、納期、品質の管理
⑤ 外注先よりの納品に関する受入、検査ならびに処理
⑥ 吹上品の出庫業務
⑦ 鋳造材料の購入請求
⑧ 支払伝票の作成

成

② 作業伝票の発行および保管
③ 機械設備の廃却手続

の検査ならびに保全管理
⑨ 月別各種統計表の作成
⑩ 鋳造技術および品質管理の研究実施
⑪ 安全衛生管理
⑫ 所属施設機器類の管理保全
⑬ 製品に対する苦情受付、調査および対策

（付則）
① この規程は〇〇年〇月〇日から実施する。
② この規程の実施にともない現行業務分掌規程（〇〇年〇月〇日制定）は廃止する。

職務権限規程

第一章 総則

（目的）

第1条 この規程は会社の業務執行に関する各職位の責任と権限を明確にし、能率の向上をはかることを目的とする。

（用語の意義）

第2条 この規程における用語の意義は次のとおりとする。

(1) 職位とは、管理組織上の地位をいう

(2) 職務とは、経営活動として行うべき業務について、各職位に遂行すべきものとして割当てられたものをいう

(3) 職能とは、一つの職位に関する活動、またはその業務を最も広く把握した場合であって、そのなかには職位の目的およびその実施を指令する機能および限界をいう

(4) 権限とは、職務の遂行にあたって、その行為の効力を最終的に発生させ、またはその業務を他の職位から区別する点が示されている

(5) 責任とは、一つの職位の機能の個々の面であって、その職位にある個人がやらねばならない職務内容、換言すればその職位に伴う責務である

（命令系統の統一）

第3条 命令系統は常に統一を保ち、正当な理由がなくこれを乱すことがあってはならない。

（職務権限の行使）

第4条 職務権限は会社の方針、諸規程等定められた基準にしたがって、当該職位自らこれを行使しなければならない。

2 職務権限を行使するに対し、上級職位の指揮監督は当然行われるが、他の誰も干渉することはできない。

（職務権限の代行）

第5条 業務処理上必要と認めるときは、上級職位の許可を得て、その職務権限の一部を下級職位に代行させることができる。

（職務権限の不在代理）

第6条 職位にある者が事故その他の事由によって不在の場合は、直属上級職位がその職務権限を代理する。ただし、補佐職位のおかれている場合は、組織人事ならびにとくに定められた事項を除いて補佐職位が代理する。

（注）補佐職位とは、次長、課長補佐、副所長をいう。

（責任の帰属）

第7条 職位にある者は職務権限を行使し、または行使しなかったことによって生じた結果に対して責任を負わなければならない。ただし、第5条、第6条の代行ならびに代理事項については、当該被代行者および代理者が責任を負うものとする。

（職務権限の調整）

第8条 業務遂行に当たり職務権限相互間の見解が一致しないときは、上級職位の決定または協議による。

（報告の義務）

第9条 職位にある者は職務権限を行使したときはその結果について、必要な事項を適時直属上級職位に報告しなければならない。

第二章 役付役員の職務

（社長）

第10条 会社を代表し、定款および取締役会で定められた方針にもとづき、また自ら諸方針をたて、会社業務の執行を統括する。

2 常務会を召集する。

（副社長）

第11条 常時社長と一体となってこれを補佐し、社長の命により全般的業務の執行に関する基本方針の樹立に参画する。

2 常務会において社長を補佐し、社長不在のときは社長の代理として常務会を召集する。

3 社長の命により特定義務を分担し、関係各長を指導する。

（注）関係各長とは、室・部長・調査役および支店長をいう。

職務権限規程

定められた範囲内で社長決裁事項を代行する。

4 社長に事故があるときは、社長の職務権限を代理する。

（専務取締役）

第12条 常時社長と一体となってこれを補佐し、常務会において経営全般に関する重要事項を協議する。

2 社長の指名する専務取締役は、社長、副社長不在のときは社長の代理として常務会を召集する。

3 社長の指名により特定業務を分担し、関係各長を指導する。

4 社長・副社長に事故があるときは、社長の職務権限を代理する。

（常務取締役）

第13条 常時社長と一体となってこれを補佐し、常務会において経営全般に関する重要事項を協議する。

2 社長の命により特定業務を分担し、関係各長を指導する。

3 定められた範囲内で社長決裁事項を代行する。

4 社長・副社長および専務取締役に事故があるときは社長の職務権限を代理する。

第三章 本社各職位の職務

（室・部長）（経営計画室長および営業本部長を含む）

第14条 社長、副社長、担当専務または担当常務を補佐し、社長の命により所管専務および担当常務の指導により所管業務を総括する。

2 所管業務について支店長の業務執行を管理、調整するとともに、必要に応じて助言、協力する。

3 所管業務執行上必要事項で自己の権限を超えるものについて上申し、承認をうけてこれを実施する。

4 定められた範囲内で所管業務を決定し、またはこれを承認する。

5 室・部内の各職位を指揮監督する。

（調査役）

第15条 経営計画室長の命によりとくに命ぜられた事項を分担する。

2 経営計画室長に事故があるときは分担事項について、経営計画室長の職務権限を代理する。

3 その他、室・部長に準ずる。

（副本部長）

第16条 営業本部長の命により、とくに命ぜられた事項を分担する。

2 営業本部長に事故があるときは、分担事項について営業本部長の職務権限を代理する。

（次長）

第17条 室・部長および調査役（以下室・部長等という）を補佐し、室・部長等の指定する業務を分担する。

2 定められた範囲内で室・部長等の決裁事項を代行する。

3 室・部長等に事故があるときは、室・部長等の職務権限を代理する。

（課長）

第18条 室・部長の命により分掌業務を処理する。

2 課員を指揮監督する。

（課長補佐）

第19条 課長を補佐し、課長の指定する業務を分担する。

2 課長に事故があるときは、課長の職務権限を代理する。

3 定められた範囲内で課長の決裁事項を代行する。

第四章 支店各職位の職務

（支店長）

第20条 社長の命および本社各長の機能的指示をうけて、支店内業務（営業所・出張所を含む）の執行を総括する。

2 所管業務執行上必要事項で自己の権限を超えるものについて上申し、承認をうけ

職務権限規程

てこれを実施する。

3 定められた範囲内で所管業務を決定し、またはこれを承認する。

4 支店内の各職位を指揮監督する。

（支店部長）
第21条 支店長の命により担当業務を総括する。

2 定められた範囲内で支店長の決裁事項を代行する。

3 支店長に事故があるときは、所管業務について支店長の職務権限を代理する。

4 所管外業務については、あらかじめ支店長の定める順位により支店部長がこれを代理する。

5 部内の各職位を指揮監督する。

（支店次長）
第22条 支店長を補佐し、支店部長の業務を分担する。

2 定められた範囲内で支店長の決裁事項を代行する。

3 支店長に事故があるときは、所管業務について、支店長の職務権限を代理する。

4 所管外業務については、あらかじめ支店長の定める順位により次長がこれを代理する。

（支店部次長）
第23条 支店部長を補佐し、支店部長の指定する業務を分担する。

2 定められた範囲内で支店部長の決裁事項を代行する。

（課長）
第24条 支店長または支店部長の命により分掌業務を処理する。

2 支店次長のいない支店にあっては、支店長に事故があるときは所管業務について、支店長の職務権限を代理する。

3 所管外業務については、あらかじめ支店長の定める順位により課長がこれを代理する。

4 課員を指揮監督する。

（課長補佐）
第25条 課長を補佐し、課長の指定する業務を分担する。

2 定められた範囲内で課長の決裁事項を代行する。

3 課長に事故があるときは、課長の職務権限を代理する。

（所長）
第26条 支店長または部長の命により所内業務を処理する。

2 所員を指揮監督する。

（副所長）
第27条 所長を補佐し、所長の指定する業務を分担する。

2 定められた範囲内で、所長の決裁事項を代行する。

3 所長に事故があるときは、所長の職務権限を代理する。

第五章 共通職務権限

（室・部長・調査役・副本部長）
第28条 室・部長・調査役および副本部長の共通職務権限は、次のとおりとする。

(1) りん議事項
ア 規則・規程の制定および改廃
イ 所属職員・嘱託の任免・異動・昇給・昇格・賞与および賞罰
ウ 課の設置および廃止
エ 重要もしくは異例の契約または協定
オ 官公署に対する異例な願届
カ その他重要または異例の事柄

(2) 専決事項
ア 所管業務の運営管理
(ア) 所管業務の運営計画
(イ) 所属次長・課長に対する業務執行の指揮監督
(ウ) 所管各課の業務活動の統制および調整
イ 所属員の人事、服務管理
(ア) 所属員の人事、服務考課
(イ) 所属員に対する出張命令、時間外勤務および勤務時間の変更
(ウ) 所属員の教育訓練
(エ) 所属員の代休、休暇の許可および欠

職務分掌および責任権限規程

第一章 総則

1 この規程は会社の組織機構、職務分掌および職務権限と責任を明確に規定し、各部門の遂行すべき基本的任務を定め、業務の組織的で能率的な運営をはかることを目的とする。

2 各組織単位は常に会社の業務活動が有機的に行われるよう相互の関連業務で協調しなければならない。

3 この規程に定めていない事項は案を具申して順序を追い社長の決裁を経て処理するものとする。

4 臨時に必要ある場合は取締役会の決議を経て変更または特別の職務を設け、または所定業務に関し特例を定めることができる。

第29条 支店長の共通職務権限は次のとおりとする。

(1) りん議事項

ア 規則、規程の制定および改廃
イ 所属職員、嘱託の任免、異動、昇給、昇格、賞与および賞罰
ウ 課、営業所および工事事務所の設置および改廃
エ 重要もしくは異例の契約または協定
オ 官公署に対する異例な願届
カ 訴訟
キ 固定資産の取得、編入および除却
(注) 固定資産とは有形固定資産、無形固定資産および投資をいう。
ク 建造物の修繕(資産の増減を伴うもの)
ケ 有価証券の購入または売却
コ 取引銀行の設定および変更
サ 寄付、謝礼ならびに諸会団体への加入脱退
シ 社宅の借上げおよび使用料の決定

(2) 専決事項

ア 店内業務の運営管理
(ア) 店内業務の運営計画
(イ) 所属部長、次長、課長、営業所長および工事事務所長に対する業務執行の指揮監督
(ウ) 所属部・課・営業所および工事事務所の業務活動の統制および調整
(エ) 所管業務に必要な諸会議の召集
イ 所属員の人事、服務管理
(ア) 所属員の人事考課
(イ) 所属員に対する出張命令、時間外勤務および勤務時間の変更
(ウ) 所属員の教育訓練
(エ) 所属員の代休、休暇の許可および欠勤の承認
(オ) 臨時社員の採用および解雇
ウ 支店印の改廃
エ 請負工事の見積、契約、旅行および引渡
オ 工事原価の確定
カ 工事請負に要する委任状の作成
キ 官公署に対する定例願届
ク 業者団体との折衝その他対外業務
ケ 所管固定資産の管理
コ 建造物の修繕(資産の増減を伴わないもの)

(オ) 臨時社員の採用および解雇
勤の承認
ウ 官公署に対する定例の願届
エ 官公署、業者団体との折衝その他対外業務
オ 予算内における旅費交通費、交際費および雑費の支出
カ その他前各号に準ずる事項

(支店長)

サ 所属社宅、寮の管理
シ 借上げ社宅の継続契約および使用料の改訂
ス 対応労組支部との交渉
セ 協力業者の報賞(一件 ○万円以下)
ソ 損害保険の契約および解除
タ 予算内における一般管理費および間接費の支出
チ 物品の購入および不用品の売却
ツ その他前各号に準ずる事項

職務分掌および責任権限規程

第二章　役員

1　当会社の役員は次のとおりである。
　取締役社長、専務取締役、常務取締役、取締役、監査役。

2　社長は会社を代表し取締役会を召集し、これを総括処理し取締役会の決議により社務を統括する。

3　専務取締役は社長を補佐し社長に事故があるときはその順序をもってこれに代わる。

4　常務取締役はその担当業務を監査し社長・専務に事故があるときはその順序をもってこれに代わる。

5　取締役は取締役会を構成し、業務の方針を決定する。

6　監査役は随時会計の監査をする。

第三章　職制

1　当会社の業務運営の組織として部・課・係・班とし各々長をおく。

2　部長は所管部に関するすべての事項を管理する。

3　担当各課長はそれぞれ上司を補佐し所管業務を処理遂行するとともに所属課員を指導監督する。

社長の分掌事項（おもな職務）
　社長は会社の最高責任者として取締役会で定められた範囲内で以下に述べる職務遂行に全責任を負い、かつその遂行に必要な権限をもつ。

(1) 経営方針および各業務方針の検討・指示および承認

(2) 重要な社規・社則の制定、改廃の決定および承認

(3) 重要な契約、渉外売買諸計画事項の決定、承認

(4) 重要人事の決定および承認

(5) 賞与・昇給・賞罰・昇進・採用・解雇等の決定および承認

(6) 融資、貸付、返済資金計画および総合資金計画の指示、承認

(7) 各部門の諸計画および処理の指導、監督

(8) 取締役会の議長

(9) 重要な取引先および関係先との交渉

(10) 稟議事項の決議および実施の管理

(11) 会社業務全般にわたる指導注意

(12) コンプライアンスにかかる指示及び承認

専務および常務取締役の分掌事項

(1) 社長の指示にもとづく一定範囲の業務処理

(2) 重要会議に参加

(3) 社長閲覧書類の審査および検討

(4) 社長に対する助言、援助

(5) 重要事項につき意見の具申

(6) 社長不在時の重要来客との接客

(7) 会計および業務に関する監査

(8) 関係会社、取引先および官公庁等に社長の代理出席諸、交渉

取締役会（役員会）の分掌事項

(1) 経営方針の検討・決定および修正案の審議

(2) 経営収支計画案の審議

(3) 社規・社則の改廃、修正案の審議

(4) 勤務状況および業務処理の促進

(5) 営業および各種取引制度の改廃業務の改善および実施

(6) 重要取引の計画および宣伝方法の企画および実施

(7) 重要人事および給与制度の決定変更に関する審議

(8) 収支損益の状況とこれにもとづく対策の検討

(9) 各業務部門の日常業務の連絡推進

(10) 毎月一～二回、原則として第〇△曜日、第〇△曜日午前××時から行う。

課長会議の分掌事項

(1) 役員会決定事項の報告と指示・伝達

(2) 各課業務方針および諸計画の検討と修正案の審議

(3) 従業員管理の問題点の検討と具体案の策定

(4) 個人情報の保護管理の策定

職務分掌及び責任権限規程

(5) 各種欠陥、あい路の報告とその打開策の検討
(6) 経営方針徹底のための各種具体案の検討
(7) 業務運営に伴う各部門間の打合せ、連絡および調整処理
(8) その前各項に準ずる事項
(9) 毎月一回第〇△曜日午後〇時から行う。
　　議長・社長　構成・各部課長

職位の責任・権限
権限とは分掌する業務を遂行するために必要な権利をいい、責任とはそれを遂行する業務および与えられた権利の行使または不行使の結果に対する責務をいう。

(1) 権利の内容と形態
権限の内容および形態を明確にするためそのおもな権限について次のとおり定義する。

① 命令
定められた命令系統にもとづき部下に包括または特定の業務の遂行を命ずることをいう。

② 決定
自由裁量により自らの責任において決定または許可することをいう。

③ 承認
効力の発生が保留されている決定に対し効力発生の要件を与えることをいう。

④ 勧告または助言
決定・命令の権限ある職位に対し専門的、技術的立場より勧告または助言することをいう。

⑤ 審査
一定基準に照らし、申請の内容・要件・その他につき調査し判定することをいう。

(2) 権限行使の基準
権限はその行使についてあらかじめ設定され、または指示された方針もしくは基準がある場合には、これにしたがって行使されなければならない。

(3) 権限の行使者
権限は原則として責任事項を処理する立場にある職位のものが自ら行使するものとする。

(4) 権限の代理
権限を行使すべきものが出張・病欠・その他事故によりその権限を行使することができない場合には直近上長が自ら代理し、もしくはあらかじめ、またはそのつど指名して代理させることができる。

(5) 権限の委任
業務その他の都合により責任事項の一部を委任する場合はその遂行に必要な権限も合わせて委任しなければならない。
ただし、委任者は当該事項を委任したことによってその責任および処理についての監督の責任を免れるものではない。また受任者は委任者に対して経過および結果についての報告をしなければならない。

(6) 委任する責任権限の範囲
各管理職の責任事項および権限のうち委任してはならない事項については別に定める。

部長としての主な職責
部長は社長の命を受けて所管部を統括し、当該部の所管業務を処理する。

(1) 所管業務に関し事業方針の立案に参画し、または社長を補佐し助言すること。
(2) 事業方針にもとづき部事業計画を作成し社長の決裁を受け、その実行を命ずること。
(3) 各課業務計画を決定し、各種の業務活動を調整しその実行を監督すること。
(4) 各課予算案を統括調整して部予算案を申請すること、ならびに実行予算内の重要支出を承認し予算の実行を監督すること、および予算支出の稟議を申請すること。
(5) 部内組織、分掌および役職者人事の変更を社長に申請すること。
(6) 部内所属員の出張を命ずること。
(7) 部内被監督者の評価を調整すること、および直接被監督者を評価すること。
(8) 部事業報告、その他経営計画および監査に必要な資料を社長に提出すること。
(9) 部内各課長、その他部内所属員を指導、監督すること、および部内管理者層の教育を計画し実行すること。
(10) 個人情報管理を徹底させること。
(11) コンプライアンスの周知とその実施。

部付としての主な職責
(1) 部付はその長の指揮を受け専門分野の調査、研究または特命による業務を執行する。

職務権限表

1 組織機能と権限を部署別機能権限表として定める。

2 用語の定義　機能権限に関する用語の定義を次のとおり定める。

方　針　基本的な、進むべき方針を示すもの。

政　策　方針を具体化するための基本的な手段を示すもの。

対　策　問題を解決するための方法を示すもの。

計　画□　方針・政策を実現するための具体的な目標、実施項目、日程などを定めたもの（必ず名詞形で使用する）。

立　案△　判断力・計画力を行使して構想を組み、計画を立て一つの案をまとめあげること。

点　検△　立案されたもの、活動実績や結果などをルールや当初計画に照らして適切であるか否かを確認すること。

決　定◎　自らの責任で諸条件を判断し、会社もしくは、部門としての意思決定を下すこと。原則として決定事項は、直ちに実施できる（決定後承認を得る機能は承認を得た後

(1) 部付はその業務の執行の結果についてその長に対して責任を負う。

(2) 部付は部長の業務を処理する。

(3) 部長不在の場合は部長の業務を代行する。

(4) 部付は部長の命を受け、部内各課長に対し助言・勧告をする。

課長としての主な職責

課長は部長の命を受けて所管課を統括しその課の業務を処理する。

(1) 課内の業務に関し部事業計画の立案に参画または部長を補佐し助言すること。

(2) 部事業計画にもとづき課業務計画を作成し部長の承認を受けて業務の割当および日程計画を決定し、その実行を命じ監督すること。

(3) 課予算案を部長に提出することおよび実行予算内の軽度の支出を承認すること。

(4) 課内の宿泊出張を部長に申請し、日帰り出張を命ずること。

(5) 課業務の報告、その他業務資料を部長に提出し、保管すること。

(6) 課内の経費、資材および時間の節減につき指揮・監督すること。

(7) 課内所属員の人事考課を評定すること。

(8) 課内所属員の欠勤、休暇の請求を承認することおよび定時外勤務を命ずること。

(9) 課内所属員の苦情を処理し職場の士気を高めること。

(10) 経営方針ならびに事業方針、社命、社告、

その他社内規則および関係法令を周知させ、その履行を監督すること。

(11) 課内所属員を指導監督し、職場教育計画を決定しその実行を監督すること。

(12) 課所属の施設および備品の保全ならびに火気取扱を監督すること。

営業所所長の主な職責

(1) 営業所所長は所管地域を管理する営業所の長として本社営業課長の指導監督を受け部下を指揮、監督する。

(2) 業務内容は課長の職責に準ずる。

係長の主な職責

係長は課長の命を受け、所管係を統括しその係の所管業務を処理するものとする。

(1) 所管業務に関し課業務計画の立案に参画し、または課長を補佐し助言する。

(2) 係内所属員の昇進、降職、転職および転換を課長に申請すること。

(3) 係内所属員の人事考課を評定すること。

(4) 係内所属員の欠勤および休暇の請求を承認すること、ならびに課長の承認を得て定時外勤務を命ずること。

(6) 係内所属員の苦情を処理し、職場士気を高めること。

(7) 係内所属員を指導、監督すること。

(8) 班長（主任）を指導、監督すること。

職務権限表

承　認 ⊕　決定された事項のうち重要事項に関し、方針にもとづき実施の是非を決めること。
否認された事項は、決定権者に差し戻され、そこで再考、変更または修正されるものとする。

報　告 ®　決定した内容、実施状況、入手した情報などを文書または口頭で知らせること。
したがって連絡の語は用いない。連絡と報告は同じと見なす。

調　整 ◇　決定または承認する前に、関係部署の意見を求めたり、業務計画相互間のつり合いを調整したりして部署間の意思疎通と意見の一致を図ること。協議の語は用いない。協議とは調整するための方法である。

実　施 ○　決定された事項あるいは承認された事項を定められた条件の範囲で実行すること。実行の語は用いない。

（矢印（→）付記の部署長は、トップへ説明または報告すること）

設　定　立案、調整、決定など一連の過程を経て、制度、計画等を定めること。

○○グループ　子会社等を含めた企業集団

全　社　株式会社○○の全体をいう。

全体をいう。

職務権限表

共通（各部署業務担当共通機能）

中機能	小機能	担当	業務担当	部署長	社長室	総務部	秘書室	開発部	経営会議	常務会	専務	副社長	社長
部内の人事・労務管理	1 年度人事管理方針の周知徹底		○										
	2 要員管理												
	(1)部内要員ギャップの把握	○											
	3 異動・配置												
	(1)社員の部内異動・配置	△	◎			Ⓡ							
	(2)社員の部署間の異動・配置		△			◎ →			□			⊕	
	(3)組織上位置づけられている社員の異動・配置		△										
	4 定着管理												
	(1)臨時社員の解約	△	◎			Ⓡ							
	(2)自己退職　一般社員	△	◎			⊕							
	(3)自己退職　係長以上		◎			◇ →			□			⊕	
	(4)懲戒免職（就業規則による）		◇			○ →			□				◎
	5 昇格・昇進												
	(1)昇格の申請（5級まで）	△	□			◎							
	(2)昇格の申請（6級以上）		△			□ →			□				◎
	(3)昇進の申請（部・次長を除く）		△			□ →			□				◎
	6 教育訓練												
	(1)O.J.Tの実施	◎	○										
	(2)社外セミナーへの参加申請	△	□			◎							
	7 人事事務												
	(1)人事記録の維持保管	○											
	(2)人事記録の手続	○	□			Ⓡ							
	8 福利厚生												
	(1)福利厚生行事の立案・実施	△◎○⊕				Ⓡ							
	(2)社宅の入退申請	△	□			◎							
	(3)寮生の生活指導（支店・工場）	○	□										
	(4)寮の入退	△	◎			Ⓡ							
	9 保健衛生												
	(1)衛生検査の実施	○	□										
	(2)保健衛生の管理	○	□										
	10 モラール向上												
	(1)個別カウンセリングの実施		○										
	(2)モラール向上の問題分析	○	Ⓡ										
	11 コンプライアンスの周知徹底	○	□			◎							
	12 個人情報保護管理の確立	○	□			◎							
	13 メンタルヘルス対策の確立	○	□			◎							
経理事務	1 小口金融出納	○	□			Ⓡ							
	2 経理原紙伝票の起票	○	□			Ⓡ							
	3 月次資料の分析・保管	○	□			Ⓡ							
	4 期末資料の分析・保管	○	□			Ⓡ							
	5 経費支払（建物・設備の修理・保全を含む）												
	(1)予算内1件												
	30万円未満	△	◎										
	〃　30万円以上100万円未満	△	◎ →		◇							⊕		
	〃　100万円以上		△ →		◇	◇			□			◎	
	(2)予算外												
	当初予算枠超過		△ →		◇	◇			□			◎	

61

職務権限表

中機能	小 機 能	担当	業務担当	部署長	関連部署 社長室	総務部	秘書室	開発部	経営会議	常務会	トップ 専務	副社長	社長
庶務事項	1 団体入会 　(1)新規入会 　(2)維持費払込み	 ◎	 ◎ ⊕										
	2 慶弔見舞 　(1)社内(規程による) 　(2)社外　重要なもの 　〃　　軽易なもの 　(3)中元・歳暮の申請	◎ △ ◎ △	□ ◎ Ⓡ □◎			Ⓡ Ⓡ ◇	Ⓡ					Ⓡ	
	3 寄附・賛助 　(1)1件1万円未満 　(2)1件1万円以上5 　　万円未満 　(3)1件5万円以上 　(4)定例的賛助	◎ △ △ △	⊕ ◎ ◎ ◎	 → →		 ◇ ◇				□		Ⓡ	⊕	
	4 式典の挙行	△	◎			◇								
	5 車輌管理 　(1)修理 　(2)運行管理（運転者 　　規程にもとづく）	◎	⊕											
	6 資産管理 　物品管理規程に準ずる													
	7 設備管理 　物品管理規程に準ずる													
	8 什器・備品・事務 　用消耗品の購入管理 　物品管理規程に準する													
	9 文書管理 　(1)文書の受発信 　(2)社印を要する社外 　　提出文書の作成 　(3)社印を要しない社 　　外提出文書の作成 　(4)新書式の制定	○ △ ◎○ △	 ◎ □ □			 ◇ ◎								
	10 保安 　(1)設備の保安 　(2)防火・防災・施設・ 　　器具設置 　(3)監督官庁への届出 　　（本社管轄を除く）	◎○ ◎○ ◎○	 □ ⊕			 ◇								
	11 契約 　(1)契約行為が発生す 　　る場合、別紙契約 　　者管理規程に準じ 　　た処理を行う													
その他	1 技術に関するノウ 　ハウの収集	○ 各担当	◎			Ⓡ								

職務権限表

営業部・製造部共通機能・権限

中機能	小機能	担当	業務担当	部署長または工場長	営業製造部長	関連部署 社長室	関連部署 総務部	経営会議	常務会	トップ 専務	トップ 副社長	トップ 社長
部内の人事・労務管理	1 年度人事管理方針の周知徹底				○							
	2 要員管理 (1)部内要員ギャップの把握	○					◇					
	3 異動・配置 (1)社員の部内異動・配置（営業・製造部内間）		△	◎			Ⓡ					
	(2)工場・支店・総支店・卸売部内の社員異動・配置	△	◎	Ⓡ		Ⓡ						
	(3)組織上位置づけられている社員の異動・配置			△		◎→		□			⊕	
	4 定着管理 (1)臨時社員の解約	△	◎				Ⓡ					
	(2)自己退職 一般社員	△	◎	Ⓡ			⊕					
	(3)自己退職 係長以上		◎	◇		◇→		□			⊕	
	(4)懲戒免職（就業規則による）		△	◇		○→		□				◎
	5 昇格・昇進 (1)昇格の申請（5級まで）		△	□		◎						
	(2)昇格の申請（6級以上）		△	□		□→		□			◎	
	(3)昇進の申請（部・次長を除く）		△	◇		□→		□			◎	
	6 教育訓練 (1)O.J.Tの実施	◎○										
	(2)社外セミナーへの参加申請	△	□	Ⓡ		◎						
	7 人事事務 (1)人事記録の維持保管	○										
	(2)人事記録の手続	○	□				Ⓡ					
経理事務	1 小口金融出納	○	□				Ⓡ					
	2 経理原紙伝票の起票	○	□				Ⓡ					
	3 月次資料の分析・保管	○	□	Ⓡ			Ⓡ					
	4 期末資料の分析・保管	○	□	Ⓡ			Ⓡ					
	5 経費支払（建物・設備の修理・保全を含む） (1)予算内1件 30万円未満	△	◎									
	〃 30万円以上 100万円未満	△	◎	⊕			◇					
	〃 100万円以上		△	□	→	◇	◇	□			◎	
	(12)予算外 当初予算枠超過		△	□	→	◇	◇	□			◎	

職級規則

中機能	小 機 能	担当	業務担当	部署長または工場長	営業部長製造	関連部署 社長室	関連部署 総務部	経営会議	常務会	トップ 専務	トップ 副社長	トップ 社長
庶務事項	1 団体入会 (1)新規入会 (2)維持費払込み	◎	⊕	◎	Ⓡ							
	2 慶弔見舞 (1)社内（規程による） (2)社外（重要なもの） 　〃　（軽易なもの） (3)中元・歳暮の申請	◎ △ ◎ △	□ ◎ Ⓡ □◎	Ⓡ		Ⓡ Ⓡ Ⓡ						Ⓡ
	3 寄附・賛助 (1)1件1万円未満 (2)1件1万円以上5万円未満 (3)1件5万円以上 (4)定例的賛助	◎ △ △ △	⊕ ◎ ◎ ◎	Ⓡ →Ⓡ			◇	Ⓡ	□			⊕
	4 式典の挙行（地方）	△	◎			◇						
	5 文書管理 (1)文書の受発信 (2)社印を要する社外提出文書の作成 (3)社印を要しない社外提出文書の作成 (4)新書式の制定	○ △ ◎○ △	◎ □ □			◇ ◎						
	6 保安 (1)設備の保安 (2)防火・防災・施設・器具設置 (3)監督官庁への届出（本社管轄を除く）	◎○ ◎○ ◎○	□ ⊕			◇						

職級規則

（目　的）
第1条　この規則は、従業員の職級に関し必要な事項を定め、その職務遂行能力を正しく評価し、それに相当する職級に格付し、もって待遇の公平をはかるとともに社内秩序の確立を期し、人事管理の合理的運用をはかることを目的とする。

（適用範囲）
第2条　この規則は、就業規則第〇条に該当する従業員に適用する。

（職級および職種）
第3条　職級および職種は次のとおりに定める。

事務職　　六級
技術職　　五級
営業職　　四級
技能職　　三級
特務職　　二級
　　　　　一級B
　　　　　一級A
管理職―管理三級
　　　　管理二級
　　　　管理一級

（職種の定義）
第4条　各職種の定義は次のとおりとする。
①管理職

64

職 級 規 則

〔別表1－1〕　　　　　　　　職 級 説 明 書

	管　理　職	代表職務示例
1級職	① 会社運営の基本的方針にもとづいて、部もしくは部に相当する独立部門の運営を担当し、所管業務について調整を行うことができ会社運営の基本方針の策定に参画することができる。 ② 大事業所の長のスタッフとして、または、2つ以上の部を総括する部門の長のスタッフとして単独もしくは補助者の協力を得て、所管の広範な、かつ、きわめて高度の専門的事項について、調査・研究・または対人折衝ができ、部長業務の補佐ができる。	部　　長 支　店　長 営業所長
2級職	① 一般的な監督のもとに2つ以上の課の運営を担当し、所轄業務について部または部に相当する独立部門の運営の基本方針の策定に参画できる。 ② 部長または部に相当する独立部門のスタッフとして単独もしくは補助者の協力を得て、きわめて複雑困難かつ高度の専門的事項について調査・研究・立案・または対人折衝ができ、部長業務の補佐ができる。	次　　長
3級職	① 一般的な監督のもとに課の長として所管業務の政策的な事項の指示を受け自らの創意により課業務運営の具体的計画をたて、課員を指導監督して自主的に課業務の実施運営ができる。 ② 一般的な監督のもとに社会科学分野における高度の専門的知識または高度の技術的知識にもとづいて自らの創意と判断によりきわめて困難な業務の調査・研究・立案または対人折衝ができる。	課　　長 主　　査

〔別表2〕　　　　　　　　　　職 級 格 付 基 準

職級区分	格付基準	職級区分	格付基準
管理1級職	㋑ 別表1に定める管理1級職の職務遂行能力があると判定された者 ㋺ 過去2年の勤務実績考課の評語が平均A以上またはそれに準ずること	3　級　職	㋑ 別表1に定める3級職の職務遂行能力があると判定された者 ㋺ 過去2年の勤務実績考課の評語が平均B以上またはそれに準ずること ㋩ 4級在籍3年以上（10年以下）
管理2級職	㋑ 別表1に定める管理2級職の職務遂行能力があると判定された者 ㋺ 過去2年の勤務実績考課の評語が平均A以上またはそれに準ずること	4　級　職	㋑ 別表1に定める4級職の職務遂行能力があると判定された者 ㋺ 過去2年の勤務実績考課の評語が平均B以上またはそれに準ずること ㋩ 5級在籍3年以上（6年以下）
管理3級職	㋑ 別表1に定める管理3級職の職務遂行能力があると判定された者 ㋺ 過去2年の勤務実績考課の評語が平均A以上またはそれに準ずること	5　級　職	㋑ 別表1に定める5級職の職務遂行能力があると判定された者 ㋺ 過去2年の勤務実績考課の評語が平均C以上 ㋩ 6級在籍3年以上（4年以下） 　ただし、職業訓練校修了者はその年数を6級在籍年数に加算する。
1級A職	㋑ 別表1に定める1級A職の職務遂行能力があると判定された者 ㋺ 過去1年の勤務実績考課の評語が平均A以上またはそれに準ずること	6　級　職	別表1に定める6級職の職務遂行能力があると判定された者
1級B職	㋑ 別表1に定める1級B職の職務遂行能力があると判定された者 ㋺ 過去2年の勤務実績考課の評語が平均A以上またはそれに準ずること	(注)	1．中途入社者は在籍1年以内に再審査をし、適正な再格付をする。 2．職務遂行能力および勤務実績考課がすぐれているときは、職級在籍年数の基準年数に満たないときでも昇進させることができる。 3．職級在籍年数は実勤年数を指し、休職期間は除外する。 4．職務遂行能力判定のため必要に応じて職務調査をする。
2　級　職	㋑ 別表1に定める2級職の職務遂行能力があると判定された者 ㋺ 過去2年の勤務実績考課の評語が平均A以上またはそれに準ずること ㋩ 3級在籍3年以上		

職級規則

営 業 職	技 能 職	特 務 職
営業分野において1級B職より一段高い管理要素が加わるかまたはより困難な業務が処理できる。	技能分野において1級B職より一段高い管理要素が加わるかまたはより困難な作業が処理できる。	特務分野において1級B職より一段高い管理要素が加わるかまたはより困難な業務ができる。
機械・商事 主　任	機械・造型 主　任	主　任
① 一般的な監督のもとに高度の技術的知識または社会科学分野における高度の専門的知識にもとづいて自らの創意と判断により、困難なまたは特殊な営業取引およびクレーム処理ができる。 ② 営業部門において自らの創意と判断により、やや広範囲の業務について当該係員の仕事の援助・助言および指導ができる。	① 一般的な監督のもとにやや広範囲の複雑な作業方法・作業手順についての知識にもとづいて自らの創意と判断により2つ以上の作業グループの長として当該係員に仕事の配分・調整および指導ができる。 ② 自らの判断で最高度の技能を要する作業または特殊な技能を要する作業の段取りおよび作業ができる。	① 一般的な監督のもとに特務職分野における、高度の専門的知識または、やや広範囲の複雑な業務方法・業務手順についての知識にもとづいて、自らの創意と判断により最高度の技能を要する業務ができる。 ② 2つ以上の業務グループの長として当該係員に仕事の配分・調整および指導ができる。
機械・商事 指導調整職または専門職	機械・組付・造型・整形・検査 組　長	専門職　組長
① 販売する製品に対する幅広い専門的知識と複雑な販売方法・手順・およびクレーム処理に関する詳細な知識にもとづいて自らの判断により広範囲の営業ができる。 ② 自らの創意と判断により、新規の取引先の開拓ができ初級係員の業務の援助または指導ができる。	① 一般的な監督のもとに複雑な作業方法・作業手順についての知識にもとづいて自らの創意と判断により、通常の技能を要する部門の業務の調整ができ、数人または10数人の作業グループの主導的役割を果たすことができる。 ② 自らの判断で高度の技能を要する部門の作業ができ特に複雑な新しい作業または特殊な作業についても自らの判断で段取りおよび作業ができる。	① 一般的な監督のもとに特務職分野における高度の知識または複雑な業務方法・業務手順についての知識にもとづいて自らの創意と判断により高度の技能を要する業務ができる。 ② 当該業務について係員に仕事の配分・調整および指導ができる。
機械・商事 指導職または初級専門職	旋盤・組付・検査・造型・溶接・アフターサービス 班　長	守衛 班　長

〔別表1−2〕 職級説明書（つづき）

職種＼職級		事務職	技術職
1級A職	定義	事務分野において1級B職より一段高い管理要素が加わるかまたはより困難な業務が処理できる。	技術分野において1級B職より一段高い管理要素が加わるかまたはより困難な業務が処理できる。
1級A職	代表職務示例	総務・人事・経理 主任	設計・機械 主任
1級B職	定義	① 一般的な監督のもとに社会科学の分野における高度の専門的知識にもとづいて自らの創意と判断により困難なまたは特殊な事項について業務の調査・研究・立案・または対人折衝ができる。 ② やや複雑な一般事務部門において自らの創意と判断により、やや広範囲の業務について当該係員に仕事の配分・調整および指導ができる。	① 一般的な監督のもとに高度の技術的知識にもとづいて自らの創意と判断により困難なまたは特殊な技術的事項について調査・研究・立案ができる。 ② やや複雑な技術部門において自らの創意と判断により、やや広範囲の業務について当該係員に仕事の配分・調整および指導ができる。
1級B職	代表職務示例	総務・人事・経理 指導調整職または専門職	設計・見積 指導調整職または専門職
2級職	定義	① 一般的な監督のもとに社会科学の分野における高度の専門的知識にもとづいて自らの創意と判断により比較的困難な事務的事項について業務の調査・研究・立案・対人折衝ができる ② やや複雑な事務部門において自らの創意と判断により比較的せまい範囲の業務の計画・調整ができ、主導的役割を果たすことができる。	① 一般的な監督のもとに高度の技術的知識にもとづいて自らの創意と判断により比較的困難な技術的事項について調査・研究・立案ができる。 ② やや複雑な技術部門において自らの創意と判断により比較的せまい範囲の業務の計画・調整ができ、主導的役割を果たすことができる。
2級職	代表職務示例	総務・人事・経理 指導職または初級専門職	設計・見積 指導職または初級専門職

職級規則

営 業 職	技 能 職	特 務 職
① 販売する製品に対する専門的な知識と販売方法・手順およびクレーム処理に関する一般的知識にもとづいて継続する取引先に対し自らの判断により、やや広範囲の営業ができる。 ② 継続する取引先に対し、やや複雑な製品についての営業ができるかまたは要点についての指示を受けて新規取引先の開拓ができる。	① 定められた手続にしたがって複雑な作業方法・作業手順についての知識にもとづいて自らの創意と判断により通常の技能を要する部門の段取りおよび作業ができ急所について他の係員に教えることができる。 ② 自らの判断で比較的高度の技能を要する部門の段取りおよび作業ができる。	定められた手続にしたがって特務職分野における比較的高度な知識または複雑な業務方法・業務手順についての知識にもとづいて自らの創意と判断により比較的高度の技能を要する業務ができる。
機械・商事 　　　　　　　　　上級職	旋盤・組付・検査・型込・溶接・アフターサービス 　　　　　　　　　上級職	看護婦・守衛・自動車運転 　　　　　　　　　上級職
① 販売する製品に対するやや詳細な知識と販売方法・手順およびクレーム処理に関する初歩的知識にもとづいて継続する取引先に対し自らの判断によりせまい範囲の営業ができる。 ② 継続する取引先に対しやや複雑な製品についての営業の補助ができるか、または新規取引先の開拓の補助ができる。	① 定められた手続にしたがってやや複雑な作業方法・作業手順についての知識にもとづいて自らの判断により通常の技能を要する業務の段取りおよび作業ができる。 ② 作業方法・作業手順の要点についての指示を受けて、やや複雑な、またはやや高度の技術を要する部門の作業ができる。	定められた手続にしたがって特務職分野における普通程度の知識または、やや複雑な業務方法、業務手順についての知識にもとづいて自らの判断により通常の技能を要する業務ができる。
機械・商事 　　　　　　　　　中級職	旋盤・組付・検査・型込・溶接・アフターサービス 　　　　　　　　　中級職	看護婦・理容・守衛・自動車運転 　　　　　　　　　中級職
販売する製品に対する基礎的知識にもとづいて継続する取引先に対し、自らの判断で簡単なまたは限られたせまい範囲の営業ができる	定められた手続にしたがって初歩的技能にもとづいた比較的簡単なまたは定型的繰返し的作業ができる。	定められた手続にしたがって特務職分野における基礎的知識または、初歩的技能にもとづいた比較的簡単なまたは定型的繰返し的業務ができる。
機械・商事 　　　　　　　　　初級職	旋盤・組付・検査・型込・溶接・アフターサービス 　　　　　　　　　初級職	守衛・自動車運転・看護婦 　　　　　　　　　初級職
	① 格別の知識および熟練を要しない単純な作業または補助的作業ができる。 ② 作業方法・手順について、細部的指示を受けて、比較的技能を要しない部門の作業ができる。	格別の知識および熟練を要しない単純な業務または補助的業務ができる。
	穴あけ・部品検査・倉庫入出庫係 　　　　　　　　　初級職	

職級規則

〔別表1－3〕　　　　　職　級　説　明　書（つづき）

職種 \ 職級		事務職	技術職
3級職	定義	① 業務処理方法の要点について指示を受け社会科学分野における普通程度の知識にもとづいて自らの創意と判断により一般的な事務的事項について業務の調査・研究・立案・対人折衝ができる。 ② 業務処理方法の要点について指示を受け普通程度の創意と判断にもとづいて比較的複雑な事務的業務の処理ができる。	① 業務処理方法の要点について指示を受け普通程度の技術的知識にもとづいて自らの創意と判断により基礎的な技術的事項について調査・研究・立案ができる。 ② 業務処理方法の要点について指示を受け普通程度の技術的知識にもとづいて自らの創意と判断により比較的困難な技術的業務の処理ができる。
	代表職務示例	総務・人事・経理 　　　　　　　　上級職	設計・見積 　　　　　　　　上級職
4級職	定義	① 定められた手続にしたがって社会科学分野における基礎的知識にもとづいてやや複雑な一般事務の処理ができる。 ② 比較的簡単な事務または、定型的繰返し的事務部門において自らの判断で業務の調整ができる。	① 細部的指示を受け、技術的基礎知識にもとづいて比較的困難な技術的事項についての調査・研究・立案の補助ができる。 ② 定められた手続きにしたがって基礎的な技術的知識にもとづいて一般的な技術的業務の処理ができる。
	代表職務示例	総務・人事・経理 　　　　　　　　中級職	設計・見積 　　　　　　　　中級職
5級職	定義	定められた手続にしたがって一般的な事務的知識にもとづいて比較的簡単な事務または定型的繰返し事務ができる。	定められた手続にしたがって初歩的な技術的知識にもとづいて簡単なまたは定型の繰返し的業務ができる。
	代表職務示例	総務・人事・経理 　　　　　　　　初級職	設計・見積 　　　　　　　　初級職
6級職	定義	格別の知識および熟練を要しない単純な事務または補助的事務ができる。	格別の知識および熟練を要しない単純な技術的業務または補助的業務ができる。
	代表職務示例	事務補助	技術補助

職級規則

(1) 課または課に相当する個所以上の長として、業務運営に関し自ら企画、立案しまたは企画、立案を命じ、あるいは特に重要な業務は自ら遂行するなど業務運営に関する全般的な責任を有し所属従業員を指導・監督する職種

(2) 高度の専門的知識または高度の技術的知識にもとづいて自らの創意と判断により単独または補助者の協力をえて、きわめて困難な業務の調査、研究または対人折衝をする職種

② 事務職
事務分野における基礎的あるいは専門的知識と経験にもとづいて一般事務業務を行い、またはこれらの業務について調査・企画・立案・研究・渉外等を行うことを主要業務とし、またはこれらの業務を行う者の指導もしくは業務調整をする職種

③ 技術職
技術分野における基礎的あるいは専門的知識と経験にもとづいて一般技術業務を行い、またはこれらの業務について調査・企画・立案・研究・設計等について調査・企画・立案・研究・設計等を行うことを主要業務とし、またはこれらの業務を行う者の指導もしくは業務調整をする職種

④ 営業職
営業分野における製品知識と販売経験にもとづいて製品の需要開拓、販売契約の締結、対外折衝、集金または販売についての調査・企画・立案等を主要業務内容とする職種で、次のものは除く

1 帳票の記録、電話の応対等を主要業務とする職務(事務職)
2 販売を目的とする製品の仕入業務を主要業務内容とする職務(事務職)
3 販売機械の修理、操作指導またはアフターサービスを主要業務内容とする職務(技術職)

⑤ 技能職
生産分野において主として一般的な技術的知識と実務経験によって体得された機能にもとづいて機械装置・器具を用いて行う製造作業または製品もしくは材料等の入出庫作業、電気工事作業もしくは、それらに付随する作業等に従事し、またはこれらの業務を行う者の指導、監督もしくは業務調整を行うことを主要業務とする職種で、次のものも含む

販売機械の修理・操作指導またはアフターサービスを主要業務内容とする職務

⑥ 特務職
次の者は特務職とする。

自動車運転者(もっぱら社内でフォークリフト、ベビートラックを運転する者を除く(技能職))、ベビーシッター、守衛、看護婦、電話交換手、理髪師その他特殊な免許を要するまたは特殊な勤務を必要とする職務

(職級の定義)
第5条 各職種における職級定義(職務遂行能力)は別表1に定める職級説明書のとおりとする。

(初任職級)
第6条 定期学卒採用者の初任職級は採用区分別に次のとおりとする。

大学卒　四級職
短大、高専卒　五級職
高校卒　五級職または六級職
中学卒　六級職

2 不定期採用者および大学院卒業者の初任職級は入社前の経験の度合、職務遂行能力等を考慮して個別に定める。

(昇進の時期)
第7条 昇進は毎年一回、昇進対象資格者(該当者)の中から選考のうえ○月○日付で発令し、辞令をもって本人に通知する。

2 前項の規定にかかわらず必要に応じて○月○日付で昇進を行うことがある。

(昇進の決定)
第8条 昇進の選考は、別表2に定める職級

70

職階制度規則

第一章 総則

(規則の目的)
第1条 本規則は、当社の職階制度を規定し、かつその運営に関する事項を定める。

(職階制度の意義および目的)
第2条 当社の職階制度は、職務の系統的分類にもとづいて、その序列を設定し、もって、職務と人との合理的管理に役立てることを目的とする。

(職務の分類)
第3条 職務をそれぞれに要する労働の質的相違性と共通性により、一般職務・監督職務・企画職務・管理職務・主務職務・特別職務に分類する。

(職務の定義)
第4条 (1) 一般職務とは、一般的な基礎知識と、実務経験的知能、もしくは現場経験的技能知識を基にしてあらかじめ、定められた方式に従って、上長の指示を受け事務・技術もしくは技能業務を遂行する職務をいう。

(2) 主務職務とは社会科学、もしくは自然科学に関する概論的知識もしくは高度の現場経験的技能知識を基にして上長の方針を受けて事務、ないし、技術業務を遂行する職務をいう。

(3) 監督職務とは現場作業組織単位の長として、その組織単位に課せられた任務を遂行するため、上長の方針を受けて所属員の監督指導を行う職務をいう。

(4) 企画職務とは、社会科学もしくは、自然科学に関する専門的知識を基に上長の包括的方針を受けて、高度の企画業務を遂行する職務をいう。

(5) 管理職務
(ア) 係以上の管理単位の長として、その権限と責任にもとづいて判定ないし、企画業務をつかさどるとともに、上長の補

格付基準により能力考課を行い各所属部長が申請し、過去四回(二年)の勤務実績考課を加味して、調整のうえ決定する。

(降格)
第9条 次の各号の一に該当する場合は降格することがある。

① 就業規則第○条に定める懲戒処分を受けたとき
② 精神または身体上の故障のため当該職級に該当しないとみなされたとき
③ 職務遂行能力がはなはだしく低下し、当該職級への格付が不適当と認められたとき
④ その他前各号に準ずるやむを得ない理由があるとき

(職種の変更)
第10条 配置転換等により当該職種の定める範囲をこえて従事する業務の内容が変更になった場合は職種の変更を行う。

(職級と役職との関係)
第11条 従業員を役職に就任させるには一定の職級に格付されていることを要する。職級と役職との関係は原則として次表のとおりとする。

(付則)
第12条 この規則は平成○○年○月○日から施行する。

第13条 本規則に抵触する従前の規則は廃止する。

(経過措置)
第14条 この規則施行時における各職級への格付は、従来の職員一、二、三級はそれぞれ管理、一、二、三級職に、社員一級は一級A職、社員二、三級は一級B職に、また社員二、三、四、五級は二、三、四、五、六級職にそれぞれ格付する。

職級と役職の関係

職級	役職
管理1級職	部長
管理2級職	次長
管理3級職	課長
1級A職	主任
1級B職	組長
2級職	班長
3級職	(役職なし)

佐ならびに、所属員の統率指導を行う職務（これを管理職と称する）をいう。

(イ) 社会科学もしくは、自然科学に関する専門的知識を基にして、長期にわたる限定された課題につき、研究・開発・調査業務を遂行する職務（これを専門職と称する）をいう。

(ウ) 特別に与えられた任務を遂行する管理職相当職務（これを特命職と称する）をいう。

(エ) 特別職務とは、特別の知識、または技能を要する職務、もしくは、他のどの職務にも属さない特殊の職務をいう。

第二章 職務の格付

（職務級、ならびに、格付基準）

第5条 (1) 一般職務の職務級は一〇段階とし、その格付基準は、別表(1)に定める。

(2) 主務職務の職務級は四段階とし、その格付基準は、別表(2)に定める。

(3) 監督職務の職務級は四段階とし、その格付基準は、別表(3)に定める。

(4) 企画職務の職務級は二段階とし、その格付基準は、別表(4)に定める。

(5) 管理職務については、職位により格付する。

（職務の格付の時期）

第6条 職務の格付は、一般事務については、原則として、毎年二回、○月○日、および○月○日に、また、主務職務、監督職務および企画職務については、原則として、毎年一回○月○日に、これを行う。

（職務の格付の決定）

第7条 職務の格付決定は、第5条の格付基準にもとづき、原則として、直属の上長を含む三名以上の各関係上長が、査定の上、所属長が行う。

第三章 人の格付

（人の格付基準）

第8条 一般職務の人の格付基準は、遂行した仕事の質、および量、熱意、協調性、規律、勤怠度等の要素を基に職階加給種類ごとに定める。

2 主務職、監督職、企画職の人の格付基準は質的成果・量的成果・信頼性・積極性・協調性・規律・勤怠度等の要素を基に職務分類ごとに定める。

（人の格付の時期）

第9条 人の格付は、一般職については原則として、毎月○日に、また、その他の職務については、原則として、職務の格付と同時に行う。

（人の格付決定）

第10条 人の格付は、原則として、直属の上長を含む三名以上の各関係上長が査定のうえ所属長が行う。

第四章 苦情処理

（苦情の申出）

第11条 社員が、その職務の格付について苦情ある場合は、直属上長に苦情を申出ることができる。ただし、特別の事情がある場合は、関係上長に申出ることもできる。

（具 申）

第12条 苦情の申出を受けた上長は、すみやかに格付査定者の意見をとりまとめ、所属長に具申しなければならない。

（苦情の裁決）

第13条 苦情処理の裁決は、前条の具申にもとづき、所属長が行う。

付 則

（適用除外）

第14条 特別職務、ならびに、入社後の職務未確定者の取扱については、本規則によらず別に定める。

（付 則）

第15条 本規則は、平成○○年○月○日から実施する。

別表(1) 一般職務格付基準

1 要素と配点

要素＼段階	1	2	3	4	5	6	7
知　　　識	5	10	20	30	40	55	
習　　　熟	5	15	30	50	70	95	120
応　　　用	5	10	15	20	25		
肉体的負荷	5	10	20	30	45	60	
精神的負荷	5	15	25	40	60	85	
環　　　境	5	10	15	20	30	40	55

(注) 各段階の中間に5点とびに点数をとることができる

2 要素の意義

(1) 知識の意義

知識とは、その職務を遂行するためにあらかじめ保有しなければならない原理や原則に関する基礎知識と体系的な職務知識の程度をいう。

ア 知識は、基礎的知識と体系的職務知識の深さと広さによってはかる。ただし、職務遂行の中で得られた知識であっても体系的には表現できないものは習熟で評価する。

(2) 習熟とは、その職務を遂行するために必要な処理方法・技能の習得の程度をいう。

ア 習熟は未経験者が、その職務だけの実務経験と訓練によって一人前となる習熟期間によってはかる。

(3) 応用とは、あらかじめ定められた手法・手順などによりがたい事例に対処するために必要な工夫判断の程度をいう。

ア 応用は仕事の標準化の程度すなわち自ら段取り・交錯・処理方法を考える頻度範囲によってはかる。

(4) 肉体的負荷とは、その職務の遂行に伴う肉体の疲労の程度をいう。

ア 肉体的疲労は姿勢の不自然さ、または必要とする力の大きさ、その継続時間によってはかる。

(5) 精神的負荷とは、その職務の遂行に伴う神経の疲労・財産に対する注意・安全に対する注意・対人関係の程度をいう。

ア 神経の疲労は

(ア) 直接的に視覚・聴覚等感覚器官に覚える疲労
(イ) 単調感・拘束感により生じる神経的疲労
(ウ) 緊張感による神経的疲労
(エ) 複雑多岐による神経的疲労

によってはかる。

イ 財産に対する注意は

(ア) 取扱う金銭・重要書類
(イ) 保管する物品・工具
(ウ) 使用する機械設備
(エ) 加工する材料

の紛失、破損、仕損が会社へおよぼす損害の程度によってはかる。

ウ 安全に対する注意は不注意な行為による危険発生の可能性と危険の程度によってはかる。

エ 対人関係は折衝または指導の多様性・困難性による煩瑣の程度によってはかる。

(6) 環境とは職場における環境状況の程度をいう。

ア 環境条件は温度・湿度・騒音、汚損・粉塵・臭気・採光・振動などの程度によってはかる。

3 職務級と格付点数

別表参照。

手引

要素	段階	配転	要求程度
知識	1	5	簡単な手順を知っていることが必要な知識程度
	2	10	複合された手順、簡単な原理を知っていることが必要な知識程度
	3	20	簡単な手法、複合された原理を知っていることが必要な知識程度
	4	30	一連の手法、原理、原則を体系的に知っていることが必要な知識程度
	5	40	限定された分野における社会科学あるいは自然科学に関する手法、原理、原則を概略的に知っていることが必要な知識程度
	6	55	限定された分野における社会科学あるいは自然科学に関する原理、原則をかなり専門的に知っていることが必要な知識程度
習熟	1	5	1カ月程度の経験により標準程度にできる段階
	2	15	3カ月　〃
	3	30	6カ月　〃
	4	50	1年　〃
	5	70	3年　〃
	6	95	5年　〃
	7	120	7年以上　〃
応用	1	5	段取り工夫、判断をほとんど要しない段階
	2	10	作業の手順は、ほとんど標準化されているが若干の段取り、工作処理を工夫選択する必要のある段階
	3	15	段階作業は、やや複雑で広い範囲にわたり通常は一定の基準に従えばよいが時には判断を必要とする段階
	4	20	作業はかなり複雑多岐で数個の条件の中から最適のものを選択適用するなど判断を必要とする段階
	5	25	作業についての大綱は定まっているが条件の変化が広範囲にわたり諸々の条件の中から最適のものを選択適用するなどのかなり高い判断を必要とする段階
肉体的負荷	1	5	とくに肉体的努力を伴わない作業
	2	10	自由な姿勢で軽量物を取扱う作業
	3	20	座位作業で手首・腕などを速い速度で連続的に使用する作業・通常の立作業
	4	30	立位で作業速度が速いか、またはある程度の重量物を取扱う作業
	5	45	重量物を上げ下げし、または運搬する作業
	6	60	不自然な姿勢を持続し、かつ重量物を継続的に取扱うなど全身の肉体的疲労のはなはだしい作業
精神的負荷 神経の疲労	1	5	機械的にできる仕事でも内容的に適当な変化があり倦怠感を覚えることの少ない仕事、注意力による緊張のあまり多くない仕事、作業の流れに対する圧迫感が少ない仕事、聴力視力の疲労を覚えない仕事
	2	10	内容に変化がなく倦怠感を覚える仕事、正確さに対する注意力をかなり要する仕事、コンベア作業でも時間的調整がある程度でき、作業の流れに対する圧迫感が比較的少ない仕事、視力、聴力の疲労を覚える仕事
	3	20	視力、聴力等を使用するため、これらの疲労のかなり大きな仕事、一般のコンベア作業等で相当の単調感と圧迫感がある仕事、比較的仕事内容が複雑多岐であり、神経の緊張と注意力を特に要する仕事
	4	30	微細なものを見つめ、あるいは音響に注意するため、視力、聴力等の疲労の大きな仕事、仕事内容が相当複雑多岐であり神経の緊張と注意力をとくに要する仕事
	5	40	微細なものを常に見つめ、あるいは微妙な音響に対し、常に注意するなど視力、聴力等を連続的に使用するため神経の疲労の極度に大きな仕事、仕事内容が非常に複雑多岐であり、神経の緊張と注意力をとくに要する仕事
精神的負荷 財産に対する注意	1	0	高価な設備、機械、工具を使用しない作業あるいは、使用しても破損するおそれのない作業、失敗しても手直しが、比較的容易である作業
	2	5	高価な設備、機械を常に使用し不注意により、これらを破損するおそれのある作業、材料費、加工費が高価であり、失敗すると手直しが困難であり、常に注意を持続しなければならない作業
	3	15	金銭、重要書類の取扱、工具、図面材料の受払いを主とする作業、材料費、加工費が特に高価であり失敗すると手直しが、不可能であり常に多大の注意を持続しなければならない作業
精神的負荷 安全に対する注意	1	0	不注意による負傷の発生のほとんどない作業
	2	5	不注意により自己または他人に危害を及ぼす可能性のある作業
	3	10	不注意により自己または他人に危害を及ぼす可能性の相当ある作業
	4	15	不注意により自己または他人に危害を及ぼす可能性が大きく、またその程度の大きい作業
精神的負荷 対人関係	1	0	社会人としての通常の協調性が必要な仕事
	2	5	かなり広範囲に社内の人と折衝する仕事 社内の人の利害に直接関係ある仕事
	3	10	社内の人と折衝し相手を納得させる必要のある仕事 人を教育指導することを専門とする仕事
	4	15	社外の人と折衝し相手を納得させる必要のある仕事
物的環境	1	5	比較的良好な環境
	2	10	軽度かつ断続的な不快条件はあるが、ほとんど気にならない程度の環境
	3	15	軽度の不快な環境条件が重複かつ継続的に存在し、慣れないと不快感を伴う環境
	4	20	中程度の不快な環境条件が存在し慣れても若干の不快感を伴う環境
	5	30	中程度の不快な環境条件が重複し、かつ継続的に存在し慣れても不快感を伴う環境
	6	40	強度の不快な環境条件が存在し、相当の不快感を伴う環境
	7	55	中程度の不快な環境条件が重複または継続的に存在し慣れても不快感を伴う環境

職階制度規則

別表（1）

職務級	1号	2号	3号	4号	5号	6号	7号	8号	9号	10号
職務の格付点数	45点未満	45点以上 70点未満	70点以上 95点未満	95点以上 120点未満	120点以上 145点未満	145点以上 170点未満	170点以上 195点未満	195点以上 220点未満	220点以上 245点未満	245点以上

別表（2）
主務職務格付基準

	職務格付基準
1号	担当職務に関する基準・原理・規則・先例等を理解し、時には選択的な判定を行いつつ通常業務を正確、かつ迅速に処理する段階の職務。社会科学または自然科学に関する知識をもとにして、各種の事象の意味を把握できるだけの理解力・判断力を必要とする。
2号	担当職務ならびに関連部門に関する基準・原理・規則・先例等を理解し、通常業務について、処理方法、処理手順の合理化・標準化をはかりつつ、大部分自己の判断に基づき処理する段階の職務。知識を不断に吸収蓄積する意欲をもとにして、問題点の解決に、真剣に取組む積極性ならびに新しい事象に対応しうるだけの適応性を必要とする。
3号	担当職務ならびに関連部門に関する基準・原理・規則・先例等に精通し、業務の遂行にあたっては、社内外の状況変化に留意しつつ、問題点の発見・摘出に努め、問題解決のための対策の立案推進をタイミングよく自主的に行う段階の職務。会社政策・社会経済情勢・技術動向等をふまえて、複雑な変化に対応する適切な問題意識と解決にいたるまでの計画力・実行力を必要とする。
4号	担当職務ならびに関連部門に関する基準・原理・規則・先例等に精通するにとどまらず、業務の遂行にあたっては、社内外の諸情勢・諸動向を意識しつつ、新しい制度・システムを立案計画するなど業務の革新・開発を行い、あるいは組織的にこれを推進する段階の職務。会社政策・社会経済情勢・技術動向等の認識をもとに、複雑な事象の相互関連性あるいは変化のなかから問題点を自らが発見し、それを解決に導くまでの総合力・組織力を必要とする。

別表（3）
監督職務格付基準

	職務格付基準
1号	作業管理の内容も部下の統率指導も普通程度であるなど監督職としての一般的知識応用を必要とするもの
2号	作業管理の内容は、やや複雑であり、かつ部下の統率指導も普通程度の難しさをもつなど、監督職としての一般的知識に加えて相応の応用力を習得していることを必要とするもの
3号	作業管理の内容は、複雑であるが、部下の統率指導は普通程度の難しさのものあるいは作業管理は普通程度であるが、部下の統率指導には困難を伴うなど監督職務として相当高度なもの
4号	作業管理の内容も部下の統率指導も複雑困難なもの

（備考）
1. 作業管理は、納期・品質・原価等の維持・確保・改善など現場作業組織に課せられた諸任務をいい、その遂行に当たって要求される生産・工程に関する知識、経験に基づく応用力、ならびにそれらの発揮の程度によってみる。
2. 部下の統率指導は、現場作業組織単位の人員規模、人員構成、技能指導の難易、グループリーダーの存在と援助の程度、物的環境等監督指導に関連する諸条件をいい、これらの諸条件に応じ、部下の能力を有効・適切に活用し、総合的に組織力を発揮させるために要求される統率指導の難易の程度によってみる。

別表（４）
企画職務格付基準

	職務格付基準
1号	上長の包括的方針のもとに、特定の企画・開発業務に関し、大部分自己の独創的判断に基づいて、企画、献策し、その政策的決定に参画する職務
2号	上長から概略の包括的方針は受けるが、経営方針を考慮し、今後の経営の方向を見定めて、特定の企画・開発業務に関し、自己の独創的判断に基づいて、規格献策し、その政策的決定に参画する職務

資格規程

（目　的）
第1条　本規程は従業員の能力を公正に評価することによって経営における階層的資格秩序を設定し、もって勤務意欲の高揚をはかることを目的とする。

（資　格）
第2条　従業員は社員、嘱託、副社員、準社員および臨時従業員に区分し、本規程では社員の資格を規定する。

2　社員の資格は事務ならびに技術の二系統とし、体系および呼称は次のとおりとする。

（事務系）

参事　1級
　〃　2級
　〃　3級　補

主事　1級
　〃　2級
　〃　3級　補

書記　1A級
　〃　1B級
　〃　2A級
　〃　2B級
　〃　3級　補

（技術系）

理事　1級
　〃　2級
　〃　3級　補

技師　1級
　〃　2級
　〃　3級　補

技手　1A級
　〃　1B級
　〃　2A級
　〃　2B級
　〃　3級　補

（資格の付与）
第3条　資格の付与は原則として辞令をもって行う。

2　新規採用者は試用期間中は書記補、技手補とし、入社三ヵ月経過後の資格付与は次のとおりとする。

(1)　前職歴のない者を採用したとき
　イ　大学院卒業者は書記または技手一B級とする。
　ロ　四年制大学卒業者は書記または技手二A級とする。
　ハ　二年制短期大学および高等専門学校卒業者は書記補または技手二B級とする。
　ニ　高等学校卒業者は書記または技手三級とする。
　ホ　中学校卒業者および満一八歳未満の者は書記補または技手補とする。
　ヘ　特別の事情により前各号により難い場合はそのつど事情を勘案しこれを定める。

(2)　前職歴のある者を採用した場合は本人の技能、経験、学歴などを基礎として社内同僚または他の社員との均衡を考慮してこれを定める。

3　前項に規定するものを除く従業員については原則として資格区分を設けない。

4　事務系資格、技術系資格は本人の社内における経歴ならびに選考により変更することがある。

資格規程

（昇　格）

第4条　資格は勤務成績、昇格試験、面接試験、技能、学歴、会社に対する貢献度、人格、勤続年数、その他を勘案して昇格させる。

2　昇格は毎年〇月〇日付とする。ただし必要ある場合は臨時に昇格することがある。

（昇格試験）

第5条　社員は次の各段階で昇格試験を行う。

2　試験内容は職務に関連した広い知識ならびに各人の考え方などを中心とする。

昇格登用試験問題	受験資格者	昇格基準比			面接者	試験回数
		勤務成績人物	試験成績	面接試験		
主事→参事補 技師	主事・技師1級2年経過の者	60%	20%	20%	副社長・専務・人事部長	1回／年
主事　主事補→ 技師　技師補	書紀・技手1A級2年経過の者	50%	20%	30%	担当役員・人事部長	1回／年

（資格手当）

第6条　主事三級および技師三級以上の資格者には次の資格手当を支給する。

理事		〇〇〇〇円
参事	一級	〇〇〇〇円
〃	二級	〇〇〇〇円
〃	三級	〇〇〇〇円
参事補		〇〇〇〇円
〃	一級	〇〇〇〇円
〃	二級	〇〇〇〇円
主事・技師	三級	〇〇〇〇円

（降　格）

第7条　社員が左記の事項に該当するときは降格させる。

(1) 就業規則第〇条により降格処分をうけたとき

(2) 職業遂行能力からみて当該資格に格付けることが不都合なとき

2　降格の時期は特に定めのない限り決定の日をもって降格させるものとする。

（規格外等）

第8条　資格に関し本規程に定めのない事項および解釈上の疑義については人事部長がこれを決定する。

（実　施）

第9条　本規程は平成〇〇年〇月〇日から実施する。

IV 業務運営規程

VI 業務運営機構

Ⅳ 業務運営規程（解説）

会社の業務方針が確定され、合理的な業務組織を通じて全員にこの方針を徹底させるためには、一定の業務運営の指針がなければならない。

業務運営の源となる業務分担が形式的に取り扱われると実態からかけ離れ、円滑なる業務の推進を阻害する。分担職務と人の配置関係、内部統制、相互チェックと調整など組織単位の業績向上に寄与する運営指針が必要である。以下業務運営方針の基本的な①決裁処理のしかた、②業務報告のしかた、③会議処理のありかた、④業務監査のしかた、⑤業務処理基準に関する諸規程などについて検討する。

決裁処理に関する規程

決裁処理は、普通りん議制を通じて行われる。業務担当の責任者は、決裁を受けるべき事項を起案し、関係部署との会議を経て、社長、専務などの経営者にりん議を行う。

決裁処理規程は、このように、最終的には最高経営者の決裁指示を仰ぎ、これを各部署の責任者に流して、関係業務の進行を円滑させるための一連の手続き等を定めた規定である。

りん議の内容は、下部に与えられた権限とのかね合いによって定まる。その権限は、業種、業態、規模、経営環境などで差違があり、軽易な事案については、口頭決裁もあり得るが、一般には文書による事前りん議を建前とする。これを「事前りん議の原則」という。ただし、やむを得ない事由により、りん議手続きまたはその決裁が遅れるときは、事前に社長またはりん議主管役員の承認を得てその一部を実行してよい例外規定がおかれるのが普通である。しかし、りん議書は、なるべく早く決裁者のもとに届いた日から四日以内に決裁処理をすませる」などの規定がある例も多い。

さらに、決裁処理規定の内容として、りん議書作成担当者、決裁順序、決裁者の進捗を管理するシステム、審査後の「りん議整理簿」などをうたい、決裁の種類を次の区分にしている。

① 可決（基本的事項の承認可決を含む）
② 条件つき可決（一定の条件をつけて可決）
③ 差戻し（再起案または再回議が必要）
④ 否決（廃棄となる）

こうして、判断の得られた事案については必ず実行経過報告をしなければならない。

業務報告規程

業務報告は、通常タテの組織を通じて、一般社員から上長にさらに課長、部長、担当重役、社長のように下から上へなされるものである。その目的は、経営トップ層が、現在の会社全体の動きや、所管業務またはとくに重要な事項について、これがどのように動いているか、その実績、行動および結果がどうなっているかなどを確実に、的確に把握し、これによって大勢をつかみ、所期の目的から逸脱しないために行うものである。

報告書に次のような段階で種別を設けている例がある。

(1) 第一種報告書　各担当部門の責任者を提出責任者とし、最終的に社長に報告するもの。この報告は常務会などの議決を経て、執行される。

(2) 第二種報告書　各担当部門責任者が社長に提出するものは(1)と同じであるが、閲覧にとどめ、結果を保管する類の報告である。

(3) 第三種報告書　各部門担当課長が所属部長に報告するもので、社長報告には及ばない事案である。

また、報告書のなかには、毎日、毎週、毎月何回のように定時報告を求めるものがあり、例えば、①勤務状況報告書（毎月）②社員考課報告（三カ月に一回）③在籍人員報告（毎日）④在庫報告（決算時）⑤経費配布報告（毎日）などは、定時報告書という。このほか、業務遂行の途中に発生した事項は、そのつど報告を要する。

いずれにしても上手な報告は、業績にプラスし、効率をあげる結果となるから、報告の促進管理の励行が肝心である。

会議処理規程

企業の意思を決定する手段として、会議の形式をとる場合が多い。

会議処理規程は、諸会議の進行または管理をはかるためのルールを定めたものである。会議の種類、日時、対象、場所、付議事項とその理由、会議の進め方、会議を取扱う部署、議事の決定などが規程の内容となる。

会議の種類は、次のように体系化しておくことが望ましい。

(1) 取締役会
経営上の重要事項を決定する機関としての会議内容を取決める会議

(2) 常勤役員会
経営方針の立案、経営計画の立案およびその実施策など取締役会で委譲された範囲の重要事項を決定する会議

(3) 部長会
経営方針、計画の立案、各部門の業務方針、計画の徹底化、各部門間の連絡調整、常務会への具申案を目的とする会議

(4) 部門会議
部門を中心として、部門での業務方針、計画の徹底、業務連絡、調整、状況報告などを行う部門の会議

(5) その他の会議
委員会、分科会、企画全体会議、販売会議、工程会議、編集会議など問題発生のつど随時開催する会議

業務監査に関する規程

業務監査は、企業内の各部門、支社、支店、工場、営業所などの各事業所が、会社の指示する方針、各種の規定、手続、指示にしたがって正確迅速な処理をしているかどうかを監査することをいう。

監査を行う機関が独立した組織となっている例が多く、管理課、監査課、コントローラー室、社長室などの部署で分掌している。

監査の種類は、定期監査と、随時監査とがあり、監査の目的は、不正、不都合の発見を行うとともに、業務運営上適切な措置がとられているかも監査することにあり、監査対象となる帳票、現品などの整備がその前提となる。

各部門別に行われる業務監査の基準を定めておく必要があり、例えば、経理監査では

1　入出金、送金取扱いの適否
2　小切手、手形、その他の有価証券管理の適否
3　会計帳票その他の文書の整理保管の適否
4　前渡金、前受金、仮払金、貸付金の処理の適否
5　収支予定の作成実施の適否
6　借入、貸付、返済の処理の適否
7　予算、決算の処理報告の適否
8　経理帳簿と金銭照合実施の適否
9　不要資産、未納集金、保有財産など経理一般に関する帳票類の整理の適否
10　経理関係報告書内容の適否

などであり、労務監査、総務監査、製造監査、

販売監査、仕入監査など各部門別に監査基準の設定を必要とする。

監査結果の提出を求めるとともに、指摘事項についての改善策の提出を求めるとともに、注意、警告その他の処罰措置を講ずる必要のある場合もあり、納得のゆく結末のつけ方が、本制度の重要な意義となることを忘れてはならない。

業務処理基準

業務処理基準は、一般に文書化されているが口頭による指導の方が効果のあがる例がある。

業務処理基準の一例として、

①業務分担要領　②生産管理要領　③進渉管理要領　④作業者心得　⑤検査取扱手続要領　⑥品質管理実施要領　⑦冶工具管理取扱要領　⑧試作研究手続要領　⑨製造合理化実施要領　⑩購買先変更手続要領　⑪製品取扱心得　⑫資材倉庫業務手続　⑬製品配達業務心得　⑭集金心得　⑮納品の方法　⑯記帳計算の仕方や処理　⑰販売応待の心得

などがあげられている。

経営管理規程

責任と権限を一致させ円滑に企業が運営される施策として以下の規程を実施する。

目的

経営方針が確立されその方針が末端まで伝達され具体的に各計画が練られ、それぞれの権限により実施され、目標が達成できるようにすること。

企業がよりよくなり、全従業員に夢と希望を与え、能力が最大限に発揮され、個人の成長が助けられること。

一、経営に必要な有効な組織の動かし方を規程する各種規程。

基本規程　経営管理規程　定款、社訓にもとづく

責任権限規程

職務分掌規程

会議規程　方針、計画の設定

二、経営に必要な各種管理資料を組織体に分掌として義務づける。

経理課
労務人事課
営業販売課
資材購買課
製造（生産、工程、技術、品質）課
技術、開発課

上記各課の管理資料として必要なものは系統図により作成、報告検討の流れの慣習化を図る。このための伝票関係、記帳、報告検印の制定を確立し、命令系統は明確化する。

三、業績評価が判定できる機構を作成する。

組織の業績評価〜給与、昇給に反映させる。

人間の業績評価〜資格制度の導入、身分、昇進に関連する人事考課制度に反映させる。

業務監査制度の確立〜チェック機関の設置

四、人事異動の人事管理を合理化するために人事管理規程を作成する。

人事運営規程

募集および採用規程

社員表彰規程

組織規程

五、上記経営管理に関する知識を向上させるために社員教育の徹底化をはかる。

指導、教育管理規程

長期教育計画の設定

イ　管理者教育
ロ　監督者教育
ハ　一般社員教育
ニ　技術教育（技能）
ホ　新入社員教育
ヘ　各種講習会

六、計画〜命令（指示）〜実施〜報告〜反省のマネジメントサイクルの具体化を図る（規程のなかに盛る）。

計　画	命令(指示)	実　施	報　告	反　省
1.経営方針取締役会	1.職務権限規程による	1.職務分掌により担当課	1.部課係班に義務づけ	1.業務評価の実施
2.部課長会議	2.指示命令系統による	2.部課係班で実施	2.職務分掌に定義する	2.人事考課の反映
3.生産会議	3.作業指図書		3.報告ホームの確立	3.実績を報告上に戻す（トップ、上位にもどす）
4.社長および役員課長	4.作業指導票			4.報告の義務づけ
5.義務づけ				

七、その他の規程を整備する。

イ　工業所有権規程
ロ　用度品取扱規程
ハ　文書取扱規程
ニ　りん議書取扱規程
ホ　各課内職務規程
ヘ　予算統制規程
ト　作業標準化
チ　作業指導書
リ　労使協議会規程

結論

以上これらの規程を整備したからといって目的がすぐ達成できるというものではない。企業内で行われている活動は多種多様であり、それを文章にして基準化を図ることである。社内の取決めが口頭で行われているものを制度化し、個人や管理者の勘で判断していたものを基準にもとづき、指示命令が実施されるようにすることである。規程を一つの基準とし、経営活動に必要な統一のとれた行動が組織の末端まで行きわたるよう、円滑なコミュニケーションの達成がその目的である。

社達取扱規程

（目的）
第1条　当社の業務遂行上、必要なる社達および部達、命令、指示を公布する場合の取扱いは本規程の定めによる。

（区分）
第2条　会社各部および事業所に対する指示、命令および規程等の周知の方法は次の区分による。
(1) 社達
(2) 部達
(3) 社通知
(4) 部通知

2　前項以外の命令、指示は一般文書または口頭によって行う。

3　前1項の各方法を合わせて「通達書簡」という。

（公布者、公布範囲）
第3条　「社達書簡」の公布者、公布範囲、発行者および受領兼発表者は次の通り。

区分	公布者	公布範囲	起案者	発行者	受領兼発表者
社達	社長	全社内	総務部長	総務課長	各課長
部達	部長	全社内部内	関係課長	関係課長	〃
社通知	社長	全社内	総務部長	総務課長	〃
部通知	部長	全社内部内	関係課長	関係課長	

（公示、公告）
第4条　受領兼発表者は、発行日より配付を受けた社達書簡について、その全部ないし一部を全社員および当該部所員に対し、朝令その他集会により公示する。

2　総務担当課は別に掲示板、社内報にこれを掲載して公告をなす。

付則
本規程は平成〇〇年〇月〇日から実施する。

稟議および合議取扱規程

第一章　通則

（目的）
第1条　当会社における稟議および合議（以下単に「稟議」という）の取扱いに関する事項を本規程に定める。

（稟議合議）
第2条　本規程で稟議とは職制にもとづく主管部課の各担当者（以下単に「主務者」という）が所管事項または受命事項の業務処理に際し、その処理要項について社長、専務および関係役員に対し、その決裁を求めることをいい、合議とは主務者が関係部課長に対し、この処理について事前に承認を求めることをいう。役員の決議を要する事項に関しては主管役員または部長から取締役に付議した後に社長および専務の決裁を求める。

（稟議事項）
第3条　稟議しなければならない事項は別表1、2にこれを定める。

（処理事項の取消、中止）
第4条　稟議しなければならない事項で、緊

稟議および合議取扱規程

(報告)
第5条　主管部課長または専務は、その処置を取消し止させ、または変更させることがある。主管部課長が業務処理の後、上長または関係部課長に報告する場合は本規程に準じて処理する。

第二章　稟議書の作成

(稟議書)
第6条　稟議はすべて所定の稟議書および合議書（以下単に稟議書という）に所定の要領を記載して行う。ただし恒例でありかつ軽易なものについては当該文書の余白または符せんを付してこれに代えることができる。

(否認事項)
第7条　過去二カ月以内において否認された稟議事項は、特別の事情ある場合を除き再び呈示することができない。

(緊急処置)
第8条　緊急重要な事項でやむを得ない事情のため正規の手続による余裕のないときは、稟議先の同意を得て口頭で決裁を求め、事後に正規の手続をしてもよい。

(記入事項)
第9条　稟議書は複写（三葉）とし、主務者

がこれにそれぞれ次の要領を記入の上、捺印し主管部課長の認印を求める。
(1) 件名
(2) 趣旨、内容の説明、理由、比較
(3) 稟議先
(4) 主管部課名、起案年月日
(5) 文書整理番号
(6) 付属および関係書類参考資料の名称

前項の控は、主務者が保管し、二通は総務部総務課長に交付する。

(取扱上の注意)
第10条　前条の場合、とくに秘密扱を要するものは密封の上、これに「極秘」または「秘」の印を赤記する。至急を要する場合はその印を表記する。ただし、この場合は必要な期日を明示する。

第三章　稟議書の受理および整理

(稟議書の呈示)
第11条　稟議書はすべて主管部課から総務課長に呈示し、総務課長は内容を点検し、各稟議先に交付して決裁および承認を求めなければならない。

(審査および訂正)
第12条　稟議書はすべて総務課長がその内容を審査し、その受渡、送達およびこれらの管理をする。前項の場合、総務課長は内容によりそれぞれ書類の回付および返付、記述の修正起案の主旨を損じない程

度において、稟議先の訂正をさせることができる。

(控の作成)
第13条　主管部課では、それぞれ「稟議書綴」に稟議書控を綴込み、これに決裁および承認の結果を記録する。

(稟議整理簿)
第14条　総務課長が稟議書を受理した時は、その要領を次のとおり「稟議整理簿」に記録しなければならない。
(1) 受理年月日
(2) 主管部課名
(3) 件名
(4) 稟議先
(5) 稟議書記番号

(進行の促進、調整)
第15条　総務課長は、前条により「稟議整理簿」に記録した稟議書を稟議先に交付し、進行の促進、調整を図らなければならない。この場合、総務課長は「稟議整理簿」に返付の月日、決裁および承認の内容を略記する。

(稟議書の返付)
第16条　各主管部課長は稟議書を受理した日から原則として七日以内に内容を検討、処置を決定して総務課長へ返付する。この場合、不在、出張、欠勤等のため決定の遅延するおそれがあると認められるときは、総務課長はその上席者または代行

稟議および合議取扱規程

者と協議して適当の処置を講じなければならない。

（極秘事項の取扱）

第17条 極秘事項のため通常の手段では決議または承認を求めることの不適切な場合は、社長の承認を得て特別の取扱をすることができる。ただし、その要項は、総務課長に通知しなければならない。

第四章 決裁および承認

（決裁および承認）

第18条 決裁および承認の決定は、次のように分け、それぞれこれを稟議書に記載して捺印しなければならない。ただし、単なる捺印は無条件の承認または同意とみなす。

(1) 同意
(2) 条件つきまたは修正意見つき
(3) 否認

（最終決定者）

第19条 同一事項について、決裁または承認が賛否混在するときは、社長および専務が最終的な決定をする。

第五章 実 施

第20条 主務者は、決裁および承認があった時はその内容にしたがって、遅滞なくこれを実施しなければならない。万一実施遅延のおそれのあるときは、そのことを関係先に通知し、その了解を求めなければ

ばならない。

（決裁事項の修正手続）

第21条 主管部課は決裁および承認された条項にしたがって処理し、無断でこれを修正してはならない。ただし、軽易な事項は口頭でしてもよい。

（修正、中止、取消）

第22条 業務上重要なときはいったん決裁し、承認を与えた場合でも後日これを修正し、中止、取消を命ずることがある。

附 則

（施行）

第23条 本規程は平成○○年○月○日より改定施行する。

（制定 昭和55年4月1日・改訂4回）

(別表1)

職務決裁基準表

職務事項	承認	決定	協議	審査	立案
1. 社規、社則の制定、改廃に関する事項		社長	取締役会	社長室	総務課
2. 社達、社告ならびに業務命令に関する事項		〃		〃	〃
3. 従業員の採用、任免、休職、復職、異動、登用、賞罰		〃	取締役会	〃	〃
4. 人事要員計画の立案		〃		〃	〃
5. 従業員の給料、昇給、賞与等に関する事項		〃		〃	〃
6. 賃金計画の立案		〃		〃	〃
7. 個人情報の保護管理に関する事項	社長	専務		〃	〃
8. コンプライアンスに関する規定事項	〃	〃		〃	〃
9. メンタルヘルスに関する事項		〃		〃	〃
10. 用度品の購買ならびに使用管理		〃		〃	〃
11. 安全衛生に関する事項	社長	専務	取締役会	〃	〃
12. 福利厚生に関する事項	〃	〃		〃	〃
13. 社有車両に関する事項		社長		〃	〃
14. 労働組合に関する事項	社長	専務		〃	〃
15. 嘱託、臨時従業員等の採用、解雇に関する事項		社長		〃	〃
16. 広告、宣伝の計画、実施に関する事項		〃		〃	〃
17. 官公署に対する諸届出に関する事項				〃	〃
18. 社員教育に関する事項	社長	専務	取締役会	〃	〃
19. 株主総会に関する事項		社長		〃	経理課
20. 株式の書替に関する事項		〃		〃	〃
21. 重要契約文書の作成		〃		〃	総務課
22. 予算会議に付議する事項		〃		〃	経理課
23. 月次決算および期末決算に関する事項		〃		〃	〃
24. 総合資金計画に関する事項		〃		〃	〃
25. 勘定科目の制定、改廃		〃		〃	〃
26. 商業登記および不動産登記に関する事項		〃	取締役会	〃	〃
27. 減価償却の棚卸	社長			〃	〃
28. 資金の借入および手形の割引		社長		〃	〃
29. 銀行取引の開始および停止		〃		〃	〃
30. 火災保険の締結		〃		〃	〃
31. 基本予算、利益計画の立案および調査資料作成		〃	取締役会	〃	〃
32. 経営分析、経営比較ならびに経営諸統計の調査、分析、研究		〃	〃	〃	〃

稟議および合議取扱規程

（つづき）

	職　務　事　項	承認	決定	協議	審査	立案
33.	職務決裁稟議書の受付および保管、配布		社　長	取締役会	社長室	総務課
34.	原材料および資材の発注、購買に関する事項		〃	〃	管理部長	購買課
35.	原材料の月次購買計画の立案		〃	経理課	〃	〃
36.	購買要求票の審査および工場消耗品の要求審査		管理部長		〃	〃
37.	工場建物の新築、増築、修理に関する事項	社　長	取締役会	経理課	〃	〃
38.	新規機械設備の発注、改造、修理に関する事項	〃	〃	〃	〃	〃
39.	工場内における営繕一般に関する事項	〃	管理部長		〃	〃
40.	運送業者の選定		社　長	取締役会	〃	〃
41.	販売企画の決定		〃	〃	製造部長	営業課
42.	生産会議付議事項				〃	〃
43.	得意先および受注の決定に関する事項		社　長	取締役会	〃	〃
44.	見積原価計算ならびに見積書の作成に関する事項		製造部長		〃	〃
45.	製品の販売価格折衝および決定に関する事項		社　長	取締役会	〃	〃
46.	外注加工の発注		〃	経理課	〃	生産課
47.	外注加工の発注先の選定および指導、折衝		〃	取締役会	〃	〃
48.	外注加工の価格の決定	社　長	製造部長		〃	〃
49.	新製品開発、研究に関する事項		社　長	取締役会	専務	技術課
50.	配合技術、生産技術等の指示および改善	社　長	専務		〃	〃
51.	試作品の製作および技術的問題に関する事項	〃	〃		〃	〃
52.	生産機械設備の改良、改善	〃	製造部長	管理部長	製造部長	生産課
53.	各工程における検査基準の検討、決定		〃		〃	〃
54.	各工程における品質向上に関する事項	社　長	専務	専務	〃	〃
55.	QC〜ZD運動に関する事項	〃	〃		〃	〃
56.	諸債権の取立		社　長	社長室	〃	営業課
57.	製造計画の決定		〃	取締役会	〃	製造課
58.	生産方針の改正、変更に関する事項		〃	〃	〃	生産課
59.	人員の補充、異動、昇進、退職に関する申請		〃	〃	総務課	各課
60.	生産設備、機械装置の改善、補充要項	社　長	〃	〃	購買課	〃
61.	出張命令、精算および報告に関する事項	〃	各部長		課長	〃
62.	会社の諸行事の施行の立案		社　長	取締役会	社長室	総務課
63.	接待および各行事への参加	社　長	各部長		課長	各課
64.	規定された各経営管理資料の提出		〃	社長室	各部長	〃

(別表2)

事務名		使用伝票名	決裁順序			
			承認	決定	協議	審査	立案
出張	日 帰 り 出 張	出張届	部長	課長		課長	該当者
	1 週 間 以 内 の 出 張	〃	社長	部長		〃	〃
	1 週 間 以 上 の 出 張	〃	〃	〃		〃	〃
受講	日 帰 り 受 講	出張届	部長	課長		課長	該当者
	宿 泊 を 伴 う 受 講	〃	社長	部長		〃	〃
	団 体 加 入	稟議書	社長	部長		課長	総務課
寄付金	予 算 内			総務部			課長
	予 算 外	稟議書	社長	部長			〃
	寄 付 金 額 ○○○○円 未満	〃	〃	〃		総務部	〃
接待費用	A──○○○○○円 未満	接待届	課長	課長		課長	該当者
	B〈○○○○○円 以上／○○○○○円 未満	〃		部長			課長
	C──○○○○○円 以上	〃	社長	〃			〃
広告	広 告 の 掲 載	稟議書	社長	部長			総務
物品購入依頼	A──○○○○○円 未満	物品請求書			(用度品)	総務課	課長
	B〈○○○○○円 以上／○○○○○円 未満	〃		総務部長	(〃)	購買課	〃
	C〈○○○○○円 以上／○○○○○円 未満	〃		社長	(〃)		〃
	D──○○○○○円 以上	稟議書(設備)		管理部長	(〃)		〃
	(冶 工 具 、 用 度 品)				(冶工具)		
	原 材 料 購 入 計 画		社長	管理部長	経理	購買課長	担当課
	外 注 関 係 発 注 計 画		〃	製造部長	〃	課長	〃
会社の物品売却	A──○○○○○円 未満			課長	各課長	経理	係
	B〈○○○○○円 以上／○○○○○円 未満			部長	〃	〃	課長
	C──○○○○○円 以上		社長		役員会	〃	部長
債権回収	貸倒れ○○○○○円 以 上		社長	社長室	営業課	経理	該当者
	〃 ○○○○○円 以 上		〃	〃	〃	〃	〃
図書購入	A──○○○○○円 未満			課長	課長	総務課	該当者
	B〈○○○○○円 以上／○○○○○円 未満			部長	〃	〃	〃
	C──○○○○○円 以 上		社長		〃	〃	〃

稟議決裁事項

一 社長決裁事項

(1) 稟議取扱主管者 総務部長

1. 株主総会の招集および議案
2. 株式の発行および社債の募集
3. 株券の再交付または廃棄
4. 内規および諸規程の制定、改廃
5. 内規諸規程の細則の制定、改廃
6. 社長署名、印を必要とする諸契約、願、届
7. 補償、賠償
8. 訴訟行為
9. 保険（火災、損害、包括保険）締結、変更
10. 登記、登録
11. 諸団体の入会
12. 寄付金 ○万円以上
13. 賛助金 ○万円以上
14. 義捐金 ○万円以上

(2) 稟議取扱主管者 経理部長

1. 投資
2. 融資
3. 保証
4. 不良債権の整理 金○○万円以上
5. 銀行取引の開始、廃止
6. 借入金（長期資金、特殊の短期資金）
7. 抵当権の設定、解除
8. 固定資産、譲渡売却 金○○万円以上
9. 原料、貯蔵品、遊休品の売却 金○○万円以上
10. 予算外の支出

(3) 稟議取扱主管者 労務部長

1. 給与基準の改訂、賞与、一時金の決定
2. 労働協約の決定
11. 重要な固定資産の賃貸借
12. 重要な機材の購入ならびに工事契約

(4) 稟議取扱主管者 調査室長

各種調査にもとづく権利の設定その他権利に関して対価支払を要する事項

(5) 稟議取扱主管者 人事部長

1. 職員（実務職を除く）および嘱託の採用任免、異動、考課、賞罰
   ただし事業所内の異動を除く
2. 職員（実務職を除く）および嘱託の個々の給与ならびに賞与、一時金の決定

(6) 稟議取扱主管者 製造部長

1. 実務職員の採用、任免
2. 特許権の申請
3. 生産計画の変更ならびに実行設計の大幅変更
4. 予算外計画

(7) 稟議取扱主管者 支社長

3. 融資住宅
4. 社宅寮（予算外）取得
5. 厚生組織の予算外支出
   別に定める

三 事業所長決裁事項

1. 出張所の設置
2. 代理店の指定
3. 重要な原料の購入計画ならびにその変更
4. 販売品の価格決定
5. 販売計画ならびに変更

二 支社長決裁事項

1. 支社採用嘱託の採用、任免
2. 製品ならびに原料の売買契約
3. 特約店の指定
4. 社長の委任を受けた契約、届および願書

四 本社総務部長決裁事項

1. 諸団体の入会 年額 ○万円以上
2. 寄付金 ○万円以上
3. 賛助金 ○万円以上
4. 義捐金 ○万円以上

五 本社経理部長決裁事項

1. 固定資産 譲渡売却 ○○万円未満
2. 固定資産 賃貸借（社長決裁分を除く）
3. 固定資産の消帳
4. 原料、貯蔵品、遊休品、売却 ○○万円以上

5 決定予算内の支出にして認可費目以外の流用
6 前渡金
7 不良債権の整理　〇〇万円以下

六　本社内部長、室、課担当職の決裁事項
別に定める

決裁基準表（一部省略）

常務会付議事項	全般 a 経営組織・職務権限および分掌の大綱 b 長期経営方針 c 年次ならびに半期の生産および販売計画 d 年次ならびに半期の予算および修正予算 e 決算案 f 増資案 g 社債発行案 h 事業および事業場の新設拡張または縮小廃止 i とくに重要な不動産および動産の購入・処分 j 大口投資 k 労働協約の大綱 l 賃金体系の大綱 m 賞与・臨時給与の支給基準
稟議事項	a 業務全般を統制するための基準の設定・変更 b 管理規程、人事規程・経理規程その他諸規程 c コンプライアンス規程 d 労働協約 e 賃金体系 f 就業規則その他服務規律 g 重要印の制定 h 関係団体への加入脱退および役員の推薦 i 社外重要会議への出席の決定 j 商社取引の開始ならびに休止 k 商社の信用限度 l 不良売掛金の処分 （一件〇〇万円超過）
部長決裁事項	製造担当重役 a 工場見学の許可 経理部長 a 債権の処分一件〇〇万円まで 営業部長 a 不良売掛金の処分一件〇〇万円まで b 値引きまたは返品受入 各部長 a 細則の制定・改廃
工場長決定事項	a 固定資産の交換または無償取得一件薄価または見積価格〇〇万円まで b 固定資産の処分または廃棄一件薄価および処分価格とも〇〇万円まで c 雑品の処分一件〇〇万円まで d 事業場内の軽易な固定資産の移動 e 事業場内準則の制定・改廃 総務部長 a 本社関係における右記のa～e

92

会議規程

第1条　業務上の連絡を緊密にし、各部署間の関連事項を協議させるための会議を行う。

第2条　会議が会社全般にわたる事項に関するものは社長が召集する。

第3条　前条会議の事務は、総務部が担当する。

第4条　社長が会議を召集したときは、総務部長はあらかじめ試案を整備し、会議開催前に参加者に通知する。

第5条　会議は議長一名を置き、社長が任命する。

第6条　会議は持ち回り会議とすることができる。

第7条　会議において決議を必要とするときは、とくに定める場合のほか、出席者の過半数で決定する。ただし社長が全員一致の決議を命ずることもある。

第8条　会議が終了したときは、議長は左記事項を一週間以内に報告する。
(1) 会議の種類、名称
(2) 開催日時、開催場所
(3) 出席者の氏名
(4) 決議をした場合はその事項
(5) 議事の要領
(6) 重要な少数意見

第9条　定期に開催する会議は、召集手続を省略することもある。

第10条　役員および部長は、社長に会議の召集を申請することができる。

第11条　第2条以下の会議は、主管部長がこれを召集する。ただし他の部から所員を出席させるものについては、あらかじめ総務部長と協議し、重要なものについては社長の決裁を受けること。

2　前条会議の事務は、主管部長が担当する。

会議が終了した時は、主管部は一週間以内に報告書を総務部長に提出する。報告書記載事項については、第8条を準用する。

第12条　総務部長は、前項報告書を審査し必要があるときはこれを役員ならびに社長に供覧すること。

第13条　本規程は役員会議には適用しない。

本規程は平成〇年〇月〇日より施行する。

部長会議規程

第1条　本社に部長会議を置く。

第2条　部長会議は原則として本社在勤の部長（副部長を含む。以下同じ）で組織する。

第3条　部長会議は管理業務の最終責任者の会議機関として、会社業務の執行に関し必要な審議を行うとともに、会社意思の決定に対する補助機関として、社長の諮問にこたえ、または必要な意見具申を行う。

第4条　左の事項は部長会議にこれを付議する。
(1) 社長からの諮問事項
(2) 社長への意見具申事項
(3) 各部の共同審議を要する事項
(4) 各部に関係ある新規の計画およびその実施方案
(5) 各部所管業務の実績報告
(6) 各部所管業務の連絡事項
(7) その他部長が必要と認めた事項

第5条　部長会議は毎週一回これを開催する。ただし、部長の要請があったとき、その他臨時に必要のあるときは随時これを開催することができる。

第6条　必要があるときは、部長会議に部長以外の役付社員の出席を求めることができる。

役付社員以外の社員につき意見を聞きまたは報告をさせる必要のあるときも同様とする。

第7条　総務部長は会議の招集、議案の収集および整備、必要な記録の作成および保管その他部長会議に関する要務をつかさどる。

第8条　本規程は平成〇年〇月〇日より施行する。

報告書管理規程

第一章 総則

（目的）
第1条 この規程は、報告書の登録制度を定めて、報告書の登録を通じその種類、内容および様式を整備統一するとともに、報告書提出の管理手続を明らかにして、報告書の提出・処理の的確化を図り、業務能率を向上させることを目的とする。

（用語の定義）
第2条 この規程において報告書とは、業務に関する定例的かつ計数的報告で、各課および営業所からその業務の主管課に文書をもって提出されるものをいう。

2 次の各号に掲げる報告書は、これを含まないものとする。
(1) 各課および営業所が直接外部に提出するもので、その様式等を会社外部の機関が指定し、当社の統制外にある報告書
(2) とくに通知をそのつど発して提出を請求する報告書

第二章 報告書の登録

（登録）
第3条 新たに報告書の提出を請求しようとするときは、この規程の定める所により、報告書の登録を受けなければならない。

（登録の申請者）
第4条 報告書の登録申請は、その報告書の提出を請求する課の課長（以下「登録申請者」という）が所属部長の承認を得て行う。ただし営業第一課および第二課に共通する報告書の登録申請者は営業部次長とする。

（登録の申請）
第5条 登録申請書は、次に掲げる事項を記載した登録申請書および添付書類を総務課長に提出しなければならない。

2 一件の報告書類が二以上の課において使用される場合の登録申請書は、その報告所を最初に受理する課の課長とする。
(1) 報告書の名称
(2) 報告書の提出と請求する部署名
(3) 報告書の作成基準日
(4) 報告書の提出期限
(5) 報告書を提出させる目的および利用方法
(6) 添付書類
　(イ) 報告書様式（用紙）二部
　(ウ) 報告書の作成要領説明書

（登録の拒否）
第6条 第5条の規定による登録の申請があった場合においては、第8条の規定により登録を拒否する場合を除くほか、総務課長は遅滞なく第5条各号に掲げる事項ならびに登録年月日および登録番号を報告書登録簿（以下「登録簿」という。帳票No.〇〇〇-〇）に登録し総務部長の認証を受けるものとする。

2 総務課長は、前項の規定による登録をした場合は直ちにその旨を当該登録申請者に通知しなければならない。

（無登録報告請求の禁止）
第7条 第6条の規定による登録を受けない報告書はこの規定による提出を請求することはできない。

（登録の実施および登録の通知）
第8条 総務課長は登録申請書を受けた報告書が次に掲げる欠格要件の一に該当するとき、または登録申請書および添付書類に重要な事実の記載が欠けているときは、その登録を拒否しなければならない。
(1) 利用目的の不明確なもの。
(2) 利用目的に対し、報告内容が合目的でないもの。
(3) 利用度に比較してその作成・処理に要する事務量の著しく大きいもの。
(4) 報告内容が既存の報告書と重複し、整理統合が可能なもの。

報告書管理規程

　(5) 不当に自己の労力を節減する目的で、下部組織に提出するもの。
　(6) 提出期間がその利用度に比し、不当に短期間のもの。
　(7) 様式（用紙の規格・文体・書式・用字・記載項目の配列等）が適当でないもの。

2　総務課長は登録申請を審査する場合においては、前項各号に掲げる基準を適用するにあたっては、報告書の簡素化、事務能率の向上の線に沿うようにつとめなければならない。

3　総務課長は第1項の規定による登録の拒否をした場合は、総務部長に報告するとともに遅滞なくその理由を付してその旨登録申請者に通知するか、登録に不適格である事由を排除する措置を勧告しなければならない。

（変更等の届出）
第9条　登録申請者は、第5条各号に掲げる事項について変更しようとするときは、遅滞なくその旨の変更届書を総務課長に提出しなければならない。

2　第6条第1項の規定および第8条の規定は前項の規定による変更の届出があった場合に準用する。

（廃止の届出）
第10条　登録申請者は、その登録した報告書を廃止する場合においては、遅滞なくその旨を総務課長に届け出なければならない。

（登録の抹消）
第11条　総務課長は次の各号に掲げる場合には、登録簿について当該報告書の登録を抹消し、総務部長の認証を受けるものとする。
　(1) 前条の規定による届出があった場合
　(2) 第3条第1項の規定による登録の有効期間満了の際、更新の発録の申請がなかった場合
　(3) 第12条の規定により登録を取消した場合

（登録の取消）
第12条　総務課長は登録を受けた報告書が次の各号の一に該当するときは、その登録を取り消す措置を講じなければならない。
　(1) 登録を受けてから六カ月以内に報告書提出の請求をせず、または引続いて六カ月以上請求を中止した場合
　(2) 第8条第1項各号に規定する欠格要件が生じたと認められるとき
　(3) 第10条の規定による届出をしない場合

（登録報告書の監査）
第13条　総務課長は、登録を受けた報告書の利用状況につき、監査することができる。

第三章　報告書提出手続の管理

（報告書管理表）
第14条　総務課長は、毎会計年度の末日までにその翌会計年度において提出すべき報告書の登録番号・表題・提出先・作成基準日・提出期限を登録簿にもとづいて別に定める報告書管理表（提出者用A帳票No.〇〇〇－〇・B〇〇〇－〇）に記載し、報告書請求先の課および営業所へ送付しなければならない。

2　総務課長はまた、前項に準じて登録を受けた報告書の一覧表を作成し、本部各室、課へ送付しておかなければならない。

3　報告書の提出の請求を担当する課長（以下「請求担当者」という）は、その所管する報告書につき報告管理表（請求者用帳表No.〇〇〇－〇）を作成し備えつけておかなければならない。

（報告書提出の手続）
第15条　前条の規定にもとづいて報告書の作成提出を請求された部署の長（以下「報告責任者」という）は、かならずその報告書を所定の期限までに作成、提出しなければならない。

2　報告責任者が報告書を提出するにあたっては、報告書管理表（提出者用）の所定欄に発送月日を記入する。

3　請求担当者が報告書の提出を受けたときは、報告書管理表（請求者用）の所定欄に受信月日を記入する。

（報告責任者の管理）

文書取扱規程①

第一章　総則

（目的）

第1条　この規程は、東京FS株式会社（以下「会社」という。）の文書事務の管理及び事案の決定について基本的な事項を定め、もって適正で能率的な事務の処理を図ることを目的とする。

（用語の定義）

第2条　この規程において、次の各号に掲げる用語の意義は、それぞれ当該各号に定めるところによる。

① 文書　会社の運営に関し必要な一切の業務用の書類をいう。

② 収受文書　本社及び営業所等に到達し、収受した文書をいう。

③ 起案及び起案文書起案とは、事案の決定案を作成することをいい、起案文書とは事案の決定案を記載した文書をいう。

④ 審議　主管の系列に属する者が、その職位との関連において、事案について調査、検討し、その事案に対する意見を決定権者に表明することをいう。

⑤ 審査　主として法令、規程、細則その他の社内規程の適用関係の適正化を図る目的で事案について調査、検討し、その事案に対する意見を表明することをいう。

⑥ 協議　決定権者又は審議を行う職位にある者と、審議を行う者以外の職位にある者とが、それぞれその者の職位との関連において事案について意見の調整を図ることをいう。

⑦ 決定関与　前3号（④⑤⑥）に規定する審議、審査及び協議を行うことをいう。

⑧ 庶務主管課　部の庶務を所掌する課をいう。

⑨ 庶務主管課長　前号に規定する庶務主管課の長をいう。

⑩ 主務課　文書に係る当該事案を担当する課（室及び営業所を含む。以下同じ。）をいう。

⑪ 主務課長　前号に規定する主務課の長をいう。

（文書取扱の基本）

第3条　文書は、正確、迅速、丁寧に取扱い、事務が適正で能率的に行われるように処理し、管理しなければならない。

2　文書は、私有し、又は死蔵してはならない。

第4条　重要又は複雑な事項は、文書によって処理することを原則とし、常に責任の所

第16条　報告責任者は、報告書管理表を管理し、提出期限の遅延または提出もれのないように注意し、またもし遅延を生じたときは遅延をくり返さないよう自主的措置を講じなければならない。

（提出遅延に対する措置）

第17条　報告書の提出の遅延が一会計年度内において三回以上に達した場合は、請求担当者は遅滞なく原因究明の措置および対策を講じ総務課長に報告しなければならない。

2　前項の規定にもとづいて報告を受けた場合、総務課長は必要と認めるときは総務部長に報告し、総務部長はこれに対し適切な措置を講ずるものとする。

第四章　雑則

（諸様式）

第18条　この規程の実施に必要な様式のうち次の各号に掲げるものは総務部長の定めるところによる。

(1) 報告書登録申請書
　　（帳票No．○○○－○）

(2) 報告書登録変更
　　（帳票No．○○○－○）

(3) 報告書登録簿
　　（帳票No．○○○－○）

報告書管理表
（帳票No．○○○－○～○）

附則

（施行）

第19条　この規程は平成○○年○月○日より施行する。

文書取扱規程①

在を明らかにしておかなければならない。

2 軽易又は緊急を要する事項は、上司の指示により、電話その他便宜の方法で行い、文書によらないで処理することができる。この場合は、事後文書を作成し、処理年月日、処理内容、相手方の氏名等必要な事項を記載し、すみやかに上司の確認を得なければならない。ただし、軽易な事項については、後日処理経過を明らかにする必要があるものを除き文書の作成を省略することができる。

（文書主任及び文書取扱主任の設置）

第5条 総務部総務課（以下「総務課」という。）に文書主任を、部及び営業所に文書取扱主任を置く。

2 文書主任は、総務課の文書事務を担当する係の長をもってあて、文書取扱主任は、部にあっては庶務主管課の、営業所にあってはその営業所の文書事務を担当する係の長（主査を含む。）をもってあてる。

3 代表取締役社長は必要があると認めるときは、前項のほかに、文書取扱主任を指定することができる。

（文書主任及び文書取扱主任の職務）

第6条 文書主任及び文書取扱主任は、上司の命を受け、文書取扱主任にあっては会社及びその所属する部、文書取扱主任にあってはその所属する部又は営業所における次の事務に従事する。

① 文書の収受、配布に関すること
② 文書の処理の促進に関すること
③ 起案文書及び印刷に付する文書の審査に関すること
④ 文書の整理、保管、保存及び廃棄に関すること
⑤ 文書事務及び文書の作成に係る指導並びに改善に関すること
⑥ その他文書の管理に関し必要なこと

（文書の管理帳票）

第7条 文書の管理に要する帳票は、次のとおりとする。

① 文書収受簿（第1号様式）省略
② 金券収受簿（第2号様式）省略
③ 文書管理カード（第3号様式）（P.101参照）

2 前項に掲げる帳票の使用区分は、次のとおり定める。

① 文書収受簿 総務課長が第10条第2項第2号及び第4号に掲げる文書を主務課長又は名あて人に配布する場合にその経過を記録する。
② 金券収受簿 総務課長が第10条第2項第3号に掲げる文書を現金を取扱う主務課長に配布する場合にその経過を記録する。
③ 文書管理カード 第8条に定める文書の登録及び文書を管理するにあたって、その文書の件名、番号、登録年月日、分類

記号その他の文書管理上必要な事項を記録する。

3 同種の文書を定例的に処理する場合は、主務課長は、総務課長の承認を得て、文書管理カードに代えて当該文書を管理するため特例の管理帳票（以下「特例帳票」という。）を使用することができる。

（文書の登録及び記号）

第8条 収受文書及び起案文書は、主務課において文書管理カード又は特例帳票に登録し、記号及び番号を記載しなければならない。ただし、軽易な文書は、この限りでない。

2 収受文書及び起案文書の番号は、文書を収受又は起案した事業年度の数字と主務課又は事務の性質を表わす4以内の文字とし、別に定める。

3 収受文書及び起案文書の記号は、当該文書に定めるものとし、毎年四月一日に第1号から受発の順をおってつけ始め、翌年三月三〇日に止めるものとする。ただし、収受文書に基づく起案文書にあっては当該収受文書と、起案文書に基づく発送文書にあっては当該起案文書と同一の番号を用いるものとする。

（急施、重要文書及び機密文書）

第9条 急施、重要な文書及び機密を要する文書で、この規程によることができないときは、所管部長は、総務部長と協議のうえ

文書取扱規程①

特別の取扱いをすることができる。

第二章 文書の収受

（本社到達文書）
第10条 本社に到達した文書は、文書主任が一括して受領し、総務課長の指示に従い配布するものとする。

2 到達文書の収受にあたっては、次の方法により処理しなければならない。

① 代表取締役社長、専務取締役、取締役又は会社あて送達された文書は、原則としてそのまま庶務主管課（文書取扱主任）を経由して、主務課へ配布する。配布された文書は主務課において開封、会社登録印を押し、文書管理カードへ登録をする。

② 役員又は職員あての親展文書その他開封を不適当と認められるものは、封筒に会社収受印を押し、文書収受簿に記入のうえ、そのまま名あて人に配布する。

③ 現金又は金券を添付した文書は、総務課において会社収受印を押し、金券収受簿に必要な事項を記入し、現金取扱担当課へ配布する。

④ 訴訟、訴願、異議の申立等に関する文書の収受の日時が権利の得喪にかかるものは、その封筒（開封したものにあっては文書の余白）に会社収受印を押し、到達時刻を明記して文書収受簿に記入のう

え、主務課に配布する。

3 総務課長は、重要、異例又は機宜の取扱いを要すると認められる文書については、ただちに総務部長、代表取締役社長、専務取締役又は取締役の閲覧を受け、その指示により処理しなければならない。

（部又は営業所に到達した文書）
第11条 部（総務部を除く。）又は営業所に直接到達した文書は、文書取扱主任が収受の手続きをし、庶務主管課長又は営業所長の指示により配布するものとする。

2 前条第2項及び第3項の規定は、部又は営業所に直接到達した文書に準用する。この場合において、同項中「庶務主管課長又は総務部長」とあるのは「所管部長及び総務部長」と、それぞれ読替えるものとする。

（2以上の部課に関係する文書の配布）
第12条 2以上の部、課に関係する文書は、総務課長がもっとも関係の深い主務課長に配布するものとする。ただし、これにより配布するものとする。ただし、これにより配布しがたい場合は、総務課長がその所管を決定するものとする。

（所管に属しない文書の回付）
第13条 配布を受けた文書で所管に属しないものがあるときは、文書取扱主任に、その他の職員にあっては所属する部の文書取扱主任（総務部にあっては主任）に回付するものとし、相互に

（収受文書の処理）
第14条 収受文書は、すべて主務課長が中心となり、その事案の事務担当において、すみやかに処理しなければならない。ただし、事案の性質上その処理が長期にわたるものにあっては、すみやかに上司の閲覧に供しておくものとする。

2 施行期日の予定されるものは、決定を受ける余裕をおいて起案し、必要な審議等の機会を失わないように努めなければならない。

第三章 事案の決定

（事案の決定）
第15条 事案の決定は、取締役会及び常務会の議決に付すべきものを除くほか、当該決定の結果の重大性に応じ、代表取締役社長、専務取締役、取締役、部長、課長又は営業所長が当該事案に係る起案文書に著名又は押印することにより行う。

（事案の決定区分）
第16条 前条の規定に基づく、代表取締役社長、専務取締役、取締役、部長、課長又は営業所長の決定する事案は、おおむね別表に定めるものとする。（別表省略）

（決定権限の委譲）
第17条 代表取締役社長は、あらかじめ範囲を定めて前条の規定により自己の決定の対

文書取扱規程①

象と定めた事案の一部を専務取締役に決定させるものとする。

2　前項に定めるもののほか、事案を決定する者（以下「決定権者」という。）は自己の決定の対象となった事案について、代表取締役社長の定める基準に従い、あらかじめ指定する者に決定権限の一部を委譲することができる。

（事案決定の臨時代行）

第18条　代表取締役社長の決定を要する事案について至急に決定を行う必要がある場合において、代表取締役社長が病気その他やむを得ない事由により不在（以下「不在」という。）であるときは、専務取締役が代行（以下「代決」という。）する。

2　前項の場合において、代表取締役社長及び専務取締役がともに不在のときは、会社の職務代理順序に関する規程に定める順序により、取締役がその事案を代決する。

3　決定権者が不在で当該事案が急施を要する場合は、決定権者（代表取締役社長及び専務取締役を除く。）があらかじめ指定する者（以下「代決者」という。）が決定する。ただし、当該事案が代決をしてはならないものとして、決定権者があらかじめ指定したもの又は異例に属するものについては、この限りでない。

（事案決定等の例外措置）

第19条　決定権者及び代決者は、事案の決定の結果の重大性が自己の負い得る責任の範囲を超えると認めるものについては、その理由を明らかにして決定権者の直近上位の職にある者にその決定を求めることができる。

（審議等）

第20条　代表取締役社長は、自己の決定する事案については、あらかじめ専務取締役及び担当取締役に審議を行わせるものとする。

2　代表取締役社長が決定する事案については、すべて総務部長に協議するものとし、他の部又は他の課に関係するものは、関係部課の長と協議しなければならない。

3　代表取締役社長、専務取締役、取締役、部長、課長又は営業所長が決定する事案については文書取扱主任（総務部にあっては文書主任）の審査を受けなければならない。

4　前項の規定にかかわらず、次の各号の一に該当する事案については、文書主任の審査を受けなければならない。

① 定款、規程、要綱、細則、要領その他の社内規則（以下「規程等」という。）の制定改廃に関する事案

② 法令又は規程等の解釈に関する事案

③ 官公庁に対する許認可等の申請及び報告の提出に関する事案（軽易又は定例的なものを除く。）

④ 前各号に定めるもののほか、代表取締役社長が決定する事案

（起案文書の回付）

第21条　事案の決定に決定権者以外の者の審議、審査、協議その他の関与が必要な場合は、事案の決定に関与すべき者（以下「決定関与者」という。）に起案文書を回付し、決定に関する関与を行わせなければならない。

2　起案文書の回付は、流れ方式とする。ただし、特に急施又は機密を要する文書及び重要な文書は、内容を説明できる者が持ち回ることができる。

3　第1項の規定にかかわらず、決定権者又は主務部長若しくは主務課長は、決定関与者を招集して開催する会議の方法により、起案文書の回付に代えることができる。この場合は、起案文書に議事の要領を記載しておくものとし、重要な事案については会議記録を添付しておくものとする。

4　第18条の規定は、決定関与者について準用する。

（供覧）

第22条　業務上の参考とするため他の部課へ周知させる必要のある文書は、供覧しなければならない。

（廃案の通知等）

第23条　回付中の起案文書を廃し、又は当該文書の内容に重要な変更（以下「内容変更」という。）を加えたときは、主務課長は、

文書取扱規程①

第四章　起案

（起案）
第24条　起案は、別に定めのある場合を除き、第4号様式による起案用紙を用い（省略）、会社における規程等の制定、公表、文書の作成等に関する規程により平易明確に行わなければならない。

2　軽易な事案については付箋又は文書の余白を用い、定例的な事案については一定の帳票を用いることにより、起案用紙を用いないことができる。

（関係書類の添付）
第25条　起案文書には、必要に応じて起案理由及び事案の経過を明らかにする関係書類を添えなければならない。

（特別な表示）
第26条　起案文書には、その性質により「至急」、「秘」等の注意事項を表示しておかなければならない。

（起案文書の訂正）
第27条　起案文書を訂正しようとするときは、原文を明示して、訂正字句並びにその前後の関係を明らかにして、訂正者の認印を押さなければならない。

2　決定済みの起案文書に、様式、所定文例等と異なるもの又は過誤があるときには、決定権者が必要な訂正を行うほか、総務課長又は文書主任が起案の趣旨に反しない限り修正ができるものとする。

第五章　文書の浄書及び発送

（文書の浄書等）
第28条　決定済の起案文書で浄書するものは、主務課でただちに浄書しなければならない。

2　浄書した文書は、決定済の起案文書と照合し、照合した者は起案文書の浄書照合欄に押印しなければならない。

（社印）
第29条　照合をした浄書文書は、会社の定めるところにより、社印を押印しなければならない。ただし、社内文書又は軽易な文書については、社印省略の記載をして押印を省略することができる。

（文書の発送）
第30条　発送を要する文書は、主務課でただちに郵送又は使送等の方法で発送しなければならない。

2　文書を発送した者は、起案文書の発送欄

その旨を既に決定の関与を終了した決定関与者に通知しなければならない。この場合において、内容変更を加えたときは、再度文書を回付しなければならない。

2　主務課長は、回付中の起案文書を廃したときは、その旨を当該文書に係る文書管理カード又は特例帳票に記載しておかなければならない。

第六章　文書の整理及び保存

（文書の整理）
第31条　文書は、常に内容に応じて整理し、一件ごとに整理しておかなければならない。

2　前項の規定にかかわらず、完結した文書（以下「完結文書」という。）で相互に極めて密接な関係がある文書は、一群の文書として、整理することができる。

（文書の保存）
第32条　完結文書は、主務課において保存するものとする。

2　文書の保存にあたっては、常に紛失、火災、盗難等の予防の措置をとるとともに、重要な文書は、非常の場合いつでも持ち出せるようにあらかじめ準備しておかなければならない。

（保存年限）
第33条　文書の保存年限は、次の五種とする。

永久保存
一〇年保存
五年保存
三年保存
一年保存

2　前項の規定にかかわらず、法令に保存期間の定めのある文書及び時効が完成する間証拠として保存する必要がある文書の保存年限は、それぞれ法令に定める期間又は時

に押印しなければならない。

文書取扱規程①

3　第1項の保存年限の区分に応じ、保存する文書の基準は、別に定める。

4　文書の保存年限は、その完結した日の属する年度の翌年度の四月一日から起算する。

（常用文書）

第34条　主務課長は、当該課において常時利用する必要があると認める文書を常用文書として指定することができる。

2　前項の規定による指定があったときは、事務担当者は、その指定のあった文書にその文書が常用文書である旨を表示するとともに、文書管理カードに必要事項を記入しなければならない。

（永久保存文書の引継）

第35条　主務課長は、永久保存の文書をその完結した日の属する年度の翌々年度の初めに、原則として総務課長に引き継がなければならない。

2　前項の規定にかかわらず、常用文書の引継ぎ時期は、その文書の常用期間が終了した日の属する年度の翌々年度の初めとする。

（廃棄）

第36条　保存年限を経過した文書又は保存期間中に保存の必要がなくなった文書は、別に定めのあるものを除き、主務課長の決定を経て、廃棄するものとする。ただし、重要な文書及び機密を要する文書は、総務課長と協議し、処理するものとする。

（文書の引継）

第37条　分掌変更等により、文書を引き継ぐ場合は、文書引継書を添えなければならない。

（貸出）

第38条　文書を他の部又は課に貸出す場合は、返却期日を定め、借用証を徴するものとする。

（実施細目）

第39条　この規程の施行について必要な事項は、代表取締役社長が定める。

第七章　附　則

（施行）

第40条　この規程は平成〇年〇月〇日より施行する。

第3号様式（第7条関係）文書管理カード

	年　月　日　　第　号
	あて先
（　年　月　日　第　号）　報申　依照　通進　覧	発信者
発信者	保存廃棄経過	分類記号
備　考　　　　　処理経過	文書係引継　年月日	摘　要
決定区分	廃　棄　年月日	
起　案　年月日	廃棄予定　年月日	
供　覧　年月日		
決　定　年月日		
施　行　年月日	永久．10．5．3．1	起案者　受領者

文書取扱規程②
簡単な取扱規程

第一章　総則

（目的）
第1条　この規程は事務の組織的、能率的運営を図るため文書の作成、取扱整理全般にわたって規定し、文書事務の正確、迅速を期することを目的とする。

（定義）
第2条　この規程において文書とは業務上往復する文書、電報その他各種の記録、報告及び刊行物（図書として整理するものを除く）並びに成案文書等をいう。

第3条　この規程において事業所とは本社、工場、出張所をいう。

（適用範囲）
第4条　文書の取扱についてはすべてこの規程による。

（担当課）
第5条　事業所は文書の発信及び集配を処理する担当課（係）を定めなければならない。

（優先処理）
第6条　緊急の表示がある文書はすべて他に先だち処理すること。

第7条　文書は一件につき一文書とするのを原則とする。

（記載用件）
第8条　文書にはその性質上必要としないものを除いてすべて左記事項を表示しなければならない。
① 発信記番号
② 発信年月日
③ 発信者名
④ あて先
⑤ 件　名
⑥ 担当者及び担当責任者の捺印

（使用文体と文字）
第9条　文体は口語体を使用し、仮名は平仮名を用いる。

（敬語の省略）
第10条　社外に対する特殊なものを除き事業所相互間に往復する文書には前文、末文並びに不必要な敬語を省略する。

（電文）
第11条　電文及びFAXは簡潔明瞭を旨とし、親展及び至急報の濫用を慎しむものとする。

第二章　文書の書き方

（原則）

第三章　受信及び発信

（受信及び回付）
第12条　文書は郵便物あるいは手渡文書の別を問わず、担当課（係）において受付けるものとする。

第13条　担当課（係）においては普通郵便物、電報、速達、書留郵便物、FAXその他特殊郵便物の別に受信簿に記録し、親展郵便物及び私用とみなされる個人あての郵便物を除いて開封の上担当部課（係）長を経てそれぞれ業務の関係部課（係）へ回付する。

第14条　文書の回付を受けて関係部長は必要と認められるものを上司に提出する。

第15条　文書を回付する場合は関係課毎に区分し当該文書を処理保存すべき課名を記した板ばさみに整理の上前二条の経路により回付するものとする。

（発信）
第16条　文書の発信はすべて受信の場合と同様の区別をもって担当課（係）において発信簿に記録の上発送するものとする。

第17条　発送文書は必ず控を取り責任者の押捺を受けて保存すること。但し上長においてその必要を認めないときはこの限りでない。

第18条　社内外を問わず発信名は特別の必要がある場合を除いて個人名を用いてはならない。

（各種印章の押捺）
第19条　社外文書で社長印請求簿に必要事項を記入し、当該文書とともに社長印保管者へ提出するものとする。

第20条　社印押捺を必要とする場合も前項に準ずる。

第21条　本社以外の事業所における事業所長印及び事業所印の押捺請求の手続も前二条に準じてこれを行うものとする。

第四章　社内通信

(達示)
第22条　社内全員に通達する文書は達示をもって行う。達示は社長名をもって、一連番号を附し、本社総務部総務課で発行する。

第23条　達示の通達を受けた事務所長(本社においては総務部長)はこれを所属従業員に周知させなければならない。

(常例的な通達)
第24条　達示を必要としない常例的な通達は掲示又は回覧の方法により事業所長名(本社においては総務部長名)をもってこれを行うことができる。

(通牒)
第25条　通牒は常任役員あるいは事業所長又は部長の名をもって行い主として下達に用いる。

(指示)
第26条　指示は業務上の必要事項に関し職制により適宜文書又は口頭により下達するものとする。

(通知)
第27条　通知は平易な事項に関し上下達及び相互連絡のため文書をもってこれを行う。

(報告及び具申)
第28条　報告及び意見の具申は職制により適宜文書又は口頭によりこれを行う。

(回覧)
第29条　文書を回覧する場合はその運行を円滑にするため発行者又は取扱者が回覧先を指示し閲覧を終った者が次の閲覧者に回付する場合は必ずその文書に閲覧済の注記を行うか若しくは自己の該当欄に印を押し最終回覧者は発行者又は取扱者に返還するものとする。

第五章　整理保管

(整理番号)
第30条　文書に整理番号を必要とするものは原則として毎年四月一日にこれを更新する。

(整理保管)
第31条　文書はすべてその内容による関係部課(係)において整理、分類の上必要に応じて保管しなければならない。

(保存期間)
第32条　文書は法令その他別段の規程があるもののほかは永久保存、一〇年保存、三年保存、一年保存の四種とし、文書完結の翌月より起算する。

第33条　各種文書の保存期間及びその標準は下記による。

1　永久保存
　①　重要な権利義務及び財産の得喪変更に関する書類
　②　主務官庁の重要指令、指定及び許可書類
　③　規程、内規及び例規となるべき書類
　④　登記に関する書類
　⑤　商業帳簿及び営業に関する重要書類並びに予算決算に関する書類
　⑥　その他重要な記録、書類、帳簿及び図表

2　一〇年保存
　①　普通の書類及び帳簿

3　三年保存
　①　満期又は解約となった契約書

4　一年保存
　①　軽易な書類、帳簿及び図表

(廃棄処分)
第34条　保存期間満了の文書は毎事業年度終了後、各主管者の責任においてこれを廃棄処分する。

付　則

(施行)
第35条　この規程は平成〇年〇月〇日より施行する。

印章管理規程

(目的)
第1条　この規程は、社用の印章の種類およ

印章管理規程

びその制定、登録、押印等の基準について定め、これを統一的に管理することを目的とする。

（印章の定義）

第2条 この規程で印章または印とは、会社が発行したまたは受理する文書証拠書類等（以下「書類」という）で、権利義務の行使もしくは履行または官庁への申請、届出等に際し、会社名または職名で証明するために押す印章をいう。

（印章の種類と管理）

第3条 印章の種類および印章の保管・押印に関する責任者（以下「保管押印責任者」という）は別表1のとおりとする。

（制定、改廃の決定）

第4条 社印および役員の印の制定および改廃については総務部長が決定する。その他の印章の制定および改廃についても総務部長が決定する。

（制定の手続）

第5条 あらたに印章を制定する必要を生じたときは、当該印章の押捺に関する事項を記載した申請書を総務部長に提出するものとする。

所管する部長、営業所長は、次の各号に規程する事項を記載した申請書を総務部長に提出するものとする。

① 印章名
② 使用目的および制定の理由
③ 彫刻する文字
④ 形状、寸法

⑤ 使用開始予定日
⑥ 保管押印責任者の職名

（廃印の手続）

第6条 印章を廃印するときは、次の各号に規程する事項を記載した申請書に当該印章を添えて総務部長に提出するものとする。この場合、廃印の申請を行う者については、前条の規程を準用する。

① 印章名
② 登録日
③ 廃印の理由

総務部長が廃印と決定したことにより不要となった印章は、三年間保存の後に廃棄する。

（改刻の手続）

第7条 第5条の規程は、摩滅その他の理由により印章を改刻する場合に準用する。ただし、印章の文字、形状、寸法等が従来の印章とまったく同一であるときは、前条の規程を準用するものとし、この場合は、前条第3号の「廃印の理由」を「改刻の理由」と読み替えるものとする。

（登録）

第8条 印章の制定および改廃に際しては、すべて印章登録台帳に登録するものとする。登録の事務は、総務部がこれに当る。

（管理の方法）

第9条 印章の押印は所定の場所で行うものとする。

保管押印責任者は、印章の厳正な使用に留意し、印章を使用しないときは、施錠場所に格納しなければならない。

（印章の使用範囲）

第10条 印章の使用範囲は、別表2のとおりとする。

（印章の使用手続）

第11条 印章の使用の手続は次の各号に規程するところによる。

① 社印および役員の印を押印する場合には、所定の押印申請票に必要事項を記入し、所属長の承認の印を得たうえ、押印すべき書類を添えて総務部長に押印を申請するものとする。ただし定例的な書類等で印章の押印について、あらかじめ所属長の承認を得ているものについては、担当者より直接総務部長に申請することができる。

② 社印および役員の印以外の印章については、所属長の承認を得た上で、押印すべき書類を添えて、各保管押印責任者にその押印を申請するものとする。

③ 前2号に規程するところにより押印の申請を受けた保管押印責任者は、その適否を判定のうえ押印の必要を認めたときは、当該書類にその請求を受けた印章を押印し、印章押印申請票に自己の承認の印を押すものとする。

前項の規程による印章の使用手続につ

104

経営計画作成および管理規程

第1条 この規定は、当社の事業の安定と発展を確実かつ長期的に実現するための経営計画とその実施管理について定める。

第2条 経営計画は左の項目により構成する。
(1) 経営基本方針
(2) 短期計画　事業年度単位
(3) 長期計画　当分の間〇年間

第3条 経営基本方針は長期方針および短期方針に区分して、各部分ごとにその大綱を策定する。
(1) 経営方針の策定は取締役会において行う。
(2) 策定に要する資料は総務部長に命じて各部長から提出させる。
(3) 基本方針策定については、次の要素が基本となる。
　イ　利益計画　総資本利益率、売上利益率、資本回転率
　ロ　販売目標
　ハ　生産コスト目標
　ニ　設備目標
　ホ　新製品開発目標

第4条 長期計画は、各部門の基本方針にもとづき、担当部長が中心となって自己部門内の計画を作成する。

第5条 短期計画は、長期計画の具体的実施

（全般的な管理）
第12条 総務部長は印章の制定、改刻等について全般的な管理の総括を行なう。
　印章について紛失その他の事故が発生したときは、印章の種類にしたがって保管押印責任者はすみやかに理由を付して総務部長に届け出なければならない。
　いて、実際の押印事務に関しては、事務取扱者に命じてその事務を行なわせることができる。

付　則

（実施）
第1条　この規程は平成〇〇年〇月〇日から実施する。

別表1　（第3条）

種　類	保管押印責任者	表示内容
社　　印（第1号）	秘書室長	社　　名
〃　　　（第2号）	総務部長	〃
社長印（第1号）	〃	役職名
〃　　　（第2号）	秘書室長	〃（銀行印）
その他の代表取締役印	総務部長	氏　　名
取　締　役　印	〃	役職名
各　部　印	所管課長	社名、部名
各　部　長　印	〃	役職名
各支社（営業所）印	支社（営業所）長	支社（営業所）名
各支社（営業所）長印	〃	役職名

別表2　（第10条）

押印必要書類	使用印
1　官庁への認可申請、伺書	社　印② 社長印①
2　官庁への請求書、領収証	社　印② 社長印①
3　決算書類等官庁への提出書類ならびに送り状	社　印② 社長印①
4　その他官庁への提出書類	社　印② 社長印①
5　会社名をもってする、念書、顛末書	社　印② 社長印①
6　各種取引の契約書	社　印② 社長印①
7　会社の代理権を付与する委任状	社長印②
8　印鑑証明の申請書	社長印①
9　一般商品取引の請求書、領収証	社　印② 総務部長印
10　辞　令	社長印①
11　身分証明書、通勤証明書	社　印② 社長印①
12　支社（営業所）で行う商取引契約書	支社印　支社長印
13　同　請求書、領収書	支社印　責任者印
14　銀行取引に関する書類	社長印②

経営計画作成および管理規程

計画である。したがって長期計画の決定とともに各部門業務組織にしたがい（部～課～係）計画を作成する。

第6条 長期計画および短期計画の期間ならびに作成の時期は左記のとおりとする。

(1) 長期計画
 イ 毎年〇月を始期とする〇年間
 ロ 作成時期毎年〇月末日まで
 作成期間 〇月末日および〇月末日

(2) 短期計画
 イ 毎年〇月〜〇月および〇月〜翌〇月の各〇カ月単位とする。
 ロ 作成期間 〇月末日および〇月末日

第7条 経営計画策定の項目および担当、提出先は左記の通りとする。

(1) 経営基本方針……取締役会

 イ 営業関係〜販売部門
 ロ 製造関係〜生産部門
 ハ 管理関係〜管理部門
 ニ 研究関係〜技術開発部門
 ホ 人事方針〜総務部門

(2) 長期計画
 〈作成担当〉 〈提出先〉
 イ 営業計画 総務部（社長室）
 ロ 第一製造部長
 第一製造計画 総務部（社長室）
 第二 〃
 第三 〃
 ハ 設備計画 総務部（社長室）
 ニ 管理部長 総務部（社長室）
 ホ 人事部長 総務部（社長室）
 ヘ 研究計画 総務部（社長室）
 ト 資本計画 総務部（社長室）
 チ 事業収支計画 総務部（社長室）
 リ 財務計画 総務部
 （予定損益計算書）総務部長
 （予定貸借対照表）総務部長

(3) 項目は長期計画と同じとする。ただし、部内の組織に従い、細分化した計画を作成する。

第8条 長期計画の策定は、次の順序により行う。

(1) 各部門から提出された長期計画により、総務部長は自己担当の諸計画を作成し、部門間の調整または総合的な調整を必要とする事項がある場合は、総務部長案による調整事項を付記して社長へ回付する。

(2) 社長は回付された全部門の諸計画および総務部長の調整案を議題として作成担当者を招集し、最終的な調整を行った後、その結果を付記して取締役会へ提出する。

(3) 取締役会は、総務部長および各部長を出席せしめ、必要な場合は意見を聴取し、長期計画の審議決定を行い、総務部長を経て各部長へ通達する。

第9条 短期計画の策定は長期計画の策定の順序で行う。

第10条 長期計画は、毎年〇月を始期として〇年間にわたる期間につき策定されるが短期計画の実情による状況ならびに実施一カ年の一般情勢にもとづき必要なる変更を加えて策定する。

第11条 短期計画は、当該事業年度の業務執行予算となる。したがって、各部門は毎月実績との比較検討を行い、予算と実行との自主的調整管理を行う。

第12条 総合的な実行管理は総務部において行う。予算と実行との状況に応じ各部門に対して適当な助言を行い当該年度の実行につき万全を期する（予算統制に

事務合理化委員会規則

(目的)
第1条　事務、工務における事務合理化を計画し、これを実現するために、次の合理化委員会を設ける。
(本社)　中央委員会
(工場)　工場委員会
2　中央委員会の下部機関として幹事会および本社分科会を設け、幹事会の下部機関として中央推進室を設ける。
3　工場委員会の下部機関として工場分科会および工場推進室を設ける。

(中央委員会)
第2条　中央委員会は次の事項を付議する。
(1) 事務合理化の方針を定める。
(2) 幹事会から提出された事務合理化の大綱を審議決定し、その実施に関し必要な措置を講ずる。
2　委員会は委員長一名、副委員長一名、委員若干名で構成する。

(幹事会)
第3条　幹事会は中央委員会の方針にもとづいて次の業務を取り扱う。
(1) 本社分科会および工場委員会から提出された合理化案を審議、調整する。
(2) 全般におよぶ事務合理化案を調査、立案するとともに合理化実施に伴う必要な措置を行う。
(3) 事務分析、事務機械化その他事務合理手法を確立する。
(4) 事務合理化に関する教育指導を行う。
(5) 事務合理化に必要な調査、研究を行う。
2　幹事会は幹事長一名、副幹事長二名、幹事および幹事補佐各々若干名で構成し、毎月一回定時に開催するが、必要な場合は随時開催することができる。

(本社分科会)
第4条　本社分科会は各部に設置し、次の業務を取り扱う。
(1) 当該部の事務分析を実施して合理化案を作成する。
(2) 工場委員会から提出された合理化案のうち所管の部分について検討し幹事会へ回付する。
(3) 幹事会から指示された調査、研究を行う。
2　各部の分科会は分科会長一名、副分科会長一名、分科委員若干名で構成し、必要によっては主査、副主査を置くことができる。

(中央推進室)
第5条　中央推進室は次の業務を行う。
(1) 中央委員会および幹事会の会議に関する事務を行う。

(工場委員会)
第6条　工場委員会は各工場に設置し、中央委員会の方針にもとづいて次の業務を取り扱う。
(1) 工場分科会から提出された合理化を検討して本社委員会へ提出する。
(2) 中央委員会が決定した事務対策を審議し、その実施に必要な措置を講ずる。
2　委員会は委員長一名、副委員長一名、委員若干名で構成する。

(工場分科会)
第7条　工場分科会は課単位または数課単位に設置して次の業務を取り扱う。
(1) 所管部課の事務分析を実施して合理化案を作成する。
2　工場分科会は分科会委員長一名、副分科会長一名、分科会委員若干名で構成し、必要によっては主査、副主査を置くことができる。

(工場推進室)
第8条　工場推進室は次の業務を取り扱う。

関する規定は別に定める)。
第13条　短期計画の変更を必要とする場合は、変更を必要とする部門の部長より変更案を総務部長に提出し、総務部長は担当者を招集して審議し、結果を付して取締役会の承認決議を経て関係部長へ伝達する。

事務合理化委員会規則

(1) 工場委員会の会議に関する事務を行う。
(2) 工場委員会から指示された業務を行う。
(3) 事務合理化に関する教育指導を行う。
(4) 事務合理化に必要な調査、研究を行う。

2 推進室は室長一名、室員若干名で構成する。

付　則

この規則は平成〇〇年〇月〇〇日から実施する。

Ⅴ 役員・経営者関係規程

V 役員・経営者関係規程（解説）

役員関係規程の意義

会社において社規社則を明確に制定し、これを合理的に運営していくことは、経営合理化にとって絶対に必要である。

就業規則等従業員雇用関係の規程は一応整理されているが、役員関係の規程となると案外未整理なものが多い。

役員に関する規程の一覧

定款
株主総会規程
取締役会規程
監査役会規程・常務会規程
役員の職務規程（職務権限規程・業務分掌規程・監査役監査基準・監査役規則）
経営組織運営に関する規程（組織規程・会議規程・審査会規程・稟議規程・決裁規程・株式譲渡承認規程・関連会社規程・内部監査規程）
役員執務規程（役員就業規則・役員報酬規程・役員賞与規程・役員退職金慰労金規程・役員出張旅費規程・役員の定年規程）
役員の福利厚生規程（役員福利厚生規程・役員慶弔見舞金規程・役員の保険加入規程・共済互助規程・貸付金規程・社宅入居規程等）
定年後の処遇規程（相談役・顧問規程・社友会およびOB会規程）

このうち、重要な規定のみ紹介する。

定款

定款は、会社そのもの、その会社の取締役、監査役、株主などを拘束し、その内容は、通常絶対的必要記載事項、相対的必要記載事項および任意的必要記載事項とに分かれる。

絶対的必要記載事項は、必ず定款に記載すべき事項であってその一つでも欠くと無効となる。

商法第一六六条で規定されている絶対的記載事項は、

一 目的
二 商号
三 会社が発行する株式の総数
四 額面株式を発行するときは一株の金額
五 会社の設立に際して発行する株式の総数ならびに額面、無額面の別および数
六 本店の所在地
七 会社が公告をする方法
八 発起人の氏名および住所

である。

相対的必要記載事項は、記載しなくても定款そのものは無効とならないが、記載していないと効力が生じない。

また、任意記載事項は、右の二つの事項を除く事項で、定款に記載しなくても効力にはまったく関係がなく、定款以外の別の方法で定めてもよい。

取締役会規程

取締役会規程として、最小限規程すべき事項としては、㈠ 構成、㈡ 開催と召集、㈢ 議長、㈣ 決議方法、㈤ 付議事項、㈥

取締役会規程

(一) 構成

取締役会は、取締役全員をもって構成するのが通例である。

(二) 開催と招集

定時取締役会と臨時取締役会、召集権者、招集請求権、召集手続などを定める。

(三) 議長

議長および議長に事故ある場合の代行者の規定である。

(四) 決議方法

取締役の過半数の出席。取締役は、各一個の議決権をもつこと。決議に関し利害関係ある取締役は、その議決権を行使できない。事故ある場合書面による意見の表明などを定める。

(五) 付議事項

最高経営意思決定機能に関する事項、主として法定事項である。

たとえば株主総会招集の決定、株主総会に付議すべき議案、計算書類と付属明細書の決定、支配人の選任、代表取締役の選任および共同代表の決定、解任、新株の発行、準備金の資本組入れ、株式の分割、社債の募集、株式の上場、廃止、新株式引受権の付与、その他業務執行に関する重要事項の決定などである。

(六) 議事録

議事録作成と出席取締役の署名または記名押印についての規定である。

株主総会規程

定款において規定すべき株主総会に関する事項は、主として (一) 総会の招集 (二) 総会の議長 (三) 決議の方法 (四) 議決権の代理行使 (五) 議事録等についてである。

(一) 株主総会の招集

定時総会は毎年。取締役会が開催の日時、場所議案を決定し、代表取締役が招集する。

(二) 議長

総会の議長は、代表取締役が当たる。

(三) 決議の方法

一般には、出席株主の過半数で行う。

(四) 議決権の代理行使

(五) 議事録

署名押印するのは議長および出席取締役である。

常務会規程

一般に、企業経営に関する全般的執行方針や基本計画等を協議決定する機関として常務会をおく。

協議の内容としては、(一) 取締役会に付議する事項、(二) 予算の決定および修正、(三) 取締役会に取扱いを委嘱する事務分担、(四) 事務所の開廃、(五) 重要な規程の制定、改廃、

各種幹部会

各種幹部会のうち、部長会議規程の例をみると、その付議事項は、(一) 社長からの諮問事項、(二) 社長への意見具申事項、(三) 各部との共同審議事項、(四) 新規計画および実施方策、(五) 各部所の実績報告、(六) 業務の連絡事項、(七) その他部長が必要と認めた事項とし、毎週一回定期に開催し、総務部長が会議の召集、記事録の作成にあたることになっている。

社長業務処理規程

社長は、会社の最高経営責任者である。その業務は、業界の動向の把握、自社経営状況の把握、重要な対外接衝、経営方針の確定、諸計画の立案と決定、人事労務管理およびこ

役員・経営者関係規程

とになっている。

(一) 月次生産、販売、入金予定と実績、(二) 月次損益予定と実績、(三) 不良売掛金、(四) 不良卸資産、(五) 不良得意先、などである。

また、報告を受けるべき事項としては長が必要と認める事項

(六) 重要な人事異動、従業員の昇給、(七) 労働協約の締結、改廃、(八) 一定額の損害賠償、運転資金の借入れ、債券の保証、担保の提供、貸付金、(九) 長期借入金、(十) 株式社債の取得、処分、出資、(十一) 寄付金、(十二) その他社

112

役員の業務分担と就業規則

社長、専務、部長など役員にも、業務分担を定め、責任分野を明確にしておくことが肝心である。

また、一般従業員就業規則に対応した役員就業規則を制定し、社長自身を含めて役員の就業のあり方を定めているものがある。その内容は、㈠入社、㈡登用、㈢退職、㈣定年、㈤勤務、㈥報酬、㈦交際費、㈧慶弔金、㈨積立金、㈩出張および旅費などである。

社長、専務、部長の職務分掌規程

一 社長

1 経営方針の検討、指示および承認
2 重要な社規社則の改廃の承認
3 重要な契約、渉外、売買諸計画の承認
4 重要な人事の承認
5 部長会の報告受理と承認
6 取締役会の議長
7 会社業務全般にわたる指導、注意

二 専務取締役

1 経営方針ならびに重要な計画の決定、指示および管理
2 社規社則の制定改廃の決定
3 重要な契約、訴訟、渉外、売買の決裁
4 賞与、昇給、賞罰、採用、解雇の決裁
5 主要な会議の召集参加
6 主要な営業、製造、労務ならびに経理の決定、指示および報告受理
7 融資、貸付、返済および資金計画の指示と承認
8 各業務部門の処理状況の把握（日報、報告、帳票、統計）
9 各業務部門の諸計画および処理の指導、監督
10 重要な取引先および関係先との交渉
11 関係会社、取引先との交渉
12 りん議事項の決裁および実施管理

三 総務部長

1 経営方針および重要な計画の立案と実施管理
2 社規社則の制定改廃の立案と実施管理
3 重要な社契約、訴訟、固定資産等売買の実施
4 賞与、昇給、賞罰、採用および解雇の調査、立案と実施管理
5 総務関係の会議の召集と決定事項の実施管理
6 各部門の方針の検討、修正および調整
7 融資、貸付、返済および資金運用計画の決定と実施管理
8 月次決算とこれによる処理の指示
9 収支予算と収支の承認
10 関係会社の交渉処理および企画の起案
11 公印の保管管理
12 経営統計の作成管理
13 経営合理化の企画と実施
14 社風の刷新、秩序の維持、士気の高揚
15 営業、工場の総務、経理事項の総合調整
16 部内の人事、勤怠の管理
17 労務対策の確立
18 コンプライアンスに関する作成と具体的指示
19 メンタルヘルス対策の計画、教育の起案
20 個人情報の保護管理

四 営業部長

1 営業方針の検討、決定および指示
2 売上予定および販売計画の決定と実施
3 営業上の重要な契約の検討と決定
4 新製品の研究、企画と試作依頼の決定
5 営業会議の召集と決定事項の実施
6 販売活動の決定と実施管理
7 重要な売価の値引、返品処理の決定、承認

8 売価の決定および経費の承認
9 販売組織、配置転換の決定および実施
10 重要な取引先との交渉
11 販売促進および広告宣伝の企画と実施
12 売掛回収の計画および管理と監督
13 部内の勤怠管理と規律の維持
14 受注承認および取引制度の検討
15 製造との連絡および承認
16 部内幹部の掌握と部内人事の決定、承認
17 営業所および販売課の販売活動の総合調整管理

五 製造部長

1 製造能力の検討と製造予定の決定
2 製造実績の把握と製造進行の管理、指示
3 製造改良の工夫と不良の検討、改善
4 製造合理化の実施
5 新製品の研究、試作および製造指示
6 部内の勤怠管理と秩序の維持
7 作業状況の監督、指導
8 材料の研究と決定
9 営業の連絡と調整
10 部内経費の承認、検討と指示
11 重要外注工場との連絡、交渉および進行管理
12 建物、機械および設備の企画
13 生産組織および配置転換の決定
14 部内幹部の掌握と人事の決定、変更
15 製造関係会議の召集と決定事項の実施管理
16 製造用機械の保持管理

定款①

第一章　総則

（商　号）
第1条　当会社はKY工業株式会社と称する。英文ではKYCLと表示する。

（目　的）
第2条　当会社は次の業務を営むことを目的とする。
(1) 精密機械、電子機器、工作機械および これらの部分品の製作、修理販売。
(2) 前号に付帯する業務。

（本店の所在地）
第3条　当会社は本店を東京都SJ区XX町Y丁目Z番に置く。

（公告の方法）
第4条　当会社の公告は官報に掲載する。

第二章　株式

（株式の総数と額面金額）
第5条　当会社の発行する株式の総数は三〇〇万株とし、すべて額面株式とする。額面株式の一株の金額は五〇〇円とする。

（株券の種類）
第6条　当会社の株券はすべて記名式とし、その種類は取締役会の定めるところによる。

（株式の名義書換）
第7条　当会社の株式につき名義書換、質権の登録または抹消および信託財産の表示または抹消を請求しようとする者は、所定の書式により株券を添えて当会社に請求するものとする。

2　相続その他、譲渡以外の事由により株式を取得した者が名義書換を請求するときは、当会社の請求により、これを証する書面を提出しなければならない。

（株券の再発行）
第8条　株券喪失のため新たに株券の発行を請求しようとする者は、所定の書式により除権判決の正本または謄本を添えて当会社に請求するものとする。

2　株券の損傷、分割および合併のため新たに株券の再発行を請求しようとする者は、所定の書式により株券を添えて当会社に請求するものとする。

（手数料）
第9条　株式の名義書換、株券の再発行その他株式に関する手数料は取締役会の定めるところによる。

（株主の届出事項）
第10条　株主および質権者またはその法定代理人は、その住所、氏名および印鑑を当会社に届け出なければならない。

2　前項に掲げた者が、外国に居住するときは日本国内に仮住所または代理人を定め、これを届け出なければならない。

3　前二項の届出事項を変更したときもまた同じである。

4　前各号の届出を怠ったために生じた一切の損害については当会社はその責に任じない。

（株主名簿の閉鎖）
第11条　当会社は毎決算期の翌日から、その期の定時株主総会終結の日まで、株主名簿の記載の変更を停止する。

2　前項のほか必要ある場合は二週間前に公告し、臨時に株主名簿の記載の変更を停止することができる。

第三章　株主総会

（総会の招集）
第12条　定時株主総会は、毎決算期の翌日から二カ月以内、臨時株主総会は必要ある場合、それぞれ取締役社長がこれを招集する。

2　取締役社長に事故あるときは取締役会であらかじめ定めた順序により、他の取締役がこれを招集する。

（総会の議長）
第13条　株主総会の議長は取締役社長がこれにあたる。

2　取締役社長に事故あるときは取締役会であらかじめ定めた順序により他の取締役がこれにあたる。

（議決権の代理行使）
第14条　株主またはその法定代理人は、当会

定款 ①

社の他の株主を代理人として議決権を行使することができる。

2 前項の場合には代理権を証する書面を当会社に提出しなければならない。

（総会の決議方法）
第15条 株主総会の決議は、法令または定款に別段の定めある場合を除くほか、出席株主の議決権の過半数をもって決定する。

第四章 取締役および取締役会

（取締役の員数）
第16条 当会社は取締役一〇名以内を置く。

（取締役の選任）
第17条 取締役の選任は発行済株式総数の三分の一以上にあたる株式を有する株主の出席のもとに、累積投票によらず、その議決権の過半数をもって決定する。

（取締役の任期）
第18条 取締役の任期は就任後の二年後の定時株主総会終結の時をもって満了する。ただし、補欠のため選任された取締役の任期はその選任当時における現任同役の任期の残期間とする。

（役付取締役）
第19条 取締役会の決議により取締役社長一名を定め、専務取締役および常務取締役各若干名を定めることができる。

2 取締役社長は会社を代表する。

3 前項のほか取締役会の決議により他の役付取締役を代表取締役に選任することができる。

（取締役の報酬）
第20条 取締役の報酬および退職慰労金は株主総会の決議によりこれを定める。

（取締役会の権限）
第21条 取締役会はとくに法令または定款に定める事項のほか当会社の重要な業務執行を決定する。

（取締役会の招集）
第22条 取締役会は取締役社長がこれを招集する。取締役会の招集通知は会日より三日前に各取締役に発送するものとする。ただし、全員の同意ある場合はこの限りでない。

（取締役会の決議方法）
第23条 取締役会の決議は取締役の過半数が出席し、その出席取締役の過半数で決定する。

（取締役会規則）
第24条 取締役会に関する事項については、法令または定款に定めるもののほか、取締役会において定める取締役会規則による。

第五章 監査役

（監査役の員数）
第25条 当会社は監査役三名を置く。

（監査役の選任）
第26条 監査役は株主総会において選任する。その方法は第17条を準用する。

（監査役の任期）
第27条 監査役の任期は、就任後四年以内の最終の決算期による定時株主総会の終結までとする。

（規定の準用）
第28条 第18条ただし書および第20条の規定は監査役にこれを準用する。

第六章 計 算

（決算期）
第29条 当会社の決算期は毎年三月三一日および九月三〇日の二回とする。

（利益金の処分）
第30条 毎決算期の利益金は株主総会の承認を得てこれを処分する。

（株主配当金）
第31条 株主配当金は毎決算期現在における最終の株主名簿によってこれを支払う。ただし、支払確定の日から満三年を経過しても、受領がないときはその配当金は当会社に帰属するものとする。配当金には利息をつけない。

第七章 附 則

（設立に際して発行する株式）
第32条 当会社の設立に際して発行する株式の総数は、額面株式〇〇株とし、その発行価額は一株につき五〇〇円とする。

（最初の営業年度）

定款②

BD株式会社定款

第一章 総則

第1条 当会社は、BD株式会社と称する。

第2条 当会社は、次の事業を営むことを目的とする。
① 建築金物、家庭金物等の販売
② 土木建築に関する工事の設計施工
③ 前記に付帯する一切の業務

第3条 当会社は本店を〇〇におく。

第4条 当会社の公告は東京都において発行する日本経済新聞に掲載して行う。

第二章 株式

第5条 当会社の発行する株式の総数は八万株とする。

第6条 当会社の発行する額面株式の一株の金額は五万円とする。

第7条 当会社の株式はすべて記名式とし、株券の種類は一株券・五株券・十株券・一〇〇株券の四種類とする。

第8条 当会社の株式を譲渡するには、取締役会の承認を必要とする。

第9条 定時株主総会において議決権を行使する者を定めるため、毎決算期の翌日からその期の定時株主総会終結の日まで株主名簿と記載の変更を停止する。

第三章 株主総会

第10条 当会社の定時株主総会は毎決算期の翌日から三カ月以内に招集し、臨時株主総会は必要に応じて随時これを招集する。

第11条 株主総会は法令に別段の定めがある場合を除き、取締役会の決議にもとづき社長がこれを招集する。

株主総会の議長は社長がこれにあたる。

第12条 株主総会の決議は法令または定款に別段の定めがある場合を除き、出席した株主の議決権の過半数で行う。

第13条 株主総会の議事については、議事録をつくり、議長および出席した取締役がこれに記名押印して本店にこれを備えておく。

第四章 取締役および取締役会

第14条 当会社に取締役三名をおく。

第15条 取締役の選任決議は発行済株式総数の三分の一以上にあたる株式を有する株主が出席し、その議決権の過半数でこれをなす。

第16条 取締役の任期は就任後第二回の定時株主総会終結のときに満了する。

第17条 会社を代表すべき取締役は取締役会の決議で定める。

取締役会は代表取締役として社長一名、副社長一名、および常務取締役若干名を定めることができる。

第18条 取締役会は法令または定款に定める事項のほか、当会社の重要な業務執行を決定する。

取締役会は社長・副社長または常務取締役がこれを招集し、その通知は会日の少なくとも四日前に発する。

取締役会の決議は取締役の過半数が出席し出席取締役の過半数で行う。

第五章 監査役

第19条 当会社に監査役一名以上をおく。

第20条 監査役の選任決議発行済株式総数の三分の一以上にあたる株式を有する株主が出席し、その議決権の過半数でこれをなす。

第21条 監査役の任期は就任後四年とし第四回の定時株主総会終結のときに満了する。

第33条 当会社の最初の営業年度は、当会社成立の日から〇〇年三月三一日までとする。

第34条 当会社の最初の取締役および監査役の任期は、就任後一年内の最終の決算期に関する定時株主総会の終結の時までとする。

（施行）

第35条 この定款は、平成〇〇年〇月〇日より施行する。

（最初の取締役および監査役の任期）

取締役会議事録（臨時）

I 会　日　　平成〇〇年〇月〇〇日（〇曜日）午〇〇時
II 会　場　　当社会議室
III 出席者　　取締役総数　〇〇名
　　　　　　　出席取締役数　〇〇名
IV 議　長　　取締役社長　〇〇〇〇

定刻議長は有効に成立した旨を告げ、開会を宣して議事に入った。

V 決議事項（議事の経過の要領およびその結果）

1 代表取締役選任の件

当会社を代表すべき取締役として次の者を選任することは全会一致をもって承認可決した。被選任者は即時その就任を承諾した。

代表取締役　（〇〇県）〇〇市〇〇丁目〇〇番〇〇号

2 役付取締役選任ならびに役員順位決定の件

当会社役付取締役ならびに役員順位を次のとおりとすることを全会一致をもって承認可決した。

代表取締役社長
取締役社長
常務取締役

これをもって本取締役会の議事は終了したので、議長は閉会を宣した。

以上議事の経過を明らかにするため、ここに議事録を作成し、出席した取締役（および監査役）〈注〉記名押印する。

平成〇〇年〇月〇〇日

　　　　　　　　　　　　□□株式会社

　　議　長　取締役社長　　　　　　　　㊞（職印）

　　　　　　常務取締役　　　　　　　　㊞

　　　　　　取締役　　　　　　　　　　㊞

　　　　〈注〉（監査役）　　　　　　　　㊞

　　　　　　取　締　役

　　　　　　監　査　役

〈注〉監査役の記名押印

資本金一億円を超える会社については監査役の取締役会出席があるので記名押印が必要。

資本金一億円以下の会社については不要。

株式取扱規程

株式の取扱いについては、定款に記載してもよいが、項目が多いので別に定めているところもある。

○○株式会社　株式取扱規程

第一章　総　則

第1条（目的）
当会社株式の名義書換その他株式に関する手続は、この規程の定めるところによる。

第2条（取扱場所）
この規程による株式事務は、東京都中央区○○丁目○○番○○号に所在する当会社本店において取扱う。

第3条（請求・届出の方式）
この規程による請求または届出は、当会社所定の様式により行い、これに第10条の規程による届出印を押捺する。

第二章　名義書換

第4条（名義書換）
株式の名義書換を請求するときは、請求書に株券を添えて提出する。

2　譲渡以外の理由により取得した株式の名義書換を請求するときは、請求書に株券およびこれを証する書類を提出する。

第5条（法令による別段の名義書換）
法令により別段の手続を必要とする株式の移転について別段の定めあるときの名義書換について名義書換を請求するときは、請求書に株券およびこれを証する書類を添えて提出する。

第三章　質権の登録および信託財産の表示

第6条（質権の登録・抹消）
質権の登録、その変更または抹消を請求するときは、請求書に株券を添えて提出する。

第7条（信託財産の表示抹消）
信託財産の表示またはその抹消を請求するときは、委託者または受託者が請求書に株券を添えて提出する。

第四章　株券不所持

第8条（株券不所持の申出）
株券不所持の申出をするときは、申出書に株券を添えて提出する。ただし、株券が発行されていないときは、株券の提出を要しない。

第9条（不所持株券の交付）
前条の申込をした株主が株券の発行または返還を請求するときは、請求書を提出する。

第六章　計　算

第22条　当会社の営業年度は毎年四月一日から翌年三月三一日までの一年とし、その末日をもって決算期とする。

第23条　利益配当金は、毎決算期現在の株主または登録質権者に対し、その定時株主総会終結の翌日から支払う。

第24条　当会社が設立にさいして発行する株式の総数は額面株式一万四千株、無額面株式六千株とする。

前項に定める無額面株式一株の最低発行価額は五万円とする。

第25条　当会社の設立後に譲り受けることを約し財産、その価格および譲渡人の氏名は別表1（省略）のとおりである。

付　則

第26条　この定款は平成○○年○月○日から効力を生ずるものとする。

右○○株式会社設立のためこの定款を作成し、発起人左に記名押印する。

大阪市○○区○○丁目○○番○○号

　　　　　発起人　　氏　名　　㊞

（以下発起人省略）

第五章　諸届出

第10条（氏名・住所および印鑑の届出）
株主またはその法定代理人は、その氏名または名称、住所および印鑑を届け出る。
ただし、署名の習慣のある外国人は署名をもって印鑑に代えることができる。

第11条（法人代表者の届出）
株主が法人であるときは、前条のほか、その代表者の資格および氏名を届け出る。その変更の際は登記簿抄本を添えて届け出る。

第12条（共有株式の代表者の届出）
共有株式の代表者の設定、変更については届出書に株券を添えて共有者全員が届け出る。

第13条（外国居住株主等の常任代理人または仮住所の届出）
外国に居住する株主またはその法定代理人は、第11条のほか、日本国内に常任代理人または諸通知等を受くべき仮の住所を定め届け出る。

第14条（住所または印鑑の変更）
株主またはその法定代理人が届出の住所または印鑑を変更したときは、届出書を提出する。

2　印鑑変更の場合、届出書に届出印を押捺することができないときは、印鑑証明のある印を押捺し印鑑証明書を添えて提出

第15条（氏名または別称の変更）
株主またはその法定代理人がその氏名を変更したときは、届出書に株券および戸籍抄本または登記簿抄本を添えて提出する。

第16条（法定代理人の設定、変更または解除）
法定代理人を設定、変更または解除したときは、届出書に戸籍抄本を添えて提出する。

第17条（登録質権者または常任代理人への準用）
本章の規定は、登録質権者または常任代理人に準用する。

第六章　株券の再発行

第18条（分割・合併・汚損による再発行）
株券の分割、併合、汚損または毀損により再発行を請求するときは、請求書に株券を添えて提出する。
汚損または毀損の程度が著しくその株券の真偽が判明しがたいときは第19条の規定による。

第19条（喪失による再発行）
株券の喪失により再発行を請求するときは、請求書に除権判決の正本または謄本を添えて提出する。

第20条（満欄による株券の発行）
株券の株主名欄が満了になったときはこれを回収して新券を発行する。

第七章　手数料

第21条（手数料）
株式に関する取扱手数料は次のとおりとする。

① 不所持申出株券の発行または返還請求による交付の場合
　株券一枚につき金○○円
② 株券の分割、汚損、毀損または喪失による再発行の場合
　株券一枚につき金○○円
③ 前各号以外の場合
　当分の間、手数料を徴収しない。

第22条（改正）
この規定の改正は、取締役会の決議による。

附　則

第23条
この規定は平成○○年○月○日から実施する。

株主総会議事規則

第一章　総則

（目　的）
第1条　この規則は、株主総会（以下「総会」という）の議事の方法を定め、もってその議事の円滑な運営を図ることを目的とする。

（株主の入場）
第2条　株主は、開会前会場に入るものとする。ただし、開会後においても、会場に入りその後の議事に参加することを妨げない。

2　前項ただし書きの定めは、株主がこの規則の定めによる退場処分を受けた場合には適用しない。

（株主資格の調査）
第3条　総会に出席した株主について、その資格に疑いがあるときは、議長は必要な調査を行うことができる。

（株主以外の者の出席等）
第4条　会社の取締役および監査役のほか、法律顧問、株式事務担当者その他あらかじめ会社の定めた者は、総会に出席することができる。

2　株主ならびに前項に掲げる者以外の者は、あらかじめ議長の許可を得たうえ会場に入り、議事を傍聴することができる。

第二章　議長

（議長の選出）
第5条　議長は総会の決議をもって選出する。

〔甲案〕
第5条　議長は総会の決議をもって選出する。

〔乙案〕
第5条　議長について定款に定めがある場合、それを移す。

（議長資格者）
第5条　株主総会の議長は、取締役社長がこれにあたる。

2　取締役社長事故あるときは、あらかじめ取締役会が定めた順序にしたがい他の取締役がこれにあたる。

（仮議長）
第6条　次の場合においては、議長の職務は仮議長が行う。
①議長がない場合に総会を開会するとき。
②議長を選出するとき。

2　仮議長は、取締役社長またはあらかじめ取締役会が定めた他の取締役がこれにあたる。

（議長不信任の動議）
第7条　第5条の規定（乙案の場合）にかかわらず、株主はいつでも議長不信任の動議を提出することができる。

2　議長不信任の動議が可決されたときは、直ちに新議長を選出しなければならない。

3　議長信任の動議が可決されたとき、また は議長不信任の動議が否決されたときは、その後に発生した事由にもとづかなければ、議長不信任の動議を提出することができない。

第三章　開会

（開会の宣言）
第8条　開会予定時刻が到来したときは、議長は、株主の出席状況を確認したうえ、開会の宣言をしなければならない。

（開会時刻の繰り下げ）
第9条　議長は、次の事情があるときは、総会の開会時刻を繰り下げることができる。
①会場の整備が十分でないとき
②株主の出席が著しく少ないとき
③取締役、監査役の出席が少ないとき
④その他総会を開会するに重大な支障があると認められるとき

2　前項の場合において、その事情がなくなったとき、または相当な時間が経過したときは、議長は、開会の宣言をしなければならない。

（出席状況の報告）
第10条　議長は、開会の宣言をした後、議事に入る前に、株主の出席状況を会場に報告しなければならない。

2　前項の報告は、会社の代表取締役または株式事務担当者をして行わせることができる。

第四章 議事

（議事の順序）
第11条 総会の議事は、議事進行に関する事項を除いて、招集通知に記載された議事日程の順序によるものとする。ただし、数個の議案を一括して審議することを妨げない。

2 議事進行に関する動議は、他の議案の審議に先立って審議採決しなければならない。

（株主の発言）
第12条 株主は、開会宣言後でなければ、議事について発言することができない。

2 株主の発言は、挙手して議長にその旨を告げ、許可を得た後、その席または議長の指定した場所において行うものとする。

（議案の上程）
第13条 議長は議案を上程するときは、その旨を宣言し、とくに必要がないと認める場合を除き、その趣旨を自ら説明し、または他の者をして説明させなければならない。

（発言の時期）
第14条 議案に対する株主の発言は、その議案が上程された後でなければ、することができない。

（議事進行の動議）
第15条 株主はいつでも議事進行に関する動議を提出することができる。

2 前項の動議提出のために発言を求めるときは、株主はその旨を議長に告げなければならない。

（発言の順序）
第16条 二人以上の者が挙手して発言をもとめたときは、議長は先挙手者と認めた者を指名して発言させるものとする。ただし、議事進行に関する動議提出のための発言を求める者があるときは、これを優先させなければならない。

（発言内容および時間の制限）
第17条 株主の発言は議事進行に関するものを除き、付議された議案に関係あるものでなければならない。

3 株主の発言はすべて簡明にしなければならない。

4 一つの議案につき数人から発言の申出があるときは、議長は各株主の発言時間を制限することができる。

（発言制限違反に対する処置）
第18条 株主の発言が前条の規定に違反すると認めるときは、議長は必要な注意を与え、またはその発言を中止させることができる。

（休憩）
第19条 議事の進行上適当と認めるときは、議長は休憩を宣言することができる。

（質問に対する答弁）
第20条 株主から質問があったときは、議長は、自ら答弁し、または他の者をして答弁させなければならない。

（答弁不必要の告知）
第21条 前条の場合において、その質問が答弁の必要のないものであるときは、議長は、株主にその旨を告知すれば足りる。

（審議の打切り）
第22条 付議された議案について、質疑または討論が続出して容易に終結しないときは、株主は審議を打切り直ちに採決すべき旨の動議を提出することができる。

第五章 採決

（採決の時期）
第23条 議長は、付議された議案について審議を終わったとき、または審議打切りの動議が可決されたときは、直ちにその採決をしなければならない。

（採決の方法）
第24条 議案の採決は、各議案ごとに行わなければならない。ただし一括して審議した議案は、一括して採決することを妨げない。

2 採決には、条件をつけることができない。

参考

総会決議事項（総会において必ず決議しなければならない事項）

分類	内容	関係法規	関係する主要な税務
会社の基本に係る事項	定款変更	商342	事業年度の変更届（法13）
	資本減少	商375	中小法人に対する軽減税率（法66②）
	解散	商404	事業年度の切断（法14）に伴う法人税の確定申告（法74）、清算確定申告（法104①）
	継続	商406	事業年度の切断（法14）に伴う法人税の確定申告（法74）
	合併	商408	事業年度の切断（法14）に伴う法人税の確定申告（法74）、清算確定申告（法116）、合併差益の計算（法27）
	営業譲渡等	商245	譲渡所得の計算（法22②）
株式に関する事項	株式の併合	商293の3の3	有価証券の受入記帳（株主側）（法令40）
役員に関する事項	取締役、監査役の選任および解任	商254①、257、280 監査特例3、6	退職給与の損金経理（法基通9－2－18、9－2－23）
	大会社における会計監査人の選任および解任		
	検査役の選任	商238	
	清算人の選任および解任	商417、426	
	取締役、監査役の報酬の決定	商269、279	過大報酬の判定（法令69）
	会社と取締役との取引に関する責任免除	商品266	
計算に関する事項	計算書類（利益処分を含む）の承認	商283、419、427、監査特例16	法人税の確定申告（法74）
	株式配当	商293の2	所得税の源泉徴収義務（所法181、25）、有価証券の受入記帳（株主側）（法令42）
資金調達に関する事項	株主以外の者に対する新株の有利発行	商280の2②	有価証券の受入記帳（株主側）（法令38①②、法基通6－1－1）
	株主以外の者に対する転換社債の有利発行	商341の2③	有価証券の受入記帳（株主側）（法令38①②、法基通6－1－3）
	株主以外の者に対する新株引受権付社債の有利発行	商341の8⑤	有価証券の受入記帳（株主側）（法令38①②、法基通6－1－3）
その他	事後設立（会社成立後の資本の5％以上の財産取得契約）	商246	

（採決結果の確認）
第25条　議長は、採決があったときは、その結果を宣言しなければならない。

②前条第2項の定めによる議長の命令にしたがわない者

③その他、議長の指示にしたがわず総会の審議を妨げた者

（異常事態における措置）
第30条　議事の途中において火災その他総会を継続しがたい事故が発生したときは、議長は閉会を宣言することができる。

2　議長は、不穏当な言動によって総会の審議を妨害する者があるときは、その者の言動を制止し、かつ会場からの退去を命じることができる。

（会場内の警備等）
第31条　前条第2項の場合において、必要と認めるときは、議長は、警備員に制止の措置をとらせ、または警察官に対して事態の収拾を要請することができる。

第六章　閉　会

（閉会、延会および継続会）
第26条　議長は、議事日程において予定した議案のすべての審議を終了したとき、または第2項の決議があったときは、閉会を宣言しなければならない。

2　総会は、閉会、延会または継続会の決議をすることができる。

（散会）
第27条　議長が閉会を宣言したときは、総会は直ちに散会するものとする。

第七章　雑　則

（器物持込みの制限）
第28条　会場に入ろうとする者は、審議に支障を生ずるおそれのある物を持ち込んではならない。

2　前項の規定に違反した者があるときは、議長はその物を会場外へ持ち出すことを命じることができる。

（退場処分）
第29条　議長は、次の者に対して、会場からの退去を命じることができる。

①株主として出席した者であって、その資格を有しないことが判明した者

取締役会規則

（目　的）
第1条　この規則は、当会社の取締役会の運営および付議基準について定める。取締役会に関する事項は、法令または定款によるほかは、この規則によるものとする。

（構　成）
第2条　取締役会は取締役および監査役をもって構成する。

第3条　取締役会は定時取締役会と臨時取締役会とする。

（付議基準）
第4条　取締役会に付議すべき事項の基準は別表のとおりとする。

（成立と決議要件）
第5条　取締役会は、全取締役の過半数の出席により成立し、その決議は出席取締役の過半数をもってこれを行う。報告事項を承認する場合もこれと同様とする。

2　特別の利害関係を有する取締役は、決議に参加することができない。

3　前項の規定によって決議することのできない取締役の数は、第一項で定める取締役の数にこれを算入しない。

（召集者）
第6条　取締役会は取締役会長がこれを召集する。ただし、取締役会長が選任されていない場合、または取締役会長に支障ある場合は、社長が取締役会を召集する。

2　各取締役は、取締役会の召集権者である取締役に対して、議題と理由を付して取締役会の召集を請求することができる。

3　各監査役は、取締役会の召集権者である取締役に対して、取締役会の召集の時期および議題について意見を述べることができる。

（開　催）
第7条　定時取締役会は、毎月二回第一および

取締役会規則

(別表)

付議事項の一覧表

項目	取締役会	常務会
経営計画	1 重要な経営方針 2 合弁会社、子会社の設立	1 長期経営計画 2 新規事業計画 3 特別建設計画（新工場建設） 4 設備投資計画の基本的事項 5 財務計画（利益計画） 6 研究、開発計画
管理統制	1 重要な規定の制定、改廃	1 組織の改編 2 重要な管理制度の制定、改廃 3 重要な内部監査計画
人事労務	1 代表取締役の選任 2 社長、副社長 専務 常務の選任 3 役員の他社役員の兼任または使用人の役員地位兼任に関すること 4 役員の報酬、賞与、退職金に関すること	1 人事管理の基本方針、計画（採用 配置、養成、考課、処遇等についての基本方針、計画） 2 労働条件、福利厚生の基本的事項 3 重要な労働対策、労務管理方針 4 重要な労働協約の締結、改廃 5 重要な争議対策 6 重要な人事 7 重要な人事、労務の諸制度
資　金	1 新株式発行に関する法定事項 2 社債の募集	1 資金の調達に関する基本方針、計画（増資、社債発行 資金の借入等についての方針、計画） 2 重要な金融機関の指定及び提携
資　産		1 設備投資計画（短期計画） 2 重要な投資有価証券の処分 3 重要な不良債権の処分（1件□□□円以上） 4 その他の重要な資産の処分（1件□□□円以上） 5 重要な不動産の賃貸借
購　売		1 資材の調達に関する基本方針 2 重要な購買に関する契約（1件□□□円以上）
生　産		1 生産に関する基本方針 2 生産計画（短期） 3 外注加工に関する基本方針 4 重要な外注加工契約（1件□□□円以上）
販　売		1 市場の維持 開拓に関する基本方針（市場調査、広告宣伝、拡販、流通機構の維持育成等） 2 商品名、商標名、販売価格の決定 3 重要製品の販売開始と停止 4 重要な販売、輸出契約（1件□□□円以上） 5 重要な代理店の指定
研究技術		1 研究、技術開発の基本方針 2 技術の譲渡、輸出に関する重要事項 3 重要な社外研究の委託 4 重要な試作の決定（1件□□□円以上）
株　式 経営委託	1 株主総会招集に関する事項 2 決算書類案の決定 3 株主総会付議議案の決定 4 その他株式に関する法定事項 5 準備金の資本組入れ 6 名義書換代理人の指定、変更	1 配当、利益処分に関する基本方針
その他	1 取締役会に関する事項 2 重要な債務保証 3 会社と取締役との取引に関する事項 4 その他の法定事項	1 常務会に関する事項 2 重要な申請、届、報告 3 重要な訴訟の提起、和解、取下 4 その他の重要な契約、協定 5 重要な貸付 6 重要な諸外部団体の加入、退会 7 多額の寄付、賛助 8 重要な社外広報 9 関連会社、協力工場への資金の貸付、人員の派遣、育成計画等 10 その他経営管理に関する事項
改正商法に伴う事項	1 中間配当の決定 2 会計監査を行う公認会計士の選任 3 転換社債の発行	

取締役会規則

び第三○曜日（これらの日が休日である場合は翌日とする）午前○時より本社役員会議室で開催する。ただし、やむを得ない事由がある場合は、議長は開催日時または開催場所を変更することができる。

2　臨時取締役会は必要に応じ随時開催する。

（召集手続）

第8条　取締役会の召集通知は、各取締役および各監査役に対し、書面で、開催日の三日前にこれを発する。ただし、緊急に召集する必要のある場合は、この期間を短縮し、または口頭によって召集することができる。

2　取締役および監査役全員の同意がある場合は、召集の手続を経ないで取締役会を開催することができる。

3　召集通知には、開催日時、場所および議題を示すほか、第6条第2項の規定により召集権者でない取締役からの請求によって召集するものである場合は、その旨を明らかにするものとする。

4　召集通知をうけた取締役または監査役がやむを得ない事由により取締役会に出席し得ない場合は、遅滞なくその旨を召集者に通知しなければならない。

（議　長）

第9条　取締役会の議長は取締役会長がこれにあたる。ただし、取締役会長が選任されていない場合、または取締役会長に支障ある場合は社長が議長となる。

2　議長は、第6条第2項の規定により召集権者の開催にあたっては、これを取締役会において報告しなければならない。

第6条第2項の規定による請求によって当該取締役会を召集したものである場合、または第8条第2項の規定によって召集の手続を経ないで開催したものである場合は、それぞれの旨を説明しなければならない。

3　取締役および監査役のうち取締役会に出席しないものがある場合は、議長は、議題の審議に先立って、その氏名と、欠席の事由が明らかなときはその事由の説明をするものとする。

（書面による意見）

第10条　やむを得ない事由で取締役会に出席しなかった取締役または監査役から、当該取締役会の議題についてあらかじめ書面をもって議長に対しその意見の表明があった場合は、議長は、当該案件の審議の際その旨および内容を報告しなければならない。

（通知議題以外の案件の審議）

第11条　議長は、あらかじめ召集通知に議題として示された以外の案件についても、緊急に審議する必要がある場合は、これを議題として追加し、審議を求めることができる。

（報　告）

第12条　代表取締役は、あらかじめ議題として示されていない場合であっても、取締役会において、会社業務の状況についてこれを報告しなければならない。ただし、業務を担当している取締役にその担当業務を報告させることができる。

（監査役の意見）

第13条　議長は、取締役会が決議をしようとする場合は、これに先立って、出席監査役にその意見を求めねばならない。

2　監査役は、取締役会の議題とされている事項以外の事項についても、必要に応じて、その意見を述べることができる。

（役員以外の者の出席）

第14条　議長は、取締役会における審議に必要と認めた場合は相談役、顧問、議題に関係ある業務を担当する者その他の相当と認める者を取締役会に出席させ、その意見または説明を求めることができる。

（議事録）

第15条　取締役会における議事の経過の要領およびその結果は、議事録に記載し、議長ならびに出席取締役および監査役がこれに記名押印して一〇年間本店に備え置かなければならない。

2　議事録には、決議における各出席取締役の賛否の区分を明らかにしておくほか、決議事項について異議を出した取締役については、その異議を議事録に記載しておかねばならない。

常務会規程

総則

第1条 取締役会の決定した基本方針にもとづいて全般的業務執行方針および計画ならびに重要な業務の実施に関し協議するため常務会を設置する。

主催

二　常務会は社長が主催する。
社長に事故がある時は副社長のうちの一名が代行する。

構成

三　常務会は社長、副社長、常務取締役で構成し別に幹事二名を置く。
幹事は社長室担当取締役または企画担当取締役をあてる。

方針および計画に関する協議

四　常務会で協議する方針および計画は次の通りとする。

1　経営計画に関する基本方針
2　経営に関する長期計画ならびに年度計画
3　予算に関する基本方針
4　資金の調達および運用に関する基本方針
5　機構制度に関する基本方針
6　営業および製品需給に関する基本方針
7　人員配置基準、人事、給与、労働条件等に関する基本方針
8　事業設備の取得処分、建設改修および運用に関する基本方針
9　資材、燃料の購入、貯蔵、消費に関する基本方針
10　関係会社に関する基本方針
11　コンプライアンスにかかる基本的事項
12　その他重要な方針、計画

業務の実施に関する協議

五　左記に掲げる事項は常務会の協議を経なければならない。

1　取締役会に付議する事項
2　毎期の予算（損益予算、生産予算、資金計画）の決定
3　支社、支店、地方営業所および業務機関ならびに主要な事務所の新設、廃止
4　前号以外の重要な施設の新設、変更、廃止
5　重要な規定の制定、改廃
6　社長の採用異動および賞罰、ただし別に指定するものに限る
7　労働組合との重要な協約、協定の締結、改廃
8　従業員の給与および労働条件
9　業務に重大なる影響をおよぼす契約
10　○○○万円以上の大口の受注売買契約
11　重要な訴訟
12　社債の発行、資金の借入および投資
13　りん議金額○○億円以上のものただし、○億円未満の購入または請負契約に関するもので、発注先および契約金額の限度についてすでに事案として承認を受けたものについてはこの限りではない。
14　資材燃料購入および請負に関する重要なる単価契約
15　設備工事および修繕工事に関する予

（その他の事項）
第17条　取締役会の運営について、法令、定款またはこの規則に定めのない事項は、議長の決するところによる。

付　則
（施　行）
第18条　この規則は平成○○年○月○日から実施する。

議事録には、決議事項に関する監査役の意見を記載しておくものとする。第13条第2項による監査役の意見についても同様とする。

（取締役会書記）
第16条　取締役会に書記一名をおく。
書記は、議長の命をうけて、取締役会の開催、議事録の作成・保管その他取締役会に関する庶務にあたる。

六 報告

16 設備工事および修繕工事に関する一件〇〇〇万円以上の予算で超過額が〇〇〇万円を超える金額の支出

17 その他とくに重要なるものおよび異例に属するもの

 1 担当業務に関する重要事項

 2 決裁事項
  ただし決裁事項の報告については別に定める様式による。

七 会議

 1 常務会の会議は原則として構成役員中〇名以上の出席を要し毎週〇曜日に開催する。
  ただし必要ある時は随時開催するものとして、また緊急を要する案件についてやむを得ない場合は持回りで会議開催に代えることができる。

 2 社長室担当取締役または企画担当取締役は必要に応じ常務会に出席して担当業務に関し説明しまたは意見を述べる。

八 下部機構
  賞罰委員会、統計委員会、生産総合計画委員会は常務会の下部機構とし、委員会において決定した事項は本規則第4条お

よび第5条の定めるところにしたがい常務会の協議を経なければならない。

九 常務会幹事

 1 常務会で審議する事案、りん議報告は幹事が上程する。

 2 幹事は各室および下部委員会から提出された事案稟議報告を総合調整し常務会事案議案として提出する。

 3 幹事の事務処理は幹事の指揮を受けて社長室と企画室が当たる。

付則

 1 常務会の役員は別に定めるところにより各室の業務を指導するものとする。

 2 本規則は平成〇〇年〇月〇日から実施する。

監査役監査基準

（日本監査役協会作成）

この監査役基準は、日本監査役協会が平成五年九月二十九日に作成したものである。大企業・中堅企業を対象としたものであるが、大いに参考になるものと思われる。

一般基準

第1条（監査役の心構え）
① 監査役は、適正な監査視点の形成のため、常に自己研鑽に励むとともに経営全般の見地から経営課題についての認識を深め、過去・現在・将来にわたる経営状況の推移と企業をめぐる環境の変化を把握するよう努めなければならない。

② 監査役は、常に会社経営に関する内部統制の状況ならびに有効性に留意しなければならない。

第2条（監査役の基本的職務）
① 監査役は、取締役とはその職責を異にする独立した機関であることを自覚し、会社の健全な経営と社会的信頼の向上に留意し、株主の負託と社会の要請に応えなければならない。

② 監査役は、取締役の職務執行が法令・定款に違反するおそれがあると認めた場合には、取締役に対し必要な助言または勧告等を行い、かつ、重大な損失の発生を未然に抑止するために、的確にその職務を遂行しなければならない。

第3条（監査役の行動基準）
第1条 ① 本基準は監査役の職務を執行するための行動基準を定めるものである。監査役は、その職務の重要性に鑑み、本基準に

総則

即して行動するものとする。

② 本基準は、企業の一般的な監査環境を前提として定めたものであり、監査役はその企業固有の監査環境にも配慮し、監査の実効をあげるよう努めなければならない。

監査役監査基準

③ 監査役は、平素より取締役および使用人との意思疎通を計り、情報の収集に努め、業務の実態を把握していなければならない。

④ 監査役は、監査意見を形成するにあたり、よく事実を確かめ、判断の合理的根拠を求め、その適正化に努めなければならない。

⑤ 監査役は、その職務を行うにあたり、常に公正不偏の立場を保ち、かつ、企業の秘密保持にも十分注意しなければならない。

（取締役に対する提言・助言・勧告等）

第4条 ①監査役は、会社の健全な経営に資するために、以下の場合には、取締役に対して提言・助言・勧告を積極的に行うべきである。

1　監査に際して、会社経営に関する内部統制について意見を持つにいたったとき
2　会社に著しい損害または重大な事故等を招くおそれがある事実を認めたとき
3　会社の業務に違反または著しく不当な事実を認めたとき

② 監査役は、前項の場合には、取締役会の招集または取締役の行為の差止めを求めなければならない。

（他の監査役との連係）

第5条 監査役は、会計監査人または内部監査部門との連係を密にし、的確な監査を実施するよう努めなければならない。

（監査役会）

第6条 ① 法律に定めがある場合には、監査役全員をもって監査役会を組織する。

② 監査役会は、監査に関する方針等を定め、監査役の報告にもとづき協議をし監査意見を形成する。

③ 監査役会の運営に関しては、別に定める監査役会規則による。

（常勤の監査役の互選）

第7条 ① 監査役は、法律に定めがある場合には、常勤の監査役を互選しなければならない。

② 法律上常勤の監査役を義務づけられていない会社でも、常勤の監査役がいることが望ましい。

（情報の共有）

第8条 ① 常勤の監査役は、職務の遂行上知り得た重要な情報を、他の監査役と共有するよう努めなければならない。

② 常勤でない監査役も、積極的に監査に必要な情報の入手に心掛け、その共有に努めなければならない。

（監査費用）

第9条 監査役会（法律に定めがない場合は監査役、以下「監査役」と表記する）は、職務執行上必要と認める費用について、あらかじめ予算を会社に呈示する。

実施基準

（会計監査人との連係）

第10条 ① 監査役は、会計監査人と綿密な連係を保ち、積極的に情報交換を行い、効率的な監査を実施するよう努める。

② 監査役会は、会計監査人と定例会合をもち、報告を受け、意見交換を行う。

③ 会計監査人から取締役の職務遂行に関し不正の行為または法令・定款に違反する重大な事実がある旨の報告を監査役会において受けた場合には、協議のうえ、監査役は、必要な調査を行い、助言または勧告等の必要な措置を講ずるものとする。

（会計監査人の選任を要しない会社）

第11条 会計監査人の選任を要しない会社の監査役は、次の事項に留意のうえ、会計監査を行う。

1　取締役に対して定例的に会計に関する資料および報告を求め、これらの調査を行う。
2　会計帳簿が事実にもとづいて正確に作成されているか、計算書類等が法令にしたがって作成されているか、その他会計処理が適正であるか等を調査する。

（内部監査部門との連係）

第12条 ① 監査役は、内部監査部門と綿密な連係を保ち、内部監査の結果を活用するよう努める。

② 監査役会（監査役）は、監査上の必要性にしたがい、内部監査部門からの報告を求め、また、特定事項の調査を依頼する。

監査役監査基準

(監査役・監査役会の事務局)
第13条 ① 監査役の業務補助または監査役会の事務局は、監査役スタッフがこれにあたる。
② 監査役は、監査役スタッフの人事に関して取締役と意見交換を行うものとする。

監査の方法等
(監査計画および業務の分担)
第14条 ① 監査役会(監査役)は、重要性、適時性その他必要な要素を考慮して監査方針をたて、適切に調査対象および方法を選定し、監査計画を作成する。
② 監査役会(監査役)は、組織的かつ効率的に監査を実施するため、監査業務の分担を定める。

(監査役会への出席)
第15条 ① 監査役は、取締役会に出席し、必要に応じて報告を行い、または意見を述べる。
② 監査役は、取締役が会社の目的外の行為その他法令・定款に違反する行為をし、またはするおそれがあると認めた場合には、これを取締役会に報告する。
③ 監査役は、監査役会に前項の報告をするため、必要な場合には取締役会の招集を請求する。
④ 監査役は、取締役会議事録の記載内容を確かめ、記名押印する。

(重要な会議等への出席)
第16条 ① 監査役は、取締役会のほか重要な意思決定の過程および業務の執行状況を把握するため、取締役と協議のうえ、重要な会議に出席する。
② 前項の会議に出席しない場合には、監査役は、審議事項についての説明を受け、関係資料を閲覧する。

(文書の閲覧)
第17条 監査役は、主要な稟議書その他業務執行に関する重要な文書を閲覧し、必要に応じて取締役または使用人に対しその説明を求める。

(取締役の報告義務に対する措置)
第18条 ① 監査役会(監査役)は、取締役から会社に著しい損害が発生するおそれがある旨の報告を受けた場合には、その調査の要否を協議する。
② 監査役は、前項の調査を行い、必要な場合には助言または勧告を行うほか、状況に応じて適切な措置をとる。

(財産の調査)
第19条 ① 監査役は、会社財産の取得・処分および管理について調査し、法令・定款に違反する事実がないかに留意し、併せて重大な損失の発生を未然に防止するよう取締役または使用人に対し助言する。
② 監査役は、会社財産の実質価値の把握に努めるよう心掛ける。

第20条 ① 監査役は、競業取引または利益相反取引について、調査の結果取締役の義務に違反するような事実を発見したときは、監査役は、これを是正するよう取締役に対し勧告する。
② 会社がする無償の財産上の利益供与または子会社もしくは株主との通例でない取引について、取締役の義務に違反するような事実を発見したときは、監査役は、これを是正するよう取締役に対し勧告する。

(その他の取引の調査)
第21条 監査役は、前条以外の重要または異常な取引等について、法令・定款に違反する事実がないかに留意し、併せて重大な損失の発生を未然に防止するよう取締役に対し助言する。

(実地調査)
第22条 ① 監査役は、本支店・工場・事業所等を調査し、その業務が適法かつ適正に行われているかを確かめ、併せて会社の業務全般の実情を把握する。
② 監査役は、前項の調査の結果、必要な場合には取締役または使用人に対し助言または勧告を行う。

(情報管理の調査)
第23条 監査役は、所定の文書・規程類、重要な記録およびその他の重要な情報の整備・保存等その管理状況を調査し、必要に応じて取締役または使用人に対し説明を求める。

〔「七条監査」関連取引の調査〕

130

（子会社等の調査）
第24条　親会社の監査役は、親会社の監査のため必要な範囲において、子会社および重要な関係会社の取締役に対して経営の概況を報告するよう求め、必要な場合には調査する。
② 前項の書類等の受領者は、常勤の監査役とすることができる。
（内部統制上の諸制度に関する意見）
第25条　① 監査役は、会社の内部統制上の組織・規程・手続等の諸制度および運用について意見をもつにいたった場合には、その意見を取締役に述べる。
② 監査役は、前項の諸制度に変更があった場合には報告するよう取締役に求める。
（会計方針等に関する意見）
第26条　① 監査役は、会計方針、会計処理の方法および計算書類等の記載方法を変更する場合には、あらかじめ変更の理由およびその影響について報告するよう取締役に求める。
② 監査役は、会計方針、会計処理の方法等について問題があれば、取締役に意見を述べる。
（計算書類等の監査）
第27条　① 監査役会（監査役）は、取締役から貸借対照表、損益計算書、営業報告書、利益処分案または損失処理案および附属明細書を受領する。監査役は、これらの書類の監査事項を監査し、また監査役会は、監査役の監査結果の報告を受け、これを協議

（会計監査人からの報告の監査）
第28条　① 監査役会は、会計監査人から監査報告書および監査に関する資料を受領する。監査役会において、その重要事項について説明を求め、監査役会において、その相当性について検討・協議する。
② 前項の書類等の受領者は、常勤の監査役とすることができる。
（監査報告書の作成・提出）
監査の報告
第29条　① 監査役会（監査役）は、監査役の日常監査を踏まえ、第27条または第28条の検討・協議を経て、正確かつ明瞭に監査報告書を作成する。異なる意見がある場合には、その監査役の意見を記載する。
② 前項の監査役会（監査役）の監査報告書には、作成年月日および常勤の監査役にあってはその旨を付し、署名押印する。
③ 監査役会（監査役）は、前項の監査報告書を取締役に提出する。また監査役会は、その謄本を会計監査人に送付する。
④ 監査報告書の記載の要領については、別に定める。
（株主総会への報告）
第30条　監査役は、株主総会に提出される議案および書類について違法または著しく不

当な事項の有無を調査し、必要な場合には株主総会に報告する。
（株主総会等における説明義務等）
第31条　① 監査役は、株主総会において株主が質問した事項については、議長の議事運営にしたがい説明する。
② 監査役は、株主総会議事録に議事の要領およびその結果が正確に記録されているかを確かめる。

社長の管理事務処理要項

一　総　括

1　社長の文書処理およびその受渡、記録、事務、補助事務等の身辺の仕事、その他雑務を処理するため、秘書をおくこと。
2　社長関係の書類の受渡およびその管理は、秘書が担当する。また、社長の行動の準備、連絡、管理面についても秘書が担当する。
3　秘書は、社長のもとにきた書類の受渡および管理の表を作り、これに各々を記入し、督促または処理をする。
4　社長の見る書類は、秘書がすべて一応の内容を見て、重点的な個所に青線を引き、または、摘記する。ただし、親展の書類および秘密の書類はこの限りではない。
5　社長に提出する書類で、各部課でとく

二 書類の検閲

1 日報、週報、旬報等の検討

(1) 報告書類提出の指示を受けた者は、それぞれ日報、週報、旬報、月報の期日および時間に、社長に提出する。

(2) これら社長に呈すべき日報、週報、旬報、月報等の名称、様式および内容については、あらかじめ、担当者別に一覧表を作成して担当者に渡す。

(3) 総括日報の種類は次のとおりとする。
① 製造日報
② 営業日報
③ 購入日報

に注意すべき点は、あらかじめ書類に赤線を引いて、社長の検討に便利なようにする。

6 社長は書類を見て、検討して、判断したこと、または、気のついたことはノートにメモするか、または、秘書に書込ませる。また、適宜、社長指示用便せんに書いて各人に渡す。

7 社長は、書類検討のとき、随時、各部課長およびそれぞれの担当者を呼び、これについて説明を求め、または、打開処理の案を求める。ただし、社長の指示や命令は、それぞれの責任者に対してこれを行い、各担当者に対しては、直接には行わない。

(4) 各課、各係の日報は、本社各課、○○工場各課に分かち、それぞれ提出させる。
① 庶務日報
② 人事、労務日報
③ 経理日報
④ 資材日報
⑤ 販売課日報
⑥ 製造課日報
(5) 各部課長は、毎月末に、翌月の業務予定および行動予定を記入し、かつ、当月度の業績とその批判を書いて、部長月報を提出する。

2 業務の予定および計画

(1) 各部課長は、それぞれ翌週、翌月についての、おのおのの業務予定を社長に提出する。

(2) 業務予定は、次の点について作成する。
① 受注および売上予定
② 集金予定
③ 製造予定
④ 材料および購入予定
⑤ 支払予定

(3) 特殊の業務上の企画については、そ

のつどこれを社長に提出すること。
① 新製品の企画
② 新事業の企画

3 業務統計

(1) 業務統計の種類は、次のとおりとする。
① 営業統計
② 生産統計
③ 製品統計
④ 資材統計
⑤ 収支統計
⑥ 損益統計
⑦ 経費統計
⑧ 労務統計

(2) 業務統計は、継続的に、かつ関係数字の比較を主とし、立体的に判断できるようにする。

4 報告書および冊子

定例的なもの、または、随時に作成されるものは、いずれも適宜、報告書を作成して、提出させること。
(1) 研究のレポート
(2) 会議議事録
(3) 意見書、改善案
(4) 業務資料

5 書信

次の書信は、必ず社長がこれを見る。
(1) 社長個人宛の書信
(2) 会社宛の書信で、重要なもの
(3) 重要な得意先、仕入先の書信

役員規程

第一章 総則

（目的）
第1条　この規程は株式会社〇〇ホール（以下「会社」という）の役員の就任、服務、報酬、退任等に関する基本的事項を定めるものである。

2　この規程に定める事項以外の事項については、法令ならびに定款あるいは取締役会の決定にしたがうものとする。

（役員）
第2条　この規程で役員とは、定款の定めにより株主総会で選任された取締役および監査役をいう。

（適用範囲）
第3条　この規程は、原則として当社において勤務する常勤取締役および監査役（以下「役員」という）に適用する。

2　非常勤役員および役員待遇者についてはこの規程を準用するほか、細部については別にこれを定める。

（役員記録）
第4条　役員の人事等に関する事項については、役員台帳を備え、これに必要事項を記入するものとし、この事務は人事担当課で所掌する。

（規程の遵守）
第5条　役員はこの規程を遵守し、協力して誠実に就業し、もって社業の発展に努めなければならない。

第二章 就任

（役員の選任）
第6条　役員の選任は、社長または取締役会の推薦を受け、株主総会の決議により決定する。

2　役員は法定の要件を備え、人格ならびに識見ともに優れ、その職責を全うすることのできる者でなければならない。

（役員の任期）
第7条　取締役の任期は就任後二年、監査役の任期は就任後四年以内の最終の決算期に関する定時株主総会の終了の時までとする。

2　任期の満了前に退任した役員の補欠として選任された役員は前者の残存期間とする。

（就任承諾書の提出）
第8条　役員に選任された者が、就任を承諾したときは、速やかに「役員就任承諾書」を会社に提出しなければならない。

2　前項の規程は、役員が重任した場合にも、

---

(2) 定例の打合わせ、連絡のほか、適宜必要に応じて、各部課長より報告させる。

(3) 社長は、巡視巡回のとき、必要に応じて、担当者に意見を求めることがある。

(4) 重要な手紙または書類

三　行動管理

1　幹部との打合わせ、連絡

(1) 社長は、毎日または毎週など、所定の時期に、各幹部の方針および計画等の重要事項について報告させる。

(2) 定例の打合わせ、連絡のほか、適宜必要に応じて、各部課長より報告させる。

2　社員からの直接聴取

社長は、必要に応じて、担当者、関係者を社長室に呼び、日報、報告書、その他に関して説明または意見を求め、報告させることがある。

3　会議

社長は、必要に応じて、定例会議に出席する。社長が参加する会議は、あらかじめ指示するが、おおむね次のとおりとする。

(1) 部長会議
(2) 部課長会議
(3) 製造会議
(4) 販売会議
(5) 財務会議
(6) 製品改良会議

4　巡回

(1) 社長は、工場および倉庫等に出張したときは、適宜、現場を巡視する。

2　社長が出社したときは、原則として、一日に一回は社内を巡回する。

役員規程

当然これを適用する。

（就任手続）

第9条　役員としての就任は、株主総会決議の日付とするが、役員の待遇は、原則として前条の「就任承諾書」を会社が受理した日から、これを受けるものとする。

第三章　退任

（退任）

第10条　役員が次の各号の一に該当する場合は退任とし、役員としての身分を失う。

① 任期満了
② 辞任
③ 死亡
④ 解任
⑤ 資格喪失
⑥ 定年に達したとき

（任期満了）

第11条　役員はその任期が満了したとき自動的に役員たる資格を失う。ただし、法令または定款その他に定めのあるときはこれにしたがうものとする。

（辞任）

第12条　役員の辞任は、辞任理由の如何にかかわらずその自由は妨げないが、原則として六カ月前に会社に届け出るものとする。

2　役員を辞任する場合は、業務上の引継を完了し、かつ辞任後といえども、その責任に係る業務について責任を持たなければならない。

（辞任勧告）

第13条　役員として不正あるいは背任に疑わしい行為があった時または適格性のない役員に対して、取締役会は辞任勧告を行うことができる。

（解任）

第14条　役員は、株主総会の決議により、これを解任することがある。

（資格喪失）

第15条　取締役が監査役に就任した場合は取締役の資格を喪失する。

2　監査役が取締役に就任した場合は、監査役の資格を喪失する。

3　取締役または監査役が商法または定款の定める欠格事由に該当した場合には、その資格を喪失する。

（定年）

第16条　役員の定年は、原則として次に定めるとおりとし、株主総会における選任のための推薦に当たってはこれを斟酌する。

① 会長、社長……………………七五歳
② 副社長、専務、常務等の役付役員
　　　　　　　　　　　　　　　七五歳
③ 取締役………………………六五歳
④ 監査役………………………六五歳

2　株主総会において、定年年齢を超えた者を選任したときは、その選任された者については本条は適用しない。

3　第1項の定年年齢は原則としての上限を示すものであり、現にその職にある者がその年齢まで当然に留任するものではない。

（定年と任期）

第17条　任期中に定年年齢に達した場合は、任期中は引続きその任に当たるものとし任期満了日をもって退任の日とする。

（定年の延長）

第18条　役員の定年は、機能的弾力的に運用するものとし、本人の能力および健康がその職に耐え得る場合は定年を延長することができる。

2　定年の延長は、役員会議に諮って社長が決定する。

（退任後の処遇）

第19条　退任する役員には、在任中の役位または功績等を勘案し取締役会に諮り、任期〇年を限度として相談役・顧問・参与のいずれかを委嘱することができる。

2　手当は、常勤の場合は退任時報酬〇〇％以内、非常勤の場合〇〇％以内とし、任期については必要に応じて決定することができる。

第四章　服務

（役員の責務）

第20条　取締役は、次の点に留意し所管業務の運営に当たるものとする。

① 会社の方針および社長の指示にもとづ

役員規程

き、業務を計画的に処理すること。

② 職制に定める職責を十分に自覚し、責任をもって仕事に当たること。

③ 会社および部門の統一と部下の監督、教育を行い、他部門との連絡を密にすること。

④ 自己の担当する業務はもとより、全社的事項の処理に当たり、会社の実績向上、利益の増強、人の和の醸成に努めること。

(機密の保持)
第21条 役員は会社の機密を保持し、会社の不名誉あるいは不利益となる行為または言動をしてはならない。

(禁止事項)
第22条 役員は、職務上の地位を利用して自己または第三者のために取引をなし、もしくは手数料、リベート等を収受してはならない。

2 役員は、会社の承認なくして在任中に事業を営み、または他の職務を兼任してはならない。

3 役員は、商法に定める役員としての義務および第20条に定める役員の責務に背反する行為をしてはならない。

(個人利益の返還)
第23条 役員が業務に関し、不正不当な個人的利益を得たときは、その利益(金銭もしくは物品)を返還させる。

(損害賠償)
第24条 役員が故意または過失により、会社に損害をかけたときは、当該役員にその全部または一部を賠償させる。

2 役員が、この規程に違反する行為をして会社に損害をかけたときもまた同様とする。

(執務時間)
第25条 役員の就業時間は、社員の「就業規則」に準拠するものとする。

(欠勤、遅刻、早退等の連絡義務)
第26条 役員が欠勤、遅刻、早退等をする場合は、事前に人事担当課に届け出るものとし業務に支障のないように努めるものとする。

(出張)
第27条 役員が出張するときは、あらかじめ「出張申請書」を社長に提出し承認を得なければならない。なお出張したときは別に定める「役員旅費規程」にもとづき旅費等を支給する。

(休暇)
第28条 役員の休暇については、社員の「就業規則」を準用する。

(災害補償)
第29条 役員が業務上負傷しまたは罹病した場合は、社員の災害補償に準じ補償を行うものとする。

(福利厚生)
第30条 役員の福利厚生については、原則として社員の「就業規則」を準用する。

2 役付でない取締役は、親睦会の会員となることができる。ただし、役付取締役となったときは脱退するものとする。

(慶弔)
第31条 役員の慶弔に関しては、別に定める「役員慶弔規程」による。

第五章 報酬

(報酬額の決定)
第32条 役員の報酬は、世間水準および経営内容、社員給与とのバランスを考慮して次の方法により決定する。

① 取締役の報酬は、株主総会が決定した報酬総額の限度内において取締役会で決定する。

② 監査役の報酬は、株主総会が決定した報酬額の限度内において監査役の協議で決定する。

(報酬の構成)
第33条 役員の報酬は、原則として役員報酬一本とする。ただし、役員報酬の算定に当たって、基本報酬と役員手当に分離することができる。

2 非常勤役員の報酬は、役員報酬一本とする。

(報酬の基準)
第34条 役員報酬は、社員給与の最高額を基準とし、次に掲げる区分により役位別に定める。

① 取締役
代表取締役社長……………○○%前後

役員規程

専務取締役・・・・・・○％前後
常務取締役・・・・・・○％前後
取締役・・・・・・○％前後
常任監査役・・・・・・○％前後
監査役・・・・・・○％前後

② 役位の変更があった場合には、前項にかかわらず新役位就任の月の翌月から改訂を行うものとする。

（兼務取締役の報酬）
第35条 取締役が社員職務を兼務しているときは、その兼務の状況によって、役員報酬と社員給与に区分して支給する場合がある。

（通勤費の取扱い）
第36条 役員のうち乗用車による送迎を行う者以外は、その通勤の実態に応じて、その実費を支給するか、その費用を会社が負担する。

（支給方法）
第37条 役員報酬は、月額で設定し、社員給与の支給日に支給する。ただし、支給日当日が休日の場合は、前日に繰り上げて支給する。

（報酬からの控除）
第38条 毎月の役員報酬から控除されるものは、所得税、地方税、社会保険料および控除することについて、本人から申し出のあった前払金・貸与金・立替金等とする。

（報酬の改訂）
第39条 役員報酬に対しては、定期昇給は行わない。ただし、同一人が再任される場合には、その任期の更改期に報酬額の増減を行うことがある。

（報酬とベースアップ）
第40条 社員給与がベースアップされるに伴って、役員報酬との間に、著しい不均衡が発生するような場合には、社員給与のベースアップ時期に合わせて役員報酬の増額改訂を行うことがある。

（減額の措置）
第41条 取締役の報酬については、必要に応じて取締役会において臨時に業績その他の理由により減額の措置をとることがある。

（賞与）
第42条 役員の賞与は、会社の営業成績に応じて、益金処分として取締役および監査役に区分し、株主総会の議を経て決定する。

（賞与の配分基準）
第43条 役員賞与の配分は、次に掲げる基準により行う。
① 取締役については、取締役会で決定する。
② 監査役については、監査役の協議により決定する。
2 役員賞与の配分は、役員としての個々の業務報行状況を評価して決定する。

第六章 退職慰労金

（退職慰労金）
第44条 役員の退職慰労金は、役員が退任する場合に、その在任期間中の功労に報いるために、株主総会の承認を得て支給する。
2 役員が死亡により退任する場合は、その遺族に対して弔意金を株主総会の承認を得て支給する。

（降格に伴う退職慰労金）
第45条 役員が分掌変更等により大幅に降格して、その受ける報酬が二分の一以下となった場合は、株主総会の承認を得て退職慰労金を支給することができる。

（退任の時期）
第46条 この規程で「退任」とは、最終的に取締役または監査役の地位を離れることをいう。
2 取締役であった者が任期満了後引き続いて監査役に選任され、または監査役であった者が任期満了後引き続いて取締役に選任された場合も、取締役または監査役としての任期満了の時を「退任」とする。

（金額の範囲）
第47条 退職慰労金は、次の各号に定める金額のいずれかの範囲とする。
① この規程にもとづき計算し、取締役会または監査役の協議において決定のうえ株主総会において承認された額。
② この規程にもとづき計算すべき旨の株主総会の決議にしたがい、取締役会または監査役の協議において決定した額は監査役の協議において決定した額。

136

役員賞与規程

（目　的）

第1条　この規程は、当会社の取締役または監査役（常勤監査役を含む。以下、同じとする）の賞与（決算賞与をいう。以下、同じとする）を決定する基準を定めることを目的とする。

（賞与の決定）

第2条　① 取締役の賞与は、株主総会の利益処分の決議による総額の範囲内で、取締役社長が作成する原案を参考として、取締役会において決定する。

② 監査役の賞与は、前項と同様に、監査役の協議によって決定する。

③ 使用人兼務取締役の「使用人の職務にかかる賞与」は、第1項の「総額」には含まれないものとする。

④ 非常勤取締役には、原則として、賞与を支給しない。ただし、取締役会が、特段の決定を行った場合は、この限りではない。

⑤ 前4項にかかわらず、株主総会が、個別に支給金額を決議し、または、別に計算方法を決議したときは、当該支給金額もしくは当該計算方法による。

⑥ 前項の「または以下の部分」については、当該計算方法によって、取締役については取締役会において決定し、また、監査役に

（基準額）

第48条　退職慰労金の基準額は、役位別の最終報酬月額に役位ごとの在任期間の年数を乗じ、さらに、次条に定める役位別倍率を乗じて算出した金額の合計額とする。

2　前項に定める在任期間に一年未満の端数がある場合は、月割で計算し、一カ月未満の端数がある場合は一カ月に切り上げる。

（役位別倍率）

第49条　退職慰労金の役位別倍率は、次のとおりとする。

① 取締役

　代表取締役社長……………………………………○倍
　専務取締役…………………………………………○倍
　常務取締役…………………………………………○倍
　取締役………………………………………………○倍

② 監査役

　常勤監査役…………………………………………○倍

（兼務役員）

第50条　この規程により支給する退職慰労金には、使用人兼務取締役に対する使用人分の退職金は含まれないものとする。

（功労加算）

第51条　在任中とくにその功績が顕著であったと取締役会で認めた役員については、退職慰労金の額に、次の限度で加算することができる。

① 最高位が社長であった者……………………最高○％まで

② 最高位が副社長であった者…………………最高○％まで

③ 最高位が専務取締役であった者……………最高○％まで

④ 最高位が常務取締役であった者……………最高○％まで

⑤ 前各号以外の者………………………………最高○％まで

（減額）

第52条　会社の名誉を毀損し、あるいは会社に著しい損害等を与えたため退任する役員に対する退職慰労金は、取締役会の決議または監査役の協議により相当な減額を行うことができる。

（支給方法等）

第53条　役員の退職慰労金の支給期日および支給方法等は次による。

① 取締役の退職慰労金は、株主総会の決議にしたがい取締役会が決定する。

② 監査役の退職慰労金は、株主総会の決議にしたがい監査役の協議において決定する。

附　則

（適用）

第54条　この規程は、平成○○年○月○日からこれを適用する。

（規程の改廃）

第55条　この規程の改廃は、取締役会の決議を経なければならない。

役員報酬規程

役員報酬規程

（目的）
第1条　この規程は、当会社の取締役および監査役（常勤監査役を含む。以下、同じとする）の報酬を決定する基準を定めることを目的とする。

（報酬の決定）
第2条　① 取締役の報酬は、株主総会の決議による総枠の範囲内で、当会社の業績、従業員給与との釣合いおよび同業他社等の水準その他を勘案して、取締役会において決定する。

② 監査役の報酬は、前項と同様に、監査役の協議によって決定する。

③ 使用人兼務取締役の「使用人の職務にかかる給与」は、第1項の「総枠」には含まれないものとする。

④ 非常勤取締役には、原則として、報酬を支給しない。ただし、取締役会が、特段の決定を行った場合は、この限りではない。

⑤ 前4項にかかわらず、株主総会が、個別に支給金額を決議し、または、別に計算方法を決議したときは、当該支給金額もしくは当該計算方法による。

⑥ 前項の「または以下の部分」については、取締役会において決定し、また、監査役については監査役の協議によって決定する。

（報酬の表示）
第3条　取締役および監査役の報酬の表示は、次のとおりとする。
1、使用人兼務取締役を除く取締役および監査役：「役員報酬」

については監査役の協議によって決定する。

（賞与の計算方法）
第3条　① 使用人兼務取締役を除く取締役（非常勤取締役を含まない）の賞与の計算は、原則として、役員報酬規程第4条第2項の「役位別係数」にもとづいて行う。

② 使用人兼務取締役の賞与の計算にあたっては、前項の役位別係数は1.00とし、原則として、「従業員の職務に関して支給される賞与」の相当額を控除するものとする。

③ 監査役の賞与は、第1項に準じて計算することとし、役位別係数は、役員報酬規程第4条第5項を準用する。

（賞与の支給方法）
第4条　① 取締役および監査役の賞与は、株主総会の決議後、速やかに支給する。ただし、使用人兼務取締役の「使用人の職務にかかる賞与」は、原則として、従業員賞与の支給日に支給する。

② 第1項の支給方法は、原則として、本人が指定する本人名義の金融機関の口座に振り込むことによる。

（長期不就業時の取扱い）
第5条　① 取締役または監査役が、傷病その他のやむを得ない事由によって、長期にわたって職務に就くことができない場合については、その任期の期間中の賞与の支給については、個別に、取締役については取締役会が決定し、また、監査役については監査役の協議によって決定する。

（従業員就業規則の一部適用）
第6条　使用人兼務取締役の「使用人の職務にかかる賞与」については、従業員就業規則の該当部分を準用する。なお、この場合、従業員における最高額の給与適用者とみなして取り扱う。

（改正）
第7条　① この規程は、取締役会の決議によって改正することができる。ただし、株主総会の特段の決議がある場合は、当該決議による。

② 前項の規定（但書きの部分を除く）にかかわらず、監査役に関する部分については、監査役の協議を経て、かつ、その意見にもとづいて改正することとする。

③ 第3条各項については、原則として、少なくとも2年ごとに見直し、必要な場合、改正の手続を行う。

付　則

① この規程は、平成〇〇年〇月〇日より施行する。

役員報酬規程

2、使用人兼務取締役：「役員報酬」および「兼務従業員給与」

（報酬の計算方法）

第4条① 使用人兼務取締役を除く取締役（非常勤取締役を含まない）の報酬（年額）は、次の算式によって計算する。

② 使用人兼務取締役の年額報酬（非常勤取締役を含まない）は、次の算式によって計算する。

使用人兼務取締役の年額報酬×役位別係数

前項の役位別係数は、次のとおりとする。

役　位	役位別係数
取締役会長	2.05
取締役社長	2.05
取締役副社長	1.80
専務取締役	1.50
常務取締役	1.35
使用人兼務取締役	1.00

③ 使用人兼務取締役の年額報酬（決算賞与を含む）は、次の算式によって計算する。

（従業員の賞与を含む最高年額給与額×対従業員給与比較）＝役員決算賞与額

④ 前項の「対従業員給与比較」は、1.23とする。

⑤ 監査役の報酬は、第1項に準じて計算することとし、役位別係数は次による

役　位	役位別係数
常勤監査役	0.80
監査役（常勤監査役・社外監査役を除く）	0.60
社外監査役（非常勤）	未　定

（報酬の支給方法）

第5条① 取締役および監査役の報酬は、前項の報酬の額（年額）を12等分のうえ、原則として、毎月、従業員給与の支給日に支給する。

② 前項の支給にあたっては、税金、社会保険料その他の所定の金額（本人からの依頼による控除を含む）を控除する。

③ 第1項の支給方法は、原則として、本人が指定する本人名義の金融機関の口座に振り込むことによる。

（長期不就業時の取扱い）

第6条① 取締役または監査役が、傷病その他やむを得ない事由によって、長期にわたって職務に就くことができない場合については、その任期の期間中、原則として、所定の報酬額（使用人兼務取締役の兼務従業員給与を含む）を支給するものとする。ただし、取締役会において、特段の決定をした場合は、この限りではない。

（臨時の措置）

第7条 大規模な災害・事故による被災、業績の急速な低下、財務状況の悪化その他、とくに重大な事由がある場合には、任期の途中においても、取締役については取締役会の決定によって、また、監査役については監査役の協議によって、その報酬額の減額（カット）を行うことがある。

（非常勤取締役の日当）

第8条 報酬を支給されない非常勤取締役が、株主総会、取締役会その他の会議等に出席する場合は、日当日額二〇,〇〇〇円（交通費、宿泊費等除く）を支給する。

（従業員就業規則の一部適用）

第9条 使用人兼務取締役の「使用人の職務にかかる給与」については、従業員就業規則の該当部分を準用する。なお、この場合、従業員における最高額の給与適用者とみなして取り扱う。

（改　正）

第10条① この規程は、取締役会の決議によって改正することができる。ただし、株主総会の特段の決議がある場合は、当該決議による。

② 前項の規定（但書きの部分を除く）にかかわらず、監査役に関する部分については、監査役の協議を経て、かつ、その意見にもとづいて改正することとする。

139

役員退職慰労金規程

付 則

① この規程は、平成〇〇年〇月〇日より施行する。

② 第4条第2項の表、同第4項および同第5項の表については、原則として、少なくとも2年ごとに見直し、必要な場合、改正の手続を行う。

（目 的）

第1条　この規程は、当会社の取締役または監査役（常勤監査役を含む。以下、同じとする）が、円満に退任（死亡によるときを含む）する場合に、株主総会の決議にもとづいて支給する退職慰労金の基準について、定めることを目的とする。

（退職慰労金の支給額の決定）

第2条　① 退職慰労金の支給額は、次のいずれかによる額とする。

1、取締役については、この規程の計算方法にもとづき、取締役会において決定する額。

2、監査役については、この規程にもとづき、監査役の協議によって決定する額。

② 非常勤取締役には、原則として、退職慰労金を支給しない。ただし、取締役会が、特段の決定を行った場合は、この限りではない。

③ 前二項にかかわらず、株主総会が、支給金額を決議し、または、別に計算方法を決議したときは、当該支給金額もしくは当該計算方法による。

④ 前項の「または以下の部分」については、当該計算方法によって決定し、取締役については取締役会において決定し、また、監査役については監査役の協議によって決定する。

（退職慰労金の算出方法）

第3条　① 退職慰労金の支給額は、役位別に次の算式によって計算した額の合計額とする。

　　役位別基準額 × 役位別在任年数

② 役位別基準額（在任一年について金額をいう）は、次のとおりとする。

役　位	役位別基準
取締役会長	1,806千円
取締役社長	2,165千円
取締役副社長	1,623千円
専務取締役	1,444千円
常務取締役	1,264千円
取締役	1,088千円
常勤監査役	880千円
監査役（常勤監査役・社外監査役を除く）	440千円
社外監査役（非常勤）	未　定

③ 前項の表の取締役には、非常勤である取締役を含まない。

（在任年数の計算）

第4条　① 在任年数は、役位ごとに計算する。

② 在任年数は、就任日の属する日から起算して退任日の属する月までとし、一年に満たないときは月割計算とする。ただし、一カ月未満の部分は一カ月に繰り上げる。

③ 役位に異動があったときは、異動日の属する月から、新しい役位によって計算する。

④ 前条および前3項の規定にかかわらず、取締役会の決定によって、次の例外扱いを適用することができることとする。

1、取締役がやむを得ない事由（死亡によるときを含む）によって、任期途中で退任するときは、残期間を在任期間とみなして計算する。

2、「役付取締役（例、常務取締役等）または使用人兼務取締役の任にあった取締役が、一時的に、役付取締役または使用人兼務取締役ではない取締役（非常勤取締役を含む）となった期間については、その間、直前の役位に在任したとみなして計算する。

⑤ 監査役が、前項第1号と同様の事由によって退任するときは、監査役の協議によって、前項第1号と同様の例外扱いを適用することができることとする。

（功労加算・特別功労加算）

第5条　① 退任する取締役について、とくに功績が顕著と認められるときは、取締役会の決定によって、第3条による金額に、その三〇パーセントを超えない範囲内で、功

役員退職慰労金規程

労金を加算することができるものとする。

② 退任する監査役について、とくに功績が顕著と認められるときは、監査役の協議によって、前項と同様の取扱いとすることができるものとする。

③ 当会社の「創業者」または「創業に準じる功労者」である取締役については、取締役会の決議によって、第1項による功労金のほか、さらに、第3条による金額の二〇パーセントを超えない範囲内で、特別功労金を加算することができるものとする。

（減　額）

第6条① 退任する取締役が、在任中、当会社に損害を与えたと認められるとき等は、取締役会の決定によって、減額する額が第3条による金額の五〇パーセントを超えない範囲内で、退職慰労金の支給額を減額することができるものとする。

② 退任する監査役について、前項と同様の事実があると認められるときは、監査役の協議によって、前項と同様の取扱いをすることができることとする。

（支給時期・方法）

第7条① 退職慰労金の支給時期は、原則として、株主総会終了後二カ月以内とする。ただし、取締役については取締役会の決議によって、また、監査役については監査役の協議によって、次の例外扱いを適用することができることとする。

1、職務の引継または当会社に対する債務の返済が完了していないときは、当該の引継または返済が完了するまで支給を延期する。

2、当会社の財務状況その他、とくに事情があるときは、退任する取締役または監査役と協議のうえ、支給時期を延期し、かつ（または）分割して支給する。

② 死亡による退任の場合支給方法は、生前の指定（遺言または当会社への届出をいう）があった場合を除き、労働基準法施行規則第42条から第45条までの規定による基準を準用する。

③ 第1項の支給方法は、原則として、本人が指定する本人名義の金融機関の口座に振り込むこととによる。

（弔慰金との関係）

第8条　この規程による退職慰労金には、別に支給する役員弔慰金規程による弔慰金（業務上の死亡）のときを除き、月例の報酬の六カ月分以内相当額をいう）を含まない。

（改　正）

第9条① この規程は、取締役会の決議によって改正することができる。ただし、株主総会の特段の決議がある場合は、当該決議による。

② 前項の規定（但書きの部分を除く）にかかわらず、監査役の協議を経て、かつ、監査役に関する部分ちついては監査役の協議を経て、かつ、その意見にもとづいて改正することとする。

③ 第3条第2項の表については、原則として、少なくとも二年ごとに見直し、必要な場合、改正の手続を行う。

付　則

① この規程は、平成〇〇年〇月〇日より施行する。

相談役・顧問規程

相談役・顧問規程①

（目的）
第1条　この規程は、相談役および顧問（以下相談役等という）について定める。

（任務）
第2条　相談役等は、経営上の必要事項について、取締役会の諮問に応じ、または自主的に意見を述べるものとする。

（委嘱基準）
第3条　相談役は、当会社の取締役会長もしくは代表取締役社長の職にあった者または学識経験者に委嘱する。

2　顧問は、当会社の副社長、専務取締役、常務取締役、取締役もしくは監査役の職にあった者または学識経験者に委嘱する。

（委嘱）
第4条　相談役等の委嘱は、取締役会の決議による。

（委嘱期間）
第5条　相談役等の委嘱期間は、一年とする。ただし、再委嘱は妨げない。

（報酬）
第6条　相談役等の報酬は、取締役会が決定する。

（待遇）
第7条　相談役は取締役等が社用で旅行する場合は、顧問は常務取締役に準じて待遇する。

（取締役会への出席）
第8条　相談役等は、取締役会長の要請により取締役会に出席することができる。

（勤務）
第9条　相談役等は、原則として非常勤とする。

（改訂）
第10条　この規程の全部または一部を改訂する場合は、取締役会の承認を得ることを要する。

付則

（実施）
第11条　この規程は、平成〇〇年〇〇月〇〇日より実施する。

相談役・顧問規程②

（目的）
第1条　会社は経営上必要な場合に相談役および顧問を置くことがある。

（任務）
第2条　相談役、顧問は当会社の経営上必要な事項について取締役会の諮問に応じ意見を聞き、または自主的に意見を述べる。

（相談役の資格）
第3条　相談役は当会社の取締役会長、取締役社長あるいは取締役副社長の職にあった者、または社会的地位でこれらの者と同等以上と考えられる者に委嘱する。

（顧問の資格）
第4条　顧問は会社の専務取締役、常務取締役あるいは取締役の職にあった者、または社会的地位でこれらの者と同等以上と考えられる者に委嘱する。

（委嘱）
第5条　相談役、顧問の委嘱は取締役会の決議による。

（報酬）
第6条　相談役、顧問の報酬は取締役会で定める。

（委嘱期間）
第7条　相談役、顧問の委嘱期間は原則として一年としその都度委嘱状を交付する。ただし再委嘱は妨げない。

（待遇）
第8条　相談役、顧問の社用で旅行するときは、相談役は取締役会長に、顧問は常務取締役に準じて待遇する。

（得意先の接待）
第9条　相談役、顧問はあらかじめ会社担当役員よりの依頼で取引先を接待する場合に限りその費用を会社で負担する。

（取締役会への列席）
第10条　相談役、顧問は取締役会長の要請により取締役会に列席することができる。

（その他）

役員の定年および退職後の処遇基準

NYグループ各社取締役会の申し合わせによる、次の役員定年および退職後の処遇の基準を尊重するものとする。

(1) 役員の定年

定年基準は原則として、次の各年齢を限度とする。

	基準
取締役会長	〃
取締役社長	65歳以下
取締役副社長	65歳以下
専務取締役	65歳以下
常務取締役	63歳以下
取締役	61歳以下
非常勤取締役	68歳以下
常勤監査役	62歳以下
監査役（常勤監査役・社外監査役を除く）	64歳以下
社外監査役（非常勤）	67歳以下

いずれも定年に達する日の属する期の任期満了の時期

(2) 役員退職後の処遇

退職後の処遇については、在任中の地位、功績等を勘案し、取締役会の申し合わせにより、次のような処遇を行う場合がある。

1、相談役
2、顧問
3、嘱託

(3) 経過措置

本基準の実施にあたり、経営状態にいちじるしい変動を生じた場合は、その業績を勘案し適宜変更することがある。

申合せ日時において、すでに定年基準を超えている役員は、現在の任期中は従来のままとする。

(4) 申し合わせ日時

平成○○年○月○日

役員報酬・賞与規程

第一章　総　則

(目的)

第1条　この規程は、取締役および監査役（以下「役員」という）に対する報酬・賞与その他の事項を定める。

(決定機関)

第2条　取締役の報酬は株主総会で承認された報酬総額の範囲内において取締役会で了承された方法により決定する。

2　監査役の報酬は、株主総会で承認された報酬総額の範囲内で監査役が決定する。

3　役員の賞与は、会社の利益処分として株主総会で了承された範囲内で、取締役会で了承された方法により決定する。

第二章　報酬額の決定基準

(報酬体系)

第3条　報酬の体系は、常勤役員・非常勤役員を問わず役員報酬の単一項目とする。ただし、社員兼務役員は、社員分と役員分とに区分する。

2　前条の社員分は、社員最高給与（諸手当を含む基準内給与）とし、役員分は第6条（常勤役員の報酬）により算出した役員報酬額より社員分を差し引いた額とする。

3　前項の割合は、おおむね社員分七〇％、役員分三〇％とを目安とする。

(通勤費)

第4条　乗用車で送迎する役員および社有車で通勤する役員以外の役員は、社員給与規程による通勤手当相当額を支給する。

(報酬の決定基準)

第5条　役員報酬は、社員給与の最高額（部長の最高額）および役員の職位の世間相場を勘案のうえ、役員の職位ごとに決定する。

2　社員給与の最高額（部長の最高額）に該当者がない場合は、世間における同規模の

報酬・賞与規程

部長格の給与を参考とすることがある。

（常勤役員の報酬の算定）
第6条　前条に定めた常勤役員の報酬の算定は、社員給与の最高額を基準（1.0）とし、つぎのとおりとする。

代表権をもつ取締役会長……3.50前後
代表権のない取締役会長……2.50前後
代表取締役社長……4.50前後
専務取締役……3.30前後
常務取締役……2.50前後
取締役……2.00前後
監査役……1.50前後

2　オーナー創業者およびそれに準ずる者については、役員の経営能力・功績・勤続年数によって、前項の基準を上回る報酬を支給することがある。

（非常勤役員の報酬）
第7条　非常勤役員の報酬については、その役員の社会的地位および貢献度ならびに就任の事情などを勘案して決定する。ただし、報酬の額は常勤取締役の二〇％を下まわらないものとする。

（関連企業兼務役員の報酬）
第8条　関連企業への派遣および兼務役員の報酬額ならびに支払方法については、派遣元・派遣先の両者でそのつど協議決定する。

（関係機関からの派遣および受入役員の報酬）
第9条　関係機関（金融機関等）その他の関係機関などから派遣および受入役員の報酬

は、原則として当社の同一役位者と同額とする。

（報酬とベースアップ）
第10条　社員給与がベースアップとの間に著しい不均衡が発生した場合には、役員報酬の増額改訂を行うことがある。

2　前項の場合は第2条第1項および第2項の手続きによる。

（減額の措置）
第11条　取締役の報酬については、必要に応じて取締役会において、臨時に業績その他の理由により減額の措置をとることがある。

（支給日・計算期間）
第12条　報酬の支給日は、社員給与支給日と同一とする。

2　報酬の計算期間は毎月一日から月末までとする。

3　役員が月の途中において退任する場合でも、日割計算としないで、一か月分を支給する。

（控除）
第13条　報酬から控除するものは、給与所得税・地方住民税・社会保険料および前払金・互助会会費・貸付金の弁済分などとする。

第三章　役員賞与

（賞与）
第14条　役員の賞与は、会社の営業成績に応

じて、益金処分として取締役および監査役に区分し、株主総会の決議を経て決定する。

（賞与の配分方法）
第15条　役員賞与の配分は、役員個々の業績執行状況を評価して決定する。

2　決定方法は、つぎによる。
①取締役については、取締役会で決定する。
②監査役については、監査役の協議により決定する。
③社員兼務役員の賞与は、社員に準拠して支給する。ただし、役員分については、第3条の第3項および第1号により役員分の前項および第1号により支給する。

付　則

（その他の事項）
第16条　この規程に定めのない事項は、そのつど、取締役会または監査役において決定する。

（規程の改訂）
第17条　この規程を改訂する場合は、取締役会の議決を経て行う。

2　この規程のうち、監査役に関する部分を改訂する場合は監査役の同意を必要とする。

（施行）
第18条　この規程は〇〇年〇月〇日から施行する。

役員退職慰労金規程

(目的)
第1条 この規程は、取締役および監査役(以下「役員」という)の退職慰労金について定める。

(退職慰労金の決定)
第2条 退職した役員に支給すべき退職慰労金は、つぎの各号のうち、いずれかの額の範囲内とする。
① この規程にもとづき取締役会の決議により、または監査役が決定した額で株主総会で決定した額。
② この規程にもとづき、計算すべき旨の株主総会の決議にしたがい、取締役会の決議により、または監査役が決定した額。

(慰労金)
第3条 役員が死亡により退職した場合には、退職慰労金の他に別に定める役員慶弔見舞金規程による弔慰金を支給する。

(退職慰労金の算定方法)
第4条 役員の退職慰労金の算定方法はつぎによる。
(1)退職慰労金＝①役位別最終報酬月額×②役位別在任年数×③役位別係数の合計額
(2)各役位別の役位係数はつぎのとおりとする。

取締役会長 ……………………… 2.0
取締役社長 ……………………… 2.5
専務取締役 ……………………… 2.0
常務取締役 ……………………… 1.6
取　締　役 ……………………… 1.3
監　査　役 ……………………… 1.2

役位に変更ある場合は、役位在任中の最高位をもって最終役位とする。

2 役位の変更によって、報酬月額に減額を生じた場合でも、最終報酬月額は役員在任中の最高報酬月額とする。

3 社員兼務役員の退職慰労金は、社員退職金規程により支給される額と役員退職慰労金とは区別する。

4 前項の算定基礎額の割合は、社員分三〇％、役員分七〇％とする。

5 第1項で計算された退職慰労金の額が税法上過大退職金と認められる場合は、その限度額の範囲内とする。

(役員報酬)
第5条 役員報酬とは「役員報酬・賞与規程」第6条に定める額とする。

(役員在任年数)
第6条 役員在任年数は、一カ年を単位とし、端数は月割とする。ただし、一カ月未満は一カ月に切り上げる。

(在任期間の特例)
第7条 役員が任期中に死亡の事由により退職した場合は、任期中の残存期間を在職月数に加算して計算する。

(非常勤期間)
第8条 役員の非常勤期間について、原則として退職慰労金算出の際役員在任年数から除くものとする。ただし、特段の事情がある場合は、取締役会または監査役が別途に決定することができる。

(特別功労加算金)
第9条 取締役会または監査役は、在任中とくに功労のあった者には、第4条により算出された額に三〇％を超えない範囲で加算することができる。

(特別減額)
第10条 取締役会または監査役は、退職役員のうち、在任中とくに重大な損害を会社に与えた者に対しては、第4条により算定した金額を減額することができる。

(支払時期および方法)
第11条 退職慰労金は、株主総会の決議後二カ月以内にその全額を支給する。

2 経済界の景況、会社の業績などにより、当該退職役員または遺族と協議のうえ支払の時期、回数、方法について別に定めることがある。

(退職慰労金からの控除)
第12条 退職慰労金を支給する場合には、法令にもとづく源泉税および会社に対して負う債務の全額を控除する。

(その他)
第13条 取締役または監査役を退任したとき

使用人兼務役員就任覚書

この覚書は、株式会社MZ製作所の使用人兼務役員に就任（四月一日就任）するにあたって、取締役に関する法的知識と株式会社MZ製作所における取締役のあり方を記し、もって取締役就任の諾否の参考並びに就任取り決め事項とするものである。

（委任契約）
第1条　役員は、商法上では取締役と呼ばれ、一般社員と会社の関係は雇用契約に基づくのと異にし、取締役と会社の関係は委任契約となる（商法第二五四条第3項）。

（使用人兼務役員）
第2条　取締役にして、現場の仕事をも兼務する者を、税務の取扱上「使用人兼務役員」と呼ばれている。

（委任）
第3条　委任というのは、民法第二章契約第10節委任に基づいて規定されている。つまり「委任ハ当事者ノ一方カ法律行為ヲ為スコトヲ相手方ニ委託シ相手方カ之ヲ承諾スルニ因リテ其効カヲ生ス」（民法第六四三条）とあり、そこで、取締役に就任するにあたって、「就任承諾書」を提出してもらうものである。

（選任）
第4条　取締役は、株主総会で選任される（商法第二五四条）。

（忠実義務）
第5条　取締役は、法令・定款の定め、並びに株主総会の決議を遵守して、会社のために忠実にその職務を遂行する義務を負っている。これは、商法第二五四条の3に「取締役の忠実義務」として規定されている。

（任期）
第6条　取締役の任期は、二年を超えることは出来ない。これは、商法第二五六条で規定されているところである。したがって、二年を任期とし、その都度、株主総会において選任されていくわけである（再任を妨げない）。

（給与）
第7条　使用人兼務役員の給与は、毎月所定日に支払われる給与と、また一般社員と同時期に支払われる賞与から成る。税法上で認められている使用人兼務役員の賞与損金算入の利点を活用するために、いわゆる決算後の賞与（これは利益処分とされ損金つまり経費とは認められない。）は、つとめて支給しないものとする。

（増額）
第8条　取締役に就任した時は、原則として役付手当を増額するものとする。その額は、諸般の情勢を勘案して、社長がこれを決める。

（出張旅費、慶弔見舞金との関係）
第9条　取締役になった時は、出張旅費、慶弔見舞金などについては、それぞれ取締役の額を適用する。

（退職金）
第10条　一般社員から取締役に就任した者の退職金は、任期満了その他の事由で取締役を退任する時に、一般社員時の退職金と、取締役としての退職功労金とを合算して、これを支給するものとする。

（使用人兼務役員の服務心得）
第11条　使用人兼務役員に就任した者は、最

2　取締役を退任し監査役に就任したとき、または監査役を退任し取締役に就任したときは任期の通算をしない。

（会社加入の保険との関係）
第14条　退職慰労金と関係のある、会社加入の生命保険および損害保険契約の受取保険金（中途解約返戻金も同じ）は全額会社に帰属するものとする。

（規程の改訂）
第15条　この規程を改訂する場合は、取締役会の決議を経て行う。

2　この規程のうち監査役に関する部分を改訂する場合は、監査役の同意を必要とする。

（施行）
第16条　この規程は平成〇〇年〇月〇日より施行する。

は、そのつど退職慰労金を支給する。

執行役員規程

第一章 総則

（目的）
第1条 この規程は、執行役員の就業に関する事項について定めたものである。ここで定める以外の事項は、労働基準法その他法令、定款ならびに取締役会の決定に従うものとする。

（定義）
第2条 執行役員とは、次の2区分をいい、取締役会で選任されたものを言う。

① 上級執行役員
取締役の任期満了後、もしくは解任後に取締役の業務の執行の補佐を専ら行うもの、又は一般執行役員で業績貢献大であると認められたもの。

② 一般執行役員
取締役会の決議によって選任されそれまで取締役に委任されたことがないもので取締役の業務執行を補佐するもの。

（適用範囲）
第3条 この規定は原則として、当社に勤務する執行役員に適用する。

2 一部正社員の就業規則を準用する。

第二章 就任

（執行役員の選任）
第4条 執行役員の選任は、取締役会の決議による。

（就任承諾書の提出）
第5条 執行役員の就任を承諾したときは、速やかに執行役員就任承諾書を社長に提出し、執行役員雇用締結する。

（執行役員雇用契約）
第6条 執行役員の雇用期間は、これを一ヵ月以内とする。但し契約の更新はこれを妨げない。

第三章 退任

（執行役員の退任）
第7条 執行役員の退任は、次の事由によるものとする。

① 雇用期間が満了し、再契約の意志がないとき
② 自己都合により退職を申し出て、承認されたとき
③ 雇用期間の途中もしくは満了の時点で本人に帰すべき重大な過失により解雇されたとき
④ 定年となったとき
⑤ 死亡したとき
⑥ その他前各号に準じ退職するとき

小限、次の事項について守らなければならない。

(1) 創立者の企業経営理念を継承すること。
(2) 使用人兼務役員は、代表取締役の下に結束しなければならない。
(3) 使用人兼務役員は、会社の経営方針や運営について、参画し得る立場にある。したがって、社員の模範となりかつリーダーシップをとらなければならない。社員よりも、学習し、自己陶冶につとめなければならない。
(4) 使用人兼務役員であればなおさら、報告、連絡を密にし、秩序を乱すような独断・越権行為は厳に慎まなければならない。

以上

就任承諾書

私こと、今般、株主総会において、取締役に選任されましたが、別に定める「使用人兼務役員就任覚書」を全面的に了解した上で、取締役に就任することを承諾します。

なお、取締役に就任致しましたからには、その職責を充分に理解し、社業の発展に貢献すべく努力いたします。

平成○○年○月○日

住所　東京都杉並区××三丁目六番八号
氏名　○○　○○○　㊞

株式会社　MZ製作所
代表取締役社長
○○　○○　殿

第四章　服務

(心得)

第8条　執行役員は業務の執行にあたっては次の事項を遵守しなければならない。
① 取締役会の決議によって任命される所管業務を執行すること
② 会社の方針及び社長の支持に基づき業務を計画的に処理すること
③ 所轄部門の統一をはかり、他部門との連絡を密にすること
④ 部下に対しては、公平無比を旨とし、賞罰を明らかにすること

(禁止事項)

第9条　施行役員は、次の行為をしてはならない。
① 会社の承諾を得ないで、他の会社の役員または使用人になること
② 会社の承諾を得ないで、事業経営または内職等をすること
③ 職務上の地位を利用して、手数料・リベート・饗応を受ける等、職務の公正を害し、または害するおそれのある行為をすること
④ 会社の機密をもらし、または会社の不名誉・不利益となる行為をすること
⑤ 前各号に準ずる不都合及び正社員の就業規則に定める禁止事項を行うこと

(勤務時間)

第10条　執行役員の就業時間は、正社員の就業規則に準ずる。

(休日、休暇、時間外勤務)

第11条　執行役員の休日、休暇、時間外勤務は、正社員就業規則に準ずるが、労働基準法における管理者としての適用除外により休日、時間外勤務手当等は支給されない。

(欠勤、遅刻、早退等の連絡義務)

第12条　執行役員が、欠勤、遅刻、早退等をする場合は、事前に総務部に連絡しなければならない。また、業務に支障のないよう努めるものとする。

第五章　報酬・賞与

(報酬・賞与)

第13条　執行役員の報酬・賞与は別に定める執行役員報酬賞与規程による。

第六章　出張旅費

(出張旅費)

第14条　執行役員の国内・外国出張旅費等は、別に定める社員出張旅費規程を準用する。
2　前記の準用は部長クラスとする。

第七章　慶弔見舞

(慶弔見舞金)

第15条　執行役員に対する慶弔見舞金は、社員慶弔見舞金規定を準用する。
2　前記の準用は「部長クラス」とする。

第八章　定年

(定年)

第16条　執行役員の定年は六三歳とする。
2　六三歳を超えて雇用契約の更新を行なわない。

第九章　退職金

(退職金)

第17条　執行役員の退職金は別に定める執行役員退職金支給規定による。

附　則

(施行)

第18条　この規定は平成〇〇年〇月〇日より施行する。

役員・社員社葬取扱要領

(総則)

第1条　会社は社業に功労のあった取締役・元取締役若しくは会社協力葬（以下単に「社葬」という）を以てこれを遇し、全社を挙げて葬儀に当りこの要項によって運用する。

(決定)

第2条　この要項による社葬の実施は取締役会がこれを決定する。
2　社葬に該当する死亡者の遺族より辞退

役員・社員社葬取扱要領

る旨の申し出があった場合は、実施しない。

（名称）
第3条　前条により執行される葬儀中第4条に定める第1号より第3号該当を株式会社〇〇葬といい、第4号および第5号該当者は株式会社〇〇協力葬という。

（執行の基準）
第4条　社葬に該当する者が死亡したときは、次の各号に基づきこれを執行する。
① 社業の為に殉職したもの
② 現職の会長・社長
③ 会長、社長又は相談役として通算五年以上の在職歴を有し、退職後五年以内のもの
④ 現職の副社長・専務・常務として通算五年以上の在職を有するもの
⑤ その他、特に社業に功労のあったものまたは退任取締役及び社員で取締役会が決定したもの

（社葬費用の範囲）
第5条　前条による各号の社葬費用の範囲を次の通りとする。
但し、費用の額についてはこの要項ではこれを設定しない。
① 社葬（第4条第1号～3号）……死亡時より葬儀（社葬）終了時までの総費用。
但し、戒名料を除く。
② 協力葬（第4条第4号）……死亡時より葬儀（社葬）終了時までの費用中、布

施又はこれに類似する費用を除いたもの。
③ 協力葬（第4条第5号）……社葬当日（社葬通夜を行う場合はこれを含む）の諸費用

2　遺族より社葬辞退の申し出があった場合は、葬儀に要した費用は、前記各項に準じて支払われるものとする。

3　合同社葬その他の場合は、その都度、関係先と協議の上決定するが、会社の負担する費用の範囲は本条1、2、3項に準ずるものとする。

（葬儀委員長及び葬儀委員）
第6条　社葬は、特別の場合を除いて、会長又は社長が葬儀委員長となり、葬儀委員長は取締役及び社員の中から若干名（三～五名）の葬儀委員を任命する。

（葬儀実行委員長及び実行委員）
第7条　葬儀委員長は葬儀委員の中から葬儀実行委員長を任命し、葬儀実行委員長は実行委員を選任する。

（葬儀委員長の責務）
第8条　葬儀に関する一切を総括する。

（葬儀委員の責務）
第9条　葬儀委員長を補佐し、葬儀の円滑なる運営を図り葬儀委員長に事故あるときは直ちに代行者を選任する。

（葬儀実行委員長の職務）
第10条　葬儀委員長の命により葬儀実行委員会を主宰し、社葬の実質的企画・運営を行

い、その完遂を図る。

（葬儀実行委員の職務）
第11条　葬儀実行委員長を補佐し、社葬遂行上の実際的な業務に当る。

（葬儀実行委員の補佐）
第12条　社葬を実施するに当り、葬儀の運営を補助するために必要数の人員を各部署に割り当てる。
割り当てられた社員は、葬儀実行委員長の指揮下に入るものとする。

（社葬による休日振替）
第13条　社葬執行に当っては振替休日を除いては社葬当日は振替休日とする。

（広告）
第14条　社葬および協力葬を実施する場合は、会社は有力新聞に広告を掲載する。

（社葬の服装）
第15条　社葬当日の服装は、次のとおりとする。
① 役　員　社葬当日はモーニング、その他ダークスーツ
② 実行委員　男子はダークスーツ又は黒味がかった服装何れも黒ネクタイ、黒靴着用
女性はダークスーツ、黒靴、又は華美にわたらぬ服装
夏季酷暑の場合は上白色、下黒色、喪章着用
③ 一般社員・その他　実行委員に準じ、

役員・社員社葬取扱要領

華美にわたらぬ平服、喪章着用

（香典供花等の取扱）

第16条 本要項による社葬（第4条第1号～3号）については、葬儀当日に於ける香典供花類は原則として一切これを辞退する。但し、協力葬（第4条第4号～5号）及び合同社葬の場合はこの限りでない。

（施行）

第17条 この要項は平成〇年〇月〇日より施行する。

—参考—

第12条「葬儀実行委員の補佐」および第13条「社葬による休日振替」については、労働組合との間の「了解事項」となっている。

VI 雇用管理に関する規程（就業規則等）

VI 雇用管理に関する規程（就業規則等）
——就業規則の解説——

就業規則について

就業規則とは「労働者が就業上遵守すべき規則、労働条件に関する具体的細目について定められる規則の総称」である。

統制や規律のない企業は、憲法や法律のない国家と同じで、企業における職場秩序を保つことも困難であり、その結果は労働能率を低下させ、企業経営の発展は望めない。労働能率の低い企業では、労働者の労働条件を改善することも困難であり、低い労働条件に対する労働者の不満は、さらに労働能率を低下させ、その結果は労働意欲の低下とトラブルの原因にもなってしまうことであろう。このような悪循環を繰り返しては、結局企業にとっても労働者にとっても大きな損害をもたらすものといえよう。

そこで、ある程度以上の労働者を雇用して労働能率を最高度に発揮させようとすれば、そこに働く労働者が整然とした組織のもとで、一定の職場規律や労働条件を画一的・統一的に定めることが必要となってくる。このような必要から生まれたのが就業規則である。

そこで就業規則の内容を合理的に定め、しかもそれを統一のとれた形で運営することによって、企業内の労使関係の安定に役立ち、また服務関係を明確にすることによって職場秩序が確立され、さらに全体の労働関係が統一された姿で行われることによって、「よりよい労務管理」が推進される基礎となるといえよう。

就業規則の性格

前述のとおり就業規則は、労働者の働く条件や職場内で守らなければならない規律を規定するものであるが、この点で就業規則と相類似した内容をもつ労働契約、労働協約との関係等をみておこう。

(1) 労働契約との関係

就業規則と労働契約の関係をみてみると、個々の労働者が使用者と締結する労働契約の内容は、つねに就業規則の内容よりも低いものであってはならない。もし個々の労働契約で定められた労働条件が就業規則より低い場合には、その部分の労働条件は、就業規則の相当部分に置き換えられることになる。

例えば、就業規則で一日七時間労働と定められている場合に、ある労働者との労働契約が八時間となっていても、その労働契約のその部分は無効で当然に一日七時間労働となる。

【参考——労働基準法第93条】

就業規則で定める基準に達しない労働条件を定める労働契約は、その部分については無効となる。この場合において無効となった部分は、就業規則で定める基準によることになる。

(2) 労働協約との関係

労働協約と就業規則とは、いずれも労働条件についての規定をその主なる内容としてい

るが、労働協約は、労働組合と使用者との団体交渉の結果、その合意によって締結された法的規範である。一方、就業規則は、労働者側の意見を聞くとはいえ、使用者が一方的に作成する規範である。したがって労使間の合意によって成立した労働協約が就業規則よりも優位に立つことは、法律上当然といわなければならない。もし就業規則で決められた事項が労働協約に抵触するものがある場合には、行政官庁が変更を命ずることができることになっている。

〔参考──労働基準法第92条〕

就業規則は、法令又は当該事業場について適用される労働協約に反してはならない。

行政官庁は、法令又は労働協約に抵触する就業規則の変更を命ずることができる。

〔参考──規範的部分と債務的部分〕

労働協約の内容を大別して、労働条件など個々の労働者と使用者との間の内容となる規定、たとえば、賃金、労働時間、休日、人事、福利厚生などの各条項を規範的部分といい、一方個々の労働者には直接関係なく、使用者と労働組合との間に一定の権利、義務の関係を設定した部分、たとえば団体交渉のルール、組合活動、組合保障（ショップ制）、平和義務などを債務的部分という。

規範的効力とは労働組合法第16条に、労働協約に定められた労働条件、その他労働者の待遇に関する基準に違反した労働契約はその部分について無効であり、その無効となった部分は協約に定められた基準に従うこととなっている。たとえば、労働協約で最低賃金が日額一万円となっているのに、個々の労働契約で日額八、〇〇〇円の労働契約を結んでも、その契約は無効であり、当然労働協約で定められた最低賃金の日額一万円の賃金が支払われることになる。

就業規則の作成

労働基準法第89条は、「常時一〇人以上の労働者を使用する使用者」に対しては必ず就業規則を作成することを義務づけている。この義務づけられた就業規則の作り方について、若干その要領と内容を述べておこう。

(1) どんな要領で作成するか

就業規則は企業の経営状態の実情にそって決めるべき性質で、そのプロセスは次のとおりである。

① 自己の企業で実施している服務規律や労働条件、あるいは賃金の支払方法等の諸制度や慣行を箇条書に整理してみる。

② その中から就業規則に記載しなければならない事項や、記載した方がよいと思われる事項を選び出し、就業規則要綱案を作ってみる。

③ この要綱案に列挙された事項と、後で述べる(4)記載事項と、労働基準法上記載しなければならない事項と比較して、記載洩れがないかどうかを検討する。

④ 法令や労働協約がある場合には、それに違反していないかを検討する。

⑤ これを機会に労務管理全般の検討、具体的には雇用制度（定年延長・勤務延長・再雇用）、服務規律、表彰制度、賃金制度、賞与制度、退職金制度、育児休業制度、介護休業制度、労働条件制度、福利厚生制度等も検討する。

(2) 対象労働者について

就業規則は、その事業場における服務規律や労働者の労働条件の細目を示そうとするものであるから、その事業場におけるすべての労働者を対象としているものである。すなわち嘱託であるとか、機密事項を取扱っている労働者だからといって、それだけの理由で就業規則が適用されない労働者が、事業場内で一人でもいるということは考えられない。しかし、その反面、同一の就業規則をすべての労働者に一律に適用しなければならないとも考えられない。

その企業の実態によっては、社員就業規則、従業員就業規則、パートタイマー就業規則の三本立てにすることもできるし、または必要に応じて特殊な勤務、態様にある者について例外を設けて補ってもよいわけである。しかし、現在、一般的には「社員就業規則」と「パートタイマー就業規則」の二本立てのと

(3) 労働者の意見を聴くこと

就業規則は具体的な労働条件を内容としているから、就業規則を作成又は変更する場合は、使用者は労働者の意見を聴かなければならない。

この点、労働基準法では「当該事業場に労働者の過半数で組織する労働組合がある場合においては、その労働組合、労働者の過半数で組織する労働組合がない場合においては、労働者の過半数を代表する者の意見を聴かなければならない」と規定している。

就業規則は、使用者が作るものであるが、その内容には労働者の意見を反映させようというものである。そして、これによって労働条件の決定についての労使対等の原則と、本来使用者が就業規則を作成するということの調和点を考慮されているものである。

(4) 記載事項

労働基準法第89条第1項第1号〜10号にかけて、記載しなければならないことを規定している。これを分類すると、

① 就業規則を定める以上必ず記載しなければならない事項

② 使用者がこのことについて労働者に適用する定めをする場合、あるいは慣習として実施している場合には、必ず記載しなければならない事項

の2つに分けられている。

① 必ず記載しなければならない事項（絶対的必要記載事項）

ア 始業及び終業の時刻、休憩時間、休日、休暇（育児休業および介護休業を含む）ならびに労働者を2組以上にわけて交替で就業させる場合においては、就業時転換に関する事項

イ 賃金の決定、計算及び支払の方法、賃金の締切及び支払の時期ならびに昇給に関する事項

ウ 退職に関する事項（解雇の事由を含む）

② 定めをする場合には必ず記載しなければならない事項（相対的必要記載事項）

ア 退職手当の定めをする場合においては、適用される労働者の範囲、退職手当の決定、計算及び支払いの方法並びに退職手当の支払いの時期に関する事項

イ 臨時の賃金等（退職手当を除く）及び最低賃金額の定めをする場合においては、これに関する事項

ウ 労働者に食費、作業用品その他の負担をさせる定めをする場合においては、これに関する事項

エ 職業訓練、安全及び衛生に関する定めをする場合においては、これに関する事項

オ 災害補償及び業務外の傷病扶助に関する定めをする場合においては、その種類及び程度に関する事項

カ 表彰及び制裁の定めをする場合においては、その種類及び程度に関する事項

キ 当該事業場の労働者のすべてに適用される定めをする場合においては、これに関する事項

③ 任意記載事項

①②の記載事項のほかの事項を記載することは自由であって、これは任意記載事項と俗に呼ばれている。例えば、就業規則の制定趣旨ないし根本的精神の宣言や、就業規則の変更についての労働組合との協議約款等などがこれにあたる。

以上の記載事項をとりまとめて分かりやすく図表に示すと別図①のとおりとなる。

(5) 就業規則の構造

就業規則は、法に基づいて別規程にすることが認められている。この場合、内規とかマニュアル、取扱規程など、どこまでが就業規則に該当するかという問題も起こってくる。ここに、就業規則に「含まれる部分」と「含まれない部分」に分けた、「就業規則の構造」を別図②のごとく分析したので、一つの参考とされたい。

(6) 届出

就業規則が作成されると（変更されると）、「(3)労働者の意見」の意見書を添付して、所

155

別図① 労働基準法上の記載事項の分類

```
絶対的必要記載事項
```
- 始業・終業時刻，休憩時間
- 休日，休暇
- 交代制勤務における就業時転換
- 賃金（賃金の決定，計算，支払方法，締め切り，支払時期，昇級）
- 退職（定年制，自己都合退職，解雇等）

```
相対的必要記載事項
```
- 退職手当（適用範囲，決定，計算，支払方法，支払時期）
- 臨時賃金（賞与），最低賃金額
- 食費，作業用品などの労働者負担
- 安全・衛生
- 表彰・制裁
- 職業訓練
- 災害補償，業務外の傷病扶助
- その他事業場のすべての労働者に適用される事項（例：試用期間，人事異動，休職・復職，旅費，福利厚生など）

```
任意的記載事項
```
- 絶対的必要記載事項，相対的必要記載事項以外の事項
  （例：就業にあたっての心得，留意事項など）

轄の労働基準監督署長に届出なければならないことになっている。

(7) 周知について

使用者は、就業規則を作成あるいは変更したときは、就業規則を事業場内の見やすい場所に掲示するか、あるいは事業場の適当な場所に備えておく等の適切な方法によって労働者に周知させる必要がある。

就業規則は前にも述べたように、労働者の具体的な労働条件を内容とするものであり、また職場の秩序を定めたものであるから、これを労働者の全部に広く知らせておくことが何よりも大事なことである。それには、労働者が気軽に見られるようにし、できれば適当な印刷物の冊子にして全員に渡すようにしたいものである。

就業規則の構成

就業規則は、その事例によってみると多くの場合、次のような形式で作成されている。

① 前文
ここでは就業規則制定の趣旨とか、就業規則を貫く根本精神を宣言している。

② 総則
就業規則の目的、その適用範囲、職制又は身分、従業員の定義、就業規則の遵守義務等が定められている。

③ 人事に関する事項

156

別図②　就業規則の構造

【就業規則に含まれる部分】

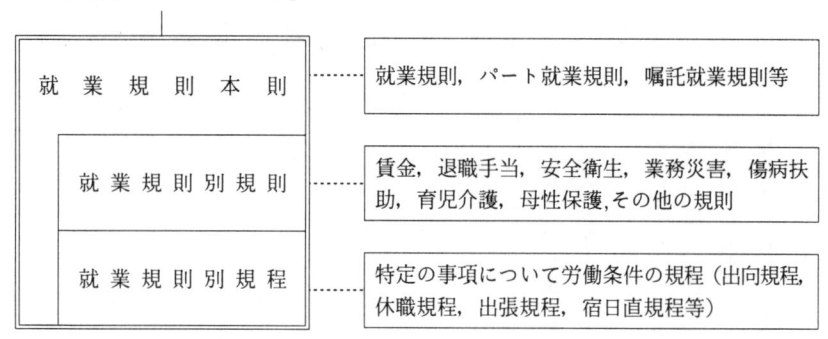

```
就業規則本則 …… 就業規則，パート就業規則，嘱託就業規則等

  就業規則別規則 …… 賃金，退職手当，安全衛生，業務災害，傷病扶
                    助，育児介護，母性保護，その他の規則

  就業規則別規程 …… 特定の事項について労働条件の規程（出向規程，
                    休職規程，出張規程，宿日直規程等）
```

※以上，別規則，別規程も就業規則である（平成11年4月1日施行）

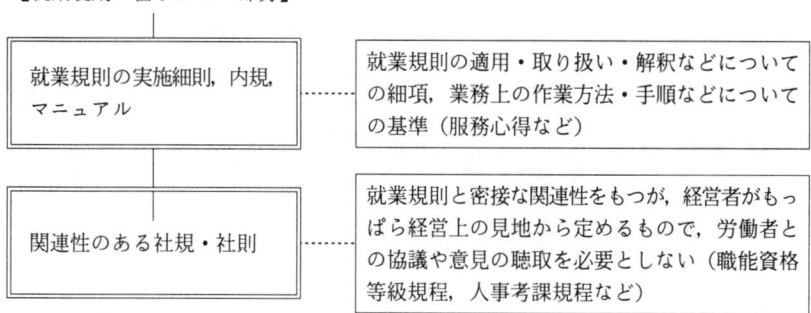

【就業規則に含まれない部分】

```
就業規則の実施細則，内規，  …… 就業規則の適用・取り扱い・解釈などについて
マニュアル                    の細項，業務上の作業方法・手順などについて
                              の基準（服務心得など）

関連性のある社規・社則    …… 就業規則と密接な関連性をもつが，経営者がもっ
                              ぱら経営上の見地から定めるもので，労働者と
                              の協議や意見の聴取を必要としない（職能資格
                              等級規程，人事考課規程など）
```

（注）職能資格等級規程，人事考課規程などについても，就業規則に含む
　　べきであるとの議論がある。これらの規程については，その一部
　　（たとえば職能資格等級制度の概要など）を就業規則に含み，残りの
　　部分は就業規則以外として取り扱うことが適当と思われる。

採用、異動ないし配置転換、解雇及び退職、定年、休職及び復職、人事試用期間に関する規定等、人事に関するすべての事項について定められている。

④ 勤務に関する事項

勤務に関する心得など一般的な規程のほか、労働時間、休憩、休暇、育児休業、介護休業、母性健康管理、休日、出勤、勤務時間制及び時間外勤務、変形勤務時間制、日直及び宿直、出張、特殊勤務、監視断続勤務、交替勤務等について具体的に細かい規定が設けられている。

⑤ 給与等に関する事項

賃金、賞与、退職金、旅費、貯蓄金等に関する規定が定められているが、給与に関する規定は別個に賃金規定、給与規定、退職金支給規定、出張旅費規定、慶弔見舞金規定等の名称のもとに、別規定として作成されている場合が多い。

この場合、賃金規定は別規定にしても前述の「絶対的記載事項」の要件が多く含まれており就業規則の一部であるので、必ず作成しなければならない。

⑥ 服務規律に関する事項

事業場における規律、秘密保持、兼職の禁止、その他労働者が服務上一般的に守るべき事項が規定されている。

⑦ 表彰及び制裁に関する事項

⑧ 安全及び衛生に関する事項

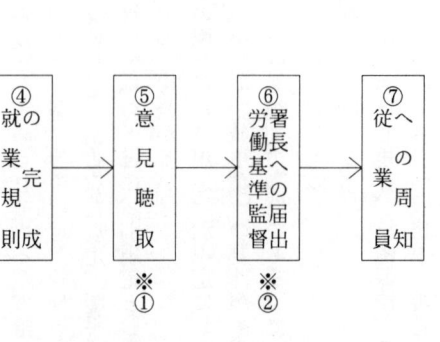

変わりはないので、本規則同様の手続等が必要である。

就業規則作成変更のプロセス

就業規則を新たに作成する場合、あるいは改訂（変更）する場合のプロセスは、下図のような流れで実施するとよいだろう。

規則の主な配列と別規則（規定・規程）は次のとおりである。

〔例1〕（従業員10～30人位の事業所）
- 第1章　総則
- 第2章　勤務
- 第3章　賃金
- 第4章　服務
- 第5章　退職

〔例2〕（従業員30人以上の事業所）
- 第1章　総則（前文）
- 第2章　採用及び配置
- 第3章　勤務及び休憩時間
- 第4章　休日及び休暇
- 第5章　育児休業・介護休業
- 第6章　賃金及び退職金
- 第7章　休職及び退職
- 第8章　服務規律
- 第9章　表彰及び制裁
- 第10章　福利厚生
- 第11章　安全及び衛生
- 第12章　災害補償

⑨ 災害補償及び扶助に関する事項

⑩ 教育及び福利厚生に関する事項
技能教育、福利厚生、寄宿舎及び社宅などについて定める。

⑪ パートタイマーに関する事項
パートタイマーについては一般の就業規則を適用するが、パートタイマーの場合、正規労働者と労働条件が異なる場合が多いので、ほかにパートタイマー就業規則を定めるべきである。「短時間労働者の雇用管理改善に関する法律（パート労働法）」の「パート雇用管理改善指針」（平成11年4月1日施行、平成17年3月改正）に就業規則の整備が盛り込まれている。改正された「パートタイマー労働指針のポイント」は、P.286を参考にされたい。

⑫ その他（附則）
就業規則の施行期日、就業規則変更についての労働組合との同意、又は協約約款等、変更の手続のような事項が附則として定められている。

就業規則の構成は大体以上のとおりであるが、これらの事項を統一的に一つの規則のなかに納めることが困難な場合もある。そこで特に細かい規定となりやすい賃金、退職金、旅費、福利厚生、安全衛生、災害補償、業務外の傷病扶助に関する事項等については、別規定にしても差し支えない。もちろん、別規定といっても、就業規則の一部であることに

①現状資料収集把握 → ②試案の作成（内容の検討） → ③原案の作成（条文形式） → ④就業規則の完成 → ⑤意見聴取 ※① → ⑥労働基準監督署長への届出 ※② → ⑦従業員への周知

※①意見書の書式例

意 見 書

平成　年　月　日付で意見を求めた当社就業規則について，下記のとおり申し述べます。
なお，反対意見については速やかに改訂されるよう申し入れます。

記

1．第〇条の年次有給休暇は，最低〇日間として下さい。
2．第〇条の …………………

　　　平成　年　月　日

　　　　　　　　　　　　　　　　　　　ＳＲ工業労働組合
　　　　　　　　　　　　　　　　　　　　従業員代表　〇〇〇〇　㊞

ＳＲ工業株式会社
　　代表取締役　〇〇〇〇　殿

※②就業規則届出書式例

就業規則届（変更届）

　今般，就業規則を別添のとおり作成（変更）しましたので従業員代表の意見書を添えてお届けします。
　　　平成　年　月　日

〇〇労働基準監督署長　殿

　　　　　　　　　　　　　　　　　　東京都千代田区丸の内〇-〇-〇
　　　　　　　　　　　　　　　　　　ＳＲ工業株式会社　　　　　㊞
　　　　　　　　　　　　　　　　　　　代表取締役　〇〇〇〇　㊞

別規定

① 賃金規程
② 旅費規程
③ 退職金規程
④ 安全衛生規程
⑤ 慶弔見舞金規程
⑥ 臨時従業員就業規則
⑦ 嘱託従業員就業規則
⑧ 在宅勤務規定
⑨ パートタイマー就業規則
⑩ 服務規程
⑪ 転勤、出向規程
⑫ 育児休業規程
⑬ 介護休業規程

就業規則①

——この就業規則は、中堅企業を対象とした、一般的な事例である——

まえがき

この就業規則（以下「規則」という。）はSTC技研株式会社（以下「会社」という。）と社員が相互信頼の上に立ち、会社の秩序を維持向上し、業務の円滑をはかり、もって会社の発展と社員の地位の向上を期するためのものである。社員は、自己の責務を自覚し、職務上の責任を重んじて業務に精励しなければならない。上長は所属社員の人格を尊重して親切にこれを指導し、同僚は互いに助け合い、この規則を尊重して業務に励み、もって社業の発展に寄与しなければならない。

第一章　総則

（目的）
第1条　この規則は、会社社員の服務、労働条件等の就業に関する基本的事項を定めたものである。

2　社員の就業に関する事項は、この規則並びに関係諸規定のほか、労働基準法その他の法令の定めるところによる。

（規則尊守の義務）
第2条　会社及び社員は、この規則及びその他諸規定を遵守し、各々その義務を履行し、相協力して、事業の発展に努めなければならない。

2　社員はこの規則並びに関係諸規定を知らないことを理由にして、違反の責を免れることは出来ない。

（社員の定義）
第3条　この規則において社員とは、第二章（人事）の手続きを経て会社に採用された者及び第21条　3項（再雇用）により引き続き雇用された、つぎの者をいう。

(1) 見習社員　見習社員とは、第10条の試用期間中の者をいう。

(2) 社員　社員とは、第10条の試用期間（見習期間）を経て本採用された者をいう。

(3) 嘱託社員　嘱託社員とは、高齢者（五五歳以上）採用の場合と第21条（定年）者で引続き嘱託社員として再雇用した者をいう。

（適用範囲）
第4条　この規則は、前条の社員に適用する。但し、嘱託社員については、別に定める「嘱託規則」及び「雇用契約書」に定める事項はこの規則を適用しない。

2　準社員は、別に定める「準社員規則」及び「雇用契約書」に定める事項はこの規則を適用しない。

3　臨時員、パートタイマー、アルバイトについては、別に定める規則による。

第二章　人事

第一節　採用

（採用）
第5条　会社は、一五歳（義務教育修了者で15歳に達した以後の三月三一日を過ぎた者）以上の者で入社を希望する者の中から採用試験に合格し所定の手続を経た者を社員として採用する。

（採用試験）
第6条　採用試験は、入社希望者に対してつぎの書類の提出を求め、選考を行い、その試験に合格並びに社員としての適格性の順位により合格者を決める。

(1) 履歴書
(2) 身上調書（会社指定のもの）
(3) 学校卒業証明書または見込証明書
(4) その他会社が必要とする書類

2　前項の提出書類は、都合によって一部を免除することがある。

第7条　会社は、前条の採用に際しては、この規則及びこの規則に付随する諸規定を提示して、労働条件の説明を行うものとする。

2　前項の雇用契約の締結に際しては、会社は雇用する者に、次の事項について文書を交付するものとする。

① 賃金に関する事項
② 雇用契約の期間に関する事項

就業規則①

③ 就業の場所及び従事する業務に関する事項

④ 始業および終業の時刻、時間外労働の有無、休憩時間、休日、休暇並びにシフト制の場合の就業時転換に関する事項

⑤ 退職に関する事項（解雇の事由を含む）

第8条　採用試験に合格し、新たに社員として採用された者は、採用後一四日以内に、つぎの書類を提出しなければならない。
（採用者提出書類）

(1) 住民票記載事項証明書（会社指定のもの）

(2) 誓約保証書（会社指定のもの）

(3) 雇用契約書（会社指定のもの）

(4) 住所の略図及び通勤の方法（会社指定のもの）

(5) 前職の有った者は厚生年金保険被保険者証及び雇用保険被保険者証

(6) 入社の年に他で給与所得のあった者は源泉徴収票

(7) その他会社で必要とする書類

2　前項の提出書類は、都合によって、一部を免除することがある。

第9条　前条の提出書類の記載事項に異動のあった場合は、その都度すみやかに、文書をもって届出なければならない。
（記載事項の変更届）

第10条　新に採用された社員は、入社の日より三ヶ月間を試用期間とする。
（試用期間）

2　試用期間の途中において、あるいは終了の際、社員として不適当と認められる場合は解雇する。但し、入社後一四日を経過した者については、第25条の手続きによって行う。

3　試用期間を終えて本採用された者は、試用期間を勤続年数に通算する。
（試用期間を設けない特例）

第11条　会社は業務の都合により、他企業に勤務中の者等の要請入社の場合、或いは関連企業より転籍入社の場合ならびにこれに準ずる場合は、試用期間を短縮或いは設けないで社員とすることがある。

第二節　異動

第12条　会社は社員の健康状態等により必要有る場合または業務上の都合により、社員の就労場所又は従事する業務を変更する事がある。
（異動）

第13条　会社は社員にたいし、業務上の都合により関連企業に本人の了解のうえ出向を命ずることがある。
（出向）

第14条　会社は社員に対し業務上の都合により関連企業に本人の了解のうえ転籍を命ずることがある。
（転籍）

第三節　休職

第15条　社員が、つぎの各号の一に該当する場合は休職を命ずる。

① 業務外の傷病により、引き続き三ヶ月を超えて欠勤したとき。（療養休職）

② 自己の都合で一ヶ月を越えて欠勤したとき。（私事休職）

③ 会社の承諾を得て、公職に就任したとき。（公職休職）

④ 会社の命により会社外の職務に就任したとき。（出向休職）

⑤ 刑事事件に関し起訴されたとき。（刑事休職）

⑥ 前各号に準じ、会社が必要と認めたとき。（特別休職）

（休職期間）

第16条　前条の定めによる休職期間は欠勤開始三ヶ月を超えた時次の通りとする。

① 第1号の場合

欠勤開始時の勤続年数	休職期間
3年未満	6カ月
3年以上10年未満	1カ年
10年以上	1年6カ月

② 第2号のとき 三ヶ月
③ 第3号及び第4号のとき その期間
④ 第5号のとき 未決期間
⑤ 第6号のときは、その都度会社が決める。

(休職期間延長の特例)
第17条 前条の定めに関わらず、会社の業務の都合により、必要ある場合は、その期間を延長することがある。

(休職期間中の給与)
第18条 休職期間中の給与は原則として支給しない。
但し、第15条第4号(会社外の職務就任)の場合は、出向(派遣)先との協定により支給することがある。

(休職期間中の勤続年数)
第19条 休職期間中は原則として勤続年数に算入しない。
但し、第15条第1号、第4号、第5号、第6号については通算することがある。
2 第15条の第1号(私傷病休職)による場合は、健康保険の傷病手当金に移行するものとする。

(復職)
第20条 休職期間中に、休職事由が消滅した場合は、本人の申し出により原職務に復帰させる。
2 原職務に復帰させることが困難である場合、又は不適当である場合は、就業の場所又は従事する業務を変更することがある。

第四節 定年、退職及び解雇

(定年)
第21条 社員の定年は六〇歳とし、定年年令に達した月の給与締切日を以て定年退職とする。
2 会社は業務の都合により、特に必要ありと認めた者には、前項の定めに関わらず勤務延長を行うことがある。
3 会社は、定年に達した者で、会社が業務上必要と認めたものには、期間を定めて嘱託社員として再雇用することがある。
4 前項の雇用期間は、原則として三年以内とし、これを更新する場合は一年以内とする。
5 勤務延長、再雇用の最高年齢は六五歳とする。

(退職)
第22条 社員が次の一に該当する場合には、退職とし、社員としての身分を失う。
① 死亡したとき
② 本人から退職の申し出(自己都合)があり、所定の手続きを完了して退職したとき
③ 前条の定年退職したとき
④ 第16条(休職期間)の期間が満了して復職しないとき
⑤ 第24条の解雇のとき
⑥ 第73条の懲戒解雇のとき

(自己都合退職の手続)
第23条 社員が自己の都合で退職しようとする場合は、できる限り一ヶ月以前に退職願を提出し、引き継ぎその他の業務に支障を来さないようにしなければならない。但し、やむを得ない事由により一ヶ月前に退職願を提出できない場合は、少なくとも一四日前までにこれを提出して承認を受けなければならない。

(解雇)
第24条 社員が次の各号の一に該当する場合は解雇する。
① 身体または精神の障害により、業務に堪えられないと認められるとき。
② 能率がいちじるしく劣り、技能上達の見込みないとき。
③ 第10条(試用期間)の者について、社員として不適格と認められるとき。
④ 第16条(休職期間)の定めが満了したとき。
⑤ 業務の縮小、設備の変更等により、剰員を生じたとき。
⑥ 天災地変その他やむをえない事由により事業の継続が不可能に成ったとき。
⑦ 刑事事件に関し、第15条第5号(刑事休職)の休職期間中の者で、会社及び社員の信用失墜その他社会通念上重大な自己のため社員として不適格と認められるとき。

⑧ 第84条の業務上の災害により、職場復帰出来ないときで同条第6号（傷病補償年金）が給付されることになり、療養開始後三年以上経過した時。
⑨ その他前各号に準ずる止むを得ない事由があるとき。

（解雇予告及び解雇予告手当）
第25条　会社は社員を解雇する場合は、三〇日前に予告するか、または三〇日分の平均賃金を支払う。
但し、予告日数は平均賃金を支払った日数だけ短縮することが出来る。
2　次の場合は前項の定めを適用しない。
① 行政官庁の認定を受けたとき。
② 第10条（試用期間）の者で、一四日以内の者。
③ 日日雇用する者。
④ 二ヶ月以内の期間を定めて雇用する者。

（解雇制限）
第26条　社員が次の各号に該当する場合は、その期間は解雇しない。
① 業務上負傷し、または疾病にかかり休業している期間及びその後三〇日間。ただし、療養の開始後三年を経過した日において第84条第6号の傷病補償年金を受けている場合は、この限りではない。また同日後においてその支払決定を受けた場合も同様とする。
② 産前産後の女性社員が第48条第3号の定めにより、特別休暇中の期間及びその後三〇日間。

③ 育児休業（第50条）期間、および介護休業（第51条）期間
④ 賃金
⑤ 地位

2　前項の請求は退職者が指定するものとする。
3　退職の事由（解雇の場合にあっては、その理由）

第27条　社員が退職又は解雇された場合は、会社が指定した者に完全に業務を引継がなければならない。

（物品、債務の返済等）
第28条　社員が退職又は解雇された場合は、会社からの貸与品は直ちに返納し、会社に債務のある場合は退職又は解雇の日までに完済しなければならない。

（退職後の義務）
第29条　退職又は解雇された者は、その在職中に行った自己の責に属すべき職務に対する責任は免れないものとする。
2　退職又は解雇された者は、在職中に知りえた会社の機密を他に漏洩してはならない。

（退職証明書の交付）
第30条　会社は、退職または解雇された者（以下「退職者」という）が請求した場合は、次の事項に限り証明書の交付を行う。
① 使用期間
② 業務の種類

第三章　勤　務

第一節　勤務時間

（勤務時間）
第31条　社員の一日の勤務時間は一時間の休憩を除き実働八時間とする。
2　始業、終業、休憩時刻は、つぎの通りとする（月曜日〜金曜日）。
① 始業　　午前八時三〇分
② 終業　　午後五時三〇分
③ 休憩　　正午より六〇分間

（始業、終業、休憩時刻の変更）
第32条　会社は業務上その他必要ある場合は、全部又は一部の者について、前条に定める始業、終業、休憩時間を変更することがある。
2　休憩時間の変更については、社員の過半数を代表する者との労使協定を締結した場合はその協定の定めるところによる。

（交替制）
第33条　会社は、業務上の必要により交替制

就業規則①

をとることがある。この場合、始業、終業及び休憩時刻は第31条第2項に準じて行う。

（変形勤務時間制）

第34条　会社は業務の都合で労使協定により「一か月単位の変形労働時間」を採用することがある。

2　前項の変形労働時間制は、第31条（勤務時間）と第37条（休日）を組み合わせて、一週平均四〇時間以内になるように行う。よって一ヵ月における一週平均四〇時間を超えない範囲で、特定の週に於いて四〇時間を超えて勤務することがある。

3　一ヵ月単位の変形労働時間制の起算日は毎年四月一日とする。

4　変形労働時間制における休日（第37条）の月日は「休日カレンダー」で明示する。

5　社員の過半数を代表する者との「一ヵ月単位の変形労働時間制」を協定した場合は、その協定の定めるところによる。

――参考――

一ヵ月単位の変形労働時間制の総枠

31日の月	一七七・一時間。
30日の月	一七一・四時間。
28日の月	一六〇時間。

（休憩時間中の行動等）

第35条　社員は休憩時間を自由に利用することができる。但し、休憩時間中に遠方に外出する場合は、所属上長に届出るものとする。

2　食事は休憩中にとるものとする。

（出張者の勤務時間）

第36条　社員が出張その他会社の用務を帯びて、会社外での勤務時間の算出し難い場合には、第31条の通常の勤務時間を勤務したものとみなす。

但し、所属長が予め別段の指示をした場合は、この限りでない。

第二節　休　日

（休日）

第37条　会社の休日は、週休二日制を原則として、つぎの通りとする。

① 日曜日（法定休日）
② 土曜日
③ 国民の祝日
④ 年末年始　一二月三一日より一月三日まで
⑤ その他会社が特に必要と認めた日

2　前項の休日は翌年の休日を前年の一二月一〇日迄にカレンダーで明示する。

（休日の振替）

第38条　前条の休日は、会社の業務の都合、その他止むを得ない事由のある場合は全部又は一部の者について他の日に振り替える事がある。

2　振り替える場合は、一週間以内とし、予め振り替える休日を指定して行う。

（災害時の勤務時間）

第39条　災害その他避けることの出来ない事

由によって臨時に必要ある場合においては、労働基準法第33条の定めにより、その必要の限度において、第31条の勤務時間を延長し、又は第37条の休日に勤務させることがある。

（適用除外）

第40条　管理監督の地位にある者には、この章に定める、勤務時間、休憩、休日、関しては適用しない。

第三節　時間外及び休日勤務等

（時間外・休日勤務）

第41条　会社は業務の都合により必要ある場合は、社員に時間外又は休日に勤務させることがある。

2　時間外及び休日勤務を命ぜられた社員は正当の理由なく拒む事は出来ない。

（時間外・休日勤務の制限）

第42条　前条の勤務について、社員の過半数の代表との協定に際して、時間外労働の協

期間	限度時間
1週間	15時間
2週間	27時間
4週間	43時間
1ヵ月	45時間
2ヵ月	81時間
3ヵ月	120時間
1年間	360時間

就業規則①

定は、次の範囲内とする。

2 休日勤務については、法定休日については月一日とする。

3 臨時的に必要な限度時間を超えて時間外労働を行わなければならない特別に事情が予想される場合には、社員代表と協定のうえ、一ヵ月六〇時間まで延長することができる。ただしその回数は一年に六回以内とする。

（年少者の時間外及び休日勤務）
第43条 前条の規定は、満一八歳未満の者には適用しない。

（深夜業）
第44条 業務上必要ある場合は、第41条（時間外及び休日勤務）の勤務が深夜（午後一〇時～午前五時）にわたる事がある。

2 満一八歳未満の者には前項の勤務をさせることがない。

（妊産婦の時間外・休日および深夜勤務）
第45条 妊産婦の社員から、時間外、休日および深夜勤務についての不就労の申出があった場合は、これらの勤務にはつかせない。

第四節　休　暇

（年次有給休暇）
第46条 社員が六ヵ月間継続勤務し、全勤務日の八以上出勤した場合には、次の一年間において、継続又は分割した一〇日の年次有給休暇を与える。

2 一年六ヵ月以上勤務した社員に対しては、一年六ヵ月を越える勤務年数一年について

一日を加算し、勤続三年六ヵ月を越える勤続年一年について二日を加算する。但し年次有給休暇の総日数は二〇日を限度とし、次の表のとおりとする。

継続勤務年数	0.5	1.5	2.5	3.5	4.5	5.5	6.5以上
付与日数	10	11	12	14	16	18	20

3 前項の計算方式は、斉一管理方式（一月一日～一二月三一日）とし、勤続六ヵ月未満は六ヵ月とみなして切り上げて計算する。

①六月三〇日以前の新規入社者は初年度だけ二回の切替えとする。

イ　一月一日～六月三〇日入社者
　　七月一日に一〇日付与
　　一月一日に一一日付与

ロ　七月一日～一月三一日入社者
　　一月一日に一〇日付与

4 新規採用者の年次有給休暇は試用期間後五日を与える。

5 第1項の出勤率の算定にあたり、次の各号の期間は出勤したものとして取り扱う
①業務上の傷病による休暇期間
②産前産後の休業期間
③育児及び介護休業制度に基づく休業期間
④会社都合による休業期間
⑤その他慶弔休暇および特別休暇
⑥年次有給休暇の期間

6 年次有給休暇は本人の請求のあった場合に与える。但し、会社は事業の正常な運営上やむを得ない場合は、その時期を変更させることがある。

7 年次有給休暇を請求しようとする者は、所定の手続きにより、事前に会社に届け出るものとする。

8 当該年度の年次有給休暇の全部又は一部

166

就業規則①

を取得しなかった場合は、その残日数は翌年に限り繰り越すこととする。

9　年次有給休暇については、通常給与を支給する。

10　年次有給休暇は労働基準法の定めるところにより、計画的に付与することがある。

（慶弔休暇）

第47条　社員が、次の各号の一つに該当する事由により、休暇を申請した場合は慶弔休暇を与える。

① 本人結婚のとき　　　　　　　　　三日
② 配偶者出産のとき　　　　　　　　一日
③ 服喪のとき
　イ、配偶者及び父母死亡のとき　　三日
　ロ、子女死亡のとき　　　　　　　三日
　ハ、祖父母死亡のとき　　　　　　二日
　ニ、兄弟姉妹死亡のとき　　　　　二日
　ホ、配偶者の父母死亡のとき　　　一日

2　前各号において本人が喪主のときは一日を追加する。

3　慶弔休暇は通常の給与を支給する。

4　慶弔休暇は連続に与え実労働日とする。

（特別休暇）

第48条　社員が、つぎの各号の一つに該当する事由により、休暇を申請した場合は特別休暇を与える。但し、第1号の場合は特別早退、外出については所定の勤務時間を勤務したものとみなす。

① 選挙権その他公民としての権利を行使する場合、又は証人、鑑定人参考人として裁判所又は警察に出頭するとき――必要日数
② 女性社員の生理日の勤務がいちぢるしく困難なとき――必要日数
③ 女性社員の出産で産前六週間（多胎の場合は一四週間）、産後八週間（医師の就労支障なき証明ある場合は六週間経過後）
④ その他各号に準じ会社が必要と認めたとき――必要日数

2、前各号の特別休暇のうち、第1号は通常の給与を支給し、第2号及び第3号は無給とする。第4号はその都度、有無給を決定する。

（休暇の手続き）

第49条　社員が第47条（慶弔休暇）及び前条の特別休暇を受けようとする場合は予め所属長の承認を得て、所定様式によって、その事由と予定日数を記入のうえ届け出るものとする。

但し、緊急の場合には、電話その他の方法で連絡し、事後すみやかに届け出るものとする。

2　第48条第1号（公民権行使）については事前に証明する書類を提出しなければならない。

第五節　育児・介護休業等

（育児休業）

第50条　社員で満一歳未満の子を養育を必要とする者は、会社に申し出て、育児休業・育児短時間勤務、深夜勤務の制限を受けることができる。

2　育児休業・育児短時間勤務、深夜勤務の制限に対する対象者、手続き等必要な事項については別に定める「育児休業等規定」による。

（介護休業）

第51条　社員で、家族の介護を必要とする者は、会社に申し出て介護休業・介護短時間勤務・深夜勤務の制限を受けることができる。

2　介護休業・介護短時間勤務・深夜勤務の制限に対する対象者、手続き等必要な事項については別に定める「介護休業等規定」による。

（育児時間）

第52条　女性社員から満一歳未満の育児のため、育児時間の申出があった場合は、一日二回、一回について三〇分の育児時間を認める。

2　育児時間に対しては無給とする。

（母体健康管理のための休暇等）

第53条　妊娠中又は出産後一年を経過しない女性社員から、所定労働時間内に、母子保健法に基づく保健指導又は健康診査を受けるために、通院休暇の請求があったときは、次の範囲で休暇を与える。

① 産前の場合

就業規則①

妊娠23週まで……四週に一回
妊娠24週から35週まで……二週に一回
妊娠36週から出産まで……一週に一回
ただし医師又は助産婦（以下「医師等」）がこれと異なる指示をしたときには、その指示により必要な指示をしたときとする。

② 産後（一年以内）の場合
医師等の指示により必要な時間。

2 妊娠中又は出産後一年を経過しない女性社員から、保健指導又は健康診査に基づき勤務時間等について医師等の指導を受けた旨申出があった場合、次の措置を講ずることとする。

① 妊娠中の通勤緩和
通勤時の混雑を避けるよう指導された場合は、原則として一時間以内の時差出勤

② 妊娠中の休憩時間の特例
休憩時間について指導された場合は、適宜休憩時間の延長、休憩の回数の増加

③ 妊娠中又は出産後の諸症状に対応する措置
妊娠又は出産に関する諸症状の発生又は発生のおそれがあるとして指導された場合は、その指導事項を守ることができるようにするため作業の軽減、勤務時間の短縮、休業等

3 前各項の給与の取扱いは不就労時間は無給とする。

第六節 出退勤

（出退場）
第54条 社員は始業及び終業の時刻を厳守し、出退勤は必ず所定の場所より行うものとする。

2 始業開始前に出勤し、所定の場所において各自のタイムカードに記録しなければならない。

3 退勤は所定の時刻とともに、書類、機械器具など整頓した後行い、所定の場所において各自のタイムカードに記録しなければならない。

4 出退勤の際のタイムカード記録は、これを他人に代行せしめ、また他人の代行する事はできない。

（入場禁止及び退場）
第55条 社員がつぎの各号に該当する場合は入場を禁止し退場を命ずる事がある。

① 職場内の風紀、秩序を乱すと認められるとき

② 凶器その他業務に必要無い危険物を携帯しているとき

③ 伝染病の疾病又は就労のため病勢の悪化するおそれがある疾病にかかり、就業に適しないと認められる者及び安全衛生上有害と認められる者

④ 業務を妨害し、かつ又そのおそれのある者

⑤ 酒気を帯び、又は社内で飲用する目的をもって酒類を携行するとき

⑥ 第67条第3号（懲戒）で出勤停止中の者

⑦ その他会社が必要ありと認めたとき

（業務用件の入場及び残留の許可）
第56条 社員は、勤務時間外に仕事に関する用件以外で入場する場合及び残留する場合は、会社の許可を必要とする。

（欠勤）
第57条 社員は、勤務時間その他事由により欠勤する場合は、予め、上長の承認を得て、前もってその事由とその予定日数を所定の様式により届け出なければならない。但し、事前に届け出る余裕のない緊急の場合は、電話その他で連絡し、事後すみやかに届け出なければならない。

2 病気欠勤五日以上に及ぶ場合は、医師の診断書を提出しなければならない。

（遅刻、早退、私用外出）
第58条 社員が止むを得ない事由で、遅刻、早退、私用外出する場合は、予め所属上長に届出で承認を受けなければならない。但し、事前に承認を受けることの出来ない場合は、遅滞なく電話等で連絡し、事後すみやかに届け出なければならない。

2 勤務時間中に私用外出しようとする場合には、予め所属上長の承認を受けなければならない。

3 無届、無連絡の遅刻が三〇分を超える場

合は、入場を許さないことがある。但し、交通事故その他の止むを得ない事由のある場合は、この限りでない。

4　遅刻、早退、私用外出した回数四回をもって、勤務成績算定の欠勤一日とみなす。

（直行、直帰）

第59条　社員が、出張により、直行又は直帰する場合は、事前に所属上長の承認を受けなければならない。但し、緊急の場合で、事前に承認を受ける余裕のない場合は、電話等で連絡しなければならない。

（所持品検査）

第60条　入場又は退場に際し、会社は、本人の了解を得て所持品検査をする事がある。この場合社員は正当の理由なく拒む事は出来ない。

（物品の点検）

第61条　物品を場内に搬入し、又は場外に搬出しようとする時は、会社の定める手続によって担当者の許可、点検を受けなければならない。

（私用面会及び電話取次）

第62条　私用のため外来者と面会する場合は休憩時間中に会社の指定する場所において行わなければならない。又就業時間中は、電話の取次を受けることは出来ない。但し、緊急止むを得ない場合において、会社の許可を受けたときはこの限りでない。

第四章　給与等

（給与規程）

第63条　社員に対する給与の決定、計算及び支払の方法、締切及び支払の時期並びに昇給に関する事項及び賞与に関する事項は別に定める「給与規程」による。

（退職金支給規程）

第64条　社員が退職し、又は死亡し或いは解雇の場合は、別に定める「退職金支給規程」により、退職金を支給する。

（出張旅費規程）

第65条　社員の出張旅費支給については、別に定める「出張旅費規程」による。

（慶弔見舞金規程）

第66条　社員の慶弔禍福、り災の際は、別に定める「慶弔金見舞金支給規程」による。

第五章　服務規律

（服務原則）

第67条　社員は、この規則に定める事項の他、上長の指示命令に従い、自己の業務に専念し、創意を発揮して能力向上に努めるとともに、互いに協力して職場の秩序を維持しなければならない。

2　上長は、その所属社員の人格を尊重し、誠意をもってこれを指導し、率先してその職責を遂行しなければならない。

（執務態度のあり方）

第68条　社員の日常における執務態度は、つねに服装及び言語に気をつけなければならない。

2　電話その他の接遇においても、意を配り、必要以上の冗長に流れる雑談に陥ることのないよう、謙虚な心掛けを忘れてはならない。

3　社員は、特別の場合を除き、執務中は会社が貸与した被服を着用しなければならない。

（服務の心得）

第69条　社員は、職場の秩序を保持し、業務の正常な運営を図るため、つぎの各号の事項を守らなければならない。

(1) 常に健康に留意し、元気溌剌な態度をもって就業すること

(2) 職場の権限を超えて専断的なことを行わないこと

(3) 常に品位を保ち、会社の名誉を害し信用のなる業務上の機密事項及び会社の不利益になるような事項を他に漏らさないこと

(4) 会社の業務上の機密事項及び会社の不利益になるような事項を他に漏らさないこと

(5) 会社の車両、機械、器具その他備品を大切にし、消耗品を節約し、製品及び書類その他会社の物品を丁寧に扱い、その保管を厳にすること

(6) 会社の許可なく、職務以外の目的で、会社の設備、車両、機械、器具その他の

(7) 物品を使用しないこと
(8) 職場の整理整頓に努め、常に清潔を保つこと
(9) 勤務時間を励行し、職場を離れる時は所在を明らかにし、又作業を妨害し、又は職場の風紀を乱さないこと
(10) 職務に関し、不当な金品の借用又は贈与もしくは供応の利益を受けないこと
(11) 社内において、政治活動、宗教活動をしないこと
(12) 喫煙に際しては、防火に留意し、社内を歩行中、くわえ煙草をしないこと
(13) 酒気を帯びて就業しないこと
(14) 社内において許可なく業務に関係のない集会をし、印刷物を配布または掲示等しないこと
(15) 許可なく他の会社の役員もしくは社員となり、又は会社の利益に反するような業務に従事しないこと
(16) 許可なく社用以外の目的で社名を用いないこと
(17) 会社の業務の破壊を目的とする宣伝煽動又は反抗行為を企てるような行為をしないこと
(18) 会社内の善良な習慣を破り、又は社員たる体面を汚すような行為をしないこと
(19) 職場での性的言動によって、他人に不快な思いをさせることや、職場の環境を悪くすることのないよう努めること
(20) 勤務中に他の社員の業務に支障を与えるような言動をしたり、性的な行為をしかけるなどのことはしないこと
(21) その他セクシュアルハラスメント的な行為をしないこと
(22) 前号のほか、これに準ずるような行為としてふさわしくないような行為をしないこと

（業務命令、指示）
第70条　社員は、この規則に基づいて、会社の発する業務上の指示命令に従わなければならない。
2　前項の命令指示は、正当な理由なく拒むことはできない。

第六章　表彰、懲戒

第一節　表彰

（表彰）
第71条　次の各号の一に該当するときは、選考の上表彰する。
(1) 諸規則又は命令を遵守し、品行方正、技能優秀で、衆の模範とするにたるとき。
(2) 業務上有益な発明、改良、または工夫考案をしたとき。
(3) 業務上抜群の成績を示し、事業の発展に多大の寄与をなしたとき。
(4) 永年にわたり勤続したとき。
(5) 長期間にわたり精勤したとき。
(6) 事故を未然に防ぎ、又は非常時に際し

（表彰方法）
第72条　前条の表彰は、次の各号の一または二以上を併せ行い、これを掲示して全社員に周知することとする。
(1) 賞状の授与
(2) 賞品または賞金の授与
(3) 昇給または昇格

第二節　懲戒

（懲戒事由）
第73条　社員が次の各号の一に該当する行為を行ったときは懲戒に処する。
(1) 重要な経歴を詐り雇用されたことがわかったとき
(2) 素行不良で、社内の風紀、秩序を乱したとき
(3) 正当な理由なく、しばしば欠勤、遅刻、早退し出勤不良のとき
(4) 故意に業務の能率を阻害し、または業務の遂行を妨げたとき
(5) 業務上の怠慢または監督不行届によって災害事故を引き起こし、又は会社の設備、機械器具、車両等を破損し、もしくは会社に損害を与えたとき
(6) 許可なく会社の物品を持ち出し、または持ち出そうとしたとき
(7) 会社の名誉、信用を傷つけたとき

て特に功労のあったとき。
(7) その他、前各号に準ずる程度の功労又は善行、もしくは篤行のあったとき。

(8) 会社の機密を漏らし、又は漏らそうとしたとき
(9) 許可なく在職のまま他に雇用されたとき
(10) 業務上の指示命令、または会社の諸規定通達にしばしば従わないとき
(11) 顧客に対し、業務上不当な行為又は失礼な行為があったとき
(12) 金銭の横領、使い込み、背任その他これに準ずる行為のあったとき
(13) 不正な手続き、または虚偽の報告によって会社を欺いたとき
(14) セクシュアルハラスメントと認められる行為のあったとき
(15) この規定の定めにしばしば違反したとき
(16) 前各号に準ずる程度の不都合な行為をしたとき

(懲戒の程度及び種類)
第74条　懲戒は、その情状により、つぎの六つの区分に従って行う。
(1) 譴　責……始末書をとり、将来を戒める。
(2) 減　給……始末書をとり、給与を減じて将来を戒める。
ただし、減給一回の額が平均給与の半日分、又は減給処分が二回以上に及ぶ場合においても当該給与支払期間の給与総額の一〇分の一を超えない範囲とする。
(3) 出勤停止……始末書をとり、一四日以内出勤を停止し、その期間中の給与は支給しない。
(4) 降　格……始末書をとり役付を免じもしくは引き下げる。
(5) 諭旨解雇……退職願を提出するよう勧告を行う。これに従わない時は、次号の懲戒解雇とする。
(6) 懲戒解雇……予告期間を設ける事なく即時解雇する。この場合において行政官庁の「解雇予告除外認定申請書」の認定を受けたときは、第25条の解雇予告手当を支給しない。

(損害賠償)
第75条　社員が、故意又は過失によって、会社に損害を与えた場合には、その全部又は一部を賠償させることがある。但し、これによって第66条の懲戒を免れるものではない。

第七章　安全及び衛生

(災害防止および衛生心得)
第76条　社員は、安全施設を活用し、災害発生を未然に防止するとともに、進んで保健衛生に注意し、常に爽快な精神と健全な身体とをもって業務に従事しなければならない。

(安全および衛生指示)
第77条　社員は、安全および衛生に関する管理者又は監督者の指示および措置に従わなければならない。

(安全心得)
第78条　社員は常に職場の整理整頓に努め、とくにつぎの事項を厳守して、自他の災害を防止せねばならない。
(1) 原動機、動力伝導装置、機械、作業設備、工具および材料等は、就業前確実に点検し、事故または危険の個所を発見したときは、使用を停止し、直ちに上長に報告すること。
(2) 安全標示を守り、安全装置、保護具を必ず使用すること。
(3) 諸施設は、みだりにその位置を変更し、または取り外さないこと。
(4) 係員または特に指定された者の外は、原動機の始動、停止その他の操作をしないこと。
(5) 服装を端正にし、みだりに身体を露出しないこと。
(6) 作業中は、サンダル下履など会社の許可しない履物を用いないこと。
(7) 火気または引火性の物品を取り扱う時

就業規則①

は、細心の注意を払うとともに、禁止の場所において喫煙し、または火気を使用しないこと。

(8) 危険、または禁止の区域に立ち入らないこと。

(9) 特に、通路非常口、消火設備のある場所に障害となる物品を放置しないこと。

(10) 廃棄物、特に吸殻は定められたる容器又は場所以外に棄てないこと。

(災害発生時の措置)

第79条　就業中負傷し、疾病にかかった場合においては、遅滞なく届出て会社の指示を受けなければならない。

第80条　火災その他の災害、或いは衛生上有害な事態の発生、またはその危険を発見したときは、ただちに臨機の処置を取るとともに、速やかにその旨を、上長に報告し互いに協力して、その被害、または危険を最小限度にとどめるよう努めなければならない。

(疾病の届出)

第81条　定期健康診断を年一回四月に行い、特定化合物又は有機溶剤使用に従事する社員に就いては四月と一〇月に年二回行う。

2、雇入の際および伝染病の発生その他臨時に必要と認めるときは、健康診断その他疾病上必要な処置を行うことがある。この場合社員は正当の理由なく拒んではならない。

(健康要保護者)

第82条　前条の健康診断の結果により必要と認める者および病気にかかり又は身体虚弱で保護を要する者は、健康要保護者として、就業制限、業務転換、治療その他保護衛生上必要な措置を行うことがある。

(病者の就業禁止)

第83条　次の各号の一に該当する疾病にかかっている者及び重病にかかり、また健康が十分に快復しない者は、医師の認定によって就業させない。但し、次の2号に掲げる者について伝染病予防の処置をした場合は、この限りでない。

(1) 丹毒、再帰熱、麻疹、痘そ、鼻そ、そのほかこれに準ずる伝染病にかかっている者。

(2) 病毒伝播のおそれある結核、梅毒、かいせんその他伝染病疾患、のう漏性結膜炎、著しく伝染のおそれあるトラホームその他これに準ずる伝染性眼疾患の病原体保有者。

(3) 精神に支障を来し、就業することが不適当な者。

(4) 胸膜炎、結核、心臓病、脚気、関節炎、けんしょう炎、急性泌尿性殖器病その他疾病にかかっている者であって、就業のために病勢が著しく増悪するおそれのある者。

(5) 前各号の外、労働大臣の指定する疾病にかかっている者。

(伝染病発生の届出)

第84条　社員の同居家族、又は同居人が伝染病にかかり、もしくはその疑いがある時は、直ちにその旨を会社に届出て、必要な予防措置を受けなければならない

第八章　災害補償

(災害補償)

第85条　社員が、業務上負傷し、また疾病にかかり、障害または死亡した場合は、つぎの補償給付を行う。

(1) 療養補償給付……業務上の疾病により必要な治療を受けるときは、療養補償給付を受ける。

(2) 休業補償給付……業務上の疾病により、療養のため休業するときは休業補償給付を受ける。休業後最初の三日間については、通常の給与を支給する。ただし、

(3) 障害補償給付……業務上の疾病が治癒しても、なお身体に障害が残るときは、障害給付を受ける。

(4) 遺族補償給付……業務上の事由により

就業規則②

〔この就業規則は、小規模の製造業の例で、賃金・退職金も含めた包括的な規則である。〕

第一章　総　則

（目　的）
第1条　この就業規則（以下「規則」という）は、従業員の労働条件、服務規律その他の就業に関する事項を定めるものである。

2　この規則に定めのない事項については、労働基準法その他の法令の定めるところによる。

（適用範囲）
第2条　この規則は、第二章で定める手続きにより採用された従業員に適用する。ただし、パートタイム従業員又は臨時従業員の就業に関し必要な事項については、別に定めるところによる。

2　嘱託については、労働条件の一部を別の雇用契約書に定める。定めのない事項については、この規則を適用する。

（規則の遵守）
第3条　会社及び従業員は、ともにこの規則を守り、相協力して業務の運営に当たらなければならない。

---

(3)　障害給付
(4)　遺族給付
(5)　葬祭料
(6)　傷病年金
(7)　介護給付

(5)　葬　祭　料……業務上の事由によって死亡したときは、葬祭を行うものに対して葬祭料を受ける。

(6)　傷病補償年金……業務上の疾病が、療養開始後一年六ヶ月又はそれ以降を経過したときは、傷病補償年金を受ける。

(7)　介護補償給付……業務上の疾病により介護を必要とする場合、介護補償給付を受ける。

2　社員が、前第1号、第2号及び3号の補償給付を受けているときは、療養に努めなければならない。

3　前各号の補償給付は労働者災害補償保険法の定めるところによる。

4　前各号の補償が行われるときは、会社は労働基準法上の補償の義務を免れる

（通勤災害）
第86条　社員が所定の通勤途上において、負傷し、又は疾病にかかり、休業障害又は死亡したときは、つぎの給付を行う。

(1)　療養給付
(2)　休業給付

2　通勤途上であるか否かの判定は行政官庁の認定による。

3　第1項各号の給付は前条に準じ、労働者災害補償保険法の定むるところによる。

第九章　雑　則

（教育）
第87条　社員は、人格を陶冶し、知識を高め技能を錬磨するために、会社は教育計画に基づき教育訓練を実施することがある。

2　社員は教育訓練に参加しなければならない。

付　則

（施行）
第88条　この規則は平成一三年四月一日より施行する。

第二章　採用、異動等

（採用手続き）
第4条　会社は、就職希望者のうちから選考して、従業員を採用する。

（採用時の提出書類）
第5条　会社に採用された者は、次の書類を採用日から二週間以内に提出しなければならない。
① 履歴書
② 住民票記載事項の証明書
③ 職歴のある者にあっては、年金手帳及び雇用保険被保険者証
④ その他会社が指定するもの
2　前項の提出書類の記載事項に変更を生じたときは、速やかに書面でこれを届けなければならない。

（試用期間）
第6条　新たに採用した者については、採用の日から三ヶ月間を試用期間とする。ただし、会社が適当と認めるときは、この期間を短縮し、又は設けないことがある。
2　試用期間中に従業員として不適格と認められた者は、解雇することがある。
3　試用期間は、勤続年数に通算する。

（労働条件の明示）
第7条　会社は、従業員との労働契約の締結に際しては、この規則を提示し、労働条件の説明を行い雇用契約を締結するものとする。
2　雇用期間のある者について契約を更新するかの有無についての判断基準は次のとおりとし、事情によっては契約を更新しないことがある。
① 契約期間満了時の業務量
② 従業員の勤務成績、態度及び能力
③ 会社の経営状況
④ 従事している業務の進捗状況

（労働条件の文書交付）
第8条　前条の雇用契約の締結に際しては、会社は雇用する者に、次の事項について文書を交付するものとする。
① 賃金に関する事項
② 雇用契約の期間に関する事項
③ 就業の場所及び従事する業務に関する事項
④ 始業及び終業の時刻。時間外労働の有無。休憩時間。休日。休暇。交代制の取扱い
⑤ 退職に関する事項（解雇の事由を含む）

（人事異動）
第9条　会社は、業務上必要がある場合は、従業員の就業する場所又は従事する業務の変更を命ずることがある。

（休職）
第10条　従業員が、次の場合に該当するときは、所定の期間休職とする。
① 私傷病による欠勤が三か月を超え、なお療養を継続する必要があるため勤務できないと認められたとき二年とする。
② 前号のほか、特別の事情があり休職させることが適当と認められるとき必要な期間
2　休職期間中に休職事由が消滅したときは、元の職務に復帰させる。
ただし、元の職務に復帰させることが困難であるか、又は不適当な場合には、他の職務に就かせることがある。
3　第1項第1号により休職し、休職期間が満了してもなお傷病が治ゆせず就業が困難な場合は、休職期間の満了をもって退職とする。

第三章　服務規律

（服　務）
第11条　従業員は、会社の指示命令を守り、職務上の責任を自覚し、誠実に職務を遂行するとともに、職場の秩序の維持に努めなければならない。

（遵守事項）
第12条　従業員は、次の事項を守らなければならない。
① 勤務中は職務に専念し、みだりに勤務の場所を離れないこと
② 許可なく職務の場所以外の目的で会社の施設、物品等を使用しないこと

就業規則②

③ 職務に関連して自己の利益を図り、又は他より不当に金品を借用し、若しくは贈与を受けるなど不正な行為を行わないこと
④ 会社の名誉又は信用を傷つける行為をしないこと
⑤ 会社、取引先等の機密を漏らさないこと
⑥ 許可なく他の会社等の業務に従事しないこと
⑦ 性的な言動によって他の従業員に不利益を与えたり、就業環境を害さないこと（セクシュアルハラスメント行為）
⑧ その他酒気をおびて就業するなど従業員としてふさわしくない行為をしないこと

（出退勤）
第13条　従業員は、出退勤に当たっては、出退勤時刻をタイムカードに自ら記録しなければならない。

（遅刻、早退、欠勤等）
第14条　従業員が、遅刻、早退若しくは欠勤をし、又は勤務時間中に私用外出するときは、事前に申し出て許可を受けなければならない。ただし、やむを得ない理由で事前に申し出ることができなかった場合は、事後に速やかに届け出なければならない。

2　傷病のため欠勤が引き続き一〇日以上に及ぶときは、医師の診断書を提出しなければならない。

第四章　労働時間、休憩及び休日

（労働時間及び休憩時間）
第15条　労働時間は、一週間については四〇時間、一日については八時間とする。

2　始業・終業の時刻及び休憩、時間は、次のとおりとする。ただし、業務の都合その他やむを得ない事情により、これらを繰り上げ、又は繰り下げることがある。この場合において業務の都合によるときは、会社が前日までに通知する。

① 始業　午前八時三〇分
② 終業　午後五時三〇分
③ 休憩　正午より六〇分

3　休憩時間は、原則として一斉に与えるものとする。
ただし、業務の都合で交代休憩は労使協定の定めるところによる。

（出張者の労働時間）
第16条　従業員が出張その他会社の用務び会社外の労働で、労働時間の算定し難い場合は、原則として前条の就業時間を勤務したものとみなす。
ただし、所属長があらかじめ別段の指示をした場合には、この限りでない。

（休日）
第17条　休日は、次のとおりとする。

① 土曜日及び日曜日
② 国民の祝日（日曜日と重なったときは翌日）
③ 年末年始（一二月二九日〜一月三日）
④ 夏季休日（八月一三日〜一七日）
⑤ その他会社が指定する日

2　業務の都合により会社が必要と認める場合は、あらかじめ前項の休日を他の日と振り替えることがある。

（時間外及び休日労働）
第18条　業務の都合により、第15条の所定労働時間を超え、又は第17条の所定休日に労働させることがある。この場合において、法定の労働時間を超える労働又は法定の休日における労働については、あらかじめ会社は従業員の代表と書面による協定を締結し、これを所轄の労働基準監督署長に届け出るものとする。

2　小学校就学前の子の養育又は家族の介護を行う女性従業員で時間外労働の短いものとすることを申し出た者の法定の労働時間を超える労働については、前項後段の協定において別に定めるものとする。

3　妊産婦で請求のあった者及び一八歳未満の者については、第1項後段による時間外若しくは休日又は午後一〇時から午前五時までの深夜に労働させることはない。

4　前項の従業員のほか小学校就学前の子

就業規則②

の養育又は家族の介護を行う一定範囲の従業員で会社に請求した者については、事業の正常な運営を妨げる場合を除き午後一〇時から午前五時までの深夜に労働させることはない。

5 前項の深夜業の制限の手続等必要な事項については「育児休業規程」「介護休業規程」で定める。

（時間外労働の上限）
第19条 前条第1項の協定に際して時間外労働の上限は次の範囲内とする。
① 一週間……一五時間
② 二週間……二七時間
③ 四週間……四三時間
④ 一ヵ月……四五時間
⑤ 二ヵ月……八一時間
⑥ 三ヵ月……一二〇時間
⑦ 一年間……三六〇時間

第五章 休暇等

（年次有給休暇）
第20条 各年次ごとに所定労働日の八割以上出勤した従業員に対しては、次の表のとおり勤続年数に応じた日数の年次有給休暇を与える。

勤続年数	付与日数
6か月	10日
1年6か月	11日
2年6か月	12日
3年6か月	14日
4年6か月	16日
5年6か月	18日
6年6か月以上	20日

2 前項の規定にかかわらず、嘱託の週所定労働時間が三〇時間未満で、週所定労働日数が四日以下又は年間所定労働日数が二一六日以下の者に対しては、次の表のとおり勤続年数に応じた日数の年次有給休暇を与える。

3 従業員は、年次有給休暇を取得しようとするときは、あらかじめ時季を指定して請求するものとする。ただし、会社は、事業の正常な運営に支障があるときは、従業員の指定した時季を変更することがある。

4 前項の規定にかかわらず、従業員代表との書面による協定により、各従業員の有する年次有給休暇日数のうち五日を超える部分について、あらかじめ時季を指定して与えることがある。

5 第1項及び第2項の出勤率の算定に当たっては、年次有給休暇を取得した期間、産前産後の休業期間、育児・介護休業法に基づく育児休業期間、介護休業期間及び業務上の傷病による休業期間は出勤したものとして取り扱う。

6 当該年度に新たに付与した年次有給休暇の全部又は一部を取得しなかった場合には、その残日数は翌年度に繰り越される。

週所定労働日数	1年間の所定労働日数	6か月	1年6か月	2年6か月	3年6か月	4年6か月	5年6か月	6年6か月以上
4日	169～216日	7日	8日	9日	10日	12日	13日	15日
3日	121～168日	5日	6日	6日	8日	9日	10日	11日
2日	73～120日	3日	4日	4日	5日	6日	6日	7日
1日	48～72日	1日	2日	2日	2日	3日	3日	3日

（産前産後の休業）
第18条 六週間（多胎妊娠の場合は一四週間）

以内に出産する予定の女性従業員から請求があったときは、休業させる。

2 出産した女性従業員は、八週間は休業させる。ただし、産後六週間を経過した女性従業員から請求があったときは、医師が支障がないと認めた業務に就かせることができる。

(母性健康管理のための休暇等)
第22条 妊娠中又は出産後一年を経過しない女性従業員から請求があったときは、母子保健法に定める健康診査又は保健指導を受けるために、次の範囲で通院休暇の請求があったときは、次の範囲で休暇を与える。

① 産前の場合
 妊娠23週まで……………四週に一回
 妊娠24週から35週まで……二週に一回
 妊娠36週から出産まで……一週に一回
ただし、医師又は助産婦(以下「医師等」という)がこれと異なる指示をしたときには、その指示により必要な時間。

② 産後(一年以内)の場合
 医師等の指示により必要な時間。

2 妊娠中又は出産後一年を経過しない女性従業員から、保健指導又は健康診査に基づき勤務時間等について医師等の指導を受けた旨申出があった場合、次の措置を講ずることとする。

① 妊娠中の通勤緩和
 通勤時の混雑を避けるよう指導された場合は、原則として一時間以内の時差出勤又は一時間以内の勤務時間の短縮

② 妊娠中の休憩の特例
 休憩時間について指導された場合は、適宜休憩時間の延長、休憩の回数の増加

③ 妊娠中又は出産後の諸症状に対応する措置
 妊娠又は出産に関する諸症状の発生又は発生のおそれがあるとして指導された場合は、その指導事項を守ることができるようにするため作業の軽減、勤務時間の短縮、休業等

(育児時間等)
第23条 一歳に満たない子を養育する女性従業員から請求があったときは、休憩時間のほか一日について二回、一回について三〇分の育児時間を与える。

2 生理日の就業が著しく困難な女性従業員から請求があったときは、必要な期間休暇を与える。

(育児休業等)
第24条 従業員は、一歳に満たない子(特別の事情ある場合は一歳六ヶ月まで)を養育するため必要があるときは、会社に申し出て育児休業をし、又は育児短時間勤務制度の適用を受けることができる。

2 育児休業をし、又は育児短時間勤務制度の適用を受けることができる従業員の範囲その他必要な事項については、「育児休業、育児のための深夜業の制限及び育児短時間勤務に関する規定」で定める。

(介護休業等)
第25条 従業員のうち必要のある者は、会社に申し出て介護休業をし、又は介護短時間勤務制度の適用を受けることができる。

2 介護休業をし、又は介護短時間勤務制度の適用を受けることができる従業員の範囲その他必要な事項については、「介護休業、介護のための深夜業の制限及び介護短時間勤務に関する規定」で定める。

(慶弔休暇)
第26条 従業員が次の事由により休暇を申請した場合は、次のとおり慶弔休暇を与える。

① 本人が結婚したとき   五日
② 妻が出産したとき   一日
③ 配偶者、子又は父母が
  死亡したとき   四日
④ 兄弟姉妹、祖父母、配偶者の父母
  又は兄弟姉妹が死亡したとき 二日

2 前項の休暇日数は労働日単位とする。

第六章　賃　金

（賃金の構成）
第24条　賃金の構成は、次のとおりとする。

```
                    ┌─ 家族手当
          ┌─ 手　当 ─┼─ 通勤手当
          │         ├─ 役付手当
賃金 ─┬─ 基本給     └─ 精勤手当
      │
      └─ 割増賃金 ─┬─ 時間外労働割増賃金
                   ├─ 休日労働割増賃金
                   └─ 深夜労働割増賃金
```

（基本給）
第25条　基本給は、本人の経験、年齢、技能、職務遂行能力等を考慮し各人別に決定する。

（家族手当）
第26条　家族手当は、次の家族を扶養している従業員に対し、支給する。
① 配偶者　　　　　　　　　　　月額一〇,〇〇〇円
② 一八歳未満の子一人から三人まで
　　一人につき　　　　　　　　月額　三,〇〇〇円
③ 六〇歳以上の父母
　　一人につき　　　　　　　　月額　二,〇〇〇円

（通勤手当）
第30条　通勤手当は、公共交通機関の通勤に要する定期券実費に相当する額を支給する。

（役付手当）
第31条　役付手当は、次の職位にある者に対し支給する。
① 部　長　　　月額　六〇,〇〇〇円
② 部次長　　　月額　五〇,〇〇〇円
③ 課　長　　　月額　四〇,〇〇〇円
④ 係　長　　　月額　五,〇〇〇円

（精勤手当）
第32条　精勤手当は、当該賃金計算期間における次の出勤成績により、次のとおり支給する。
① 無欠勤の場合　月額　一〇,〇〇〇円
② 欠勤一日以内の場合　月額　五,〇〇〇円

2　前項の精勤手当の計算においては、次のいずれかに該当するとき出勤したものとみなす。
① 年次有給休暇を取得したとき
② 業務上負傷し、又は疾病にかかり療養のため休業したとき

3　第1項の精勤手当の計算に当たっては、遅刻又は早退3回をもって、欠勤一日とみなす。

（時間外労働等の割増賃金）
第33条　割増賃金は、次の算式により計算して支給する。

① 時間外労働割増賃金（所定労働時間を超えて労働させた場合）

$$\frac{基本給＋役付手当＋精勤手当}{1か月平均所定労働時間}×1.25×時間外労働時間数$$

（1か月60時間を超える時間外労働に対しては割増賃金50％）

② 休日労働割増賃金（法定の休日に労働させた場合）

$$\frac{基本給＋役付手当＋精勤手当}{1か月平均所定労働時間}×1.35×休日労働時間数$$

③ 深夜労働割増賃金（午後10時から午前5時までの間に労働させた場合）

$$\frac{基本給＋役付手当＋精勤手当}{1か月平均所定労働時間}×0.25×深夜労働時間数$$

（休暇等の賃金）

第34条　年次有給休暇の期間は、所定労働時間労働したときに支払われる通常の賃金を支給する。

2　産前産後の休業期間、母性健康管理のための休暇、育児・介護休業法に基づく育児休業及び介護休業の期間、育児時間、生理日の休暇の期間は、無給とする。

3　慶弔休暇の期間は、第1項の賃金を支給する。

4　休職期間中は、賃金を支給しない。

（欠勤等の扱い）

第35条　欠勤、遅刻、早退及び私用外出の時間については、一時間当たりの賃金額に欠勤、遅刻、早退及び私用外出の合計時間数を乗じた額を差し引くものとする。

（賃金の計算期間及び支払日）

第36条　賃金は、毎月二〇日に締切り、当月二八日に支払う。ただし、支払日が休日に当たるときはその前日に繰り上げて支払う。

2　計算期間中の途中で採用され、又は退職した場合の賃金は、当該計算期間の所定労働日数を基準に日割計算して支払う。

（賃金の支払いと控除）

第37条　賃金は、従業員に対し、通貨で直接その全額を支払う。ただし、次に従業員代表との書面協定により、従業員が希望した場合は、その指定する金融機関の口座又は証券総合口座に振り込むことにより賃金を支払うものとする。

2　次に掲げるものは、賃金から控除するものとする。

① 源泉所得税
② 住民税
③ 健康保険及び厚生年金保険の保険料の被保険者負担分
④ 雇用保険の保険料の被保険者負担分
⑤ 従業員代表との書面による協定により賃金から控除することとしたもの

（昇給）

第38条　昇給は、毎年四月分給与をもって、基本給について行うものとする。ただし、会社の業績に著しい低下その他やむを得ない事由がある場合にはこの限りではない。

2　前項のほか、特別に必要がある場合は、臨時に昇給を行うことがある。

3　昇給額は、従業員の勤務成績等を考慮して各人ごとに決定する。

（賞与）

第39条　賞与は、原則として毎年七月及び一二月に在籍する従業員に対し、会社の業績等を勘案して支給する。ただし、会社の業績の著しい低下その他やむを得ない事由がある場合には、支給時期を延期し、又は支給しないことがある。

2　前項の賞与の額は、会社の業績及び従業員の勤務成績などを考慮して各人ごとに決定する。

第七章　定年、退職及び解雇

（定年等）

第40条　従業員の定年は、満六〇歳とし、定年に達した日の属する月の末日をもって退職とする。

2　定年に達した従業員について会社が本人を必要とし、本人が希望する場合は、期間を定めた「嘱託」として満六五歳まで再雇用する。

（退職）

第41条　前条に定めるもののほか従業員が次のいずれかに該当するときは、退職とする。

① 退職を願い出て会社から承認されたとき、又は退職願を提出して一四日を経過したとき
② 期間を定めて雇用されている場合、その期間を満了したとき
③ 第9条に定める休職期間が満了し、なお、休職事由が消滅しないとき
④ 死亡したとき
⑤ 第42条の解雇されたとき
⑥ 第48条の懲戒解雇されたとき

（解雇）

第42条　従業員が次のいずれかに該当するときは、解雇するものとする。

第43条　会社は退職または解雇された者が、退職証明書を請求した場合は、遅滞なくこれを交付する。

2　前項の証明事項は次のとおりとする。
① 使用期間
② 業務の種類
③ 職務上の地位
④ 賃金
⑤ 退職事由（解雇の場合はその理由）

3　前項の証明事項は、退職者が請求した事項のみとする。

第八章　退職金

（退職金の支給）
第44条　勤続一年以上の従業員が退職し、又は解雇されたときは、この章に定めるところにより退職金を支給する。ただし、第49条第2項により懲戒解雇された者には退職金の全部又は一部を支給しないことがある。

（退職金の額）
第45条　退職金の額は、勤続年数に応じて定めた別表の支給率を乗じた金額とする。

2　第10条により休職する期間は、会社の都合による場合を除き、前項の勤続年数に算入しない。

ただし、第45条第2項の事由に該当すると認められたときは、同条定めるところによる。

① 勤務成績又は業務能率が著しく不良で、従業員としてふさわしくないと認められたとき
② 精神又は身体の障害により、業務に耐えられないと認められたとき
③ 事業の縮小その他事業の運営上やむを得ない事情により、従業員の減員が必要となったとき
④ その他前各号に準ずるやむを得ない事情があるとき

2　前項の規定により従業員を解雇する場合は、少なくとも三〇日前に予告をするか、又は平均賃金の三〇日分以上の解雇予告手当を支払う。ただし、労働基準監督署長の認定を受けて第48条に定める懲戒解雇をする場合次の各号のいずれかに該当する従業員を解雇する場合は、この限りでない。
① 日々雇い入れられる従業員（一か月を超えて引き続き雇用された者を除く）
② 二か月以内の期間を定めて使用する従業員（その期間を超えて引き続き雇用された者を除く。）
③ 試用期間中の従業員（一四日を超えて引き続き雇用された者を除く。）

（退職証明書）

別表　退職金支給率

勤続年数	支給率	勤続年数	支給率	勤続年数	支給率
1年	0.5	11年	6.5	21年	16.5
2	0.7	12	7.5	22	17.5
3	1.5	13	8.5	23	18.5
4	2.0	14	9.5	24	19.5
5	2.5	15	10.5	25	21.0
6	3.0	16	11.5	26	22.0
7	3.5	17	12.5	27	23.0
8	4.0	18	13.5	28	24.0
9	4.5	19	14.5	29	25.0
10	5.5	20	15.5	30	26.0

（注）
① 三〇年を越える場合は、一年を増すごとに一・〇を加える。
② 自己都合退職は次のとおり。
一～五年　六〇％
五～一〇年　七〇％
一〇～二〇年　八五％
二〇年以上　一〇〇％

就業規則②

（退職金の支払方法及び支払時期）
第46条　退職金は、支給の事由の生じた日から一か月以内に、退職した従業員（死亡による退職の場合はその遺族）に対して支払う。

第九章　表彰及び懲戒

（表彰）
第47条　会社は、従業員が次のいずれかに該当する場合は、表彰する。
① 業務上有益な創意工夫、改善を行い、会社の運営に貢献したとき
② 永年にわたって誠実に勤務し、その成績が優秀で他の模範となるとき
③ 事故、災害等を未然に防ぎ、又は非常事態に際し適切に対応し、被害を最小限にとどめるなど特に功労があったとき
④ 社会的功績があり、会社及び従業員の名誉となったとき
⑤ 前各号に準ずる善行又は功労のあったとき

2　表彰は、原則として会社の創立記念日に行う。

（懲戒の種類）
第48条　会社は、従業員が次条のいずれかに該当する場合は、その事由に応じ、次の区分により懲戒を行う。
① けん責　始末書を提出させて将来を戒める。
② 減給　始末書を提出させて減給する。ただし、減給は一回の額が平均賃金の一日分の五割をえることはなく、また、総額が一賃金支払い期間における賃金総額の一割を超えることはない。
③ 出勤停止　始末書を提出させるほか、七日間を限度として出勤を停止し、その間の賃金は支給しない。
④ 懲戒解雇　即時に解雇する。

（懲戒の事由）
第49条　従業員が次のいずれかに該当するときは、情状に応じ、けん責、減給又は出勤停止とする。
① 正当な理由なく無断欠勤一四日以上に及ぶとき
② 正当な理由なくしばしば欠勤、遅刻、早退するなど勤務を怠ったとき
③ 過失により会社に損害を与えたとき
④ 素行不良で会社内の秩序又は風紀を乱したとき（セクシュアルハラスメントによるものを含む）
⑤ 第11条に違反したとき
⑥ その他この規則に違反したとき

2　従業員が、次のいずれかに該当するときは、懲戒解雇する。ただし、情状により減給又は出勤停止とすることがある。
① 正当な理由なく無断欠勤四日以上に及び、出勤の督促に応じないとき
② しばしば遅刻、早退及び欠勤を繰り返し、三回にわたって注意を受けても改めないとき
③ 会社内外における窃盗、横領、傷害等刑法犯に該当する行為があったとき、又はこれらの行為が行われて、会社の名誉若しくは信用を傷つけたとき
④ 故意又は重大な過失により会社に重大な損害を与えたとき
⑤ 重大な経歴詐称をしたとき
⑥ 素行不良で著しく会社内の秩序又は風紀を乱したとき（セクシュアルハラスメントによるものを含む）
⑦ 第12条に違反したとき
⑧ その他前各号に準ずる重大な行為があったとき

第一〇章　災害補償

（災害補償）
第50条　従業員が業務上または通勤途上における災害については、労災保険法によって補償給付（給付）を受ける。

附則

この規則は、平成一二年四月一日から施行する。

就業規則③
（一〇人以下の小企業向け）

この就業規則は、就業規則の作成届出の義務のない従業員一〇人未満の小規模事業場の製造業を対象に㈳全国労働基準関係団体連合会が作成したモデル就業規則である。

第一章　総　則

（目　的）
第1条　1　この就業規則（以下「規則」という。）は、従業員の労働条件、服務規律その他の就業に関する事項を定めるものである。ただし、パートタイム従業員又は臨時従業員の就業に関し必要な事項については、別に定めるところによる。

2　次の事項については、別紙のとおりとする。
① 労働契約の期間に関する事項
② 就業の場所及び就業すべき業務に関する事項
③ 労働時間に関する事項
④ 賃金に関する事項
⑤ 退職に関する事項（解雇の事由を含む）

3　この規則に定めのない事項については、労働基準法、雇用の分野における男女の均等な機会及び待遇の確保等女性労働者の福祉の増進に関する法律、育児休業、介護休業等育児又は家族介護を行う労働者の福祉に関する法律その他の法令の定めるところによる。

（規則の遵守）
第2条　会社及び従業員は、ともにこの規則を守り、相協力して業務の運営に当たらなければならない。

（採用手続き及び提出書類）
第3条　会社は、就職希望者のうちから選考して採用し、会社に採用された者は、採用の日から一四日間を試用期間とし、会社が指定する書類を採用日から週間以内に提出しなければならない。

（労働条件の明示）
第4条　会社は、従業員との労働契約の締結に際しては、採用時の賃金、就業場所、従事する業務、労働時間、休日、その他の労働条件を明らかにするための労働条件通知書及びこの規則を交付して労働条件を明示するものとする。

2　雇用期間のある者について契約を更新するかの有無についての判断基準は次のとおりとし、事情によっては契約を更新しないことがある。
⑤ 契約期間満了時の業務量
④ 従業員の勤務成績、態度及び能力
③ 会社の経営状況
② 従事している業務の進捗状況

（服　務）
第5条　従業員は、会社の指示命令を守り、職務上の責任を自覚し、誠実に職務を遂行するとともに、職場の秩序の維持に努めなければならない。

（労働時間及び休憩時間）
第6条　1　労働時間は、一週間について四〇時間、一日については八時間とする。

2　始業・終業の時刻及び休憩時間は、次のとおりとする。ただし、業務の都合その他のやむを得ない事情により、これらを繰り上げ、又は繰り下げることがある。

始業・終業時間	休憩時間
始業　午前　時　分	時　分から
終業　午後　時　分	時　分まで

（休　日）
第7条　休日は、次のとおりとする。
① 土曜日及び日曜日
② 国民の祝日（日曜日と重なったときは翌日）及び五月四日
③ 年末年始（一二月　日〜一月　日）
④ 夏季休日（　月　日〜　月　日）
⑤ 会社が指定する日
業務の都合により必要やむを得ない場合は、あらかじめ前項の休日を他の日と振り替えることがある。

（時間外及び休日労働）
第8条　1　業務の都合により、第6条の所

就業規則③

定労働時間を超え、又は前条の所定休日に労働させることがある。この場合において、法定の労働時間を超える労働又は法定の休日における労働については、あらかじめ会社は従業員代表と書面による協定を締結し、これを所轄の労働基準監督署長に届け出るものとする。

2　小学校就学前の子の養育又は家族の介護を行う女性従業員（指揮命令者及び専門業務従事者を除く。）で時間外労働を短いものとすることを申し出た者の法定の労働時間を超える労働については、前項後段の協定において別に定めるものとする。

（年次有給休暇）
第9条　各年次ごとに所定労働日の八割以上出勤した従業員に対しては、次の表のとおり勤続年数に応じた日数の年次有給休暇を与える。

勤続年数	付与日数
6か月	10日
1年6か月	11
2年6か月	12
3年6か月	14
4年6か月	16
5年6か月	18
6年6か月以上	20

（賃金の構成）
第10条　賃金の構成は、次のとおりとする。

```
          ┌─ 基 本 給
          │
賃 金 ────┼─ 手  当 ──┬─ 家族手当
          │            └─ 通勤手当
          │
          └─ 割増賃金 ──┬─ 時間外労働割増賃金
                        ├─ 休日労働割増賃金
                        └─ 深夜労働割増賃金
```

（基本給）
第11条　①　基本給は、本人の経験、年齢、技能、職務遂行能力等を考慮して各人別に決定する。
②　雇入時の基本給は、別紙のとおりとする。

（家族手当）
第12条　家族手当は、次の家族等を扶養する従業員に対し支給する。
①　配偶者　　　　　　　　　　　円
②　一八歳未満の子　一人につき　円

（通勤手当）
第13条　通勤手当は、通勤に要する実費を支給する。ただし、支給額は月額　　円までとする。

（割増賃金）
第14条　割増賃金は、次の算式により計算して支給する。

① 時間外労働割増賃金（所定労働時間を超えて労働させた場合）

$$\frac{基本給}{1か月平均所定労働時間} \times 1.25 \times 時間外労働時間数$$

（1か月60時間を超える時間外労働に対しては割増賃金50％）

② 休日労働割増賃金（所定の休日に労働させた場合）

$$\frac{基本給}{1か月平均所定労働時間} \times 1.35 \times 休日労働時間数$$

③ 深夜労働割増賃金
（午後10時から午前5時までの間に労働させた場合）

$$\frac{基本給}{1か月平均所定労働時間} \times 0.25 \times 深夜労働時間数$$

就業規則③

（年次有給休暇の賃金）
第15条　年次有給休暇の期間は、所定労働時間労働したときに支払われる通常の賃金を支給する。

（欠勤等の扱い）
第16条　欠勤、遅刻、早退及び私用外出の時間については、一時間当たりの賃金額に欠勤、遅刻、早退及び私用外出の合計時間数を乗じた額を差し引くものとする。

（賃金の計算期間及び支払日）
第17条　1　賃金は、毎月　日に締切り、翌月　日に支払う。ただし、支払日が休日に当たるときはその前日に繰り上げて支払う。
2　計算期間の中途で採用され、又は退職した場合の賃金は、当該計算期間の所定労働日数を基準に日割計算して支払う。

（賃金の支払いと控除）
第18条　賃金は、従業員に対し、通貨で直接その全額を支払う。ただし、次に掲げるものは、賃金から控除するものとする。
① 源泉所得税
② 住民税
③ 健康保険及び厚生年金保険の保険料の被保険者負担分
④ 雇用保険の保険料の被保険者負担分
⑤ 従業員代表との書面による協定により賃金から控除することとしたもの

（昇給）
第19条　1　昇給は、毎年　月　日をもって、基本給について行うものとする。ただし、会社の業績に著しい低下その他やむを得ない事由がある場合にはこの限りではない。
2　前項のほか、特別に必要がある場合は、臨時に昇給を行うことがある。
3　昇給額は、従業員の勤務成績等を考慮して各人ごとに決定する。

（賞与）
第20条　1　賞与は、原則として毎年　月　日及び　月　日に支給する。ただし、会社の業績の著しい低下その他やむを得ない事由がある場合には、支給時期を延期し、又は支給しないことがある。
2　前項の賞与の額は、会社の業績及び従業員の勤務成績などを考慮して各人ごとに決定する。

（定年等）
第21条　1　従業員の定年は、満六〇歳とし、定年に達した日の属する月の末日をもって退職とする。
2　退職を願い出て会社から承認されたとき、又は退職願を提出して一四日を経過したときは退職とする。

（解雇）
第22条　従業員が次のいずれかに該当するときは、第3条で定める一四日間の試用期間を除き三〇日前に予告して解雇するものとする。
① 勤務成績又は業務能率が著しく不良で、従業員としてふさわしくないと認められたとき
② 会社内での刑法犯に該当する行為があったとき、また素行不良で、従業員としてふさわしくないと認められたとき
③ 精神又は身体の障害により、業務に耐えられないと認められたとき
④ 事業の縮小、その他事業の運営上やむを得ない事情により、従業員の減員が必要となったとき
⑤ その他前各号に準ずるやむを得ない事情があるとき

附　則

この規則は、平成〇〇年〇月〇日から施行する。

契約社員就業規則④

―― 最近、契約社員の雇用が増えている。よって専用の就業規則が必要 ――

第一章　総　則

（目的）
第1条　この就業規則（以下「規則」という）は、KN株式会社（以下「会社」という）社員就業規則第〇条第3項に基づき、会社に使用される契約社員の就業に関する事項を定めたものである。

2　契約社員の就業に関する事項は、この規則または契約社員雇用契約書および関係諸規程のほか労働基準法その他の法律に定めるところによる。

（契約社員の定義）
第2条　この規則で契約社員とは、第2章で定めるところにより採用された者で、次の各号の一に該当する者をいう。

① 会社の一定業務につくため、期間を定めて雇用する者
② 特別の職務者で、契約社員として雇用する者

（遵守義務）
第3条　会社および契約社員はこの規則を誠実に遵守し、互いに協力して職場の秩序を維持し、事業の発展に努めなければならない。

第二章　人　事

第一節　採　用

（採用）
第4条　会社は、契約社員としての業務に該当する者及び就業を希望する者より、履歴書の提出を求め、選考試験の上適当と認めた者に、雇用期間を定めた労働条件を示して契約社員として採用する。

2　前項の雇用期間は、原則として、一カ年以内とし、必要ある場合には更新するものとする。

（雇用契約書の締結）
第5条　会社は、契約社員の採用に当たっては「契約社員雇用契約書」（別紙二〇六頁）の締結を行う。ただし、年俸制契約社員の場合はその都度定める。

（採用時の提出書類）
第6条　新たに採用された契約社員は、採用後会社の指定する日までに次の書類を提出しなければならない。

① 契約社員雇用契約書（会社所定様式による）
② 誓約書（会社所定様式による）
③ 身上調書（会社所定様式による）
④ 住所届（会社所定様式による）
⑤ 住民票記載事項証明書（本人および家族の、住所・氏名・生年月日）
⑥ 年金手帳および源泉徴収票（前職者のみ）
⑦ その他会社が必要と認める書類

2　前各号の書類は、会社が必要と認めない場合は、その一部を省略することがある。

3　前第1項の書類の記載内容に変更があったときは、契約社員はその都度すみやかに届けなければならない。

（労働条件の明示）
第7条　会社は、契約社員の採用に際しては、この規則を提示し、労働条件を明示するとともに、給与の支払い方法等の事項については文書による「契約社員雇用契約書」に明記する。

2　前項の雇用契約の締結文書には次の事項は必ず記載する。

① 賃金に関する事項
② 雇用契約の期間に関する事項
③ 就業の場所及び従事する業務に関する事項
④ 始業及び終業の時刻、時間外労働の有無、休憩時間、休日、休暇並びに交替制の場合の就業時転換に関する事項
⑤ 退職に関する事項（解雇の事由を含む）

（正社員優先採用）
第8条　会社は、正社員採用に際して、現に使用する同種の業務に従事する契約社員

契約社員就業規則④

(試用期間)

第9条 契約社員の試用期間は一ヵ月とする。

2 会社は、試用期間の途中または終了の際、契約社員として不適当と認められた場合は解雇する。

ただし、入社後一四日を経過した者については、第15条の手続きによって行う。

第二節 異 動

(異動および出向)

第10条 会社は、業務の都合により必要あるときは、契約社員に勤務場所または職務内容の変更を命ずることがある。

2 会社は、業務の都合により本人の了解のうえ、契約社員を関連企業または関連団体等へ出向を命ずることがある。

3 この場合、契約社員は正当な理由のない限り拒むことはできない。

第三節 退職および解雇

(退職)

第11条 契約社員が、次の各号のいずれかに該当する場合には退職とする。

① 死亡したとき

② 契約期間が満了したとき

③ 退職願を出して承認されたとき(承

認は一四日以内)

④ 解雇されたとき

⑤ 懲戒解雇されたとき

(自己都合退職の手続き)

第12条 契約社員が、契約期間の途中において、前条第3号によって退職しようとする場合は、一四日前迄に所属長を経て退職願を提出しなければならない。

2 退職願を提出した契約社員は、一四日以内、会社の承認あるまでは、従前の職務に従事しなければならない。

(雇用契約終了の予告)

第13条 会社は、期間の満了により雇用契約を終了させる場合には、少なくとも三〇日前にその旨予告するものとする。

2 前項の雇用期間を満了させる場合の判断基準は、次のとおりとする。

契約期間満了時の業務量

従業員の勤務成績、態度及び能力

会社の経営状況

従事している業務の進捗状況

(解雇)

第14条 事業の休廃止または縮小その他事業の運営上やむを得ない場合、または契約社員が次の各号のいずれかに該当する場合には解雇することができる。

① 身体または精神に異常があり、医師の診断に基づき業務に耐えられないと認められたとき

② 勤務成績が著しく不良で、就業に適さないと認められたとき、職務遂行能力または能力が著しく劣り、上達の見込みがないとき

③ 職務遂行能力または能力が著しく劣り、上達の見込みがないとき

④ 第9条の試用期間中の者で、契約社員として不適格と認められるとき

⑤ 会社の名誉を著しく損なう行為をしたとき

⑥ その他、前各号に準ずる行為があり就業に適さないと認められたとき

(解雇予告および解雇予告手当)

第15条 会社が、前条により契約社員を解雇する場合は、少なくとも三〇日前に本人に予告するか、または労働基準法第12条による平均賃金の三〇日分の手当を支給する。

2 この場合、予告日数は平均賃金を支払った日数分だけ短縮することができる。

① 前項の規定にかかわらず、次の各号のいずれかに該当する場合には予告手当を支払わずに即時に解雇することがある。

① 日々雇用する者(引き続き一ヵ月を超えて雇用されるに至ったときを除く)

② 雇用期間が二ヵ月以内の契約社員を解雇するとき(所定の期間を超えて継続雇用に至ったときを除く)

③ 第9条の試用期間中の者(一四日を超えて引き続き雇用されるに至った者を除く)

契約社員就業規則④

④ 第57条第5号の懲戒解雇の処分を受け、所轄労働基準監督署長の認定を受けた者
⑤ 天災、事変その他やむを得ない事由のため事業の継続が不可能となった場合で会社が労働基準監督署長の解雇予告除外認定を受けたとき

(退職証明書の交付)
第16条　会社は、退職または解雇された契約社員（以下「退職者」という）が退職証明書を請求した場合は、次の事項に限り証明書の交付を遅滞なく行う。
① 雇用期間
② 業務の種類
③ 地位
④ 賃金
⑤ 退職事由（解雇の場合にあってはその理由）
2　前項の請求は退職者が指定した事項のみを証明するものとする。
3　退職者が、雇用保険の資格のある契約社員である場合には、会社は、速やかに離職証明書を交付する。

第三章　勤　務

第一節　勤務時間、休憩、休日等

(勤務時間、休憩)
第17条　契約社員の始業、終業の時刻および休憩時間の基本的シフトは次のとおりと

し、「契約社員雇用契約書」に実働七時間以内において示すものとする。

基本的シフト

始業時刻	終業時刻	休憩時間	実働時間
9：00	17:10	12:00～13:00 15:00～15:10	7時間00分
9：00	12:00		3時間00分
13:00	17:10	15:00～15:10	4時間00分

2　前項において定めた時刻は、業務の都合により変更することがある。その場合はあらかじめ前日までに通知する。

(休憩時間)
第18条　休憩時間は、業務の都合により交替または一斉休憩とし、食事は休憩時間内にとるものとする。
2　休憩時間の変更については、社員（契約社員を含む）の過半数を代表する者との労使協定を締結した場合は、その協定

の定めるところによる。
3　休憩時間は自由に利用する事が出来る。但し、休憩時間中に会社の秩序を乱したり、顧客の迷惑になったり、他の者の自由を妨げてはならない。
4　休憩時間中に遠方に外出する場合は、所属長に届け出るものとする。

(出張等の勤務時間)
第19条　契約社員が、出張その他の事由により、勤務時間の全部または一部について会社外で勤務した場合は、第17条の時間を勤務したものとみなす。ただし、所属長があらかじめ別段の指示をしたときはこの限りではない。

(休日)
第20条　契約社員の休日は、次のとおりとする。
① 日曜日（法定休日）
② 土曜日
③ 国民の祝日および国民の休日（五月四日）
④ 年末年始（その都度定める）
⑤ 夏期休暇（その都度定める）
⑥ 会社が特に定める日
2　会社は、業務上必要があるときは、前項の休日を他の日に振り替えることがある。この場合、少なくとも前日までに振り替える休日を定め、通知する。

契約社員就業規則④

（時間外および休日勤務等）
第21条　会社は、業務の都合により必要のある場合は、第17条、第20条の定めにかかわらず、時間外および休日に勤務させることがある。

2　前項の時間外および休日勤務が深夜（午後一〇時～午前五時）勤務に及ぶことがある。

3　契約社員は、正当な理由なくこれを拒むことはできない。

（時間外・休日勤務の制限）
第22条　前条の勤務について、社員の過半数（短時間勤務者を含む）の代表との協定に際して時間外労働の協定は、次の範囲内とする（法定労働時間を超える部分より）。

期　間	限度時間
1週間	15時間
2週間	27時間
4週間	43時間
1ヶ月	45時間
2ヶ月	81時間
3ヶ月	120時間
1年間	360時間

2　休日勤務については、法定休日は月一日とする。

3　臨時的に限度時間を超えて時間外労働を行わなければならない特別の事情が予想される場合には、社員代表と協定のうえ、一ヵ月六〇時間まで延長することができる。ただし、その回数は一年に六回以内とする。

（年少者の時間外・休日勤務）
第23条　前条の規定は、満一八歳未満の年少契約社員には適用しない。
ただし、法定内時間（実働八時間以内）の時間外勤務および法定外休日は除くものとする。

（妊産婦の時間外・休日および深夜勤務）
第24条　妊産婦の契約社員から、時間外、休日および深夜勤務についての不就労の申出があった場合は、これらの勤務にはつかせない。

第二節　休　暇

（年次有給休暇）
第25条　契約社員が六ヵ月間継続勤務し、一週五日以上の勤務者で、全勤務日の八割以上の出勤者（契約更新を含む）である場合には、次表に掲げる年次有給休暇を与える。

継続勤務年数	付与日数
0.5	10
1.5	11
2.5	12
3.5	14
4.5	16
5.5	18
6.5以上	20

2　前項の計算方式は、斉一管理方式（一月一日～一二月三一日）とし、勤務六ヵ月未満は六ヵ月とみなして切り上げて計算する。

①　六月三〇日以前の新規入社者は初年度だけ二回の切替えとする。
　ア　一月一日～六月三〇日入社者
　　　　七月一日に一〇日
　　　　一月一日に一一日
　イ　七月一日～一二月三一日入社者
　　　　一月一日に一〇日

3　週所定労働時間が三〇時間未満の契約社員には、第1項の比例付与として、次の年次有給休暇を与える。

①　週所定労働日数が四日又は一年間の所定労働日数が一六九日から二一六日までの者

継続勤務年数	付与日数
0.5	7
1.5	8
2.5	9
3.5	10
4.5	12
5.5	13
6.5以上	15

②　週所定労働日数が三日又は一年間の所定労働日数が一二一日から一六八日までの者

契約社員就業規則④

③ 週所定労働日数が二日又は一年間の所定労働日数が七三日から一二〇日までの者

継続勤務年数	付与日数
0.5	5
1.5	6
2.5	6
3.5	8
4.5	9
5.5	10
6.5以上	11

④ 週所定労働日数が一日又は一年間の所定労働日数が四八日から七二日までの者

継続勤務年数	付与日数
0.5	3
1.5	4
2.5	4
3.5	5
4.5	6
5.5	6
6.5以上	7

（記載なし）

継続勤務年数	付与日数
0.5	1
1.5	2
2.5	2
3.5	2
4.5	3

4 出勤率の算定にあたり、次の各号の期間は出勤とみなして取り扱う。
① 業務上の傷病による休業期間
② 産前産後の休業期間
③ 育児及び介護休業制度に基づく休業期間
④ 会社の都合による休業期間
⑤ その他慶弔休暇および特別休暇
⑥ 年次有給休暇の期間

5 年次有給休暇は本人の請求のあった場合に与える。但し、会社は事業の正常な運営上やむを得ない場合は、その時季を変更させることがある。

6 年次有給休暇を請求しようとする者は、所定の手続により、事前に会社に届け出るものとする。

7 当該年度の年次有給休暇の全部または一部を取得しなかった場合は、その残日数は翌年に限り繰り越すこととする。

8 年次有給休暇については、通常給与を支給する。

9 年次有給休暇は労働基準法の定めるところにより、計画的に付与する事がある。

（特別休暇）
第26条 契約社員が次の各号に該当する場合は、次に定める日数の特別休暇を与える。

事由	休暇日数	賃金
① 本人が結婚するとき	5日	有給
② 子女が結婚するとき	1日	有給
③ 妻が出産するとき	2日	有給
④ 実父母、配偶者、子および扶養し同居する者が死亡したとき	5日	有給
⑤ 実祖父母、配偶者の父母または実兄弟姉妹が死亡したとき	3日	有給
⑥ 女性契約社員が出産するとき	産前6週間（多胎の場合14週間）産後8週間（本人が請求した場合においては6週間を経過後は就業できる）	無給
⑦ 女性契約社員の生理日の就業が著しく困難なとき	就業が困難な期間	無給

2 休暇日数は実労働日の日数とする。

（休暇の請求）
第27条 契約社員は、年次有給休暇および特別休暇を取得しようとする場合は、事前にその理由と日数を届け出て承認を受け

契約社員就業規則④

なければならない。ただし、やむを得ない事由のため事前に届け出ることができない場合は、電話等で連絡のうえ事後速やかに届け出て承認を受けるものとする。

(生理による休暇)
第28条 女性契約社員で生理日の就業が著しく困難な者、または生理に有害な業務に従事する者から請求があった場合には生理による休暇を与える。

2 生理による休暇は無給とする。

(出産休暇)
第29条 女性契約社員が出産する場合、産前は請求により、産後は請求を待たず次の出産休暇を与える。ただし、無給とする。(以下第26条⑥と重複するが、明記のため記載)。

① 産前……予定日から遡り六週間(多胎の場合は一四週間)
② 産後……出産日の翌日から起算し八週間
ただし、産後六週間を経過し本人が請求し医師が支障ないと認めた場合には就業させる。

(母性健康管理のための休暇等)
第33条 妊娠中又は出産後一年を経過しない女性社員から、所定労働時間内に、母子保健法に基づく保健指導又は健康診査を受けるために、通院休暇の請求があったときは、次の範囲で休暇を与える。

① 産前の場合
妊娠二三週まで…………四週に一回
妊娠二四週から三五週まで
　　　　　　　　　　……二週に一回

妊娠二六週から出産まで
　　　　　　　　　　……一週に一回
ただし、医師又は助産婦(以下「医師等」という。)がこれと異なる指示をしたときには、その指示により必要な時間。

② 産後(一年以内)の場合
医師等の指示により必要な時間。

(育児休業)
第31条 一週三日以上で一年以上継続勤務の契約社員のうち、一歳未満の子の養育を必要とする者は、会社に申し出て育児休業・育児短時間勤務・深夜勤務の制限の適用を受けることができる。

2 手続き等必要な事項については、別に定める正規社員の「育児休業等規程」を準用する。

(介護休業)
第32条 一週三日以上で一年以上継続勤務の契約社員のうち、家族の介護を必要とする者は、会社に申し出て、介護休業・介護短時間勤務・深夜勤務の制限を受けることができる。

2 手続き等必要な事項については、別に定める正規社員の「介護休業等規程」を準用する。

(育児時間)
第30条 生後一年に達しない子を育てる契約社員が、あらかじめ申し出た場合は、所定の休憩時間のほか、一日について二回それぞれ三〇分の育児時間を与える。た

① 妊娠中の通勤緩和
通勤時の混雑を避けるよう指導された場合は、原則として一時間以内の時差出動間の短縮又は一時間以内の勤務時間の短縮又は休憩の特例
② 妊娠中の休憩の特例
休憩時間について指導された場合は、休憩時間の延長、休憩の回数の増加
③ 妊娠中又は出産後の諸症状に対応する措置
妊娠中又は出産に関する諸症状の発生又は発生のおそれがあるとして指導された場合は、その指導事項を守ることができるようにするため作業の軽減、勤務時間の短縮、休業等

3 前各項の給与の取扱いは不就労時間は

だし、無給とする。

契約社員就業規則④

無給とする。

第三節　出勤、遅刻、早退、欠勤等

（出勤）
第34条　契約社員は、契約社員雇用契約書で定めた始業時刻までに出勤し、タイムカードに打刻しなければならない。

（遅刻、早退、私用外出）
第35条　契約社員は、やむを得ない事由で、遅刻、早退ならびに私用外出する場合は、あらかじめ所属長に届け出て承認を受けなければならない。
　ただし、事前に承認を受けることができない緊急の場合は、遅滞なく電話等で連絡の上承認を受けなければならない。

（欠勤）
第36条　契約社員が、傷病その他やむを得ない事由により欠勤する場合は、あらかじめ書面によって所属長に届け出なければならない。ただし、事前に届け出る余裕のない場合は、電話その他の手段によって所属長に連絡するとともに、事後速やかに書面によって届け出なければならない。

２　私傷病により七日以上欠勤する者については、会社は医師の診断書を求めることがある。

第四章　給　与

（給与）
第37条　契約社員の給与は、次のとおりとする。
①　基本給
②　時間外勤務手当
③　休日出勤手当
④　深夜勤務手当
⑤　通勤手当

（基本給）
第38条　基本給はノーワーク・ノーペイによる月給制・日給制・時給制とし、学歴・職種・技術・技能・経験・年齢等および在職正規社員の給与を考慮して各人ごとに定め、「契約社員雇用契約書」により示すものとする。

２　特別の職務従事者の場合は年俸制にすることがある。

３　基本給は東京労働基準局長公示の「最低賃金」以上とする。

４　基本給は、欠勤・遅刻・早退または私用外出などによる不就労がある場合は、その相当額を支給しない。

（時間外勤務手当等）
第39条　契約社員の勤務時間が、各人の所定労働時間を超え時間外に勤務した場合、または休日に勤務した場合は、その勤務時間一時間につき、次の計算により時間外勤務手当または休日勤務手当を支給する。

①　実働八時間以内の時間外勤務手当
　　基本給（時間給分）×１.００
②　実働八時間を超えた部分の時間外勤務手当
　　基本給（時間給分）×１.２５
③　休日出勤手当
　　基本給（時間給分）×１.３５
④　深夜（午後一〇時〜午前五時）に勤務したときは、上記の計算に〇.二五加給する。

（通勤手当）
第40条　通勤手当は、合理的な経路および方法により通勤した場合の、公共運輸機関の定期券相当額または実費のうち少ない金額を支給する。
　ただし、支給額の上限は、課税上の免税額までとする。

（給与の支払方法）
第41条　給与は、通貨で直接本人に支払う。ただし、本人の同意を得た場合は、本人が指定する金融機関の本人名義の口座に振込むものとする。

２　前項の規定にかかわらず、次に掲げるものは給与から控除して支払う。
①　所得税、社会保険料など法令により控除することが認められたもの
②　福利厚生費等（労使協定「賃金控除

契約社員就業規則④

（給与の計算期間、支払日）
第42条　給与の計算期間は前月二一日から当月二〇日までとし、その支払日は当月二五日（休日の場合は前日）とする。

2　時間外勤務手当等は、前月一一日から当月一〇日までの分を当月二五日（休日の場合は前日）に支払う。

（非常時払い）
第43条　契約社員の請求により、次の一に該当する場合は、給与支払日の前であっても既往の労働に対する給与を支払う。

① 契約社員の死亡、退職、または解雇のとき

② 契約社員またはその収入によって生計を維持している者が結婚し、出産し、疾病にかかり、災害を受け、または契約社員の収入によって生計を維持している者が死亡したため、臨時の費用を必要とするとき

③ 契約社員またはその収入によって生計を維持している者が、やむを得ない事情によって一週間以上にわたって帰郷するとき

（昇給）
第44条　契約更新により、引き続き一年以上継続勤務し、成績良好な契約社員について昇給を行うことがある。

（賞与）
第45条　会社は、会社の業績に応じて賞与を支給することがある。

（退職金）
第46条　会社は、契約社員には原則として退職金は支給しない。

第五章　服務規律

（服務の原則）
第47条　契約社員は、この規則に定めるほか、所属長の指示命令に従い、自己の業務に専念し、創意を発揮して作業能力向上に努めるとともに、互いに協力して職場の秩序を維持向上しなければならない。

（服務の心得）
第48条　契約社員は上司の指示命令に従い、服務規律を厳正に保ち、常に次の事項に留意して職務遂行に当たらなければならない。

① 勤務時間中は、上長の指示に従い、熱心に仕事をすること

② 上下同僚互いに協調し、健康で明るく、たくましい職場環境の醸成に努めること

③ 上司の許可を得ないで、みだりに職場を離れないこと

④ 職場の整理、整頓に努め、常に清潔を保つとともに、火災、盗難の予防に努めること

⑤ 会社の設備、備品を大切に扱い、消耗品の節約に努め、製品および書類その他会社の物品を丁寧に取扱い、その保管を厳重にすること

⑥ 職務上知りえた会社の機密事項または未発表の資料を社外に漏らさないこと

⑦ 許可なく、職務以外の目的で会社の設備、車両、機械、器具その他の物品を使用したり、社外に持ち出さないこと

⑧ 職務に関し不当な金品の借用または贈与もしくは供応の利益を受けないこと

⑨ 酒気を帯びて勤務しないこと

⑩ 社内において、政治活動や宗教活動およびこれらに類似する活動を行わないこと

⑪ 勤務時間中に、許可なく業務以外の目的で集会を開いたりビラを配布しないこと

⑫ 社内において賭事をしないこと

⑬ セクシュアルハラスメント的な行為をしないこと

⑭ 前各号のほか、これに準ずるような社員としてふさわしくないことをしないこと

（入場禁止）
第49条　契約社員が次の各号の一に該当する場合は、入場を禁止し、または退場させ

第六章 安全衛生

(安全衛生教育)
第50条 契約社員は、会社が行う安全衛生教育を受けなければならない。

(安全衛生遵守事項)
第51条 契約社員は、次の事項を遵守しなければならない。
① 喫煙は、所定の場所で行うこと
② 許可なく火気を使用しないこと
③ 通路、非常口および消火設備のある場所に物品を置かないこと
④ 職場を常に清潔に保つこと

(健康診断)
第52条 契約社員は、会社が雇い入れ時および定期に実施する健康診断を受けなければならない。

第七章 災害補償

(災害補償)
第53条 契約社員の業務上または通勤途上の災害による負傷、疾病、障害または死亡に対しては、労働者災害補償保険法の定めるところにより給付を受けることができる。

第八章 表彰および懲戒

(表彰)
第54条 契約社員が、次の各号の一に該当する場合は、審査または選考のうえ表彰を行う。
① 品行方正、業務優秀、職務に熱心で他の模範となるとき
② 災害を未然に防ぎ、または災害の際とくに功労のあったとき
③ 業務上有益な発明考案または献策し、著しく改善の成果があったとき
④ 社会的功績があり、会社または社員の名誉となる行為のあったとき
⑤ 永年精励恪勤したとき
⑥ その他とくに表彰に値する行為があったとき

(表彰の方法)
第55条 前条の表彰は賞状を授与し、その程度により次の各号を併せて行うことがある。
① 賞品授与
② 賞金授与
③ 特別昇給

(懲戒)
第56条 契約社員が次の各号の一に該当する場合は、次条により懲戒を行う。
① 重要な経歴を詐り雇用されたとき
② 素行不良で会社の風紀、秩序を乱したとき
③ 正当な理由なく、しばしば欠勤・遅刻・早退し勤務不良のとき
④ 故意に業務の能率を阻害し、または業務の遂行を妨げたとき
⑤ 許可なく、会社の物品(商品)を持ち出し、または持ち出そうとしたとき
⑥ 業務上の指示、命令に従わないとき
⑦ 金銭の横領、その他刑事事件に触れるような行為をしたとき
⑧ 業務上不当な行為、または失礼な行為をしたとき
⑨ 会社内において、性的な関心を示したり、性的な行為を仕掛けたりして他の従業員の業務に支障を与えたとき
⑩ 職責を利用して交際を強要したり、性的な関係を強要したとき
⑪ 前各号に準ずる程度の不都合があるとき

(懲戒の種類および程度)
第57条 懲戒は、その情状により、次の五区分に従って行う。
① 戒告……始末書をとり、将来を戒め

契約社員就業規則④

② 減給……始末書をとり、給与を減じて将来を戒める
　ただし、減給一回の額は平均給与の半日分とし、また給与締切期間中二回以上にわたる減給処分の場合においても、減額は総額で給与総額の一〇分の一を超えない範囲内とする。

③ 出勤停止……始末書をとり、七日以内出勤を停止し、その期間中の給与は支給しない

④ 諭旨退職……予告期間を設けるか、または予告手当を支給して解雇する

⑤ 懲戒解雇……予告期間を設けることなく即時解雇する。この場合において所轄労働基準監督署の認定を受けたときは予告手当を支給しない。

附　則

（施行）

第58条　この契約社員就業規則は、平成〇〇年〇月〇日から施行する。

契約社員就業規則④

契約社員雇用契約書

　　　　　　　　　　　　　　　　　　甲　東京都〇〇区〇〇〇丁目〇〇番〇号
　　　　　　　　　　　　　　　　　　　　KN株式会社
　　　　　　　　　　　　　　　　　　　　代表取締役社長
　　　　　　　　　　　　　　　　　　乙　住所
　　　　　　　　　　　　　　　　　　　　氏名
　　　　　　　　　　　　　　　　　　　　　　　　年　　月　　日生

　甲と乙とは、つきの条件で雇用契約を締結する。
記

1　資　　　格　契約社員
2　雇用期間　平成　年　月　日より平成　年　月　日まで
3　就業の場所
4　従事する業務
5　就業時間　始業　午前　　時　　分、終業　午後　　時　　分
　　　　　　　休憩　正午より60分、午後3時より10分
　　　　　　　実働　　時間　　分
6　休　　　日　土曜日、日曜日、祝祭日および甲の指定する日
7　給　　　与　(1)　形態　月給制（日給制・時給制）
　　　　　　　(2)　基本給　月・日・時　額　　　　　円
　　　　　　　(3)　諸手当　　　　　　　　　　　　円
　　　　　　　　　通勤手当　　　　　　　　　　　　円
　　　　　　　(4)　支払　毎月20日締切り、当月25日支払い
8　賞　　　与　会社の業績に応じ、その都度決定する
9　退　職　金　原則として支給しない
10　年次有給休暇　6ヵ月後10日（契約社員就業規則のとおり）
11　社会保険、雇用保険　社会保険及び雇用保険は法的条件を満たした場合に加入する。
12　遵守義務　甲と乙とは、本契約に定めるもののほか、甲の定める就業規則を誠実に履行する義務を負う
　　　　　　　（契約社員就業規則の冊子を在職中貸与）
13　そ　の　他　この雇用契約書に記載のないことは、総て契約社員就業規則による

この雇用契約書は二通作成し、甲と乙それぞれ一通ずつ保管する。
　　　　　　　　　　　　　　　　　平成　年　月　日
　　　　　　　　　　　　　　　　　甲　KN株式会社
　　　　　　　　　　　　　　　　　　　代表取締役社長　　　　　　㊞
　　　　　　　　　　　　　　　　　乙　氏名　　　　　　　　　　　㊞

年俸制の場合は別の「雇用契約書」とする（省略）。

嘱託規程①

この規程は、定年退職者を「嘱託」として再雇用した例である。

（目　的）

第1条　この規程は、自助努力する定年退職者に対し働く場を提供し、そのすぐれた知識・経験を活すとともに豊かな生涯生活づくりを援助することを目的とする。

（資　格）

第2条　次の各号をすべて満たすと会社が認めた者を有資格者とする。

(1) 心身共に健康であること。
(2) 職務遂行上必要な能力を有すること。
(3) 組織の一員として正常な勤務が期待できること。

（従業員区分）

第3条　従業員の区分は、定年嘱託社員とする。

（雇用方法）

第4条　雇用方法は次のとおりとする。

(1) 定年退職時の事業所での雇用を基本とする。
(2) 有資格者に対し、職務の内容および勤務形態を提示する。
(3) 雇用契約は、有資格者本人と直接締結する。

（雇用期間）

第5条　雇用契約期間は一年とする。ただし、本人の希望及び本人の勤務成績並びに業務遂行の力を勘案して、満六五歳まで雇用契約期間を更新することがある。

（雇用手続）

第6条　雇用手続は、次のとおりとする。

(1) 定年退職日の六ヵ月前に本人が雇用の申請を行う。
(2) 本人の申請に基づき、健康診断・適正検査・能力判定・勤務状況等第2条（資格）に定めた資格審査を行い、退職三ヵ月前までに雇用の可否を決定する。

2　更新の場合も上記各号と同じとする。

（勤務形態）

第7条　勤務は、原則として週四日（フルタイム）とし、勤務形態は次表のいずれかとする。

形態＼曜日	月	火	水	木	金	土	日
1	○	○	×	○	○	○	休
2	○	×	○	○	○	○	休
3	×	○	○	○	○	○	休
4	○	○	○	○	×	×	休

2　なお、勤務日は当該職場の必要性と本人の能力資格等を勘案して決定する。

（賃金・賞与）

第8条　賃金および賞与は、次のとおりとする。

(1) 月例給

月給制とし月一六日以上の勤務とする。ただし、一六日を下回る場合、日割り控除する。

(2) 通勤費

月五〇、〇〇〇円を限度とし、実費を支給する。

(3) 賞与

賞与は日額単価に実務日数を乗じて支給する。ただし、賞与支給日以前に退職する場合は、退職時に支給する。

（年次有給休暇）

第9条　定年退職者は従来を通算する。

（付属諸規程の適用）

第10条　就業規則付属諸規程等の適用は、次のとおりとする。

宿日直規程、出張旅費規程、安全衛生規程、見舞金規程、災害補償規程、社有自動車管理規程、日用品購買規程

付　則

(1) 本規程は平成〇年〇月〇日から施行する。（制定・昭和五八年八月一日　改定・平成七年四月一日）
(2) 第8条第1号の月例給は三二〇、〇〇〇円とする。

嘱託規程②

〔常勤嘱託と非常勤嘱託が明確に示されている例〕

（目 的）
第1条　この規程は就業規則第1章第4条二項に基づき、嘱託の就業に関し必要な事項を定める。

（嘱託の定義）
第2条　嘱託とは、特殊な技能を有する者、又は定年退職した者で、会社が必要と認めた期間を定めて再雇用するものをいう。

（雇 用）
第3条　嘱託は次の場合に雇用する。
① 定年に達し退職する従業員が、引続き会社業務に従事する事を希望する場合。
但し、本人の健康状態、在職中の勤務成績その他に於て勤務不適当と認めた者を除く。
② 特殊な技術、技能経験を有する者を業務上必要とする場合。
③ その他会社が必要とする場合。

（区 分）
第4条　嘱託は勤務の区分により、これを常勤嘱託及び非常勤嘱託に分ける。
① 常勤嘱託（A）
定年退職者で、正規従業員同様に勤務する者。
② 常勤嘱託（B）
常勤嘱託A以外で、正規従業員同様に勤務する者。
③ 非常勤嘱託は出勤日及び勤務時間を指定されている者。

（嘱託期間）
第5条　嘱託の雇用期間は次の通りとする。
① 常勤嘱託Aは発令の日より満五ヵ年を限度とする。
但し、雇用契約については三ヵ年以内とし、以後一年更新をする。
② 常勤嘱託B及び非常勤嘱託は会社業務の必要期間とする。常勤嘱託B該当者については三ヵ年以内とする。
③ 前号の契約期間は一ヵ年を原則として、必要に応じ、毎年更新する。

（契約条件の明示）
第6条　会社は、嘱託の採用に際しては、この規程を提示し、契約条件の説明を行い、雇用契約を締結するものとする（省略）。
2　雇用契約の締結に際しては、会社は雇用する者に、次の事項について文書を交付するものとする（別紙「再雇用契約通知書」（常勤嘱託（A）、非常勤嘱託（A）常勤嘱託（B））。
① 賃金に関する事項
② 雇用契約の期間に関する事項
③ 就業の場所及び従事する業務に関する事項
④ 始業及び就業の時刻、時間外労働の有無、休憩時間、休日休暇並びにシフト制の場合の就業時、転換に関する事項
⑤ 退職に関する事項（解雇の事由を含む）

（嘱託の退職）
第7条　嘱託期間中であっても、次の各号の一に該当する場合は退職する。
① 本人の願出による場合。
② 委嘱業務期間が終了した場合。
③ 傷病、疾病以外の事由で、引続き二ヵ月以上欠勤した場合。
④ 身体の障害により勤務能率及び能力が著しく劣り、不適当と認めた場合。
⑤ 会社に損害を与え、又は会社の名誉を毀損した場合。
2　前項③、④、⑤号については、労働基準法に定めるところより解雇する。

（証明書の交付）
第8条　会社は、退職又は解雇された者（以下「退職者」という）が請求した場合は、次の事項に限り証明書の交付を遅滞なく行う。
① 使用期間
② 業務の種類
③ 地位
④ 賃金

⑤ 退職の事由（解雇の場合にあってはその理由を含む）

2 前項の証明書は退職者が指定した事項のみ証明するものとする。

（嘱託の賃金）

第9条 嘱託賃金は次の通り定める。

① 常勤嘱託（A）

退職時の賃金を勘案し、次により算出する（月額）。

（退職時基準内賃金－役付手当）×（75～80％）＋通勤手当＝月額賃金

② 常勤嘱託（B）

技術、技能、経験及び年令等を勘案して適当な額を定める。時給とする。

（時給額×就労時間数）＋通勤手当

③ 非常勤嘱託

職務の内容により、その額を定める。時給または日額とする。

（嘱託の賞与）

第10条 嘱託の賞与は会社の実情に応じ支給する。

（嘱託の慶弔見舞金）

第11条 嘱託の慶弔見舞金その他の贈与については、状況その他を勘案した上でその都度決める。

（嘱託の退職金）

第12条 嘱託には退職金を支給しない。

（嘱託の年次有給休暇）

第13条 嘱託の年次有給休暇は次のとおりとする。

① 常勤嘱託（A）は従来からの勤続年数を通算し、従来どおりの付与とする。

② 常勤嘱託（B）は従来の勤続年数を通算し、嘱託（B）採用後は短日勤務の比例付与とする（別表）。

③ 非常勤嘱託は、前号の比例付与とする。

（就業規則及び臨時従業員就業規則の準用）

第14条 この規程に定めない事項については、常勤嘱託（A）については正規従業員の就業規則を、常勤嘱託（B）及び非常勤嘱託については臨時従業員就業規則を準用する。

附　則

（施　行）

第15条 この規程は平成〇〇年〇月〇日より施行する。

嘱託規程②

別紙

再雇用契約通知書

平成　年　月　日

　　　　　殿

SM機器株式会社
取締役社長　　　　　

貴殿の再雇用に当たっての労働条件は，下記のとおりです。

記

1. 資　　　格　　常勤嘱託（A）
　　　　　　　　　正規従業員同様の勤務
2. 雇 用 期 間　　平成 年 月 日～平成 年 月 日
3. 就 業 の 場 所
4. 従事する業務
5. 退 職 事 項　　A嘱託の上限年齢
　　　　　　　　　自己都合退職
　　　　　　　　　解雇
6. 賃　　　金　　（定年時の基準内賃金－役付手当）×80%
　　　　　　　　　他に通勤手当，時間外・休日手当
7. 賞　　　与　　その都度決定（会社の実情による）
8. 退 職 金　　なし
9. 慶弔見舞金　　正規従業員の規程を準用勘案のうえその都度決定
10. 年次有給休暇　定年前より通算
11. そ の 他　　以上の他は，正規従業員の就業規則適用

※「再雇用契約通知書」常勤嘱託（B），及び「非常勤嘱託契約通知書」は省略

別表　常勤嘱託（B）及び非常勤嘱託の年次有給休暇日数

週所定労働日数	1年間の所定労働日数	6ヵ月	1年6ヵ月	2年6ヵ月	3年6ヵ月	4年6ヵ月	5年6ヵ月	6年6ヵ月	7年6ヵ月	8年6ヵ月	9年6ヵ月以上
4日	169～216日	7日	8日	9日	10日	12日	13日	15日	15日	15日	15日
3日	121～168日	5日	6日	6日	8日	9日	10日	11日	11日	11日	11日
2日	73～120日	3日	4日	4日	5日	6日	6日	7日	7日	7日	7日
1日	48～72日	1日	2日	2日	2日	3日	3日	3日	3日	3日	3日

定年退職者勤務延長および再雇用規程

(目的)
第1条 この規程は、社員を定年退職後、勤務延長または再雇用する場合の取扱いについて定める。

(定義)
第2条 勤務延長とは、定年直前の社員を、会社が審査の上、社員として継続して就業させる必要を認め、本人も定年後の就業を希望する場合、社員として継続就業させることをいう。

2 再雇用とは、定年直前の社員を、会社が審査の上、定年退職後、引き続き嘱託として再雇用し就業させる必要を認め、本人も再雇用を希望する場合、社員として継続就業させることをいう。

3 再雇用の場合、二年間を経過した後も、会社が審査の上、本人も就業を希望する時は、嘱託または雇員として再雇用を継続することがある。継続後の再雇用を解除する場合は、原則として三月前に本人に予告する。

4 再雇用の継続限度期日は、原則として、満年齢六五歳に達した日の属する月の末日とする。

5 勤務延長者の再雇用決定および再雇用者の継続決定の時期は前第3条と同様とする。

(予告時期)
第3条 定年後、勤務延長する者、および再雇用する者または就職規則に則り定年退職する者の査定決定は六カ月前までに行い、いずれの場合も六カ月前に本人に予告する。

(勤務延長および再雇用の期間)
第4条 勤務延長および再雇用とも、その期間は定年日以降、二年間とする。

2 勤務延長の場合、二年間を経過した後の社員としての勤務延長は行わない。ただし、役職を離れる場合も、勤務延長期間中は、同一役職待遇とする。

(役職勤務延長者の処遇)
第5条 勤務延長者のうち、定年後に役職についている者については引き続き同一役職に留まる場合と、役職を離れる場合がある。

2
(1) 給与は基本給のみとし、定年退職時の基準内賃金に住宅手当を加えた額の上限八〇％下限五〇％の範囲内で決定し、第3条の予告時期に同時に本人に通知する。
(2) 前項により通勤手当を除き、その他の諸手当は支給しない。
(3) 昇給は、定期昇給を除く一般社員の昇給基準の一〇〇％を行う。
(4) 賞与は、一般社員の一律支給基準の七五％とし、必要により成績加給を行う。

(賃金)
第6条 勤務延長者の賃金は次の通りとする。

(1) 役付手当を除く基準内賃金および基準外賃金については定年時と同額とする。
(2) 役職者で同一役職に留まる者は、定年時と同額の役付手当を支給するが、役職を離れる者は、役付手当を支給しない。
(3) 勤務延長期間中の定期昇給およびベース・アップは行わない。
(4) 定期昇給およびベース・アップを除く他の諸手当変更は、社員と同等の基準により行う。
(5) 賞与は、社員と同等の基準により支給する。役職を離れた者は定年時の該当役職者に準じて支給する。

2 定年後再雇用者の賃金は次の通りとする。

勤務延長および参与制度に関する規程

第一章　総則

（目的）
第1条　この規程は、経営理念にもとづき満六〇歳定年以後も働く意思と能力を有する従業員の雇用を継続し、能力を最大限に発揮することによって〇〇会社（以下会社という）に貢献すると同時に豊かな生活を築くことを目的とする。

（勤務延長の定義）
第2条　この規程で勤務延長とは定年に到達した者が、この規程により引き続き勤務し定年が延長されることをいう。

（参与制度の定義）
第3条　この規程で参与制度とは定年退職後、会社に改めて雇用され原則として別会社へ出向することをいう。ただし、事情によっては会社の仕事に従事させることもできるものとする。

（対象者）
第4条　勤務延長対象者は原則として主事補以下とし、参与制度対象者は原則として主事三級以上の者とする。
ただし、主事補以下の者であっても参与制度適用を希望し会社も認めた場合は参与制度を適用し、また主事三級以上の

者、定年後勤務延長および再雇用者に対しては会社離籍の時に餞別記念品を贈呈する。

（慶弔見舞金等の規定の適用）
第10条　勤務延長者および再雇用者の慶弔見舞金、団体扱生命保険およびレクリエーション・クラブ援助については、一般社員と同等の適用取扱いとする。

2　出張旅費については、勤務延長者は定年時の役職待遇を適用し再雇用者は一般社員と同等の取扱いとする。

3　勤務延長者および再雇用者については、〇〇共済会規定、住宅土地取得資金貸付規定、〇〇住宅融資規定は適用しない。

（解雇）
第11条　勤務延長者または再雇用者が、次のいずれかに該当するときは解雇するものとする。

(1)　私傷病欠勤が九〇日または事故欠勤が三〇日におよんだとき。
(2)　正当な理由がなく、無届欠勤が引き続き七日以上におよんだとき。

（就業規則の準用）
第12条　服務等この規程に定めのないものについては、就業規則を準用する。

（効力の発生）
第13条　本規定は平成〇〇年〇月〇日より施行する。ただし、第〇条については〇〇年度より施行する。

3　勤務延長満了後の再雇用者および定年後再雇用者で二年を経過し再雇用を継続する者の賃金については給与・昇給・賞与とも別途定める。

（勤務延長者の退職金）
第7条　勤務延長者の退職金は、定年退職時の退職金規定により算定する。

2　勤務延長期間に相当する部分の退職金は次の算式により算定する。

勤務延長部分退職金
＝ 定年時退職金 × 勤務延長年数（2カ年）/ 定年時退職金算定勤続年数

3　退職金の支給は、第1項および第2項の退職金を合算した額を勤務延長満了時に行う。

（再雇用者の退職金）
第8条　定年後再雇用者の退職金は、定年退職時の退職金規定により定年退職時に支給する。

2　定年後再雇用期間二カ年に相当する部分の退職金は、再雇用期間二カ年につき、解除時基本給の〇・五カ月を退職慰労金として支給する。

3　勤務延長満了後の再雇用者の退職慰労金および定年後再雇用者で二カ年を経過し再雇用を継続する者の継続期間に相当する退職慰労金は別途定める。

（定年退職者への餞別記念品の贈呈）
第9条　社員在職期間一〇年以上の定年退職

勤務延長および参与制度に関する規程④

者であっても特殊な技能等を有し、本人、会社ともに勤務延長を希望した場合は勤務延長を適用することができる。

(期間および退職日)
第5条　勤務延長期間および参与勤務期間は最高満六五歳到達後の直近の四月二〇日までとする。満六五歳以前に退職する場合も原則として四月二〇日または一〇月二〇日を定年退職日とする。

(事前確認)
第6条　原則として満六〇歳到達時に、本人の意思と審査により六〇歳以降六五歳までの勤務等について方向を決めることとする。
また満五八歳到達時に中間確認を行うこととする。

第二章　勤務延長

(役職解任)
第7条　勤務延長者で役職にある者については、役職を解任する。

(賃金)
第8条　勤務延長者の賃金は満五六歳時の額から始まるものとする。ただし、資格給は賃金表による当該資格給の最高を越えないものとし、主事三級以上の勤務延長者の資格給は主事補の最高を限度とする。

(退職金)
第9条　退職金は勤務延長期間が終了したとき支給する。ただし支給月数算定の勤続年数については勤務延長期間を含めない。

(永年勤続表彰)
第10条　勤務延長期間は永年勤続表彰の対象期間とする。

(定年旅行)
第11条　定年旅行は勤務延長期間を終了したとき行う。ただし四月二〇日または一〇月二〇日付の定例退職者のみを対象とする。

(休職期間の特例)
第12条　勤務延長後の休職期間は最高一八カ月を限度とする。

第三章　参与制度

(雇用関係)
第13条　参与となる者は会社をいったん定年退職し退職以後一カ月以内に改めて雇用されることとする。

(賃金・賞与)
第14条　参与は資格制度の適用外とし、賃金・賞与等は次の通りとする。

1　基本給は賃金表による満五六歳の本人給、主事補の最高資格給および主事補資格手当を合計した額とする。
ただし、定年退職時における基本給に資格手当または精勤手当を加えた額が右記の額より低い額とする。

2　諸手当は精勤手当を除き会社の給与規則にしたがって支給する。

3　賃金支払形態は完全月給制とする。定期昇給は行わない。またベース・アップは主事補資格者と同額とする。

4　賞与の計算は主事補滞留期間満了者に準じて行う。
ただし、退職時社員一級以下であった者については、それぞれの資格者に準じて行う。計算基礎の基本給は社員一級であった者は主事補資格手当相当額、社員二級以下であった者は精勤手当相当額）を控除したものとする。

5　会社は前5号の賞与を保証し、それ以上の額については別会社毎の成果配分制度による。

6　参与勤務期間に対する退職金は支給しない。

(別会社の決定)
第15条　出向する別会社の経営方針、仕事の内容については、会社、本人、労組の間で十分話し合いの上、納得を得るものとする。

(年次有給休暇)
第16条　年次有給休暇については残日数、勤続年数ともに引き継ぐものとする。

第17条　労働協約および就業規則、給与規則等諸規定については原則として会社の規

第四章 雑則

（再雇用制度との関係）
第18条 すでに再雇用制度により雇用されている者は、本規程にかかわらず、再雇用終了まで勤務するものとする。

（運営上の疑義および改廃）
第19条 本制度の運営上の疑義および改廃については労使協議の上決めることとする。

（発効日）
第20条 この規程は平成〇〇年〇月〇日から発効するものとする。

選択定年制優遇規程①

（この企業では特別加算金として、定年退職金（定年六〇歳時点）の差額を上乗せ支給する制度です。その他に優遇措置として、いくつかの特典が与えられる。）

（目 的）
第1条 従業員が老後生活の安定と向上等、生涯の生活設計を早期に立て、六〇歳の定年前の転職等を目的として退職を希望する場合、その計画の助成を図り定年退職の時期の選択について必要な事項を定める。

（退職給付金規程との関係）
第2条 この規程は退職給付金規程と併用して運用する。

（選択定年年齢）
第3条 選択定年により退職することのできる年齢は退職の時期において満四八歳以上満五五歳までとする。

（適用条件）
第4条 選択定年による退職は、勤続満二〇年を超えかつ前条に定める年齢に該当し、本人および会社が合意した場合に限り適用する。

2 この規程に定めのない事項については都度会社が定める。

ただし、次の事由に該当する場合は適用しない。

(イ) 嘱託
(ロ) 死亡による退職
(ハ) 休職期間満了による退職
(ニ) 役員辞任による退職
(ホ) 公職辞任による退職
(ヘ) 業務内外による傷病による退職
(ト) 論旨並びに懲戒解雇者

（退職の時期・選択の申出）
第5条 選択定年による退職の時期は原則として三月三一日とし、その申出は退職日の六ヵ月以前とする。

（特別加算金）
第6条 選択定年による退職者の退職給付金は定年退職扱として退職給付金規程に定められるその者の定年時の支給率を適用し、一般退職による退職給付金との差額を特別加算金として支給する。

（特別加算金の支給日）
第7条 退職給付金規程に準ずる。

（その他の措置）
第8条 この規程の定めるところにより定年を選択した者には別に定める優遇措置をとることがある。

（附則）
第9条 この規程は平成〇年〇月〇日より実施する。

選択定年退職者優遇措置基準

選択定年制規程の定めるところにより定年を選択した者に対して特別加算金の外、次の優遇措置を行う。

① 長期特別有給休暇の実施
退職予定日の前二ヵ月間を退職後の諸準備期間として長期特別有給休暇とする。

② 公的資格取得奨励金の贈呈
退職決定時から退職時までの間に別表による公的資格を取得した場合に奨励金を贈呈する（省略）。

③ ドッグ総合検診の実施
退職決定時から退職までの間に実施し、費用は全額会社負担とする。

④ 定期健康診断の実施
退職後、定年応答時までの間、職員

選択定年制優遇規程②・早期退職者優遇制度規程③

選択定年退職規程②

（目的）
第1条 定年前に転職等のため定年扱いによる退職を選択する社員に対し、この規程を適用する。
五〇歳からの退職者には特別退職金が支給され、表彰や慰安旅行の制度。

（対象者）
第2条 五〇歳以上の社員でこの制度による退職を選択し会社が認めた者。

（特別措置）
第3条 退職者には、次の特例措置を行う。
(1) 退職金：退職時の勤続年数により、退職金支給規定を適用して支給する。（定年取扱い）
(2) 退職時の年齢により、次の特別退職金を支給する。
　五〇～五四歳　基本給の一二ヵ月分
　五五～五六歳　基本給の六ヵ月分
　五七歳　基本給の三ヵ月分

(3) その他の特例
① 永年勤続表彰：〇年〇月末までにこの制度により退職するもので、その時点までに所定の勤続年数に該当する者には、表彰記念品を退職時に支給する。
② 永年・定年慰安旅行：退職時資格のある者は旅行（旅行または相当金額支給）を認める。
③ 退職記念品：定年退職者に準じ、記念品を支給する。
④ 賞　与：定年退職者祝儀に準じ在職期間の賞与を支給する。
⑤ 退職年金：退職時五五歳以上の者で、とくに年金受給の希望がある場合は認める。

（実施時期）
第4条 平成〇年〇月〇日から実施する。

早期退職優遇制度規程③

早期退職者優遇制度を次のとおり定める。

一 目的
四五歳以上五九歳未満の従業員が、主として本人の生涯労働設計により、転身する場合の援助等を目的とする。

二 適用条件
(1) 四五歳以上五九歳未満の従業員で、勤続一五年以上の者
(2) 自己都合退職者

三 優遇の内容
(1) 次の年齢区分による退職加算金を支給する。

年齢（歳）	退職加算金（万円）
45～50	500
51	450
52	400
53	350
54	350
55	300
56	250
57	200
58	200

(2) 退職加算金（四五～五四歳）の計算において、勤続二〇年以上の者については、定年退職の係数（一・六）を適用する。

四 退職加算金の支給方法
(1) 四五歳～五四歳…退職金に退職加算金を加算して支給する。
(2) 五五歳～五八歳…退職の日より七日以内に支給する。

五 本制度適用に関する取扱い
(1) 本制度適用者のうち、勤続一五年以上二〇年未満の者の退職金は規定どおり支給する。
(2) 退職時、病気療養中等の者についても、本制度の申し出があれば本制度を適用する（目的の確認を適用条件としない）。
(3) 五五歳以降の本制度適用退職者については、社内の取扱いは定年退職扱いとする。

の定期健康診断時に実施し費用は会社負担とする。
⑤ その他
社会保険の諸手続・厚生施設の利用等会社の許容できる範囲内で取扱う。
⑥ 実施日
平成〇〇年〇月〇日

204

早期退職優遇制度規程④

（目　的）
第1条　本規程は、社員の生活設計の多様化に資するために行う早期退職優遇制度について定める。

（定　義）
第2条　「早期退職優遇制度」は、定年前に退職金支給率にプラスアルファがある例。早期退職の優遇は定年（六〇歳時点）の退職金支給率にプラスアルファがある例。

（適用者）
第3条　本制度を適用するのは、次の各号に該当する者とする。
① 勤続年数一五年以上
② 年齢満五〇歳以上五七歳以下
③ 退職事由が円滑であること
④ 在職中誠実に勤務し、当社の発展に貢献した者

（退職金の支給）
第4条　第3条に該当する者が退職するときは、次の算式によって算定される退職金を支給するものとする。

退職金＝退職時の基本給×（六〇歳までに勤続していた場合の退職金支給率）＋α

2　＋αは五〇歳で五〇〇万円、一歳増すごとに五〇万円減とする。

（支　給）
第5条　退職金は、退職後二週間以内に支給するものとする。

（特別功労金）
第6条　在籍中に特別の功労があり当社の発展に著しく貢献した者に対しては、退職時に特別功労金を支給することがある。

第7条　本制度の適用を受けて退職することを希望する者は、退職希望日の二ヵ月前までに所属長を通じて会社に申し出なければならない。

（施　行）
第8条　本規程は平成〇年〇月〇日より施行する。

(4) 賞与の支給について
本制度の適用により、賞与計算期間の期中に退職する場合の賞与は日割支給とする。

(5) 退職日の取扱いについて
本制度適用者の退職日の取扱いは、就業規則第39条にもとづき提出の退職願に記載された退職日とする。
なお、退職願の提出日は、少なくとも退職日の一四日前とする。

(6) 死亡退職の取扱いについて
本制度の適用につき、死亡退職は適用しないものとする。
なお、上記(5)に関し、退職願を提出後、退職日以前に死亡した場合についても本制度は適用しないものとする。

付　則
1　本制度は〇〇年〇月〇日より実施する。

早期退職優遇規程⑤

役付者（主任以上）で五〇歳より定年（六〇歳）前の早期退職者には優遇の措置（餞別金）を行っている例。

第一章　総　則

（目　的）
第1条　この規定は、従業員が定年退職以前に、自己の意思で退職する場合に、退職金の取り扱いを優遇することにより資金面から援助することを目的として、早期退職優遇に関する事項を定める。

（適用範囲）
第2条　この規定は、退職日現在の満年齢が五〇歳以上五九歳未満の主任待遇以上の一般従業員に限定して適用する。ただし、次に該当する場合は適用しない。
① 関連会社への移籍による退職
② 競合会社への就職および競合会社設立による退職

③ 死亡による退職
④ 病気療養期間中の退職
⑤ 休職期間満了による退職
⑥ 業務上災害による退職
⑦ 懲戒解雇事由による退職

(申請方法)
第3条　この規定の適用を希望する者は、原則として退職日の三ヵ月前までに所定の用紙に必要事項を記入のうえ、所属長経由人事労務担当課長に申し出るものとする。

(早期退職者の遵守義務)
第4条　早期退職者は、次の事項を遵守しなければならない。
① 退職に当たって申請した退職理由および退職後の予定に誤りがないこと
② 退職日までに後任者に引き継ぎを完全に行い、円満に退職すること
③ 退職後も在職中に知り得た会社の秘密を他に漏さないこと

第二章　早期退職優遇措置

(退職金の割り増し支給)
第5条　早期退職者には、退職金支給規定に定める所定の支給率による退職金(定年扱い割り増し三〇％を含む)に別途早期退職加算した退職金を支給する。早期退職加算額は退職年数に応じて[別表一](編注：省略)のとおり定める。

(嘱託料の支給)
第6条　早期退職者には、第5条に定める加算退職金とは別に、嘱託料として退職時基本給の一定率を毎月支給する。支給率および支給期間は退職年齢に応じて定める。

(嘱託雇用契約締結)
第7条　嘱託料を受給する早期退職者は、受給期間中は会社と嘱託雇用契約を締結しなければならない。

(幹部職への適用)
第8条　幹部職に適用する早期退職優遇制度は、「幹部職雇用・賃金管理制度」で別途定めるものとする。

第三章　付　則

(規定の改定)
第10条　この規定の改定は労働組合の意見を聞いて行う。

(施　行)
第11条　この規定は、平成一三年七月一日より公示して施行する。

出向者取扱規則

第1条　就業規則第〇条にもとづく従業員の出向に関する事項については、この規則の定めるところによる。

第2条　出向者とは、〇〇株式会社(以下会社という)の従業員で他社への出向を命ぜられ、その社の業務に専従するものをいう。

第3条　出向者は出向期間中、総務部に籍をおき、特別休職とする。

第4条　出向者の服務、その他の労働条件は原則として出向した会社(以下出向先という)の従業員一般に適用される諸規則、その他定められた諸規程または慣習にしたがうものとする。

第5条　出向者の賃金、賞与、その他給与は原則として出向先の規程により出向先から支給を受けるものとするが、出向先の給与が、会社の基準賃金および賞与の額を下回るときは、その差額を会社が支払うことができる。この場合、出向先における差額の立替払いをすることがある。

2　前項における差額を出向先が立替払いしたときは、会社は翌月〇日までに出向者の負担金として会社が出向先と精算する。

計画的年次有給休暇規程

（目的）
第1条　この規程は就業規則第○条および労使協定にもとづく、年次有給休暇の計画的な取得に関する取扱いを定めたものである。

（年休の計画的付与の対象日数）
第2条　この規程にもとづく、年次有給休暇の計画的付与（以下、「計画年休」という）の対象日数は、就業規則第○条にもとづき社員各人に毎年付与される日数、および前年度から繰り越された日数の合計日数のうち、五日を超える日数とする。

（計画年休の実施方式）
第3条　計画年休の実施は、以下に定める方式により実施する。
(1) 全社の一斉休業による付与方式
(2) 係別の一斉休業による付与方式
(3) 個人別に取得する方式

（全社一斉休業による付与）
第4条　全社の一斉休業による年休の付与は、次のとおりとする。
(1) 毎年八月一二日～八月一六日の間の労働日のうち、就業規則第○条第○号の定めにより、会社が夏期休暇と指定した日以外の日
(2) 毎年一二月二九日および一月五日が労働日の場合の当該日

（係別一斉休業による付与）
第5条　毎年一〇月または一一月中に、休業規則第○条により休日とされている日の前後に継続して二日を、係別一斉休業による計画年休日として付与する。
2　前項の計画年休日は、毎年八月末までに当該係が所属する課長が決定するものとする。

（個人別の計画年休の取得）
第6条　個人別の計画年休は、各係において業務の進行状態および社員の希望などを勘案・調整のうえ、当月分を前月末までに確定し、計画的に取得するものとする。ただし、年休の取得月は、第4条および第5条に定める月以外の月とする。
2　前項に定める計画年休日の調整・決定は各係の所属長が行うものとし、計画年休に使用することのできる残日数を有する社員は、当月分の希望休暇日を前月二〇日までに所属長に提出するものとする。

（特別計画年休の実施）
第7条　第4条および第5条に定める計画年休の実施につき、当該計画年休に使用する年次有給休暇を有しない社員については、その必要日数を特別計画年休として付与する。

第8条　次に定める社員は、この規程に定める計画年休取得の対象外とする。
(1) 就業規則第○条以下に定める規定により休職中のもの
(2) 業務上の疾病または療養のため休業中のもの
(3) 産前・産後休業中のものおよび育児および介護休業中のもの。ただし、育児休業および介護休業中のもので計画年休休業開始前に決定している場合を除く
(4) 第4条および第5条に定める計画年休実施日前に労働契約の終了が明らかなもの

（計画年休の変更について）
第9条　第4条および第5条に定める計画年休の変更はこれを認めない。ただし第6条に定める計画年休については、やむを得ない業務上の都合がある場合、または社員にやむを得ない事情がある場合に限り当該計画年休日を変更することができる。
2　前項の計画年休の変更申し出は、計画年休実施日の○日前までにそれぞれ申し出なければならない。
3　会社および社員は、変更の申し出が、業務の正常な運営を妨げたり、または社員の予定を著しく妨げる事由がない限りこの申出に応じるものとする。

（付則）

有給休暇積立保存制度規程

(目的)
第1条 この制度は、就業規則第○条(年次有給休暇)により消滅する有給休暇のうち一定日数を積立保存することにより、有給休暇の計画的取得並びに消滅する有給休暇の救済を図ることを目的とする。

(定義)
第2条 この制度を有給休暇積立保存制度と称し、積立てた消滅有給休暇を積立休暇という。
2 積立休暇は労働基準法で定める年次有給休暇とは別扱いとする。

(積立方法と日数限度)
第3条 この制度による有給休暇の積立方法及び積立日数の限度は次の各号により行う。
① 毎年の積立日数は消滅する有給休暇の½(端数切捨て)とし、年間五日を限度とする。
② 積立日数の累計限度は勤続年数により次のとおりとする。

(使用事由)
 a 勤続一一年未満 三〇日
 b 勤続一一年以上 六〇日

第4条 この制度による積立休暇は、次の各号に該当する事由に限り請求することができ、使用の際は所定の手続きに基づき会社の承認を必要とする。
① 業務外の傷病のために、連続して一週間以上(暦日)の療養を必要とするとき。
② 配偶者及び子女が傷病により、連続して一週間以上(暦日)の療養を要するとき。
 なお、①、②ともに医師の診断書を必要とする。
③ 住居が災害を被った場合及びその他災害を被った場合で会社が使用を認めたとき。
④ 定年後の再就職に備えて、社外の研修会に参加するとき。
 ただし、定年退職日以前一年間に三〇日の範囲とする。

(施行)
第5条 この規程は平成○○年○月○日より施行する。

第10条 この規程は、平成○○年○月○日から実施し、改廃の必要がある場合は労使の協議により行うものとする。

ストック休暇制度規程

(目的)
第1条 この制度は就業規則第○条により、繰越無効となって消滅する年次休暇を別途積立保存することにより、年次休暇の計画的取得並びに消滅する年次休暇の救済を計るものとする。

(定義)
第2条 この制度をストック休暇制度と称し、積み立てた消滅休暇をストック休暇という。
2 ストック休暇は労働基準法でいう年次休暇と異なり、法の規制を受ける者ではない。

(ストック休暇の積立限度)
第3条 ストック休暇の積立ては、一年につき一〇日の範囲内とし三〇日を限度とする。

(ストック休暇の適用)
第4条 ストック休暇は次の事由によって休業を要するときに使用できる。
(1) 本人または配偶者の私傷病によって治療・介護等のため、一年につき一〇日以上(暦日)の休業を要するとき、本人の申請(診断書添付)により会社が認めた日数。
(2) 定年後の再就職に備えて社外の研修に参加するために定年直前一年以内に連続して一〇日以上(暦日)休業を要するとき、本人の申請により会社が認めた日数。
(3) 前(1)(2)号の事由で一〇日以内の休業を要するときでも、充当する年次休暇がない場合にのみ申請によって会社が

変形労働時間制の解説

一日の労働時間は八時間が原則である。変形労働時間制を導入することにより、業務の繁閑に応じて労働時間を配分することが可能となる。これは一定の期間の総労働時間をあらかじめ定めておき、その範囲で各日の労働時間を弾力化する制度である。

変形労働時間制には、「一カ月単位」「一年単位」「一週間単位」「フレックスタイム制」がある。この制度の導入には、次のような制限がある。

変形労働時間の規則

変形制	規模・業種の制限	規則・協定	期間・総労働時間	1日・1週の上限	休日
1カ月単位の変形制	なし	就業規則または労使協定	1カ月以内 週平均40時間	なし	1週1日もしくは4週4休
1年単位の変形制	なし	就業規則および労使協定（所轄労基署長に届出）	1年以内 週平均40時間	1日10時間 1週52時間	1週1日の休日 連続労働日数6日（特定期間の場合は連続労働日数12日）
非定型変形制	規模30人未満の小売業、旅館、料理店、飲食店	労使協定（所轄労基署長に届出）	1週間 週40時間以内	1日10時間	1週1日もしくは4週4休
フレックスタイム制	なし	就業規則および労使協定	1カ月 週平均40時間	なし	1週1日もしくは4週4休

一か月単位の変形労働時間制の規定
——就業規則本文——

（一か月単位の変形労働時間制の実施）

第34条　従業員の所定労働時間は、幼児期の子の育児にあたるなどの事由によって適用を除外する者を除き、一か月単位の変形労働時間制による。

② 前項による従業員の所定労働時間は、一か月（毎月一日から末日までをいう）を平均して一週に四〇時間以内とし、各日の始業・就業時刻及び休憩時間は、次のとおりとする。

1　毎月一日から二五日まで
　a　始業時刻　午前八時
　b　終業時刻　午後五時（土曜日は正午）
　c　休憩時間　正午から午後一時まで

2　毎月二六日から末日まで
　a　始業時刻　午前八時
　b　終業時刻　午後七時
　c　休憩時間　正午から午後一時まで

③ 前項各号による所定労働時間の合計が、一週を平均して四〇時間を超過する場合には、臨時に休日を設けることとし、会社は、臨時の休日を、前々月の末日までに「労働日カレンダー」によって従業員その他に知らせるものとする。

認めた日数を使用できる。

（ストック休暇の取扱い）
第5条　ストック休暇の適用を受けたときは就業規則第○条の特別休暇と同一の扱いとする。

（ストック休暇の対象範囲と消滅）
第6条　この制度は従業員（嘱託、臨時、パートを除く）を対象とし、ストック休暇は退職または解雇の時点をもって消滅する。

（実施期日）
第7条　この制度は平成○○年○月○日より実施する。

（注）ストック休暇の使用日数は休日を除いた日数とする。

以　上

一年単位の変形労働時間制規定①
――就業規則による繁忙期と閑散期がある場合の規定例――

（始業・終業時刻、休憩期間の変更）

第35条 前条にかかわらず、業務上その他のやむを得ない事由があるときは、会社は、全部又は一部の従業員の始業・終業時刻及び休憩時間を、繰り上げ又は繰り下げ、又は来客の応対その他のために必要な場合は、労働基準監督署長の許可を受けて、一部の従業員の休憩時間を変更することができるものとする。

（休日）

第36条 休日は、次の各号の日とする。ただし、一部の従業員について、あらかじめ本人の希望を聴取のうえ、他の日を所定の休日と定める場合がある。

1 日曜日
2 第一土曜日（祝日に当たるときは第二土曜日）を除く土曜日
3 国民の祝日、国民の祝日の振替休日
4 年末年始の時期（一二月三〇日から翌年一月三日までをいう）
5 その他会社が休日と定める日

前項ただし書きによる変更後の日は、書面を以って本人に通知する。

② 労働基準法上の法定休日は、日曜日（第1項ただし書きによって変更した場合は、変更後の日）とする。

（休日の振替）

第37条 業務上の都合によって、会社は、従業員の全部又は一部について、臨時に、前条各号の休日を他の日に振り替えることができるものとする。なお、この場合、変更後の休日を、あらかじめ決めることとする。

ただし、一年単位の変形労働時間制に関する労使協定で定める特定の期間（以下「特定期間」という。）については次のとおりとする。

（一年単位の変形労働時間制の適用を受ける従業員の労働時間及び休憩時間）

第14条 1 従業員代表と一年単位の変形労働時間制に関する労使協定が締結された場合には、当該協定の適用を受ける従業員の一週間の所定労働時間は、対象期間を平均して一週間当り四〇時間以内とする。

また、一年単位の変形労働時間制を適用しない従業員の一週間の所定労働時間は、毎月一日を起算日とする一か月ごとに平均して、一週間当り四〇時間以内とする。

2 一日の所定労働時間、始業・終業の時刻、休憩時間は次のとおりとする。

① 通常期間

始業・終業時間	休憩時間
始業 午前八時〇〇分 終業 午後五時〇〇分	正午から午後一時まで

② 特定期間

始業・終業時間	休憩時間
始業 午前八時〇〇分 終業 午後五時三〇分	正午から午後一時まで

なお、一年単位の変形労働時間制を適用しない従業員の終業時間は午後五時〇〇分とする。

（一年単位の変形労働時間制の適用を受ける従業員の休日）

第15条 一年単位の変形労働時間制の適用を受ける従業員の休日は、一年単位の変形労働時間制に関する労使協定の定めるところにより、対象期間の初日を起算日とする一週間ごとに一日以上となるように次により指定して、年間休日カレンダーに定め、対象期間の初日の三〇日前までに各人に通知する。

また、一年単位の変形労働時間制を適用しない従業員の休日は、次により指定して、月間休日カレンダーに定め、対象期間の初日の三〇日前までに各人に通知

① 日曜日（前条の特定期間を除く

一年単位の変形労働時間制規定①

② 国民の祝日（日曜日と重なったときは翌日）及び五月四日
③ 年末年始（一二月〇日～一月〇日）
④ 夏季休日（〇月〇日から〇日）
⑤ その他会社が指定する日

【参 考】
一年単位の変形労働時間制を活用して、一日の所定労働時間を業務が閑散な通常期間（平成〇年四月、五月、七月、八月、一一月、一二月、平成〇年一月、三月）は八時間、業務が繁忙な期間（平成〇年六月、九月、一〇月、平成〇年二月）は八時間三〇分とし、年間休日を一一一日とすることにより、週四〇時間労働制を実施する場合の年間休日カレンダーの規定例です。

なお、労基法第三二条の四第三項により、業務繁忙での特定期間における連続労働日数を示したものが六月一一日から六月二二日までということです。

	月	火	水	木	金	土	日
4	…	…	…	1	2	③	④
	5	6	7	8	9	⑩	⑪
	12	13	14	15	16	⑰	⑱
	19	20	21	22	23	㉔	㉕
	26	27	28	㉙	30	…	…
5	…	…	…	…	…	①	②
	③	④	⑤	6	7	⑧	⑨
	10	11	12	13	14	⑮	⑯
	17	18	19	20	21	㉒	㉓
	24	25	26	27	28	㉙	㉚
	31	…	…	…	…	…	…
6	…	1	2	3	4	⑤	⑥
	7	8	9	⑩	11	12	13
	14	15	16	17	18	19	20
	21	22	㉓	24	25	26	㉗
	28	29	30	…	…	…	…
7	…	…	…	1	2	③	④
	5	6	7	8	9	⑩	⑪
	12	13	14	15	16	⑰	⑱
	19	⑳	21	22	23	㉔	㉕
	26	27	28	29	30	㉛	…

	月	火	水	木	金	土	日
8	…	…	…	…	…	…	①
	2	3	4	5	6	⑦	⑧
	9	10	11	12	⑬	⑭	⑮
	⑯	17	18	19	20	㉑	㉒
	23	24	25	26	27	㉘	㉙
	30	31	…	…	…	…	…
9	…	…	1	2	3	4	⑤
	6	7	8	9	10	11	⑫
	13	14	⑮	16	17	18	⑲
	20	21	22	㉓	24	25	㉖
	27	28	29	30	…	…	…
10	…	…	…	…	1	2	③
	4	5	6	7	8	9	⑩
	⑪	12	13	14	15	16	⑰
	18	19	20	21	22	23	㉔
	25	26	27	28	29	30	㉛
11	1	2	③	4	5	⑥	⑦
	8	9	10	11	12	⑬	⑭
	15	16	17	18	19	⑳	㉑
	22	㉓	24	25	26	㉗	㉘
	29	30	…	…	…	…	…

	月	火	水	木	金	土	日
12	…	…	1	2	3	④	⑤
	6	7	8	9	10	⑪	⑫
	13	14	15	16	17	⑱	⑲
	20	21	22	㉓	24	㉕	㉖
	27	㉘	㉙	㉚	㉛	…	…
1	…	…	…	…	…	①	②
	③	④	⑤	6	7	8	9
	10	11	12	13	14	⑮	⑯
	17	18	19	20	21	㉒	㉓
	24	25	26	27	28	㉙	㉚
	30	31	…	…	…	…	…
2	…	1	2	3	4	⑤	⑥
	7	8	9	10	⑪	⑫	⑬
	14	15	16	17	18	19	20
	21	22	23	24	25	26	㉗
	28	29	…	…	…	…	…
3	…	…	1	2	3	④	⑤
	6	7	8	9	10	⑪	⑫
	13	14	15	16	17	⑱	⑲
	⑳	21	22	23	24	㉕	㉖
	27	28	29	30	31	…	…

〇で囲まれた日は休日とする。四月一日を起算日とする。
〇前記の規定とは関係なし。

一年単位の変形労働時間制の規定②（就業規則本文）

（一年単位の変形労働時間制の実施）

第31条 第25条の規定（注）通常の労働時間制をいう）にかかわらず、平成○○年○○月○○日から翌平成○○年○○月○○日までの一年間の所定労働時間は、一年単位の変形労働時間制による。

② 前項の実施にあたっては、事業所の従業員の過半数を代表する従業員の代表者との間で、書面による協定を締結し、労働基準監督署長に届け出ることとする。

③ 第1項の実施にあたって、次の従業員は、適用の対象から除外する。

1 総務部総務課及び経理課に所属する場合

2 次の事由で、本人が除外を申し出、又は会社が除外が必要と認めた場合

a 妊産婦であるとき
b 幼児期の子の育児、老人等の介護に当たるとき
c 職業訓練その他の教育を受けるとき
d パートタイマーであるなど、一般とは異なる労働時間が適用されるとき
e そのほか以上に準じる事由があるとき

3 年少者その他、法令上の制限に該当する場合

（一年単位変形労働制の労働時間）

第32条 前条による一年単位の変形労働時間制の実施期間中の始業・終業時刻及び休憩時間は、別表のとおりとする。ただし、土曜日を労働日とする場合は、始業時刻午前九時、終業時刻正午（実労働時間三時間）とする。

② 来客の応対その他のために必要な場合は、従業員代表と協定のうえ、一部の従業員について、前項の休憩時間を変更することがある。

（一年単位の変形労働時間制の労働日・休日）

第33条 第31条による一年単位の変形労働時間制の実施期間中の労働日・休日は、次の各号のとおりとする。

1 労働日：次号の休日を除く日

2 休日：

a 日曜日（労働基準法上の法定休日とする）

b 土曜日。ただし、一二月の第1週並びに最終週（三〇日又は三一日にあたるときはその前の週）の土曜日、及び三月の第一週並びに最終週の土曜日を除く。

c 八月の第二週並びに最終週の月曜日（国民の祝日・同休日・振替休日にあたるときは火曜日）、及び二月の第二週並びに最終週の月曜日（括弧内前と同じ）

d 国民の祝日・休日・振替休日

e 年末年始の時期（一二月三〇日から翌年一月三日までをいう）

（一年単位の変形労働時間制の労働日・休日の変更、振替）

第34条 業務上その他のやむを得ない事由がある場合は、会社は、臨時に、始業・終業時刻及び休憩時間を繰り上げ若しくは繰り下げ、又所定の休日を他の日に振り替えることができる。なお、この場合は、事前に変更後の休日を定める。

② 前項については、あらかじめ本人の都合を聴取のうえ、事業所の従業員過半数を代表する従業員の代表者の同意を得ることとする。又、これについての本人への通知は、書面によることとする。

（一年単位の変形労働時間制の割増賃金）

第36条 第25条の所定労働時間を超え、又第28条の休日に労働するときは、所定外労働として、所定の割増賃金を支給する。又、午後一〇時から翌日午前五時までの間に労働するときは、所定の深夜労働手当を支給

一週間単位の非定型的変形労働時間制・一週間単位の非定型的変形労働時間制の労使協定

[別 表]

期　　間	始業時刻	終業時刻	休憩時間	参考・実労働時間
4月1日から7月31日まで	午前8時30分	午後5時30分	正午から午後1時	8　時　間
8月1日から8月31日まで	午前9時	午後5時	正午から午後1時	7　時　間
9月1日から11月30日まで	午前8時30分	午後5時30分	正午から午後1時	8　時　間
12月1日から12月31日まで	午前8時	午後6時	正午から午後1時	9　時　間
1月1日から1月31日まで	午前8時30分	午後5時30分	正午から午後1時	8　時　間
2月1日から2月28日まで	午前9時	午後5時	正午から午後1時	7　時　間
3月1日から3月31日まで	午前8時	午後6時	正午から午後1時	9　時　間

一週間単位の非定型的変形労働時間制の就業規則記載例

（一週間単位の非定型的変形労働時間制）
第17条　従業員代表と一週間単位の非定型的変形労働時間制に関する労使協定を締結した場合には、当該協定の適用を受ける従業員の所定労働時間は、第14条の規定にかかわらず、一週間（○曜日から△曜日まで、次条について同じ。）については四〇時間以内、一日については一〇時間以内とする。

2　各人の勤務日並びに各日の始業・終業の時刻及び休憩時間は、労使協定の定めるところにより指定し、毎週火曜日までに、翌週の分を各人に書面で通知する。ただし、通知を行った後に緊急やむを得ない事情が生じた場合には、その日の前日までに書面で通知の上、これらを変更することがある。

3　前項の指定に当たっては、各人の都合に配慮するものとする。

（休日）
第18条　一週間単位の非定型的変形労働時間制の適用を受ける従業員の休日は、一週間について一日以上とする。

※労使協定例を切り離すとわかりにくくなるので、次に掲載しました。

一週間単位の非定型的変形労働時間制の労使協定

株式会社レストランSG代表取締役○○○と株式会社レストランSG従業員代表○○○○とは、一週間単位の非定型的変形労働時間制に関し、次のとおり協定する。

記

（変形労働時間制）
第1条　会社は、業務上必要がある場合は、事前に通知の上で、全部又は一部の従業員について、一週四〇時間の範囲内において一日一〇時間を限度として、一週間単位の非定型的変形労働時間制を採用する。

（期間）
第2条　変形労働時間制は、平成○年○月○日から平成○年○月○日までの間において、特に業務に繁閑が生じる週に実施する。

（一週間の単位）
第3条　一週間の単位は、木曜日から水曜日までとする。

（通知）
第4条　各勤務日の所定労働時間及び休日は、毎週遅くとも水曜日までに各人に書面で通知する。なお、水曜日までに各人に書面で通知がない場合は、就業規則第17条の定めによ

213

一週間単位の非定型的変形労働時間制の労使協定

通常の勤務時間とする（別表①）。
本協定に基づいて変形労働時間制の通知を行った後で、緊急やむを得ない事情が生じた場合は、勤務予定を変更することがある。この場合は前日までに各人に書面によって通知する（別表②）。

（休日）
第5条　休日は、各従業員に対して少なくとも週一回以上とする。
2　定例休日は水曜日とする。

（割増賃金）
第6条　一週の勤務時間が四〇時間を超えた場合は、二割五分増しの割増賃金を支給する。

（従業員に対する配慮）
第7条　本協定によって一週間単位の非定型的変形労働時間制を採用する場合に、各従業員の各日の勤務時間を定めるに当たっては、従業員の都合を聴く等の措置をとるとともに、育児、家族介護などについて特別の配慮を要すると認められる従業員については、本協定の適用に当たって考慮するものとする。

平成〇年〇月〇日

株式会社レストランSG
代表取締役　〇〇〇〇　㊞

株式会社レストランSG
従業員代表　〇〇〇〇　㊞

別表①

勤務時間通知書

　　　　　殿

3月15日～3月21日の勤務時間の予定を、次のとおりお知らせいたします。

日付	始業時刻	終業時刻	休憩時間	実労時間
3月15日（木）	12時	19時	1時間	6時間
3月16日（金）	12時	20時	1時間	7時間
3月17日（土）	12時	21時	1時間	8時間
3月18日（日）	12時	20時	1時間	7時間
3月19日（月）	12時	19時	1時間	6時間
3月20日（火）	12時	19時	1時間	6時間
3月21日（水）	休　日			
				計40時間

別表②

勤務時間変更通知書

　　　　　殿

勤務時間の予定を次のとおりお知らせいたします。

日付	変更前 勤務時間	変更前 実労時間	変更後 勤務時間	変更後 実労時間
3月16日（土）	12時～21時	8時間	12時～22時	9時間
3月19日（火）	12時～19時	6時間	15時～21時	5時間

（注）火曜日は夕食中心とする。

フレックスタイム制規程①
（労使協定を就業規則の一部とする場合）

就業規則　第四章

（フレックスタイム制）

第18条　労使協定によりフレックスタイム制を適用する従業員の始業、終業時間については、労使協定第7条で定める始業、終業の時間帯の範囲内において従業員が自由に決定できる。

フレックスタイム制に関する他の項目は、別添の労使協定を就業規則の一部として当該協定に定める内容による。

フレックスタイム制規程②
（就業規則に定める場合）

第五章　フレックスタイム制

（対象者）

第16条　フレックスタイム制の対象従業員は、研究開発課および企画課に勤務するものとする。

（清算期間）

第17条　フレックスタイム制における勤務時間の清算の期間は、毎月一日から末日までの一箇月間とする。

第18条　清算期間における所定総労働時間は、一六〇時間とする。

（一日の労働時間）

第19条　一日の標準となる労働時間は、七時間とする。

（フレキシブル・コアタイム・休憩）

第20条　フレキシブルタイム、コアタイム及び休憩時間の時間帯は次のとおりとする。

始業時間帯　七時から一〇時まで
コアタイム　一〇時から一五時まで
終業時間帯　一五時から二〇時まで
休憩時間　一二時から一三時まで

（始業・終業時刻）

第21条　フレックスタイム制を適用することとした従業員の始業、終業時間については、それぞれの時間帯において従業員が自主的に決定したところによる。

（労働時間の清算）

第22条　従業員は、所定総労働時間に対し著しい過不足時間が生じないように努めなければならない。やむを得ず過不足時間を生じる場合にも、その時間は一箇月二〇時間を超えないようにしなければならない。年次有給休暇は第19条の一日の標準となる労働時間労働したものとみなす。

所定総労働時間を超えた労働に対しては、賃金規定の定めるところにより時間外労働手当を支給する。

フレックスタイム制規程③
（週四〇時間労働制の場合）

（目的）

第1条　この規程は、就業規則第28条により、フレックスタイム制による労働時間について定める。

（適用従業員）

第2条　フレックスタイム制の対象従業員は、総務部所属（総務課・経理課・厚生課）の従業員を除く全従業員とする。

（清算期間）

第3条　フレックスタイム制における勤務時間の清算期間は、毎月一日から末日までの一か月間とする。

（所定労働時間）

第4条　清算期間における所定労働時間は、当該期間を平均して一週間当り四〇時間を超えない範囲内で、一日七時間に清算期間中の所定労働日数を乗じて得られた時間数とする。

（標準労働時間）

第5条　一日の標準労働時間は、七時間とす

フレックスタイム勤務規程④

（フレックスタイム制）

第1条　この規程は、フレックスタイム制に関する労使協定および就業規則第○条にもとづく、フレックスタイム制度による、勤務規則である。

（対象社員の範囲）

第2条　本規程に定める社員は、フレックスタイム制度により勤務する社員は、次のとおりとする。

(1)　○○の業務に従事する社員
(2)　○○部○○課に所属する社員

2　本条第1項に定める社員には、就業規則第○条に定める、始、終業時刻の定めは適用せず、当該社員が自主的に決定するところによる。

（清算期間）

第3条　フレックスタイム制度による勤務時間の清算期間は、前月○日から当月○日までの一ヵ月を単位とする。

第4条　清算期間（以下、「当期」という）における所定総労働時間は、次の算式により算出された時間とする。

四〇時間×（一ヶ月の歴日数÷七日）
＝所定総労働時間

2　社員は、前項の所定総労働時間は必ず

2　年次有給休暇、その他有給とする休暇については、各日について七時間労働したものとみなす。

（フレキシブルタイム、コアタイム及び休憩時間）

第6条　フレキシブルタイムの時間帯は次のとおりとする。

始業時間帯　　午前七時から午前一〇時まで
終業時間帯　　午後三時から午後八時まで
コアタイム　　午前一〇時から午後三時まで
休憩時間　　　正午から午後一時まで

（自主的決定）

第7条　フレックスタイム制が適用される従業員の始業、終業時刻は、それぞれの時間帯において従業員が自主的に決定したところによる。

（不足及び超過時間の取扱い）

第8条　従業員は、各日の実労働時間が所定労働時間に対し著しい過不足を生じないように努めなければならない。やむを得ず過不足が生じる場合にも、その時間は一か月○時間を超えないようにしなければならない。

2　実労働時間が所定労働時間を超過したときは、賃金規定の定めるところにより時間外労働割増賃金を支給する。

3　実労働時間が所定労働時間に不足したときは、不足時間を次の清算期間の法定労働時間の範囲内で清算するものとする。

（実施）

第9条　この規程は平成○○年○月○日より実施する。

◇

※（注）清算期間における法定労働時間および標準となる一日の労働時間

① 清算期間中の総労働時間（清算期間を平均して1週間当たり四〇時間の範囲内とすること。）

≦ 清算期間における法定労働時間の総枠
＝ 1週間の法定労働時間（40時間）× 清算期間の日数 ÷ 7

② 標準となる一日の労働時間
例えば、年次有給休暇を取得した際に支払われる賃金の算定基準を定めるものであり、次の計算方法で得た時間を基準とすることも考えられます。

標準となる1日の労働時間
＝ 清算期間中の所定総労働時間 ÷ 清算期間中の所定労働日数

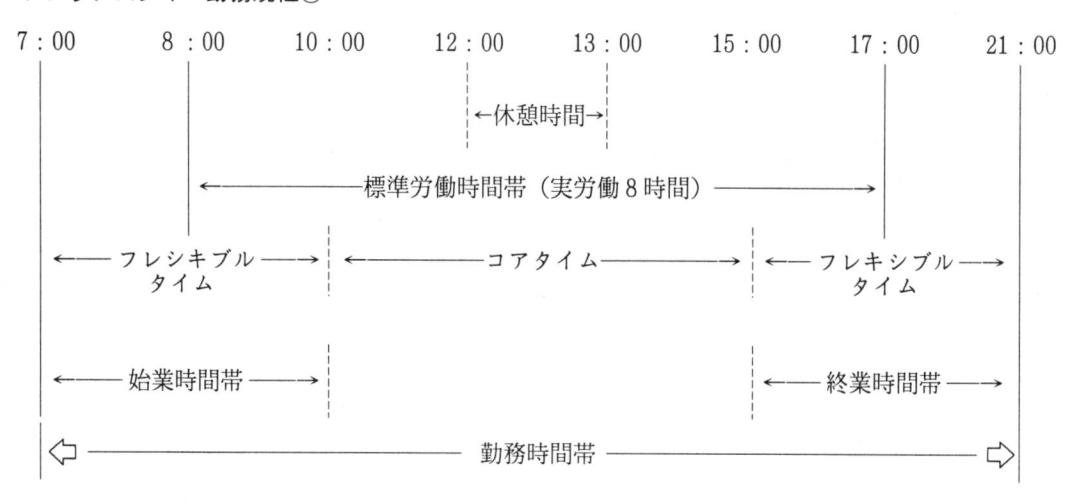

フレックスタイム勤務規程④

```
7:00   8:00    10:00     12:00  13:00    15:00    17:00     21:00
                          ←―休憩時間―→
        ←―――― 標準労働時間帯（実労働8時間）――――→
  ←―フレシキブル―→ ←――コアタイム――→ ←―フレキシブル―→
      タイム                              タイム
  ←―始業時間帯―→                    ←―終業時間帯―→
  ⇐――――――――――― 勤務時間帯 ―――――――――――⇒
```

（一日の標準労働時間）
第5条　一日の標準労働時間は、実労働八時間（始業〇時〇〇分、終業〇時〇〇分、休憩〇時～〇時まで）とする。

（フレックスタイム制度による所定勤務時間帯）
第6条　フレックスタイム制度による所定勤務時間帯は、次のとおりとする。

2　社員は、所定労働日の始業、終業時間については、第1項に定める始業、終業時間帯の任意の時刻を選択して、始業し終業できる。ただしコアタイム（一〇時～一五時＝休憩時間を除く）の時間帯は、必ず勤務しなければならない。

3　休憩の取得は、就業規則第〇条に定めるとおりとする。

（所定勤務時間帯を超える労働時間の取扱い）
第7条　社員は、業務上の必要がある場合は、所属長の承認を得て、第6条に定める所定勤務時間帯を超えて勤務することができる。

2　会社は、業務上の必要がある場合は、本人の同意を得て、第6条に定める所定勤務時間帯を超える勤務を求めることがある。

3　本条第1項および第2項に定める、所定勤務時間帯を超えた勤務時間は、当該期間の所定総労働時間の中に含めて計算するものとする。

（会議、打合せ等に関する協力義務）
第8条　社員は、会社が、会議、打合せ等のためにコアタイム以外の時間帯に勤務（出席）を求める場合は、これに協力しなければならない。

（勤務時間の管理）
第9条　社員は、清算期間の所定総労働時間を基準として、自己の能力を十分に発揮し、かつ自らの生活と業務の調整を図り、その時間を計画的に配分して業務を遂行しなければならない。

2　社員は、自己の勤務時間を所定の勤務カードに毎日記録し、当期分を当月〇〇日までに所属長に提出し、承認を得なければならない。

3　社員は、フレックスタイム制度の運用に当たっては、所定総労働時間に対して、著しい過不足が生じないように、自主的な管理を行うものとし、当期の所定総労働時間を超えることが見込まれる場合は、速やかに、当期分の見込み時間数を所属長に届け出て承認を得なければならない。

4　遅刻、早退、欠勤に関する就業規則本則の定めは、コアタイムについて適用し、賃金の控除は次の計算方式による。

$$\frac{当期の賃金}{当期の所定総労働時間} × 遅刻、早退時間数$$

5　コアタイムの勤務時間を不就労の場合

は欠勤とし、標準労働時間を勤務しなかったものとする。

6 休日労働、深夜労働は、事前に所属長の承認を得なければならない。

(勤務時間の清算―1 所定総労働時間の過不足)
第10条 清算期間における所定総労働時間を超過した勤務に対しては、賃金規程の定めるところにより、時間外勤務手当を支給する。

2 清算期間における所定総労働時間に不足が生じた場合は、その不足時間について、次期の所定総労働時間で清算することができる。

3 本条第2項の場合で、次期の総労働時間数(前期の不足労働時間数+当期の実勤務時間数)が、所定労働時間の範囲を超える場合は、その超えた時間につき、時間外勤務手当を支給する。

(勤務時間の清算―2 休日労働)
第11条 所属長の承認のもとに休日労働を行った場合は、当該休日が法定休日の場合は、この規程外の勤務時間とし、賃金規程にもとづき休日労働手当を支給し、所定総労働時間に算入しない。

2 第1項の場合、当該休日が法定外休日の場合は、当日の労働時間を、当期の所定総労働時間に算入する。

3 本条第1項の休日労働に際しては、事前に、振替休日の措置(就業規則第○○条)をとることがある。

(休暇の取扱い)
第12条 社員が、就業規則第○○条に定める休暇を取得する場合は、標準労働時間を取得したものとする。

(年次有給休暇の出勤率算定基準)
第13条 年次有給休暇の出勤率算定に関する出勤とは、所定勤務時間帯における出勤をいう。

(精皆勤手当の不支給)
第14条 この規程の適用される社員には、精皆勤手当は支給しない。

(労働時間の原則的取扱い)
第15条 この規程に定めのない、その他の労働時間に関する取扱いは、就業規則の定めるところによる。

付則
第16条 この規程は、平成○○年○月○日より施行し、改廃の必要が有る場合は、労使の協議により行うものとする。

事業場外労働勤務規程

(目的)
第1条 この規程は、就業規則第○条第○項にもとづき、事業場外で業務に従事する社員の労働時間の取扱いについて定めたものである。

(適用対象業務および対象者)
第2条 この規程の適用対象業務および適用対象社員は次のとおりとする。

(1) 営業、集金、調査など事業場外での渉外業務に従事する社員のうち、労働時間の全部または一部について実労働時間を算定し難いとき。

(2) 出張を命じられた社員のうち、業務の遂行につき別段の指示をうけ、労働時間の全部または一部について実労働時間を算定し難いとき。

(みなし労働時間)
第3条 前条の各号に定める事業に従事した社員の一日の実労働時間は、就業規則第○○条に定める所定労働時間(八時間)に従業員代表と協定し、監督署長へ届出た○時間を加算した時間、勤務したものとみなす。

2 当該日の労働の一部に事業場内での労働がある場合は、前項の所定労働時間に、その事業場内の労働時間を加えた時間を、当該事業場外業務に通常必要とする労働時間とみなす。

(加算時間の賃金の取扱い)
第4条 前条に定める加算時間の労働については、賃金規程第○条の定めるところにより割増賃金を支給する。

(事業場外労働の禁止)
第5条 会社は特段の必要がない限り、就業

裁量労働勤務規程

（目的）
第1条　この規程は労使協定および就業規則第○条にもとづく、裁量労働による勤務を行う社員の労働時間の取扱いについて定めたものである。

2　会社は、この規程により勤務する社員については、勤務時間の配分など、業務の遂行に関する事柄については社員本人の裁量に委ねるものとし、具体的な指示を与えない。ただし、職場秩序、勤務管理の基本的事柄についてはこの限りではない。

（適用対象者）
第2条　この規程の適用対象業務および対象者は次のとおりとする。

(1) ○○研究室における研究開発業務に従事する社員
(2) 本社情報処理室における情報処理システムの設計業務に従事する社員
(3) デザイン業務に従事する社員
(4) ○○業務に従事する社員

（みなし労働時間）
第3条　前条の業務に従事する社員は、社員代表と協定のうえ就業規則第○条に定める所定労働時間を勤務したものとみなす。

（適用の除外）
第4条　前条の定めは、出張、深夜業務、休日労働または当該業務以外の業務に従事したときは適用しない。この規程が適用される社員が深夜業務、休日労働を行う場合は、所属長の承認を得るものとする。

（休憩）
第5条　この規程が適用される社員の休憩時間は就業規則第○条に定める時間とし、業務の進行を勘案して各自取得するものとする。

（職場秩序の維持）
第6条　この規程により勤務する社員は厳正に出退勤を自己管理するとともに、就業規則第○章第○節に定める服務に関する定めを順守しなければならない。

（付則）
第7条　この規程は、平成○○年○月○日から施行し、改廃の必要がある場合は労使

規則第○条に定める休日および第○条に定める深夜に、第2条に定める業務を行わせない。

（休憩時間）
第6条　事業場外の業務に従事する社員の休憩時間は就業規則第○条に定めるとおりとする。

（付則）
第7条　この規程は平成○○年○月○日から施行し、改廃の必要がある場合は労使の協定により行うものとする。

企画業務型裁量労働労使委員会規程
（モデル）（旧労働省作成）

運営規程例

第1条　本会は、○○株式会社本社事業場労使委員会と称する。

第2条　労使委員会は、○○株式会社本社事業場に置くものとする。

第3条　当委員会で審議する事項は以下のとおりである。
1　企画業務型裁量労働制に関すること
2　一年単位の変形労働時間制に関すること
3　その他賃金、労働時間等労働条件に関すること

第4条　労使委員会の委員は、次の一〇名の者により構成するものとする。
1　使用者が指名する者　五名
2　○○株式会社労働組合によって指名され、本社事業場に勤務する労働者の投票によって信任された者（この者の任期は二年間）五名

② 使用者が指名した委員が欠けた場合には、使用者は速やかに委員を補充しなければならない。
③ 労働組合の指名かつ労働者の信任を得

企画業務型裁量労働労使委員会規程

た者が欠けた場合には、労働組合は速やかに委員を補充すべく所定の手続を実施しなければならない。

④ 前項に基づき選任された委員は、欠けた委員の残りの任期を引き継ぐこととする。

第5条 労使委員会の開催は、次のとおりとする。

1 毎年三月、六月、九月、一二月（以下「定例労使委員会」という。）

2 労使委員会の委員の半数以上の要請があったとき

第6条 労使委員会は、委員の八名以上、かつ、労働組合の指名かつ労働者の信任を得た者の四名以上の出席がなければ成立しない。

第7条 労使委員会の議事の進行に当たり議長を置くものとし、次の者とする。

1 三月、六月の定例労使委員会では使用者が指名した者

2 九月、一二月の定例労使委員会では、労働組合の指名かつ労働者の信任を得た者の代表者

3 第5条第2号の場合には、出席した委員に互選された者

第8条 労使委員会の議事は、出席委員の過半数の賛否で決定し、可否同数の時は議長が裁定する。ただし、第3条第1号及び第2号に係る決議については出席した委員の全員の合意で決定する。

第9条 前条の決議は、書面により行い、出席委員全員の記名、押印を行うものとする。

第10条 労使委員会の議事については、人事部担当者が議事録を作成し、労使委員会に出席した委員二名（うち労働組合の指名かつ労働者の信任を得た者一名）が署名するものとする。

② 前項の議事録は、労使委員会開催後（決議の有効期間満了後）三年間保存するものとする。また、議事録の作成の都度、速やかに、その内容を社内LANの「掲示板」に掲示することにより、労働者に周知するものとする。

第11条 使用者は、一二月の定例労使委員会において、次の情報を開示しなければならない。

1 対象労働者の勤務状況、対象労働者に対する健康・福祉確保措置、苦情処理等の実施状況

2 労働基準監督署長にした報告の内容

使用者は、委員の要請により、対象労働者に適用する評価制度、賃金制度の具体的内容を開示しなければならない。

（実施）
第12条 本規程は平成〇〇年〇月〇日より実施する。

―参 考―

労働協定に代えて労使委員会で決議できる事項

制　度	労基法の該当条項	決議等の届出
1カ月単位の変形労働時間制	第32条の2第1項	不　要
フレックスタイム制	第32条の3	不　要
1年単位の変形労働時間制	第32条の4第1項および第2項	不　要
1週間単位の非定型的変形労働時間制	第32条の5第1項	不　要
一斉休憩の適用除外	第34条第2項ただし書	―
時間外・休日労働	第36条第1項	様式第9号の3で労働基準監督署長へ届出が必要。但し、事業場外労働に関する協定が締結されている場合には、時間外、休日労働については様式第9号の3、事業場外労働については様式第12号でそれぞれ届出が必要
事業場外労働制	第38条の2第2講	不　要
専門業務型裁量労働制	第38条の3第1項	不　要
計画年休	第39条第5項	―
年休の期間の賃金の支払方法	第39条第6項ただし書	―

労働者派遣基本契約書
（モデル）

(社)日本事務処理サービス協会作成

株式会社A（以下、「甲」という。）と株式会社B（以下、「乙」という。）は、乙がその従業員を『労働者派遣事業の適正な運営の確保及び派遣労働者の就業条件の整備等に関する法律』（以下、「派遣法」という。）に基づき甲に派遣するにあたり次の通り基本契約を締結する。

（目的）
第1条　乙は、本契約及び派遣法に基づき、乙の雇用する労働者（以下、「派遣労働者」という。）を甲に派遣し、甲は派遣労働者を指揮命令して業務に従事させることを目的とする。

（総則）
第2条　1　甲及び乙は、派遣及び派遣受け入れにあたっては、それぞれ派遣法その他関係諸法令を遵守するものとする。
2　本契約は、特に定めのない限り、本契約有効期間中のすべての労働者派遣個別契約に適用するものとする。

（個別契約）
第3条　1　甲及び乙は、乙が甲に労働者を派遣するつど、当該労働者派遣について個別契約を締結し、次の事項を定める。
① 派遣労働者が従事する業務の内容
② 派遣労働者の業務に従事する（以下、「派遣就業」という。）場所（以下、「就業場所」という。）
③ 派遣労働者を直接指揮命令する者（以下、「指揮命令者」という。）の所属部署、役職及び氏名
④ 労働者派遣の期間及び派遣就業をする日（以下、「派遣期間」及び「就業日」という。）
⑤ 派遣就業の開始及び終了の時刻（以下、「就業時間」という。）並びに休憩時間
⑥ 安全及び衛生に関する事項
⑦ 派遣元責任者及び派遣先責任者の所属部署、役職、氏名及び連絡方法
⑧ 甲が派遣労働者を就業日以外の日に、または就業時間を延長（以下、「時間外」という。）して就業させることができる旨の定めをした場合は、その日または延長することができる時間数
⑨ 派遣労働者の人数（前各号に掲げる内容の組み合わせが二つ以上であるときは、当該それぞれの組み合わせごとの派遣労働者の人数）

2　乙は、前項の個別契約に適する派遣就業の目的達成に適する労働者の派遣を行い、個別契約のつど当該派遣労働者の氏名、性別、年齢、その他派遣法第35条の定める事項を甲に通知するほか、前条の派遣履行に必要な措置をとらなければならない。

（指揮命令等）
第4条　1　甲は、派遣労働者を直接指揮命令して自己の事業のために使用し、個別契約に定める就業条件を守って対象業務に従事させるものとし、自己が雇用する労働者の中から就業場所ごとに指揮命令者を選任し、その所属部署、役職及び氏名を個別契約書に記載する。

2　指揮命令者は、対象業務の処理について個別契約に定める事項を守って派遣労働者を指揮命令し、対象外の業務に従事せしめないように留意し、派遣労働者が安全、正確かつ適切に対象業務を処理できるよう、対象業務処理の方法、その他必要な事項を派遣労働者に周知・指導する。

3　指揮命令者は、前項に定めた以外でも甲の職場維持・規律の維持のために必要な事項を派遣労働者に指示することができる。

4　甲は、指揮命令者が派遣労働者に対して行う指揮命令等により生じた事項について責任を負う。

5　乙は、派遣労働者に対し、当該指揮命令者を通知するとともに、指揮命令等に従って職場秩序・規律を守り、適正に対象業務に従事するよう派遣労働者との雇用契約で措置し、かつ指導教育する。

労働者派遣基本契約書

（派遣先責任者・派遣元責任者）

第5条　1　甲は、自己が雇用する労働者（法人の場合には役員を含む。）の中から、就業場所ごとに派遣先責任者を選任し、指揮命令者に個別契約に定める事項を遵守させる等、適正な派遣就業を図るとともに、その所属部署、役職及び氏名を個別契約書に記載し、乙はこれを派遣労働者に通知する。

2　乙は、自己が雇用する労働者（法人の場合には役員を含む。）の中から、派遣元責任者を選任し、適正な派遣就業のための措置を行うとともに、その所属部署、役職及び氏名を個別契約書に記載し、派遣労働者に通知する。

3　甲及び乙は、それぞれ派遣先責任者及び派遣元責任者に、派遣労働者から申出を受けた苦情の処理、甲乙間の連絡調整その他派遣法第41条及び第36条で定める事項を行わせる。

（派遣労働者の変更）

第6条　1　甲は、派遣労働者が就業に際して遵守すべき甲の対象業務処理の方法、就業に関する規則等または指揮命令者の指揮命令等に従わない場合、または対象事務処理の能率が著しく低い場合、その他派遣契約の本旨に反するときは、乙にその旨を通知して派遣労働者の変更その他乙の適切な措置を求めることができる。

ただし、乙において特段の事情のある場合には、乙はその理由を示し甲の承認を得て、当該派遣労働者の甲への復帰を求め交替者の派遣を拒むことができるほか、甲乙協議してその取扱いを協議する。

2　乙は、前項のほか、甲の承認を得てその派遣労働者の交替をすることができる。

（業務上災害等）

第7条　1　派遣就業にともなう派遣労働者の業務上災害及び通勤災害については、乙が労働基準法第8章で定める使用者の責任ならびに労働者災害補償保険法及び労働保険の保険料の徴収に関する法律で定める事業主の責任を負う。

2　甲は、乙の行う前項の手続について必要な協力をしなければならない。

（損害賠償）

第8条　1　対象業務の遂行について、派遣労働者が故意または過失により甲に損害を与えた場合は、乙は甲にその損害を賠償するものとする。ただし、その損害が指揮命令者その他甲が使用する者（以下本条において「指揮命令者等」という。）の派遣労働者に対する指揮命令等により生じた場合、または乙が派遣労働者の選任及び監督について相当な注意を為したとき、もしくは相当な注意を為したとしても損害が生じたと認められる場合はこの限りではない。

2　前項の場合において、その損害が派遣労働者の故意または過失と指揮命令者等の指揮命令等との双方に起因するときは、甲乙協議して損害の負担割合を定めるものとする。

3　本項の損害賠償に関しては、その損害発生を知った後すみやかに、甲は乙に書面で通知するものとする。

（機密保持）

第9条　乙は、本契約及び個別契約で定める派遣業務により知り得た甲の対象業務その他の業務に関する機密の事項を第三者に漏洩しないものとし、これを派遣労働者に遵守させる。本契約終了後においても同様とする。

（金銭等の取扱の禁止）

第10条　現金、有価証券、その他のこれに類する証券及び貴重品の取扱は対象業務に含めないものとする。ただし甲の都合によりやむを得ず現金等の取扱をさせる必要がある場合は、その取扱について個別契約または覚書で定める。

（二重派遣の禁止）

第11条　1　乙は、他の労働者派遣業者から派遣を受けた派遣労働者を甲に再派遣してはならない。

2　甲は、乙から派遣を受けた派遣労働者を第三者に対して再派遣してはならない。

222

労働者派遣基本契約書

（雇用の禁止）
第12条　甲は、派遣契約期間中は乙の派遣労働者を雇用してはならない。

（年次有給休暇）
第13条　1　甲は、派遣労働者が乙への年次有給休暇の請求権を有する者である場合は、当該派遣労働者がその派遣期間中に年次有給休暇を取得することを認め、付与に協力するものとする。

2　乙は、派遣労働者から年次有給休暇の請求があった場合は、事前に甲に通知するものとし、甲は当該通知にかかる派遣労働者の年次有給休暇の取得を当然認めるものとする。ただし、通知された日の年次有給休暇の取得が業務の運営に相当の支障を来すときは、甲は乙に対し代替の派遣労働者の派遣を要求できるものとする。

3　甲の従業員ストライキ・その他甲の責に帰すべき事由により、派遣労働者の業務遂行が不可能または困難となった場合には、乙は債務不履行の責任を負わず料金を請求できるものとする。

（派遣料）
第14条　1　甲は、乙に対し、労働者派遣に対する派遣料及び割増派遣料（派遣労働者を休日または時間外に就業させた場合等）を支払うものとし、その金額、支払方法等については別途定める。

2　派遣労働者が、欠勤、年次有給休暇、遅刻、早退により、個別契約で定める当該派遣労働者の就業日または就業時間に就業しなかった場合、甲は当該就業しなかった日または時間に相応する派遣料を支払うことを要しない。ただし、乙が代替労働者を派遣した場合は、この限りではない。

（苦情処理）
第15条　1　甲が派遣労働者から派遣就業に関して苦情を受けた場合には、速やかに派遣先責任者を通じて乙の派遣元責任者にその旨通知する。

2　派遣元責任者が前項の通知を受けた場合には、ただちに当該苦情を適切かつ迅速に処理するものとし、甲及び派遣先責任者はこれに協力する。

（就業管理の適正化）
第16条　1　甲は、派遣労働者に対する派遣就業管理の適正をはかり、派遣労働者に関する紛争の防止に努めるものとし、万一紛争が生じたときにはその旨乙の派遣元責任者に速やかに通知するとともに甲乙協力してその解決に当たる。

2　甲は、派遣労働者の欠勤事由、従事状態、就業上の問題等につき把握した場合には、すみやかに乙に通知する。乙は適正な派遣就業についての指導に努めるものとする。

（契約解除）
第17条　甲および乙は、法定契約および基本契約の規定に違反した場合、相当の期間を定めて是正を催告し、その期間内に是正がないときは、当該法定契約または基本契約を解除することができる。

（派遣就業期間の短縮）
第18条　1　甲は、原則として自己の都合により個別契約期間を短縮しないよう努めなければならない。

2　甲が正当な理由をもって個別契約の全部または一部を解除し、或いは期間を短縮しようとする場合には、原則として一ヶ月前までに乙に通知し協議するものとする。ただし、個別契約期間が一ヶ月に満たないときは、その開始前に通知し協議するものとする。

（有効期間）
第19条　1　本契約の有効期間は、本契約締結の日より一年間とする。ただし、本契約の期間満了の二ヶ月前までに甲乙何れからも別段の意思表示のない限り、本有効期間は更に一年間延長されるものとし、以降も同様とする。

2　本契約が有効期間満了または解除により終了した場合といえども、すでに契約した個別契約については、別段の意思表示のない限り当該期間満了まで有効とし、それに関しては本契約の定めるところに

223

労働者派遣契約基本契約のほか細部規程の例

よる。
(協議事項)
第20条　本契約に定めのない事項及び本契約の条項の解釈につき疑義を生じた事項については派遣法を尊重し、甲乙協議の上円満に解決する。

本契約締結の証として本書二通を作成し、甲乙両者記名捺印のうえ各一通を保有する。

平成○○年○月○日

甲　株式会社　A

乙　株式会社　B

人材派遣会社○○○株式会社（甲）は、○○○農業協同組合（乙）に対し、次の就業条件の下に労働者派遣を行うものとする。

記

1　業務内容
　A　事務用機器を用いての会計関係伝票の処理、記帳にかかる事務処理
　B　共済事業にかかる事務処理、新規開拓にかかるダイレクトメールの発送業務
　C　ライスセンターにおける包装、運搬業務。果実の選別、加工業務。

2　就業場所
　A業務及びB業務は、乙の本店
　　市○○○町1丁目2番地
　C業務は乙のライス加工場及び果実選果場

3　指揮命令者
　A業務　会計課経理係長　○○○○
　B業務　共済課年金共済係長　○○○○
　C業務　ライス加工場担当係長
　　　　　　　　　　　　　　○○○○
　　　　　果実選果　選別係長　○○○○

4　派遣期間
　A業務　平成　年　月　日から平成　年　月　日まで
　B業務　平成　年　月　日から平成　年　月　日まで
　C業務　ライス加工業務　平成　年　月　日から平成　年　月　日まで
　　　　　C果実選別業務　平成　年　月　日から平成　年　月　日まで

5　就業日　土・日を除く毎日
　就業時間　午前9時から午後6時まで
　休憩時間　正午から1時間

6　安全及び衛生
　①　A業務及びB業務におけるパソコン入力業務の作業時間は連続一時間以内とし途中一○分間の休息を与える。
　②　C業務においては、機械に接触しないよう安全装置または安全柵を設ける。また保護手袋を支給し皮膚障害を防止する。
　③　雇い入れ時及び一年に一回定期に健康診断を実施する。健康診断の実施状況及びその結果は乙に通知する。また有所見が認められたものについては乙と相談の上必要な措置を講じるものとする。
　④　乙において、作業現場の騒音、温度、湿度等必要な作業環境測定を行い、その結果に基づき必要な措置を講じるものとする。

7　安全衛生教育
　①　甲で実施する安全衛生教育
　　イ　雇い入れ時教育として、派遣前に次の事項について実施する。
　　ロ　安全衛生のルール、作業に対する心得、作業服装及び保護具、整理・整頓及び清潔の保持安全装置及び安全措置、作業手順、火災、危険物及び有害物、表示及び標識、健康の保持、関係法令、学科教育○○時間
　　ハ　甲の実施責任者　教育担当○○○○
　②　乙で実施する安全衛生教育
　　イ　ライス加工及び選別機械の構造及び機能、機械の取扱方法、安全装置の機能、作業規程、事故時における措置と避難、工場内における危険及び表示、標識及び立ち入り禁止区域関係法令、その他安全衛生に関する事項
　　ロ　学科教育○○○時間、実技教育○○時間
　　ハ　実施責任者　安全・衛生管理者○○○○
　③　安全衛生管理体制

224

労働者派遣契約基本契約のほか細部規程の例

イ 甲及び乙は、それぞれの安全衛生管理体制により、労働者派遣法及び労働安全衛生法に基づく派遣労働者の安全及び衛生について管理を行うとともにその責任を負う。

ロ 安全衛生に関する必要な情報については、乙であらかじめ定めた周知方法に基づき、文書等により派遣労働者に周知する。

8 その他

派遣労働者が労働災害に被災した場合は、乙は遅滞なく派遣元責任者の○○に連絡するとともに、労働者死傷病報告の写しを甲に送付する。

9 派遣労働者からの苦情の処理

① 苦情の申し出を受ける者

甲においては、派遣責任者
電話　　番
乙においては総務課総務担当　○○○○
電話　　番

② 苦情処理方法、連携体制等

イ 甲における①の記載の者が苦情の申し出を受けたときは、直ちに派遣元責任者の○○○○に連絡することとし、派遣元責任者が中心となって、遅滞なく適切に処理し、申し出た派遣労働者に通知することとする。

ロ 乙における①の記載の者が苦情の申し出を受けたときは、直ちに派遣責任者の○○○○に連絡することとし、派遣

者の○○○○に連絡することとし、派遣先責任者が中心となって、遅滞なく適切に処理し、申し出た派遣労働者に通知することとする。

ハ 甲及び乙は相互に連携を密にし苦情の解決を迅速に図るものとする。

10 労働者派遣契約の解除の事前の申し入れ

① 労働者派遣契約の解除に当たって講ずる派遣労働者の雇用の安定を図るための措置

乙は、専ら乙に起因する事由により、労働者派遣契約の契約期間が満了する前の解除を行おうとする場合には、甲の合意を得ることはもとより、あらかじめ相当の猶予期間をもって甲に解除の申し入れを行うこととする。

② 就業機会の確保

甲及び乙は、労働者派遣契約の契約期間が満了する前に労働者派遣契約の解除を行おうとする場合には、派遣労働者の新たな就業機会の確保図ることとする。

③ 損害賠償等にかかる適切な措置

乙は、乙の責めに帰すべき事由により労働者派遣契約の契約期間が満了する前に労働者派遣契約の解除を行おうとする場合には、派遣労働者の新たな就業機会の確保図ることとし、これができないときには労働者派遣契約の解除を行おうとする日の少なくとも三〇日前に甲に対しその旨を予告を行うこととする。予告を行わない場合には、乙は、速やかに、派遣労働者の少なくとも三〇日分以上の賃金に相当する額についての損害賠償を行うこととする。乙が予告した日と労働者派遣契約の解除を行おうとする日の間の期間が三〇日に満たない場合には、三〇日に満たすまでの期間分の賃金相当額を賠償するものとする。

その他乙は甲と十分い協議した上で適切な善後処理方策を講じることとする。

11 甲及び乙の双方に責めに帰すべき事由がある場合は、双方の責任の度合いに応じた賠償を講じるものとする。

労働者派遣契約の解除の理由の明示

乙は、労働者派遣契約の契約期間が満了する前に労働者派遣契約の解除を行おうとする場合であって、甲から請求があったときは、労働者派遣契約の解除を行った理由を甲に明らかにしなければならない。

12 派遣元責任者

甲の派遣担当係長　○○○
電話　　番

13 派遣先責任者

乙の総務部総務係長　○○○○
電話　　番

C業務については、甲の製造専門派遣元責任者派遣担当係長　○○○○
電話　　番

C業務については、乙の製造専門派遣先

業務委託契約書

株式会社FM食品株式会社（以下「甲」という）とXXYYY（以下「乙」という）は、甲は乙に対し第2条に定める業務の処理を委託し、乙はこれを受託することについて、以下のとおり業務委託契約書を締結する。

（業務の誠実処理義務、協力義務）
第1条　乙は、甲より委託を受けた第2条の業務を誠実に処理し、甲は乙の要請あるときは乙の業務の遂行に協力する。

（委託業務）
第2条　甲が乙に委託する業務内容は次のとおりである。

1　A業務　　ライス加工　一〇人、
2　B業務　　三人
3　C業務　　果実選別　二〇人

14　時間外労働
終業時間外の労働は原則とさせないが、一日二時間、一週六時間の範囲で時間外労働させることがある。

15　派遣人員

16　派遣労働者の福祉増進のための便宜の供与
乙は、派遣労働者に対して、乙が雇用する労働者が利用する給食施設、休養室等の施設を利用することができることとする。

責任者人事係長　〇〇〇〇　電話　　　番

（仕様書の交付・報告書の作成）
第3条　甲は乙に対して、別添業務処理仕様書を交付し、乙は、右仕様書に基づき業務を処理するものとする。

2　乙は、業務処理の内容について報告書を作成して甲に毎月提出する他、甲の指示により必要な書類を作成する。甲は乙に対して、説明を求めることができる。

（報酬）
第4条　乙は、本業務の適正な遂行の報酬として、毎月月末〆で甲に対して請求書を発行し、甲は翌月一五日までに乙の指定する銀行預金口座に振込んで支払う。

2　乙の請求につき疑義あるときは、甲は乙に対して協議を申し入れることができる。

（業務責任者の選任・業務）
第5条　乙は、本契約の履行にあたっては、業務責任者を定めて、乙の従業員を指揮監督するものとする。

2　甲が乙に対して注文をし、または報告を求めるときは、業務責任者に対してこれを行うものとする。

（乙の従業員の管理責任）
第6条　乙は、乙の従業員に対する雇用者及び使用者として、労働基準法、労働安全衛生法等の労働関係諸法令の使用者としての責任を負うものとし、責任をもって労務管理を行い、甲には一切迷惑をかけないものとする。

2　乙は、本業務の遂行について乙の従業員以外の第三者を使用することができる。その第三者を使用することにより、甲に損害が発生したときは乙はその責任を負う。乙は、第三者を使用するときは事前に甲に通知をする。

3　甲は、乙の従業員、第三者が本業務を処理するについて明らかに不適であると判断する場合には、乙に対してその旨を申し出ることができる。乙は、甲の申し出を受けて代替者の検討を行うなどしてその結果を甲に報告する。

（器材、材料の負担等）
第7条　本契約の業務を処理するにあたって乙が必要とする器材、材料、備品、文具等については乙の負担とする。なお、甲の器材等を使用するときは、乙は甲に対して協議によりその利用の対価を支払うものとする。

（便宜供与）
第8条　甲は、乙の従業員の使用に供するため従業員控室、ロッカー、電話等を貸与する。なお、その使用に要した光熱費などの

業務委託契約書

経費については甲乙協議のうえで乙の負担割合を決定する。

（業務処理の瑕疵等）
第9条　甲は、乙の業務の処理の成果についての提供を受けた場合には、提供時から一か月以内に検査を行うものとする。

2　甲は、その成果について瑕疵のある時は、期限を定めて乙に補正することを求めることができる。また、その瑕疵が補正できず、または補正するには過大な費用または時間を要するときは、甲は乙に対して損害の賠償を請求することができる。但し、その瑕疵が乙の過失でないとき、甲の提供した物の瑕疵によるときくは、甲の指示に基づくときは、この限りではない。

（損害賠償責任）
第10条　本契約業務の処理中、乙の従業員の責に帰すべき事由により、甲、甲の従業員または第三者に対して損害を与えた場合には、乙は損害賠償の義務を負う。

（守秘義務）
第11条　乙は、本契約業務の履行に当たって知り得た甲の秘密を第三者に漏洩してはならず、その点は契約終了後も同様とする。乙は、乙の従業員について同様に監督するものとする。

（危険負担）
第12条　地震、洪水等の天災地変等の不可抗力により、乙の債務の履行が著しく困難または不可能となった場合においては、甲は乙の報酬につき支払義務を負わない。他方、乙は甲の蒙る損害について賠償する義務を負わない。

（契約期間）
第13条　本契約の有効期間は契約成立の日から一年間とする。なお、本契約期間の三か月前までに甲乙いずれからも本契約の更新をしない旨の書面による通知のない限り、本契約と同一の条件で更に一年更新したものとする。

（解約）
第14条　甲または乙は、相手が次の各号の一に該当するに至ったときは、何ら催告を要せず、将来にむかって本契約を解約することができる。

① 手形交換所の取引停止処分のあったとき。
② 公租公課の滞納処分のあったとき。
③ 差押、仮差押、仮処分、競売、強制執行等裁判所の決定を受け、信用を失墜したと認められるとき。
④ 破産、和議、会社整理、会社更正等の申立があったとき。
⑤ 営業を廃止または清算手続に入ったとき。

（契約違反による解除）
第15条　甲または乙は、相手方が本契約に違反し、または背信的行為を行なったときに、

一か月の予告期間をおいて本契約を解除することができる。

（甲の都合による解約）
第16条　前条、前々条以外の場合に、甲のやむを得ない事情により業務委託を必要としなくなった場合には、甲はあらかじめ三か月前までに文書で乙に通知することにより本契約を解約することができる。

（協議事項）
第17条　本契約に定めのない事項、本契約条項中疑義のある事項については、甲乙間で誠実に協議するものとする。

平成一三年四月一日

甲　株式会社FM食品株式会社
　　代表取締役社長　㊞

乙　XXYYY　㊞

人事規程

第一章 通則

(目的)
第1条 採用・配置・考課・異動・訓練・資格に関する取扱いは、本規程の定めるところによる。

(適用範囲)
第2条 本規程の適用者は、本会社の従業員とし、その区分は次のとおりとする。

(1) 社員（正社員）
正式な手続を経て、採用されたものをいい、原則として試用期間を経て雇用された者をいう。

(2) 嘱託員
特に定められた業務を遂行するよう雇用された者で社員としての恩典を有しない者をいう。

(3) 試用者（見習社員）
社員としての適・不適を審査する期間に位置する者をいう。

(4) 臨時社員（準社員）
欠員の発生または業務の繁忙のため、一定期間を定めて臨時に雇用した者。

第二章 採用・配置

(採用)
第3条 社員の採用は、当該年度の新規卒業者を採用することを原則とする。やむを得ない事由によりその必要があるときは、そのつど採用するものとする。

(定期採用計画の立案)
第4条 定期採用にあたって、総務課は職務分析にもとづく要員と向こう五カ年間の各部門の業務内容・部門別損益状況ならびに現時点における各種状況を検討しそれにもとづき定期採用計画を立案するものとする。

(採用基準)
第5条 社員の採用基準は選考試験に合格したもので、かつ身元確実なる者を選び、入社決定したる者に対しては、三カ月間の試用期間をもうけ、その後適格と判定した場合に、社員として任命する。

(選考方法)
第6条 定期採用の場合の選考方法は、次のとおりとする。
① 書類選考　② 筆記試験
③ 面接試験　④ 身元調査

(採用内定)
第7条 採用の内定は総務課長が主管し、試験委員の協議の上、社長がこれを決定する。

(本採用の決定)
第8条 本採用の決定は採用内定後、身元調査書と総務課の諸資料を合わせ検討し、選考委員の協議の上、社長がこれを決定

(入社)
第9条 入社は、定期採用者の場合は原則として〇月〇日付とし、入社と同時に誓約書および身元保証書を会社へ提出させる。ただし〇月〇日以前に執務するときは、そのときに誓約書と身元保証書を提出させるものとする。

(嘱託員および臨時社員の採用)
第10条 嘱託員および臨時社員は定期採用条件を準用する。

(配置)
第11条 新入社員の職場配置は次による。
(1) 試用期間は教育実習期間としてあらゆる部署に配属する。
(2) 試用期間を終了し正式に配置する場合には試用期間中の態度・知識・技能・実務体験等を考慮の上、配属部課を決定する。
(3) 内定した部署に適所でないと判断したときには、正当な理由により内定した部署を変更することがある。

第三章 考課

(目的)
第12条 人事考課は、従業員の業務実績・業務処理能力・勤務態度を評定し、もって異動・昇進および昇級・教育に資することを目的とする。

（設定者の責務）
第13条　考課に当たって評定者は次に示す事項を守らねばならない。
(1) 考課を公正無私に行うこと。
(2) 考課に当たっては、いかなる先入感も持たないこと。
(3) 被考課者についての考課結果は、かならず本人の所属長に報告し、その指導と教育訓練に資すること。

（考課の実施）
第14条　考課は毎月行うものとし、六カ月ごとに集計し、総務課で保管する。

（調整）
第15条　役員会は考課集計の結果について総合的に必要な調整を行うものとする。

第四章　異　動

（目的）
第16条　本規程は従業員の異動に関する基準を定めることにより、適材を適所に配置し、人材の育成をはかり、業務の円滑かつ合理的なる運営に資することを目的とする。

（異動の原則）
第17条　異動は原則として次の各号のいずれかに該当する場合に行う。
(1) 適材配置のための異動
適材を適所に配置し、円滑な業務運営を促進するために配置転換を必要とする場合。

(2) 訓練のための異動
従業員の能力を向上させるため、また互換性を付与するために配置転換を必要とする場合。
(3) 後継者養成のための異動
近い将来空位を予想される職位の後継者に当てるために配置転換を必要とする場合。
(4) 要員充足のための異動
業務機構の改革・経営方針の変更その他により要員の増減および欠員の発生に伴い配置転換を必要とする場合。
(5) 士気高揚のための異動
職務に対するなれが生じ、士気が上がらず沈滞状況を呈し人心刷新の必要があるとき。

第五章　訓　練

（目的）
第18条　会社業務を遂行するに当たり、従業員が会社全体として最大の能率を発揮することを目的とし、知識・技能・能力の開発を主眼として訓練を行う。

（訓練の方法）
第19条　従業員の訓練は次により行う。
(1) 日常業務に即して、上司が部下に対して行うものとし、必要に応じて職場外訓練を行う。

(2) 訓練は、常に教育訓練要項に従って組織的かつ継続的に行うものとする。
(3) 訓練の結果は、さらに次の教育訓練に活用し、本人の能力・技能・知識を担当業務に資すること。

第六章　資格の授与、昇進

（資格の授与）
第20条　社員であって、会社に対する功績が多大であると認められた者に対しては資格を与える。

（身分規程）
第21条　身分の区分は次のとおりとする。
　　　　一級～一五級

（昇進の時期）
第22条　身分級職の授与および昇進は原則として毎年〇月〇日付で行う。

（昇進の基準）
第23条　昇進の基準については別に内規で定める。

身分取扱規程

（目的）
第1条　会社は社員の勤続、経験、能力による会社への貢献、有用性に報いるためと、個々の能力の伸張を期するために身分制度をもうけるものとし、その取扱いは本規程による。

身分取扱規程

（身分）

第2条　社員の身分は次のとおりとする。

(1) 正社員（社員という）
(2) 見習社員
(3) 準社員（準員という）
(4) 嘱託員

（正社員）

第3条　見習期間を経て能力、適性を判断し任命されたもので、また準員で本採用査定により本採用となったもの。

（見習社員）

第4条　社員として採用することを前提として能力、適性を判断するためにもうけられた見習期間中のものをいう。

（準社員）

第5条　業務の必要上期間を定めて雇用されるものをいう。

（嘱託員）

第6条　嘱託員は次の二つとする。

(1) 定年退職者について会社が必要とする。
(2) 業務上必要な特殊の技術者およびこれに準ずるもの。

（身分の意味）

第7条　本規程による身分上の範囲を次のとおりとする。

(1) 職制上の役職に関係しない。したがって身分をもつ者がその身分を理由に役職者または下級身分者に対して、業務上の指示、命令等を発することはできない。
(2) 給与制度、出張旅費、冠婚葬祭、公式会合、諸行事等に適用する。

（身分級職）

第8条　身分級職および待遇は、次のとおりとする。

等級（相当）	役職	給与	慶弔	旅費
一級社員		月給制		
二〃		〃		
三〃		〃		
四〃	課長	〃	課長	課長
五〃	〃	〃	〃	〃
六〃	〃	〃	〃	〃
七〃	係長	〃	係長	係長
八〃	〃	〃	〃	〃
九〃	〃	〃	〃	〃
一〇〃	班長	〃	班長	班長
二〃	〃	〃	〃	〃
三〃	〃	〃	〃	〃
四〃	〃	〃	〃	〃
五〃（中学卒、新入社員）				

（身分手当）

第9条　身分級職者に対し、級職手当を支給する。ただし、役職上の手当が支給されている場合は支給しない。

一級社員　　　〇〇〇〇円
二　〃　　　　〇〇〇〇円
三　〃　　別定
四　〃　　九級社員　〇〇〇〇円
五　〃　　一〇級社員　〇〇〇〇円
六級社員　〇〇〇〇円
七級社員　〇〇〇〇円
八級社員　〇〇〇〇円

（身分の決定、変更）

第10条　身分、級職の決定および変更はいずれも一定の身分、級職決定手続を経て行う、新卒、中途採用者には本採用時に行う。

（昇級の基準）

第11条　昇級は別表係数査定表により査定する。この査定の基本骨子は次のとおりとする。

(1) 年齢、勤続、学歴、能力から一定の基準によって算出される点数で査定する。
(2) 特に会社への貢献度と本人の能力を反映するたてまえから勤続と本人の能力を重視する。
(3) 年齢、学歴、勤続、勤勉、努力、責任の能力要素と本人の能力の属人要素と、勤勉、努力、責任の能力要素とのウェイトを対象とする。（五〇：五〇）
(4) 年齢点数は一歳につき〇・五点とし満五五歳（定年）で二〇点とする。
(5) 勤続点数は一年につき一点とし満五五歳（定年）で四〇点とする。
(6) 学歴点数は中学卒〇点、高校卒一〇点、短大卒一五点、大学卒二〇点、大学院卒二五点とする。
(7) 能力点数は人事考課で査定された点数より算出された点数によって換算点数表（級職表）で決定する。

（昇級の時期）

第12条　原則として年一回、〇月〇日に昇級査定を行い、昇級審議会（役員会）を経て決定する。特に必要と認めたときは臨

人事考課規程

第1条（目的） この規程は、社員の能力、適性および成績の考課を統一的、定期的に継続して実施し、その考課に基づき昇給、昇格（昇級）、賞与、配置および教育訓練の適正を図り、人事管理の合理的運営を促進し、もって社員の勤労意欲を高揚、経営能率の向上を期することを目的とする。

第2条（考課の時期および期間） 会社が実施する「人事考課」は、毎年二回、五月と一一月に行う。

第3条（評定者の責務） 人事考課の評定者は、人事考課の目的を十分理解して主観的判断を排除し、公正かつ客観的に評価しなければならない。

第4条（評定の原則） 人事考課の評定は、次の原則に従って原則に行わなければならない。
① 評定期間以外の評定実績にとらわれないこと
② 日常の観察および指導で得た事実を集積して的確公平に観察すること
③ 勤務、仕事に関係ないことはみないこと
④ 仕事の重要性、多忙性などは考慮にい

第13条（降級） 成績不良、または規則、規程に違反するため、不都合があったときは降級審議会（役員会）で審査を行い降格を決定する。

時に昇級を行うことがある。

付 則 本規定は〇〇年〇月〇日から実施する。

別表1　係数査定表

年齢	係数	年齢	係数	勤続年数	係数	年数	係数	学歴	係数	能力ポイント	係数	ポイント	係数
15	0	36	10.5	0	0	21	21	中学	0	1.0	15	3.1	46.5
16	0.5	37	11.0	1	1	22	22	高校	10	1.1	16.5	3.2	48.0
17	1.0	38	11.5	2	2	23	23	短大	15	1.2	18.0	3.3	49.5
18	1.5	39	12.0	3	3	24	24	大学	20	1.3	19.5	3.4	51.0
19	2.0	40	12.5	4	4	25	25	大学院	25	1.4	21.0	3.5	52.5
20	2.5	41	13.0	5	5	26	26			1.5	22.5	3.6	54.0
21	3.0	42	13.5	6	6	27	27			1.6	24.0	3.7	55.5
22	3.5	43	14.0	7	7	28	28			1.7	25.5	3.8	57.0
23	4.0	44	14.5	8	8	29	29			1.8	27.0	3.9	58.5
24	4.5	45	15.0	9	9	30	30			1.9	28.5	4.0	60.0
25	5.0	46	15.5	10	10	31	31			2.0	30.0	4.1	61.5
26	5.5	47	16.0	11	11	32	32			2.1	31.5	4.2	63.0
27	6.0	48	16.5	12	12	33	33			2.2	33.0	4.3	64.5
28	6.5	49	17.0	13	13	34	34			2.3	34.5	4.4	66.0
29	7.0	50	17.5	14	14	35	35			2.4	36.0	4.5	67.5
30	7.5	51	18.0	15	15	36	36			2.5	37.5	4.6	69.0
31	8.0	52	18.5	16	16	37	37			2.6	39.0	4.7	70.5
32	8.5	53	19.0	17	17	38	38			2.7	40.5	4.8	72.0
33	9.0	54	19.5	18	18	39	39			2.8	42.0	4.9	73.5
34	9.5	55	20.0	19	19	40	40			2.9	43.5	5.0	75.0
35	10.0			20	20					3.0	45.0		

別表2　組織換算表

級職	係数	1	2	3	4	5	6	7	8	9
1級	150									
2〃	140									
3〃	130									
4〃	120									
5〃	110									
6〃	100									
7〃	90									
8〃	80									
9〃	70									
10〃	60									
11〃	50									
12〃	40									
13〃	30									
14〃	20									
15〃	10									

人事考課規程

⑤ 特別な事項は特記事項欄に記入すること

(秘密の厳守)
第5条 評定者および評定に参加したものは、社員個人の評定結果を他にもらしてはならない。

(評定事項)
第6条 評定項目は次のとおりとする。

◎成績考課
① 仕事の正確性 (※管理監督職は除く)
② 目標の達成度
◎勤務態度
③ 規律性
④ 積極性
⑤ 協調性
⑥ 責任性
◎能力考課
⑦ 職務知識
⑧ 企画・創意工夫・改善力
⑨ 判断力
⑩ 折衝力 (※一般職は除く)
⑪ 指導・統率力 (※一般職は除く)
⑫ 報告・連絡 (※管理監督職は除く)

2 前項の評定項目は、別表「人事考課表」のとおりとし、それぞれ考課着眼点および評定尺度による。

(評定者)
第7条 人事考課の評定者は、第一次評定者を店長、第二次評定者を部長および担当役員とする。

2 会社の組織運営上、課長職位の該当者がない場合は、第一次、第二次とも部長および担当役員とする。この場合、部長および担当役員は下位の上級者(係長)の意見を聴くことができるものとする。

(評価方法)
第8条 考課評定者は、別表「人事考課表」により、被評定者の評価を行う。

2 考課要素の考課着眼点の五項目のうち、該当する内容にチェックをする。

3 チェックの評価要素を評定尺度に転記する。

4 転記のポイントは、次のとおりとする。
① 極めて優秀である　100 95 90
② 優秀である　　　　 85 80
③ 普通である　　　　 75 70 65 60
④ やや劣る　　　　　 55 50 45
⑤ 非常に悪い　　　　 40 35 30 25

5 特記事項欄は、極めて優秀、非常に悪い、その他特に記入しておいたほうがよいと思われる事項を記入する。

(評定のプロセス)
第9条 評定のプロセスは、次のとおりとする。
① 第一次評定者評定
② 第二次評定者評定
③ 調整会議を行い、最終決定を行う

(異動者の評価)
第10条 評定期間中の中途において異動配転された社員の評価は、前任所属長(第一次評定者)と打合せのうえ評定を行う。

(中途入社者および長欠者の評定)
第11条 評定期間中の中途入社者および長欠者は、評定期間中勤務した期間が三カ月に満たない場合は、その期間の評定は行わない。

(調整)
第12条 第一次評定者および第二次評定者が評定した結果については、第九条第三号の調整会議で、職場間の均衡、多面的に考慮して調整するものとする。

2 調整会議に主席するものは、第二次評定者と役員ならびにその他必要な者とする。

(考課表の保存期間)
第13条 「人事考課表」は五カ年保存するものとする。

(評定者の評定心得)
第14条 評定者の評定心得は別紙のとおりとする(第4条「評定の原則」を詳細にしたものである)。

付　則

(施行)
第15条 この規程は、〇〇年〇月〇日より施行する。

評定者の評定心得

1　人事考課は、今後の賃金決定（昇給・賞与）はもとより、人事労務（職能等級・資格等の運用・異動配転・教育訓練・日常業務指導・管理監督等）にとって、その基礎ないし直接の基準となるものといし、ますます重要な役割を果たすものといえる。

それだけに、その内容をできるだけ明確・適切なものとし、どんな内容で、だれがどんな役割をもって評定しているのか分からないくらい客観的事実にもとづかなければならない。

2　評定者は、評定の対象となる期間（評定のつど評定表に明示する）の被評定者本人に対する日常の観察あるいは指導によって得た資料または自分で確認した事実等にもとづいて評価すること。

今後、とくに評定者は日頃の被評定者の観察による具体的事項・指導による具体的事項・指導による具体的事項・よいと思った点・改善を要すると思った点等を収集整理し、メモしておくようにする。

3　被評定者の個人的な好悪・同情・偏見等に左右されることなく、また上司に対する思惑や同僚・部下に対する妥協による寛大化傾向を排除して、客観的な事実に基づく評価をすること。

4　評定者は、被評定者の一般的な外見・印象にとらわれずに、これを無視し個々の評定項目について、2について述べたことがらにもとづき、被評定者一人一人について注意深い分析と考察をして評定し、いわゆる「カン」によって行うことは絶対に避けること。

5　被評定者の評定対象期間以外の時期における事実や、過去の評定成績等にとらわれ、これを考慮に入れて評定することのないようにすること。

6　評定対象期間中に、被評定者にとくにすぐれた功績あるいは、仕事のうえでの大失敗があった場合、この事項は「特記事項」欄に記入すること。すなわち、人事考課の評定項目については、あくまでも被評定者の日常一般的な仕事ぶり・態度・平均的な成績によって評定し、前期のような例外的要素によって影響されないようにすること。「特記事項」欄に記入できない場合は、別紙に記入し、考課表に添付すること。

7　評定の方法は、最初の評定項目について、被評定者全員について評定し、これが終わったら、次の評定項目をそれぞれ全く別個に切り離して評価するとよい。

すなわち、一つの評定項目について、被評定者全員の評定を行う。一人の被評定者について評定項目の全部を評定しないようにすること。

8　評定の段階は、次の5段階になるように作成されている。

① 極めて優秀である　100　95　90
② 優秀である　85　80
③ 普通である　75　70　65　60
④ やや劣る　55　50　45
⑤ 非常に悪い　40　35　30　25　20点以下は特記事項

人事考課表

人事考課表	評定期間	自 平成　年　月　日 至 平成　年　月　日					
所属	職位	氏名	勤続年数　年　月 年齢　年　月	評価者	第一次　㊞	第二次　㊞	決定　㊞

考課要素	考課着眼点	評定尺度 （評価は、上段に△印、下段に○印表示）	評定（ポイント） 第1次　第2次　決定
成績考課 ① ★ 仕事の正確性	①仕事に間違いのあったことはほとんどない ②あまり間違いのない仕事をする ③たまに間違いはあるが普通である ④少し間違いが多すぎる ⑤よく間違え苦情もある	100　90　80　70　60　50　40　30　20	
② 目標達成度	①きめられた目標を大きく上回った ②きめられた目標を少し上回った ③きめられた目標を大体達成した ④きめられた目標を若干下回った ⑤きめられた目標を大きく下回った	100　90　80　70　60　50　40　30　20	
勤務態度 ③ 規律性	①きめられた規律は間違いなく守る ②きめられた規律はよく守る ③きめられた規律はまあまあ守っている ④きめられた規律をときに守らないこともあった ⑤きめられた規律はあまり守らない	100　90　80　70　60　50　40　30　20	
④ 積極性	①積極的に仕事をやり、よい意見や提案をよく出す ②与えられた仕事をまじめにやり、改善向上をときどき進言する ③まじめで、まあまあ普通である ④若干消極的であって、命令指示がなければやらない ⑤非常に消極的である	100　90　80　70　60　50　40　30　20	
⑤ 協調性	①感情的にならず、誰とでもよく協調する ②大体よく協調する ③普通である。場合によっては協調を示す ④言われれば協調の態度をとるが、協調性は足りない ⑤利己的であって、あまり協調しない	100　90　80　70　60　50　40　30　20	
⑥ 責任性	①非常に責任感が強く、安心して仕事が任せられる ②責任をもたせて仕事がやらせられる ③普通である ④やや責任感に欠ける ⑤責任感がなく、すぐ責任を転嫁する	100　90　80　70　60　50　40　30　20	
能力考課 ⑦ 職務知識	①今やっている仕事についてきわめて精通し他の研究も旺盛である ②今の仕事に必要な知識を身につけており研究心もある ③一人でやれる知識を有し、通常業務に差し替えない ④大体知っているが、たまに聞かなければわからない ⑤必要な知識が不十分で研究心もなく必要量をこなせない	100　90　80　70　60　50　40　30　20	
⑧ 判断力	①高度で複雑な仕事でも機敏に適切な判断を下した ②相当複雑な仕事でも正しい判断を下した ③大体普通の判断を下した ④ときに判断を誤った ⑤正しい判断ができなかった	100　90　80　70　60　50　40　30　20	
⑨ 企画・創意工夫・改善力	①仕事上の企画・創意工夫は特に優れている ②仕事上の企画・創意工夫はいくらかよい方である ③仕事上の企画・創意工夫は普通である ④仕事上の企画・創意工夫はやや劣る ⑤仕事上の企画・創意工夫は全くダメである	100　90　80　70　60　50　40　30　20	
⑩ ※ 折衝力	①折衝力は特に優れている ②折衝力はいくらかよい方である ③折衝力は普通である ④折衝力はやや劣る ⑤折衝力は下手である	100　90　80　70　60　50　40　30　20	
⑪ ※ 指導・統率力	①部下の能力を十分に伸ばし、部下も絶対の信頼を寄せている ②部下の能力をある程度理解し、部下も信頼している ③努力は認められるが、あと一歩である ④自己本位であって、部下の信頼がない ⑤指導・統率力が全くない	100　90　80　70　60　50　40　30　20	
⑫ ★ 報告・連絡	①報告・連絡は確実に行い、とくに優れている ②報告・連絡は、よい方である ③報告・連絡は、普通である ④報告・連絡は、やや劣る ⑤報告・連絡は、ほとんど行わない	100　90　80　70　60　50　40　30　20	

※印は、管理監督職のみ評定し、★印は、一般職のみ評定する。
第一次評価者は赤ボールペンで△印、第二次評価者は青ボールペンで○印を付す。

合　計　点

特記事項

評価方法

① 考課着眼点5項目のうち、該当する内容にチェックを行う。
② チェックの評価を評価尺度に転記する。転記のポイントは、次のとおりとする。
　ア．①極めて優秀である　　100　95　90
　イ．②優秀である　　　　　85　80
　ウ．③普通である　　　　　75　70　65　60
　エ．④やや劣る　　　　　　55　50　45
　オ．⑤非常に悪い　　　　　40　35　30　25　　20点以下は特記事項
③ 評定（ポイント）欄に、該当点数を記載する。

賞罰審査委員会規程

（委員会設置の目的）
第1条　この規程は社員就業規則第69条（表彰）および第71条（懲戒）にもとづき、社員の表彰、懲戒に関する事項を定める。

2　委員会は、社員の表彰および懲戒に監視し、会社の諮問に応じ、審議のうえ答申し、就業規則の表彰、懲戒に関する規程の厳正妥当な運用をはかることを目的とする。

（構成）
第2条　委員会の構成は、つぎのとおりとし、社長が指名する。

委員長……部長以上の職にある者一名
委　員……課長以上の職にある者四名

2　原則として人事担当部長又は課長は委員に指名し、幹事とする。

（委員長および幹事の任務）
第3条　委員長は、会務を処理し議事を主宰する。

2　委員長に事故あるときは、委員長が委員のなかから指名した者が、その職務を代行する。

3　幹事は庶務事項を処理する。

（委員の任期）
第4条　委員の任期は二か年とする。委員に欠員を生じたとき、社長は後任者を指名する。後任者の任期は、前任者の残存期間とする。

2　委員の任期満了にともなう社長の指名は再任を妨げないものとする。

（諮問）
第5条　会社は、社員の表彰・懲戒に関する規程に該当する事実が発生したとき、委員会に諮問する。

（委員会の招集）
第6条　委員長は、前条の諮問を受けたとき、すみやかに委員会を招集し社員の表彰あるいは懲戒の可否および、表彰の種類ならびに方法、懲戒の種類および程度を審議し、その結果を答申しなければならない。

（委員会の開催）
第7条　委員会は、委員全員の出席がないと開催することはできない。

（委員会の決定）
第8条　委員会の審議事項の答申は、原則として委員長を含めた出席委員一致とする。ただし、三分の二以上の賛成がある場合は、委員長はこれを決定することができる。

（関係者の喚問）
第9条　委員会が必要があると認めたときは、本人または関係者を委員会に出席させて意見を述べさせ、または資料を提出させることができる。

（委員の機密保持）
第10条　委員は、委員会で知り得た機密を厳守しなければならない。

（簡易手続き）
第11条　懲戒に関する規程に該当し、かつその罰目および程度が明白に該当し、もしくはこの委員会で判例的に確定しているときは、会社は委員会に代え簡単な手続きによることができる。

（委員の除斥）
第12条　第2条の委員会の構成員にして、つぎの各号のいずれかに該当する者は、その審議に参加できない。

① 被審議者であるとき。
② 被審議者の配偶者もしくは、親族であるとき。
③ 被審議者の証人となったとき。
④ 前各号のほか委員会の決定により不適当と認めたとき。

（議事録）
第13条　委員会は議事録を備え、重要な事項を記録し、委員長および各委員はこれに署名捺印するものとする。

（事務局）
第14条　委員会に事務局を置く。事務局は本社人事担当課とする。

2　事務局は、つぎの業務を行う。

① 委員長の指示により、委員会の開催

接客従業員心得

② 委員会の議案、参考資料の整理、配布。
③ 議事録の作成、配布、保管。
3 委員会開催に際して、事務局から議事録等の記録整備のための、書記を参加させる。

付　則

（施行）
第15条　この規程は平成一三年四月一日から施行する。

（制定　昭和六三年四月一日）

接客従業員心得
（平成〇〇年〇月〇日制定）

まえがき

〇〇株式会社が、映画、興行を通じて社会に大いに貢献していることは、私達のつねにほこりとするところです。
そこで私達は、この文化的、公共的使命を自覚し、これからもさらに社会の信用と好意を得て、会社の繁栄と私達の幸福を築いていくことを心から願い、それぞれの職場で最善をつくして働こうと思います。ことに劇場は毎日、直接お客様に接し、お客様がいつも明るく楽しい雰囲気の中で気持よく観賞されるようにお手伝いをしているのですから、その任務は大変重いものといえましょう。
この本は、その務めを果たす上で、ぜひ守っていただきたいことがらを一つにまとめたものです。
どうか皆さんはいつも繰返し繰返し読んで、それぞれを実際の場に生かし、よくお客様の満足の得るよう努力してください。会社はあなたに期待しています。

劇場従業員の心構え

劇場の従業員は、文字通り会社の第一線勤務者としてお客様の対応に当たるものですから、とくにお客様に与える印象とお客様から受ける信用とが大切です。
したがって、お客様に悪い印象を抱かせたり、劇場（会社）の信用を傷つけるような言動は固く慎まねばなりません。
一人一人がつねに劇場（会社）を代表しているのだという強い自覚と愛社精神とをもって仕事を愛し、礼儀正しく、服装や身だしなみにも注意し、応対の言葉も明瞭に、要領よく、態度はやわらかく、表情は明るく、どんな場合にも誠意をもって、迅速、的確、親切、ていねいな対応を行うよう心掛けましょう。

一般心得

一　服務態度

1　就業規則その他の規程は、十分理解してよく守りましょう。

2　何事も自分から進んで行い、仕事に楽しみを見出すよう努力しましょう。

3　自分の仕事は責任をもって最後まで完全に果たしましょう。

4　人の意見はよく聞き、進んで自分の意見も述べましょう。

5　お互いに協力して愉快に仕事をいたしましょう。

二　礼儀

1　お互いに人格を尊重して、礼儀正しく秩序ある勤務をしましょう。

2　上司は「職名」か「さん」をつけて呼びましょう。

3　従業員同士は「さん」または「君」で呼び、あだ名や愛称を使わないようにしましょう。

4　出勤、退勤の時は上司はもちろん従業員同士も明るく挨拶をかわしましょう。

三　服装

1　胸章は必ず左胸に正しくつけましょう。

2　制服は常に手入れをして清潔に保ち、ほころびやボタンのとれは必ず修理して正しく着用しましょう。

3　靴は活動に便利なものを選び、泥やほこりはふきとって常に手入れをしておきましょう。下着が外から見えたりするのは見苦しいから注意しましょう。また、ボタンやフックは必ず掛けておいて下さい。

接客従業員心得

応対心得

一 対応にあたって

1 いつもお客様の立場になって心をこめてサービスしましょう。
2 お客様のどんなお申出にも笑顔を忘れず、落ちついた態度で応対しましょう。
3 お客様にはすべて公平に応対し、服装、職業、身分、年齢等によって態度を変えないようにしましょう。
4 対応中はお客様から無断で離れないようにしましょう。
5 お客様からご用を受けたら「ハイ」と明快に返事をして、すみやかに用事を果たしましょう。
6 手落ちのあったときは、直ちにお詫びしてお客様に納得していただきましょう。
7 お客様に場所等をお教えする場合は、指先で示さないで必ずてのひらで示すようにしましょう。

二 お客様がいらっしゃったら

1 劇場入場、退場のお客様には「いらっしゃいませ」「ありがとうございます」を忘れずに言いましょう。
2 お客様はお待たせしないよう常に心掛けましょう。
3 お客様の服装等をじろじろ見たり、くすくす笑ったりすることは失礼にあたりますから絶対にやめましょう。
4 お客様から無理なことを言われても争ったり、議論したりすることはやめ、まず「相すみません」とお詫びしてから説明することにしましょう。

三 お客様がいらっしゃる間は

1 お客様の前で、お客様の批評は絶対にしないようにしましょう。
2 お互い同士の会話はお客様に聞こえないよう低い声でしましょう。
3 従業員同士が、劇場のお客様だけにしかわからないような言葉で話すのは、お客様にとっていやな感じを与えますから注意しましょう。
4 従業員同士で肩を組んで歩いたり、場内を仕事以外で走り回ったり、一カ所に大勢集まって話し合ったりすることはやめましょう。
5 どんな場合でも客用のソファや座席等に腰をかけることはやめましょう。

四 身だしなみ

1 頭髪はよく手入れをして清潔にしておきましょう。
2 お化粧は薄化粧程度にして気品を保つよう心掛けましょう。
3 手はよく洗って清潔にしましょう。爪をながく伸ばしたり、あまり派手なマニキュアをするのはやめましょう。
4 対応中はお客様から無断で離れないようにしましょう。
5 イヤリング、腕輪等の装飾品は勤務中つけないようにしましょう。
なお、雨靴、下駄等をはいて応対するのは体裁が悪いから気をつけて下さい。靴下にしわがよったり、縫目がまがっていたりするのは見苦しいものですから注意しましょう。

五 言葉づかい

1 言葉は正確、簡潔、ていねいに話すように心掛けましょう。
2 誰にでもわかるようにやさしい標準語をつかい、特に語尾は明瞭に発音しましょう。
3 敬語や尊称を適当につかって、失礼にならないように気をつけましょう。
4 いつも明るい気持で笑顔をもって話しましょう。
5 へつらいすぎたり、みだりにお世辞を言いすぎたりしないようにしましょう。
6 お客様よりの連絡事項や伝言は確実に申送りしましょう。
7 やむを得ない時は他の従業員に話の内容をよく申送りしてから離れるようにして下さい。
8 電話による応対は、顔や姿が見えないのでつい乱暴になりがちですから特に気をつけましょう（電話応対心得参照）。

接客従業員心得

6 お客様の前でお化粧を直したり、爪を切るような不作法はやめましょう。
7 お客様から見えるところで、あくびをしたり、居眠りをしたり、ポケットに手を入れるようなことはやめましょう。
8 客用電話で長話をすることは、お待ちのお客様の迷惑になりますからやめましょう。
9 お客様の前で、上映（演）中の俳優のまねをするのはやめましょう。
10 チュウインガムやあめ等を口に入れながら応対するのは最も失礼にあたりますから絶対にやめましょう。
11 お客様がいない時でも開場中は編物をしたり、本や新聞を読んだりなどしないようにしましょう。

四 その他心得ておくべき事項

1 現在上映（演）中の作品やその上映時間はもちろん、次週、近日上映（演）の作品についても、お客様から聞かれたときにすぐ答えられるよう覚えておきましょう。
2 現金は特に慎重に取扱い、間違いのないよう気をつけましょう。
3 場内には、どこに何があるかよく覚えていて、お客様からいつ聞かれても答えられるようにしておきましょう。
4 場内外の清掃に注意し、紙くずやちり等はみつけ次第片づけましょう。

五 各係心得

次の各係は、劇場勤務者のなかでもとくに接客の主役ともいわれる大事な係ですから、接客に当たっては十分な心づかいが必要です。

イ 出札係

(1) 出札係は、金銭、切符等を取り扱うので、とくに間違いのないよう応対しましょう。
(2) 切符や釣銭等はていねいにお客様にお渡ししましょう。
(3) 指定席券は、日付、等級、回数等をよく確かめて間違いのないようお渡ししましょう。
(4) 窓口の近くで金銭を数えたり、また窓口近くに金銭を置くのは危険ですからやめましょう。
(5) 切符売場のなかへは私物や勤務に不必要なものを持ち込まないようにしましょう。外部から見て見苦しくないように常に整理整とんに心掛けて下さい。
(6) 窓口の外の同僚や友人に呼びかけたり、窓越しに話し合ったりしないようにしましょう。
(7) 一興行の上映初め、終了時間の質問等に直ちに答えられるよう心掛けましょう。

ロ 案内係

(1) 案内係は、直接お客様のご用を受けることが多いので、言葉や動作には充分注意して、お客様によい印象を与えるようにしましょう。
(2) 満員の場合、無理に乗ろうとするお客様には、ていねいにお断りして必ず待っていただくようにしましょう。
(3) 席を間違えたお客様には、事情をよく説明して、正しい席へ戻っていただくようにしましょう。
(4) ご案内するとき、懐中電灯は常にお客様の足元を照らすようにし、他のお客様の迷惑にならないようにしましょう。
(5) お客様がご用あり気に近寄って来られたら、自分から進んで受けるように心掛けましょう。
(6) 携帯品は、紛失や間違い等のないよう気をつけてお預かりしましょう。
(7) 上映（演）中は絶えず場内の様子に注意し、もし変わったことがあったらすぐ上司に報告しましょう。
(8) お客様のことづけ、呼出しの申出のあるときは、直ちにメモいたしましょう。

ハ エレベーター係

(1) エレベーター係は、エレベーターの運転者であると同時に車掌としてお客様に接するのですから、常に敏速、沈着、親切な対応をするように心掛けましょう。
(2) お客様を席にご案内するときは、他のお客様の迷惑にならないよう静かに、迅速に行いましょう。
に心掛けましょう。

接客従業員心得

(3) 扉の開閉には特に注意して、お客様がはさまれないように気をつけましょう。
(4) お客様が乗られたら、直ちにご用の場所をたずね、また降りる場所を言われたら必ず返事をしましょう。
(5) 目的の階に停止したときは、「何階でございます」とハッキリお知らせしましょう。
(6) 運転中、お客様の前で従業員同士で雑談するのは、見苦しいばかりでなく、事故のもとになるからやめましょう。
(7) 運転中に故障し停止したときは、お客様に不安の心を起こさせないよう事情を説明するとともに、直ちに連絡をとって安全をはかりましょう。
(8) 故障その他の理由で運転休止となったときは、必ず忘れずにそのむね掲示を出しましょう。
(9) エレベーターが、劇場専用ならば発進前に「〇〇劇場に参ります」「下に参ります」「一階お出口でございます」「ご来場いただきまして、ありがとうございます」など、案内する言葉を習慣づけましょう。

二 売店係

(1) 売店係は、短い休憩時間にお客様と応対することが多いので、その行動は迅速、ていねいにし、確実にしましょう。
(2) お客様との対応は、必ず起立して行いましょう。
(3) 値札はお客様から見えやすくしておきましょう。
(4) お客様のご希望の商品がない場合は、ていねいにお詫びして、同じような商品を買っていただくようにしましょう。
(5) 代金は、必ずお客様の前で確かめ、釣銭は、お渡しする金額について特に念を押すようにしましょう。
(6) 売店台に寄りかかったり、ひじをついたり、背を向けたままで応対するようなことは絶対にやめましょう。

非常事故その他の心得

一 非常事故の心得

1 劇場内に異常を発見したときは、直ちに上司に連絡しましょう。
2 万一のときに備えて、劇場の構造、劇場付近の地理・状況はよく覚えておきましょう。
3 事故が起きたときは、上司の指示に従って沈着、冷静、迅速に行動しましょう。
4 連絡する余裕のないときは、自分で状況を判断して臨機の処置をとり、その後上司に報告しましょう。
5 避難のときは、あわてないで真先にお客様を安全なところへ誘導しましょう。この場合とくにお客様に不安な気持を起こさせないことが必要です。

二 その他の心得

1 盗難およびその他の被害
お客様より盗難およびその他の被害の知らせを受けたら、直ちに上司に報告しましょう。
2 遺失物
遺失物は、発見したら直ちに事務所へ届けましょう。
(2) お客様から紛失物の届出があった場合は、直ちに場内をさがし、もしないときは事務所にご案内しましょう。
(3) お客様が遺失物を届けに来られたら、事務所にご案内しましょう。
3 迷子
迷子はその場で保護者をさがし、もし見つからないときは事務所に連絡してそ

6 火災は小火(ボヤ)のうちに消しましょう。
7 火災報知器、消火器、消火栓等の使用法は、普段からよく覚えておきましょう。
8 地震の場合は、かえって危険ですから、すぐ屋外に避難しましょう。落下物のないところに避難しましょう。
9 火災や地震の場合、エレベーターはすぐ停止して最寄りの階段からお客様を避難させましょう。
10 停電やその他の事故があったら、様子をみに事務所へ連絡して事情を確かめ、すみやかにお客様へご通知しましょう。

守衛業務規程

第一章 総則

第1節 職務

第1条 本規程においては就業規則第〇条にもとづき守衛の職務および職務執行に関する事項を定める。

第2条 守衛は労務課長の命に服し事務所倉庫および工場内外の保安取締管理の職に任ずる。
 前項に関しては社長その他役員および各課長職場長は必要な指示および処置を直接守衛に命ずることができる。

第3条 非常事態発生のときは会社は一般従業員に対して、臨時に守衛の職務の全部または一部を担当させることがある。この場合は本規程を準用する。

第4条 守衛の勤務は次の通り定める。
① 昼勤
② 夜勤
③ 派遣（〇〇工場等）

第5条 守衛の職務内容は次の通りとする。
① 出入者の取締
② 物品の搬出入の取締
③ 社内保安
④ 設備監守および夜間の機械設備等の管理
⑤ 非常時処置

第6条 本規程の制定改廃は労務課長が起案し社長の決裁を経て実施する。

第2節 執務

第7条 守衛の職務は通常勤務と非常勤務とに分ける。通常勤務は通常情勢下における職務執行の場合をいい、非常勤務とは風水害、火災、盗難、暴動、争議等の場合における職務執行をいう。

第8条 守衛の勤務時間は昼勤午前七時三〇分より午後五時まで、夜勤午後四時三〇分より翌日の午前八時までとする。
 ただし後任者に引継ぎするまで勤務を継続しなければならない。

第9条 守衛は毎日午前八時までに後任者と交替するものとし、守衛日誌に記入捺印し引継ぎ物件を労務課または担当課に引渡し交替する。

第10条 守衛の通例の執務方法は次の通りにする。
① 守衛所内における受付その他の門衛事務
② 工場内外を巡回し別に定める戸締、火の元、動力および機械設備の管理その他の点検および始末をしなければならない。
③ 内外の連絡通報

第11条 終業時間後必ず一定時間を期して工場内外を巡回し別に定める戸締、火の元、動力および機械設備の管理その他の点検および始末をしなければならない。

第12条 第7条に定める非常事態が発生した場合には会社の指示によりまたは自ら進んで対策処置連絡等に当らねばならない。

第13条 守衛は守衛自体の力では解決し得ないと見られるときは労務課長またはその他の者に通告し、他の応援を求めることができる。

第3節 服務規律

第14条 守衛は人に対しては公正不偏厳格に対し、しかも親切にその処置は明敏迅速厳正にしなければならない。

第15条 守衛は勤務に当たり左記行為をとく に守らなければならない。
① 清潔で職務上不体裁にならない程度の服装、帽子、靴等を着用すること
② 正しく衣服を着用し、裸体その他見苦しい風体はしないこと
③ 勤務中は絶対に飲酒しないこと
④ 守衛所には特別の用件がなくて従業員または外来者等を立入らせ、または外

守衛業務規程

第16条　守衛に左記の行為があるときはこれを懲戒する。この場合の懲戒は一般従業員より一級重くする。

① 本規程に違反したとき
② 職務怠慢または不注意の行為があったとき
③ 物品の持出まは私物製作の行為を黙認し、または不注意でこれを識別し得ないとき
④ 不正不都合の行為であることを知りながらこれを黙過したとき
⑤ 巡回処置等の職務上における粗暴怠慢不注意等の事実があったとき
⑥ 自らが不正不都合の行為を行ったとき

第4節　給　与

第17条　守衛の給与は日給月給とし左記の通り定める。

① 一日一人で二連続勤務の場合は一勤務を休日勤務として取り扱う。
② 守衛手当（作業手当）は基本日給に準じて支給し、移職した時に自動的に消滅する。
③ 次の交替者が出勤しないために退勤時刻後引続き勤務した場合は、遅刻した者の時給を控除し、引続き勤務者に対しては残業として取扱う。

（この場合の時給は日給の一〇分の一とする）

第5節　報告および連絡

第18条　守衛は勤務中に取扱いまたは発生した事項は、すべて翌朝事務引継ぎの際これを労務課長および主管者に報告または連絡しなければならない。

第19条　前条にいう報告とは口頭または文書で要項を伝達し、連絡は預り文書または物品を手渡しまたは引き受けた事項の処理を求めることをいう。ただし特定の主管者に報告または連絡した場合もその要項は労務課長に報告しなければならない。

第20条　つぎの要項はすべて守衛日誌に記入し、夜警巡回時計とともに労務課長に提出しなければならない。

① 月日、曜日、天候
② 勤務者名およびその勤務時間
③ 残業者および早出者の姓名と時間
④ 来訪者とその用件
⑤ 電報速達とその他文書受理
⑥ 電話とその用件
⑦ 設備管理の状況
⑧ 物品の搬出入
⑨ 事故の有無

第二章　職務執行

第1節　出入者取締

第21条　出入者の取締とは次の事項を処理することをいう。

① 来訪者の受付取次および案内
② 電話の受付
③ 従業員の出勤退所の勤怠事務
④ 従業員の入出門の取締
⑤ 一般外来者の入出門の取締

第22条　守衛所は通退する者、会社内に立入る者はすべて守衛所で受けつけた上社内に立入らせなければならない。ただしすでにその者の身分の熟知しているものまたは正当な用務があることが確実な者と認めるときはそのまま入門させてもよい。

第23条　左記に該当する者は一応労務課長の指示を求めて入門させる。

① 著しく酒気をおびた者

ただし②に該当する者は入門を謝絶する。外来者の場合は不穏または多少の逸脱の傾向になければ多少の酒気をおびた者は認める。

② 新聞雑誌記者、広告印刷配布等を目的とするもの、保険勧誘員その他外交販売員等
③ 兇器を所持しまたは徒党を組む者
④ 精神異常者および他人の嫌悪する病気

来者と用談してはならない

ただしこれはなるべくお互いの申合せにより相殺すること。

④ 年次有給休暇の請求権は一般従業員と同等とし、昼夜勤共に一日連続日二日とする。

守衛業務規程

⑤挙動の怪しい者、服装の著しく不潔なもの
⑥多数集合して来場するとき
⑦面会を強要するもの
⑧押売行商

第24条　就業時間後に電話を受理したときまたは来訪者のあったときは、その相手先の氏名、用件、当方の係員等を聞き伝票に記入し明朝これを本人に連絡しなければならない。

第25条　従業員の出退勤時における出勤カードの取扱いについては、左記の処置をしなければならない。
①定時刻前後一〇分間は必ずカード提出の確認できる所に位置すること
②他人のカードを不正提出しないように注意すること
③時刻手記は青インクで明瞭に記入すること

第26条　就業時間中従業員が外出する場合は外出票を提出させ、外出票に出入門の時刻を各欄にそれぞれ記入捺印し、特に外出者の帰社を確認すること。

第27条　従業員が早退する場合は早退票を提出させ、関係者の認印の有無を確認の上時刻を記入して労務課に提出すること。（寮居住者は本人に渡し舎監に提出させる）

第28条　就業時間中の従業員への面会は原則として休憩時間中に限る（作業時間中は労務課長の許可を必要とする）ものとし、かつ守衛所または事務所の面会室および舎監室において行い職場内に入れてはならない。

第29条　表裏門ともに大戸は始業時刻三〇分前に開門し終業時刻三〇分後に閉門する。通用小門は午後一一時に閉門するものとする。

第2節　物品搬出入の取締

第30条　物品搬出入取締とは次の事項を処理することをいう。
①外来者の物品の搬出入の監視と事故防止
②従業員の物品の持込および持出の監視
③郵便物の受入および持出の連絡

第31条　守衛は工場内に持込み持出すべての物につき監視し、不正不都合を防止する義務をもつ。

第32条　外来者（トラック、荷車その他）が物品を工場内に搬入するときは、その証票の提示を求めまたは説明を求めもしくはその物品の内容、受領すべき理由送り先を確かめて入門させる。ただし原則として始業時間後は搬入させてはならない。

第33条　外来者（トラック、荷車等）が場外に物品を搬出するときは、必ず持出許可証と主管工長の承認を得たものとを対照し、正否を確かめた上でなければ許可してはならない。従業員が物品の持出をするときも前項に準じて物品持出証の提示を求めて検品しなければならない。

第34条　守衛は随時必要に応じて携帯品の検査を求めることのため従業員について携帯品の検査を求めることができる。

第35条　守衛は従業員の勤務のために必要な弁当、衣類、身回品以外のもの、特に工具、備品、諸材料、売品類等を場内に持込ませてはならない。ただしやむをえない場合は守衛所で預り入場させる。

第36条　就業時間後の郵便物は守衛所に保管し、翌朝労務課に引き渡す。（寮関係は舎監）就業時間中は、そのつど処理する。

第37条　郵便物は一般、書留、速達、電報に分け受信簿に記入したのち労務課に引渡す。

第38条　設備の保全処置とは次の事項を処理することをいう。
①火元の取締と防火処置
②風水害の監視とその防難処置
③戸締と盗難防止の処置
④電力、水道、機械、ボイラー等の監視と処置

第39条　夜警は巡回巡視を十分に行い、前条項に万全を期さなければならない。

第40条　夜警の巡回通路は別に指示する。守

出欠勤取扱規程

第41条 夜警の行うボイラー操作等についてはそれぞれの主管工長よりの指示に従い行うものとする。

第42条 夜警は工場内の火元調べを行い、これを守衛所に貼付しておき、この個所は常に巡視し異状の有無と危険の有無を看視しなければならない。

第43条 工場内の門塀、垣の内外および通路をよく看視し、ことに侵入潜伏の恐れがある個所には特に留意すること。

第44条 戸締および鍵錠の確認と窓および扉の開閉に注意し盗難の気配について監視し適宜警鈴を鳴らす。

第45条 強風雨のときは雨漏雨水の浸入、流水の閉塞等を観察して適宜の処置をしなければならない。

第46条 終業後の職場および事務室内の電熱、火床、重油炉、水道、電灯、モーター、アセチレン、酸素器具等については切断や残火の危険性を点検し適宜の処置をとる。

第47条 工場内外に非常事態が発生し、または発生するおそれがあるときは、直ちに社長ならびに役員および労務課に連絡し、その指示を求めるとともに応急の処置をとること。

第48条 ここに非常事態とは次の場合をいう。
① 争議の発生
② 天災事変の発生
③ 群集による暴行があるとき
④ 出火または近火があるとき

第49条 前条の非常措置についてはそのつどこれを指示する。

付 則

（実施）
第50条 この規程は平成〇〇年〇月〇日より実施する。

出欠勤取扱規程

第一章 総 則

（目的）
第1条 この規程は、社員の出退、遅刻、早退、欠勤および休日等に関する事項について定める。

（適用の範囲）
第2条 この規程は、次の社員に適用する。
① 社員
② 定時社員
③ 嘱託社員

（応援時の勤務時間）
第3条 他の事業所へ応援を命ぜられた場合の勤務時間は応援先の定めによる。

第4条 この規程における遅刻、早退および欠勤等の給与計算上の取扱いについては別に定める「給与規程」による。

（遅刻、早退および欠勤の給与計算上の取扱い）

第二章 出社および退社

（出社）
第5条 社員の事業所への出入は所定の通用門より行い、出社したならば所定の始業時刻までに直接本人がタイムカードに打刻し、または出勤簿による者はこれに捺印し、制服に着替えて始業時刻と同時に勤務できる態勢をとらなければならない。

（退社）
第6条 所定勤務または時間外および休日勤務を終えた社員は、直ちにタイムカードに打刻し、すみやかに退社しなければならない。

2 やむを得ない私事の都合により勤務時間外に残留する場合は、事業所の長（または保守担当者）へ申出その許可を受けなければならない。

（タイムカードの打刻ミス）
第7条 タイムカードを誤って打刻した場合は、直ちに就業担当者に申出、その訂正をしなければならない。

第三章 遅 刻

出欠勤取扱規程

（遅刻）
第8条　社員が次の各号の一に該当した場合は遅刻扱いとする。
①私事の都合（通院等）で所定の始業時刻に遅れたとき
　ただし、遅刻は〇時間以内とする
②タイムカードの打刻を忘れたとき
　ただし、宿直の場合は、遅刻扱いとならないが、タイムカードに打刻すること
③所属長の許可なく早番勤務を遅番勤務に変更したとき
④私用外出により〇時間以上〇時間未満勤務しなかったとき
⑤外出および出張手続を怠ったり所定の始業時刻に遅れたとき
⑥誤って他人のタイムカードに打刻し、自己のタイムカードに打刻しなかったとき
　ただし、誤打刻が明確な場合は遅刻とはしない

（遅刻の例外）
第9条　社員が次の各号の一に該当する事由で遅刻した場合はすみやかに就業カードにその事由を記入し、所属長の承認を得た場合に限り遅刻扱いとはしない。
①やむを得ない交通事故によるとき
②選挙権の行使によるとき

③証人、鑑定人または参考人として裁判所に出頭するとき
④その他前号に準ずるもので社員の責任によらない不可避の事由によるとき

（棚卸、新店舗開店および防火訓練時の取扱い）
第10条　棚卸、新店舗開店および防火訓練等の事由により、事業所単位で一時的に所定の始業時刻を変更した場合であっても、その時刻に遅れたときは遅刻とする。

（早出時間外勤務の取扱い）
第11条　特定の者が所属長から早出時間外勤務を命ぜられ、その時刻に遅れた場合は遅刻扱いとしない。

（遅刻の手続）
第12条　遅刻したときはその事由にかかわらずすみやかに就業カードにその事由を記入し、タイムカードを添えて所属長へ届出なければならない。
2　就業カードの提出は当日の午後〇時までとする。
3　前項の手続を怠った場合は無届遅刻とし、遅刻〇回として取り扱うものとする。

第四章　早退

（早退）
第13条　社員が次の各号の一に該当した場合は早退扱いとする。
①私事の都合（通院等）により所定の勤務時間の途中で退社したとき
②私事の都合（通院等）により〇時間以上〇時間未満遅れて出社したとき
③私事の都合（通院等）により〇時間以上〇時間未満勤務しなかったとき
④外出および出張手続を怠ったり所定の勤務時間の途中で退社したとき

（遅刻者が早退した場合）
第14条　私事の都合により遅刻した者が、さらに早退した場合は就業カードにそれぞれ遅刻、早退としてその事由を記入し所属長の許可を受けなければならない。ただし、タイムカード（または出勤簿）の処理は早退のみとする。

（早退の手続）
第15条　私傷病その他やむを得ない事由により早退する場合は就業カードにその事由を記入し所属長へ申出、その許可を受けなければならない。
2　前項の手続を怠った場合は、無届早退とし早退〇回として取り扱うものとする。

第五章　欠勤

（欠勤）
第16条　社員が次の各号の一に該当する場合は欠勤扱いとする。

出欠勤取扱規程

（欠勤の連絡）

第17条　私事のやむを得ない事由により欠勤する場合は、事前に所属長へ申し出なければならない。

2　やむを得ない事由により事前に申し出ることができなかった場合は、電話その他の方法により、当日の始業時刻より〇時間以内（遅番勤務者は遅番の始業時刻より〇時間）に所属長へ欠勤の連絡をしなければならない。

（欠勤の手続）

第18条　欠勤をした場合はその事由および許可の事前事後を問わず、就業カードにその事由を記入し所属長へ届出、その許可を受けるとともに就業担当者へ提出しなければならない。

2　就業カードの提出は翌出勤日の午後〇時までとする。

3　前項の手続を怠った場合は無届欠勤として取り扱うものとする。

（長期欠勤）

第19条　社員が私傷病その他やむを得ない事由により欠勤が連続して〇日以上におよぶ場合は、医師の診断書またはその事由を提出しなければならない。

①　私事の都合により勤務しなかったとき

②　外出および出張手続を怠り出社しなかったとき

（無届欠勤）

第20条　社員が次の各号の一に該当した場合は無届欠勤扱いとし、欠勤として取扱うものとする。

①　欠勤に関する手続を怠ったとき

②　休暇に関する手続を怠ったとき

（公用外出）

第21条　社員が業務上の事由により外出し、もしくは出社前に直接用務先に行く場合は、事前に所定の手続により所属長へ届け出、その承認を受けるとともに就業担当者へ外出届を提出しなければならない。

（私用外出）

第22条　社員の私用外出は原則として禁止する。勤務中の急病その他突発的なやむを得ない私事の都合により外出する場合は、事前に所定の手続により所属長へ申し出、その許可を受けるとともに就業担当者へ外出届を提出しなければならない。

2　前項による私用外出は、〇時間以内に限り正規に勤務したものとして取り扱う。

3　私用外出が〇時間以上におよんだ場合は、その時間に応じて次の通り遅刻、早退または欠勤扱いとする。

①　〇〇時間以上のとき……遅刻扱い

②　〇〇時間以上のとき……早退扱い

第六章　外　出

第七章　休　日

（一般および特別休日の決定）

第23条　社員の休日は次のとおりとする。

①　日曜日（法定休日）

②　土曜日（特定休日）

③　国民の祝日（日曜日と重なったときは翌日）及び五月四日（特定休日）

④　年末年始（一二月二九日〜一月四日）（特定休日）

⑤　夏期休日（八月一三日〜八月一七日）（特定休日）

⑥　会社が指定する日（特定休日）

（休日の変更）

第24条　次の各号の一に該当する場合は、休日と定められている特定曜日を他の曜日に変更することができる。

①　会社が業務の都合により休日の変更を必要としたとき

②　社員が私事の都合により休日の変更を申出て承認されたとき

ただし、休日の変更は翌月からとする。社員が休日の変更を希望する場合は、毎月末日までに申出なければならない。

（法定休日の優先）

第25条　会社は業務の都合により休日を他の日に変更しまたは振り替える場合は、特別休日からとし、一般休日を優先して与えるものとする。

（私事の都合による振替休日）

第26条　社員がやむを得ない私事の都合により休日の振替を希望する場合は、就業カードにその事由を記入し所属長に申し出なければならない。

2　会社は業務の正常な運営を妨げない場合に限り、前項の申出により休日を他の日に振り替えることがある。

（休日の振替制限）

第27条　前条による休日の振替は月一回とする。

2　休日を振り替える場合は、振替予定の休日を起算日として前○週間、事後○週間以内とする。

ただし、四週間を通じて四日以上の休日を与える。

（休日の振替手続）

第28条　休日振替を命ぜられた社員は就業カードにその期日を記入し、所属長に届け出、確認を受けるとともに就業担当者に提出しなければならない。

2　就業カードの提出期限は振替休日の翌日午後○時までとする。

付　則

第29条　私傷病により所定の勤務時間中に継続もしくは定期的通院を必要とする場合は勤労部へ届け出なければならない。

（私傷病による勤務時間中の継続的通院）

前項の通院期間の取扱いについては、通院により勤務しなかった時間を考慮してそのつど定めるものとする。

（実施期日）

第31条　この規程は、平成○○年○月○日より実施する。

傷病休職取扱規則

（通則）

第1条　本規則は、就業規則第○○条第○号の傷病休職に関する取扱いについて定める。

（傷病休職）

第2条　傷病欠勤が賃金計算締切日において、別表1に示す欠勤日数に達した場合、その翌日以降を傷病休職とする。ただし、当該賃金締切日において、就業規則第○条により出勤を許可されている場合には、その限りではない。

（在籍期間）

第3条　傷病休職期間が、別表2に定める期間に達した場合は、就業規則第○○条第○号により退職願を提出し退職しなければならない。

（在籍期間の特例）

第4条　勤続一年以上の者については、事情により、会社は前条の期間終了後、さらに、別表3の期間を限って在籍を認めることがある。

（傷病休職見舞金）

第5条　傷病休職期間開始後、別表に定める期間に対しては、一カ月につき、理論計算による賃金月額の五割相当額の傷病休職見舞金を支給する。ただし、この期間中に健康保険の傷病手当金または出産手当金の給付あるいは通勤災害取扱規程による休業給付（以下単に給付という）がある場合はその期間分については本見舞金を支給しない。

2　前項により、見舞金を支給する期間の始期、または、終期が月の中途にある場合は、その月分の見舞金は日割計算により支給する。

（傷病休職特別見舞金）

第6条　傷病休職が結核性、または、循環器系疾病による場合は、前条による期間終了後さらに別表5に定める期間に対し一カ月につき理論計算による賃金月額の○割相当額の特別見舞金を支給する。ただし、この期間中に給付がある場合は前条第2項の規程に準ずる。

（復職）

第7条　傷病休職者が復職願を提出し、会社の専属医師、または、指定医師の診断を受けその結果、就業してもさしつかえな

傷病休職取扱規則

別表1

勤続年数	欠勤回数
1年未満	4ヵ月中 69日以上
1年以上5年未満	6 〃 115 〃
5 〃 10 〃	7 〃 138 〃
10 〃 15 〃	8 〃 161 〃
15年以上	9 〃 184 〃

（備考）上表中、月数は連続する賃金計算期間月数を示す。

別表2

区分＼勤続	5年未満	5年以上10年未満	10年以上15年未満	15年以上
参与・参事・事務企画・技術企画系統 事務・技術・作業技術系統○〜○級 執務・工技・技能系統○〜○級	20ヵ月	22ヵ月	22ヵ月	24ヵ月
事務・技術・作業技術系統○級 執務・工技・技能系統○〜○級	14ヵ月	16ヵ月	18ヵ月	20ヵ月

別表3

区分＼欠勤の事由	一般疾病の場合（結核性または循環器系疾病あるいは通勤途上の交通事故に直接起因する疾病を除く）	結核性または循環器系疾病あるいは通勤途上の交通事故に直接起因する疾病の場合
参与・参事・事務企画・技術企画系統 事務・技術・作業技術系統○〜○級 執務・工技・技能系統○〜○級	18ヵ月	30ヵ月
事務・技術・作業技術系統○級 執務・工技・技能系統○〜○級	12ヵ月	20ヵ月

別表4

区分＼勤続	1年未満	1年以上5年未満	5年以上10年未満	10年以上15年未満	15年以上
参与・参事・事務企画・技術企画系統 事務・技術・作業技術系統○〜○級 執務・工技・技能系統○〜○級	3ヵ月	13ヵ月	18ヵ月	23ヵ月	28ヵ月
事務・技術・作業技術系統○級 執務・工技・技能系統○〜○級	1ヵ月	9ヵ月	12ヵ月	15ヵ月	18ヵ月

いと会社が認めた場合は、復職することができる。

（復職の取消し）
第8条　前条により、復職した者につき、その後の勤務状態・健康状態等から復職を不適当と会社が認めた場合は、復職の日から〇カ月以内に、復職を取り消すことがある。

2　前項により、復職を取り消された場合、その取消日以降は復職日までの傷病休職が継続したものとして取り扱う。

（期間の算定）
第9条　本規則に示す期間の算定は、賃金計算期間による。

（参与および参事の特例）
第10条　参与および参事の資格にあるものの傷病休職については事情により、特に本規則と異なる取扱いをすることがある。

（特別職の取扱い）
第11条　第3条ないし第6条に関する特別職についての取扱いは別に定める。

（教育期間中の者の取扱い）
第12条　教育期間中の者に対しては、それぞれの属する系統の○級とみなして本規則を適用する。

（勤続年数、資格）
第13条　本規則に示す勤続年数および資格は、すべて休職発令日現在の勤続年数および資格とする。

2　先任社員についての資格は社員就業規則第〇〇条第〇号本文による定年時の資格とみなして取り扱う。

（用語の定義）
第14条　理論計算による賃金月額とは、基本

出向規程①

(目的)
第1条 この規程は、関係会社（以下出向先）に対して出向させる従業員の労働条件その他の取り扱いに必要な事項を定め、人事交流の円滑化を図ることを目的とする。

(勤務)
第2条 この規程の出向とは従業員が三カ月以上にわたり出向先に勤務することをいう。

2 出向従業員の所属は原則として総務部所属とし、出向期間は勤務年数に算入する。

3 出向期間中の就業時間・休日、休暇、その他勤務に関する事項は、出向先の諸規定を適用する。

4 年次有給休暇は、出向時の残存日数は出向先に有効に引き継ぐものとし、帰社後は残存日数を会社が引き継ぐものとする。

(人事考課および昇給、昇格)
第3条 出向従業員の人事考課は出向先所属長の考課および会社の関係部門長の意見に基づき総務部部長が調整する。

(賃金および賞与)
第4条 出向従業員の賃金および賞与については、会社の給与規程に基づき会社の支給日に支払う。

2 時間外勤務手当等の超過勤務手当は、出向先の所属長の認定により会社の給与規程に基づき支払う。

3 出向従業員が出向先にて役職者に就任する場合は出向先の給与規程に定める役職手当を支払う。ただし、出向時点の役職手当を下回ることはない。

4 出向従業員の賃金は、会社が出向従業員に支払い、その賃金相当額を会社が出向先より支払いを受けるものとする。

(社会保険)
第5条 健康保険、厚生年金、雇用保険は会社での取得資格を継続し、保険料は賃金より控除する。

2 団体定期保険、個人扱いの生命保険、簡易保険についても会社の従業員として取り扱う。

3 労災保険は出向先にて取り扱うものとする。

(旅費)
第6条 出向先への赴任および帰社に伴う旅費は、会社の転勤規定を適用する。

2 出向期間中における業務上に要する出張旅費は、出向先の旅費規定を適用し、出向先が支払うものとする。

(福利厚生)
第7条 出向従業員が会社の厚生施設を利用する場合およびその他の福利厚生については、下記事項を除き原則として会社の

給・職階給・調整給および生計手当を理論計算によって合計した額をいう。

(付則)
第15条 本規則は、平成〇〇年〇月〇〇日から実施する。

別表5

区分＼勤続	1年未満	その他
参与・参事・事務企画・技術企画系統	6ヵ月	18ヵ月
事務・技術・作業技術系統〇～〇級		
執務・工技・技能系統〇～〇級		
事務・技術・作業技術系統〇級	2ヵ月	16ヵ月
執務・工技・技能系統〇～〇級		

国内出向者取扱規程②

（目的）
第1条　この規程は、社員就業規則第〇条にもとづき、会社が社員を国内の他の企業または団体に出向させた場合の出向中の取扱いについて定める。

（出向者の定義）
第2条　出向者とは当社在籍のまま他の企業または団体に勤務を命ぜられた者をいう。

（出向の区分）
2　出向はその目的により、次のとおり区分する。

(1) A出向
a　会社の一分野と認められる企業または企業の合併により新会社を設立し、これに伴い社員を出向させるとき。

(2) B出向
b　生活協同組合および共済事業等の団体に社員を出向させるとき。

(3) C出向
A、B以外で社員を出向させるとき。

（出向の期間）
3　出向の期間は次のとおりとする。

(1) A出向は必要期間とする。
(2) B、C出向は三年単位とし、必要により期間を更新する。

（出向者に関する管理）
第3条　出向者に関する管理は人事室で行なう。ただし出向先の事情により各事業所人事担当課で行うことがある。

（勤務）
第4条　出向者は服務規律・労働時間・休日などの勤務に関しては原則として出向先の就業規則その他の定めにしたがうものとする。

② 年次有給休暇・その他の諸休暇日数に関しては、当社基準による。

（賃金）
第5条　出向中の賃金（時間外手当、交替勤務手当、特作手当、出勤手当、都市手当などの諸手当を含む）および賞与・一時金は原則として当社の基準による。

② 賃金計算に当たっては出向先における総労働時間と当社の所定就業時間とを月単位で比較し、

(1) 前者が後者を上回るときは上回る時間を時間外労働として扱う。

他の従業員と同様の取り扱いをする。
① 給食補助は支給する。ただし出向先が給食施設を有する場合は、会社の給食施設を有する事業所並みの取り扱いを行う。
② 作業服は、出向先が貸与するものとする。
③ 慰安旅行の補助は出向先の方針に基づき出向先が行うものとする。

（退職金）
第8条　出向従業員に関する適格退職年金の掛金は会社が行い、退職金は、委託信託銀行より支払われるものとする。

（共済会）
第9条　出向従業員の共済会会員の資格は本人の希望により継続することができる。

（賞罰）
第10条　出向従業員の賞罰については、会社および出向先のそれぞれの規定を適用する。

（その他の原則）
第11条　前10ヵ条に定める事項以外については、原則として、会社の他の従業員と比較し不利にならないように取り扱うものとする。

（解釈および運用）
第12条　この規定の解釈および運用は総務部部長が行う。

（改廃）
第13条　この規定の改廃は取締役会が行う。

付則

1　この規定は平成〇年〇月〇日付けにて実施する。

2　平成〇年〇月〇日より実施するにて、第2条、第3条、第12条を一部改定実施する。

国内出向者取扱規程②

(2) 前者が後者に満たないときは、後者と同一時間働いたものとみなす。

③ 前各項により難いときは個別に決定する。

(昇格・定期昇給および賃金改訂)
第6条　出向者の昇格・定期昇給および賃金改訂は当社基準により実施する。

(旅費)
第7条　出向者が出向先へ赴任する場合および出向先から帰社する場合の旅費は当社旅費規程を適用する。

② 出向中は出向先の定めによる。

(定年および再雇用の取扱い)
第8条　当社における定年退職、および再雇用の取扱いは出向先の定めにかかわらず当社基準による。

(出向中の勤続取扱い)
第9条　出向中の期間は当社就業規則の定めるところにより当社勤続年数に通算する。

(退職金)
第10条　出向者の退職金は当社退職金支給規程による。

② 出向先から出向期間に応じて出向者に退職金が支払われる場合はその金額を当社に戻入する。

(出向中の表彰および懲戒)
第11条　当社の永年勤続表彰基準に該当するときは当社において表彰する。

② 出向先の表彰・懲戒に関する規程に該当するときは出向先において表彰、懲戒を受けるほか当社においても必要と認めたときは表彰、懲戒を行なうことがある。

(社会保険)
第12条　労災保険以外の社会保険については当社資格を継続する。

② 労災保険は出向先に移管する。

(育英扶助会)
第13条　出向中も○○扶助会会員としての権利義務を継続する。

(通勤手当)
第14条　通勤手当は原則として出向先の定めによる。

② 出向により転居を要するときは社宅、独身寮またはこれに代わる宿舎を提供する。

(社宅等の宿舎)
第15条　出向先の社宅、独身寮その他の宿舎の利用については出向先の基準による。

(1) 宿舎が当社のものであるときは当社基準による。

(2) 宿舎が出向先のものであるときは出向先の基準による。

② 宿舎の利用料は次による。

(当社諸規程の適用)
第16条　次の各規程については原則として当社規程を適用する。

(1) 慶弔金等贈与規程
(2) 業務上災害補償規程
(3) ○○年金支給規程

(4) 旅費規程のなかの別居手当に関する条項
(5) 住宅困窮者手当支給規程
(6) 非常融資金規程
(7) 学資金貸付規程
(8) 住宅資金融資規程
(9) 社員貯金規程
(10) 住宅積立金規程
(11) 住宅財形貯蓄規程

② 慶弔金等贈与規程に定める以外のものについて出向先で二重に支給を受けた場合は、出向先で支給を受けた額を当社に戻入する。

(当社福利厚生施設の利用)
第17条　出向中も所定の手続の上、当社の諸施設を利用することができる。

(作業服、安全靴)
第18条　作業服、安全靴については出向先の基準による。

(出向手当)
第19条　出向先における旅費・通勤手当・宿舎その他の福利厚生施設・地域的事情等を総合的に勘案し、出向手当を支給することがある。

② 出向手当の支給対象および金額については別に定める。

付　則

1　この規程は平成○○年○月○日から実施する。

海外関連企業への出向者取扱規程

第一章 総則

（目的）
第1条 この規程は、会社が業務の必要に応じ社員を海外の関連企業または団体に出向させる場合の取扱いについて定める。

（出向者の定義）
第2条 出向者とは、当社に在籍のまま他の企業または団体に勤務を命ぜられたものをいう。

（出向者に関する事務）
第3条 出向者に関する管理は人事室で行う。ただし、出向先の事情により各事業所担当課で行なうことがある。

（勤務）
第4条 出向者は、服務規律、労働時間、休日などの勤務に関しては、原則として出向先の就業規則、その他の定めにしたがうものとする。
② 前項の出向先における所定就業時間が当社の所定就業時間を超えるときは、超える時間を時間外労働として取扱う。出向先の所定就業時間が当社の所定就業時間に満たないときは、所定就業時間就業したものとみなす。
③ 諸休暇に関しては、出向先との関連でそのつど定める。

（昇格、定期昇給および賃金改訂）
第5条 出向者の昇格、定期昇給および賃金改訂は、当社基準により実施する。

（旅費）
第6条 出向者が出向先へ赴任する場合および出向先から帰任する場合の旅費は、当社規程を適用する。
② 出向中は、出向先の規程による。

（定年および再雇用の取扱い）
第7条 出向者の定年退職および再雇用の取扱いは、出向先の定めにかかわらず当社基準による。

（出向中の勤続取扱い）
第8条 出向中の期間は、当社勤続年数に通算する。

（退職金）
第9条 出向者の退職金は、当社退職金支給規程による。
② 出向先から出向期間に応じて出向者に退職金が支払われる場合は、その金額を当社に戻入する。

（出向中の表彰および懲戒）
第10条 当社の永年勤続表彰基準に該当するときは、当社において表彰する。
② 出向先の表彰、懲戒に関する規程に該当するときは、出向先において表彰、懲戒を受けるほか、当社においても必要と認めたときは表彰、懲戒を行なうことがある。

（社会保険）
第11条 労働保険以外の社会保険については、当社資格を継続する。
② 労災保険については次のとおりとする。

関連会社出向規程事務取扱要領③

一 一般事項

（所管業務）
出向に関する事項は、関連会社出向規程の本社と人事部で所管業務を処理する。

（労働条件）
出向者の労働条件は、関連会社出向規程によるが、関連会社の基準が会社の基準を下回る時は、会社の基準にもとづき取り扱う。

（休業報告）
出向者が、傷病または私事欠勤により、七日を超えて長期休業する場合は様式第1号により人事部長へ報告する。ただし、公傷病は速やかに報告しなければならない。

（異動報告）
関連会社は、出向者を異動させる場合、事前に人事部長へ連絡し、事後様式第2号により報告する。

（退職届）
関連会社は、出向者が「関連会社出向規程」第8条により退職するときは、様式第3号をもって人事部長へ連絡する。

二 給与・賞与・昇給

育児休業等規程

(給与体系)
出向者の給与は、会社の給与体系で取り扱う。ただし、関連会社の都合で一部これによらないこともある。
(出向・復帰時の給与負担)
給与計算期間(当月一日から翌月末日まで)の途中で出向・復帰する時の給与負担ならびに支払いは、次のとおりとする。
1 出向する時は全額関連会社で負担し、関連会社で支払う。
2 復帰する時は全額会社が負担し、会社で支払う。
(出向・復帰時の賞与負担)
出向・復帰時が期の途中の場合、賞与は次のとおり月割り計算して会社・関連会社が負担し、支給日現在の勤務場所において支払う。
1 この場合の期とは、「四月一日から九月三〇日」と「一〇月一日から三月三一日」をそれぞれ一期とする。
2 月の端数は、その月(当月一日から当月末日まで)の営業日数が過半数以上の場合一カ月とし、営業日数が等しい場合は折半とする。
(昇給・賞与の査定)
出向者の昇給・賞与は会社の基準により、本人の勤務成績表にもとづいて査定案を作成し、所定の月日までに人事部長へ提出する。ただし、出向・復帰時の査定案の作成は、次のとおりとする。

三 退職金
出向者の出向期間が三カ月以上の場合、次の計算方法による出向期間に相当する退職金を関連会社が負担し、原則として復職月日より二週間以内に会社に支払う。
(出向期間に相当する退職金の計算方法)
退職時の退職ポイント累計×単価×$\dfrac{出向期間}{通算続年数}$×$\dfrac{退職事由係数}{退職金規程のZ欄}$
ただし、復職事由が次の場合には、右記計算式の退職事由係数は甲欄を適用する。
1 会社の「就業規則」による定年に達し退職するとき
2 会社の「就業規則」による休職期間の満了により退職するとき(事故休職の場合を除く)
3 死亡したとき
4 業務上の傷病により勤務不能のため退職または解雇されたとき
5 会社の役員に専任されたとき
6 会社の都合により退職するとき

育児休業等規程

(目的)
第1条 この育児休業等規程(以下「規程」という)は、就業規則第〇〇条に基づき、社員の育児休業及び育児短時間勤務等に関する取扱いについて、基本的事項を定めることを目的とする。
(法令との関係)
第2条 育児休業及び育児短時間勤務等に関して、この規程に定めのない事項については育児・介護休業法その他の法令の定めるところによる。
(育児休業の対象者)
第3条 育児のために休業することを希望する社員であって、一歳に満たない子(特別の事情がある場合は一歳六ヶ月)と同居し養育するものは、この規程に定めるところにより育児休業をすることができる。
2 前項にかかわらず、次の社員は育児休業をすることができない。
(1) 日雇社員及び期間契約社員
(2) 労使協定で社員の代表との間で締結された育児休業に関する協定(以下「育児休業協定」という)により育児休業の対象者から除外することとされた次の社員
① 入社一年未満の社員
② 配偶者(育児休業に係る子の親であ

育児休業等規程

る者に限る)が常態として当該子を養育することができる社員

③ 育児休業の申し出から一年以内に雇用関係が終了する社員

④ 一週間の所定労働日が二日以下の社員

(育児休業の申出の手続き)
第4条 育児休業の申出の手続きは、次による。

① 育児休業を希望する者は、原則として育児休業を開始しようとする日(以下「休業開始予定日」とする)の一ヶ月前までに、所定申込用紙(様式①)に記入して会社に提出することにより、申し出るものとする。

② 申出の日後に申出に係る子が出生したときは、申請者は、出生後二週間以内に会社に必要事項を届け出なければならない。

(期間)
第5条 育児休業の期間は、次のとおりとする。

① 育児休業の期間は、原則として子が一歳に達するまでを限度として社員本人の申し出た期間とする。

② 次の事情がある場合に限り、子の一歳の誕生日から一歳六ヵ月に達するまでの間で必要な日数について育児休業することができる。

イ 保育所に入所を希望しているが、入所できない場合

ロ 社員の配偶者であって育児休業の対象となる親であり、一歳以降育児に当たる予定であった者が、死亡、負傷、疾病等の事情により子を養育することが困難になった場合

③ 育児休業は、原則として出産休業期間満了の日の翌日から開始する。但し、出産休業後復職した者が、育児休業を希望する場合は、希望する日をもって休業の開始日とする。

④ 育児休業は、原則として本人の申し出た期間が終了する日をもって終了する。但し、休業期間中に出産休業が開始する場合又は子の死亡等により、養育しなくなった場合には、育児休業は終了する。

(期間の変更)
第6条 やむを得ない理由により、あらかじ

様式①　　　育児休業申出書

```
　　　　　　　株式会社
代表取締役社長　　　　　殿

　　　　　　　[申出日] 平成　年　月　日
　　　　　　　[申出者]　　　部　　　課
　　　　　　　氏　名　　　　　　　　㊞
```

私は「育児休業規定」第　条に基づき、下記のとおり育児休業の申出をします。

記

1 育児休業に係る子の状況	(1)氏名	
	(2)生年月日	
	(3)本人との続柄	
	(4)養子の場合の縁組成立年月日	
2 1の子が生まれていない場合の出産者の状況	(1)氏　名	
	(2)出産予定日	
	(3)本人との続柄	
3 育児休業の期間	平成　年　月　日　から 平成　年　月　日　まで	備考
4 申出に係る状況	(1)休業開始予定日の1ヶ月前に申し出ている・いない　→　申し出が遅れた理由（　　　　　　　　　　　　　　）(2)1と同じ子について育児休業の申出を撤回したことがない・ある　→　再度申出の理由（　　　　　　　　　　　　　　）(3)1と同じ子について育児休業をしたことがない・ある　→　再度休業の理由（　　　　　　　　　　　　　　）	

育児休業等規程

め申し出た育児休業が終了する一ヶ月前までに申し出ることにより、会社が認めた場合は期間を延長又は短縮することができる。

（給与の支払）
第7条　育児休業期間中の給与は支給しない。

（賞与の取扱い）
第8条　育児休業期間中の賞与については、その算定対象期間に育児休業の期間が含まれる場合には、出勤日数により日割で計算した額を支給する。

2　育児休業期間中は昇給を行わない。

（社会保険の取扱い）
第9条　社会保険の取扱いは、次のとおりとする。

① 労働保険・社会保険の被保険者資格は、休業期間中も継続するものとする。

② 厚生年金保険料の免除：厚生年金保険法の規定によって、休業期間中の被保険者本人負担分の保険料が免除される。

③ 健康保険料の免除：健康保険法の規定によって、休業期間中の被保険者本人負担分の保険料が免除される。

④ 雇用保険からの給付：雇用保険法の規定の要件を満たす場合には休業期間中について休業前給与の三〇パーセント相当額の「育児休業基本給付金」が、又、職場復帰後に同じく二〇パーセント相当額の「育児休業者職場復帰給付金」が支給される。

（年次有給休暇）
第10条　年次有給休暇の算定にあたっては、育児休業期間中は出勤とみなして算定する。

（勤続年数）
第11条　退職金の算定に関し、休業期間中は勤続年数に算入しないものとする。

（復職の取扱い）
第12条　育児休業が終了し、復職の場合の取扱いは、次のとおりとする。

① 復職後の職場及び職務は、原則として休業直前の職場及び職務とする。

② 復職時の処遇は、休業前の格付けを下回らないものとする。

③ 復職後の定期昇給は、休業前の勤務実績を加算するものとする。

（育児短時間勤務の制度）
第13条　社員で小学校の始期に達する子（実子又は養子）と同居し、養育する者は、会社に申し出て、次の育児短時間勤務の制度の適用を受けることができる。

① 勤務時間コースは次のとおりとする。
ア　五時間勤務コース
イ　六時間勤務コース

② 給与は、基準内給与を、その対応する労働時間分として計算する。

③ 昇給の取扱いは、通常勤務としたものとみなす。

④ 賞与は、第2号の給与計算に準じて行う。

⑤ 退職金の算定は、通常勤務したものとみなす。

（育児のための深夜業の制限）
第14条　小学校就学の始期に達するまでの子を養育する社員が当該子を養育するために請求した場合には、就業規則第〇条の規定にかかわらず、事業の正常な運営に支障がある場合を除き、午後一〇時から午前五時までの間（以下「深夜」という）に勤務させることはない。

2　前項にかかわらず、次の社員は深夜業の制限を請求することができない

(1) 日雇社員

(2) 入社一年未満の社員

(3) 請求に係る子の一六歳以上の同居の家族が次のいずれにも該当する社員
① 深夜において就業していない者（一ヶ月について深夜における就業が三日以下の者を含む）であること。
② 心身の状況が請求に係る子の養育をすることができる者であること
③ 六週間（多胎妊娠の場合にあっては一四週間）以内に出産予定でないか、又は、産後八週間以内でない者であること。

(4) 一週間の所定労働日数が二日以下の社員

(5) 所定労働時間の全部が深夜にある社員

254

育児休業等規程

様式②　　　育児のための深夜業制限請求書

```
                株式会社
   代表取締役社長        殿

              ［申出日］平成　年　月　日
              ［申出者］　　　部　　　課
                    氏　名           ㊞

   私は、「育児休業及び育児短時間勤務等に関する規則」第　　条
に基づき、下記のとおり育児のための深夜業の制限を請求します。
                    記
```

1 育児休業に係る子の状況	(1)氏名			
	(2)生年月日			
	(3)本人との続柄			
	(4)養子の場合の縁組成立年月日			
2 1の子が生まれていない場合の出産者の状況	(1)氏　名			
	(2)出産予定日			
	(3)本人との続柄			
3 請求の制限期間	平成　年　月　日から	□ 毎　日		
	平成　年　月　日まで	□ その他（　　　）		
	平成　年　月　日から	□ 毎　日		
	平成　年　月　日まで	□ その他（　　　）		
4 請求に係る状況	(1)制限開始予定日の1ヶ月前に申し出ている・いない　→　申し出が遅れた理由（　　　　　　　　　　　）			
	(2)1の子の16歳以上の同居の家族がいる・いない			

3 請求しようとする者は、一回につき、一ヶ月以上六ヶ月以内の期間（以下「制限期間」という）について、制限を開始しようとする日（以下「制限開始予定日という」及び制限を終了しようとする日を明らかにして原則として制限開始予定日の一ヶ月前までに、育児のための深夜業制限請求書を会社に提出しなければならない。

4 会社は、深夜業制限請求書を受け取るにあたり、必要最少限度の各種証明書の提出を求めることがある。

5 請求の日後に請求に係る子が出生したときは、深夜業制限請求書を提出した者（以下「請求者」という）は、出生後二週間以内に会社に深夜業制限対象児出生届（様式②）を提出しなければならない。

6 制限開始予定日の前日までに、請求に係る子の死亡等により請求者が子を養育しないこととなった場合には、請求はされなかったものとみなす。

この場合において、請求者は、原則として当該事由が発生した日に会社にその旨を通知しなければならない。

7 次の各号に掲げるいずれかの事由が生じた場合には、制限期間は終了するものとし、当該制限期間の終了日は当該者号に掲げる日とする。

(1) 子の死亡等制限に係る子を養育しないこととなった場合

(2) 制限に係る子が小学校就学の始期に達した場合
　　……当該事由が発生した日

(3) 請求者について、産前産後休業、育児休業又は介護休業が始まった場合
　　……産前産後休業、育児休業又は介護休業の開始日の前日

8 前項第1号の事由が生じた場合には、社員は原則として当該事由が生じた日に、会社にその旨を通知しなければならない。

9 制限期間中の給与については、別途定める給与規定に基づき、時間給換算した額を基礎とした実労働時間分の基本給と諸手当を支給する。

10 深夜業の制限を受ける社員に対して、会社は必要に応じて昼間勤務へ転換させることがある。

（子の看護のための休暇）

255

育児休業等に関する労使協定

第14条 小学校の始期に達するまでの子を養育する社員は、負傷し、または疾病にかかった子の世話をするために、就業規則第〇〇条に規定する年次有給休暇とは別に、一年間につき五日間を限度として、子の看護のための休暇を取得することができる。この場合の一年間とは、四月一日から翌年三月三一日までの期間とする。

2 前項の規定は、日々雇い入れる社員、入社一年未満の社員、一週の所定労働日数が二日以下の社員は、適用しない。

3 取得しようとする者は、会社に請求しなければならない。ただし緊急を要する場合はこの限りでない。

4 休暇を取得した際の賃金は支給しない。賞与、定期昇給及び退職金の算定に当たっては出勤したものとみなす。

(施行)
第15条 この規程は、平成〇〇年〇月〇日より施行する。

育児休業等に関する労使協定

〇〇株式会社（以下「会社」という）と〇〇株式会社の社員の過半数を代表する者（以下「社員代表」という）は、育児休業制度に関し、下記のとおり協定する。

記

(育児休業制度の適用除外者)
第1条 会社は、次の名号のいずれかに該当する社員には、育児休業制度を適用しない。

① 継続雇用期間一年未満の者
② 休業申請から起算して一年以内に雇用関係が終了することがあきらかな者
③ 所定勤務日数が著しく少ない者（一週間の所定労働日数が二日以内該当者とする）。
④ 配偶者（育児休業に係る子の親である者に限る）が常態として養育できる者。
⑤ 六週間（多胎妊娠の場合にあっては一四週間）以内に出産予定でないか、又は、産後八週間以内でない者。
⑥ 当該子が養子の場合、実親、養親のいずれかが常態として養育できる場合の者。
⑦ 従業員の配偶者以外の者で育児休業の申し出に係る子の親である者①から⑥に該当する従業員。

(育児休業の途中終了)
第2条 育児休業中の社員が、前条の第4号又は5号の適用除外者になった場合は、当該事由が生じた日をもって育児休業は終了するものとする。

2 前項の事由に該当した社員は、速やかにその根拠となる事実を会社に届出しなければならない。

3 会社は、前項の届出があった場合は、直ちに育児休業の終了及び復職の日を当該社員に通知するものとする。

(通知)
第3条 会社は、第1条に該当する社員から育児休業の申請があった場合、対象に該当しないため、その付与しないことを速やかに通知する。

(短時間勤務の申し出の不承知)
第4条 会社は社員から勤務時間の短縮措置（育児休業規程第〇条）の申し出があった場合、次に該当する者には承認しない所定労働時間が一日六時間以内の者

(育児休業期間中の社会保険等の取扱い)
第5条 労働保険、社会保険の被保険者資格は、休業期間中も継続し、その取扱いは、次のとおりとする。

① 厚生年金保険料の免除：厚生年金保険法の規定によって、休業期間中の被保険者本人負担分の保険料が免除される。
② 健康保険料の免除：健康保険法の規定によって、休業期間中の被保険者本人負担分の保険料が免除される。
③ 雇用保険からの給付：雇用保険法の規定の要件を満たす場合には休業期間中について休業前給与の三〇パーセント相当額の「育児休業基本給付金」

が、又、職場復帰後に同じく一〇パーセント相当額の「育児休業者職場復帰給付金」が支給される。
2　前項の取扱いは、本人にかわって会社が行うものとする。

(育児のための深夜業の制限)
第6条　会社は、小学校就学の始期に達するまでの子を養育する社員が、当該子の養育するために請求した場合は、深夜業務をさせることはない。
2　次の社員は深夜業の制限を請求することができない。
① 日雇社員
② 入社一年未満の社員
③ 一六歳以上の同居の家族が次のいずれにも該当する社員
　1　深夜に就業していない者(一ヶ月について深夜における就業が三日以下の者を含む)であること
　2　心身の状況が請求に係る子の養育をすることができる者であること
　3　六週間(多胎の場合にあっては一四週間)以内に出産予定でないか又は産後八週間以内でない者であること
　4　一週間の所定労働日数が二日以下の社員
　5　所定労働時間の全部が深夜にある社員

(子の看護休暇適用除外者)
第7条　次の従業員については、子の看護休暇適用を受けることはできない。
(1) 入社一年未満
(2) 一週間の所定労働日数か二日以内の該当者

(疑義)
第8条　この協定及び育児休業等規程に疑義が生じた場合は、会社と社員代表との間で協議決定するものとする。

付　則

この協定は平成　年　月　日より実施する。

平成　年　月　日

株式会社
代表取締役社長　　　　㊞
株式会社
社員代表　　　　㊞

介護休業等規程

第一章　総　則

(目的)
第1条　この介護休業等規程(以下「規程」という)は、就業規則第○条に基づき、社員の介護休業及び介護短時間勤務等に関する取り扱いについて、基本的事項を定めることを目的とする。

第2条　介護休業及び介護短時間勤務等に対して、この規程に定めのない事項については、育児・介護休業法その他の法令の定めるところによる。

(介護の定義)
第3条　この規程での介護とは、傷病のため、本人自らは身の回り世話のできない者を、次に該当する行為により介護する場合をいう。
① 入・退院のための手続き、付き添い等の手配、身の回りの世話
② 通院介助
③ リハビリ介助
④ 家庭での身の回りの世話、医療、療養上の世話
⑤ その他とくに介護が必要な場合

(要介護者)
第4条　要介護者の範囲は次に掲げる家族であって、負傷、傷病または心身の障害により常時介護を必要とする者をいう。
① 配偶者(事実上婚姻の関係にある者を含む。以下同じ)
② 本人の父母
③ 子
④ 配偶者の父母
⑤ 同居しかつ扶養する祖父母、兄弟姉

介護休業等規程

⑥ 上記以外で会社が認めた者　妹、孫

（介護休業の対象者）
第5条　介護のために休業することを希望する次の各号の要件を満たす社員はこの規程に定めるところにより介護休業及び介護短時間勤務制度（介護半日勤務制度を含む）を利用することができる。
① 勤続一年以上の者
② 介護を要する者が同居する配偶者及び他の親族で、当該社員の他には常態としてその者を介護できる人がいない者
③ 介護休業終了後、引き続き勤務の意思がある者

（介護休業の除外者）
第6条　次に該当する社員は介護休業の除外者とする。
① 日々雇用される者
② 期間を定めて雇用される者
③ 会社と社員代表とが締結した労使協定によって除外することとされた次に掲げる者
　イ　勤続一年に満たない者
　ロ　九三日以内に雇用関係が終了することが明らかな者
　ハ　一週間の所定労働日数が二日以下の者

（介護休業期間）
第7条　介護休業の期間は、次のとおりとする。
① 介護休業の期間は、原則として通算九三日を限度として、社員本人の申し出た期間で原則として連続とする。
② 介護休業は、原則として本人の申し出た期間が終了する日をもって終了する。但し、休業期間中に死亡等により、介護の必要がなくなった場合には、介護休業は終了する。

第二章　介護休業の手続き等

（介護休業の申し出の手続き）
第9条　介護休業の申し出の手続きは、次に

（介護休業の期間の変更）
第8条　やむを得ない事由がある場合にはあらかじめ申し出た介護休業期間が終了する（二週間前）前までに申し出た場合には、期間を延長または短縮することができる。

様式①

	平成　年　月　日
	株式会社 代表取締役社長　　　　　殿 　　　　　所属　　　部　　　課 　　　　　氏名　　　　　　　　㊞

介護休業許可願

下記のとおり介護休業の申請をいたしますので、ご許可をお願いいたします。

記

被介護者	氏　名 生年月日　　　年　月　日生 年　齢　　　　　　　　　　歳
続　柄	
休業期間	平成　年　月　日　より 平成　年　月　日　まで　　　　　日間
介護事由	
その他	

※　診断書添付

介護休業等規程

よる。

① 介護休業を希望する者は、原則として介護休業を開始しようとする日(以下「休業開始予定日」という。)の二週間前までに、所定申込用紙(様式①)に記入して会社に提出することにより、申し出るものとする。

② 緊急の場合は、その情状によりその都度決定する。

③ 第1号の「申し出の手続き」には、原則として医師の診断書を添付しなければならない。

(介護休業承諾書)
第10条 会社は社員から提出された申請書等を審査し、この規程で規定している条件を満たしていると認めたときは、介護休業承認書を交付する。

(介護休業申し出の撤回)
第11条 介護休業は申し出たあと休業開始予定日の前日までは、介護休業撤回届を提出して申し出を撤回することができる。

2 前項による申し出の撤回のあとは、同一対象家族について一回に限り再度の申し出をすることができる。

(介護休業終了予定日の変更)
第12条 休業終了予定日を変更したいときは、その二週間前までに申し出ることによって、一回に限り同日よりも後の日(休業開始日から九三日以内)に変更すること

ができる。

(介護休業の終了)
第13条 次に掲げる事由が生じた場合は、休業を終了するものとする。

① 休業終了予定日に達したとき

② 休業終了予定日又は育児休業期間等が始まる前に産前産後休業期間又は育児休業期間等が始まったとき

③ 対象家族が死亡したとき

④ 離婚、婚姻の解消、離縁等による親族関係が消滅したとき

⑤ 申し出た社員が介護不能の状態になったとき

第三章　介護休業中の労働条件

(給与の支払)
第14条 介護休業期間中の給与は支給しない。

2 介護休業期間中は、昇給を行わない。

(賞与の取扱い)
第15条 介護休業期間中の賞与については、その算定対象期間に介護休業の期間が含まれる場合には、出勤日数により日割で計算した額を支給する。

(年次有給休暇)
第16条 年次有給休暇の出勤率の算定にあたっては、介護休業期間中は出勤とみなして算出する。

(勤続年数)
第17条 退職金の算定に関しては、介護休業

期間は勤続年数に算入しない。

(社会保険の取扱)
第18条 社会保険の取扱いは、次のとおりとする。

① 労働保険、社会保険被保険者資格は、休業期間中も継続するものとする。

② 保険料の社員負担分は、会社が立替え、復職後清算徴収するものとする。

(復職の取扱い)
第19条 介護休業が終了し、復職の場合の取扱いは、次のとおりとする。

① 復職後の職場及び職務は、原則として休業直前の職場及び職務とする。

② 復職後の処遇は、休業前の格付けを下回らないものとする。

③ 休業期間中に定期昇給があった場合は、休業前の勤務実績を加算するものとする。

第四章　短時間勤務制度

(介護半日勤務制度)
第20条 介護休業対象者(第3条該当者)で、次の介護半日勤務制度の適用を受けることを希望する者は、所定の申込用紙(様式①)に記入(診断書添付)して、二週間前までに会社に申し出るものとする。

① 半日勤務のコース

ア　午前休業コース(午前八時三〇分〜午後〇時三〇分) 四時間

様式①

```
                                    平成　年　月　日
              株式会社
              代表取締役社長　　　　　　殿
                              所属　　　部　　　課
                              氏名　　　　　　　　㊞
```

介護短時間（半日）勤務許可願

下記のとおり介護短時間（半日）勤務の申請をいたしますので、ご許可をお願いいたします。

記

被介護者	氏　名　 生年月日　　　　　　　年　月　日生 年　齢　　　　　　　　　　　　　　歳
続　柄	
休業期間	平成　年　月　日　より 平成　年　月　日　まで　　　　　日間
希望勤務コース	（短時間勤務） 　ア．5時間コース（Aコース） 　イ．4時間コース（Bコース） （半日勤務） 　ア．午前休業コース 　イ．午後休業コース
介護事由	
その他	

ア　五時間勤務コース（Aコース）
イ　四時間勤務コース（Bコース）
② 給与は、基準内給与をその対応する労働時間分として計算する。
③ 昇給の取扱いは、通常勤務したものとみなす。
④ 賞与は第2号の給与計算に準じて行う。
⑤ 退職金の勤続年数の算定は、その期間中は二分の一とする。
⑥ 年次有給休暇の出勤率等の算定は、通常の勤務をしたものとして取扱う。

（介護短時間勤務の制度）
第21条　介護休業対象者（第5条該当者）で、次の介護短時間勤務制度の適用を受けることを希望する者は、所定の申込用紙（様式①）に記入（診断書添付）して、一週間前までに会社に申し出るものとする。
① 勤務時間コースは次のとおりとする。

イ　午後休業コース（午後一時〜午後五時一五分）　四時間一五分
② 給与は、基準内給与を、その対応する労働時間分として計算する。
③ 昇給の取扱いは、通常勤務したものとみなす。
④ 賞与は第2号の給与計算に準じて行う。
⑤ 退職金の勤続年数の算定は、その期間中は二分の一とする。
⑥ 年次有給休暇の出勤率等の算定は、通常の勤務をしたものとして取扱う。

第五章　介護のための深夜業の制限

（介護のための深夜業の制限）
第22条　要介護状態にある家族を介護する社員が当該家族を介護するために請求した場合には、就業規則第45条の規定にかかわらず、事業の正常な運営に支障がある場合を除き、午後一〇時から午前五時までの間（以下「深夜」という）に労働させることはない。

2　1にかかわらず、次の社員は深夜業の制限を請求することができない。
(1) 日雇社員
(2) 入社一年未満の社員
(3) 請求に係る家族の一六歳以上の同居の家族が次のいずれにも該当する社員
① 深夜において就業していない者

介護休業等等規程

様式②

(一ヶ月について深夜における就業が三日以下の者を含む)であること。

② 心身の状況が請求に係る家族の介護をすることができる者であること。

③ 六週間(多胎妊娠の場合にあっては一四週間)以内に出産予定でないか、又は産後八週間以内でない者であること。

(4) 一週間の所定労働日数が二日以下の社員

(5) 所定労働時間の全部が深夜にある社員

3 請求しようとする者は、一回につき、一ヶ月以上六ヶ月以内の期間(以下「制限期間」という)について、制限を開始しようとする日(以下「制限開始予定日」という)及び制限を終了しようとする日をあきらかにして、原則として制限開始予定日の一ヶ月前までに、深夜業制限請求書(様式②)を会社に提出しなければならない。

4 会社は、深夜業制限請求書を受け取るにあたり、必要最少限度の各種証明書の提出を求めることがある。

5 制限開始予定日の前日までに、請求に係る家族の死亡等により深夜業制限請求書を提出した者(以下「請求者」という)が家族を介護しないこととなった場合には、請求はされなかったものとみなす。この場合において、請求者は、原則として当該事由が発生した日に、会社にその旨を通知しなければならない。

6 次の各号に掲げるいずれかの事由が生じた場合には、制限期間は終了するものとし、当該制限期間の終了日は当該各号に掲げる日とする。

(1) 家族の死亡等制限に係る家族を介護しないこととなった場合
当該事由発生した日

(2) 請求者について、産前産後休業、育児休業又は介護休業が始まった場合
産前産後休業、育児休業又は介護休業の開始日の前日

7 前項第1号の事由が生じた場合には、社員は原則として当該事由が生じた日に、会社にその旨を通知しなければならない。

8 制限期間中の給与については、別途定める給与規定に基づき、時間給換算した額を基礎とした実労働時間分の基本給と

介護のための深夜業制限請求書

株式会社　　　　　　
代表取締役社長　　　　　殿

[申出日] 平成　年　月　日
[申出者]　　部　　　課
氏　名　　　　　　　　㊞

私は、「介護休業及び介護短時間勤務等に関する規則」第　条に基づき、下記のとおり介護のための深夜業の制限を請求します。

記

1 請求に係る家族の状況	(1)氏　名	
	(2)本人との続柄	
	(3)同居扶養の状況※	
	(4)介護を必要とする理由	
3 請求の制限期間	平成　年　月　日　から 平成　年　月　日　まで	□ 毎 日 □ その他（　　）
	平成　年　月　日　から 平成　年　月　日　まで	□ 毎 日 □ その他（　　）
3 請求に係る状況	(1)制限開始予定日の1ヶ月前に申し出て 　いる・いない　→　申し出が遅れた理由 　（　　　　　　　　　　　　　　　） (2)1の家族の16歳以上の同居の家族が 　いる・いない	

※ 1-(3)は、請求に係る家族が祖父母、兄弟姉妹、孫である場合に記入してください。

介護休業等に関する労使協定書・在宅勤務者服務規程

9 深夜業の制限を受ける社員に対して、会社は必要に応じて昼間勤務へ転換させることがある。

付 則

（施行）
第23条 この規程は、平成○○年○月○日より施行する。

介護休業等に関する労使協定書

○○株式会社（以下「会社」という）と○○株式会社の社員の過半数を代表する者（以下「社員代表」という）は、会社における介護休業等に関し、次のとおり協定する。

記

（介護休業制度の適用除外者）
第1条 会社は、次の名号いずれかに該当する社員には、介護休業制度を適用しない。
① 入社一年未満の社員
② 申し出の日の翌日から九三日以内に雇用関係が終了することが明らかな社員
③ 日々雇用される者（法定）
④ 期間を定めて雇用される者（法定）
⑤ 一週間の所定労働日数が二日以下の者

（不適用者通知）
第2条 会社は、前条に該当する社員から介護休業の申請があった場合は該当しないため、その付与しないことを速やかに通知する。

（短時間勤務の申し出の不承認）
第3条 会社は、従業員から勤務時間の短縮措置（介護休業規程第20条）の申請があった場合、次に該当する者には承認しないことができるものとする。

所定労働時間が一日六時間以内の者

（介護休業期間中の社会保険等の取扱い）
第4条 労働保険、社会保険の被保険者資格は休業期間中も継続し、保険料の社員負担分は会社が立替え、この分は復職後に給与・賞与より、退職になった場合は退職金から控除して返還するものとする。

（介護のための深夜業の制限）
第5条 会社は要介護状態にある家族を介護する社員が請求した場合、深夜勤務につかせることはない。

2 前項にかかわらず、深夜業の制限を請求することができない社員は「介護等休業規程」の定めるところによる。

（疑義）
第6条 この協定および介護休業規程に疑義が生じた場合は、会社と労使委員代表との間で協議決定するものとする。

付 則

（実施）
第7条 この協定は平成　年　月　日より実施する。

平成　年　月　日

株式会社
代表取締役社長　　　　　㊞

株式会社
社員代表　　　　　　　　㊞

在宅勤務者服務規程

（趣旨）
第1条 在宅勤務者の就業については、本規程に定めるところによる。

2 本規程に定めのない事項については、当社の社員用就業規則の定めるところによる。

（勤務場所）
第2条 在宅勤務者として指示されたものは、主に自宅で勤務することができるものとする。

2 在宅勤務者は、毎週指定された日には、会社に出社しなければならない。

（休暇の取得、時間外・休日労働の指示）
第3条 在宅勤務者は、休暇を取得しようとするときは、前日までに、電話、ファックスまたは書面のいずれかの方法により

所属課に届け出なければならない。

2 在宅勤務者が時間外労働または休日労働を行おうとするときは、あらかじめ、前項の方法により所属課長に申し出て、指示をあおがなければならない。

(勤務報告)

第4条 在宅勤務者は、勤務した日の始業・終業時刻、労働時間、休憩時間を所定の日報に記入しなければならない。

2 在宅勤務者は、一週間分の日報を、その翌週の出社時に所属課に提出しなければならない。

(賃金)

第5条 在宅勤務者の賃金については、当社の社員用就業規則に定めるところによる。ただし、通勤手当については、会社の指示により出社した日に係る金額のみを支払う。

(機器の貸与、費用負担)

第6条 会社は、在宅勤務者が自宅で勤務するために必要と認められる機器を購入し、無償で貸与し、設置、整備、修理する。

2 会社は、在宅勤務者が自宅で勤務することに伴い要した電気代、電話代、ファクス代、用紙代等の費用を負担する。

3 在宅勤務者は、各月分の前項の支出額を、翌月一〇日までに所定用紙により所属課に請求しなければならない。

4 会社は、前項の支出額を、支出した月の翌月の給与支払日に支給する。

(研修、教育)

第7条 会社は、在宅勤務者に対して、必要に応じ職務研修および安全衛生教育を行う。

(施行)

第8条 本規程は、平成一三年四月一日より施行する。

ソフトウェア管理規則

第1条 総則

(1) 目的
本規則で定める「コンピュータソフトウェア」とは、業務においてパーソナルコンピュータで使用する市販のパッケージソフトウェアをいう。

コンピュータソフトウェアを使用するに当たって、著作権法等の法律に触れることなく、適正な運用を実現するために本規則を定める。

(2) 運用対象
本規則で定める「コンピュータソフトウェア」とは、業務においてパーソナルコンピュータで使用する市販のパッケージソフトウェアをいう。

第2条 運用体制

(1) ソフトウェア管理責任者
コンピュータソフトウェア管理のためにソフトウェア管理責任者を定める

第3条 ソフトウェアの購入/導入

(1) 購入窓口
ソフトウェアの購入はソフトウェア管理責任者が一括して行い個人での個別購入は行わない。

(2) 購入手続き
ソフトウェアの購入希望がある場合は、事前にソフトウェア管理責任者に連絡し、購入決裁権者の承認を得、購入窓口を通じて購入する。購入したソフトウェアは管理ソフトウェア管理台帳に登録すること。

(3) フリーウェア等の使用
一般に流布している無料ソフトウェア等については、ウイルス汚染の可能性もあり、必ずソフトウェア管理責任者に連絡、技術的なチェック無しに使用することを禁じる。

(4) 使用・複製について権利者の許諾を必要とするソフトウェアの使用
ソフトウェア管理責任者は、使用許諾契約を遵守できるかどうかを判断し、不可能な場合は購入を中止しなければならない。使用する場合は、使用許諾契約内容を把握し、契約書や保管する必要のあるオリジナルディスク等については責任を持って保管する。また、ユーザー登録を行う。

(5) ソフトウェアのインストール

アのインストールに際して使用許諾契約に違反していないことを確認する。

(6) 管理台帳への記入
インストールを終了後、ソフトウェア管理責任者はインストール管理台帳に必要事項を登録する。

第4条　使用の変更

(1) 使用の変更
使用するパソコンを変更したり、使用者が変わる場合はソフトウェア管理責任者に連絡、管理台帳の記載事項を変更する。

(2) ソフトウェアの破棄
ソフトウェアの使用を止める場合はソフトウェア管理責任者に連絡する。ソフトウェア管理責任者はインストールしたパソコンで当該ソフトウェアが使用できないことを確認し、管理台帳から記載を抹消すると同時に、オリジナルディスク等を責任もって破棄する。

第5条　管理台帳

(1) 管理台帳の項目
ソフトウェア名、バージョン、シリアル番号、メーカー名、購入先又はリース先、ユーザー登録年月日、購入ライセンス形態、購入部署又は購入者、使用（インストール）パソコン社内管理番号、使用部署、につい

て、管理台帳に記録する。
注：ネットワークにおける使用者が特定できない場合は使用者名の記載は不要である。

(2) 管理台帳への記載
新規導入時、契約変更時、バージョンアップ、使用者変更時、廃棄時には、必要項目を変更する。

第6条　ソフトウェア使用者の責務

(1) 違法コピーの禁止
使用許諾契約に認められた以外に、ソフトウェアをコピーすることは法律上も禁じられており、行ってはならない。

(2) 許諾条件
許諾条件に反する使用は行ってはならない。
注：ネットワーク上の使用数が制限されている場合、管理ソフトウェア等で、自動的に使用数が把握できないときは、使用許諾数を上回る可能性が出てきた時点で、ソフトウェア管理責任者に連絡、契約の更新を行うこととする。

第7条　教　育

(1) 使用許諾条件の周知
ソフトウェア管理責任者は、新しいソフトウェアを採用する場合は使用条件について、利用者に周知する。

第8条　監　査

(1) 自主チェック
ソフトウェア管理責任者は、定期的にソフトウェアの使用状況をチェックし、報告しなければならない。

(2) 監査内容
以下の項目についてチェックする。
① 管理台帳と使用状況が一致しているか否かについて
② 使用許諾契約書、ユーザー登録、オリジナルディスクの保管状況について
③ 違法コピー品の有無について

(3) 監査への協力
ソフトウェアユーザーは、監査に協力しなければならない。

第9条　施　行
この規則は平成　年　月　日より施行する。

永年勤続特別休暇規程

（目的）
第1条　この規程は一定の勤続年数に達した節目ごとに連続休暇を取得することにより、一層の自己啓発に励み十分な休養とリフレッシュによる心身の健康増進を図り、次のライフステージへの新たな活力を養うことを

264

永年勤続者海外研修規程

（目的）
第1条　永年勤続者海外研修の目的は次のとおりとする。
① 当社の海外拠点を視察することにより、グローバルな感覚を身につける。
② 国際感覚を身につける。
③ ニュービジネス開発のチャンスをつかむ。
④ 勤続一五年を節目とするリフレッシュ休暇とする。
⑤ 今後の各自の業務における目標の設定。

（対象）
第2条　勤続満一五年を迎えられた社員とする。

（実施期間）
第3条　毎年新年度二月一日より一年間

（実施内容）
第4条　海外研修の実施内容は次のとおりとする。
① 研修旅行期間　一カ月
② 研修内容　一カ月間自分が行動する予定・内容をレポートにまとめ提出（テーマ・研修内容は自由）
③ 研修旅行費用負担
・航空運賃実費支給…エコノミークラス使用
・宿泊費実費支給…一泊一万円を上限とする
・日当…支給しない
・海外障害保険…研修旅行期間中の障害保険については会社にて加入する
・報告書　帰国次第提出
・その他
・業務上代行の必要がある場合は所属長相談の上、人事部宛連絡する
・海外研修を実施せず一カ月休暇として取得できる。その場合、一カ月の連続休暇とする（分割取得は認めない）
・宿泊施設は優先的に社内施設を利用すること。

（施行）
第5条　この規程は平成九年一〇月一日より施行する。

永年勤続慰労金規程

（目的）
第1条　永年勤続して社業に精励した従業員の功績を讃え、模範として賞するとともに、これを慰労するためこの規程を制定する。

（種類）
第2条　年功慰労金は、在職中当該勤続年数に達したときに、表彰状とともに贈呈する。

（目的）
第1条　（略）とする。

（対象者）
第2条　この休暇の対象は次の勤続年数に該当する社員とする。
① 勤続満一〇年
② 勤続満一五年
③ 勤続満二〇年

（休暇日数）
第3条　この休暇は次の連続休暇とし、一回限りの取得とする。なお、分割休暇は認めない。
① 勤続満一〇年　一週間
② 勤続満一五年　二週間
③ 勤続満二〇年　一カ月（海外研修旅行）
取得期間は就業規則第13条（略）に定める特別休暇に基づくものとする。

（認定日）
第4条　対象者の認定は総務部において行い、毎年新年度の二月一日をもって認定日とする。

（有効期間）
第5条　永年勤続特別休暇の有効期限は毎年二月一日より翌年一月三一日までとする。

（休暇の届出）
第6条　永年勤続特別休暇を取得する時は休暇開始の一カ月前までに所定の届けを所属長を経由して総務部長に提出するものとする。

（施行）
第7条　この規程は平成〇〇年〇月〇日より施行する。

期慰労金に限り贈与しないことがある。

(手続および支給方法)
第7条 各所属長は、その都度総務部長あてに申請し、総務部がとりまとめて決裁を得たあと、各所属長あてに通知する。

(贈与日時)
第8条 毎年創立記念式典時に社長より本人に直接贈与する。

(施 行)
第9条 この規程は平成九年四月一日より施行する。

別表　　　贈　与　金　額

区　　分	金　　額	表彰状
勤続満10年に達したとき	30,000 円	あ　り
〃　15年　　〃	35,000	〃
〃　20年　　〃	50,000	〃
〃　25年　　〃	65,000	〃
〃　30年　　〃	80,000	〃
〃　35年　　〃	90,000	〃
〃　40年　　〃	100,000	〃

(勤続年数の算定)
第3条 この規程による勤続年数は、毎年四月一日現在をもって算定する。

(休職期間の扱い)
第4条 勤続年数は実勤務年数とし、休職期間は通算しない。

(贈与金額)
第5条 贈与金額は別表のとおりとする。

(除外)
第6条 懲戒を受けた従業員に対しては、時

社員バッジ取扱規定①

(目的)
第1条 社員バッジは会社に勤務する者であることを象徴するものであるから、バッジに対し誇りを持つと同時に、紛失、損傷しないよう注意しなければなりません。

(貸与)
第2条 社員としての身分を得たものに対し社員バッジ一個を貸与します。

(返納)
第3条 社員としての身分を失った時は、直ちに本社総務課に返納しなければなりません。

(着用)
第4条 社員は常に社員バッジをつけるよう心がけなければなりません。着用箇所は、男子は上衣左襟、女性は原則として上衣左様または左胸部とする。

(再交付)
第5条 社員バッジを紛失または損傷したときは直ちに所定の再交付願書を本社総務課長に提出しなければなりません。
なお、損傷の場合は現物も返納しなければなりません。

　　　附　　則
この規定は平成九年四月一日より実施します。

社章着用規程②

(目的)
第1条 社章の着用と貸与については本規程の定めるところによる。

(社章の被貸与者)
第2条 社章貸与の対象者は、次の通りとする。
① 社員(試備も含む)
② 嘱託(常勤のみ)
③ その他、会社が特に認めた者

(貸与)
第3条 社章は入社の際これを一個に限り貸与する。

(着用)
第4条 社章は各従業員がおのおのの自覚と誇

社章着用規程②

りをもって、可能な限りこれを着用しなければならない。

ただし、制服着用時には、社章は着用しないこととする。

（管　理）

第5条　社章の入社時における貸与業務、再貸与業務および在庫管理等は総務部総務課にて行うものとする。

（再貸与）

第6条　業務上の理由または不可抗力により社章を破損または紛失した場合、所定の手続きを経て再貸与を受けるものとする。

2　業務外の事由または過失により社章を破損または紛失した場合、実費を弁済し所定の手続きを経て再貸与を受けるものとする。

（再貸与手続き）

第7条　再貸与を受けようとするものは、定められた書式（再貸与申請書）により所属長に申請し所属長の承認を得て、総務部総務課より再貸与をうけるものとする（別紙）。

（返　還）

第8条　再貸与を受けようとするものは、紛失の場合を除き、旧品を総務部総務課へ返却しなければならない。

2　被貸与者が退職等により被貸与資格を失った時は、すみやかにこれを総務部総務課へ返却しなければならない。

付　則

（実　施）

第9条　この規程は平成〇〇年〇月〇日より実施する。

別紙

社　章　再　貸　与　申　請　書

総務部長殿

平成　　年　　月　　日
所属＿＿＿＿＿＿＿＿＿＿
氏名＿＿＿＿＿＿＿＿　㊞

下記の事由により再貸与願います。

再貸与事由	（〇印）　破損・紛失・その他
	（上記事由）
発生年月日	年　　月　　日
貸与年月日	
備　　考	

Ⅶ パートタイマー就業規則

VII パートタイマー就業規則（解説）

パートタイマーの定義

わが国ではパートタイム雇用制度の歴史が比較的浅いため、パートタイマーを一般従業員とは別なものと考えて、パートタイマーには労働基準法等労働者保護に関する法律はパートタイマーには適用されないものと考えている方も一部に見受けられる。では、「パートタイマーとは何か」というと、パート労働法（短時間労働者の雇用管理改善等に関する法律：平成五年十二月一日施行）に次のように示されている。

この法律の対象となる短時間労働者は、

(1) 一週間の所定労働時間が同一の事業所に雇用される通常の労働者の一週間の所定労働時間に比べて短い労働者をいう。

その短さの程度を問わず、この法律の対象となる。

(2) 原則として同種の業務に従事する通常の労働者と比較して、短時間労働者であるかどうかを判断とする。

(3) 一ヶ月など一週間より長い期間で所定労働時間が定められている場合には、一サイクルの所定労働時間を平均して一週間の所定労働時間を算定して比較するこ

パートタイマー就業規則 作成にあたって

パートタイマーの労働条件、雇用の安定等に関しては、雇入れに際して労働条件が不明確であること、パートタイマーの特性に配慮した労働時間管理、雇用管理等が行われているとは言い難い状態も見られること等種々の問題点が指摘されており、さらにはパートタイマーと通常の労働者との区別が明確でないという問題も指摘されている。

そこで、正しいパートタイマー雇用のあり方については、パートタイマーがその個性と能力を十分発揮できる職場づくりと、企業の発展のために、よりよい雇用管理体制を確立しなければならない。そのためには労働条件を画一的・統一的に定めることが必要とされる。

このような必要から生まれたのが「パートタイマー就業規則」である。

就業規則の作成については、一般従業員の「就業規則」の「事例と逐条解説」を参考にされたい。ここではパートタイマーの雇用上の管理、すなわち、就業規則作成上のポイントとなる諸項目について若干説明しておくことにする。

なお、少数のパートタイマーを雇用する場合でも就業規則の作成が望ましいが、できない場合は必ず「労働条件通知書（参考・P.275）」を渡すか、もしくは「雇用契約書（参考・P.301）」を締結するようにされたい。

パートタイマーと労働関係法令

「通常の労働者」とは、いわゆる正規型の従業員をいう。

したがって、パートタイマーは労働時間以外の点においては一般従業員と何ら異なるものではなく、雇用労働者として労働基準法、男女雇用機会均等法等労働者保護に関する法律の適用を受けるものである。パートタイマーを雇用するにあたり、このことは非常に重要なことであるので、この定義を正しく確認し、パートタイマーがその個性と能力を十分に発揮し、充実した職業生活が送れるよう労働条件等の整備を図ることが必要であろう。

(1) 労働者災害補償保険法

労災保険法は、労働者を使用するすべての事業に強制的に適用される。また、労災保険法の適用を受ける労働者は、同法の適用を受ける事業に使用される労働者で、賃金を支払われるものであるから、パートタイム労働者についても、その雇用形態を問わず適用の対象となる。

業務災害に係る保険給付の種類としては、①療養補償給付、②休業補償給付、③障害補償給付、④遺族補償給付、⑤葬祭料、⑥傷病補償年金、⑦介護補償給付があり、また、通勤災害についても同様の給付がある。

(2) 雇用保険法

パートタイマー労働者は、その所定労働時間が通常の労働者の所定労働時間より相当程度短い労働者であることから、次の基準を満たす者については、通常の常用労働者とその性格がおおむね同様であるので、雇用保険の被保険者として取扱われる。

すなわち、パートタイマー労働者（短時間就労者）については、その労働時間、賃金その他の労働条件が就業規則（これに準ずる規程等を含む。）で明確に定められていると認められる場合であって、次のいずれにも該当するときに限り一般の被保険者として取扱われる。

① 一週間の労働時間が三〇時間以上の者は、従来どおりの一般の雇用保険が適用になる。

② 一週間の労働時間が二〇時間以上、三〇時間未満であること。

③ 雇用期間が一年以上見込まれること。

なお、パートタイマー労働者については、年齢等により次のような被保険者区分となる。

年齢 週所定労働時間	65歳未満	65歳以上(注)
30時間以上	一般被保険者	高年齢継続被保険者
20時間以上30時間未満	短時間被保険者	高年齢短時間被保険者

（注）65歳前から引き続き同一の事業所に雇用されている者に限る。65歳以降新たな雇用者は、被保険者となれない。

(3) 社会保険

雇用者である配偶者を有するパートタイム労働者に関する社会保険の適用については、原則として次頁の表のようになる。

(4) 中小企業退職金共済制度

中小企業退職金共済制度では、通常、掛金月額五,〇〇〇円～三〇,〇〇〇円のところ、パートタイマー労働者については、二,〇〇〇円、三,〇〇〇円及び四,〇〇〇円の特例が設けられており、パートタイマー労働者が加入しやすくなっている。

(注) 掛金月額の最低額の特例が認められるのは、一週間の所定労働時間が同一の事業主に雇用される通常の労働者よりも短く、かつ、三〇時間未満である方です。

パートタイマーと年次有給休暇

(1) 基準付与日数（一週五日以上の勤務者）

一週五日以上勤務するパートタイマーには、次の日数の年次有給休暇を付与しなければならない。

勤続年数	付与日数
6か月	10日
1年6か月	11日
2年6か月	12日
3年6か月	14日
4年6か月	16日
5年6か月	18日
6年6か月以上	20日

(2) 比例付与制度（一週四日以下の勤務者）

比例付与制度の対象となる労働者は、パートタイマー等の週所定労働日数が四日以下の者および週以外の期間によって所定労働日数が定められている労働者については年間所定労働日数二一六日以下の者である（ただし、週所定労働時間が三〇時間以上の労働者については、通常の労働者と同じ日数の年次有給休暇を与えなければならない。）。

比例付与日数は具体的には次の表のとおりである。

資格要件	所要労働時間	年収
一日又は一週間の所定労働時間及び一月の所定労働日数が通常の就労者のおおむね四分の三以上である者（注1）	一日又は一週間の所定労働時間若しくは一月の所定労働時間が通常の就労者のおおむね四分の三未満である者	原則として年収が一三〇万円（一八〇万円 注2）未満 原則として年収が一三〇万円（一八〇万円 注2）以上

(注1) 上記の所定労働時間については、保険者が労働状況等を総合的に勘案して、常用的使用関係にある被保険者に該当するかどうかを判断します。

(注2) 認定対象者が六〇歳以上の者である場合（医療保険のみ）、又は、おおむね厚生年金保険法による障害厚生年金の受給要件に該当する程度の障害者である場合。

週所定労働日数	1年間の所定労働日数	6か月	1年6か月	2年6か月	3年6か月	4年6か月	5年6か月	6年6か月以上
4日	169～216日	7日	8日	9日	10日	12日	13日	15日
3日	121～168日	5日	6日	6日	8日	9日	10日	11日
2日	73～120日	3日	4日	4日	5日	6日	6日	7日
1日	48～72日	1日	2日	2日	2日	3日	3日	3日

賃　　金	1　基本賃金　イ　月　給（　　　　　　円），ロ　日　給（　　　　　　円） 　　　　　　　ハ　時間給（　　　　　円）， 　　　　　　　ニ　出来高給（基本単位　　　　　円，保障給　　　　　円） 　　　　　　　ホ　その他（　　　　　円） 　　　　　　　ヘ　就業規則に規定されている賃金等級等 　　　　　　　　　┌──────────────────────────────┐ 　　　　　　　　　│　　　　　　　　　　　　　　　　　　　　　　　│ 　　　　　　　　　└──────────────────────────────┘ 2　諸手当の額及び計算方法 　　イ（　　　　手当　　　　円　／計算方法：　　　　　　　　　　　） 　　ロ（　　　　手当　　　　円　／計算方法：　　　　　　　　　　　） 　　ハ（　　　　手当　　　　円　／計算方法：　　　　　　　　　　　） 　　ニ（　　　　手当　　　　円　／計算方法：　　　　　　　　　　　） 3　所定時間外，休日又は深夜労働に対して支払われる割増賃金率 　　イ　所定時間外　法定超（　　）％，所定超（　　）％， 　　ロ　休日　法定休日（　　）％，法定外休日（　　）％， 　　ハ　深夜（　　）％ 4　賃金締切日（　　　　）－毎月　　　日，（　　　　）－毎月　　　日 5　賃金支払日（　　　　）－毎月　　　日，（　　　　）－毎月　　　日 6　労使協定に基づく賃金支払時の控除　（無，有（　　　　　　　　　　）） 7　昇　給　（時期等　　　　　　　　　　　　　　　　　　　　　　　） 8　賞　与　（有（時期，金額等　　　　　　　　　　　　　　　），無） 9　退職金　（有（時期，金額等　　　　　　　　　　　　　　　），無）
退職に 関する事項	1　定年制　（有（　　歳），無　） 2　自己都合退職の手続き（退職する　　日以上前に届け出ること） 3　解雇の事由及び手続 　　┌──────────────────────────────────┐ 　　└──────────────────────────────────┘ ○詳細は，就業規則第　条～第　条，第　条～第　条
その他	・社会保険の加入状況　（　厚生年金　　健康保険　　厚生年金基金 　　　　　　　　　　　　　その他（　　　　　　　　）） ・雇用保険の適用　（　有，　無　） ・その他 　　┌──────────────────────────────────┐ 　　└──────────────────────────────────┘ ・具体的に適用される就業規則名（　　　　　　　　　　　　　　　　）

※　①　短時間労働者の場合，本通知書の交付は，労働基準法第15条に基づく労働条件の明示及び短時間労働者の雇用管理の改善等に関する法律第6条に基づく文書の交付を兼ねるものであること。
　　②　資格は，パート，アルバイトをかこむ。その他の資格（例・臨時）等を記入する。

（パートタイマー，アルバイト等）

労働条件通知書（モデル様式）

　　　　　　　　　　　　　　　　　　　　　　　　　　　　　年　月　日

_____ 殿

　　　　　　　　　事業場名称・所在地
　　　　　　　　　使 用 者 職 氏 名

資　　　格	パート・アルバイト
契 約 期 間	期間の定めなし，期間の定めあり（　　年　　月　　日～　　年　　月　　日）
就 業 場 所	
従事すべき業務の内容	
始業，終業の時刻，休憩時間，就業時転換（(1)～(5)のうち該当するもの一つに〇を付けること。），所定時間外労働の有無に関する事項	1　始業・終業の時刻等 　(1) 始業（　　時　　分）終業（　　時　　分） 【以下のような制度が労働者に適用される場合】 　(2) 変形労働時間制等；（　　）単位の変形労働時間制・交替制として，次の勤務時間の組み合わせによる。 　　├─ 始業（　　時　　分）終業（　　時　　分）（適用日　　　　　　　　　） 　　├─ 始業（　　時　　分）終業（　　時　　分）（適用日　　　　　　　　　） 　　└─ 始業（　　時　　分）終業（　　時　　分）（適用日　　　　　　　　　） 　(3) フレックスタイム制；始業及び終業の時刻は労働者の決定に委ねる。 　　　　　（ただし，フレキシブルタイム（始業）　　時　　分から　　時　　分， 　　　　　　（終業）　　時　　分から　　時　　分，コアタイム　　時　　分から 　　　　　　　　時　　分） 　(4) 事業場外みなし労働時間制；始業（　　時　　分）終業（　　時　　分） 　(5) 裁量労働制；始業（　　時　　分）終業（　　時　　分）を基本とし，労働者の決定に委ねる。 〇詳細は，就業規則第　　条～第　　条，第　　条～第　　条，第　　条～第　　条 2　休憩時間（　　）分 3　所定時間外労働　（有（1週　　時間，1か月　　時間，1年　　時間），無） 4　休 日 労 働，（有（1か月　　日，1年　　日），無）
休　　　日	・定例日；毎週　　曜日，国民の祝日，その他（　　　　　　　　　　　　　　） ・非定例日；週・月当たり　　日，その他（　　　　　　　　　　　　　　　　） ・1年単位の変形労働時間制の場合－年間　　日 （勤務日） 毎週（　　　　　），その他（　　　　　　　　） 〇詳細は，就業規則第　　条～第　　条，第　　条～第　　条
休　　　暇	1　年次有給休暇　6か月継続勤務した場合→　　　　　日 　　　　　継続勤務6ヵ月以内の年次有給休暇　（有，無） 　　　　　　→　　か月経過で　　日 2　その他の休暇　有給（　　　　　　　） 　　　　　　　　　無給（　　　　　　　） 〇詳細は就業規則第　　条～第　　条，第　　条～第　　条

（次頁に続く）

パートタイマー就業規則①

(パートタイマーを二〇人以上も雇用している企業では、このような規則を作成することが望まれる)

第1章 総則

(目的)

第1条 この就業規則(以下「規則」という。)は、TM食料株式会社(以下「会社」という。)のパートタイマーの就業に関する事項を定めたものである。

2 パートタイマーの就業に関する事項は、この規則または雇用契約書及び関係諸規定のほか労働基準法その他の法令の定めるところによる。

(パートタイマーの定義)

第2条 この規則においてパートタイマーとは、第4条の手続きを経て会社に採用され、特定の期間勤務し、一般社員より就業日または終業時間の短い者をいう。

(遵守義務)

第3条 会社はパートタイマーに対して、この規則による就業条件により、就業させる義務を追うものとする。

2 パートタイマーは、この規則を遵守し、所属長の指示に従い、職場秩序を維持し、互いに協力してその職責を遂行しなければならない。

第2章 人事

(採用)

第4条 会社はパートタイマーとして就職を希望する一五歳(義務教育修了者で一五歳に達した以後の三月三一日を過ぎた者)以上の者より履歴書の提出を求め、面接選考を行い、雇用期間を定め、第6条の労働条件を示して、パートタイマーとして採用する。

2 前項の雇用期間は、原則として、一ヵ年以内とし、会社が必要とし、パートタイマーが就労の意思のある場合は更新するものとする。

(提出書類)

第5条 新たに、パートタイマーとして採用された者は、会社の指定する日までに次の書類を提出しなければならない。

① パートタイマー雇用契約書(別表・省略)

② 住民票記載事項証明書

③ その他会社が必要とする書類

2 前項の提出書類の記載事項に異動があった場合には、その都度速やかに文書をもって届出なければならない。

(労働条件の明示)

第6条 会社は、パートタイマーの採用に際しては、この規則を提示し、労働条件を明示するとともに、給与の支払方法等の事項については文書による別表「労働条件通知書」を交付する。

2 前項の雇用契約の交付文書には次の事項は必ず記載する。

① 賃金に関する事項

② 雇用契約の期間に関する事項

③ 就業の場所及び従事する業務に関する事項

④ 始業及び終業の時刻、時間外労働の有無、休憩時間、休日、休暇並びに交替制の場合の就業時転換に関する事項

⑤ 退職に関する事項(解雇の事由を含む)

⑥ その他「パートタイマー労働指針」に示されている労働条件

(試用期間)

第7条 パートタイマーの試用期間は一ヵ月とする。

2 試用期間の途中または終了の際、パートタイマーとして不適当と認められる者は解雇する。

ただし、入社後一四日過ぎた者は、第13条の手続きによる。

(異動)

第8条 会社は、業務の都合により必要有る場合は、パートタイマーに対して職場又は職務の変更を命ずることがある。

2 会社は、業務の都合により必要有る場合は本人の了解を得て関係企業に転籍出向を命ずることがある。

パートタイマー就業規則①

3 前第1項・第2項の場合、パートタイマーは、正当な理由なくこれを拒む事はできない。

（退　職）

第9条　パートタイマーは、つぎの各号の一に該当した場合は退職とする。
① 死亡したとき
② 契約期間が満了したとき
③ 退職願を出して承認されたとき（承認は一四日以内）
④ 解雇されたとき
⑤ 懲戒解雇されたとき

2 雇用期間のある者について契約を更新するかの有無についての判断基準は次のとおりとし、事情によっては契約を更新しないことがある。
イ 契約期間満了時の業務量
ロ 従業員の勤務成績、態度及び能力
ハ 会社の経営状況
ニ 従事している業務の進捗状況

（自己都合退職の手続き）

第10条　パートタイマーが、契約期間の途中において、前条第3号によって退職しようとする場合は、一四日前迄に所属長を経て退職願を提出しなければならない。

2 退職願を提出したパートタイマーは、一四日以内、会社の承認あるまでは、従前の職務に従事しなければならない。

（解　雇）

第11条　会社は、パートタイマーが、次の各号に該当する場合は、雇用契約期間中といえども解雇する。
① 勤務不良で、改善の見込みがないと認められるとき
② 能率または職務遂行能力が低劣の為、就業に適さないと認められるとき
③ 事業の縮小、設備変更その他止むを得ない事由があるとき
④ 業務上の指示命令に従わないとき
⑤ 雇用の継続が不都合となる事情が生じたとき
⑥ その他前各号に準ずる事由があり、パートタイマーとして不適当と認められるとき

（解雇の特例）

第12条　天災地変その他止むを得ない事由のため、事業の継続が不可能となった場合は、次条の規定に関わらず、即時解雇する。
2 前項の場合、会社は所轄労働基準監督署長の認定を受けて行う。

（解雇予告）

第13条　会社は、第11条の解雇の場合、三〇日前に予告するか、三〇日分の平均賃金の解雇予告手当を支払って即時解雇する。
2 前項の予告日数は、平均賃金を支払った日数だけ短縮することが出来る。
3 次の場合は、第1項の定めを適用しない。
① 第52条の懲戒解雇で行政官庁の認定を受けたとき
② 第7条の試用期間中の者で入社後一四日以内の解雇のとき
③ 日々雇用するとき
④ 二ヵ月以内の期間を定めて雇用するとき

（退職証明書の交付）

第14条　会社は、退職または解雇されたパートタイマー（以下「退職者」という）が退職証明書の交付を請求した場合は、次の事項に限り証明書の交付を遅滞なく行う。
① 試用期間
② 業務の種類
③ 地位
④ 賃金
⑤ 退職事由（解雇の場合にあってはその理由）

2 前項の請求は退職者が指定した事項のみを証明するものとする。

3 退職者に対して、雇用保険の資格のあるパートタイマーには、会社は、速やかに離職証明書を交付する。

第3章　勤　務

（勤務時間）

第15条　パートタイマーの一日の勤務時間は、六〇分の休憩時間を含めて七時間以内とし、実労働時間は六時間以内とし、始業および終業時刻は、次の通りとする。

パートタイマー就業規則①

1 基本的シフト

始業時刻	終業時刻	休憩時間	実働時間
九：〇〇	一七：一〇	一二：〇〇〜一三：〇〇	七時間〇〇分
九：〇〇	一三：〇〇		三時間〇〇分
一三：〇〇	一七：一〇	一五：〇〇〜一五：一〇	四時間〇〇分

2 前項以外による勤務時間は一日八時間・一週四〇時間以内とする。

3 業務の都合により前項の勤務時間の範囲内で、職場の全部または一部において、始業、終業および休憩時刻の変更をすることがある。

（休憩時間）
第16条　休憩時間は、業務の都合により交替または一斉休憩とし、食事は休憩時間内にとるものとする。

2 休憩時間の変更については、社員（パートタイマーを含む）の過半数を代表する者との労使協定を締結した場合は、その協定の定めるところによる。

3 休憩時間は自由に利用することが出来る。但し、会社の秩序を乱したり、顧客の迷惑になったり、他の者の自由を妨げてはならない。

4 休憩時間中に遠方に外出する場合は、所属長に届け出るものとする。

（休日）
第17条　会社の休日は、週休二日制を原則として、次の通りとする。
(1) 日曜日（法定休日）
(2) 土曜日
(3) 年末年始　一二月三一日より一月三日まで
(4) 国民の祝日。
(5) その他会社が特に必要と認めた日

2 前項の休日は翌年の休日を前年の一二月一五日迄にカレンダーで明示する。

（休日の振替）
第18条　会社は業務の都合上やむを得ない場合には、部署又は個人ごとに前条各号の休日を他の日に振り替えることがある。

2 休日を振り替える場合は、あらかじめ振り替える休日を指定する。ただし、四週間を通じて休日が八日を下回ることはない。

（時間外及び休日勤務）
第19条　会社は、業務の都合により必要ある場合は、第15条（勤務時間）および第17条（休日）の定めにかかわらず時間外または休日に勤務させることがある。

2 前項の時間外および休日勤務が深夜（午後一〇時〜午前五時）勤務に及ぶことがある。

（年少者の時間外・休日勤務）
第20条　前条の勤務について、パートタイマーを含む）の代表との協定外、休日の申出があった場合は、これらの勤務にはつかせない。

に際して時間外労働の協定は、次の範囲内とする（法定労働時間を超える部分より）。

2 休日勤務については、法定休日については月一日とする。

期間	限度時間
1週間	15時間
2週間	27時間
4週間	43時間
1ヶ月	45時間
2ヶ月	81時間
3ヶ月	120時間
1年間	360時間

3 臨時的に限度時間を超えて時間外労働を行わなければならない特別の事情が予想される場合には、社員代表と協定のうえ、一ヵ月〇時間まで延長することができる。ただし、延長できる回数は一年に六回以内とする。

第21条　前条の規定は、満一八歳未満の年少パートタイマーには適用しない。
ただし、法定内時間（実働八時間以内）の時間外勤務および法定外休日は除くものとする。

（妊産婦の時間外・休日および深夜勤務）
第22条　妊産婦のパートタイマーから、時間

パートタイマー就業規則①

（年次有給休暇）

第23条　パートタイマーが、六ヵ月間継続勤務し、一週五日以上の勤務者で、全勤務日の八割以上の出勤者（契約更新を含む）である場合には、次表に掲げる年次有給休暇を与える。

継続勤務年数	付与日数
0.5	10
1.5	11
2.5	12
3.5	14
4.5	16
5.5	18
6.5以上	20

2　前項の計算方式は、斉一管理方式（一月一日〜一二月三一日）とし、勤続六ヵ月未満は六ヵ月とみなして切り上げて計算する。よって取扱は次の通りとする。

① 六月三〇日以前の新規入社者は初年度だけ二回の切替えとする。

ア　一月一日〜六月三〇日入社者
　　　七月一日に一〇日
イ　七月一日〜一二月三一日入社者
　　　一月一日に一〇日

3　週所定労働時間が三〇時間未満のパートタイマーには、次の年次有給休暇を与える。

① 週所定労働日数が四日又は一年間の所定労働日数が一六九日から二一六日までの者

継続勤務年数	付与日数
0.5	7
1.5	8
2.5	9
3.5	10
4.5	12
5.5	13
6.5以上	15

② 週所定労働日数が三日又は一年間の所定労働日数が一二一日から一六八日までの者

継続勤務年数	付与日数
0.5	5
1.5	6
2.5	6
3.5	8
4.5	9
5.5	10
6.5以上	11

③ 週所定労働日数が二日又は一年間の所定労働日数が七三日から一二〇日までの者

継続勤務年数	付与日数
0.5	3
1.5	4
2.5	4
3.5	5
4.5	6
5.5	6
6.5以上	7

④ 週所定労働日数が一日又は一年間の所定労働日数が四八日から七二日までの者

継続勤務年数	付与日数
0.5	1
1.5	2
2.5	2
3.5	2
4.5以上	3

4　新規採用者の年次有給休暇の請求は三ヵ月の勤務後とする。

5　出勤率の算定にあたり、次の各号の期間は出勤とみなして取り扱う。
① 業務上の傷病による休暇期間
② 産前産後の休業期間
③ 育児及び介護休業制度に基づく休業期間
④ 会社の都合による休業期間
⑤ その他慶弔休暇および特別休暇
⑥ 年次有給休暇の期間

6　年次有給休暇は本人の請求のあった場合に与える。但し、会社は事業の正常な運営上やむを得ない場合は、その時季を変更させることがある。

7　年次有給休暇を請求しようとする者は、所定の手続きにより、事前に会社に届け出るものとする。

8　当該年度の年次有給休暇の全部または一部を取得しなかった場合は、その残日数は

翌年に限り繰り越すこととする。

9 年次有給休暇については、通常給与を支給する。

10 年次有給休暇は労働基準法の定めるところにより、計画的に付与する事がある。

（生理による休暇）
第24条 女性パートタイマーで生理日の就業が著しく困難な者、または生理に有害な業務に従事する者から請求があった場合には生理による休暇を与える。

2 生理による休暇は無給とする。

（出産休暇）
第25条 女性パートタイマーが出産する場合、産前は請求により、産後は請求を待たず次の出産休暇を与える。ただし、無給とする。

① 産前……予定日から遡り六週間（多胎の場合は一四週間）

② 産後……出産日の翌日から起算し八週間

ただし、産後六週間を経過し医師が支障ないと認めた場合には就業させる

（育児時間）
第26条 生後一年に達しない子を育てる女性パートタイマーが、あらかじめ申し出た場合は、所定の休憩時間のほか、一日について二回それぞれ三〇分の育児時間を与える。ただし、無給とする。

（育児休業）
第27条 一週三日以上で一年以上継続勤務の

パートタイマーのうち、一歳未満の子の養育を必要とする者は、会社に申し出て育児休業・育児短時間勤務・深夜勤務の制限の適用を受けることができる。

2 手続き等必要な事項については、別に定める正規社員の「育児休業等規定」を準用するこ。

（介護休業）
第28条 一週三日以上で一年以上継続勤務のパートタイマーのうち、家族の介護を必要とする者は、会社に申し出て、介護休業・介護短時間勤務・深夜勤務の制限を受けることができる。

2 手続き等必要な事項については、別に定める正規社員の「介護休業等規定」を準用する。

（母性健康管理のための休暇等）
第29条 妊娠中又は出産後一年を経過しない女性社員から、所定労働時間内に、母子保健法に基づく保健指導又は健康診査を受けるために、通院休暇の請求があったときは、次の範囲内で休暇を与える。

① 産前の場合
妊娠二三週まで……四週間に一回
妊娠二四週から三五週まで……二週間に一回
妊娠三六週から出産まで……一週間に一回
ただし、医師又は助産婦（以下「医師

等」という。）がこれを異なる指示をしたときには、その指示により必要な時間。

② 妊娠中又は出産後一年を経過しない女性社員から、保健指導又は健康診査に基づき勤務時間等について医師等の指導を受けた旨申出があった場合、次の措置を講じることとする。

① 妊娠中の通勤緩和
通勤時の混雑を避けるよう指導された場合は、原則として一時間の勤務時間の短縮又は一時間以内の時差出勤

② 妊娠中の休憩の特例
休憩時間について指導された場合は、適宜休憩時間の延長、休憩の回数の増加

③ 妊娠中又は出産後の諸症状に対応する措置
妊娠又は出産に関する諸症状の発生又は発生のおそれがあるとして指導された場合は、その指導事項を守ることができるようにするため作業の軽減、勤務時間の短縮、休業等

3 前条項の給与の取扱いは不就労時間は無給とする。

第4章 服務心得

（服務心得）
第30条 パートタイマーは、次の事項を守らなければならない

① 所属長の指示に従い、勤務に精励する

パートタイマー就業規則①

こと

② 規律を重んじ、秩序を保つこと。

③ 設備の保全に留意し、諸物資の愛護と節約に努めること。

④ 事業場内外の生理整頓に努めること

(禁止事項)

第31条 パートタイマーは、次の各号の一に該当する行為をしてはならない。

① 会社の許可無く他に雇用されること

② みだりに他の職場に出入りし、もしくは禁止された場所に立ち入ること。

③ 会社の物品を無断で持ち出すこと

④ 会社内で、風紀、秩序を乱す行為をすること

⑤ 勤務時間中、業務に関係ない行為をすること

⑥ 業務上の機密または会社の不利益となる事項を他に漏らすこと

⑦ 職務を利用して自己の利益を図ること

⑧ 会社の許可無く会社構内または施設内において、宗教活動・政治活動または業務に関係のない集会、文書掲示・配布、放送等の行為をすること

⑨ 職場での性的言動によって、他の社員(パートタイマーも含む)に不快な思いをさせることや、職場の環境を悪くすること

⑩ 勤務中に他の社員(パートタイマーも含む)の業務に支障を与えるような性的関心を示したり、性的な行為をしかけるなどのこと

⑪ 所属長の許可を受けないで勝手に職場を離れること

⑫ その他前各号に準ずること

(ユニフォームの着用)

第32条 パートタイマーは、特別の場合を除き、原則として勤務時間中は会社が貸与した所定のユニフォームを着用しなければならない。

(入退場)

第33条 パートタイマーの出勤及び退出にあたっては、所定の場所より入場もしくは退場するとともに、タイムカードに打刻し、時刻を記録しなければならない。

(入退場の統制)

第34条 パートタイマーが、次の各号の一に該当する場合は、入場を禁止し、または退場させることがある。

① 職場内の風紀、秩序を乱すと認められる者

② 凶器その他業務に必要のない危険物を携帯する者

③ 精神障害、伝染性疾患または就業のため病勢悪化の恐れのある者

(遅刻、早退および私用外出などの手続き)

第35条 パートタイマーが、遅刻、早退、私用外出等の不就労の場合は、所定の手続きにより所属長の許可を受けなければならない。

(欠勤手続き)

第36条 パートタイマーが、病気その他やむを得ない事由で欠勤する場合は、その具体的事由と予定日数をあらかじめ所属長を経て会社に届け出なければならない。ただし、事前に届け出る余裕のない緊急の場合は、電話その他で連絡し、事後速やかに届け出なければならない。

第5章 給 与

(給 与)

第37条 パートタイマーの給与は、次の通りとする。

① 基本給(時間給)

② 精皆勤手当

③ 通勤手当

④ 時間外手当(時間外、休日出勤、深夜勤務)

(基本給)

第38条 基本給は時間給とする。

2 時間給は、地域社会水準を考慮し、パートタイマーの従事する職種および本人の能力によって、各人ごとに決定する。

3 基本給(時間給)は、所轄労働基準局長公示の最低賃金以上の額とする。

―――――――― パートタイマー就業規則①

休　　暇	1　年次有給休暇　6か月継続勤務した場合→　　　　　日 　　　　　　　　　　継続勤務6ヵ月以内の年次有給休暇　（有，無） 　　　　　　　　　　→　　か月経過で　　日 2　その他の休暇　有給（　　　　　　　　） 　　　　　　　　　無給（　　　　　　　　） ○詳細は就業規則第　条～第　条，第　条～第　条
賃　　金	1　基本賃金　イ　月　給（　　　　　円），ロ　日　給（　　　　　　円） 　　　　　　　ハ　時間給（　　　　　円）， 　　　　　　　ニ　出来高給（基本単位　　　　円，保障給　　　　円） 　　　　　　　ホ　その他（　　　　　円） 　　　　　　　ヘ　就業規則に規定されている賃金等級等 2　諸手当の額及び計算方法 　　イ（　　　　手当　　　円／計算方法：　　　　　　　　　　　　） 　　ロ（　　　　手当　　　円／計算方法：　　　　　　　　　　　　） 　　ハ（　　　　手当　　　円／計算方法：　　　　　　　　　　　　） 　　ニ（　　　　手当　　　円／計算方法：　　　　　　　　　　　　） 3　所定時間外，休日又は深夜労働に対して支払われる割増賃金率 　　イ　所定時間外　法定超（　　）％，所定超（　　）％， 　　ロ　休日　法定休日（　　　）％，法定外休日（　　　）％， 　　ハ　深夜（　　）％ 4　賃金締切日（　　　）－毎月　　日，（　　　）－毎月　　　日 5　賃金支払日（　　　）－毎月　　日，（　　　）－毎月　　　日 6　労使協定に基づく賃金支払時の控除　（無，有（　　　　　　　）） 7　昇　給　（時期等　　　　　　　　　　　　　　　　　　　　　　） 8　賞　与　（有（時期，金額等　　　　　　　　　　　　）　，　無） 9　退職金　（有（時期，金額等　　　　　　　　　　　　）　，　無）
退　職　に 関する事項	1　定年制　（有（　　　歳），無　） 2　自己都合退職の手続き（退職する　　日以上前に届け出ること） 3　解雇の事由及び手続 　〔　　　　　　　　　　　　　　　　　　　　　　　　　　　　　〕 ○詳細は，就業規則第　条～第　条，第　条～第　条
その他	・社会保険の加入状況（　厚生年金　　健康保険　　厚生年金基金 　　　　　　　　　　　　その他（　　　　　　　　）） ・雇用保険の適用　（　有，　無　） ・その他 　〔　　　　　　　　　　　　　　　　　　　　　　　　　　　　　〕 ・具体的に適用される就業規則名（　　　　　　　　　　　　　　）

注①　短時間労働者の場合，本通知書の交付は，労働基準法第15条に基づく労働条件の明示及び短時間労働者の雇用管理の改善等に関する法律第6条に基づく文書の交付を兼ねるものであること。
　②　この通知書は厚生労働省のモデル書式を転用したものである。

パートタイマー就業規則①

別表

労働条件通知書

	平成　年　月　日

　　　　　　　　　　　　　　殿

　　　　　　　　　所在地　東京都大田区××3丁目5番11号
　　　　　　　　　ＴＭ株式会社
　　　　　　　　　　代表取締役社長　　　　　　　　　㊞

契約期間	期間の定めなし， 期間の定めあり 　　（　年　月　日～　年　月　日）
就業の場所	
従事すべき 業務の内容	
始業，終業の時刻，休憩時間，就業時転換（(1)～(5)のうち該当するもの一つに○を付けること。），所定時間外労働の有無に関する事項	1　始業・終業の時刻等 (1)　始業（　　時　　分）終業（　　時　　分） 【以下のような制度が労働者に適用される場合】 (2)　変形労働時間制等；（　）単位の変形労働時間制・交替制として，次の勤務時間の組み合わせによる。 　├─始業（　時　分）終業（　時　分）（適用日　　　　　） 　├─始業（　時　分）終業（　時　分）（適用日　　　　　） 　└─始業（　時　分）終業（　時　分）（適用日　　　　　） (3)　フレックスタイム制；始業及び終業の時刻は労働者の決定に委ねる。 　　　（ただし，フレキシブルタイム（始業）　時　分から　時　分， 　　　（終業）　時　分から　時　分，コアタイム　時　分から 　　　　時　分） (4)　事業場外みなし労働時間制；始業（　　時　　分）終業（　　時　　分） (5)　裁量労働制；始業（　　時　　分）終業（　　時　　分）を基本とし，労働者の決定に委ねる。 ○詳細は，就業規則第　条～第　条，第　条～第　条，第　条～第　条 2　休憩時間（　　）分 3　所定時間外労働　（有（1週　時間，1か月　時間，1年　時間），無） 4　休　日　労　働，（有（1か月　　日，1年　　日），無）
休　日	・定例日；毎週　　曜日，国民の祝日，その他（　　　　　　　　　　） ・非定例日；週・月当たり　　日，その他（　　　　　　　　　　） ・1年単位の変形労働時間制の場合－年間　　日 （勤務日） 毎週（　　　　　　　），その他（　　　　　　　） ○詳細は，就業規則第　条～第　条，第　条～第　条

（次頁に続く）

パートタイマー就業規則①

基本給（時間給）は、勤務の時間に対応して支給し、欠勤、遅刻、早退または私用外出等による不就労時間は支給しない。

4 パートタイマーが深夜に勤務した場合は、前号①一・五〇、②一・二五、③二一・三五）に〇・二五を加える。

（精皆勤手当）
第39条 精皆勤手当は第42条の給与締切期間中の精励恪勤者に、次の区分により支給する。
① 皆勤者　月額五、〇〇〇円
② 精勤者　月額二、四〇〇円
2 前項の支給額は一日の勤務時間、六時間以上の者とし、六時間未満の者は半額とする。

（通勤手当）
第40条 通勤手当は、通常の公共運輸機関利用者で週四日以上の勤務者には通勤定期券相当額を支給する。ただし、最高の限度額は三〇、〇〇〇円とする。
2 週三日以内の勤務者には回数券の現物支給とする。

（時間外手当）
第41条 パートタイマーの勤務時間が一日八時間を超え、または休日に勤務した場合は、その勤務時間一時間につき、次の計算による時間外手当を支給する。
① 時間外手当
　──基本給（時給）×一・二五
② 法定休日（日曜日）
　──基本給（時給）×一・三五

（給与の締切・支払）
第42条 パートタイマーの給与は、前月二一日より当月二〇日迄の分を当月月末に支払う。
2 給与は、その全額を通貨で直接本人に支払う。
ただし、支払日が休日にあたる場合は前日に繰り上げて支払う。
ただし、次の各号の一に該当する場合は、給与から控除する。
① 法令に定められているもの
② 社員の代表と書面によって協定している福利厚生費等
3 前項の定めにかかわらず、本人の希望する金融機関の本人名義に口座振替を行う。

（昇給）
第43条 成績良好なパートタイマーには基本給の昇給を行うことがある。
2 昇給の時期は、毎年四月分給与とする。

（慶弔見舞金）
第44条 パートタイマーの慶弔見舞金は、正規社員の慶弔見舞金規程を参考にして、その都度決定する。

第6章　安全および衛生

（安全衛生）
第45条 パートタイマーは、安全衛生に関し、会社の定めた規程に従い危険の予防および保健衛生の向上に努めるとともに、会社の行う安全衛生に関する措置には進んで協力しなければならない。

（応急措置）
第46条 パートタイマーは、火災とその他非常災害を発見し、または危険があると知った場合は、臨機の措置をとるとともに、直ちに関係者その他適当な者に報告し、互いに協力してその災害を最小限に止めるよう努めなければならない。

（安全衛生教育）
第47条 会社が業務に関し必要な安全および衛生のための教育訓練を行う場合、これを受けなければならない。

第7章　災害補償

（業務上の災害補償）
第48条 パートタイマーが、業務上の負傷、障害または死亡した場合は、労働者災害補償保険法の定めるところにより、つぎの補償給付を受ける。
① 療養補償給付
② 休業補償給付
③ 障害補償給付
④ 遺族補償給付
⑤ 葬祭料

284

パートタイマー就業規則①

⑥ 傷病補償年金
⑦ 介護補償給付

2 前項の補償給付が行われる場合は、会社は労働基準法上の責を免れるものとする。

3 通勤途上における災害は、第1項に準じて、災害給付を受ける。

第8章 表彰および懲戒

（表彰）
第49条　パートタイマーが、次の各号の一に該当する場合は、審査または選考のうえ表彰を行う。

① 品行方正・業務優秀・職務に熱心で他の模範になるとき
② 災害を未然に防ぎ、または災害の際とくに功労のあったとき
③ 業務上有益な発明、考案または献策をし、著しく改善の効果があったとき
④ 業務の運営に関し顕著な功績があったとき
⑤ 社会的功績があり、会社または社員の名誉となる行為のあったとき
⑥ 永年精励恪勤したとき
⑦ その他特に表彰に値する行為のあったとき

（表彰の方法）
第50条　前条の表彰は賞状を授与し、その程度により、次の各号を合わせて行うことがある。

① 賞品授与
② 賞金授与
③ 特別昇給

（懲戒）
第50条　パートタイマーが、次の各号の一に該当する場合は、次条により懲戒を行う。

① 素行不良で、会社内の風紀、秩序を乱したとき
② 重要な経歴を詐わり雇用されたとき
③ 正当な理由無く、しばしば欠勤・早退・私用外出し、勤務状態不良のとき
④ 故意に業務の能率を阻害し、または業務の遂行を妨げたとき
⑤ 許可無く会社の物品（商品）を持ち出し、または持ち出そうとしたとき
⑥ 業務上の指示、命令に従わないとき
⑦ 金銭の横領、その他刑法に触れるような行為のあったとき
⑧ 業務上不当または失礼な行為をしたとき
⑨ 会社内において、性的な言動によって他人に不快な思いをさせたり、職場の環境を悪くしたとき
⑩ 会社内において、性的な関心を示したり、性的な行為をしかけたりして、他の従業員の業務に支障を与えたとき
⑪ その他前各号に準ずる程度の不都合があったとき

（懲戒の種類および程度）
第52条　懲戒は、その情状により、次の五区分に従って行う

① 戒　告……始末書をとり、将来を戒める。
② 減　給……始末書をとり、給与を減じて将来を戒める。ただし、減給一回の額は平均給与の半日分とし、減額は総額で給与総額の一〇分の一を超えない範囲とする。
③ 出勤停止……始末書をとり、七日以内出勤停止し、その期間の給与は支給しない。
④ 諭旨解雇……退職願を提出するよう勧告を行う。これに従わないときは、次号の懲戒解雇とする。
⑤ 懲戒解雇……解雇予告期間を設けないで即時解雇する。この場合、所轄労働基準監督署長の認定を受けた場合は、第13条の解雇予告手当を支給しない。

付　則

（施　行）
第53条　この規則は平成〇〇年〇月〇日より施行する。

パートタイム労働者就業規則の規定例

(モデル・平成一七年三月作成 厚生労働省)

[この規定例は、通常の労働者に適用される就業規則とは別に、パートタイム労働者のみに適用される就業規則を作成(変更)する場合の参考例として紹介するものです。したがって、実際に就業規則を作成(変更)するに当たっては、これをそのまま丸写しにすることなく、事業所の実態を踏まえつつ十分な検討を加え、事業所の実態にあったものとするようにして下さい。]

第一章 総則

(目的)
第1条 この規則は、○○株式会社就業規則第○○条○項に基づき、パートタイム労働者の労働条件、服務規律その他の就業に関することを定めるものである。

2 この規則に定めないことについては、労働基準法その他の関係法令の定めるところによる。

(定義)
第2条 この規則において「パートタイム労働者」とは、第2章の定めにより採用された者で所定労働時間が一日○○時間以内、一週○○時間以内又は一ヵ月○○○時間以内の契約内容で採用された者をいう。

(規則の遵守)
第3条 会社及びパートタイム労働者は、この規則を守り、お互いに協力して業務の運営に当たらなければならない。

第二章 採用及び労働契約

(採用)
第4条 会社は、パートタイム労働者の採用に当たっては、就職希望者のうちから選考して採用する。

(労働契約の期間等)
第5条 会社は、労働契約の締結に当たって期間の定めをする場合には、三年(満六〇歳以上のパートタイム労働者との契約については五年)の範囲内で、契約時に本人の希望を考慮の上各人別に決定し、別紙の雇入通知書で示す。

2 前項の場合において、当該労働契約の期間の満了後における当該契約に係る更新の有無を別紙の雇入通知書で示す。

3 当該契約について更新する場合又はしない場合の判断の基準は、以下の事項とする。
① 契約期間満了時の業務量
② 当該パートタイム労働者の勤務成績、態度
③ 当該パートタイム労働者の能力
④ 会社の経営状況
⑤ 従事している業務の進捗状況

(労働条件の明示)
第6条 会社は、パートタイム労働者の採用に際しては、別紙の雇入通知書及びこの規則の写しを交付して労働条件を明示する。

第三章 服務規律

(服務)
第7条 パートタイム労働者は、業務の正常な運営を図るため、会社の指示命令を守り、誠実に服務を遂行するとともに、職場の秩序の保持に努めなければならない。
① 会社の名誉又は信用を傷つける行為をしないこと
② 会社、取引先等の機密を他に漏らさないこと
③ みだりに遅刻、早退、私用外出及び欠勤をしないこと。やむを得ず遅刻、早退、私用外出及び欠勤をするときは、事前に上司に届け出ること
④ 勤務時間中は、みだりに定められた場所を離れないこと
⑤ 許可なく職務以外の目的で会社の施設、物品等を使用しないこと
⑥ 職務を利用して自己の利益を図り、または不正な行為を行わないこと
⑦ 円滑な職務遂行を妨げたり、職場環境を悪化させるような性的言動を慎むこと

パートタイマー就業規則（モデル）②

第四章　労働時間、休憩及び休日

（労働時間及び休憩）

第8条　始業及び就業の時刻並びに休憩時間は、次のとおりとする。

始業時刻　　九時
終業時刻　　一六時
休憩時間　　一二時から一三時まで

2　前項の規定にかかわらず、業務の都合その他やむを得ない事情により始業及び終業の時刻並びに休憩時間を繰り上げ又は繰り下げることがある。

3　休憩時間は、自由に利用することができる。

（休日）

第9条　休日は、次のとおりとする。
① 日曜日及び土曜日
② 国民の祝日（振替休日を含む。）及び国民の休日（五月四日）
③ 年末年始（一二月〇〇日より、一月〇日まで）
④ その他会社が指定する日

（休日の振替）

第10条　前条の休日については、業務の都合上やむを得ない場合は、あらかじめ他の日と振り替えることがある。ただし、休日は四週間を通じ八日を下回らないものとする。

（時間外及び休日労働）

第11条　会社は、第8条第1項で定める労働時間を超えて労働させ、また第9条で定める休日に労働させないものとする。

2　前項の規定にかかわらず、業務の都合上やむを得ない場合は、〇〇株式会社就業規則第〇〇条第〇項に定める社員（以下「社員」という。）の所定労働時間を超えない範囲内で労働させることができる。

（出退勤手続）

第12条　パートタイム労働者は、出退勤に当たって、各自のタイムカードに、出退勤の時刻を記録しなければならない。

2　タイムカードは自ら打刻し、他人にこれを依頼してはならない。

第五章　労働時間、休憩及び休日

（年次有給休暇）

第13条　六ヵ月以上継続して勤務し、会社の定める所定労働日数の八割以上出勤したときは、次表のとおり年次有給休暇を与える。

2　年次有給休暇を取得しようとするときは、所定の用紙によりその期日を指定して事前に届け出るものとする。

3　パートタイム労働者が指定した期日に年次有給休暇を取得すると事業の正常な運営に著しく支障があると認められるときは、他の日に変更することがある。

4　前項の規定にかかわらず、従業員の過半数を代表する者との協定により、各パート

週所定労働時間	週所定労働日数	6ヵ月	1年6ヵ月	2年6ヵ月	3年6ヵ月	4年6ヵ月	5年6ヵ月	6年6ヵ月以上
30時間以上		10日	11日	12日	14日	16日	18日	20日
30時間未満	5日							
	4日	7日	8日	9日	10日	12日	13日	15日
	3日	5日	6日	6日	8日	9日	10日	11日
	2日	3日	4日	4日	5日	6日	6日	7日
	1日	1日	2日	2日	2日	3日	3日	3日

パートタイマー就業規則（モデル）②

タイム労働者の有する年次有給休暇日数のうち五日を超える部分については、あらかじめ期日を指定して計画的に与えることがある。

5　当該年度の年次有給休暇で取得しなかった残日数については、翌年度に限り繰り越される。

（産前産後の休業）

第14条　六週間（多胎妊娠の場合は一四週間）以内に出産する予定のパートタイム労働者は、請求によって休業することができる。

2　産後八週間を経過しないパートタイム労働者は就業させない。ただし、産後六週間を経過したパートタイム労働者から請求があった場合には、医師が支障がないと認めた業務に就かせることができる。

（育児時間等）

第15条　生後一年未満の子を育てるパートタイム労働者から請求があったときは、休憩時間のほか一日について二回、一回について三〇分の育児時間を与える。

2　生理日の就業が著しく困難なパートタイム労働者から請求があったときは、必要な期間休暇を与える。

（妊娠中及び出産後の健康管理に関する措置）

第16条　妊娠中又は出産後一年以内のパートタイム労働者が母子保健法の規定による健康診査等のために勤務時間内に通院する必要がある場合は、請求により次の範囲で通

院のための休暇を認める。ただし、医師又は助産師（以下「医師等」という。）の指示がある場合は、その指示による回数を認める。

① 妊娠二三週まで　　四週間に一回
② 妊娠二四週から三五週まで　二週間に一回
③ 妊娠三六週以降　　一週間に一回

2　妊娠中のパートタイム労働者に対し、通勤時の混雑が母体の負担になると認められる場合は、本人の請求により始業時間を部分繰下げ、終業時間を三〇分繰上げること を認める。ただし、本人の請求により合計一日一時間以内を限度として繰下げ又は繰上げ時間の調整を認める。

3　妊娠中のパートタイム労働者が業務を長時間継続することが身体に負担になる場合、本人の請求により所定の休憩以外に適宜休憩をとることを認める。

4　妊娠中及び出産後一年以内のパートタイム労働者が、健康診査等を受け医師等から指導を受けた場合は、その指導事項を守ることができるようにするために次のことを認める。
① 作業の軽減
② 勤務時間の短縮
③ 休業

5　前各項の措置のうち、通院のための休暇、勤務時間の短縮及び休業の措置中の賃金の取扱いは、｛有　給／無　給／○○％有給｝とする。

（育児休業及び介護休業等）

第17条　一歳（特別な事情がある一定の場合にあっては、一歳六か月）に満たないパートタイム労働者は、会社に申し出ることにより、育児休業をすることができ、また、三歳に満たない子を養育する必要があるときは、会社に申し出ることにより育児短時間勤務制度の適用を受けることができる。

2　要介護状態にある家族を介護するパートタイム労働者は、会社に申し出ることにより、介護休業をし、又は介護短時間勤務制度の適用を受けることができる。

3　育児休業及び介護短時間勤務又は育児短時間勤務制度及び介護短時間勤務制度の適用を受けることができるパートタイム労働者の範囲その他必要な事項については、「育児・介護休業、育児・介護のための時間外・深夜業の制限及び育児・介護短時間勤務に関する規定」で定める。

4　小学校就学前の子を養育するパートタイム労働者は、一年に五日の範囲内で、会社に申し出て病気・けがをした子の看護のために休暇を取得することができる。

第六章　賃　金

（賃金）

パートタイマー就業規則（モデル）②

第18条　賃金は、次のとおりとする。

① 基本給　時間給（又は日給、月給）とし、職務内容、技能、経験、職務遂行能力等を考慮して各人別に決定する。

② 諸手当

通勤手当　通勤に要する実費を支給する。

ただし、自転車や自動車などの交通用具を使用しているパートタイム労働者については、別に定めるところによる。

精皆勤手当　賃金計算期間中の皆勤者には基本給の○日分、欠勤○日以内の精勤者には基本給の○日分を支給する。この場合、遅刻又は早退○回をもって欠勤1日とみなす。

所定時間外労働手当　第8条第1項の所定労働時間を超えて労働させたときは、次の算式により計算して支給する。

基本給＋精皆勤手当／一か月平均所定労働時間×一・二五×時間外労働時間数

休日労働手当　第9条の所定休日に労働させたときは、次の算式により計算して支給する。

基本給＋精皆勤手当／一か月平均所定労働時間×一・三五×休日労働時間数

（休暇等の賃金）

第19条　第13条第1項で定める年次有給休暇については、所定労働時間労働したときに支払われる通常の賃金を支給する。

2　第14条で定める産前産後の休業期間については、有給（無給）とする。

3　第15条第1項で定める育児時間については、有給（無給）とする。

4　第15条第2項で定める生理日の休暇については、有給（無給）とする。

5　第16条第1項で定める時間内通院の時間については、有給（無給）とする。

6　第16条第2項で定める遅出、早退により就業しない時間については、有給（無給）とする。

7　第16条第3項で定める勤務中の休憩時間については、有給（無給）とする。

8　第16条第4項で定める勤務時間の短縮により就業しない時間及び休業の期間については、有給（無給）とする。

9　第17条第1項で定める育児休業の期間については、有給（無給）とする。

10　第17条第2項で定める介護休業の期間については、有給（無給）とする。

11　第17条第4項で定める看護休暇の期間については、有給（無給）とする。

（欠勤等の扱い）

第20条　欠勤、遅刻、早退、及び私用外出の時間数に対する賃金は支払わないものとする。この場合の時間数の計算は、分単位とする。

（賃金の支払い）

第21条　賃金は、前月○日から当月○日までの分について、当月○日（支払日が休日に当たる場合はその前日）に通貨で直接その金額を本人に支払う。

2　次に掲げるものは賃金から控除するものとする。

① 源泉所得税

② 住民税

③ 雇用保険及び社会保険の被保険者の保険料の被保険者の負担分

④ その他従業員の過半数を代表する者との書面による協定により控除することとしたもの

（昇給）

第22条　一年以上勤続し、成績の優秀なパートタイム労働者については、その勤務成績、職務遂行能力等を考慮し昇給を行う。

2　昇給は、原則として年一回とし、○月に実施する。

（賞与）

第23条　毎年○月○日及び○月○日に在籍し、○カ月以上勤続したパートタイム労働者に対しては、その勤務成績、職務内容及び勤続期間等を考慮し賞与を支給する。

2　賞与は、原則として年二回、○月○日及び○月○日（支払日が休日に当たる場合はその前日）に支給する。

3　支給額及び支給基準は、その期の会社の業績を考慮してその都度定める。

（退職金）

パートタイマー就業規則（モデル）②

第24条 勤続〇年以上のパートタイム労働者が退職し、又は解雇されたときは、退職金を支給する。ただし第40条第2項により懲戒解雇された場合は、退職金の全部又は一部を支給しないことがある。

（退職金額等）
第25条 退職金は、退職又は解雇時の基本給に勤続年数に応じて定めた別表（略）の支給率を乗じて計算した金額とする。

2 退職金は、支給事由の生じた日から〇ヵ月以内に退職したパートタイム労働者（死亡した場合はその遺族）に支払う。

第七章 退職、雇止め及び解雇

（退職）
第26条 パートタイム労働者が次のいずれかに該当するときは、退職とする。
① 雇入通知書にその契約の更新がない旨あらかじめ示されている場合は、その期間が満了したとき
② 本人の都合により退職を申し出て会社が認めた時、又は退職の申し出をしてから一四日を経過したとき
③ 本人が死亡したとき

2 パートタイム労働者が、退職の場合において、使用期間、業務の種類、その事業における地位、賃金又は退職の事由（退職の事由が解雇の場合はその理由を含む。）について証明書を請求した場合は、遅滞なくこれを交付する。

（雇止め）
第27条 労働契約に期間の定めがあり、雇入通知書にその契約を更新する場合がある旨をあらかじめ明示していたパートタイム労働者の労働契約を更新しない場合には、少なくとも契約が満了する日の三〇日前までに予告する。

2 前項の場合において、当該パートタイム労働者が、雇止めの予告後に雇止めの理由について証明書を請求した場合には、遅滞なくこれを交付する。雇止めの後においても同様とする。

（解雇）
第28条 パートタイム労働者が、次のいずれかに該当するときは解雇する。この場合においては、少なくとも三〇日前に予告をするか又は予告に代えて平均賃金の三〇日分以上の解雇予告手当を支払う。
① 勤務成績又は業務能率が著しく不良で、向上の見込みがなく、他の職務にも転換できない等、就業に適さないと認められたとき
② 業務上の負傷又は疾病による療養の開始後三年を経過しても当該負傷又は疾病が治らない場合であって、パートタイム労働者が傷病補償年金を受けているとき又は受けることとなったとき（会社が打ち切り補償を支払ったときを含む。）
③ 身体又は精神に障害がある場合で、適正な雇用管理を行い、雇用の継続に配慮してもなお業務に耐えられないと認められたとき
④ 事業の運営上やむを得ない事業又は天災事変その他これに準ずるやむを得ない事情により、事業の継続が困難となったとき又は事業の縮小・転換又は部門の閉鎖等を行う必要が生じ、他の職務に転換させることが困難なとき
⑤ その他前各号に準ずるやむを得ない事由があるとき

2 前項の予告の日数は、平均賃金を支払った日数だけ短縮する。

3 パートタイム労働者が、解雇の予告がされた日から退職の日までの間に当該解雇の理由について証明書を請求した場合は、遅滞なくこれを交付する。

第八章 福利厚生等

（福利厚生）
第29条 会社は、福利厚生施設の利用及び行事への参加については、社員と同様の取り扱いをする。

（雇用保険等）
第30条 会社は、雇用保険、健康保険及び厚生年金保険の被保険者に該当するパートタイム労働者については、必要な手続きをと

パートタイマー就業規則（モデル）②

（教育訓練の実施）
第31条　会社は、パートタイマー労働者に対して必要な教育訓練を実施する。

第九章　安全衛生及び災害補償

（安全衛生の確保）
第32条　会社は、パートタイム労働者の作業環境の改善を図り安全衛生教育、健康診断の実施その他必要な措置を講ずる。

2　パートタイム労働者は、安全衛生に関する法令、規則並びに会社の指示を守り、会社と協力して労働災害の防止に努めなければならない。

（健康診断）
第33条　引き続き一年以上（労働安全衛生規則第13条第1項第2号に掲げる業務に従事する者については六ヵ月以上）使用され、又は使用することが予定されているパートタイム労働者に対しては、採用の際及び毎年定期に健康診断を行う。

2　有害な業務に従事するパートタイム労働者に対しては、特殊健康診断を行う。

（安全衛生教育）
第34条　パートタイム労働者に対し、採用の際及び配置換え等により作業内容を変更した際には、必要な安全衛生教育を行う。

（災害補償）
第35条　パートタイム労働者が業務上の事由若しくは通勤により負傷し、疾病にかかり又は死亡した場合は、労働者災害補償保険法に定める保険給付を受けるものとする。

2　パートタイム労働者が業務上負傷し又は疾病にかかり療養のため休業する場合の最初の三日間については、会社は平均賃金の六〇％の休業補償を行う。

第一〇章　社員への転換

（社員への転換）
第36条　パートタイム労働者が社員への転換を希望する場合には、その能力を有すると認めた者について社員に転換させるものとする。

2　前項の場合において、会社は当該パートタイム労働者に対して必要な教育訓練を行う。

第一一章　表彰及び懲戒

（表彰）
第37条　パートタイム労働者が次の各号のいずれかに該当するときは表彰をする。

① 永年勤続し、勤務成績が優れているとき（永年勤続は〇年、〇年、〇年、とする）

② 勤務成績が優れ、業務に関連して有益な改良、改善、提案等を行い、業績の向上に貢献したとき

③ 重大な事故、災害を未然に防止し、又は事故災害等の非常の際に適切な行動により災害の拡大を防ぐ等特別の功労があったとき

④ 人命救助その他社会的に功績があり会社の名誉を高めたとき

⑤ その他前各号に準ずる行為で、他の従業員の模範となり、又は会社の名誉信用を高めたとき

（表彰の種類）
第38条　表彰は、表彰状を授与し、あわせて表彰の内容により賞品もしくは賞金の授与、特別昇給又は特別休暇を付与する。

2　表彰は、個人又はグループを対象に、原則として会社創立記念日に行う。

（懲戒の種類）
第39条　会社は、その情状に応じ次の区分により懲戒を行う。

① けん責　始末書を提出させ将来を戒める。

② 減　給　始末書を提出させ減給する。ただし、減給は、一回の額が平均賃金の一日分の五割（二分の一）を超え、総額が一賃金支払期間における賃金の一割（一〇分の一）を超えることはない。

③ 出勤停止　始末書を提出させるほか、〇日間を限度として出勤を停止し、その間の賃金は支給し

(懲戒の事由)

第40条 パートタイム労働者が次のいずれかに該当するときは、けん責、減給又は出勤停止とする。

① 正当な理由なく無断欠勤○日以上に及ぶとき
② 正当な理由なくしばしば欠勤、遅刻、早退をするなど勤務に熱心でないとき
③ 過失により会社に損害を与えたとき
④ 素行不良で会社内の秩序又は風紀を乱したとき
⑤ その他この規則に違反し、又は前各号に準ずる不適切な行為があったとき
⑥ 会社内において、性的な行為を示したり、性的な関係をしかけたりして、他に業務の支障を与えたとき

2 パートタイム労働者が次のいずれかに該当するときは、懲戒解雇とする。

① 正当な理由なく無断欠勤○日以上におよび、出勤の督促に応じないとき
② 正当な理由なく欠勤、遅刻、早退を繰り返し、○回にわたって注意を受けても改めないとき
③ 会社内における窃取、横領、傷害等刑法犯に該当する行為があったとき、又はこれらの行為が会社外で行われた場合であっても、それが著しく会社の名誉若し

くは信用を傷つけたとき
④ 故意又は重大な過失により会社に損害を与えたとき
⑤ 素行不良で著しく会社内の秩序又は風紀を乱したとき
⑥ 重大な経歴詐称があったとき
⑦ 職責を利用して交際を強要したり、性的関係を強要したとき
⑧ その他この規則に違反し、又は前各号に準ずる不適切な行為があったとき

附 則

この規則は、平成○○年○月○日から実施する。

準社員就業規則

〔この就業規則は、正社員を除く、他の従業員を準社員として取扱っているのが特徴である。準社員の多くは、パート、アルバイトが多数を占めている。〕

第一章 総 則

(目 的)

第1条 この規則は、準社員の就業に関する事項を定めるものである。

2 この規則に定めのない事項については、労働基準法その他の法令の定めるところによる。

(定 義)

第2条 この規則において準社員とは、次の者をいう。

① 日々雇入れられる者
② 二ヵ月以内の期間を定めて雇入れられる者(アルバイト、嘱託、臨時等)
③ 一年以内の期間を定めて雇入れられる者(アルバイト、嘱託、パート等)
④ 社員就業規則第16条に基づき嘱託として再雇用した者(一年更新最高六五歳まで)
⑤ 所定労働時間が一日六時間以内または一週三三時間以内の契約内容で採用された者(いわゆるパートタイマー)

第3条 準社員は、この規則及び所属長の指示命令を遵守して、誠実に職務に従事しなければならない。

第二章 人 事

(採 用)

第4条 準社員の採用は、希望者のうちから所定の選考手続を経て決定する。

2 前項の就業希望者は、会社の定める様式に従い、次の各号の書類を会社に提出しなければならない。

① 履歴書
② 写真
③ 住民票記載事項証明書
④ その他人事管理上必要な書類

準社員就業規則

(異動)
第5条 会社は、業務上必要あるときは、職場または職種を変更することがある。

(労働条件の明示)
第6条 会社は、準社員の採用に際しては、準社員就業規則を提示し、労働条件を明示するとともに、賃金の決定、計算および支払の方法ならびに賃金の締切りおよび支払の時期に関する事項等については書面により明示する。

(文書明示事項)
第7条 前条による文書事項は次のとおりとする。
① 雇用契約の期間に関する事項
② 就業の場所及び従事する業務に関する事項
③ 始業及び終業の時刻、休憩時間、休日、休暇並びに時間外労働の有無、交替制の場合の就業転換に関する事項
④ 賃金に関する事項
⑤ 退職に関する事項(解雇の事由を含む)

2 前項の文書事項は別紙「労働条件通知書」のとおりとする(パートタイマー就業規則①の労働条件通知書と同じ)。

第三章 退職および解雇

(退職)
第8条 準社員が次の各号の一に該当すると

きには、退職するものとする。
① 死亡したとき
② 契約期間が満了したときまたは期間更新をしないとき
期間を更新しない場合の判断基準は次のとおりとする。
イ 契約期間満了時の業務量
ロ 従業員の勤務成績、態度及び能力
ハ 会社の経営状況
ニ 従事している業務の進捗状況

2 前項第3号の場合、退職しようとする日の一四日前までに退職の申し出をするものとする。

3 第1項第2号後段の場合、当該準社員が期間更新により引き続き二ヶ月を超える者であるときは、会社は三〇日前に更新しない旨の予告を行う。

(解雇)
第9条 会社は、準社員が次の各号の一に該当するときは解雇する。
① 事業縮小、閉鎖、設備の変更などにより剰員となったとき
② 勤務能力が著しく低く勤務に耐えないと認めたとき
③ 甚だしく職務が怠慢なとき
④ 業務上の指示命令に従わないとき
⑤ 第2号から第4号までの事由に準ずる事由があり、準社員として不適当と

認められるとき

2 前項の解雇は、労働基準法の規定によって予告するか、または予告手当を支給して行う。ただし、第2条第1号に該当する者を雇入れ後一ヵ月以内に解雇する場合または同条第2号に該当する者を雇入れ後二ヵ月以内に解雇する場合はこの限りでない。

(退職証明書、離職証明書の交付)
第10条 会社は、退職または解雇された者(以下「退職者」という)が、退職に関して証明書を請求した場合は、次の事項に限り証明書の交付を遅滞なく行う。
① 使用期間
② 業務の種類
③ 地位
④ 賃金
⑤ 退職事由(解雇の場合にあっては、その理由を含む)

2 前項の証明は、退職者が請求した事項のみを証明するものとする。

3 退職者が、雇用保険の離職証明書を請求した場合は、会社は速やかに雇用保険の離職証明書を交付する。

(退職後の遵守義務)
第11条 退職者は退職または解雇後も、在職中に生じた損害および守秘義務は免れないものとする。

293

第四章 勤務

(労働時間および休憩時間)

第12条 就業時間は、休憩時間を除き一週四〇時間、一日八時間以内とし、労働契約を締結する際に各個別に定める。

(始業・終業・休憩)

第13条 始業、終業の時刻および休憩時間は、原則として次のとおりとする。

始業　八時三〇分
終業　五時三〇分
休憩　一二時～一時

	始業時間	終業時間	休憩時間
A勤務	9時	14時	正午から13時まで
B勤務	10時	13時	12時から12時30分まで
C勤務	13時	18時	15時から15時30分まで

2 前項の時刻は業務の都合により繰上げまたは繰下げることがある。この場合において一日の就業時間は第9条の所定労働時間を超えることはない。

3 第2条第5号に掲げる者(いわゆるパートタイマー)

(休日)

第14条 準社員の休日は、次のとおりとする。

① 日曜日
② 土曜日
③ 国民の祝日および国民の休日(五月四日)
④ 年末年始(一二月三一日から一月二日)
⑤ 前第3号の休日が日曜日にあたるときは、その翌日を休日とする。
⑥ 前各号の定めるもののほか、労働契約締結時において休日とした日

2 前項の定めにかかわらず、会社は業務の都合により、休日をあらかじめ他の日に振替えることがある。

(時間外・休日労働)

第15条 業務の都合により第13条の所定労働時間を超えまたは前条の所定休日に労働させることがある。

この場合は、「三六協定」の限度内とする。

2 小学校就学前の子の養育・家族の介護を行う女性社員が申し出た場合は、法定労働時間を超える時間外労働及び休日労働並びに深夜勤務はさせない。

3 妊娠中の女性及び産後一ヵ年を経過しない女性が申し出た場合は、法定労働時間を超える時間外労働及び休日労働並びに深夜勤務はさせない。

4 前項に掲げる勤務のうち、いずれの勤務に従事するかは、労働契約の締結の際に明示する。

(育児・介護休業規程の適用)

第16条 前条第2項の手続に必要な事項は別に定める「育児・介護休業規程」による(社員就業規則)。

(年次有給休暇)

第17条 契約社員・嘱託が契約更新により、六ヵ月間継続勤務し、一週五日以上勤務日(年間二一七日以上の所定勤務者)で、全勤務日の八割以上の出勤者には、会社は継続または分割した一〇勤務日の年次有給休暇を与える。

2 前項の年次有給休暇付与日数の算定にあたって、第2条第4号の嘱託については、社員としての継続勤務年数を通算する。

3 一.五年以上継続勤務した者には、一年を超えるごとに一勤務日(三.五年以上勤務した者には、一年について二勤務日)を加算した年次有給休暇を与える。ただし、総日数は二〇日を限度とする(次表)。

勤務年数	付与日数
0.5	10
1.5	11
2.5	12
3.5	14
4.5	16
5.5	18
6.5	20
7.5	20
8.5	20
9.5以上	20

準社員就業規則

4 第1項の出勤率の算定にあたり、次の各号の期間は出勤とみなして取り扱う。
① 業務上の傷病による休暇期間
② 産前産後の休業期間
③ 育児休業制度および介護休業制度に基づく休業期間
④ 会社の都合による休業期間
⑤ その他慶弔休暇および特別休暇
⑥ 年次有給休暇の期間

5 年次有給休暇を請求しようとする者は、事前に申し出なければならない。

6 年次有給休暇は、本人の請求のあった時季に与える。
ただし、業務の都合によりやむを得ない場合は、その時季を変更することがある。

7 年次有給休暇の期間については、通常の給与を支払う。

8 当該年度の年次有給休暇に残日数がある場合は、翌年に限り繰り越すこととする。

9 一週四日以下（一年を通じて二一六日以下）の第2条5号の者（いわゆるパートタイマー等）は第1項および第2項を比例付与で別表のとおり年次有給休暇を与える。

週所定労働日数	1年間の所定労働日数	勤続年数						
		6か月	1年6か月	2年6か月	3年6か月	4年6か月	5年6か月	6年6か月以上
4日	169〜216日	7日	8日	9日	10日	12日	13日	15日
3日	121〜168日	5日	6日	6日	8日	9日	10日	11日
2日	73〜120日	3日	4日	4日	5日	6日	6日	7日
1日	48〜 72日	1日	2日	2日	2日	3日	3日	3日

（休暇等）
第18条 次の各号の一に該当するときは、請求により休暇を与える。
① 労働基準法第65条に基づく産前、産後の休暇
② 生理日の就業が著しく困難な女性または生理に有害な業務に従事する女性が請求した生理休暇

2 前項の休暇は、無給とする。

（出退勤手続）
第19条 準社員は、始業および終業の時刻を厳守し、出退勤は所定の場所において、出退勤時刻を所定の方法により記録しなければならない。

（遅刻または早退）
第20条 やむを得ない事由により遅刻または早退をしようとするときは、所属長に届出て承認を受けなければならない。

（欠勤）
第21条 病気その他やむを得ない事由により欠勤しようとするときは、所属長に届出なければならない。

第5章 賃金

（賃金の構成）
第22条 賃金は、基本給、通勤手当、時間外労働割増賃金、休日労働割増賃金および深夜労働割増賃金とする。

（基本給）
第23条 基本給は、時間給、日給または月給とする。

（通勤手当）
第24条 通勤に要する実費のうち、月額八〇,〇〇〇円を限度として支給する。

（割増賃金等）
第25条 第9条の所定労働時間を超え、労働

パートタイマー社員給与・賞与規程①

第一章 総則

（目的）
第1条 この規程は、給与と賞与に関する事項について定めたものです。

（適用範囲）
第2条 この規程は、パートタイマー社員（以下パート社員という）を対象としま
す。

第二章 給与

（給与の構成）
第3条 給与の構成は、次のとおりとします。

給与 ┬ 基本給
     └ 手当 ┬ 時間外勤務手当
            ├ 通勤手当
            └ 特別手当

（計算期間および支給日）
第4条 給与は、前月の二一日から当月の二〇日までを一計算期間とし、当月の二〇日をもって締め切ります。ただし、時間外勤務手当については、前月の一六日から当月の一五日までとします。なお、三月分の時間外勤務手当については前月の一六日から当月の二〇日締めとします。

2 給与の支給は、毎月二七日とします。なお、支給方法は雇用契約時において確認の上で金融機関の本人名義の口座に対する振込みとします。ただし、支給日が日曜日、祝祭日および金融機関の休業日に当たるときには、その前日に繰り上げます。

（控除項目）
第5条 次に掲げるものについては、支給の際に控除します。
(1) 所得税および住民税
(2) 社会保険加入者については、社会保

※※※

させた場合には次により通常の賃金および時間外割増賃金を支給する。
① 所定労働時間を超え八時間以内の労働に対しては、その時間に対応する通常の賃金
② 八時間を超える労働時間については、通常の賃金の二割五分増の割増賃金
2 第11条の法定休日に労働させた場合には、通常の労働日の三割五分増の割増賃金を支給する。

（賃金の計算）
第26条 第14条の年次有給休暇の賃金は、所定労働時間労働した場合に支払われる通常の賃金を支給する。
2 欠勤、遅刻および早退の時間について、は、基本給の一時間あたり賃金額に欠勤、遅刻および早退の合計時間数を乗じた額を差引くものとする。
3 前項の時間数については、合計時間のうち三〇分未満の端数は切り捨てる。

（賃金の計算期間および支払日）
第27条 賃金は、毎月二〇日に締切り、末日に支払う。ただし、支払日が休日にあたるときはその前日に支払う。

（賃金の控除）
第28条 賃金の支払に際しては、所得税、社会保険料など法令に定められたものを控除する。

（昇給）
第29条 昇給は、最低賃金の改定その他必要に応じて、基本給を改定することによって行う。

（退職金）
第30条 準社員に対しては、退職金は支給しない。

第6章 その他

（社員就業規則の適用）
第31条 社員就業規則、七ー育児・介護休業、母性健康管理、八ー安全衛生、九ー災害補償および、一〇ー表彰および制裁の規定は、準社員についても適用する。

付則

（施行）
第32条 この規則は平成〇年〇月〇日より施行する。

パートタイマー社員給与・賞与規程①

(3) 社員の過半数を代表するものとの協定書に基づく福利厚生費等
険料の個人負担分

(基本給)
第6条 基本給は、時間当たりの賃金（以下時間給という）に、実総労働時間と有給扱いとされる休暇取得分の時間を加算し、乗じた額とします。ただし、第7条の規定による時間外勤務手当支給の対象となる時間は、除きます。

2 時間給は、採用時に本人の社会経験および資格、能力、配属先の職務内容等を考慮して決定します。

(時間外勤務手当)
第7条 時間外勤務手当は、次のとおりとします。

時間外勤務手当＝時間給×当該時間数

※残業時間給＝
月平均の所定内労働時間×時間給＋特別職手当
月平均の所定内労働時間（個々の契約時間）
×1.25

(1) 1か月60時間を超える時間外労働に対しては割増賃金50％

(2) 個別の雇用契約に基づく一日の所定労働時間以外に労働し法定労働時間を超えない時間

時間外勤務手当＝時間給×当該時間数

2 時間外勤務は、所定労働時間を30分以上超える見込みの場合に指示するものとし、時間外勤務時間の届出は30分以上10分単位とします。

(通勤手当)
第8条 通勤手当については、別に定める「通勤手当規程」（一般社員諸規程）によります。

(特別職手当)
第9条 特別職手当は、生鮮食料品を担当する社員に対して支給します。

(1) 生鮮食料品の範囲は、青果、鮮魚、精肉、日配品とします。

(2) 支給額は一〇〇〇円とします。

(昇給)
第10条 昇給は、前年三月二一日より当年三月二〇日までの一年間の勤怠、成績、能力等を考慮して決定し、四月支給分の給与をもって実施します。ただし、業績が不振のときは、実施しません。

第三章　賞　与

(賞与の原則)
第11条 社員の賞与は、年一回支給します。ただし、業績が不振のときは、支給しません。

(賞与の支給対象期間および支給日)
第12条 賞与は、前年三月二一日から当年三

月二〇日を一計算期間とし、毎年十二月一五日に支給します。ただし、毎年十二月一五日にその一部を前払いで支給します。

(受給資格と計算式・十二月支給分)
第13条 十二月支給分の賞与は、十二月一五日現在の在籍社員を対象として、当年三月二一日から十二月二〇日までの在籍月数（以下対象月数とする）を基準とし、次の計算式で算出します。ただし、九月二二日以降入社の社員は、対象外とします。また、月途中の入社者の場合、一カ月に満たない端数の日数は、切り捨てます。

・12月分支給賞与＝基本給×0.3×対象月数÷9

※基本給
時間給×1日の所定労働時間×26
週の所定労働日が五日以下の社員
時間給×前3カ月の平均月間労働時間

(受給資格と計算式・三月支給分)
第14条 三月支給分の賞与は、三月二〇日現在の在籍が確定する社員を対象として、前年三月二一日から当年三月二〇日までの対象月数を基準とし、次の計算式で算出します。ただし、十二月二一日以降入社の社員は、対象外とします。また、月途中の入社者の場合、一カ月に満たない端数の日数は、切り捨

パートタイマー賃金規則②

最近、パートタイマーの雇用が増えている。FT商事(商事会社・従業員六〇〇人、内パート四〇人)では従来、「雇入通知書」で賃金関係を記載していたが、今回、就業規則の作成とともに、パート単独の賃金規則を作成した例である。

第一章 総則

(目 的)
第1条 この規則は、パートタイマーに対する賃金の支給に関する事項について定めたものである。

(賃金体系)
第2条 賃金体系は、つぎのとおりである。

基準内賃金 ─┬─ 時 間 給
　　　　　　├─ 時間外勤務手当
　　　　　　├─ 休日出勤手当
　　　　　　└─ 通勤手当

第二章 基準内賃金

(時間給)
第5条 時間給は、職務内容・技能・経験・勤続・その他を考慮して、つぎのごとく「時間額」をもって定める。

Aクラス 八一〇円
Bクラス 八五〇円
Cクラス 八九〇円
Dクラス 九三〇円
Eクラス 九六〇円～一、〇八〇円

② 都道府県労働局長が公示する最低賃金以上とする。

(時間外勤務手当)
第6条 時間外勤務手当は、会社の指示命令に基づき一日の所定労働時間(実働七時間)を超えて勤務した者に支給する。

(計算期間)
第3条 賃金の計算期間は前月二一日から当月二〇日までとする。

(計算上の端数の取扱い)
第4条 賃金計算上、円未満の端数が生じたときの取扱いはつぎのとおりとする。
① 支給するとき　　切り上げる
② 減額するとき　　切り捨てる

② 時間外勤務手当は、つぎのとおりとする。

時間外賃金＝時間給×時間外勤務時間

③ 時間外勤務のため、一日の労働時間が七時間を超えた場合は、つぎの算式により算出した額を前項の手当に加算する。

時間給×1.30×
(1か月60時間を超える時間外労働に対しては割増賃金50%)
1日7時間を超える時間外労働時間

(休日出勤手当)
第7条 休日出勤手当は、会社の指示命令に基づき、休日に勤務した者に支給する。

② 休日出勤手当の算式は、つぎのとおりとする。

時間給×1.30(法定休日1.35)×休日勤務時間

(年末年始における手当の特例)
第8条 前条の定めにかかわらず、一二月三〇日から一月四日までの間に勤務した者に対する休日出勤手当の算式は、つぎのとおりとする。

時間給×2.00×休日勤務時間

(通勤手当)
第9条 通勤手当の支給額は別表①のとおりとする。ただし計算期間中に一日も就業しなかった者に対しては支給しない。

② 前項にかかわらず、交通機関を利用して通勤する者の通勤実費が出張・休暇・欠勤・その他の理由により、通勤定期券

第四章 その他

(実施期日)
第15条 この規定は平成〇〇年〇月〇日より実施します。

(1) 週の所定労働日が六日の社員
時間給×1日の所定労働時間×26

(2) 週の所定労働日が五日以下の社員
時間給×前3カ月の平均月間労働時間

※基本給
時間給×1日の所定労働時間×26
÷12)＝12月支給分

・3月分支給賞与＝(基本給×0.5×対象月数÷12)＝12月支給分

パートタイマー賃金規則②

別表①　　　　　　通　勤　手　当

区　　分		通勤距離（片道）	支給月額
電車・バス等の交通機関を利用して通勤する者		定期乗車券を支給。ただし、定期乗車券代のうち月額〇〇〇円を超える部分は半額。	
自動車等の交通用具を利用して通勤する者	原動機のつかない交通用具を使用する場合	2km以上	〇〇〇円
	原動機付きの交通用具を使用する場合	2km以上～5km未満	〇〇〇円
		5km以上～10km未満	〇〇〇円
		1010km以上	〇〇〇円

代を下まわることが明らかな場合は、通勤定期券にかえ通勤実費を支給することができる。

③ 前2項の支給額の算定は原則として最も経済的かつ合理的な経路および方法によるものとする。

④ 賃金計算期間の中途で支給額の算定基礎に変更が生じたときの取扱いはつぎのとおりとする。

1　定期乗車券を支給されている者の当該定期乗車券の通用期間（払戻し可能な部分を除く）は原則として変更後の算定基礎に基づく通勤手当を支給しない。

2　交通用具使用による通勤手当は、変更前および変更後につきそれぞれ日割計算により支給する。

3　新たな交通機関による通勤手当の支給を受ける者については、日割計算によって支給する。

⑤ 賃金計算期間中に入・休復職し、または、解雇されたときの取扱いおよび日割計算の方法については、別に定める。

（休業手当）
第10条　パートタイマー就業規則第21条に基づき、会社の責に帰すべき事由により休業した場合は、その期間中「労働基準法」第12条に定める平均賃金の六〇％相当額を、休業手当として支給する。

第三章　支　払

（支払日）
第11条　賃金は、前月二一日より当月二〇日までの分を当月二五日に支払う。ただし、当日が休日に当たるときはその前日に支払う。

第12条　賃金は直接本人に通貨をもって全額を支払う。ただし、法令により定められたものおよび会社、従業員代表双方協定のうえ、その徴収を会社に委託したものは控除する。

② 前項の定めにかかわらず、本人が希望する場合は本人の希望する金融機関の本人名義の口座に振込を行うこととする。

（臨時払）
第13条　パートタイマーの退職・解雇または死亡の場合において、本人またはその遺族から申し出のあったときは、遅滞なく賃金を支払う。

（非常時払）
第14条　つぎの各号のひとつに該当し、本人から申し出のあったときは遅滞なく既往の労働に対する賃金を支払う。

1　出産、婚姻または葬儀を行う費用にあてるとき

2　やむを得ない事由により帰郷するとき

3　天災地変等に遭遇し、または負傷、

疾病などにより臨時の出費を要するとき

4 その他事情やむを得ないと認められるとき

第五章 賞　与

（支　給）

第15条　賞与は営業成績に応じて、原則として毎年七月および一二月に支給する。前期の賞与は前年一一月二一日から当年五月二〇日まで、後期の賞与は当年五月二一日から一一月二〇日までを支給の対象期間とする。

（支給基準）

第16条　賞与の支給基準は、対象期間中の各人の勤務成績、出勤の状況等によって、そのつど決定する。

（雇用契約の締結）

第17条　会社は、パートタイマーの雇用関係および労働条件を明確にするために別表②の「パートタイマー雇用契約者」を締結する。

（施　行）

第18条　この規則は、平成〇〇年〇月〇日から実施する。

パートタイマー賃金規則②

別表②

パートタイマー雇用契約書

　　　　　　　　　　甲　　　　　　　会　社
　　　　　　　　　　乙　住　所
　　　　　　　　　　　　氏　名　　　　　　　　　　　　　　　年　月　日生

甲と乙とは、次の労働条件で雇用契約を締結する。

記

1. パート資格　普　通・臨　時
2. 雇用期間　自　平成　　年　　月　　日
　　　　　　　至　平成　　年　　月　　日
3. 就業場所
4. 従事する業務
5. 就労時間　実働　　時間　　分
　　　　　　　始業　午前　　時　　分
　　　　　　　終業　午後　　時　　分
　　　　　　　休憩
6. 休　　日　土・日曜日
7. 給　　与　基本給（時間給）　　　　　円
　　　　　　　時間外手当
　　　　　　　通勤手当　　　　　　　　　円
　　　　　＊締切り日　前月21日〜当月20日
　　　　　＊支払い日　毎月25日（その日が休日のときは、その前日）
8. 休　　暇　年次有給休暇
　　　　　　　　　パート就業規則第21条のとおり
　　　　　　　生理休暇
　　　　　　　　　パート就業規則第22条のとおり
　　　　　　　出産手当
　　　　　　　　　パート就業規則第23条のとおり
9. 賞　　与　金一封（夏期・冬期）
10. 退職金　　支給しない。勤続二年以上は餞別金を支給
11. 遵守義務　甲と乙とは、甲の定める「パートタイマー」就業規則を遵守すること
12. 契約更新　甲が乙を必要とし、乙が甲において働く意思がある場合には、契約満了時に更新する
13. その他　　この契約書に記載のないことは、すべて「パートタイマー就業規則」による（就業規則貸与）。

　　　　平成　　年　　月　　日

　　　　　　　　　　　　　　　　甲　東京都○○区△△×丁目×-×
　　　　　　　　　　　　　　　　　　　　　　　　　　　　株式会社
　　　　　　　　　　　　　　　　　　取締役社長　　　　　　　　㊞
　　　　　　　　　　　　　　　　乙　　　　　　　　　　　　　　㊞

パートタイマー給与規程③

――パートタイマー就業規則より抜粋

（給　与）

第30条　パートタイマーの給与は、つぎのとおりとする。

① 基本給（時間給とする）
② 皆勤手当
③ 時間外手当
④ 休日出勤手当
⑤ 深夜勤務手当

㊟
- 時間外の場合
  基本給の一・二五＋〇・二五＝一・五〇
  となる
- 休日出勤の場合
  基本給の一・三五＋〇・二五＝一・六〇
- 時間給につき　基本給の〇・二五

（基本給）

第31条　パートタイマーの基本給は時間給とする。

2　時間給は地域社会水準を考慮し、同種産業の賃金を参考にして、本人の職務および能力によって各人ごとに決定する。

3　基本給は、所轄労働局長公示の最低賃金以上とする。時間給は一時間につきつぎのとおりとする。

　A級　　〇〇〇円　　八一〇円
　B級　　〇〇〇円　　八六〇円
　C級　　〇〇〇円　　九一〇円以上

4　基本給は、勤務の時間あるいは勤務日数に応じて支給し、欠勤、遅刻、早退または私用外出などによる不就労の場合は、その相当額は支給しない。

（時間外および休日出勤手当）

第32条　パートタイマーの勤務時間が、一日七時間〇〇分を超え、または休日に勤務したときは、その勤務時間につき、つぎの計算による手当を支給する。

$$\frac{基本給（時給額）＋皆勤手当}{1ヵ月平均所定勤務時間} \times \underset{1.35}{\overset{1.25}{\binom{時間外}{休日}}} \times 勤務時間数$$

2　雇用契約に示す所定勤務時間を超えての時間外勤務は、実働七時間〇〇分以内は所定給与とする。

（深夜業手当）

第33条　パートタイマーが会社の業務の都合で深夜（午後一〇時より翌朝午前五時）に勤務した場合は、その勤務時間一時間につき、つぎの計算による手当を支給する。

$$\frac{基本給（時給額）＋皆勤手当}{1ヵ月平均所定勤務時間} \times 0.25 \times 勤務時間数$$

（給与の締切・支払）

第34条　パートタイマーの給与は、前月二一日より当月二〇日までの分を当月二五日に支払う。

2　給与は、その全額を通貨で直接本人に支払う。

ただし、支払日が休日に当たるときは前日に繰上げて支払う。

2　給与は、つぎの各号のひとつに該当する場合は、給与から控除する。
① 法令に定められているもの
② 書面によって協定しているもの

3　前項の定めにかかわらず、本人が同意する場合は、本人の指定する金融機関の本人名儀口座に振込むことができる。

（昇　給）

第35条　一年以上継続勤務し、成績良好なパートタイマーについて昇給を行うことがある。

2　昇給の時期は毎年四月とし基本給について行う。

（賞　与）

第36条　賞与は、業績に応じて支給することがある。

2　賞与は、算定期間の勤務成績によって決定する。

3　前項の算定期間は、前年一二月一日より当年五月三一日を七月賞与に、六月一日より一一月三〇日を一二月賞与とする。

4　賞与支給当日在籍していない者には支給しない。

パートタイマー退職慰労金規程①

○○生活協同組合（従業員二四〇人、うちパートタイマー一四〇人）の退職金慰労金規程である。

（目　的）

第1条　この規定は、パートタイマーの退職の際の慰労金について定めたものである。

（適用範囲）

第2条　この規定は、連続して二年以上、週三日以上の雇用契約に基づき勤務した者が退職する際に適用する。

ただし、本人の重大な責務に基づき解雇された場合は、常務理事会の判断により支給しない場合もある。

（退職慰労金の額）

第3条　退職慰労金の額は、勤続年数に三〇、〇〇〇円を乗じて得た額とする。

（支給日）

第4条　退職慰労金の支給は、退職の日より二週間以内とする。

　　附　則

この規定は平成○年○月○日より施行する。

パートキャディ退職金規程②

―○○ゴルフ場（従業員四〇人、うちパートタイマー二五人）のパートタイマー退職金規程である―

（目　的）

第1条　この規程は、パートキャディ就業規則第○条に基づき、キャディが死亡または退職した場合の退職金の支給に関する事項について定める。

（適用範囲）

第2条　この規程の適用を受けるキャディとは、会社と所定の手続きを経て、雇用契約を締結した者をいう。

ただし、次の者は適用しない。

　　　アルバイト・キャディ

（支給範囲）

第3条　退職金の支給は、勤続満一年以上のパートキャディが退職した場合に支給する。

ただし、自己都合退職の場合は、満三年以上とする。

（受給者死亡の場合）

第4条　パートキャディが死亡した場合においては、その退職金は、労働基準法施行令第42条の定めに従って支払う。

（支払方法および支払時期）

第5条　退職金は、原則として退職の日から一四日以内にその全額を通貨で本人に支給する。

ただし、本人の希望により、本人指定の金融機関の本人口座に振込むことができる。

（支給事由）

第6条　退職金は、次の各号の一に該当する場合、別表　退職金支給額表により支給する。

①　死亡したとき（A欄）
②　会社の都合で退職したとき（A欄）
③　自己の都合で退職したとき（B欄）
④　休職期間満了により復職しないとき（B欄）

（勤続年数の計算）

第7条　勤続年数の計算は、入社の日より退職の日（死亡の場合は死亡日）までとし、一カ月未満は月割りとし、一カ月未満の日数が一四日以内は切り捨て、一五日以上は一カ月として計算する。

2　就業規則第○条の試用期間は、勤続年数に算入する。

（退職金支給額）

第8条　退職金の支給額はA欄、B欄に分ける。

①　A欄は会社都合等退職
②　B欄は自己都合等退職
　上記各号の区分は、第6条各号のカッコ内のとおりとする。

パートタイマー退職金規程③
（中退共制度に加入）

―従業員一八〇人の精密機械製造（うちパートタイマー四〇人）の事例。正規従業員も「中小企業退職金共済制度」（中退共）に加入していて、パートタイマーにも適用している。「中退共」のパートタイマー掛金を適用している事例―

（総則）
第1条　パートタイマーが退職したときは、この規程により退職金を支給する。
2　前項の退職金の支給は、会社が各パートタイマーについて勤労者退職金共済機構・中小企業退職金共済事業本部（以下「機構中退共本部」という）との間に退職金共済契約を締結することによって行うものとする。

（新規パートタイマーの契約）
第2条　新たに雇入れたパートタイマーについては、試用期間（一カ月）を経過した月に退職金共済契約を前条により締結する。

（共済契約掛金）
第3条　退職金共済契約は、パートタイマーごとに勤務時間、勤続年数に応じ、別表に定める掛金月額によって締結するものとする。
　毎年〇月に掛金を調整する。

（無支給もしくは減給支給）
第9条　パートキャディの退職が、就業規則第〇条第〇号（懲戒解雇）に該当する場合には、原則として退職金は支給しない。
　ただし、状況によってB欄以下に減じて支給することがある。

（功労加算）
第10条　パートキャディがとくに、功労のあった場合には第8条の退職金に加算することがある。

（施行）
第11条　この規程は平成〇年〇月〇日より施行する。

別表　退職金支給額（勤続別・退職事由別）
（単位：円）

勤続	A（会社都合）	B（自己都合）
1	20,000	
2	40,000	
3	60,000	40,000
4	82,000	60,000
5	104,000	80,000
6	128,000	102,000
7	152,000	124,000
8	176,000	146,000
9	200,000	168,000
10	224,000	190,000
11	250,000	214,000
12	276,000	238,000
13	302,000	262,000
14	328,000	286,000
15	354,000	310,000

（注）勤続16年以上は勤続1年につき会社都合7,000円増・自己都合5,000円増

パートタイマー退職金規程③

（退職金の額）

第4条　退職金の額は、掛金月額と掛金納付月数に応じて中小企業退職金共済法に定められた額とする。

（退職金の減額）

第5条　パートタイマーが懲戒解雇された場合には、機構・中退共本部に退職金の減額を申し出ることがある。

（受給者）

第6条　退職金は、パートタイマー（パートタイマーが死亡したときはその遺族）に交付する退職金共済手帳により、機構・中退共本部から支給を受けるものとする。

2　パートタイマーが退職又は死亡したときは、やむを得ない理由がある場合を除き、本人または遺族が遅滞なく退職金を請求できるよう、速かに退職金共済手帳を本人または遺族に交付する。

（規程改廃の手続き）

第7条　この規程は、関係諸法規の改正および社会事情の変化などにより必要がある場合には、従業員代表と協議のうえ改廃することがある。

2　従業員代表は、パートタイマー代表の意見を聴取するものとする。

付則

（施行）

第8条　この規程は平成○年○月○日より施行する。

（過去勤務期間の取扱い）

第9条　この規程の施行前より在籍するパートタイマーについては、勤続年数に応じ過去勤務期間通算の申出を機構・中退共本部に行うものとする。

別表　勤続および掛金

1日の勤務時間	勤続および掛金		
	勤続3年未満	勤続3〜5年	勤続5年以上
4時〜5時間未満①	2,000円	3,000円	4,000円
5時〜6時間未満②	3,000円	4,000円	5,000円
6時〜7時間　③	5,000円	6,000円	7,000円

（注）①は1週25時間以内　②は1週30時間以内　③は1週30時間以上 30時間以上は、一般の掛金（5,000円以上）となる。

VIII 賃金・出張旅費関係諸規程

VIII 賃金・出張旅費関係諸規程（解説）

賃金とは

賃金についてできるだけ明文化し、規則化していくことは賃金を合理的に運営していく第一歩である。労働基準法では常時一〇人以上の労働者を使用する使用者は、就業規則を作成し、行政官庁へ届けなければならないことになっている。しかし、就業規則に記載すべき事項を一つひとつ詳細に記載すると、就業規則の分量もたいへん多くなること、また毎年の物価の変動等から賃金の部分に関する規定が改定されることが多いこと等から、労働基準法では、とくに細かい規定となりやすい賃金、退職金などについては就業規則とは別に賃金規定、退職金規定などとして作成してよいことになっている。また賃金の種類別

に「住宅手当支給規定」「通勤手当支給規定」などというように、個別に規定を設けている例もみられる。しかし、個別の別規定といっても、規則の作成、変更にあたっては、就業規則と同様所定の手続が必要であり、従業員の過半数をもって組織される労働組合または過半数の労働者を代表する者の意見を聴き、その意見書をそえて労働基準監督署長へ届け出ることおよび賃金規則を従業員に周知させることを使用者に義務づけている。いずれにしても、賃金規則を作成し、賃金の運営をルール化することによって賃金管理がやりやすくなるし、賃金の算定基準が明確化されれば、従業員の賃金に対する不信や不安は少なくなるし、企業においても賃金についての将来的な見通しをたてる基礎的なデータをつくることができる。

賃金規則に記載すべき事項

賃金規則を作成するにあたっては、個々の企業において行われている賃金慣行などを考慮しながら、企業の実情に合ったものをつくる必要がある。その際、賃金規則にどのような事項をどの程度明文化すればよいかが問題となるが、それには次の事項に分類することができる。（労働基準法第89条参照）

一 絶対的記載事項

賃金規則の作成にあたって、労働基準法の要請を満たすために必ず記載しなければならない事項である。

(1) 賃金の決定および計算方法
(2) 賃金の支払い方法
(3) 賃金の締切りおよび支払い時期
(4) 昇給に関する事項

二 相対的記載事項

その事業場で決まっている場合には、賃金規則の中に記載しなければならない事項であり、その内容は、次のとおりである。

(1) 退職手当に関する事項
(2) 賞与に関する事項
(3) その他の手当に関する事項
(4) 最低賃金に関する事項
(5) 労働者に負担させる食費、作業用品その他に関する事項

三　任意的事項

前述の絶対的記載事項、相対的記載事項以外の事項を盛りこむことは自由であり、任意的記載事項と呼ばれている。その内容はそれぞれの企業によって異なるが、一般的には次のような項目が記載されている。

(1) 賃金規則の基本的精神
(2) 実施時期
(3) 改正に関する事項

賃金と関係法律

わが国で賃金に関する法規といえば、労働基準法が中心になることはいうまでもない。労働基準法では、労働条件の最低基準を定めており、この基準に達しない労働条件を定める労働契約は、その部分については無効とされ、無効となった部分は、この法律に定める基準によることになっている（労働基準法第一三条）。賃金は労働条件のなかではもっとも重要な部分であるが、わが国の労働基準法では、労働時間や安全衛生労災補償についての規定にくらべると、賃金に関する規定は、均等待遇（労基法三条）、男女同一賃金の原則（同四条）のような賃金の決め方についての原則的な規定、賃金の支払い方法（同二四条）、非常時払い（同二五条）、休業手当（同二六条）、出来高払いの保障給（同二七条）のほか、金品の返還、退職時払い（同二三条）

一　均等待遇

賃金など労働条件は、労働者と使用者が対等の立場において決定されなければならないのと同様に、労働者相互についても同じ人間として平等な取扱いを受けるべきことは当然である。労働基準法第三条は労働者の国籍、信条、または社会的身分を理由として賃金などについて差別的な取扱いをすることを禁止している。

二　男女同一賃金の原則

労働基準法第四条は、労働者が女性であることを理由として賃金について男性と差別的取扱いをすることを禁止している。どのようなことが女性であることのみを理由とする差別になるのかについて行政解釈は、「労働者が女性であることのみを理由として、あるいは社会的通念として、もしくは当該事業場において女性労働者が一般的、平均的に能率が悪いこと、知能が低いこと、勤続年数が短いこと、扶養家族が少ないこと等の理由によって、女性労働者に対し賃金に差別をつけることは違法である」（昭二二・九・一三基発一七号）としている。一方、職務の能率、技能のほか、年齢、学歴、勤続年数などの属人的条件が同じで、量、質とも同一の仕事であれば、男性も女性も同じ賃金を支払わなければならないということになる。そこで、今後は質、量とも同一ということが具体的なケースでどのように判断すればよいかが問題になるものと思われる。仕事の質量とも同一であるにもかかわらず賃金に差があるケースとして問題となるのは、労働協約、就業規則、内規などで、

(1) 基本給表が男女別の差を設けている場合
(2) 初任給に男女別の差を設けている場合
(3) 家族手当が男女別に作成されている場合
(4) 家族手当や住宅手当など諸手当の支給が男性に限られている場合
(5) ベースアップや昇給で男性と女性と区別する場合
(6) 人事考課の評価要素を男性と女性で区別する場合
(7) 退職金の支給条件を男性と女性で区別する場合

たとえば男女別に賃金表を作成適用しているとか、初任給を男女別に決めているとか、家族手当を男性には支給するが女性には支給しないと決めるなど、誰がみてもすぐに男女の賃金差別があることが分かるようなものについては、男女雇用機会均等法が制定、実施されてＰＲが活発に行われると法についての

に規定する差別待遇ではない（昭二二・九・一三基発一七号）とされている。これらのことからみて、たとえば年齢、学歴、勤続年数などの属人的条件が同じで、量、質とも同一の仕事であれば、男性も女性も同じ賃金を支払わなければならないということになる。

のような賃金の支払いに関する規定および最低賃金（最低賃金法）にとどまっていて、いわば外枠的なもののみで、実質的にその内容に立ち入って規定していないのが大きな特徴となっている。

二六条）、出来高払いの保障給（同二七条）のほか、金品の返還、退職時払い（同二三条）によって賃金に個別差異があることは、本条

認識も深まり、改善されると思われるが、その後は細かい人事処遇をめぐって問題が起こるのできめ細かな見直しを行うことが必要である。

また、平成一九年四月一日から改正施行された「雇用の分野における男女の均等な機会及び待遇の確保等に関する法律」では、男女同一の考えからの労働条件の設定を要求しており、賃金についても、職務、業務遂行能力等で決定される諸手当については男女差別はできないこととしており、賃金決定についてはこの法律を十分理解認識して見直しをしなければならない。

三　賃金の口座振込み

労働基準法第二四条では、賃金は、原則として通貨で、直接労働者に、その全額を、毎月一回以上、一定期日に支払わなければならないと規定されており、預貯金口座への振込みによる賃金の支払いについては、これまで通達により一定の要件の下に認められてきたが、今回の改正により法的にこの取扱いを認めることになった。

最近では、企業側の給料袋づめ作業の省力化などの観点から賃金の振込制がかなり普及している。また、派遣労働者の場合には、勤務場所と賃金支払い場所が異なることが考えられるのであるから、賃金の支払は本人の預金口座への振込みが利用されることが多いと思われる。賃金の預金口座への振込みについ

ては、

1　労働者の意思に基づいているものであること、2　労働者が指定する本人名義の預金または貯金口座に振り込まれること、3　振込まれた賃金の全額が、所定の賃金支払日に払い出し得る状況にあること（昭五〇・二・二五基発一一二号）の要件を満たしている場合には許されることになっている。

賃金規則の内容

賃金規則として独立の規定の場合は、次のような構成をとっている例が多い。

一　総則

賃金規則の目的、適用範囲、賃金決定の原則、均等待遇、男女同一賃金、賃金の原則、賃金締切日、賃金支払日、賃金計算方法、賃金支払方法など賃金全般について通用する原則的な事項を総括的に規定する。

このうち、賃金決定の原則、均等待遇、男女同一賃金については、法で定められているところを尊重することが、労務管理上ひいては労使関係の安定のため望ましいことであるので、このような趣旨から賃金規則にもとづいて同趣旨の明文が設けられることが望まれる。

賃金の種類については、自社の賃金体系をありのまま記載する。

二　基本給　昇給および諸手当の算定方法

これらについては、各賃金項目の支給目的、計算方法、あるいは算式および昇給の資格要件、昇給時期、昇給額、昇給の種類などを具体的に規定する必要がある。

三　賞与

賞与を制度として支給する場合は、その支給条件、計算方法、支給期日、支払方法などをできるだけ明確に定めておくことが望ましい。

賃金規程作成のポイント

一　規程を見れば賃金についての取扱いのすべてが明らかになるようにすること

賃金規則のなかには総則に盛られる原則規定（誠実履行、規定待遇、男女同一賃金）や賃金支払の原則規定（通貨払、直接払、全額払、毎月一回以上定期払のほか非常時払、死亡退職時払）など、法令で定める事項がある。

賃金規程が法令に反してはならないことはい

払日が異なる場合には、賃金の種類ごとに規定しておくことや、賃金締切期間の中途で採用する者の取扱い（たとえば日割計算の方法）を明確にしておくこと、賃金の支払日をはっきり日を決めて明記することや、なお当日が休日であった場合の支払日についてもあわせて明確にしておくこと等に留意すべきである。

賃金の種類によって、賃金の締切日または支

うまでもないが、多くの賃金規定では原則的な規定の部分が多く、実質的な取扱いを規定する部分となるとなんら具体的な基準を定めていない規定が多い。たとえば、賃金体系について「従業員の年齢、学歴、勤続、技能、経験、職務内容、勤務態度等を総合的に勘案して決める」というように、基本給の決定にあたっての原則を規定したものだけのものが少なくないことである。これでは形が整っていても中味がないといえよう。

二 労務管理の方針が明確に反映されていること

形式を整えそれを中味にまでおよぼそうとする場合、きわめて安易に他社で実施している取扱い基準等をそのまま自社に持ち込んでいる例が決して少なくない。もちろん十分に検討して自社に適合することを確かめたうえで取り入れることは賃金制度の合理的な運営にとって望ましいことであるが、それにはあくまでも自社への適否を慎重に検討したうえで行われるべきである。

これまでの賃金制度に改めるべき問題点があるにしても、そこにはすでに慣習としてなんらかの基準や秩序が作られている。それらは十分尊重されるべきであって、そのうえ高齢化に対応するのであれば、どのように改めるべきかについて、従業員の理解と納得を得て進めることが必要である。

三 社内の十分な理解と納得のもとに行うこと

賃金規程を改めそれを運用するにしても、実施する者とそれを適用される者が十分な理解と納得が得られなくては、円滑な運用を期待することができない。そのために企業が一方的に事を進めるのではなく、労使の合意のもとに行うべきことはいうまでもないが、規程改正の過程における労使の協力や意見の調整をはかることも大事である。さらに最近の賃金制度の運用は、人事担当部門のみでは困難で、各職場、特に管理監督の地位に委ねられる部分が多い。しかし、各職場の管理監督者は改正されて実施される新しい制度についてはただちに協力できる要件を備えているわけではないので、円滑な運用を図るためには十分な時間をかけて啓発と、場合によっては訓練が必要である。これが制度改正にあたって欠くことのできない手続の一つであることを銘記してほしい。

四 数字については別表を活用すること

基本給、諸手当の金額は毎年改定されることが多いので、細かな数字については別表として改訂を行えばよい。

出張旅費規程

一 国内出張旅費

国内出張旅費規程の内容としては、旅費の内容、支給条件、適用区分と計算方法、旅費額等をキメ細かく定めておく必要があり、これを章別に総則、出張旅費、転勤赴任旅費、雑則のように組み立てる必要がある。

二 賃金規則との関係

出張中の労働時間、休日の扱いについては、労働基準法施行規則第22条の規定により、使用者が別段の指示をしない限り、通常の労働時間労働したものとみなし、時間外、休日にわたる出張であっても三六協定や割増賃金の支給の必要はない。

もし、使用者が特段の指示をした場合は、時間外、休日に対応して割増賃金の支払いが必要となるが、それは賃金であるから、これについては、出張旅費規程からはずして、賃金規則のなかでうたうのが建前である。

三 旅費の内容

国内出張旅費の内容をみると、交通費、宿泊費、日当、食卓費、通信費、雑費に分けられる。

① 交通費……鉄道賃（新幹線、JR在来線、私鉄線により鉄道旅行するもの）、船賃（船舶により水路を旅行するもの）、航空賃（航空機により空路を旅行するもの）、車馬賃（車輛で陸路を旅行するもの、高速道路使用料、フェリー料金を含む）のすべてをいう。

出張旅費規程も就業規則の一部として作成されるものであるから、就業規則本文中に「出張旅費に関する事項については別に定める。」旨を明らかにしておく必要がある。

② 宿泊費……出張に際し、ホテル・旅館に宿泊するのに必要な実費をいう。一般には、日当、食事代を含めているところが多いが、食卓費を別に設けている場合は、素泊り料金に限定して考えるのが妥当である。また、宿泊費の概念の中には車船中宿泊料金が入る。

③ 日当……旅行出発の日から帰着の日までの日数に応じて支給される一日当たりの手当である。なお、全日当、半日当と区別する例もある。

④ 食卓費……朝、昼、夜の食事代を原則としている。③の日当の中には、昼食代を含んでいる例が多い。

⑤ 雑費……出張先での電話料その他の通信費、荷物預け等の雑費が入る。

四 **出張の区分**

国内出張の区分としては、つぎのものがある。

① 日帰り出張……その日のうちに出発し、同日内に帰着する出張をいう。

② 宿泊出張……宿泊（車船中泊を含む）を伴う通常の出張をいう。

③ 長期出張……同一の場所に一定期間以上滞在する場合の出張をいう。

④ 研修出張等……社内外の講習会、研究会、視察および業界の打合（懇談会）等を目的とした出張をいう。

⑤ 赴任……異動、駐在等のため新任地に赴任し、住居の移転を伴うものをいう。この場合は赴任旅費が支給されるのが通例である。そして、これは従業員本人だけでなく、家族の移転旅費、家財移転費など別枠で支給される。

五 **海外出張旅費規程の見直し**

海外出張は、国内出張以上に出張地域における格差が大きく、また各地の地域区分がさまざまである。国際化社会を迎えて、従業員が海外において業務活動をフルに行う要請がますます高まっている。これに対応した海外旅費規定の見直しが必要となっている。

海外旅費規程の構成は、一般には、目的・適用範囲・支度金・交通費・日当・宿泊費・荷造り運送費・地域区分・着後手当・家族費用・海外駐在手当・国内給与との関係・公租公課・保険料・医療費・住宅費・一時帰国休日・休暇・任地における出張・旅費の精算等について定められている。

このうち、中心になるのは、支渡金、滞在費（宿泊費・日当）、保険等が中心となる。

──ご了解──

実例では、「規程」「規定」「規則」また、「賃金規程」「給与規程」「旅費規則」「出張旅費規程」等と表示はまちまちであるが、実例の表示のとおり紹介する。

従業員の表現も企業によって、従業員、社員、職員、労働者等の表現が使われているが、実例の表現どおりとした。

給与規程 ①
（職能給制度の例）

この実例は最近、能力・成果主義が進む給与体系の「職能給」導入の実例である。従業員二五〇人の商社（日用雑貨卸商）で、基本給は、「年齢給＋勤続給」の属人的部分を温存しつつ、仕事的部分「職能給」の組み合わせからなっている体系である。

第一章　総　則

（目的）

第1条　この規程は、就業規則第67条に基づき、社員に対する給与の決定、計算および支払の方法、締切および支払の時期ならびに昇格、賞与に関する定めをすることを目的とする。

（給与決定の原則）

第2条　社員の給与は、社会的水準、会社の支払能力、物価、本人の能力、年齢、勤続、職責などを考慮して決める。

（給与の構成）

第3条　給与は、基準内給与と基準外給与に分け、その構成は次のとおりとする。

(1) 基準内給与
- 基本給 ─ 年齢給／勤続給／職能給
- 付加給 ─ 役付手当／家族手当／住宅手当／食事手当／営業手当／特別手当

(2) 基準外給与
- 時間外勤務手当
- 休日出勤手当
- 深夜勤務手当
- 通勤手当

（締切および支払）

第4条　給与は前月二一日より当月二〇日までの分を当月二五日に支払う。

2　前項の支払日が休日に当る場合は前日に支払う。

（非常時払い）

第5条　前条の規定にかかわらず、つぎの各号の一に該当する場合は、社員の請求により給与支払日の前であっても既往の就労に対する給与を支払う。

① 社員の死亡、退職、または解雇（懲戒解雇を含む）のとき

② 社員またはその収入によって生計を維持する者が結婚、出産、死亡または疾病にかかり、あるいは災害を受け臨時に出費を必要とするとき

③ 社員またはその収入によって生計を維持する者が、やむを得ない事由により一週間以上帰郷するとき

④ その他事情やむを得ないと会社が認めたとき

（給与の支払形態および計算方法）

第6条　給与の支払形態は月給制とする。

2　就業規則第48条（年次有給休暇）、第55条（特別有給休暇）は通常の給与を支払う。

3　社員が欠勤した場合は、次により給与を控除する。

$$\frac{基準内給与}{1ヵ月平均所定労働日数}×欠勤日数$$

4　社員が遅刻、早退、使用外出をした場合は、次により給与より控除する。

$$\frac{基準内給与}{1ヵ月平均所定労働時間数}×遅刻、早退、使用外出時間数$$

5　管理職（部長、次長、課長）の職位にある者は、前第3項および第4項は適用しない。

（中途入退社の計算）

第7条　給与締切期間中の中途において、入社または退社した者の当該締切期間の給与は、入社以降または退社までの日数について日割り計算により支給する。その計算式は次のとおりとする。

給与規程 ①

基準内給与

1ヶ月平均所定労働日数 × 出勤日数

第8条 給与は、通貨で、社員本人に対して直接その全額を支払う。
ただし、本人の希望する金融機関の本人名義口座に振込みを行うことがある。

2 前項の規定にかかわらず、次に掲げるものは、給与から控除する。
① 源泉所得税
② 市町村民税、都区民税、道府県民税
③ 健康保険料個人負担分
④ 厚生年金保険料個人負担分
⑤ 雇用保険個人負担分、その他社会保険料
⑥ 労使協定による福利厚生費等

第二章 基準内給与

(基本給)
第9条 基本給は、年齢給、勤続給、職能給で構成される。

(年齢給)
第10条 年齢給は、一八歳で六五、〇〇〇円とし一歳増すごとに次のとおりとする。
(別表①「年齢給表」参照)

一八歳以上～二二歳、 三、〇〇〇円
二三歳以上～三〇歳、 二、五〇〇円
三一歳以上～四五歳、 二、二〇〇円
四六歳以上～五〇歳、 一、〇〇〇円
五〇歳以上 なし

(勤続給)
第11条 勤続給は、一年につき五〇〇円とする。
ただし、五〇歳以上の者の勤続給は停止とし、五〇歳時点の額とする。
(別表②「勤続給表」参照)

(五〇歳以上 一三五、〇〇〇円)

(職能給)
第12条 職能給は、職能分類を八等級に分類し、その機能の対応する給与とする。

2 職能分類による、職階、職層、職位、職能資格、職務内容は、別表③「職能資格等級・職層・職位表」のとおりとする。

3 前項の資格等級に応じ、それぞれ最低級号を決め、考課を用いて運用する。
職能等級、最低級号、昇格単価、考課評定は、原則として別表④「職能給とその運用」のとおりとする。

4 各等級の職能給は、別表⑤「職能給表」のとおりとする。

5 前2項の定めにかかわらず、能力低下の場合は、等級号を下げることがある。

6 五三歳以上の者は、原則として現等級号で停止することとする。

(付加給)
第13条 職務の困難、責任の度合い、在職間のアンバランス、ベースアップ分等は付加給で調整する。

(役付手当)
第14条 役付手当は、管理監督の地位にあるものに対し、次の区分により支給する。

2 支店長に対しては、前項の役付手当のほか、支店長手当を二五、〇〇〇円支給する。

3 役付手当は給与締切日現在の役職に基づいて支給する。

職階区分	最高	最低
部長およびこれと同等のもの	80,000円	60,000円
次長およびこれと同等のもの	45,000円	40,000円
課長およびこれと同等のもの	35,000円	30,000円
課長代理	20,000円	
係　長	15,000円	12,000円
主　任	8,000円	

(家族手当)
第15条 家族手当は、扶養家族を有する従業員に対し、次の区分により支給する。

配　偶　者	10,000円
第　1　子	3,200円
第　2　子	3,000円
父母または第3子	3,000円

——— 給 与 規 程 ①

2 前項に規定する扶養家族とは、次に掲げる者で、社員の収入によって生計を維持する者をいう。
① 主として家事に従事する配偶者（男女問わず）
② 満一八歳未満の子。ただし第3子までとする。
③ 満六〇歳以上の父母

3 家族手当の支給は従業員の届出の翌月からとし、支給の停止は事実発生の翌月からとする。

（住宅手当）
第16条　会社は、住宅費補助として、下記の住宅手当を支給する。
① 世帯持ち　三〇，〇〇〇円
② 単身者　　一五，〇〇〇円

（食事手当）
第17条　会社は、昼食費として、七，〇〇〇円を支給する。

（営業手当）
第18条　営業手当は、毎月1日現在において専ら営業に従事する社員に対し下記金額を支給する。

課　長　職　以　上	二〇，〇〇〇円
課長代理・係長・主任	一五，〇〇〇円
上　級　職　以　下	一〇，〇〇〇円

（特別手当）
第19条　会社は、業務上必要と認めた場合には、特別手当を支給することがある。詳細は、そのつど決定する。

第三章　基準外給与

（時間外勤務手当）
第20条　時間外勤務手当は、就業時間前に早出勤務したとき、または始業時刻から起算して実務七時間四五分を超えて勤務した場合に支給する。

2 前項の計算方法は、一時間につき次の計算方法による。

$$\frac{基本給+付加給+役付手当+住宅手当+食事手当+営業手当}{1ヵ月平均所定労働時間} \times 1.25$$

（1ヵ月60時間を超える時間外労働に対しては割増賃金50%）

（休日出勤手当）
第21条　休日出勤手当は、就業規則第43条（休日）に出勤した場合に支給する。

2 前項の計算方法は、一時間につき、次の計算方法による。

$$\frac{基本給+付加給+役付手当+住宅手当+食事手当+営業手当}{1ヵ月平均所定労働時間} \times 1.35$$

（深夜勤務手当）
第22条　深夜勤務手当は、就業規則第44条（超過勤務または休日勤務）により午後一〇時より午前五時までの間に勤務した場合に支給する。

2 前項の計算方法は、一時間につき、次の計算方法による。

$$\frac{基本給+付加給+役付手当+住宅手当+食事手当+営業手当}{1ヵ月平均所定労働時間} \times 0.25$$

（時間外勤務手当の単位時間）
第23条　時間外勤務手当、休日出勤手当、深夜勤務手当の計算にあたっては、1ヵ月を通算した超過勤務時間が三〇分までは○・五時間、三〇分を超え一時間未満は一時間とする。

（通勤手当）
第24条　通勤手当は、合理的な経路および方法により通勤した場合の交通費相当額を支給する。ただし、支給額の上限は課税上の免税額までとする。

（適用除外）
第25条　次の各号に該当するものについては、第20条、第21条、および第23条は適用しない。
① 管理職（課長、次長、部長）
② 監視または断続的勤務に従事する者

第四章　昇給等

（昇　給）
第26条　昇給は原則として四月分給与を持って定期昇給を行う。（定期昇給の内容）
第27条　定期昇給は、自動昇給部分と査定昇給部分に分ける。

2 自動昇給部分は、基本給のうち年齢給

給 与 規 程 ①

および勤続給で行う。

3　査定昇給部分は、基本給のうちの職能給で行う。

昇給額は、本人の執務遂行能力、勤務状況、責任感、協調性、貢献度等を人事考課で査定のうえ、会社の業績を加味して決定する。

（ベース・アップ）

第28条　経済環境の変化に応じてベース・アップを行うことがある。

（臨時昇給）

第29条　臨時昇給は、次の各号の一つに該当する者について、昇給の必要を生じた場合に行う。

① 特に功労のあった者
② 中途採用で技術優秀、成績良好の者
③ その他会社が必要と認めた者

2　昇給は、職能給または諸手当を増額することにより行う。

（昇　給）

第30条　会社は、社員の職務遂行能力、責任感、企画力、判断力、勤務成績等勘案のうえ、昇給（等級のアップ）を行うことがある。

2　昇格により昇給した場合の職能給は、昇格等級の直近上位号の二号上（昇格昇給）とするが必要に応じて考課結果やバランス等を勘案して号数を決定することがある。

（新規学卒者の初任給）

第31条　新規学卒者の初任給は、基準内給与総額と世間相場を勘案のうえ決定する。ただし、基本給はつぎのとおりとする。

① 年齢給……第10条
② 勤続給……第11条
③ 職能給……第12条

　高校卒　一等級16号
　短大卒　一等級22号
　大学卒　二等級15号

2　世間相場と基準内給与との差額は付加給とする。

（中途採用者の初任給）

第32条　新規学卒者以外の中途採用者の給与は、前条を基準として、前歴、経験年数を考慮して、職能等級の格付けを行い決定する。

第五章　賞　与

（賞与の支給）

第33条　賞与は原則として六月および一二月に会社の業績に応じて支給する。

（賞与の算定期間）

第34条　賞与の算定期間は、前年一〇月一日より三月末日までを六月賞与、四月一日より九月末日までを一二月賞与の期間とする。

（賞与の支給条件）

第35条　賞与の支給条件は、算定期間における社員の勤務成績、出勤率、貢献度等を査定の上考慮して決定する。

（賞与の支給資格）

第36条　賞与の支給資格者は、支給算定期間に三カ月以上在籍し、かつ支給日に在籍する者とする。

ただし、支給当日に在籍する者でも、定年退職者、および死亡退職者には支給する。

（賞与の算定基礎額）

第37条　賞与の算定基礎額は次のとおりとする。

① 一般職
　　（基本給＋付加給）×xヵ月
② 監督職・管理職（役付者）
　　（基本給＋付加給＋役付手当）×xヵ月

2　xヵ月分は、会社のその期の業績による。

（賞与の計算方法）

第38条　賞与の計算方法は、つぎのとおりとする。

算定基礎額×人事考課係数×出勤率

（人事考課係数）

第39条　人事考課査定による考課の係数は、つぎのとおりとする。

S　一二〇％
A　一一〇％
B　一〇〇％
C　九〇％
D　八〇％

給与規程 ①

(出勤率の算定)
第40条　出勤率の算定は、次のとおりとする。

$$出勤率 = 1 - \frac{欠勤日数}{算定期間における所定勤務日数}$$

付則

(施　行)
第41条　この規程は平成一三年七月一日より施行する。
経済動向の著しい変更、又は経営悪化に伴う場合は、第26条の定期昇給の停止あるいは第２章の基準内給与を切り下げる場合がある。
前記の措置は、合理的な基準に従って行う。

別表①

年齢給早見表

18歳～22歳 1歳につき 3,000円		31歳～45歳 1歳につき 2,200円		46歳～50歳 1歳につき 1,000円	
18歳	65,000円	31歳	99,200円	46歳	131,000
19	68,000	32	101,400	47	132,000
20	71,000	33	103,600	48	133,000
21	74,000	34	105,800	49	134,000
22	77,000	35	108,000	50	135,000
23歳～30歳 1歳につき 2,500円		36	110,200	50歳以上 一律 135,000円	
		37	112,400		
23歳	79,500円	38	114,600		
24	82,000	39	116,800		
25	84,500	40	119,000		
26	87,000	41	121,200		
27	89,500	42	123,400		
28	92,000	43	125,600		
29	94,500	44	127,800		
30	97,000	45	130,000		

※18歳～22歳の１歳につき3,000円としたのは世間相場の初任給の関係から

給 与 規 程 ①

別表②

勤 続 給 早 見 表

勤続　1年〜30年　　1年につき　500円			
1年	500円	16年	8,000円
2	1,000	17	8,500
3	1,500	18	9,000
4	2,000	19	9,500
5	2,500	20	10,000
6	3,000	21	10,500
7	3,500	22	11,000
8	4,000	23	11,500
9	4,500	24	12,000
10	5,000	25	12,500
11	5,500	26	13,000
12	6,000	27	13,500
13	6,500	28	14,000
14	7,000	29	14,500
15	7,500	30	15,000

勤続30年以上 一律15,000円

※12月末日迄に入社した中途採用者は、翌年4月より1年目とする。
※12月以降に入社した中途採用者は、翌々年4月より1年目とする。
※50歳以上の者は、50歳時点の勤務給とする。

別表③

職能資格等級・職層・職位表

職層	職能等級	職　　位
管理職	8 等級	部長
管理職	7 等級	部長・次長
管理職	6 等級	次長・課長
監督職	5 等級	課長・課長代理・係長
監督職	4 等級	課長代理・係長
一般職	3 等級	係長・主任・上級職
一般職	2 等級	中級職
一般職	1 等級	初級職

※職能資格等級と職位の関係は、オーバーラップ（重複）型とする。
※監督職位上位の職位に相当する専門職を置くことがある。

別表④

職能給とその運用

職　位	職能等級	最低級号	ピッチ額	評　定　S　5号以上	A　4号	B　3号	C　2号	D　～1号
初　級　職	1等級	1～1 72,000円	1,200円	6,000円	4,800円	3,600円	2,400円	0～1,200円
中　級　職	2等級	2～1 93,000	1,400	7,000	5,600	4,200	2,800	0～1,400
上　級　職 主　　　任 係　　　長	3等級	3～1 125,700	1,700	8,500	6,800	5,100	3,400	0～1,700
係　　　長 課長代理	4等級	4～1 165,000	2,100	10,500	8,400	6,300	4,200	0～2,100
課　　　長 課長代理 課　　　長	5等級	5～1 217,500	2,700	13,500	10,800	8,100	5,400	0～2,700
課　　　長 次　　　長	6等級	6～1 285,000	3,400	17,000	13,600	10,200	6,800	0～3,400
次　　　長 部　　　長	7等級	7～1 365,000	4,200	21,000	16,800	12,600	8,400	0～4,200
部　　　長	8等級	8～1 455,000	5,000	25,000	20,000	15,000	10,000	0～5,000

※　職能給はレンジレート（範囲給）とし、オーバーラップ（重複型）とする。
※　53歳以上の者は原則として現級号で停止するものとする。

給与規程 ①

別表⑤　　　　　　　　　　職　能　給　表

号数 / 職位 等級	初級職 1	中級職 2	主任・係長 上級職 3	課長代理 係長 4	係長・課長 課長代理 5	次長 課長 6	次長 部長 7	部長 8
ピッチ	1,200円	1,400円	1,700円	2,100円	2,700円	3,400円	4,200円	5,000円
1号	72,000	93,000	125,700	165,500	217,500	285,000	365,000	455,000
2	73,200	94,400	127,400	167,600	220,200	288,400	369,200	460,000
3	74,400	95,800	129,100	169,700	222,900	291,800	373,400	465,000
4	75,600	97,200	130,800	171,800	225,600	295,200	377,600	470,000
5	76,800	98,600	132,500	173,900	228,300	298,600	381,800	475,000
6	78,000	100,000	134,200	176,000	231,000	302,000	386,000	480,000
7	79,200	101,400	135,900	178,100	233,700	305,400	390,200	485,000
8	80,400	102,800	137,600	180,200	236,400	308,800	394,400	490,000
9	81,600	104,200	139,300	182,300	239,100	312,200	398,600	495,000
10	82,800	105,600	141,000	184,400	241,800	315,600	402,800	500,000
11	84,000	107,000	142,700	186,500	244,500	319,000	407,000	505,000
12	85,200	108,400	144,400	188,600	247,200	322,400	411,200	510,000
13	86,400	109,800	146,100	190,700	249,900	325,800	415,400	515,000
14	87,600	111,200	147,800	192,800	252,600	329,200	419,600	520,000
15	88,800	112,600	149,500	194,900	255,300	332,600	423,800	525,000
16	90,000	114,000	151,200	197,000	258,000	336,000	428,000	530,000
17	91,200	115,400	152,900	199,100	260,700	339,400	432,200	535,000
18	92,400	116,800	154,600	201,200	263,400	342,800	436,400	540,000
19	93,600	118,200	156,300	203,300	266,100	346,200	440,600	545,000
20	94,800	119,600	158,000	205,400	268,800	349,600	444,800	550,000
21	96,000	121,000	159,700	207,500	271,500	353,000	449,000	555,000
22	97,200	122,400	161,400	209,600	274,200	356,400	453,200	560,000
23	98,400	123,800	163,100	211,700	276,900	359,800	457,400	565,000
24	99,600	125,200	164,800	213,800	279,600	363,200	461,600	570,000
25	110,800	126,600	166,500	215,900	282,300	366,600	465,800	575,000
26	102,000	128,000	168,200	218,000	285,000	370,000	470,000	580,000
27	103,200	129,400	169,900	220,100	287,700	373,400	474,200	585,000
28	104,400	130,800	171,600	222,200	290,400	376,800	478,400	590,000
29	105,600	132,200	173,300	224,300	293,100	380,200	482,600	595,000
30	106,800	133,600	175,000	226,400	295,800	383,600	486,800	600,000
31	108,000	135,000	176,700	228,500	298,500	387,000	491,000	605,000
32	109,200	136,400	178,400	230,600	301,200	390,400	495,200	610,000
33	110,400	137,800	180,100	232,700	303,900	393,800	499,400	615,000
34	111,600	139,200	181,800	234,800	306,600	397,200	503,600	620,000
35	112,800	140,600	183,500	236,900	309,300	400,600	507,800	625,000
36	114,000	142,000	185,200	239,000	312,000	404,000	512,000	630,000
37	115,200	143,400	186,900	241,100	314,700	407,400	516,200	635,000
38	116,400	144,800	188,600	243,200	317,400	410,800	520,400	640,000
39	117,600	146,200	190,300	245,300	320,100	414,200	524,600	645,000
40	118,800	147,600	192,000	247,400	322,800	417,600	528,800	650,000
41	120,000	149,000	193,700	249,500	325,500	421,000	533,000	655,000
42	121,200	150,400	195,400	251,600	328,200	424,400	537,200	660,000
43	122,100	151,800	197,100	253,700	330,900	427,800	541,400	665,000
44	123,600	153,200	198,800	255,800	333,600	431,200	545,600	670,000
45	124,800	154,600	200,500	257,900	336,300	434,600	549,800	675,000
46	126,000	156,000	202,200	260,000	339,000	438,000	554,000	680,000
47	127,200	157,400	203,900	262,100	341,700	441,400	558,200	685,000
48	128,400	158,800	205,600	264,200	344,400	444,800	562,400	690,000
49	129,600	160,200	207,300	266,300	347,100	448,200	566,600	695,000
50	130,800	161,600	209,000	268,400	349,800	451,600	570,800	700,000
51号	132,000	163,000	210,700	270,500	352,500	455,000	575,000	
52	133,200	164,400	212,400	272,600	355,200	458,400	579,200	
53	134,400	165,800	214,100	274,700	357,900	461,800	583,400	
54	135,600	167,200	215,800	276,800	360,600	465,200	587,600	
55	136,800	168,600	217,500	278,900	363,300	468,600	591,800	
56	138,000	170,000	219,200	281,000	366,000	472,000		
57	139,200	171,400	220,900	283,100	368,700	475,400		
58	140,400	172,800	222,600	285,200	371,400	478,800		
59	141,600	174,200	224,300	287,300	374,100	482,200		
60	142,800	175,600	226,000	289,400	376,800	485,600		

参考　職能資格制度の全体概要図

職能資格等級	職層	職位	職務基準
8等級	管理職	部長	経営者の分身として経営の全般について適切な補佐を行う能力を有する者。部門の最終責任者としての業務目標および組織運営方針を企画立案し、かつその達成に責任を有する者。(部長)
7等級	管理職	次長	高度な体系的知識をもち、総合的な判断により新たな計画を立案し、積極的な業務を遂行できる者。経営者を補佐するとともに、部門の責任者として部下を指導・管理する者。(次長)
6等級	管理職	課長	幅広い知識をもち、総合的な判断によって業務を積極的に推進できる者。指導統率力を有し、経営者および上司を補佐するとともに部下を指導・管理する者。(課長)
5等級	監督職	課長代理	担当業務について詳細な知識をもち、かなり高度な判断を要する業務を担当するとともに、課またはそれに相当する組織の責任者として部下を指導・育成・監督する者。(課長代理)
4等級	監督職	係長	担当業務について詳細な知識をもち、上長の包括的な指示に基づきかなり高度な判断を要する業務を担当するとともに、小グループのリーダーとして部下を指導する者。(係長)
3等級	一般職	上級職・主任	担当業務について相当な知識をもち、上長の包括的な指示により通常業務を自らの判断により的確に処理できる者。小グループの責任者として管理を任され部下を指導する者。(上級職・主任)
2等級	一般職	中級職	担当業務について必要な知識をもち、上長の一般的な指示により通常業務を的確に処理できる者。担当業務においては、創意と自主判断を示すことができ、下級者を指導する者。(中級職)
1等級	一般職	初級職	詳細にわたる指示、又はあらかじめ定められた業務の処理基準にしたがって定型的な職務を行う者、または上級者の補佐的業務を行う者。(初級職)
備考	(1) 格付（職能資格等級） ① 1等級：高校、短大卒業の者で、21歳まで。 ② 2等級：大学卒および22歳以上の者。 ③ 中途採用者の格付は、年齢、前歴等を参考にしてアセスメント（能力事前審査）を実施し、職能資格等級および職位を決定する。 (2) 昇格システム 　必要条件（経験・経過年数・人事考課結果等）を満たした者を対象として、所属長の推薦およびアセスメントにより決定する。		(3) その他 ① 職能給：仕事の能力に対応する賃金で、各職能等級ごとの範囲給（レンジレート）とし、職能等級と職位の関係は重複型（オーバーラップ）とする。 ② 昇格昇給：昇格にともなう昇給は、上位等級の直近上位の級号とし、さらに上位2号級以上を上乗せする。 ③ 昇進昇級：昇進と昇級が同時の場合は、前項に準ずる。同一等級内の昇進にともなう昇給は、2号級以上を上乗せするものとする。

賃金規程②
（総合決定給の例）

この実例は、学歴、能力、技能、経験、業務内容などを考慮して決定する。すなわち、属人的部分、仕事的部分を総合的に考慮して決定している例である。従業員八〇人の食料品流通業の例である。

第一章 総則

（目的）
第1条 この規程は就業規則第52条にもとづき、社員に対する賃金の決定、計算および支払方法、締切および支払時期ならびに昇給に関する事項および賞与支給に関する事項を定める。

（賃金の構成）
第2条 賃金は基準内賃金と基準外賃金とに分け、その構成は次のとおりとする。

```
1 基準内賃金 ┬ 基 本 給
            ├ 家 族 手 当
            ├ 役 付 手 当
            ├ 生活補給手当
            ├ 皆 勤 手 当
            └ 精 勤 手 当

2 基準外賃金 ┬ 責任者手当
            ├ 交替制手当
            ├ 夜間交替明け手当
            ├ 時間外勤務手当
            ├ 休日勤務手当
            ├ 深夜勤務手当
            └ 通 勤 手 当
```

（締切・支払）
第3条 賃金は前月一六日より当月一五日までの分を当月二八日に支払う。
ただし、支払日が休日に当たるときは、その前日に繰り上げて支給する。

（非常時払）
第4条 次の各号の一に該当する場合は、前条の規定にかかわらず、既往の就業日に対する賃金を支払う。
ただし、第3号および第4号については、本人の請求のあった場合に支払う。
① 死亡した場合
② 退職または解雇された場合
③ 出産、疾病および災害による非常の場合の費用で必要な場合
④ その他事情やむを得ないと認められる場合

（賃金の支払形態）
第5条 賃金の支払形態は、日給月給制および月給制の二種とする。

2 日給月給制は、生産業務に直接従事する者等に適用し、欠勤、その他不就労時間があった場合は、それに該当する金額を控除する。また締切期間の全労働日を欠勤した場合は、賃金の金額を支給しない。

3 月給制に該当する者は前項以外の者で会社が指定した者とする。

（中途入退社者の計算）
第6条 賃金締切期間中の中途において入社または退社した者の該当締切期間の賃金は、入社以後または退社日までの日数について日割り計算とする。

2 皆勤手当、精勤手当については、支給しない。

（賃金の支払方法）
第7条 賃金は通貨で直接社員本人に対して次条の控除を差引いた金額を支給する。

2 前項にかかわらず、本人の希望する金融機関の本人名義口座に振込を行うことがある。

ただし、支払明細書は直接本人に交付する。

（賃金よりの控除）
第8条 つぎの各号に該当するものは、支払のときに控除する。
ただし、第四号については、社員の過半数を代表する者との書面による控除協定に基づいて行うものとする。
① 所得税および住民税

賃金規程 ②

② 健康保険料および厚生年金保険料の個人負担分
③ 雇用保険個人負担分
④ 社員代表と協定した福利厚生費用等

(不支給)
第9条 会社の指示に基づかない就業については賃金を支給しない。

第二章 基準内賃金

(基本給)
第10条 基本給は社員雇入れの際の本人の学歴、能力、技能、経験、作業内容などを勘案して各人ごとに決定する。

(家族手当)
第11条 家族手当は扶養する家族につき次のとおり支給する。
① 配偶者　　六、五〇〇円
② 子女　　　二、七〇〇円
③ 父母　　　二、七〇〇円

(役付手当)
第12条 管理監督の職にある者に、次の役付手当を支給する。
① 部長　　　五〇、〇〇〇円
② 総括課長　四〇、〇〇〇円
③ 課長　　　三五、〇〇〇円
④ 課長補佐　一五、〇〇〇円
⑤ 係長　　　一〇、〇〇〇円

(生活補給手当)
第13条 社員の生活補給のために、生活補給手当として、基本給の10分の1を支給する。

(皆勤手当)
第14条 社員が精励格勤で無遅刻、無早退、無欠勤の場合は、月額七、〇〇〇円の皆勤手当を支給する。

(精勤手当)
第15条 社員が精励格勤でやむを得ず欠勤一日または遅刻早退、私用外出三回以内の場合は、月額三、〇〇〇円の精勤手当を支給する。

(責任者手当)
第16条 夜間勤務の場合、会社は勤務者のなかから責任者を指名する。指名された責任者に、次の責任者手当を支給する。
　一回につき　八〇〇円

2 夜間勤務とは、二一時から翌朝七時三〇分までの勤務をいう。

(交替制勤務)
第17条 就業規則第29条による交替制に従事する夜間勤務者には、一回につき一、一〇〇円の交替制手当を支給する。

(夜間交替明け手当)
第18条 休日となる土曜日の朝に勤務明けとなる夜間勤務者については、次の計算による手当を支給する。
　ただし、その土曜日の属する週の夜間勤務期間中の勤務日に、自己都合により継続して労務の提供がない場合には支給しない。

(時間外勤務手当・休日勤務手当・深夜勤務手当)
第19条 就業規則第26条に定める所定就業時間以外または休日に勤務した場合は、時間外勤務手当、休日勤務手当、また深夜（二二時から五時まで）に勤務した場合は、深夜勤務手当を、それぞれ次の割増をつけた計算により支給する。

① 時間外勤務手当
　基本給+役付手当+生活補給手当+皆勤手当+精勤手当
　―――――――――――――――――――――――――　×1.25×時間数
　　　　　1ヵ月平均所定労働時間数
　（1ヵ月60時間を超える時間外労働に対しては割増賃金50％）

② 休日勤務手当（法定）
　基本給+役付手当+生活補給手当+皆勤手当+精勤手当
　―――――――――――――――――――――――――　×1.35×休日労働時間数
　　　　　1ヵ月平均所定労働時間数

③ 法定休日以外の勤務手当
　基本給+役付手当+生活補給手当+皆勤手当+精勤手当
　―――――――――――――――――――――――――　×1.25×法定休日以外の
　　　　　1ヵ月平均所定労働時間数　　　　　　　　休日労働時間数

④ 深夜勤務手当
　基本給+役付手当+生活補給手当+皆勤手当+精勤手当
　―――――――――――――――――――――――――　×0.25×深夜労働時間数
　　　　　1ヵ月平均所定労働時間数

第三章 基準外賃金

(通勤手当)
基本給+役付手当+生活補給手当+皆勤手当
――――――――――――――――――――　×1.25×7.5
　　　1ヵ月平均所定労働時間数

賃金規程③

第20条 通勤手当は居住場所より会社に通勤のため交通機関を利用する者に原則として通勤定期を基準として支給する。

(適用除外)
第21条 第19条の基準外賃金は課長以上の管理職には支給しない。ただし、同条第4項の深夜勤務手当は除く(管理職にも支給する)。

第四章 昇給

(昇給の時期)
第22条 昇給は毎年四月分賃金支給に対して(三月一六日付)基本給の定期昇給を行う。

(ベースアップ)
第23条 経済状況の変化に応じて前条以外にベースアップを行うことがある。

2 配分はその都度決定する。

(昇給の方法)
第24条 前2条の昇給の方法は、社員個人の当該年度の能力勤務状況、責任感、貢献度合等に関する人事考課の査定を考慮して行う。

第五章 賞 与

(賞与の支給)
第25条 賞与は原則として年二回(七月および一二月)会社の業績に応じて支給する。

(賞与の算定期間)
第26条 賞与の算定期間は前年の一一月一六日より当年五月一五日までと、当年五月一六日より当年一一月一五日までの区分による。

(賞与の算定方法)
第27条 賞与の算定方法は、前条の当該期間における、社員個人の勤務成績貢献度、出勤状況等を考慮して算出する。

(賞与の不支給)
第28条 当該期間において、勤務した日数が二カ月未満の場合は支給しない。

2 賞与の当該算定期間に在籍していた者でも、賞与の支給日に在籍していない者には支給しない。

付 則

(公傷手当)
第29条 社員が業務上負傷し、疾病にかかり休業におよんだ場合は、最初の三日間(休日を含む)は、一日の平均賃金の一〇〇分の一〇〇を公傷手当として支給する。

2 前項以降の休業については、就業規則第73条の労働者災害補償保険法による。ただし、一日の平均賃金の一〇〇分の二〇を、毎月の休業日数に応じて公傷手当として支給する。

3 前2項の平均賃金の算定は労働基準法第12条の定めるところによる。

(嘱託の賃金)
第30条 就業規則第2条第2項第3号の嘱託の賃金は再雇用者規定による。

(施行)
第31条 この規定は平成〇〇年〇〇月〇日より施行する。

賃金規程③ 年俸制の例

年俸制賃金は・話題・の段階から・実務・の段階に入りつつある。この例は、大企業で電子関連製造業の例で話題の段階(平成七年)に導入したものである。当初は管理職の一部であったが、現在は管理職全員と一般職の一部に適用している例である。

第一章 総 則

(目 的)
第1条 この規程は、就業規則第59条により、社員の給与に関する基準および手続きを定めることを目的とする。

(給与の原則)
第2条 社員の給与は、統一的かつ公正な運用を期するため、職能資格に応じた職務遂行能力、役職、業務実績および属人的要素によって決定する。

(適用範囲)
第3条 この規程は、就業規則第4章第1節による社員について適用し、臨時雇用者

賃金規程 ③

およびパートタイマーには適用しない。

第4条 給与の種類は、次のとおりとする。
(給与の種類)
(1) 年俸制給与
(2) 月額制給与

第5条 この規程に定めのない給与関係事項は、労働基準法の定めるところによる。
(本規程に定めのない事項)

第二章 給与の支払い

第6条 給与の支払形態は、次のとおりとする。
(給与の支払形態)
(1) 年俸制給与の支払形態：年俸額の一五分の一を毎月支給し一五分の一・五を七月と一二月に支給する形態である。
(2) 月給制給与の支払形態：原則として欠勤日数分を差引かない完全月給制とするが特定業務従事者については欠勤控除の日給月給制を適用する。

第7条 月の途中で入・退職したときおよび日給月給制適用者の給与は、次のとおりとする。
(日割計算)
(1) 月額÷$\frac{年間所定日数}{12}$×実出勤日数

によって月の途中入退者の給与を支払う。

(2) 月額÷$\frac{年間所定日数}{12}$×欠勤日数

の額を日給月給者の月額給与から控除する。

第8条 給与は、直接本人に通貨もしくは本人の銀行預金口座に払い込むこととする。ただし、入退職月に限り通貨によって支払うことができる。
(給与の支払いおよび控除)

2 次に掲げるものは、給与より控除する。
(1) 法令で定められているもの
所得税、住民税、健康保険料、厚生年金保険料、雇用保険料
(2) 社員との協定によるもの
社員との協定した事項

第9条 給与の計算期間および支払日
(給与の計算期間および支払日)
給与の計算は、当月一日から当月末日までとし、当月二五日に支給する。ただし、支給当日が休日の場合は、その前日に支給する。

第10条 会社は、次の理由によって本人または権利者から請求があったときは、七日以内に既往の給与を支払う。
(非常時払い)
(1) 本人が解雇された場合
(2) 本人またはその家族が死亡、結婚、出産、疾病、災害の場合。

第三章 給与の決定および計算

第11条 給与の構成と体系は、次のとおりとする。
(給与の構成と体系)
(1) 幹部社員全員および一般社員のうち会社が指定した年俸制適用者
基準内給与……年俸の毎月支給額
基準外給与……通勤手当
時間外勤務手当、休日出勤手当
深夜勤務手当
(2) 上記以外の月給制適用者
（一般社員年俸適用者）

```
                          ┌─ 年 齢 給
                ┌─ 基本給 ─┤
                │          └─ 職 能 給
                │          ┌─ 役 割 手 当
                │          ├─ 禁 煙 手 当
                │          ├─ 講 習 会 手 当
基準内給与 ─────┤          ├─ 合 宿 手 当
                └─ 基準内手当 ┼─ 地 域 手 当
                           ├─ 配 偶 者 手 当
                           ├─ 扶 養 家 族 手 当
                           └─ 食 事 手 当
                           ┌─ 通 勤 手 当
基準外給与 ─────────────────┼─ 時間外勤務手当
                           ├─ 休日出勤手当
                           └─ 深夜勤務手当
```

326

賃金規程 ③

（月給制基本給の決定基準および決定方法）
第12条　基本給は、次の基準と方法とによって決定する。
(1) 年齢給
年齢給は年齢対応の給与部分であり、別表1のとおりとする。
(2) 各人の年齢取扱いは、毎年四月一日における満年齢とする。
(3) 職能給
職能給は、職務遂行能力と遂行実績に対して支払われる給与で別表⑤のとおりとする。
(4) 各人の等級への格付けは、別に定める職能資格規程に示す基準によって行う。
(5) 各人の職能給額は、別に定める人事考課規程によって決定する。

（月給制適用者の諸手当）
第13条
(1) 役割手当
一般社員のブロック長、マネージャー、リーダーは一律月額三万円とし、役割手当支給者には時間外手当および休日出勤手当を支給しない。
(2) 禁煙手当
勤続一年以上の者に月額一万円を支給する。
(3) 講習会手当
講習会を担当した場合、勤続一年未満の者に月額二、〇〇〇円、一年以上満の者に月額三、〇〇〇円を支給する。
(4) 合宿手当
合宿を担当した場合、勤続一年未満の者に月額三、〇〇〇円、一年以上の者に月額五、〇〇〇円を支給する。
(5) 地域手当
甲地　一五、〇〇〇円
乙地　一二、〇〇〇円
丙地　八、〇〇〇円
(6) 配偶者手当
配偶者をもつ者に月額一二、〇〇〇円を支給する。
(7) 扶養家族手当
扶養家族をもつ者に支給する。第一子月額五、〇〇〇円、第二子月額三、五〇〇円、第三子月額二、五〇〇円。
(8) 食事手当
別に定める細則により支給する。
(9) 通勤手当
通勤手当はもっとも効率的な経路による公共交通機関で通勤する実費を支給する。なお、通勤手当は年俸制適用者についても同様の基準によって支給する。
(10) 上記のうち(3)、(4)、(8)は計算の都合上、翌月支給とする。

（時間外勤務手当）
第14条　時間外勤務手当は、実働八時間を越えて勤務することを命じられて勤務した者について、次の算式によって支給する。

基準内給与 × $\dfrac{1.25}{\text{月間平均所定労働時間数}}$ × 時間数

（休日出勤手当）
第15条
(1) 休日勤務手当は、休日に勤務することを命じられて勤務した者について、前号と同一の算式によるが割増率は一・三五で計算し支給する。
(2) 休日勤務にあたり、前もって日を改め、四週間以内に振替休日を与えるときは、(1)の規程にかかわらず、通常の勤務日とみなして休日勤務扱いはしない。
(3) 休日勤務をした日の属する同一給与計算期間内に代休を与えられた者について、時間外勤務手当および休日勤務手当とは別に、次の算式によって支給する。

基準内給与 × $\dfrac{0.25}{\text{月間平均所定労働時間数}}$ × 時間数

（深夜勤務手当）
第16条　深夜勤務手当は、勤務時間が午後一〇時から翌日午前五時までの間におよんだ者に、時間外勤務手当および休日勤務手当とは別に、次の算式によって支給する。

［参考：時間外手当1.25＋深夜勤務手当0.25
＝1.50
休日勤務手当1.35＋深夜勤務手当0.25
＝1.60］

賃金規程 ③

（勤務時間の計算方法）

第17条　月給者の勤務時間を計算するときは、次のとおりとする。

(1) 時間外、休日および深夜勤務の勤務時間は、一給与計算期間のそれぞれの合計時間について、三〇分に切り上げ、三〇分を超え一時間に満たない端数は一時間に切り上げる。ただし、最初の三〇分に満たないときは切り捨てる。

(2) 遅刻、早退および私用外出による不就労時間は、一給与計算期間の合計時間について、一五分単位で計算し、一五分に満たない端数を切り捨てる。

（端数処理の方法）

第18条　給与額の計算をするにあたり、円未満の端数があるときは切り上げる。

（年俸制適用者の超過労働手当）

第19条　年俸制適用者については、第14条の定めにかかわらず時間外、休日手当を支給しない。ただし、一般職は除く。

（出張者の取り扱い）

第20条　出張を命ぜられ、旅費規程による手当の支給を受ける者の勤務時間は、所定時間勤務したものとみなし、時間外勤務手当を支給しない。

（初任給与）

第21条　初任給与の決定は、次のとおりとする。

(1) 新規学卒者の初任給与

イ　年齢給は、自然年齢の如何を問わず、入社初年度のみ、学歴による年齢（高卒一八歳、短大卒二〇歳、大卒二二歳）とする。

ロ　職能給は、その年度における決定初任基本給から年齢給を差し引いた金額とする。

(2) 中途採用者の初任給与

イ　年齢給は、自然年齢に基づく金額とする。

ロ　職能給は、本人のキャリアなどを勘案して、適切な金額を支給する。その決定は、役員会が行う。

（期中における手当の変更）

第22条　毎年四月一日より翌年三月三一日までを一年度として扱い第13条の諸手当のうち、期中において、条件変更のあった場合には、期中でその都度金額の変更を行う。

（休暇、休職、欠勤者等の給与）

第23条　休暇取得、欠勤もしくは休職中の給与の扱いは、次のとおりとする。

(1) 年次有給休暇：出勤扱いとする。

(2) 欠勤：日給月給者は、日割計算によって給与をカットする。

完全月給者が無断欠勤したときは、給与をカットするが、その他の欠勤については、一カ月を限度として給与をカットしない。

(3) 遅刻、早退：第17条(2)による時間計算により、前号に準じてカットする。

(4) 就業規則第22条(1)から(8)までの特別休暇：出勤扱いとする。

(5) 生理休暇：無給扱いとし、欠勤計算とする。

(6) 産前産後休暇：無給扱いとし、日割計算を行う。

(7) 休職：就業規則第6章による休職期間中の給与を支給しない。

（負傷疾病による欠勤の扱い）

第24条　社員が業務上負傷し、または疾病にかかり休業したときは、休業三日までは出勤扱いとし、四日以上休業したときは、全月給者が欠勤し、健康保険法による疾病手当金を受給するときは、前条(2)の定めにかかわらず、給与を支給しない。

2　業務外の事由によって年俸者および完全月給者が欠勤し、健康保険法による疾病手当金を受給するときは、休業一日について基準内給与一日分の二割を支給する。

第四章　定期昇給およびベースアップ

（年俸制適用者の金額改訂）

第25条　年俸額改訂はつぎの基準に基づいて行う。

(1) 幹部社員

事業所評価の総合評価基準のランクにより毎年四月につぎのとおり昇給さ

第五章　月給制適用者の賞与

（賞与の支給）

第27条　賞与は、年二回、七月（前期）と一二月（後期）に支給する。ただし、会社の業績が著しく悪化したときは、この限りではない。

2　第27条の考課対象期間のすべてに在籍した社員に支給する。

（受給資格）

第28条　賞与は、賞与支給日に在籍し、かつ第27条の考課対象期間内に在職した社員に支給する。ただし、中途採用者の給与を社内標準者に追いつかせるため、特別昇給を行うことがある。特別昇給は職能給で行い、役員会の決定による。

（賞与の考課対象期間）

第29条　賞与の考課対象期間は、次のとおりとする。

(1) 夏期賞与‥前年一一月一日から四月三〇日まで

(2) 年末賞与‥五月一日から一〇月三一日まで

（賞与の総額と個人配分）

第30条　賞与の総額と個人配分は、その都度役員会において決定する。

付　則

（施行）

第29条　この規程は平成〇〇年〇月〇日より施行する。（制定平成〇年〇月〇日）

せる。ただし、会社の業績が著しく悪化したときは、この限りでない。

(2) 一般社員

所属事業所の総合評価および個人の人事考課結果を平均しつぎのランクにより毎年四月に昇給させる。ただし、会社の業績が著しく悪化したときは、この限りでない。

A　八・一％以上、二〇・〇％以内
B　五・一％以上、八・〇％以内
C　二・一％以上、五・〇％以内
D　〇・一％以上、二・〇％以内
E　前年額のまま

（月給制適用者の定期昇給、ベースアップ、昇格昇給）

第26条

(1) 定期昇給（毎年四月）

イ　年齢給は毎年自動昇給とする。

ロ　職能給は個人の能力考課および実績考課を総合しつぎの基準で考課昇給を行う。

A　七・一％以上、一〇・〇％以内
B　四・一％以上、七・〇％以内
C　二・一％以上、四・〇％以内
D　〇・一％以上、二・〇％以内
E　昇給なし

(2) ベースアップ

毎年四月に賃金支払能力、世間相場を総合勘案し月給者の総賃金上昇原資から定期昇給原資を差引いた差額をベースアップに当て、年齢給表、職能給表を書替えることによって行う。

ただし、会社の業績が著しく悪化したときは、この限りでない。

(3) （昇格昇給）

資格等級の昇格時に職能給で三号俸の昇格昇給を行う。

(4) 職能給の特別昇給

会社は、在職者の個人間調整または中途採用者の給与を社内標準者に追いつかせるため、特別昇給を行うことがある。特別昇給は職能給で行い、役員会の決定による。

(5) 定期昇給の保留

会社は、次の場合、定期昇給のうち考課昇給を保留することがある。

イ　考課査定期間内において、年間六〇日を越える欠勤をした場合。ただしその場合、遅刻、早退三回をもって欠勤一日とし、半休二回で欠勤一日とする。（業務上傷病による休業を除く）

ロ　成績不良、勤務怠慢、素行不良と会社が認めた者。

嘱託賃金規程④

この実例は、定年退職者を「嘱託」として再雇用した者の賃金規程である。KT製作所(金属製品製造業・従業員四三〇人)では、再雇用の嘱託者の賃金を「雇用契約書」で行っていたが、それを規程化した例である。

(適用範囲)
第1条　会社を定年(六〇歳)退職して再雇用された嘱託者とする。

(賃金の種類)
第2条　嘱託の賃金は、退職時の基礎給(本給+加給)の七〇～九〇％の範囲で、各嘱託ごとに定める。

(賃金の原則)
第3条　嘱託の賃金は、毎月支給する賃金と年二回の賞与とする。

(賃金体系)
第4条　嘱託の賃金は、基本給と手当とに分け、その細目はつぎのとおりとする。

賃金 ─┬─ 基本給
　　　└─ 手当 ─┬─ 責任手当
　　　　　　　　├─ 食事手当
　　　　　　　　├─ 時間外手当
　　　　　　　　└─ 通勤手当

(賃金控除)
第5条　賃金支払に際して、つぎのものを控除する。(会社と組合の控除協定書による)
1　法令に定められているもの
　① 源泉所得税
　② 住民税
　③ 健康保険料
　④ 厚生年金保険料
　⑤ 雇用保険料
2　法令に定められていないもの
　① 共済会費
　② 財形貯蓄費
　③ 会社と組合の協定による福利厚生費等

(賃金の締切および支給日)
第6条　賃金の締切期間および支給日は、つぎのとおりとする。
1　嘱託の賃金の締切期間は、前月二一日より当月二〇日で締切り、当月二五日に支給する。支払日が休日に当たるときは、その前日に繰り上げて支給する。
2　賃金締切期間中の中途で入社または退社する場合は、当該賃金締切期間中に労働した日数に対して支給する。日割計算は、つぎの算式により行う。

$$賃金 = \frac{基本給 + (責任手当 + 食事手当)}{1ヵ月平均所定労働日} × 労働日数$$

(休職中の賃金)
第7条　嘱託が休職となった場合は、賃金は支給しない。

(昇給および昇給時期)
第8条　昇給は、原則として毎年三月二一日とし、四月分賃金より実施する。昇給の程度は、一般組合員の昇給率の四〇％を基準とする。

(時間外手当)
第9条　時間外手当は、嘱託が所定時間外および休日に勤務した場合は、つぎの算式により時間外手当を支給する。
1　時間外勤務手当(一ヵ月60時間を超える場合50％)

$$基本給 + 責任手当 + 食事手当 \over 1ヵ月平均労働時間数 × 1.25 × 時間数$$

2　休日勤務手当(法定休日)

$$基本給 + 責任手当 + 食事手当 \over 1ヵ月平均労働時間数 × 1.35 × 休日労働時間数$$

3　休日出勤手当(法定外)

$$基本給 + 責任手当 + 食事手当 \over 1ヵ月平均労働時間数 × 1.25 × 法定休日以外の休日労働時間数$$

4　深夜勤務手当

$$基本給 + 責任手当 + 食事手当 \over 1ヵ月平均労働時間数 × 0.25 × 深夜労働時間数$$

(時間外労働時間計算)
第10条　時間外勤務時間の計算は、所定労働の終業時より開始する。深夜労働時間は二二時より翌朝五時の時間帯とする。

別居手当支給規程

（目的）
第1条　この規程は賃金規則第〇条の〇の規定に基づき、別居手当の支給に関する細目について定めたものである。

（定義）
第2条　この規程において「扶養家族」とは、次のものをいう。
① 配偶者（男女問わず）
② 社員と同居し、主として社員の収入により生計を維持している者

（別居の認定）
第3条　前条に定める扶養家族の一部でも帯同または招致した場合には、別居手当の支給対象にはしない。

（支給事由）
第4条　転勤の発令を受けた者が、次のいずれかの事由により、一カ月以上継続して単身で赴任する場合には、別居手当を支給する。
① 新任地に会社が社宅を提供出来ないため
② 同居の扶養家族の傷病のため
③ 配偶者の出産予定が近いため、または、出産直後のため
④ 同居の子が中学三年または高校在学中のため

（支給額）
第5条　別居手当の額は、対象者一律として次の通りとし月額で支給する。
月額　四三、〇〇〇円

2　別居手当の日割計算または欠勤控除は行なわない。

（支給期間）
第6条　別居手当の支給期間は、支給事由により、次の期間のうち、単身で赴任している期間とする。
① 会社が社宅を提供出来ないため
　会社が社宅を提供出来ない期間
② 同居の扶養家族の傷病のため
　医師の診断に基づき会社が認定する期間
③ 配偶者の出産看のため
　出産予定日以前六週間（多胎の場合は一四週間）および出産後八週間
④ 同居の子が中学三年または高校在学中のため
　(イ) 中学三年在学中で転勤発令月が四月から八月のとき……中学卒業まで
　(ロ) 中学三年在学中で転勤発令月が九月から三月のとき……高校卒業まで
　(ハ) 高校在学中のとき……高校卒業まで

2　別居手当の支給期間の計算は、転勤発令日の属する月の翌月から支給事由に該当しなくなった日の属する月、または支給期限の到来した月までとする。

3　家族を社宅に残している期間は、別居手当を支給しない。

（支給年限）
第7条　前条に拘らず、別居手当の支給期間には最長年限を設け、次の通りとする。但し、会社が社宅を提供出来ない場合を除く。
① 同居の子が中学三年在学中で高校卒業まで別居手当を支給することを認めた場合　　　　　　　　　　　　　　　三年六カ月
② 支給事由のいずれかに該当し、更に他の支給事由に該当した場合　　三年六カ月
③ 上記以外の場合　　　　　　　　三年

（受給手続）
第8条　別居手当の支給を受けようとする者は、新任地を管轄する事業所の人事担当課

（通勤手当）
第11条　嘱託の責任手当は、一般従業員の責任手当額を準用する。

（食事手当）
第12条　嘱託の食事手当は、一般従業員の食事手当額を準用する。

（通勤手当）
第3条　嘱託が公共の交通機関を利用し、順路により通勤する場合は、定期乗車券相当額を三ヵ月ごと支給する。

（実施）
第14条　この内規は平成〇〇年〇月〇日より実施する。

長に「別居手当支給（延長）申請書」を提出するものとする。

2 次に定める場合は、前項に準じ速やかに手続きするものとする。

① 第4条に定める支給事由に該当する場合で、会社の認定した期間の延長を希望するとき。

② 第4条各号に定める支給事由のいずれかに該当して別居手当の支給を受けている間に、更に、他の支給事由に該当することにより、別居手当支給期間の延長を希望するとき。

（報告義務）

第9条 別居手当の支給を受けている者が、その支給事由に該当しなくなったときには、直ちに人事担当課長にその旨報告しなければならない。

（適用除外）

第10条 次の場合には、この規程を適用しない。

① 近距離転勤（距離が一〇〇キロ未満の場合）

但し、東京研究所～千葉工場間の転勤には、適用する。

② 長期滞在　海外赴任

（特例の処理）

第11条 別居手当に関し、特別な事例の取扱は、その都度人事部長の決裁を得るものとする。

附　則

この規程は、平成○年○月○日から実施する。

昭和○○年○月○日制定
平成　○年○月○日改訂

給与振込に関する協定書

給与振込に関する協定書

○○年○月○日

株式会社○○銀行○○支店
×××××株式会社

株式会社○○銀行○○支店（以下甲という）と×××××株式会社（以下乙という）とは、甲の給与受給者（以下受給者という）に対する磁気テープ交換による給与振込事務の取扱いに関し、次のとおり協定する。

この協定成立の証として、協定書二通を作成し、各々その一通を保有する。

（委託事務および取扱店と預金種目）

第1条 甲は受給者に対する給与（賞与を含む。以下同じ）支給にあたっては、乙に振込事務を委託して行う。

乙の受託する取扱店の範囲は、乙が給与振込の協定をしている銀行の一定地区内の本支店とし、振込みを指定できる預金種目は普通預金および当座勘定とする。

（指定口座の確認）

第2条 甲は乙に給与振込を依頼するにあたっては、事前に受給者の指定口座の口座番号の確認を行うものとする。ただし、確認に際して必要がある場合は、乙は甲に協力する。

（振込依頼）

第3条 甲は第1条の事務取扱を乙に委託するにあたり、振込指定日の五営業日前までに給与振込用磁気テープ正副二本および同送付書を乙の窓口店へ交付する。

(注) 送付書には件数・金額の合計を記載、様式は適宜とする。

(2) 遠隔地店舗を含む場合には、郵送日数を考慮してテープの引渡し日を決める。

（磁気テープの仕様等）

第4条 前条の磁気テープの仕様、作成は次の各号による。

(1) 甲は乙に対し、次の仕様による磁気テープを交付する。

A 記録形式
B 記録密度
C 使用コード
D パリティ・チェック

磁気テープに記録する項目および桁数は次による。

(注) 基準で定められている項目を記載する。

(3) 乙が受入れた磁気テープ正副双方に

給与等の銀行振込に関する協定書・賞与支給規程

誤りや、きずがあった場合には、甲はその磁気テープを修正して、すみやかに乙に再交付する。

第5条　乙は磁気テープに記録された口座番号により第8条の支払開始時期までに入金手続を行うこととし、受取人名は入金手続に関する照会等に使用するものとする。

（資金決済）
第6条　甲はこの協定に基づく振込資金を振込指定日の前営業日までに交付するものとする。

（入金通知）
第7条　乙は受給者に対し、給与振込の入金についての通知は行わない。

（支払開始時期）
第8条　乙の受給者に対する振込金の支払開始時期は、振込指定日の午前一〇時からとする。

（取扱手数料等）
第9条　甲は乙に対し、振込件数〇件につき金〇〇〇円の取扱手数料および、乙が磁気テープ使用の互換等に要した費用を支払う。

（免　責）
第10条　乙は委託事務の取扱いについて、乙の責による以外の事由により、甲に損害が生じた場合には、その賠償の責を負わないものとする。

（協　議）
第11条　この協定の改訂ならびにこの協定に定めのない事項で実施上必要な細目は、甲・乙協議のうえ、これを定める。

（有効期間）
第12条　この協定の有効期間は締結の日から〇カ年とする。ただし、期間満了の〇カ月前までに、甲・乙いずれかから何等の意思表示がない場合は、さらに一カ年間自動的に更新するものとし、以後も同様とする。

この協定締結の証として協定書二通を作成し、各々その一通を保有する。

平成〇〇年〇月〇日

（会社）㊞
（組合）㊞

給与等の銀行振込に関する協定書

〇〇〇〇株式会社（以下単に会社という）と〇〇〇〇㈱労働組合（以下単に組合という）とは、給与等の銀行振込制に関し、左記のとおり協定する。

記

第1条　会社は、従業員の申出により、賞与を含むすべての給与を、銀行振込の方法により、支払うことができる。

第2条　会社は、各従業員の提出する「給与等振込依頼書」にもとづき、その指定した銀行の預金口座へ、給与を振込むものとする。

第3条　口座振込された給与は、所定の給与支払日の午前一〇時ごろ以降には払出し又は払い戻しができるものとする。

賞与支給規程

（目的）
第1条　この規程は、給与規程〇条による「賞与の支給」に関する細部を定めることを目的とする。

（賞与支給の原則）
第2条　賞与は原則として会社の業績により、年二回支給する。

2　前項の二回は六月三〇日（上期）、一二月一〇日（下期）を基準日とする。基準日が休日となる場合は直近の出勤日に支給する。

（賞与の算定期間）
第3条　前条における算定期間は、次のとおりとする。

①　七月（上期）……前年一二月二一日

（支給条件）
第4条　賞与の支給条件は、前条の算定期間における出勤率および人事考課を勘案のうえ支給期日に支給する。

（受給有資格者）
第5条　賞与の受給有資格者は、第3条の「賞与算定期間」に在籍していた者とする。

（賞与の支給方式）
第6条　賞与は第3条の算定期間における勤務成績、貢献度、出勤率によって決定する。

2　前項の算定は次のとおりとする。

〔算定基礎額×支給率〕

① 算定基礎額＝基本給＋役付手当
　　　　　　　×考課係数×出勤率
② 支　給　率＝会社業績による
　　　　　　（支給総額決定により算出）
③ 出　勤　率＝ 所定勤務日数－欠勤日数 ／ 所定勤務日数

　ア　欠勤一回……一日
　イ　遅刻・早退、私用外出……三回をもって一日とする
　ウ　年次有給休暇、慶弔休暇、特別休暇は出勤扱い

④ 考課配分係数は、算定期間中の勤務成績・貢献度により、以下の五段階とする。

　S　……一一〇％
　A　……一〇五％
　B　……一〇〇％
　C　……　九五％
　D　……　九〇％

（算定期間中の中途入社者の取扱い）
第7条　第3条の算定期間の中途で入社した者の取扱いは、次のとおりとする。
① 算定期間における在籍期間二カ月以上の場合は前条の計算による。
② 算定期間における在籍期間二カ月未満の場合は金一封（そのつど決定）とする。

（算定期間後の中途入社者の取扱い）
第8条　算定期間後入社し、支給当日在籍する者で、その期間が一カ月以上の者には前条第2号を準用する。

（算定期間中の退職者の取扱い）
第9条　算定期間の中途で退職した者については第7条を準用する。

（算定期間後の退職者の取扱い）
第10条　算定期間後の退職者の取扱いについては、賞与支給日に賞与の全額を支給する。

（減額）
第11条　算定期間中勤務し、支給当日以前に退職した者については、賞与支給日に賞与の全額を支給する。

第11条　算定期間中に就業規則第○条の懲戒処分を受けた者には減額して支給することがある。

（施行）
第12条　この規程は平成○○年○月○日より施行する。

通勤費支給規程

（支給対象者）
第1条　住居から、勤務する事業場までの順路による徒歩距離、および通勤に際し利用する交通機関の総乗車距離が、いずれも二km以上の従業員に、この規程の定めるところにより通勤交通費（以下単に交通費という）を支給する。総乗車距離の算定にあたって、乗車距離が短いため支給対象とならないバスの区間があるときは、当該バス区間を含めて算定する。

（支給範囲）
第2条　交通費の支給対象となる交通機関は、軌道車、バスおよび二輪自転車とする。

（交通機関等の指定）
第3条　会社は、金銭および通勤時間の経済性を考慮して、適当と認めた交通機関、区間、等級、および期間を指定する。

（支給方法）
第4条　交通費は、二輪自転車による通勤者を除き、通勤定期券をもって支給する。ただし、利用する交通機関が定期券を発行しないときは、前月○日から当月○日

より当年五月二〇日まで
② 一二月（下期）……当年五月二一日より一一月二〇日まで

334

までの出勤日数に応じた回数券を、また一賃金計算期間中の出勤日数が、常態としておおむね一〇日以内の者には、前月〇日から当月〇日までの出勤期間中通勤に要した実費を、いずれも当月〇日に支給する。

（二輪自転車通勤者の取扱い）
第5条　通勤に際し、常態として二輪自転車を使用する者については、次により支給する。ただし、一賃金計算期間中における実出勤日数が一〇日に満たない者については、その月分については支給しない。

(1) 他に交通機関がない場合は、順路による通勤距離が三km以上五km未満の者には月額〇〇〇〇円を、また五km以上の者には月額〇〇〇〇円をそれぞれ支給する。

(2) 他に交通機関がある場合は、当該交通機関を利用した場合に支給されるべき定期券の額の範囲内で、回数券を支給する。二輪自転車以外の自家用車両により常態として通勤する旨を会社へ申出た者については、これを二輪自転車により通勤する者とみなして、前項の規定を準用する。

（利用交通機関の変更等）
第6条　支給を受けた定期券の通用期間の途中において、転宅等により利用交通機関、または区間を変更したときは、新たに必要となった交通機関、または区間の定期券を支給する。前項により不要となった定期券は、直ちに会社へ返還しなければならない。支給した定期券を紛失した場合でも再支給しない。

（付　則）
第7条　この規程は、平成〇〇年〇月〇日から実施する。

JR新幹線通勤取扱規程

（目　的）
第1条　この取扱規程は、通勤者取扱規程に定めのないJR新幹線通勤に関する取扱いについて定める。

2　この取扱規程に定めのない事項は通勤者取扱規程の定めによるものとする。

（JR新幹線通勤を利用できる者）
第2条　JR新幹線を利用して通勤することができる者は「転勤者取扱規程」第〇条に定める転勤赴任者のうち、次の各号のいずれかの条件も満たした者でなければならない。

(1) 社宅を貸与されていない者で、かつ「転勤者取扱規程」第〇条に定める別居手当支給要件に該当しない者。

(2) JR新幹線を除く公共交通機関を利用した場合に会社最寄り駅と住宅地最寄り駅との距離が七五kmを超える者、またはJR新幹線を除く公共交通機関を利用した場合の通勤に要する時間が二時間を超える者。

(3) JR新幹線の片道乗車距離が二〇〇km未満である者。

(4) JR各社が販売しているJR新幹線通勤定期券の区間で通勤する者。

(5) JR新幹線を除く公共交通機関を利用した場合と、JR新幹線を利用した場合の、会社と住居間の通勤に要する時間とを比較して、会社と住居間の通勤に要する時間がおおむね三分の二未満となる者。

（JR新幹線通勤の承認）
第3条　JR新幹線通勤しようとする者は、「JR新幹線通勤申請書」により申請し、事前に総務部長の承認を得なければならない。

2　JR新幹線通勤したときに、業務遂行上、または健康上などに支障が生じると総務部長が判断したときは、その理由を通知して否認することができる。

（JR新幹線通勤定期券の支給）
第4条　会社は三カ月を限度とする最長有効期間のJR新幹線通勤定期券を支給する。

（JR新幹線通勤定期券代の個人負担）
第5条　JR新幹線通勤定期券代のうち、次の計算式により算出された金額は個人負担とする。

出張旅費規程①

第一章 総則

（目的）
第1条 この規程は、役員および社員が社命により出張または赴任するときの、旅費について定めたものである。

（旅費の種類）
第2条 旅費は次の三種類にわける。
(1) 国内出張旅費
(2) 海外出張旅費
(3) 転勤赴任旅費
(4) ○○会旅行会旅費（編注・同一資本系列会社で構成された会）

（旅費の計算）
第3条 旅費は順路によって計算する。ただし、業務の都合、または天災、交通事故その他やむを得ない理由で順路によることができなかったときは、実際に通過した路線によって計算する。

（旅費の基準）
第4条 旅費は、第9条により本人の職能資格等級に応じ、定額または実費を支給する。

（旅費の前渡し）
第5条 旅費は、出発前に予算金額以内で仮払いを受けることができる。

（旅費の精算）
第6条 旅費の精算は、帰任または着任後三日以内に、所定用紙により清算しなければならない。

（出張中の労働時間）
第7条 出張中は通常の就業時間に勤務したものとみなし、時間外勤務の取扱いはしない。
ただし、第17条および第19条については時間外勤務として取り扱うことがある。
なお、出張期間中休日に勤務した場合は、就業規則第36条第1項（編注）にもとづき本人の請求により一日を単位として帰任後二週間以内に代休を与える。
編注・就業規則第36条（代休）
① 前条の休日勤務を行ったときは、本人の請求により、休日勤務を行った日より二週間以内に代休を与える。
② 休日勤務を行って代休を与えたときは、休日勤務の扱いはしない。ただし、日曜日の勤務の場合は、休日勤務扱いとする。

（上司随行）
第8条 ① 役員および上位の職能資格等級者に随行し、職務上必要と認められたときは、日当以外の旅費を上位等級者と同じとする。
② 販売会社役員に随行し職務上必要と認められたときは、本社役員随行に準じて取り扱う。

第二章 国内出張旅費

（国内出張旅費）
第9条 ① 国内出張旅費は、鉄道賃、船賃、航空費、日当、宿泊料および事務用経費をいう。
② 国内出張旅費は、特別に定めるほかは次のとおりとする。
(1) 対外的な事情により特に必要と認めたときは、七等級以上の者は新幹線のグリーン席を利用できる。
(2) 役員の日当以外の旅費は、対外的な理由があるときは実費計算をする。
(3) 宿泊料については、対外的な事情およびストライキその他、特殊な事

（JR新幹線通勤定期代−同区間・同期間の通常通勤定期代）×二分の一
2 前項に定める「同区間の通常通勤定期券」が販売されていない場合は、同区間になるように複数の通常通勤定期券を購入したものとして算定する。
3 第1項に定める個人負担額は、JR新幹線通勤定期券の支給と引き換えとし、分割払いは認めない。

（施行期日）
第6条 この取扱規程は平成○○年○月○日より施行する。

出張旅費規程①

（鉄道および船賃）

第10条 鉄道賃および船賃は、これらの交通機関を利用した者に対して、所定の料金を支給する。

旅費項目 等級	鉄道賃 新幹線	鉄道賃 その他	船賃	航空費	日当（円）	宿泊料（円）
1，2等級	普通席	普通席	2等	実費	2,500	8,500
3，4等級	〃	〃	1	〃	2,800	9,000
5，6等級	〃	〃	1	〃	3,200	9,500
7，8，9等級	〃	グリーン	1	〃	4,000	10,500
役員	グリーン	〃	1	〃	4,500	12,000
役付役員	〃	〃	1	〃	実費または5,000	実費または13,000

(4) 社会情勢の変化により、上記金額を変更することがある。また、出張の順路に長距離高速道路を運行するバスを利用したときは、その実費を支給する。タクシー等の交通費は実費を支給する。情等で特に必要と認めたときは、実費支給する。

② マイカー出張については、所属長（課長以上）またはこれと同等以上の上司が認めた場合に限り別に定める自家用通勤車輌管理内規を適用し、費用を負担する。

（車賃）

第11条 ① 出張中に利用した電車、バス、タクシー等の交通費は実費を支給する。

（航空賃）

第12条 業務上特に緊急を要し、所属長またはこれと同等以上の上司の承認を得て航空機を利用したときは、実費を支給する。

（宿泊料）

第13条 宿泊料は宿泊日数に応じ、所定の料金を支給する。ただし、次の各号の一にあたるときは次のとおりとする。

(1) 夜行車船泊のときは、第9条第2項の宿泊料を支払う。

（注）夜行車船泊とは午後一〇時より午前五時までの間において、五時間以上車船中にあり旅館に宿泊しない場合をいう。なお、車船中には航空機を含む。

(2) 会社の施設に宿泊したときは、第9条第2項の宿泊料を支給するが、その場合には各宿泊所で定める宿泊料を直接管理人に支払うものとする。

(3) 給与規則第〇条に定める別居手当を受けている者が自宅所在地に出張したときは、宿泊料を支給しない。

（注）別居手当第〇条
　　　四等級以下　　五,〇〇〇円
　　　五、六等級　　八,〇〇〇円
　　　七等級以上　　一〇,〇〇〇円

（日当）

第14条 ① 日当は、出発当日より帰着当日までの日数により支給する。

ただし、午後出発あるいは午前中帰着のときは、その日の日当は二分の一を支給する。

② 給与規則第〇条に定める別居手当を受けている者が自宅所在地に出張したときは、所定の日当を支給し、最初の一〇日間は、一日以上はその二分の一とし、一カ月以上については支給しない。

（特急券・急行券・寝台券の請求）

第15条 特急券、急行券は料金実費を支給し、寝台券料金は支給しない。

（通信費の請求）

第16条 電話、電報、手紙等の事務用通信費は実費を支給する。

（事業所間出張）

第17条 事業所間出張とは、本社、〇〇事業所、〇〇工場、〇〇支店の各事業所間の出張をいい、旅費を次のとおり定める。

出張旅費規程①

ただし、往復に要する時間は通勤時間とみなし、時間外手当には含まないものとする。

出張する事業所	交通費	宿泊料	日当	食事代	時間外手当
①本社と〇〇事業所	実費	不支給	不支給	不支給	長のあば承払う認れ所属がおよ
②①以外の事業所間	実費	支給	最初の10日間はおり支規定のとし、10日を超えるときはその1/2を支給する。	不支給	

(日帰り出張)

第19条 ① 出張先までの距離（片道）に応じて次のとおりとする。

距離	交通費	日当	帰社または帰宅が午後9時以降となったとき
(1) 片道100km以上	支給	支給	日当の½を追加支給する
(2) 片道50km～100km未満	支給	½支給	食事代として500円を支給する
(3) 片道50km未満	支給	不支給	食事代として500円を支給する
			ただし、5時間以上の時間を要し昼食時間にかかったときは500円を支給する

② 前各号の清算は、社内用支払書を用いて清算する。

③ 休日の日帰り出張で時間外扱いとした場合は、食事代は支給しない。

④ 勤務時間が現地で午後五時一〇分以降となった場合は、所属長の承認があれば時間外として取り扱う。ただし、午後五時一〇分以降の食事代は支給しない。

(旅費が重複する場合の取扱い)

第20条 ① 〇〇会出席の旅費は、次のとおり支給する。

(1) 目的地および解散地までの往復旅費は、この規定のとおり支給する。

(2) 目的地到着後の各所回りの旅費は、販売所の請求に基づく実費計算とする。

(3) 目的地および解散地までの日当ならびに到着後の各所回りの日当は、この規定のとおり支給する。

② 外部関係による出張旅費は、次のとおり支給する。

(1) 取引先等の招待あるいは諸組合の会合等に出席するときで、旅費および宿泊料等を取引先等で負担しているときまたは会費として一部納付しているときは、日当のみ支給する。

(2) 前号の会合等に出席するときは、取引先等で会費の一部を負担し、または会費として一部納付しているときは、実費差額を支給する。

(教育研修参加旅費と時間外の取扱い)

第21条 ① 社命により参加する社外講習会および社内教育の取扱いは、次のとおりとする。

(1) 交通費は、実費支給する。

(2) 社外講習会において会費に食事代が含まれておらず、かつ食事時間にかかっ

(長期出張)

第18条 業務上同一地に引き続いて滞在するときは、最初の一〇日間は所定の日当を支給し、一〇日間を超えるときはその八〇％、三カ月以上におよぶときはその七〇％以上を支給する。宿泊料は宿泊日数に応じ、所定の宿泊料を支給する。

出張旅費規程①

た場合には、食事代五〇〇円を支給する。

② 時間外に関しての取扱いは、次のとおりとする。ただし、カリキュラムに明示されていない時間外は、原則として認めない（なお、社内教育に限り時間外の取扱いについては、事前に明示する）。

(1) 平日における時間外については、時給の二五％増の時間外勤務手当を支払う。

(2) 休日実施の場合は、カリキュラムの時間数に応じて時給の三五％増の時間外勤務手当を支払う。

(3) 休日実施の場合、就業規則第○条の第○項、第○項、給与規則第○条（編注・休日勤務割増し三五％）およびこの規定の第7条ただし書以降に準じた取扱いをする。

（出張中の事故）

第22条 ① 出張中負傷および発病等のやむを得ない事故のため途中で日程以上滞在したときは、事実の証明ができるものに限り、その間の日当および宿泊料を支給する。

② やむを得ない事故によって多額の出費をなし、所定の旅費をもって支払いができないときは、事実の証明があるものに限り、その実費を支給することがある。

（顧問・嘱託等の旅費）

第23条 顧問・嘱託等の者が会社の業務で出張するときは、この規定によって待遇相当の旅費を支給する。

（編注・「第3章 海外出張旅費」は省略）

第三章 転勤赴任旅費

（転勤赴任旅費）

第24条 転勤赴任のとき支給する旅費とは、鉄道賃、船賃、宿泊料、日当、荷造運送料、家族旅費および赴任手当をいう。

（転勤赴任旅費の支給額）

第25条 転勤赴任旅費は、この規定の第9条に定められた額を支給する。ただし、新勤務地が従来の居住地より通勤可能範囲内のときは日当、宿泊料および赴任手当は支給しない。

（荷造運送料）

第26条 ① 転勤赴任のために要する荷造運送は、実費を支給する。

② 前項の費用を請求するときは、その事実および金額を証明する書類を会社に提出しなければならない。

（家族旅費）

第27条 ① 転勤赴任のため現在扶養している家族、または同居人を同行するときは、日当を除いた次の旅費を支給する。なお転勤赴任を命ぜられた者が事前に転勤先の住居、学校等の確認および手続のために家族または同居人を同行するときは、一回に限り日当を除いた次の旅費を支給する。

区　分	鉄道賃・船賃	宿泊料
現在扶養している家族・同居人	本人と同等	本人と同等
満12歳未満の者	本人の½	本人の½
満6歳未満の者	不支給	本人の½
満3歳未満の者	不支給	不支給

② 社員が新勤務地に赴任した後六カ月以内に家族または同居人を移転させるときは、前項による旅費を支給する。ただし、次の各号に該当し、やむを得ないと認めた場合に限り、総務部長が延長を許可することがある。なお、このとき本人に対しては、往復に必要な運賃のみ実費で支給する。

③ 転勤を命ぜられた者が、発令の翌日から起算して六カ月以内に家族を新勤務地に呼び寄せない場合には、家族の赴任旅費は支給しない。

(1) 家族に病人がある場合。
(2) 家族に病人が見当らない場合。
(3) 子の転校がある場合。
(4) その他前各号に準ずる場合。

（赴任手当）

第28条 家族帯同の赴任または単身赴任については、次の赴任手当を支給する。ただ

出張旅費規程②

行する。（〇〇年〇月改正）

第一章　総則

（目的）
第1条　この規則は、就業規則第60条の定めるところにより、社員の業務上の出張および転勤などの場合に支給する旅費に関する事項を定めたものである。

（出張届）
第2条　社員が出張を命ぜられた場合は、所定の「出張申請書」に、出張先、期日、用件、宿泊地等を記入して、所属長に届け出なければならない。

（旅費の支給）
第3条　社員が業務上出張する場合は出勤扱いとし、この規則により旅費を支給する。

2　前項の旅費の内訳は、交通費、日当および宿泊費とする。

3　日当および宿泊費は、出張の初日から最終日まで半日単位により計算して支給する。

4　上司に随行する場合、もしくは業務上の都合により所定の旅費をもって支弁できないときは、実費または所定額以上支給する場合がある。

（旅費の計算）
第4条　旅費はすべて順路によって計算する。ただし、業務の都合、天災、傷病その他やむを得ない事由によって迂回し、または滞在した場合には、実際に通過した経路およびこれに要した日数に応じて支給する。この場合は、その事由を証明する書類などを提出することを原則とする。

（旅費の概算払いと清算）
第5条　旅費は出発前に予定額の範囲内で仮払いを受けることができる。

2　旅費は、帰任後すみやかに所定の「出張旅費精算書」によって所属長の承認を受け、五日以内に清算しなければならない。ただし、この場合には、領収書等の証拠書類を提出しなければならない。

3　出張中の旅費以外の支出については、とくに承認を得た場合に限り支給する。

（講習会等の出張）
第6条　社員が、講習会および研修会等に参加するための出張する場合の会費の中に、本人の旅費に相当するものが含まれるときは、その部分の旅費は支給しない。

2　特別の事情により、社外より旅費の全部または一部の支給を受けた場合には、その部分の旅費は支給しない。

（定型的業務の出張）
第7条　営業等定型的業務の出張は交通費その他実費のみとする。

（出張勤務の取扱い）

し、赴任後の社命による同一県内の移転については、移転に必要な運送料を支給し赴任手当は支給しない。

等　級	家族帯同者	単　身　者
4等級以下	120,000円	60,000円
5，6等級	130,000	65,000
7等級	140,000	70,000
8等級以上	150,000	75,000

（新入社員旅費）
第29条　新入社した者の赴任旅費および入社式出席のための旅費は、この規定のとおり支給する。
ただし、日当および赴任手当は支給しない。

（協議処理）
第30条　特別な場合で、この規定により処理できないときは、そのつど、所属長と総務部長が協議して決定する。

付　則

（施行期日）
第31条　この規程は、〇〇年〇月一日から施行する。

第8条 出張中の社員は、その日の勤務をもって通常の勤務に服したものとし、原則として時間外手当等は支給しない。

(出張報告書)
第9条 出張者が帰任したときは、所定の「出張報告書」を作成のうえ、二業務日以内に所属長に報告しなければならない。ただし、所属長の判断により省略することができる。

第二章 国内出張旅費

第1節 日帰り出張

(日帰り出張の範囲)
第10条 日帰り出張とは、その距離がおおむね200km以上の地域で宿泊しないものをいう。

2 日帰り出張予定者が、業務の都合上やむを得ない事由によって宿泊の必要が生じた場合は、所属長の承認により宿泊出張の取り扱いとする。

3 営業等、日常の定型的に社外を回る業務は出張とみなさない。

(日帰り出張旅費)
第11条 日帰り出張の場合は、交通費実費および日当(宿泊出張における日当の半額)を支給する。

2 支給する交通費の内容は、宿泊出張と同様とする。

第2節 宿泊出張

(宿泊出張)
第12条 宿泊出張は、会社が命じた出張で、その距離がおおむね200km以上の地域で宿泊を要するものをいう。

(宿泊出張旅費)
第13条 宿泊出張の場合に支給する旅費は、次のとおりとする。

(単位 円)

順位	交通費				日当	宿泊費
	鉄道料金	タクシー代	航空機	船舶		
部長	グリーン	実費	エコノミークラス	グリーン	8,000	12,000
次長・課長	普通車	実費	エコノミークラス	グリーン	6,000	10,000
上記以外の社員	普通車	実費	エコノミークラス	グリーン	4,000	10,000

＊鉄道で新幹線利用の場合は、部長も普通車の利用とする。

2 急行料金、特別急行料金、新幹線料金および寝台料金は、所属長が業務上必要と認めた場合に限り実費を支給する。

3 航空機の利用は、緊急業務のため必要であると所属長が認めた場合に限り実費を支給する。

4 やむを得ず宿泊費が規定の金額をオーバーした場合は、領収書を添付し、かつ所属長の承認を得たときは、実費を支給する。

付則

(海外出張旅費)
第14条 海外出張旅費については、国内出張旅費を基準としてそのつど決定する。

(施行)
第15条 この規則は、平成○○年○月○日より施行する。

海外在勤者取扱規程

☆海外給与の設定にバランスシート方式を採用した規定例

第一章 総則

(適用範囲)
第1条 この規程は、海外の同一地域へ原則として三ヵ月以上駐在して勤務する場合に適用する。

(駐在期間)

第二章 赴任および帰任等

第2条 駐在期間の認定については、赴任前に計画された駐在期間によるものとする。ただし、その期間は一律的なものではなく、赴任後の状況により判断する。

（家族帯同）

第3条 駐在中の家族帯同については次のとおりとする。

イ 駐在期間一年未満の者は原則として家族を帯同しない。

ロ 駐在期間一年以上二年未満の者は、帯同できるものとする。

この場合、帯同家族の範囲は、配偶者および税法上の扶養家族である子とする。

赴任後家族を呼び寄せる場合は、呼び寄せ時に残任期間が一年以上あることを要する。

ハ 駐在期間二年以上の者は、原則として家族を帯同するものとするが、扶養家族の健康状態、子の教育事情、その他特別の事情のある場合は、残留させることができる。この場合、帯同家族の範囲とは、配偶者・税法上の扶養家族である子および家族手当支給対象の家族とする。赴任後家族を呼び寄せる場合は、呼び寄せ時に残任期間が一年以上あることを要する。

家族帯同により発生する諸手当の支給は、本人の駐在期間に限る。

（渡航手続費用）

第4条 渡航手続費用、入・出国および旅行代理店手数料は実費を支給する。

（交通費）

第5条 交通費は路程に応じて利用した交通機関の実費を支給する。

ただし、この利用はおおむね国内旅費の普通旅費に定める順路、等級設定などの精神を逸脱しないものとする。

（国内旅費協定の適用）

第6条 赴任・帰任にかかわる国内の旅費については、旅費規程を適用する。

（赴任）

第7条 海外に赴任する場合の海外赴任手当、荷造運送費および残置家財の海外赴任手当、荷造運送費および残置家財の扱いについては次のとおりとする。

イ 海外赴任手当

海外へ赴任する場合は別表1のとおり、海外赴任手当を支給する。

ロ 荷造運送費

赴任のため、引越荷物を輸送する場合は、別表2の容積・重量を限度として荷造運送費・通関料・保険料等の実費を会社が負担する。

ただし、自動車・ピアノ・美術工芸品・動植物は除く。

ハ 残置家財の国内移送費または保管費

駐在期間六カ月以上の者の赴任および駐在期間六カ月未満の者で生活基盤の移動が必要であると判断した場合の赴任に際し国内に残置する家財については、次のいずれか一方とする。

(1) 残置家財国内移送費：残置家財を移送する場合は、移送先は国内の二カ所を限度として移送にかかわる費用の実費を会社が負担する。

ただし、自動車・ピアノ・美術工芸品・動植物は除く。

(2) 残置家財国内保管費：残置家財を保管する場合は、会社の指定業者を利用するものとし、保管容積七・五m³を限度として保管にかかわる費用（含持ち込み費用）の実費を会社が負担する。保管品の選定については本人の責任において行うものとする。

ただし、ピアノ・美術工芸品の保管は認めないものとし、ピアノについては保管に替えて国内での移送を認め、移送にかかわる費用の実費を会社が負担する。

ニ 家具購入手当

赴任先で入居する住宅の家賃等に含まれる家具の付帯状況により、別表3および別表4に基づき、家具購入手当を支給する。

ただし、別表4に記載されていない

海外在勤者取扱規程

品目で、生活の上で必要不可欠と、駐在責任者が判断したものは、会社の負担で取りつけを行うものとする。駐在期間六カ月未満の者に対しては、家具購入手当を支給しない。

（海外での異動）

第8条　海外において勤務地の変更により、住居を移転する場合は次のとおり手当を支給する。

イ　再海外赴任手当：海外赴任手当と同額を支給する。

ロ　荷造運送費

(1) 陸送が可能な場合：運送費実費を支給する。

(2) 陸送が不可能な場合：第7条ロ項にもとづき、帰任時荷造運送費を適用する。

ハ　家具購入手当

(1) 陸送が可能な場合：入居する住宅における付帯家具および移送する家具により、第7条ニ項に基づき家具購入手当を支給する。

(2) 陸送が不可能な場合：第7条ニ項にもとづき、家具購入手当を支給する。

（帰任）

第9条　海外より帰任する場合の帰任手当、荷造運送費および残置家財の取扱については次のとおりとする。

イ　帰任手当

海外在勤者が帰任する場合は、別表5のとおり帰任手当を支給する。

ロ　荷造運送費

帰任のため、引越荷物を輸送する場合は、別表2の容積・重量を限度として荷造運送費・通関料・保険料等の実費を会社が負担する。

ただし、自動車・ピアノ・美術工芸品・動植物は除く。

ハ　残置家財国内移送費

第7条ハ項により、会社が費用を負担した対象の国内残置家具については、帰任時の引き取り費用を会社が負担する。

第三章　給与・諸手当

（給与体系）

第10条　海外在勤者に対する給与体系は次のとおりとし、それぞれの合算をもって海外在勤者の給与とする。

イ　外貨建部分

(1) 海外標準生計給

(2) 住宅手当

(3) 教育手当

(4) 通勤手当

(5) 自動車手当A

ロ　円貨建部分

(1) 国内給

(2) 海外駐在手当

(3) 海外出向手当

(4) 残留家族手当

(5) 代表者手当

(6) 特殊地域手当

(7) 自動車手当B

(8) 会社設立・工事手当

（給与の取扱い）

第11条　給与の取扱いは次のとおりとする。

イ　支給期間

(1) 外貨建部分：任地到着の日から任地を離れる日まで

(2) 円貨建部分：出発の日から帰着の日まで

ロ　日割計算

赴任（含家族呼び寄せ）および帰任月で、端数日がある場合は日割計算とする。この場合、従来支払われていた国内給与はこの規程でいう国内給と重複しないこととし、同様に日割計算とする。

ハ　支給場所と支給通貨

外貨建部分は駐在地において原則として駐在国通貨で支給する。円貨建部分は国内において支給する。

（海外標準生計給）

第12条　海外標準生計給は、本人の国内理論年収に基づく、現地通貨の駐在都市別・帯同家族数別の海外標準生計費に次の係

海外在勤者取扱規程

数を乗じた金額とし、月額に換算し、支給する。
また、住宅入居時に敷金あるいは前渡家賃等が発生する場合は会社が負担するものとし、退去時に還付された場合は会社に返還するものとする。

（住宅手当）
第13条　住宅手当については次のとおりとする。
イ　駐在期間六カ月以上の場合、駐在地での住宅の選択は駐在責任者が行い、その実費家賃等を住宅手当として支給する。ただし、支給額の限度額は別表6のとおりとする。
ロ　駐在期間六カ月未満の海外在勤者に対しては、住宅手当を支給せず、駐在地での住宅としてホテルまたはホテルに準ずる施設を会社が提供する。
ハ　駐在地の住宅事情により駐在責任者がとくに必要と認めた場合は、限度額を一〇％を限度として増額することができる。
ニ　駐在員の都合により転居を行う場合は、駐在責任者の承認を得るものとし、駐在期間中一回を限度に転居することができる。なお、転居に伴う荷造運送費に限り会社負担とする。
ホ　駐在地到着後、住宅が決定するまでの期間ホテル等を利用する場合は、到着の日から三〇日間を限度に宿泊実費を支給する。利用する宿泊施設については駐在責任者が認めたものとする。
ヘ　駐在地においては住宅貸借契約期間中、帰国または転勤で途中解約による決済されない前渡家賃は、その実費を支給する。
ト　住居の貸借再契約に際し、本人の責によらない理由により短期契約が余儀なくされ賃貸料が現契約額を超え、かつイ項の住宅手当の限度額を超える場合はその実費を支給する。
チ　住宅手当の対象は家賃・共益費・住宅に関する強制保険および二台分を限度とする車庫代とする。なお、その他の費用が家賃に含まれていて分割できない場合は、住宅手当支給の対象とする。

駐在都市別・帯同家族数別標準生計費は、YOKOGAWA ORGANIZATION COUNSELLORS CO.（以下ORCという）によるデータとする。
帯同家族あり　　一・一
帯同家族なし　　一・〇五

（教育手当）
第14条　教育手当については次のとおりとする
イ　帯同家族の就学児に対して、幼稚園（原則として三歳以上）から高等学校卒業までの期間一人当たり月額海外標

言語区分	対象都市（地域）	基準とする学校
英語圏	ニュージャージー　シドニー　ニューヨーク　ロンドン	（注）全日制日本人学校
非英語圏	パリ　ミラノ　ハンブルグ　アテネ　ブリュッセル　シンガポール　香港　バンコク	
英語圏	上記以外の米国の都市およびトロント	現地私立学校またはインターナショナルスクール
非英語圏	ミュンヘン　リューネブルグ	

（注）　全日制日本人学校対象都市（地域）の特例扱い
・次の場合に限り，現地私立学校またはインターナショナルスクールに係る費用を限度として，実費を支給する。
①スクールバスが巡回している範囲に居住できないと駐在責任者が判断した場合
②駐在期間中に高等学校進学が見込まれると駐在責任者が判断した場合

海外在勤者取扱規程

準生計給の五％を、教育手当として支給する。

(1) 幼稚園：対象ごとに定める特定の基準校に係る教育費用

(2) 小学校・中学校：下表の都市区分にもとづき、都市ごとに定める特定の基準校に係る教育費用

(3) 高等学校：駐在地における住居より通学できる範囲内の現地私立学校またはインターナショナルスクールに係る教育費用

ハ 対象となる教育費用とは、学校の入学金・授業料・納付金・制服代・教材費・スクールバス代等、通学に必要不可欠な費用とする。昼食代・寄宿代、遠足代・旅行代その他任意参加の行事代等は含まない。

ニ 小・中学生で全日制日本人学校に通学していない子に対しては、イ、ロ、とは別に、日本語補修校の費用の実費を支給するとともに、希望者には海外子女教育振興財団の通信教育教材を会社の費用で駐在地へ直接送付する。

(通勤手当)

第15条 通勤手当については、次のとおりとする。

イ 自動車通勤の場合は、通勤に係るガソリン代相当額としてガソリン単価×距離×月当たり平均理論出勤日数を支給する。ガソリン単価・月当たり平均理論出勤日数は、駐在地ごとに別途定めるものとするが、単価の見直しは年一回とする。

ロ 自動車通勤でない場合は、公共交通機関の実費相当額を支給する。

(自動車手当A)

第16条 専ら通勤・業務に使用する自動車(以下一台目の自動車という)の保険料・税金・メンテ費用を本人が負担する場合には、その実費を自動車手当Aとして支給する。

ただし、駐在員の交通法規違反による事故等の場合は、駐在責任者の判断によりその費用を個人負担とする場合もある。

(国内給)

第17条 国内給については次のとおりとする。

イ 国内理論年収からORCによる海外標準生活給の基礎となる海外標準生計費に対応する本国生計費・本国所得税相当額・本国住民税相当額・本国住宅手当(含賞与分)を控除した額を国内給として支給する。

ただし、本国住宅手当は、残留家族が引き続き赴任前の住居に居住する場合は、控除しない。

ロ 国内給のうち、賞与相当額部分は賞与としてこれを支給し、その他の部分は月額換算し毎月支給する。

(海外駐在手当)

第18条 海外駐在手当として、本国理論年収の一〇％を月額換算し毎月支給する。

(海外出向手当)

第19条 海外出向手当として、別表7にもとづく金額を支給する。

(残留家族手当)

第20条 やむを得ない事情により、家族を日本に残留させる場合、月当たり別表8にもとづき残留家族手当を支給する。

(代表者手当)

第21条 各現地法人または事務所の常駐責任者に対し、別表9にもとづき代表者手当を支給する。

(特殊地域手当)

第22条 本人に対して、別表10の基準により特殊地域手当を支給する。なお、帯同家族に対しては次のとおり支給する。

イ 配偶者……本人支給額の三〇％

ロ その他家族……一人につき本人支給額の一〇％

(会社設立・工事手当)

第23条 会社設立準備、工事建設、プラント機器据付けまたは運転指導に従事する場

海外在勤者取扱規程

合は、その期間中月当たり国内理論本給の一〇％を支給する。

（支給額の計算）

第24条　海外在勤者の給与・諸手当の計算年度は、毎月四月から翌年三月までの一年間とする。本人の国内理論賃金、扶養家族数等は、毎年国内の賃金改訂に合わせて当該年度のものを推定し、給与・諸手当の計算基礎とするが、確定時に年度末調整を行う。

（年度末調整）

第25条　毎年三月末に、次の金額の確定をし、当該年度の給与・諸手当の再計算を行い、すでに支給した給与・諸手当と差額を精算する。

イ　本人の国内理論賃金と国内理論年収
ロ　本人に係る国内税金相当額

第四章　その他の労働条件

（就業時間・休日・休暇）

第26条　海外在勤者の就業時間・休日・年次休暇・その他の休日は就業規則に準じ、駐在地ごとの定めによる。

（海外在勤中の出張旅費）

第27条　海外在勤中の出張旅費は、次のとおりとする。

イ　日帰出張するときは、駐在責任者の認定により交通費等の実費を支給する。

ロ　駐在国内外へ宿泊出張するときは駐在責任者の認定により、交通費、宿泊費は実費、日当は外国旅費規程の定めにより支給する。

前口項の出張が日本のとき、その滞在期間中は旅費規程を適用する。

第五章　自動車

（自動車の貸与）

第28条　駐在期間二年未満の海外在勤者の一台目の自動車については、会社が自動車をリースまたはレンタルし、本人に貸与する。リースまたはレンタルの費用は会社が負担する。

（自動車購入資金の貸与）

第29条　自動車購入資金の貸与については次のとおりとする。

イ　一台目の自動車に対し、別途定める自動車購入基準にもとづく購入金額と同等の金額を、次の条件で会社が貸し付ける。

(1)　通貨　円
(2)　金利　年三％
(3)　返済　期間4年　元利均等返済

ロ　一台目の自動車を更新する場合は、更新対象の自動車の売却金と新たな購入資金との差額をイ項と同じ条件で、再度貸し付ける。

ハ　バンコクおよび香港については本条を適用しない。

（自動車手当B）

第30条　前条の適用者に対し、返済期間中月当たり自動車購入価格の二・二三％の自動車手当Bを支給する。

（自動車整理手当）

第31条　第29条にもとづく貸付金の返済期間中帰任する場合で、駐在地において当該自動車を売却し、売却金を残債の返済にあてるものとする。なお残債がある場合は、次の係数を乗じた額の自動車整理手当を支給する。自動車整理手当の支給は賞与時に行う。

[部長格]　一・二〇
[課長格]　一・一六
[一　般]　一・一〇

（自動車の更新期間）

第32条　一台目の自動車の更新期間は原則四年とする。ただし、一年以内に帰任が明らかな場合は更新しない。

（自動車購入補助手当）

第33条　駐在地において第28条から第32条の対象の自動車以外の自家用自動車（セカンド・カー）を購入する場合、駐在責任者の判断により二〇〇〇US＄を支給する。

なお、支給回数は、原則駐在期間中一回とする。ただし、駐在期間等の事情により駐在

海外在勤者取扱規程

別表1　海外赴任手当

区　分	本　人	配偶者	その他の家族 （1人につき）
課長格以上	20万円	15万円	4万円
係長格以下	15万円	15万円	4万円

別表2　荷造運送費

区分	赴任時 船便	赴任時 航空便	帰任時 船便	帰任時 航空便
本人	3.0㎥	40kg	3.3㎥	40kg
配偶者	2.0㎥	30kg	2.7㎥	30kg
その他の家族（1人につき）	1.5㎥	15kg	1.7㎥	15kg

（注）駐在期間6ヵ月未満の者は，航空便の利用に限るものとする

別表3　家具購入手当

区分　国名（通貨）	本人 課長格以上 定額	定率	本人 係長格以下 定額	定率	配偶者 定額	定率	その他の家族（1人につき） 定額	定率
米　　　　国（US＄）	570	5,130	520	4,680	230	2,070	115	1,035
カ　ナ　ダ（CAN＄）	590	5,310	540	4,860	240	2,160	120	1,080
ド　イ　ツ（DM）	1,000	9,000	910	8,190	400	3,600	200	1,800
英　　　　国（£）	360	3,240	330	2,970	150	1,350	75	675
フ　ラ　ン　ス（FFR）	3,400	30,600	3,120	28,080	1,360	12,240	680	6,120
イ　タ　リ　ア（LIT）	740千	6,660千	680千	6,120千	300千	2,700千	150千	1,350千
ベ　ル　ギ　ー（BFR）	18,000	162,000	17,100	153,900	7,400	66,600	3,700	33,300
ギ　リ　シ　ャ（US＄）	640	5,760	590	5,310	260	2,340	130	1,170
香　　　　港（HK＄）	2,600	23,400	2,400	21,600	1,080	9,720	540	4,860
シンガポール（S＄）	640	5,760	590	5,310	260	2,340	130	1,170
タ　　　　イ（BT）	10,500	94,500	9,600	86,400	4,200	37,800	2,100	18,900
オーストラリア（A＄）	640	5,760	590	5,310	260	2,340	130	1,170

（注）
a．定額については，家具の付帯状況にかかわらず支給する。
b．比率部分については，家具の付帯状況に応じて支給する。支給額は次の算式による。
　・支給額＝（比率部分の金額）×（別表4による住宅に付帯していない家具の品目の比率計）
c．赴任後残留家族を呼び寄せる場合および海外在勤中に結婚した場合は，家族数に応じて支給する。
d．海外在勤中に子が生まれた場合は，新たに支給しない。
e．駐在責任者のうち社長については，おのおのの支給額の1.2倍までの適用を認める。

別表4　家具購入手当支給率表

付帯家具項目		本人	配偶者	その他の家族（1人につき）
台所・食堂	冷凍冷蔵庫	13.0	8.0	—
	食器棚	9.0	8.0	—
	食堂テーブル	4.0	8.0	—
	食堂椅子	2.0	4.0	4.0
	電子レンジ	5.0	8.0	—
居間	応接セット	9.0	16.0	18.0
	サイドボード	5.0	—	—
	テレビ	11.0	4.0	—
寝室・子供部屋	ベッド	5.0	9.0	18.0
	洋服ダンス	4.0	8.0	14.0
	整理ダンス	2.0	4.0	9.0
	本箱	4.0	—	9.0
	勉強机	—	—	18.0
共通	照明スタンド	2.0	2.0	4.0
	洗濯機	15.0	12.0	—
	掃除機	4.0	1.0	—
	カーテン	6.0	8.0	6.0
合　計		100.0	100.0	100.0

別表5　帰任手当　（単位：万円）

	駐在期間6ヵ月以上 家族帯同 扶養家族の国内残留無し 本人	配偶者	その他の家族（1人につき）	扶養家族の国内残留有り	単身独身	6ヵ月未満単身独身
課長格以上	25	20	4	20	15	8
係長格以上	20	20	4	15	13	6

別表6　住宅手当支給限度額表（一部の都市を省略）

都市名（通貨）		単身および独身	2人または3人	4人以上	都市名（通貨）		単身および独身	2人または3人	4人以上
ニュージャージー（US$）	部長格	1,580	2,270	3,150	ミラノ（千LIT）	部長格	2,500	3,100	4,000
	課長格	1,450	2,080	2,890		課長格	2,200	2,800	3,500
	一般	1,320	1,890	2,625		一般	1,900	2,500	3,000
ロスアンゼルス（US$）	部長格	1,550	2,350	3,050	アテネ（DRS）	部長格	270,000	324,000	360,000
	課長格	1,450	2,150	2,850		課長格	247,500	297,000	330,000
	一般	1,350	1,950	2,650		一般	225,000	270,000	300,000
トロント（CAN$）	部長格	1,900	2,200	2,500	シドニー（A$）	部長格	1,870	2,220	3,210
	課長格	1,600	1,900	2,300		課長格	1,720	2,040	2,950
	一般	1,200	1,600	2,000		一般	1,570	1,850	2,680
ハンブルグ（DM）	部長格	2,100	3,300	3,900	香港（H$）	部長格	28,000	34,000	40,000
	課長格	1,925	3,025	3,575		課長格	18,000	28,000	33,000
	一般	1,750	2,750	3,250		一般	13,000	20,000	26,000
ロンドン（£）	部長格	1,450	1,700	1,900	シンガポール（S$）	部長格	6,000	7,000	8,000
	課長格	1,250	1,500	1,700		課長格	5,000	6,000	7,000
	一般	1,050	1,350	1,500		一般	4,000	5,000	6,000
パリ（FFR）	部長格	15,000	18,600	32,400	バンコク（BT）	部長格	60,000	70,000	80,000
	課長格	12,000	17,050	29,700		課長格	50,000	60,000	70,000
	一般	10,000	15,500	27,000		一般	45,000	55,000	60,000

（注）駐在責任者のうち社長については，おのおのの支給限度額の1.5倍までの適用を認める。
　　　ただし，駐在責任者が一般職の場合は課長格の支給限度額を適用する。

別表7　海外出向手当

区分	金額
係長格	月額　40,000円
主任格	月額　35,000円
一般	月額　30,000円

別表8　残留家族手当

区分		金額	
A．扶養家族の配偶者と家族が残留する場合	4人以上	国内理論本給の	65%
	3	〃	55%
	2	〃	45%
	1	〃	35%
B．配偶者を除く扶養家族が残留する場合	2人以上	国内理論本給の	35%
	1	〃	25%
C．非扶養の配偶者が残留する場合		国内理論本給の	15%

＊ただし，配偶者以外の扶養家族とともに残留する場合は上記Bを適用する。その場合の残留家族には配偶者を入れない。

別表9　代表者手当

区分	金額
社長	月額として国内理論本給の15%
所長	月額として国内理論本給の10%

別表10　特殊地域手当　　　　　　　　　　　（単位：円）

	本人支給月額				
	参与格	部長格	課長格	係長格	一般
CIS（カザン）	111,500	101,800	88,700	81,400	75,700
〃（ペレス）	111,500	101,800	88,700	81,400	75,700
〃（モスクワ）	79,500	72,500	63,200	58,000	54,000
ドイツ（ウォルヘン）	79,500	72,500	63,200	58,000	54,000
中国（カンタン）	79,500	72,500	63,200	58,000	54,000
〃（ペキン）	64,100	58,500	51,000	46,800	43,600
ギリシャ（アテネ）	57,000	52,000	45,300	41,600	38,700
ルーマニア（トゥルグムレッシュ）	46,900	42,800	37,300	34,200	31,800
インドネシア（ジャカルタ）	43,600	39,800	34,700	31,800	29,600
メキシコ（メキシコシティー）	43,600	39,800	34,700	31,800	29,600
ブラジル（リオデジャネイロ）	14,000	12,800	11,100	10,200	9,500

ただし，ギリシャ（アテネ）は次の理由により支給する。
　イ．アテネを拠点として，1年の約半分を中近東に出張する特殊な勤務であること
　ロ．出張先が中近東であること

海外在勤者取扱規程

第六章 一時帰国（一部省略）

（海外在勤者の一時帰国）

第34条 海外在勤者およびその帯同家族は業務に支障のない限り、二年間に一回一四日以内（含往復日数）の一時帰国を認め、往復交通費は会社が負担する。

なお、駐在期間二年以上の海外在勤者は、本人および帯同家族の一時帰国に替え、残留家族を呼び寄せることもできる。ここでいう残留家族とは、配偶者および税法上の扶養家族である子とする。

ただし、次の場合はこの限りではない。

イ 二年間に一時帰国を兼ねたと認められる業務出張による帰国経験のある者。ここでいう一時帰国を兼ねたとは、日本での滞在期間の内、業務に就労したと認められる日および土曜日・日曜日以外の日数が三日以上の場合とする。

ロ 二年間に結婚により帰国経験のある者

ハ 駐在期間一年未満の者

（単身赴任者の一時帰国）

第35条 単身赴任の海外在勤者は、前条の定めにかかわらず、業務に支障のない限り、一年間に一回二週間の一時帰国を認め、往復交通費は会社が負担する。なお、本人の一時帰国に替え、残留家族を二年に一回呼び寄せることもできる。ここでいう残留家族とは、配偶者および税法上の扶養家族である子とする。

ただし、次の場合はこの限りではない。

イ 一年間に一時帰国を兼ねたと認められる業務出張による帰国経験のある者。ここでいう一時帰国を兼ねたとは、日本での滞在期間のうち、業務に就労したと認められる日および土曜日・日曜日以外の日数が三日以上の場合とする。

ロ 駐在期間が一年未満の者

＊以下の項目を省略。
結婚のための一時帰国、出産にともなう呼び寄せ、危篤、葬儀での一時帰国、海外駐在中の本人死亡による家族の呼び寄せ、一時帰国時の健康診断、一時帰国時の届出

第七章 福利厚生

（医療費）

第42条 医療費については、適切な医療機関に加入するものとし、保険料は会社が負担し、本人および帯同家族の傷病治療費は、全額会社が負担する。

ただし、

イ 歯科診療における貴金属費は除く。

ロ 健康保険等からの給付がある場合は、その額を控除する。

（出産費の補助）

第43条 本人または配偶者が出産した場合は、出産費用の八〇％を出産費補助として支給する。

ただし、健保からの給付がある場合はその額を控除する。前項の補助を受けようとする場合は、証票書類を会社に提出しその承認をうるものとする。

（厚生貸付）

第44条 海外在勤者に対する厚生資金の貸付基準は別に定める基準による。

（不慮の災害）

第45条 天災地変その他不慮の災害を蒙った場合は、その実情に応じて会社が、その一部または相当額を負担する。前項の負担を受けようとする場合は、証票書類を会社に提出し、その承認をうるものとする。

（傷害保険）

第46条 海外駐在のための移動に伴い、傷害保険に必要な場合は会社の費用で傷害保険を付することがある。

この場合の保険契約者および保険金受取人は会社とする。

責任者が再支給の必要を認めた場合はこの限りではない。

人の一時帰国に替え、残留家族を二年に一回呼び寄せることもできる。ここでいう残留家族とは、配偶者および税法上の扶養家族である子とする。

の程度により会社が認定する。前項の負担を受けようとする場合は、医師の診断書・医療費支払領収書を添えて会社に申請し、その承認をうるものとする。

ハ 本人に重大な過失がある場合は、そ

海外出張規程

（目的）
第1条　この規程は、社命により海外に出張する場合の手続き、および旅費の支給基準について定める。

（定義）
第2条　この規程で海外出張とは、役員および従業員が会社の業務目的に基づいて社命により日本国外に出張することをいう。

（適用範囲）
第3条　この規程は原則として出張期間が一年未満に適用し、一年以上にわたる場合は「海外出向」とし、「海外駐在規程」を適用する。

（海外出張の承認手続）
第4条　海外出張を命じられた時は予め稟議手続を取るとともに出張日程表を所属長経由本社総務部長に提出しなければならない。

（前払いの概算）
第5条　海外出張を命ぜられた者は、旅費概算額の前払いを受けることができる。

（旅費の概算）
第6条　海外出張を終了したときは、帰国後二週間以内に必要な支払証明書等を添えて清算しなければならない。

（地域区分）
第7条　この規程に定める海外とは、次の二地域に区分する。
甲地域……乙地域以外の外国
乙地域……中国、韓国、台湾、東南アジア（インド、パキスタンを含む）

（資格変更）
第8条　海外出張中に資格の変更があった場合は、その変更された日から新資格にもとづく規程を適用する。

（旅行の方法および経路）
第9条　旅費は、もっとも経済的な通常の方法および経路により旅行した場合をもって計算する。
　ただし、業務の都合または天災地変その他やむを得ない事情により、もっとも経済的な通常の方法または経路によって旅行しがたい場合には、実際に旅行した方法および経路によって計算する。

（自己都合による旅費の不支給）
第10条　出張中自己の都合により回り道をし、あるいは滞在期間を延長する場合はこれに要する旅費は支給しない。
2　前項の場合は担当役員の承認を得なければならない。

（旅行中の傷病）
第11条　旅行中の傷病または不慮の災難のためやむを得ず滞在した場合は、滞在費ならびに傷病等に関連する実費額を支給する。

（国内旅費との関係）
第12条　海外出張に際し、国内を通過する場合の旅費については、国内旅費規程を適用する。

（取消料の社費負担）
第13条　会社の都合による出張の延期または中止あるいは傷病その他やむを得ない事由のためあらかじめ購入した航空券、乗車船券などを取り消す場合は、その取消料は会社の負担とする。

（支度料の返済）
第14条　出張者の都合により出張者を変更し、または出張を中止するに至った場合は、既支給の支度料の全部または一部を返還しなければならない。
2　災害等の偶発的な事情または会社都合により出張が取り消された場合において、

（解釈・運用）
第47条　この規程で適用できない新たな事項・事態が生じた場合はそのつど人事部長が決定する。

（施行）
第48条　この規程は、平成〇〇年〇月〇日より施行する。

イ　保険金額　一五〇〇万円
ロ　保険を付する期間　赴任への移動期間

海外出張規程

すでにその出張のために支給した金額があるときは次の各号に定める金額を支給する。

(1) 取消し日が出発予定日の七日未満のとき……支度料として仮払いを受けた額の七〇／一〇〇に相当する額。

(2) 取消し日が出発予定日の七日以上の事前であるとき……支度料として仮払いを受けた額の三〇／一〇〇に相当する額。

（休暇）
第15条　海外出張が三カ月以上一年未満の長期海外出張者は、出発前および帰国後それぞれ次の有給休暇の付与を請求することができる。

出発前　　一日
帰国後　　二日以内

（旅費の内容）
第16条　旅費とは次のものをいい、業務上必要なものに限る。

(1) 支度料
(2) 交通費
(3) 宿泊費・日当
(4) 旅行雑費

（長期出張者の取扱い）
第17条　海外出張に当たり、同一地域内における滞在日数が旅行地に到着した日の翌日から起算して二〇日を超える場合は、次の各号によって取り扱う。

(1) 二〇日を超えて六〇日未満のとき、超える期間について宿泊費、日当基準額の九〇％を支給する。

(2) 六〇日を超えた日以降は、超える期間について宿泊費、日当基準額の八〇％を支給する。

(3) 長期滞在地から短期の出張をする場合等、一時他に宿泊し、やむを得ない事由により滞在地における宿舎を維持する場合は、宿泊費、日当にこれに要する実費を支給する。

（支度料）
第18条　支度料は、海外出張に際して支給するものとし、その額は（別表１）の区分による定額とする。

（交通費）
第19条　交通費は、本邦を出発し順路により実費するまでに要した交通費で順路により実費を支給する。
ただし、利用する等級は次による。

(1) 航空機　会長・社長…ファーストクラス

その他…ツーリストまたはエコノミークラス

(2) 鉄道、船舶、その他利用等級区分は原則として国内の「出張旅費規程」の交通機関に準ずる実費とする。

割引チケット等の優先利用を心掛けること。

（宿泊費、日当）
第20条　宿泊費、日当は（別表２）によって定額支給する。

(1) 宿泊費、日当は、出張期間中の宿泊夜数、日数に応じて支給する。なお、出張期間中の休日業務に対する休日出勤手当は支給しない。したがって、その帰国後の代休は認めないものとする。

(2) 日付変更線を超えて西から東に旅行するときは、機中泊は支給しない。

(3) 日付変更線を超えて東から西に旅行するときは、機中泊を支給する。

(4) 目的地へ到着した時刻が早朝で宿舎等へ宿泊を要する場合は宿泊費の実費を支給する。また次の目的地への出発が夜の場合、宿泊費の割増し分の実費を支給する。

(5) 同一地に滞在中、一時他の地へ出張し、七日以内に復帰したときは、その前後の期間は引き続き同一地に滞在しているものとして通算する。

(6) 宿泊、日当は税金、チップを含むものとする。

（旅行雑費）
第21条　旅行雑費は、旅行に際し、または旅行中に出張者が支払った次の諸費用について支給するものとし、その額は現に支払った料金による。

海外出張規程

別表1　支度料（第18条による）　　　　　　　　　　　　　　　　　　　　　　（単位：円）

区　分	初回の場合	再出張の場合＊ 経過1年未満4回＊＊	1年以上2年未満	経過2年以上
会　長・社　長	150,000	70,000	50,000	70,000
役　　　　　員	120,000	60,000	40,000	60,000
役　職　7号以上	100,000	50,000	30,000	50,000
〃　　6〜4号	80,000	50,000	30,000	50,000
〃　　3〜1号	70,000	50,000	30,000	50,000
社　員　5〜1級	70,000	50,000	30,000	50,000

　＊　再出張の場合，支給基準は前回出張出発日を基準にする。
＊＊　再出張の場合，1年未満で海外出張が4回目に達したときに，そのつど支給する。

別表2　宿泊費・日当（第20条による）　　　　　　　　　　　　　　　　　　（単位：USドル）

区　分	甲地 宿泊	日当	計	乙地 宿泊	日当	計	航空機，鉄道，船舶に宿泊の場合
会　長・社　長	150	80	230	130	70	200	宿泊費の1/2を支給（地域がまたがる場合は上級地区をとる）
役　　　　　員	135	70	205	120	60	180	
役　職　7号以上	120	60	180	110	50	165	
〃　　6〜4号	105	55	160	105	45	150	
〃　　3〜1号	100	50	150	100	40	140	
社　員　5〜1級	95	50	145	95	40	135	

甲地，乙地の区分は次の通りとする。
甲地……乙地以外の外国
乙地……中国，台湾，韓国，香港，東南アジア（インド，パキスタンを含む）

別表3　海外旅行傷害保険　　　　　　　　　　　　　　　　　　　　　　　　　（単位：円）

区分	傷害 死亡・後遺傷害	治療費	疾病 死亡	治療費	携行品
会　長・社　長	100,000,000	一律 3,000,000	10,000,000	3,000,000	500,000
役　　　　　員	50,000,000		8,000,000	3,000,000	500,000
役　職　7号以上	35,000,000		7,000,000	2,500,000	
〃　　6〜4号	30,000,000		6,000,000	2,500,000	300,000
〃　　3〜1号	25,000,000		5,000,000	2,000,000	300,000
社　員　5〜1級	20,000,000		4,000,000	2,000,000	

ただし，家族に対する保険は下記の通りとする。
　ア　妻……本人付保額の50％相当額
　イ　扶養家族1人につき本人付保額の20％相当額
　　　ただし，合計100％を限度として付保する。

海外出張規程

(1) 出入国税、外貨買入および交換手数料、旅券交付手数料、旅行査証手数料、予防注射料その他旅行に必要な費用（会社にて準備した手土産品等に対する通関課税他をいう）

(2) 業務上の電報料、電話料、郵便料、その他通信費、荷物の輸送費

(3) 業務上必要な資料の購入（送料および税金等を含む）、文献収集、研究調査費参考見本等購入（送料および税金等を含む）、通訳料、接待費、その他の費用。ただし、以上の実費の支出については、領収書および説明書を添付しなければならない。

（海外旅行傷害保険）
第22条　海外出張に対し（別表3）に定める種類および金額を限度として海外旅行傷害保険を付保する。
付保については、次のとおりとする。
(1) 契約者は会社とする。
(2) 保険料については全額会社負担とする。
(3) 被保険者は本人とする。ただし、同伴家族がある場合は本人同様被保険者とする。
(4) 保険期間は、出張期間とする。
(5) 出張者および同伴家族に対する補償は別途定める。

2　出張期間中に負傷し、または疫病にかかったときの補償については別途定める。

（上級者に随行）
第23条　海外出張者が上級者に随行した場合、
(1) 役員の場合については、会長、社長の宿泊費、日当と同額を支給する。
(2) 社員の場合については、宿泊費が本人の規程額を超過した場合は期間通算して実費を支給する。
日当は上級者の規定額の八〇％と本人の規程額の二〇％を加算したものを支給する。

（団体旅行の場合）
第24条　団体旅行参加の場合は、その団体で定められた費用を支給する。ただし、団体費用に、
(1) ホテル代、食費、チップ等が含まれるときは、日当規程額の一／二を支給する。
(2) ホテル代が含まれるとき（朝食付も同様）は日当規程額を支給する。
(3) 食費のみ含まれるときは、宿泊費規程全額と日当規程額の一／二を支給する。
(4) ホテル代、食費、チップ等が含まれないときは宿泊費と日当の規程額を支給する。

（他より旅費支給のある場合）
第25条　海外出張者が社外関係先より旅費を支給されたときは、第24条に準じて取り扱う。

（旅費の特例）
第26条　旅行の場所、業務の性質その他特例の事由により出張の全経路を通算して、規程の旅費をもって支弁し得ないと認めたときは、実費を補う程度まで旅費を増額することがある。

2　前項の場合担当役員と総務部長の合意に基づき事前の承認を受けるものとする。

付　則

1　この規程の改廃の起案は総務部長が行う。
2　この規程に定めのない事項ならびに運用解釈上の疑義は関係部門と総務部の合議に基づき総務部長が裁定する。
3　この規程の運用について、必要に応じ別途細則を設ける。

平成〇〇年〇月〇日　改訂施行

IX 退職金・年金関係規程

Ⅸ 黃現璠・千金國鈞問題

IX 退職金・年金関係規程（解説）

退職金とは

一般に退職金とは、雇用関係が消滅した場合に労働契約にしたがって、あらかじめ定められた就業規則とか労働協約などにより使用者または退職金管理機関から労働者に対して支給される給付を総称している。

戦後、経営者と労働組合との間で退職金の性格をめぐって活発な論争が行われた。経営者は、退職金の性格は「功労報償」であるといい、その内容は会社側が決めるべきものと主張し、労働組合は、退職金は「後払い賃金」であるとし、労働者が権利として当然に受け取るべきものと考える。この対立する性格論争に、第三の考え方として、退職金を退職後の「生活保障」とする見方が加わってくる。

この論争は、退職金を別の三つの角度からみているといえる。在職中の功労があるから、経営者はその対価として退職金を支払う。提供した労働の対価なら、退職金は後払い賃金である。そして、そのお金は、退職後の生活保障の機能をもっている。

しかし、今後の定年延長と高齢化、公的年金の整備といった動きのなかで、退職金は功労報償的な性格はもちろん残しながらも、リタイヤ後の生活保障を重視する方向で年金化や算定方式の抜本的見直しが進んでいる。

退職金規程の形式及び内容

労働協約、就業規則、賃金規程、独立の退職金規程、内規のうちどれを選び、どのように規定するのか、規定形式を明確にしておくことが必要である。

就業規則のなかに「退職金については別に定める」という規程を設けて、それを受けて独立の退職金規程を設けるか、労働協約のなかに基本的な事項を定めておく例が多い。

退職金は、規定化されていなければ労働基準法上の賃金とみなされて保護を受けられないからというだけでなく、退職金自体が遠い将来の支給を約束するものであり、また勤続年数が長い場合には、かつて支払われたことのないまとまった額の退職金が支払われるわけであり、さらに在職中の者ではなく、退職する者に支払われることを考えあわせると、明確に規定しておくことが必要である。主な点についてみると次の通りである。

一 目的

退職規程を作成する場合、まず規程に目的・意義・趣旨が記載される。この場合、就業規則の一部として退職金規程が別に作られるときは、就業規則に従業員の退職金については別に定める退職金規程によるとして、退職金規程が就業規則に基づいて規定することを述べるのが一般的であり、労働協約の一部としての退職金規程についても同様である。

二 適用範囲

本来、退職金は、長期勤続を前提として

いるので、それを前提としない臨時嘱託、パートタイマー、アルバイトなどには適用しない例が多い。これらの従業員などに退職金を支給する場合には別規程によることにする方がよい。

三 支給事由

退職金の支給事由については、どのような事由によって退職し、または解雇されたとき、どのような要件を満たしていれば退職金が支給されるかについて定めておく必要がある。戦後わが国の退職金の特徴は、退職事由別に取扱いを明確にしたことであるとされているが、退職事由が明示されると、退職金の支給にあたって当然区分しなければならない退職事由がはっきりするだけでなく、それぞれの場合の具体的な取扱いにあたって事務的に処理することができることになり、また退職事由と退職金受給のための最低勤続年数との関係なども当然明確に定められることになる。

四 退職金の算定基礎額

退職金の算定方式は退職金算定基礎給×勤続年数が原型となっている。昭和五〇年ころまでは毎年のベアや定昇のハネ返りを少なくすることに重点がおかれていたが、定年延長が進められるなかで、持ち点方式、点数方式、定額表方式、別テーブル方式、

累積計算方式など新しい算定方法が取り入れられている。

五 退職金の支給率

退職金の支給率は、退職金額の格差の大きさを決定するとともに、退職金の内容に大きな影響を与えるので、退職金の算定基礎額とともに実質的な退職金規程のなかでは最も重要な項目として退職金規程のなかでは最も重要な項目となっている。

退職金の支給率を規定する場合、それぞれの退職事由別に支給率を決める方法と定年等による退職の場合を基準とし他の退職の場合には、これに一定率を加減して決める方法の二つがあるが、それには、各社の退職金についての考え方が反映される。

六 勤続年数の計算方法

従業員に採用されても、採用のはじめには試用期間があることが多いが、この試用期間は本採用期間に含めるのが多く、臨時期間は本採用期間に含めないものが多い。会社の合併統合などの場合の前社の勤続年数は全く通算しないものは少なく、無条件または条件付で通算するものが多い。つぎに勤続期間中に起こるものには、休職があるが、私傷病による休職の場合は通算しない場合が比較的多く、業務上傷病の場合や組合専従による休職な

どは通算するケースが多い。

七 退職金の加算制度

現在、退職金で使用者の裁量の余地を残しているとすれば、功労的な運用の仕方がきわめて重要であろう。しかしそれだけに、その運用の仕方がきわめて重要である。一部の企業では、これをさらに年功加給（一定の年功以上の者に加給する）、職務加給（役職・資格などによって加給する）純粋の特別功労加給（在職中特別にあった功労に対して加給する）などに分けてその取扱い基準を決めているものもある。

八 本人死亡の場合の受給権者の取扱い

本人が死亡したときの退職金受給者については、民法の遺産相続の規定や労働基準法施行規則第四二条の労災の場合の遺族補償の規程を準用するものが多い。

九 退職金の支給時期

退職金の支給時期の規定がない場合がよく見られるが、今回の改正によって支給時期に関する事項も記載すべきこととなったため、「退職金は、従業員の退職後二カ月以内に支払う」などと規定しなければならない。また、退職金が多額になる場合、資金繰りなどの都合上、支払期間に若干のゆとりをとったり、分割払いすることなども

やむをえないことがあろう。このような場合の取扱いについては、こうした事態が起こることは望ましくないにしても、やはり規程で明確にしておかなければならない。
また、退職金については、その額が多額にのぼることから、労働者の同意を得た場合には、①銀行振出しの自己宛小切手、②支払保証をした小切手、③郵便為替によることができる。

退職金支給規程①（自社制度のみの場合）

（総則）
第1条　この規程は就業規則第55条により、社員の退職金支給について定めたものである。

（適用の範囲）
第2条　退職金の支給を受けるものは、本人またはその遺族で、会社が正当と認めたものとする。
ただし、嘱託・臨時雇・パートタイマー・アルバイトには適用しない。

（支給範囲）
第3条　退職金は勤続一年以上の社員が退職または死亡したときに支給する。
2　死亡による退職金の支給を受けるものは、労働基準法施行規則第42条ないし第45条の遺族補償の順位に従って支給する。

（勤続年数の計算）
第4条　この規程における勤続年数の計算は、入社の日より退職日（死亡退職の場合は死亡日）までとし、一年未満の端数は月割りで計算し、一カ月未満の日数は切り捨てる。
ただし、
① 就業規則第12条による試用期間中は勤続年数に算入する。
② 就業規則第16条による休職期間中は勤続年数に算入しない。

（端数処理）
第5条　退職金の支給計算において、一〇〇円未満の端数が生じたときは、一〇〇円単位に切り上げる。

（退職金計算の基礎額）
第6条　退職金支給の計算基礎額は、退職時の基本給の八〇％とする。

（退職金支給基準）
第7条　退職金は前条の計算基礎額に、別表の勤続年数による支給率を乗じて算出した金額を基準とする。

（退職事由と支給率①）
第8条　社員の退職事由が、次の各号に該当する場合は、前条の基準額の一二〇％を支給する。
① 業務上の傷病で退職する場合
② 業務上の死亡の場合

（退職事由と支給率②）
第9条　社員の退職事由が、次の各号に該当する場合は、第7条の基準額の一〇〇％を支給する。
① 定年による退職の場合
② 在職中に死亡の場合
③ 私傷病による退職の場合
④ 会社都合による退職の場合
⑤ 休職満了による解雇の場合

（退職事由と支給率③）
第10条　社員が自己の都合により退職する場合は、勤続年数に応じて、次の各号のとおりとする。
① 勤続一年未満　　　　　　　〇％
② 勤続一年以上五年未満　　　六〇％
③ 勤続五年以上一〇年未満　　七〇％
④ 勤続一〇年以上二〇年未満　八〇％
⑤ 勤続二〇年以上　　　　　　九〇％

（無支給もしくは減額支給）
第11条　社員が就業規則第65条の懲戒解雇に該当するときは退職金を支給しない。
ただし、情状によって前条以下に減じて支給することがある。

（特別退職金の加給）
第12条　社員が在職中、とくに功労のあった者と認められるときは、第8条～第10条の規程による退職金の外に特別退職金を加給することがある。

（退職金の支給）
第13条　退職金は退職の日より一カ月以内に支給する。

〈附則〉
この規程は平成〇〇年〇月〇日より施行する。

退職金支給規程②

（別表）退職金支給率

勤続年数	支給率	勤続年数	支給率	勤続年数	支給率
1	0.8	13	11.6	25	27.1
2	1.5	14	12.8	26	28.5
3	2.2	15	14.0	27	29.9
4	3.0	16	15.2	28	31.4
5	3.8	17	16.4	29	32.9
6	4.6	18	17.7	30	34.4
7	5.4	19	19.0	31	35.9
8	6.4	20	20.3	32	37.4
9	7.4	21	21.6	33	39.0
10	8.4	22	22.9	34	40.5
11	9.4	23	24.3	35	42.2
12	10.4	24	25.7	36	43.8

（注）①勤続36年以上は1年につき乗率1.0を加算する。
　　　②勤続40年は支給率47.8を以って最高とする。

退職金支給規程②（職能指数方式）

（目的）
第1条　この規程は、就業規則第七三条にもとづき、正社員（以下社員という。）の退職金に関する支給条件および支給基準を定めることを目的とする。

（支給基礎）
第2条　退職金は、職能資格規程に定める在職期間中における職能資格の等級にもとづいて支給する。

（支給条件）
第3条　退職金は、一年以上勤務し、次の各号の一つに該当して円滑なる手続きにより退職し、もしくは解雇され、完全に所管の業務の引継ぎを終了した者に支給する。

① 定年に達して退職するとき
② 在職中死亡したとき
③ 自己都合により退職を願い出て会社が承認したとき
④ 役員に就任するため退職するとき
⑤ 会社のすすめにより円満退職するとき
⑥ 就業規則第55条第5号に基づき、会社が業務上の都合により解雇するとき
⑦ 休職期間が終了し、自然退職となるとき

退職金支給規程②

（支給額）

第4条　退職金の支給額は入社時から退職時までにおける第5条に定める職能指数の合計に、第6条に定める職能指数一点当たりの基礎額を乗じた額に、勤続年数による次の各号の算出基礎率を乗じた額とする。ただし、第3条③号および同条⑦号による退職については、本条にもとづき算出した額にさらに〇・八を乗じた額とする。

① 一年以上三年未満　〇・三
② 三年以上五年未満　〇・五
③ 五年以上七年未満　〇・七
④ 七年以上　　　　　一・〇

（職能指数）

第5条　職能指数は、職能資格規程に定める職能資格の等級ごとに、一年を単位として次表のとおり定める。

① 事務技術職

職能資格	職能指数
6等級	50
5等級	40
4等級	30
3等級	20
2等級	10
1等級	7

② 技能職

職能資格	職能指数
3等級	20
2等級	10
1等級	7

（基礎額）

第6条　① 基礎額は、職能指数一点につき一〇、〇〇〇円とする。
② 基礎額は、必要と認められた場合は、これを調整することがある。

（特別加算金）

第7条　在職中とくに功績があったと認められる者または会社がとくに加算を必要と認めた者に対しては、特別加算金を支給することがある。

（支給制限）

第8条　次の各号の事由により退職する場合は、原則として退職金は支給しない。

① 就業規則第55条（解雇）の定めに該当して解雇されたとき。ただし、同条第⑤号に該当して解雇された場合を除く。
② 就業規則第63条（諭旨退職、懲戒解雇）の定めに該当して解雇されたとき。ただし、諭旨退職の場合は、情状により一部を減額して支給することがある。
③ 就業規則第54条（退職届）によらず強いて退職したとき。

（退職金の支給）

第9条　① 退職金は、原則として退職した日もしくは死亡した日の属する給与計算月の給与支給日に支給する。
② 退職者が会社に対して債務がある場合は、退職金よりこれを差し引いて支給する。
③ 退職年金に加入している者については、退職金支払額を一時金換算し、退職金支給額からその額を差し引いたものを退職一時金として支給する。この場合の支給日は前①号によらず、別途通知するものとする。

（職能指数の計算）

第10条　職能指数の計算は、採用の日から退職の日までの期間について、次の各号にもとづき行う。

① 職能指数の合計は、職能資格ごとの一年単位の職能指数に当該職能資格に在級した年数を乗じて職能資格ごとの職能指数を算出し、それぞれの職能資格ごとに算出された職能指数を合算して計算する。
② 職能資格ごとの在級年数に端月数がある場合は、次表により年数に換算する。

端月数	換算年数
1カ月未満	0.08
2カ月 〃	0.17
3カ月 〃	0.25
4カ月 〃	0.33
5カ月 〃	0.42
6カ月 〃	0.50
7カ月 〃	0.58
8カ月 〃	0.67
9カ月 〃	0.75
10カ月 〃	0.83
11カ月 〃	0.92
12カ月 〃	1.00

③ 採用、退職および休職、復職の月は、勤務日数のいかんにかかわらず一カ月勤務したものとみなす。
④ 昇格（昇級）または降格（降級）の発令がなされた月については、上位の

退職金支給規程③（ポイント制・自社制度）

(目的)

第1条 この規程は、就業規則第〇条にもとづき、社員が退職または死亡した場合の退職金の支給に関する事項について定めたものである。

(受給者)

第2条 退職金の支給を受ける者は、本人、または遺族で会社が正当と認めたものとする。

2 前項における社員とは、就業規則第〇条〇号に該当する社員をいう。

(支給範囲)

第3条 退職金は勤続一年以上の社員が退職したときに支給する。

(勤続年数の計算)

第4条 勤続年数の計算は、入社の日より退職の日（死亡退職の場合は死亡日）までとし、一カ月未満の端数は月割とし、一カ月未満の日数は一五日以上を一カ月に繰り上げ、一四日以下は切り捨てる。

2 就業規則第〇条の「試用期間」は勤続年数に算入する。

3 就業規則第〇条の「休職期間」は、原則として勤続年数に算入しない。

4 育児・介護休業は勤続年数に算入しない。

(退職金算定基礎額)

第5条 退職金の計算を行う場合の算定基礎額は、一点当たり二三、〇〇〇円とする。

(退職金支給算式)

第6条 退職金の支給算式は次のとおりとする。

（勤続ポイント＋職能資格等級ポイント）
×23,000×退職事由別支給率＝支給退職金

(勤続ポイント)

第7条 勤続年数によるポイントは勤続一年につき次のとおりとする。

一年　未満　　〇点
一〜五年　　　四点
六〜一〇年　　六点
一一〜一五年　八点
一六〜二〇年　一〇点
二一〜三〇年　一四点
三一年以上　　一八点

(職能資格等級ポイント)

第8条 職能資格等級ポイントは、当該資格等級一年につき次のとおりとする。

①等級の資格を適用する。

⑤改正前の社員職能資格制度（旧規程）を施行する以前の期間の職能指数については、勤務年数、貢献度等を勘案して別途個々に定める。

⑥改正前の社員職能資格制度と改正前の退職金規程の職能指数については、当該制度が施行されていた期間の職能指数が施行されていた期間の職能資格等級および職能指数については、当該制度の職能資格を適用する。

⑦休職期間は在職期間に算入しない。ただし、会社が特別の事情があると認めた場合はこの限りでない。

(死亡退職の場合の受給者)

第11条 社員が死亡により退職した場合の退職金を受けるべき遺族の範囲および順位は、特別の事由がない限り、労働者災害補償保険法第16条の7の定めに従う。

(証明書類)

第12条 前条の定めによって退職金の支給を受ける者は、戸籍謄本（または抄本）そのほか会社が必要と認める証明書類を提出しなければならない。

(社会情勢等の変動と規程の改廃)

第13条 社会情勢等の変動または社会保障制度の改正等、この規程の大綱に重大な影響を及ぼすような事情が発生した場合は、改めて検討のうえ、これを改廃することがある。

(付則)

第14条 この規程は、平成〇〇年〇月〇日から実施する。

2 平成〇〇年〇月〇日改訂

退職金支給規程④

(退職事由別支給率)
第9条 退職事由別支給率は次のとおりとする。
(1) 会社都合等退職 一〇〇％支給
① 会社の都合により解雇するとき
② 死亡したとき
③ 定年に達したとき
④ 業務上の傷病、疾病により退職したとき
⑤ 役員就任のとき
(2) 自己都合等退職　別表
① 自己都合で退職するとき
② 私傷病により、その職に絶えず退職するとき
③ 休職期間満了によるとき
④ 懲戒処分による「諭旨退職」のとき

(無支給もしくは減額支給)
第10条 社員の退職が「懲戒解雇」の場合には、原則として退職金を支給しない。ただし、情状によって第9条(2)以下に減額して支給することがある

1 等級　四点
2 等級　六点
3 等級　八点
4 等級　一一点
5 等級　一四点
6 等級　一八点
7 等級　二二点

(特別退職金の加算)
第11条 社員で、在職中とくに功労のあった退職者に対しては、別に特別功労金を附加することがある。

(退職金の支給期日)
第12条 退職金は退職の日より一カ月以内に支給する。
ただし、事故ある場合は、事故解消後とする。

(退職金の支払方法)
第13条 退職金の支払方法は第2条の受給者に、次のいずれかの方法で支給する。
① 直接通貨で支給
② 本人が指定する金融機関の本人名義の口座に振込み
③ 銀行振出の本人あて小切手
④ 郵便為替

附則
2 前項②〜④は本人の同意のうえ行う。

(情勢変化に伴う改訂)
第14条 社会情勢の変化に伴い、第5条の算定基礎額および第7条、第8条のポイントは、従業員代表と協議のうえ改訂することがある。

(経過措置)
第15条 退職金制度の改訂にともない、平成七年三月三一日現在で従来の退職金制度による会社都合退職で計算した額（端数切り上げ）（A）と新制度のポイント単

価二五、〇〇〇（B）で除した数を持ちポイントとして、以降、新制度で計算するものとする。
A÷B＝持ちポイント

(施行)
第16条 この規程は平成〇〇年〇月〇日より施行する。

別表

自己都合等退職金支給率（勤続ポイント＋職能資格等級ポイント）に対し	
勤続1年未満	0%
勤続1〜5年	60%
勤続5〜10年	70%
勤続10〜15年	80%
勤続15〜20年	85%
勤続20年以上	90%

退職金支給規程④
（厚生年金基金加算上乗せ）

第一章　総則

(目的)
第1条 この規程は就業規則第21条にもとづき、社員が死亡または退職した場合の退職金支給に関する事項について定める。
2 前項における社員とは、就業規則第3条第2号に該当する者をいう。

退職金支給規程④

（受給者）
第2条　退職金の支給を受ける者は、本人またはその遺族で、会社が正当と認めたものとする。
2　前項の遺族は労働基準法施行規則第42条ないし第45条の遺族補償の順位に従って支給する。

（支給範囲）
第3条　退職金は勤続満三年以上の社員が退職したときに支給する。

（勤続年数の計算）
第4条　勤続年数の計算は、入社の日より退職日（死亡退職の場合は死亡日）までとし、一年未満の端数は月割とし、一カ月未満は一カ月として計算する。
① 前項の計算において月の途中入社した場合および、その月を途中退社した場合はその月を勤続年数に算入する。
② 試用期間中は勤続年数に算入する。
③ 就業規則第3条によらない、その他の社員は、本採用になった日を入社日とする。

（端数処理）
第5条　退職金の計算において一〇〇円未満の端数が生じたときは、一〇〇円単位に切り上げる。

第二章　支給基準
（退職金の基礎額）
第6条　退職金の計算を行う場合の基礎となる額は、退職時の基本給とする。

（会社都合等による算式）
第7条　次の各号の事由により退職したときは、次の算式により算出した金額を退職金として支給する。
(1) 事由
① 会社の都合により解雇する場合
② 死亡した場合
③ 定年に達した場合
④ 業務上の傷病、疾病により退職する場合

(2) 算式
基本給×別表①A（会社都合支給率）

（自己都合等による算式）
第8条　次の各号の事由により退職したときは、次の算式により算出した金額を退職金として支給する。
(1) 事由
① 自己の都合で退職する場合
② 私傷病によりその職に耐えず退職する場合

(2) 算式
基本給×別表①B（自己都合支給率）

別表①　退職金支給率表（会社支給退職金表）

勤続	支給率 A	B	勤続	支給率 A	B
1	0	0	21	16.5	10.73
2	0	0	22	17.5	11.38
3	1.5	0.75	23	18.5	12.03
4	2.0	1.00	24	19.5	12.68
5	2.5	1.25	25	21.0	13.65
6	3.0	1.05	26	22.0	14.30
7	3.5	1.75	27	23.0	14.95
8	4.0	2.00	28	24.0	15.60
9	4.5	2.25	29	25.0	16.25
10	5.5	2.75	30	26.0	16.90
11	6.5	3.58	31	27.0	18.90
12	7.5	4.13	32	28.0	19.60
13	8.5	4.68	33	29.0	20.30
14	9.5	5.23	34	30.0	21.00
15	10.5	5.78	35	31.0	21.70
16	11.5	6.33	36	32.0	22.40
17	12.5	6.88	37	33.0	23.10
18	13.5	7.43	38	34.0	23.80
19	14.5	7.98	39	35.0	24.50
20	15.5	8.53	40	36.0	25.20

退職金支給規程④

(無支給もしくは減額支給)
第9条　社員の退職が懲戒解雇に該当する場合には、原則として退職金を支給しない。ただし、情状によって第8条以下に減じて支給することがある。

(特別退職金の加算)
第10条　在職中とくに功労があった退職者に対しては、別に特別退職金を付加することがある。

(退職金の支給)
第11条　退職金は原則として退職の日より一四日以内に支給する。
ただし、事故あるときは事故解消後とする。

第三章　厚生年金基金との関係

(厚生年金基金に加入)
第12条　この規程による退職金の支給を一層確実にするため、会社は別に定める「厚生年金規程」による年金（加算型調整年金という）を全国住宅分譲厚生年金基金に社員を被保険者および受給者として加入する（昭和六四年一月一日加入）。

2　前項による退職一時金給付額表は別表②のとおりである。

(退職金と厚生年金基金との関係)
第13条　第7条あるいは第8条の退職金支給額は厚生年金基金より支給される退職一時金を差し引いた額を会社が支給するも

別表②　退職（遺族）一時金給付額表（厚生年金基金による給付額）

加入員期間	給　付　額	加入員期間	給　付　額
3年	94,300　円	25　年	1,747,300　円
4	125,700	26	1,884,000
5	159,800	27	2,031,400
6	197,000	28	2,190,300
7	240,300	29	2,361,700
8	284,800	30	2,546,700
9	328,200	31	2,728,100
10	375,300	32	2,909,400
11	424,700	33	3,090,800
12	476,700	34	3,272,100
13	531,300	35	3,456,000
14	588,500	36	3,577,000
15	651,800	37	3,702,200
16	732,700	38	3,831,800
17	823,700	39	3,965,900
18	926,000	40	4,104,800
19	1,040,900	41	4,248,500
20	1,170,200	42	4,397,200
21	1,267,900	43	4,551,000
22	1,373,800	44	4,710,300
23	1,488,400	45	4,875,200
24	1,612,700		

（注）加入員期間に1年未満の端数がある場合の給付額は次式による。

t 年 m ヶ月の給付額
　　$= t$ 年の給付額 $+ \{(t+1)$ 年の給付額 $- t$ 年の給付額$\} \times m/12$

退職金支給規程⑤（中退共併用の場合）

第1条（適用範囲） この規程は、就業規則第56条により社員が一年以上勤続して退職したときは、この規程により退職金を支給する。

第2条（算定基礎額・支給率） 退職金は、従業員の退職時の基本給月額に、別表①に定める勤続期間に応じた支給率を乗じて得た額とする。

第3条（会社都合等退職金） 会社都合（業務上の傷病を含む）または一〇年以上勤務して定年に達したことにより退職した場合には、前条の規定によって算出した額の三割以内を増額支給する。

第4条（中退金と共済契約） この規程による退職金の支給を一層確実にするために、会社は、社員を被共済者として中小企業退職金共済事業団（以下「事業団」という）と退職金共済契約を締結する。

第5条（掛金の調整） 退職金共済契約の掛金の月額は、別表②のとおりとし、毎年七月に調整する。

第6条（新規採用者の契約） 新たに雇い入れた社員については、見習期間を経過し、本採用となった月に事業団と退職金共済契約を締結する。

第7条（退職金額の調整） 事業団から支給される退職金の額が第2条および第3条の規程によって算出された額より少ないときに、その差額を会社が直接支給し、事業団から支給される額が多いときは、その額を本人の退職金の額とする。

第8条（支給方法） 事業団から支給される退職金は、社員の請求（会社が取りつぎ）によって、遺族に支給する。

2　会社が支給する退職金は、本人または遺族が指定する金融機関の本人名義の口座に振り込むものとする。

第9条（退職金の減額） 社員が懲戒解雇を受けた場合には、退職金を減額することができる。この場合、事業団から支給される退職金については、その減額を申し出ることがある。

第10条（勤続期間の計算） 第2条および第3条の勤続期間の計算は、本採用となった月から退職発令の月までとし、一年に満たない端数は、月割とする。

第11条 休職期間、育児休業期間および業務上の負傷または疾病以外の理由による欠勤が三カ月を超えた期間は、勤続年数に算入しない。

第12条（受給者） この規程による退職金は、本人に支給するものとし、本人が死亡した場合は、遺族に支給する。

2　前項の遺族は、労働基準法施行規則第42条ないし第45条の遺族補償の順位とする。

第13条（規程の改廃） この規程は、関係法規の改正および社会事情の変化などにより必要がある場合には、社員代表と協議のうえ改廃することができる。

附則

この規程は、平成○○年○月○日から施行する。

(注)　中小企業では、独力で退職金制度を設けることが難しい場合も多く、また実際に支払いが必要になったとき、支払いが困難な場合もある。

そこで、中小企業退職金共済法に基づき、このような中小企業を対象に昭和三四年

のとする。

2　第11条に定める一四日以内の支給は、全国住宅分譲厚生年金基金の事務処理による。

第14条（施行） この規程は平成○○年○月○日より施行する。

別表①　退職金支給率

勤続年数	支給率	勤続年数	支給率	勤続年数	支給率
1年	0.5	11	6.5	21	16.5
2	0.7	12	7.5	22	17.5
3	1.5	13	8.5	23	18.5
4	2.0	14	9.5	24	19.5
5	2.5	15	10.5	25	21.5
6	3.0	16	11.5	26	22.0
7	3.5	17	12.5	27	23.0
8	4.0	18	13.5	28	24.0
9	4.5	19	14.5	29	25.0
10	5.5	20	15.5	30	26.0

（注）30年をこえる年数1年を増すごとに1.0を加える。

別表②　掛金月額表

基本給月額	掛金月額
100,000円未満	6,000円
100,000円以上　150,000円未満	7,000円
150,000円以上　200,000円未満	10,000円
200,000円以上　300,000円未満	14,000円
300,000円以上	16,000円

退職金支給規程⑥（企業年金併用の場合）

に「中小企業退職金共済事業団が創設され、「中退金」の愛称で発展してきた。平成一〇年には、他の共済組合と統合して、「勤労者退職金共済事業本部」として改組された。現在の愛称は「中退共」として発展している。

第一章　総則

（目的）
第1条　この規程は就業規則第56条にもとづき、社員が死亡または退職した場合の退職金支給に関する事項について定める。

2　前項における社員とは、就業規則第3条第2号に該当する者をいう。

（受給者）
第2条　退職金の支給を受ける者は、本人またはその遺族で、会社が正当と認めた者とする。

2　前項の遺族は労働基準法施行規則第42条ないし第45条の遺族補償の順位に従って支給する。

（支給範囲）
第3条　退職金は勤続満三年以上の社員が退職したときに支給する。

第4条　勤続年数の計算は、入社の日より退職日（死亡退職の場合は死亡日）までと

368

退職金支給規程⑥

し、一年未満の端数は月割とし、一カ月未満は一カ月として計算する。
ただし、
① 前項の計算において月の途中入社した場合、およびその月を途中退社した場合はその月を各々一カ月とする。
② 試用期間中は本採用になった日を入社日とする。
③ 就業規則第3条によらない、その他の社員は、勤続年数に算入する。
④ 就業規則第16条の休職期間および第21条の育児休業期間は勤続年数に算入しない。

（端数処理）
第5条　退職金の計算において一〇〇円未満の端数が生じたときは、一〇〇円単位に繰り上げる。

第二章　支給基準

（退職金計算の基礎額）
第6条　退職金の計算を行う場合の基礎となる額は、退職時の基本給とする。

（自己都合等による算式）
第7条　次の各号の事由により退職したときは、次の算式により算出した金額を退職金として支給する。
(1) 事由
① 自己の都合で退職する場合
② 私傷病によりその職に耐えず退職

する場合
(2) 算式　本給×別表①（自己都合支給率）

（会社都合等による算式）
第8条　次の各号の事由により退職したときは、次の算式により算出した金額を退職金とする。
(1) 事由
① 会社の都合により解雇する場合
② 死亡した場合
③ 定年に達した場合
④ 業務上の傷病、疾病により退職する場合
(2) 算式　本給×別表②（会社都合支給率）

（無支給もしくは減額支給）
第9条　社員の退職が懲戒解雇に該当する場合には、原則として退職金を支給しない。ただし、情状によって第7条以下に減じて支給することがある。

（特別退職金の加算）
第10条　在職中とくに功労があった退職者に対しては、別に特別退職金を付加することがある。

（退職金の支給）
第11条　退職金は退職の日より一カ月以内に支給する。ただし、事故あるときは事故解消後とする。

（退職金の支払方法）

第12条　会社から支給する退職金は、第2条の受給者が指定する金融機関の本人名義の口座に振り込むものとする。
2　企業年金分は〇〇生命保険相互会社との約款による。

第三章　企業年金との関係

（企業年金の締結）
第13条　この規程による退職金の支給を一層確実にするために、会社は別に定める「退職金年金規程」による企業年金（適格年金）を〇〇生命保険相互会社との間に、社員を被保険者および受給者として締結する。（平成〇〇年〇月〇日）

（退職金と企業年金の関係）
第14条　第7条あるいは第8条の退職金支給額は企業年金の退職社員個人の退職年金現価相当額あるいは退職一時金相当額を差引いた額とする。
2　第11条第1項に定める一カ月以内の支給は〇〇生命保険相互会社の事務処理による。

付　則

（施行）
第15条　この規程は平成〇〇年〇月〇日より施行する。

別表① 自己都合支給率

事由別	自己都合		算定基礎基本給	
勤続年	支給率	勤続年	支給率
3	1.5	23	18.8
4	2.0	24	19.9
5	2.5	25	21.0
6	3.2	26	22.1
7	3.9	27	23.2
8	4.6	28	24.3
9	5.3	29	25.4
10	6.0	30	26.5
11	6.9	31	27.7
12	7.8	32	28.9
13	8.7	33	30.1
14	9.6	34	31.3
15	10.5	35	32.5
16	11.5	36	33.7
17	12.5	37	34.9
18	13.5	38	36.1
19	14.5	39	37.3
20	15.5	40	38.5
21	16.6	41	39.7
22	17.7	42	40.9

別表② 会社都合支給率

事由別	会社都合		算定基礎基本給	
勤続年	支給率	勤続年	支給率
3	2.0	23	21.0
4	2.7	24	22.2
5	3.4	25	23.4
6	4.2	26	24.6
7	5.0	27	25.8
8	5.8	28	27.0
9	6.6	29	28.2
10	7.4	30	29.4
11	8.4	31	30.6
12	9.4	32	31.8
13	10.4	33	33.0
14	11.4	34	34.2
15	12.4	35	35.4
16	13.4	36	36.6
17	14.4	37	37.8
18	15.4	38	39.0
19	16.4	39	40.2
20	17.4	40	41.4
21	18.6	41	42.6
22	19.8	42	43.8

退職金支給規程⑦（中退共制度のみの場合）

（中小企業退職金共済事業団と契約）
第1条　就業規則第56条により社員が退職したときは、この規程により退職金を支給する。

2　前項の退職金の支給は、会社が社員について中小企業退職金共済事業団（以下「事業団」という）との間に退職金共済契約を締結することによって行うものとする。

（適用範囲）
第2条　新たに雇い入れた社員については、見習期間を経過し、本採用となった月に事業団と退職金共済契約を締結する。

（掛金）
第3条　退職金共済契約は、社員ごとに、その基本給の額に応じ、別表に定める掛金月額によって締結し、毎月七月に掛金を調整する。

（退職金の額）
第4条　退職金の額は、掛金月額と掛金納付月数に応じ中小企業退職金共済法に定められた額とする。

（退職金の減額）
第5条　社員が懲戒解雇を受けた場合には、事業団に退職金の減額を申し出ることがある。

退職年金規程①

第一章 総則

（目的）
第1条 この規程による制度（以下「本制度」という）は職員による退職後の生活の安定を図る目的で定める。

（適用範囲）
第2条 本制度は次の各号の一に該当するものを除いた職員に対して適用する。
(1) 嘱託
(2) 臨時雇員
(3) 停年までの予定勤続年数が満三年未満の者
2 役員は、本制度を適用しない。

（加入資格）
第3条 本制度への加入資格は、試用期間経過後の前条の者が取得する。

（加入時期）
第4条 加入資格を取得した者の加入時期は、加入資格を取得した直後の毎年四月一日とする。

（加入者）
第5条 本制度に加入した者を加入者という。

（退職金受給者）
第6条 この規程による退職金は本人に支給するものとし、本人が死亡した場合には、中小企業退職金共済法の定めるところにより遺族に支給する。

（改廃）
第7条 この規程は、関係諸法規の改正および社会事情の変化などにより必要がある場合には、社員代表と協議のうえ改廃することができる。

付　則

第1条　この規程は、平成〇〇年〇月〇日から実施する。

第2条　この規程の実施前から在籍している社員については、勤務年数に応じ過去勤務期間通算の申し出を事業団に行うものとする。

（別表）掛金月額表

基本給月額	掛金月額
100,000円未満	6,000円
100,000円以上　120,000円未満	7,000円
120,000円　〃　150,000円　〃	9,000円
150,000円　〃　200,000円　〃	12,000円
200,000円　〃　250,000円　〃	14,000円
250,000円　〃　300,000円　〃	16,000円
300,000円以上	18,000円

第二章 給付

第一節 給付の種類

（給付の種類）
第6条 本制度による給付は、次の各号に定めるとおりとする。
(1) 退職年金
(2) 退職一時金
(3) 中途退職年金
(4) 中途退職一時金

第二節 退職年金

（退職年金の支給要件）
第7条 本制度の加入者が勤続満一一年以上で定年退職したときは、退職年金を支給する。

（退職年金額）
第8条 退職年金の金額は、退職時基本給（本人給＋職能給）に勤続年数に応じて社員は別表1－1、技能職社員は別表2－2に掲げる率を乗じた金額を月額とする。

（退職年金支給期間、保証期間）
第9条 退職年金の支給期間および保証期間は、退職した日から起算して一〇年間とする。

（退職年金の継続支給）
第10条 退職年金の受給者が前条の支給期間中に死亡した場合は、その者の残存支給期間の退職年金は、その者の遺族に継続して支給する。

第三節 退職一時金

（退職一時金の支給要件）
第11条 本制度の加入者が勤続満三年以上一年未満で停年退職したときは、退職一時金を支給する。

（退職一時金額）
第12条 退職一時金の金額は、退職時基本給に勤続年数に応じて社員は別表1－1、技能職社員は別表2－1に掲げる率を乗じた金額とする。

第四節 中途退職年金

（中途退職年金の支給要件）
第13条 本制度の加入者が勤続満二〇年以上で定年到達前に死亡以外の事由により退職したときは、中途退職年金を支給する。

（中途退職年金額）
第14条 中途退職年金の金額は、退職時基本給に勤続年数に応じて社員は会社都合別表1－1、自己都合別表1－2、技能職社員は会社都合別表2－1、自己都合別表2－2に掲げる率を乗じた金額を月額とする。

（中途退職年金の支給期間、保証期間）
第15条 中途退職年金の支給期間、保証期間は、退職した日から起算して一〇年間とする。

（中途退職年金の継続支給）
第16条 中途退職年金の受給者が前条の支給期間中に死亡した場合は、その残存支給期間中の中途退職年金は、その者の遺族に継続して支給する。

第五節 中途退職一時金

（中途退職一時金の支給要件）
第17条 本制度の加入者が勤続満三年以上二〇年未満で定年到達前に死亡以外の事由により退職した時は、中途退職一時金を支給する。

（中途退職一時金額）
第18条 中途退職一時金の金額は退職時基本給に勤続年数に応じて、社員は会社都合別表1－1、自己都合別表1－2、技能職社員は、会社都合別表2－1、自己都合別表2－2に掲げる率を乗じた金額とする。

第六節 給付細則

（年金の支給日および支給方法）
第19条 年金の支給日は年四回、二月、五月、八月、および一一月の各一日とし、それぞれ前月までの分をまとめて支給する。

（第一回の年金支給日）
第20条 第一回の年金支給日は、支給事由の発生した日の翌日以後最初の支給日とする。

（退職年金にかえての一時払の特例）
第21条 退職年金の受給権者が支給期間中に次の各号の一に該当する事由によって、将来の年金の支給にかけて一時払の請求をしたときは、会社がこれを認めた場合

退職年金規程①

にかぎり当該年金月額に未支給期間部分に応じて別表3に定める年金現価率を乗じた額を一時に支給する場合がある。

ただし、請求の時期は、(1)および(2)以外の事由による場合は、支給開始後三年以内に限る。

(1) 災害

(2) 重疾病、後遺症を伴う重度の心身障害または死亡（生計を一にする親族の重疾病、後遺症を伴う重度の心身障害または死亡を含む）

(3) 住宅の取得

(4) 生計を一にする親族（配偶者を除く）の結婚または進学

(5) 債務の返済

(6) その他前各号に準ずる場合

2　退職年金の受給権者が保証期間中に死亡し、その継続受取人から当該期間の支払にかえて、一時払いの請求があった場合は、一時払いの取扱いをする。

3　年金月額が一〇、〇〇〇円以下の場合は、その年金現価相当額を第一回の年金支給日に一時に支給する。

（一時金の支給方法）

第22条　一時金は支給事由発生後遅滞なく支給する。

（遺族の範囲および順位）

第23条　遺族の範囲および順位は、加入者または、加入者であった者の死亡時におけるその者の配偶者（内縁関係の者も含む）、子、養父母、実父母、孫、祖父母および兄弟姉妹とする。

ただし、同順位者が複数いるときは、そのうちの最年長者を代表者として、その者に支給する。

（勤続年数の計算方法）

第24条　本制度における勤続年数は、次の各号に定める方法により、これを計算する。

(1) 採用の日より起算し退職の日までとする。

(2) 試用期間は算入する。

(3) 休職期間は算入しない。

(4) 定年を過ぎて勤務する期間は通算しない。

(5) 出向期間は通算する。

(6) 一年未満の端数は月割計算とし、一カ月未満の端数は切り上げる。

（届出業務）

第25条　本制度により給付を受けようとする者、および給付を受けている者は、会社が指示する必要な書類を、会社が指定する期日までに提出し、かつ照会のあった事項について、遅滞なく回答しなければならない。

（受給権の処分禁止）

第26条　本制度により年金または一時金を受ける権利は、これを譲渡しまたは担保に供してはならない。

（給付の制限）

第27条　本制度の加入者が懲戒解雇されたときは本制度による給付の支給は行わない。

（端数処理）

第28条　本制度における給付額に一〇〇円未満の端数が生じた場合、これを一〇〇円に切り上げるものとする。

第三章　拠出

（掛金）

第29条　この規程に定める給付の財源にあてるため適正な年金数理に基づいて算定された所要の掛金は、全額会社が負担する。

2　会社は前項の掛金として、加入者の基本給の社員二・九％、技能職社員二・六％相当額を加入した月から退職または死亡した月まで、毎月拠出する。

（過去勤務債務等）

第30条　会社は、この制度実施に伴う過去勤務債務等の額の償却に要する掛金を全額負担する。

2　過去勤務債務等の額の計算は、一括管理方式による。

3　過去勤務債務等の額の償却は法人税法施行令第159条第6号ロによることとし、同規定に定める一〇〇分の二〇に相当する金額以下の額は、この規程において一〇〇分の一〇に相当する額とする。

4　会社は前項に定める掛金として、加入

者の基本給の三・五％相当額を加入した月から退職または死亡した月まで毎月拠出する。

（拠出の中断）
第31条 会社は加入者が休職した日の属する月の翌月から、復職した日の属する月までの期間、第29条および第30条に定める掛金の拠出を中断する。

（掛金の算定）
第32条 会社は加入者が定年に達した日の属する月の翌月から第29条および第30条に定める掛金の提出を停止する。

第33条 掛金算定にあたっては、毎年四月一日現在の基本給を使用し翌年三月末日までこれを変更しないものとする。

第四章 本制度の運営

（本制度の運営）
第34条 会社は本制度を運営するために〇〇生命保険相互会社と企業年金保険契約を締結し、その管理運用ならびに給付の事務を委託する。

2 本制度が廃止されたときは保険料積立金のうち法人税法施行令第159条第8号に定める要留保額（保険料積立金が要留保額を下回る場合は保険料積立金）を企業年金保険契約に基づく加入者の勤続年数に、その時の基本給を乗じた額に比例し

て計算される額を各加入者に配分するものとし、要留保額を超える額がある場合には、会社は当該超える額の返還を受け、これを収受する。

ただし、すでに年金の支給を開始した加入者に対応する保険料積立金は、これを配分することなく当該加入者に継続して年金を支給する。

（本制度運営の費用）
第35条 会社は第29条および第30条に定める掛金のほか、企業年金保険契約に係る付加保険料を全額負担する。

（掛金の改訂要否の定期的検討）
第36条 会社はこの規程に定める掛金について給付の状況にてらして、その改訂の要否を本制度実施日以降五年ごとに検討し、必要があるときは、その修正を行う。

（超過積立金の返還）
第37条 前条に定める掛金改訂の検討時において保険料積立金が法人税法施行令第159条7号に定める退職年金の給付に充てるため保留すべき金額を超える場合には、会社は当該超える部分の返還を受け、これを収受する。

第五章 付 則

（規程の改廃）
第38条 この規程は、法令の改正、会社の経理状態、給与体系の変更、社会保障制度

の進展、金利水準の大幅な変動その他社会状勢の変化等あるときは、会社は社員代表と協議して、これを改廃する場合がある。

（実施）
第39条 この規程は、平成〇〇年〇月〇日より実施する。

退職年金規程①

別表1－1　　支給率表

年数	一時金	年金(月額)	年数	一時金	年金(月額)
0	倍	％	24	倍	15.21％
1			25		15.95
2			26		16.91
3	1.5		27		17.76
4	2.0		28		18.72
5	2.5		29		19.57
6	3.0		30		20.52
7	3.5		31		21.27
8	4.0		32		22.12
9	4.5		33		22.86
10	5.0		34		23.71
11	5.6	5.96	35		24.46
12	6.2	6.60	36		25.31
13	6.8	7.23	37		26.05
14	7.4	7.87	38		26.90
15	8.0	8.51	39		27.65
16	8.7	9.25	40		28.50
17	9.3	9.89	41		29.24
18	10.0	10.64	42		30.09
19	10.6	11.28	43		30.09
20	(11.3)	12.02	44		30.09
21		12.76	45		30.09
22		13.61	46		
23		14.36	47		

別表1－2　　支給率表

年数	一時金	年金(月額)	年数	一時金	年金(月額)
0	倍	％	24	倍	13.65％
1			25		14.36
2			26		16.86
3	1.05		27		17.76
4	1.40		28		18.66
5	1.75		29		19.57
6	2.10		30		20.47
7	2.45		31		21.27
8	2.80		32		22.07
9	3.15		33		22.86
10	3.50		34		23.66
11	4.48		35		24.46
12	4.96		36		25.26
13	5.44		37		26.05
14	5.92		38		26.85
15	6.40		39		27.65
16	6.92		40		28.45
17	7.44		41		29.24
18	7.96		42		30.04
19	8.48		43		30.04
20	(9.00)	9.57	44		30.04
21		11.49	45		30.04
22		12.21	46		
23		12.92	47		

別表2－1　　支給率表

年数	一時金	年金(月額)	年数	一時金	年金(月額)
0	倍	％	24	倍	13.65％
1			25		14.36
2			26		15.18
3	1.35		27		15.99
4	1.80		28		16.80
5	2.25		29		17.61
6	2.70		30		18.43
7	3.15		31		19.14
8	3.60		32		19.87
9	4.05		33		20.57
10	4.50		34		21.30
11	5.04	5.36	35		22.01
12	5.58	5.94	36		22.74
13	6.12	6.51	37		23.45
14	6.66	7.09	38		24.17
15	7.20	7.66	39		24.88
16	7.79	8.29	40		25.61
17	8.37	8.90	41		26.32
18	8.96	9.53	42		27.04
19	9.54	10.15	43		27.04
20	(10.13)	10.78	44		27.04
21		11.49	45		27.04
22		12.21	46		
23		12.92	47		

別表2－2　　支給率表

年数	一時金	年金(月額)	年数	一時金	年金(月額)
0	倍	％	24	倍	12.27％
1			25		12.92
2			26		15.18
3	0.95		27		15.99
4	1.26		28		16.80
5	1.58		29		17.61
6	1.89		30		18.43
7	2.21		31		19.14
8	2.52		32		19.87
9	2.84		33		20.58
10	3.15		34		21.30
11	4.03		35		22.01
12	4.46		36		22.74
13	4.90		37		23.45
14	5.33		38		24.17
15	5.76		39		24.88
16	6.23		40		25.61
17	6.70		41		26.32
18	7.16		42		27.04
19	7.63		43		27.04
20	(8.10)	8.62	44		27.04
21		10.34	45		27.04
22		10.99	46		
23		11.64	47		

別表－3　　　　　　　　年　金　現　価　率　表

残存期間	0年	1	2	3	4	5	6	7	8	9	10
0月		11.828	23.039	33.665	43.738	53.285	62.335	70.913	79.044	86.750	94.055
1	1.010	12.785	23.946	34.525	44.553	54.058	63.067	71.607	79.702	87.374	
2	2.016	13.738	24.849	35.382	45.365	54.827	63.797	72.298	80.357	87.995	
3	3.017	14.687	25.749	36.234	46.173	55.593	64.523	72.986	81.009	88.613	
4	4.013	15.631	26.644	37.083	46.977	56.356	65.245	73.672	81.658	89.229	
5	5.005	16.572	27.536	37.928	47.778	57.115	65.965	74.354	82.305	89.842	
6	5.993	17.508	28.423	38.769	48.575	57.871	66.681	75.033	82.949	90.452	
7	6.976	18.440	29.306	39.606	49.369	58.623	67.394	75.709	83.589	91.059	
8	7.955	19.368	30.186	40.440	50.159	59.372	68.104	76.381	84.227	94.664	
9	8.930	20.292	31.062	41.270	50.946	60.118	68.811	77.051	84.862	92.266	
10	9.900	21.212	31.933	42.096	51.729	60.860	69.515	77.718	85.494	92.865	
11	10.866	22.127	32.801	42.919	52.509	61.599	70.215	78.382	86.124	93.461	

退職年金支給規程②

第1条　勤続二〇年以上の組合員が退職または死亡したときは、その者またはその者の遺族にこの規程によって年金または一時金を支給する。

第2条　この規定における支給の種類は次のとおりとする。
1　退職年金
2　遺族一時金
3　選択一時金

第3条　退職年金の支給対象者ならびに支給期間は、次のとおりとする。
1　退職年金は勤続二〇年以上で退職した組合員に支給する。
2　退職年金は組合員が満六〇歳に達した日の属する月の翌月から、その者が死亡した日の属する月までの間支給する。

第4条　退職年金の年額は、勤続年数に応じて次により算定される金額とする。
1　定年により退職した場合
　｛(退職年金基礎額×別表一のA率)＋別表三の金額｝×(別表二による率)
2　自己都合により退職した場合
　(退職年金基礎額×別表一のB率)×(別表二による率)
ただし、満五〇歳以上で自己都合に

拠出年金制度規則③

第5条　退職年金は毎年、二月、五月、八月および一一月にそれぞれ前月までの三カ月分を支給する。

第6条　退職年金の支給を受けている者が死亡した場合において、支給すべき給付でまだ支給しなかったものがあるときは、その者の遺族に支給する。

第7条　遺族一時金は、勤続二〇年以上の組合員が死亡したとき、または退職年金を受ける資格を有する者（ただし、一五年を超えて支給を受ける資格を有する者を除く）が死亡したとき、その者の遺族に支給する。

第8条　遺族一時金の額は、次の各号により算定される金額とする。

1　勤続二〇年以上の組合員が死亡により退職したとき
〈退職年金基礎額×別表一のA率〉＋別表三の金額）×（別表二による率）

2　退職年金を受ける資格を有する者が退職年金の支給開始前に死亡したとき
（第4条により算定される退職年金額）×（別表四による率）

3　退職年金の支給を受けている者が、支給開始後、一五年未満の間に死亡したとき

（支給されている退職年金額）×（別表五による率）

第9条　退職年金を受ける資格を有する者が希望したときは、退職年金にかえて一時金（以下「選択一時金」という）を支給する。

ただし、選択一時金の支給を希望できる時期は退職後、退職年金の支給を開始するまでに限るものとする。

第10条　選択一時金の額は、次により算定される金額とする。

（第4条により算定される退職年金額）×（別表四による率）

第11条　遺族一時金および選択一時金は、申請を受理した日から原則として一カ月以内に支給する。

第12条　支給額に一〇〇円未満の端数が生じたときは、これを一〇〇円に切り上げるものとする。

第13条　この規程における退職年金基礎額は、労働協約付属規程「退職金支給規程」第3条に定める定年退職金算定基礎額の内訳A額とする。

第14条　この規程における勤続年数は、採用の月より退職の月までとし、年をもって計算する。

ただし、労働協約本文第35条第1項第1号および第4号による休職期間は、勤続年数に算入しない。勤続年数に一年未満の端数を生じた時は、六カ月以上を1年とし、六カ月未満を切り捨てる。

第15条　次の各号の一に該当するときは、退職年金を支給しない。

1　退職年金支給に関し、必要と認められる書類または指定する医師の診断書、あるいは検案書の提出を正当な理由なく拒み、もしくは虚偽の申立てをした場合

2　事前の申し出期間中に退職した場合

3　懲戒解職された場合

4　諭旨解職決定後、解職前に死亡した場合

5　諭旨解職された場合

第16条　この規程における遺族の範囲および順位は、特別の情状ある場合のほかは配偶者、子、父母、孫、祖父母の順位により生計を維持した者とする。

第17条　この規程に定める年金または一時金は、〇〇厚生年金基金から支給される。

第18条　退職年金に関する細則については、会社の定めるところによる。

（註・別表は略）

拠出年金制度規則③

（通則）

第1条　当社の社員として当社に永年勤続し

拠出年金制度規則③

退職した者の老後の生活安定に資するため本規則により社員ならびに会社共同による拠出年金制度を設ける。

（加入員）
第2条　年齢満三〇歳以上の社員はすべて本制度の加入員とする。
2　前項の加入員は、加入資格取得と同時に本制度に加入する。

（加入員期間）
第3条　加入員期間は加入員となった日の属する月から退職または死亡により加入員たる地位を失った日の属する月の前月までの期間とする。

（退職年金）
第4条　加入員期間が二〇年以上で退職した場合（死亡による退職を除く）退職の翌月から本人死亡の月に至るまで退職年金を支給する。
2　退職年金の額は七八、〇〇〇円に、加入員の実拠出年数に三、〇〇〇円を乗じた額を加算した額とする。
3　前二項にかかわらず懲戒解雇に処せられた場合は、退職年金を支給せず第5条第2項第2号に定める一時金を支給する。

（退職一時金）
第5条　加入員期間が二〇年未満で退職した場合（死亡による退職を除く）退職一時金を支給する。
2　退職一時金の額は次の各号による。

(1) 定年・社命による他社転属・公傷病ならびに傷病休職期間満了による退職本人拠出金元利合計額に加入員期間に応じ次の金額を加算した額

加入員期間	金　　額
5年未満	10万円
5年以上10年未満	17万円
10年 〃 15年 〃	25万円
15年 〃 20年 〃	35万円

(2) 前号以外の事由による退職の場合本人拠出金元利合計額
ただし満五〇歳以上で退職する場合は本号にかかわらず定年退職として取り扱うことがある。
3　前項各号の元利合計額は年利七・二％の半年複利により計算する。

（遺族年金）
第6条　加入員期間が二〇年以上で死亡により退職した場合ならびに退職年金受給中の者が別表①に定める退職時年齢に応ずる支給保証期間に到達する以前に死亡した場合、その遺族に対して遺族年金を支給する。

2　遺族年金の額は、加入員が受けるべき退職年金の額（退職年金受給中の者が死亡した場合はその直前に受領した退職年金の額）と同額とする。

3　遺族年金の支給期間は別表①に定める退職時年齢に応ずる支給保証期間（退職年金受給中の者が死亡した場合はすでに退職年金を支給した期間を控除した残余期間）とする。

（遺族一時金）
第7条　加入員期間が二〇年未満で死亡により退職した場合、その遺族に対して遺族一時金を支給する。
2　遺族一時金の額は第5条第2項第1号に定める退職一時金の額と同額とする。

（選択一時金）
第8条　退職年金受給権者（死亡退職の場合の遺族年金受給権者を含む）が退職時に一時金の支給を希望した場合選択一時金を支給する。
2　選択一時金の額は次の各号のいずれかとする。

(1) 退職年金または遺族年金の額に退職時年齢に応じ別表①に定める支給保証期間に対応する別表②に定める現価率を乗じた額
(2) 第一号の額の七割に相当する額
(3) 第一号の額の五割に相当する額
(4) 第一号の額の三割に相当する額

378

拠出年金制度規則③

3 前二項により選択一時金を支給した場合、その者の退職年金または遺族年金の額は次の各号による。

(1) 前項第一号の場合　年金は支給しない

(2) 前項第二号の場合　第四条または第六条の年金額の三割相当額

(3) 前項第三号の場合　第四条または第六条の年金額の五割相当額

(4) 前項第四号の場合　第四条または第六条の年金額の七割相当額

（中途一時金）

第9条　退職年金または遺族年金の額に応じ別表①に定める支給保証期間よりすでに年金を支給した期間を控除した残余期間がある場合に限るが、その後の年金の支給を受けることなく一時金の支給を希望した場合、中途一時金を支給する。

2　中途一時金の額は、現に受給中の退職年金または遺族年金の額に退職時年齢に応じ別表①に定める支給保証期間よりすでに年金を支給した期間を控除した残余期間に応じ別表②に定める現価率を乗じた額とする。

3　前二項により、中途一時金を支給した者については、以後、年金は支給しない。

（拠出掛金）

第10条　前6条の給付にあてるため、加入員および会社は、次の各号により、それぞれの掛金を拠出するものとする。

(1) 通常掛金（将来勤務に対する掛金）
加入員、会社折半負担とし、その額はそれぞれ月額一、四〇〇円とする。

(2) 特別掛金（過去勤務に対する掛金）
全額会社負担とする。

（経過措置）

第11条　本規則制定時において満三〇歳以上の者は、制度新設と同時に加入することとし、その者の過去勤務期間（満三〇歳以上制度新設までの加入員期間）は第3条ないし第7条の適用にあたっては全期間通算する。

（制度の運営）

別表①　　　支給保証期間表

退職時年齢	支給保証期間
満50歳以上満51歳未満	22年
〃51　〃　　〃52　〃	21年
〃52　〃　　〃53　〃	20年
〃53　〃　　〃54　〃	19年
〃54　〃　　〃55　〃	18年
〃55　〃　　〃56　〃	17年
〃56　〃　　〃57　〃	16年

別表②　　　現　価　率　表

残余期間	現価率	残余期間	現価率	残余期間	現価率
22年	10.50	14年	8.49	6年	4.76
21	10.31	13	8.14	5	4.11
20	10.11	12	7.76	4	3.41
19	9.89	11	7.35	3	2.65
18	9.65	10	6.91	2	1.84
17	9.39	9	6.43	1	0.95
16	9.11	8	5.92		
15	8.81	7	5.36		

(注)　残余期間に年未満の端数がある場合の現価率の計算は次のとおりとする。

$$現価率 = A + (B - A) \times \frac{端数月}{12}$$

ただし、Aは端数月を切捨てた残余期間に対応する現価率、Bは端数(月)を切上げた残余期間に対応する現価率とする。

退職年金規則④

第一章 総則

（目的）
第1条 この規則は、会社に永年勤続した社員およびその遺族の老後生活の安定と福祉の向上に寄与することを目的とする。

（公正妥当な取扱い）
第2条 この規則の運用に当たっては、すべての社員に対して公正妥当な取扱いをする。

（適用範囲）
第3条 この規則は、会社の社員（役員、非日勤嘱託、見習および特別嘱託を除く）に適用する。ただし、雇い入れられた年度の翌年度初において五〇歳以上である社員には適用しない。

（用語）
第4条 この規則におけるおもな用語の意義は、次のとおりとする。
(1) 「年度」とは、毎年三月二一日から翌年三月二〇日までをいう。
(2) 「月」とは、毎月一日から末日までをいう。
(3) 「積立金累計額」とは、第24条第2項に定める掛金の加入期間中の累計額をいう。
(4) 「付加給金」とは、別表第①により算出する額をいう。
(5) 「乗率」とは、別表第②に定める率をいう。
(6) 「支給換算率」とは、年金支給期間中に支給する毎回の年金額を均等化するための率をいい、支給期間が一〇年のときは〇・〇三五七五、五年のときは〇・〇六〇四一とする。
(7) 「掛率」とは、別表第③に定める率をいう。
(8) 「現価率」とは、別表第④に定める率をいう。

第二章 加入および脱退

（加入資格）
第5条 社員は、年齢が三六歳に達する年度初に加入資格を取得する。ただし、三五歳以上で雇い入れられた者で雇い入れられた年度の翌年度初において五〇歳未満である者は、当該翌年度初に加入資格を取得する。

（加入時期）
第6条 加入時期は、前条により社員が加入資格を取得したときとする。

（中途加入、再加入の禁止）
第7条 前条に定める加入および次条第3号により脱退した者の中途加入時期に加入しなかった者の中途加入および次条第3号により脱退した者の再加入は、いずれもこれを認めない。

（脱退）
第8条 加入者は、次の各号のいずれかに該当した場合は、脱退する。
(1) 退職したとき（役員に就任したときを含む。以下同じ）
(2) 死亡したとき
(3) やむを得ない事由により脱退の届出をしたとき

（加入者期間）
第9条 加入者期間とは、加入者となった日の属する月の翌月から脱退した日（脱退または五六歳に達した日で脱退したときは五六歳以上で脱退したときは五六歳に達した日）の属する月の前月（脱退または五六歳に達した日が二一日から月末までの場合は当該月）までの期間の年月数をいう。

第三章 給付

第一節 年金

（退職年金受給資格）
第10条 加入者は、五〇歳以上で退職する場合に、退職年金の受給資格を取得する。

（退職年金額）
第11条 退職年金は、年四回に分けて支給す

第12条 本制度の運営は、〇〇厚生年金基金の第二加算部分として行う。

（付則）
第13条 本規則は、平成〇〇年〇月〇日より実施する。

退職年金規則④

るものとし、その一回当たりの支給額は、次の算式による金額とする。

（積立金累計額＋付加給付）×乗率×支給換算率

（退職年金支給期間）
第12条　退職年金の支給期間は、一〇年とする。ただし、加入者期間が一〇年未満の者は、その期間を五年に短縮することができる。

（退職年金支給時期）
第13条　退職年金の支給時期は、三月、六月、九月および一二月の各二〇日とする。

（退職年金支給開始時期）
第14条　退職年金の支給は、退職した日に応じ、次の各号に定める支給時期から開始する。

ただし、退職年金受給資格者が退職時から当該支給時期までの間に、希望する支給時期を指定して支給開始を請求したときは、その月から開始する。

(1) 退職した日が一一月二一日から二月二〇日までの場合は六〇歳に達した直後の三月二〇日

(2) 退職した日が二月二一日から五月二〇日までの場合は六〇歳に達した直後の六月二〇日

(3) 退職した日が五月二一日から八月二〇日までの場合は六〇歳に達した直後の九月二〇日

(4) 退職した日が八月二一日から一一月二〇日までの場合は六〇歳に達した直後の一二月二〇日

（受給手続き）
第15条　退職年金受給資格者が年金を受給しようとするときは、退職年金受給届、その他会社が必要とする書類を提出しなければならない。

（届出事項の変更申告義務）
第16条　退職年金受給資格者および退職年金受給者は、前条の提出書類の記載事項に変更が生じたときは、そのつど届け出なければならない。

（遺族年金）
第17条　次の各号に掲げる者が死亡したときは、その者の遺族に遺族年金を支給する。

(1) 五六歳以上の加入者

(2) 年金受給資格者

(3) 年金受給者

2　前項第1号に該当する者の遺族が受給する遺族年金の額、支給期間、支給時期および支給開始時期は、それぞれこの規則における退職年金に関する規定を準用するものとする。

3　第1項第2号および第3号に該当する者の遺族は、年金受給資格者または年金受給者の死亡前の条件を承継するものとする。

4　遺族が遺族年金を受給しようとするときは、遺族年金給付申請書、戸籍に関する証明書、その他会社が必要とする書類を提出しなければならない。

（遺族の範囲）
第18条　この規則における遺族の範囲および その順位は、労働基準法施行規則第42条ないし第45条の定めるところによる。

第二節　一時金

（退職一時金）
第19条　五六歳未満の加入者が、業務に起因する傷病で執務に堪えずまたは会社都合により退職したときは、次の算式による退職一時金を支給する。

（積立金累計額＋付加給金）×二

2　五六歳未満の加入者が、社員就業規程第58条第1号または第2号により休職を命ぜられ、同規程第67条第1項第2号により退職したときは、次の算式による退職一時金を支給する。

3　五六歳未満の加入者が、死亡、業務上傷病、会社都合および前項に定める休職期間満了以外の事由で退職したときは、次の算式による退職一時金を支給する。

（積立金累計額＋付加給金）×一・五

（遺族一時金）
第20条　五六歳未満の加入者が、死亡により退職したときは、次の算式による遺族一時金を支給する。

退職年金規則④

(脱退一時金)

第21条　加入者が、やむを得ない事由により在職中に脱退したときは、次の各号の算式による脱退一時金を支給する。

(1) 五六歳未満の加入者（積立金累計額＋付加給金）

(2) 五六歳以上の加入者
（積立金累計額＋付加給金）×乗率
×〇・五

第三節　年金に代えて支給する一時金

(年金に代えて支給する一時金)

第22条　退職年金または遺族年金の受給資格者または受給者が、第10条および第17条の定めるところにより受給資格を取得した日から、年金支給開始後三年に達するまでの間において、次の各号の一に該当する事実が生じたことにより、一時金の支給を申し出て会社がこれを認めたときは、年金に代えて一時金の支給を受けることができる。ただし、第1号または第2号に該当する場合は、支給開始後三年を経過した後でもあっても一時金の支給を申し出ることができる。

(1) 災害

(2) 重疾病、後遺症を伴う重度の心身障害または死亡（生計を一にする親族の重疾病、重度の心身障害または死亡を含む）

(3) 住宅の取得

(4) 生計を一にする親族（配偶者を除く）の結婚または進学

(5) 債務の返済

(6) その他前各号に準ずる事実

2　前項の規定による一時金の額は、次の各号の算式による金額とする。

(1) 退職年金の受給資格者
（積立金累計額＋付加給金）×乗率
×〇・八

(2) 退職年金の受給者
（支給申出時現在の一回当たりの年金額）×現価率×〇・八

(3) 遺族年金の受給資格者
（積立金累計額＋付加給金）×乗率

(4) 遺族年金の受給者
（支給申出時現在の一回当たりの年金額）×現価率

第四章　掛　金

(費用の負担)

第23条　会社および加入者は、この規則による制度（以下「本制度」という）における給付の財源に充てるため、適正な年金数理にもとづいて算定された掛金を負担する。

(第一掛金)

第24条　会社は、通常掛金（以下「第一掛金」という）として、毎月二〇日現在における各加入者の前月二〇日現在の職務給の合計額の一九・一％に相当する金額を負担し、次項に定める加入者の掛金と合算して拠出する。

2　毎月二〇日現在における加入者は、第一掛金として、各自の前月二〇日現在の職務給の一〇・〇％に相当する金額を負担する。

3　前二項の規定にかかわらず、次の各号に該当する月は、第一掛金の拠出を中断する。

(1) 加入者が五六歳に達した月以降の月（毎月二一日から月末までの間に五六歳に達した者は当該月の翌月以降の月）

(2) 加入者が欠勤、休業、休職その他により賃金等の全部または一部が支給されないため拠出することができない月

4　会社は、毎月賃金を支給する際、加入者の賃金から第2項に定める掛金に相当する金額を控除する。

(第二掛金)

第25条　会社は、過去勤務債務等の額に係る掛金（以下「第二掛金」という）を、法人税法施行令（以下「施行令」という）第159条第6号ロに定めるところにより拠出する。

2　前項に定める過去勤務債務等の額の計算方法は、一括管理方式によるものとする。

3　第1項に定める過去勤務債務等の額の償却割合は、年五分の一とする。

4　会社が拠出する第二掛金は、毎月二〇日現在における職務給の合計額の前月二〇日現在の職務給の合計額の四二・五％に相当する金額とする。

5　第1項および前項の規定にかかわらず、前条第3項の定めるところにより第一掛金の拠出を中断している加入者に係る第二掛金の拠出は、第一掛金の拠出中断期間中これを中断する。

第五章　制度の運営

（年金信託契約および企業年金保険契約）
第26条　会社は、別表⑤に定める信託会社および生命保険会社と年金信託契約および企業年金保険契約をそれぞれ締結し、年金基金を設定する。

（財政計画の再検討）
第27条　会社は、五年ごとに本制度の財政計画を再検討し、必要に応じてその修正を行う。

（超過留保額の返還）
第28条　前条に定める財政計画の再検討時において、年金信託財産および保険料積立金のうち施行令第159条第7号に定める給付に充てるため留保すべき金額を超える部分がある場合には、会社は当該超過部分の金額の返還を受ける。

（年金基金の配分）
第29条　本制度を廃止したときは、年金受給資格者および年金受給者に対して制度廃止後支給すべき年金の現価額を限度とし、その割合に比例して年金信託財産および保険料積立金を配分する。

2　前項の配分を行った後なお残余のある場合は、加入者に対し残余の年金信託財産および保険料積立金を制度廃止日における要支給額（制度廃止日に会社都合により退職したものとみなして計算される一時金の額または年金の現価額）の割合に比例して配分する。

第六章　雑　則

（端数処理）
第30条　掛金額を算定する場合において、金額に一円未満の端数が生じたときは、これを切り上げる。

2　給付額を算定する場合において、計算結果に一円未満の端数が生じたときは、これを四捨五入する。

（譲渡、担保の禁止）
第31条　年金または一時金を受給する権利は、これを譲渡し、または担保に供してはならない。

（時効）
第32条　この規則に定める年金給付請求権は、五年間これを行使しないときは時効により消滅する。その他の請求権については、二年間これを行使しないときは消滅する。

付　則

（施行期日）
第1条　この規則は、平成〇〇年〇月〇日から実施する。

（加入に関する経過措置）
第2条　平成〇〇年〇月〇日現在、社内退職年金規則（昭和〇〇年〇月施行）（以下「旧制度」という）の加入者であった者は、本則第6条の規定にかかわらず、平成〇〇年〇月〇日に本制度の加入者となる。

2　前項の規定により加入した者（以下「経過措置者」という）の加入者期間は、本則第9条の規定にかかわらず、旧制度の加入日から起算する。

（給付に関する経過措置）
第3条　経過措置者のうち、旧制度施行のときに加入し、加入者期間が二〇年未満の者（以下「旧制度経過措置者」という）の退職年金または遺族年金の一回当たりの金額は、本則第11条または第17条の規定にかかわらず、次の算式による金額とする。ただし、本則の規定を適用して計

退職年金規則④

算した金額が本項により計算した金額を上回る場合は、本則の規定による。
（五六歳に達した日現在の職務給×掛率×三×一〇・四七六）×乗率×支給換算率

2 旧制度経過措置者である年金受給資格者に対し年金に代えて支給する一時金額は、本則第22条第2項第1号および第3号の規定にかかわらず、次の各号に定める算式による金額とする。ただし、本則の規定を適用して計算した金額が本項により計算した金額を上回る場合は、本則の規定による。

(1) 退職年金の受給資格者
（五六歳に達した日現在の職務給×掛率×三×一〇・四七六）×乗率×〇・八

(2) 遺族年金の受給資格者
（五六歳に達した日現在の職務給×掛率×三×一〇・四七六）×乗率

3 経過措置者の旧制度における本人積立金および付加給金は、本則第11条、第17条、第19条、第20条、第21条および第22条の規定を適用する場合において、それぞれ積立金および付加給金に加算するものとする。

（掛金に関する経過措置）
第4条 経過措置者は、本則第25条第1項および第4項の規定にかかわらず、旧制度における本人積立金累計額を本制度の過去勤務債務等に係る掛金の一部として拠出するものとする。

2 前項に定める拠出金額は、当分の間、本則第25条第4項に定める拠出金額の五〇％に相当する金額とする。

（財政計画の再検討に関する経過措置）
第5条 第一回目の財政計画の再検討の時期は、本則第27条の規定にかかわらず平成〇〇年〇月〇日とする。

退職年金規則④

別表①　付加給金率

(1) 年間分

脱退時または56歳到達時以前の年数	積 立 金 (A)	付加給金率 (B)	付加給金 (A)×(B)
1年	その年度の積立金	0.043	
2	〃	0.127	
3	〃	0.217	
4	〃	0.314	
5	〃	0.419	
6	〃	0.533	
7	〃	0.656	
8	〃	0.788	
9	〃	0.931	
10	〃	1.086	(A)×(B)の累計額
11	〃	1.252	
12	〃	1.433	
13	〃	1.627	
14	〃	1.837	
15	〃	2.064	
16	〃	2.310	
17	〃	2.574	
18	〃	2.860	
19	〃	3.169	
20	〃	3.503	

(2) 月割分

1年未満の月数	積立金(A)	付加給金率 (B)	付加給金
1年	その月の積立金	0.0036	
2	〃	0.0072	
3	〃	0.0108	
4	〃	0.0144	
5	〃	0.0180	(A)の累計額 × (B)
6	〃	0.0216	
7	〃	0.0252	
8	〃	0.0288	
9	〃	0.0324	
10	〃	0.0360	
11	〃	0.0396	

(3) 月利分

経過月数	月利率	経過月数	月利率	経過月数	月利率	経過月数	月利率
1月	0.0067	4月	0.0266	7月	0.0466	10月	0.0666
2	0.0133	5	0.0333	8	0.0533	11	0.0733
3	0.0200	6	0.0400	9	0.0599		

(注) 1．「脱退時または56歳到達時以前の年数」とは、脱退した年度（56歳以上で脱退したときは、56歳に達した前年度）の前年度の〇月〇日以前の年数をいう。
2．「1年未満の月数」とは、脱退した年度（56歳以上で脱退したときは、56歳に達した年度）の4月から脱退または56歳に達した月の前月（脱退または56歳に達した日が21日から月末までの場合は当該月）までの期間の月数をいう。
3．「経過月数」とは、脱退した年度（56歳以上で脱退したときは56歳に達した年度）の4月から脱退または56歳に達した月の前月（脱退または56歳に達した日が21日から月末までの場合は当該月）までの期間の月数をいう。
4．付加給金は、次の算式による。
（イ）年間分……年間分の付加給金＋（年間分積立金＋付加給金）×月利率
（ロ）月割分……4月から脱退月または56歳到達月の前月（脱退または56歳に達した日が21日から月末までの場合は当該月）までの積立金×月割付加給金率
付加給金……（イ）＋（ロ）

別表② 乗　率

支給開始	経過年数	乗率	1　年　未　満
60歳	4年	2.67	
59	3	2.48	1月につき0.0158を加える
58	2	2.31	〃　　0.0141　〃
57	1	2.15	〃　　0.0133　〃
56	0	2.00	〃　　0.0125　〃

(注)「経過年数」とは、56歳到達後の経過年数をいう。

別表③ 掛　率

加入者期間	率	加入者期間	率
19年以上	0.740	11年以上	0.700
18	0.735	10	0.695
17	0.730	9	0.690
16	0.725	8	0.685
15	0.720	7	0.680
14	0.715	6	0.675
13	0.710	5	0.670
12	0.705		

退職年金規則④

別表④　現価率　((1)表の率×(2)表の率)

(1)

未支給回数	率	未支給回数	率
39回	27.48923	19回	15.86073
38	27.00465	18	15.15811
37	26.51099	17	14.44233
36	26.00807	16	13.71312
35	25.49572	15	12.97024
34	24.97377	14	12.21344
33	24.44202	13	11.44244
32	23.90031	12	10.65698
31	23.34844	11	9.85680
30	22.78623	10	9.04162
29	22.21347	9	8.21115
28	21.62997	8	7.36511
27	21.03553	7	6.50320
26	20.42995	6	5.62514
25	19.81301	5	4.73061
24	19.18451	4	3.81931
23	18.54421	3	2.89092
22	17.89192	2	1.94512
21	17.22739	1	0.98160
20	16.55041		

(3) 月利分

前回支給後の経過月数	率
0月	1.00000
1	1.00625
2	1.01250

別表⑤　年金信託契約および企業年金保険契約を締結する信託会社および生命保険会社

信託会社	生命保険会社
○○信託銀行株式会社	○○生命保険相互会社
△△信託銀行株式会社	××生命保険相互会社
□□信託銀行株式会社	△△生命保険相互会社
××信託銀行株式会社	□□生命保険相互会社
株式会社○○銀行	◎◎生命保険相互会社

X 企業福祉に関する規程

X 企業間における競争

Ⅹ 企業福祉に関する規程（解説）

福利厚生と企業福祉

現在、「福祉」という言葉が時代の流行語のように使われているが、この変化の中でとらえる必要がある。すなわち、大企業から中小企業まで企業が労務管理の一環として行ってきた「福利厚生」についての考え方が大きく変わりつつある。比較してみると、次のとおりである（別表①）。

法定外福祉としての企業福祉

豊かな生活を支えるものは、勤労者がみずから行うべきこと（自助努力）、企業が負担して行うべきこと、国や地方自治体が責任をもって行うべきことに区分される。この三つが相互に機能することによって、勤労者福祉が実現できることになる。

具体的にいうと、従業員を雇用する以上法律の定めによって当然行わなければならない法定福祉として、健康保険、厚生年金保険、雇用保険、労働者災害補償保険等がある。しかしこれだけでは豊かな生活を築くには不充分であり、このほか企業が行ういろいろの福祉制度がある。その主なものは、住宅に関する助成制度、財産形成の助成制度、余暇とレクリエーション施策、貸付金制度、慶弔見舞金制度、高齢者および退職にともなう助成制度などの、企業が任意に行う法定外の福祉で、これを「企業福祉」とよんでいる。また、相互扶助を目的とした従業員の組織として、共済融資、消費活動、慶弔見舞、レクリエーション活動などがある。

このところ、企業、特に中小企業では企業福祉に対する関心の度合いが高まり、施設や制度は多様化してきている。従って、企業として福祉制度を考える場合、法との関係を十分検討したうえで、ライフサイクルや福祉ビジョンの一環として行っていかねばならない。そうしないといたずらに重複が生じたり、十分な活用ができなくなったりするからである。

企業福祉の構成

企業における企業福祉は、従業員とその家族の生活を豊かにし、幸福を増進することさらには従業員の定着と能率増進を図るための制度といえる。企業福祉の内容は運営する面から分けてみると、次の七項目に分類される。

① 死亡、病気、災害など不時の場合または結婚、入学等の出費の場合
この種のものとしては、死亡弔慰金、病気見舞金、火災見舞金、結婚祝金、入学祝金等従業員の慶弔禍福に伴う「慶弔見舞金制度」のほか「厚生貸付金制度（親睦団体）」、「労災付加給付制度」等がこれにあたる。

② 住宅の確保や、生活に必要な安価な生活必需品の提供の場合
この種のものとしては、社宅、寮、寄宿舎等の設置、借上社宅（寮）の契約、住宅費補助、購買会、給食、売店、自販機の設置等の運営がこれにあたる。

別表① 福利厚生と企業福祉の比較

項　　目	従前の福利厚生	現代企業福祉
主　　体	企業の任意	労使の共同決定（団交対象化）、共同企画・共同運営参加
目　　的	帰属心・忠誠心の確保、労働力の維持・培養、労使関係の安定、生産性向上	従業員の福祉（結果としての生産性向上・良好な人間関係の維持を期待）
役　　割	社会保障の肩代わり、低賃金補完	社会保障の補完・分業、生涯生活保障
対　　象	本人および家族	本人および家族、ときとして施設の地域住民への解放
費　　用	恩恵的企業負担	賃金・福祉費のパッケージ決定
施策の重点	現物給付　寮・社宅・医療・購買	老後・不時の場合の生活保障、財産形成援助、文・体レクなど余暇活用援助
期　　間	明治期～1970年頃	1970年～

（注）「福祉」という言葉の意味は、「幸福」ということであるが、制度としての「福祉」は、「就労により得られる賃金以外に必要に応じ世帯の外部から与えられる援助・サービスの仕組み」という意味に使われている。

③ 豊かな生活を築くための財産形成
この種のものとしては、持家制度、持株制度、社内預金制度、財形貯蓄制度、財形年金制度、財形給付金制度、財形住宅貯蓄制度、団体保険（個人年金を含む）制度等がこれにあたる。

④ 文化、教養、娯楽、体育等余暇利用施設および制度に関する場合
この種のものとしては、グラウンド、図書館、体育施設、保養所、海の家、山の家、リゾート貸別荘、各種教養のつどい（生花、お茶、趣味の会、演劇、音楽等）、旅行会、クラブ活動、自己啓発（資格取得・通信教育等）の援助制度、退職準備教育等がこれにあたる。

⑤ 勤務環境、施設等の安全衛生に関する場合
この種のものとしては、医務室、薬品箱、休憩室、パーキング、被服・安全靴の貸与または支給、携帯品置場、便所、洗面所、浴場（シャワー室）、ロッカー、保育所（室）等の企業内施設と、健康診断、成人病検診、人間ドック制度、ヘルパー制度、育児休業・介護休業制度等がこれにあたる。

⑥ 経営における人間関係の円滑化に関する場合
この種のものとしては、職場カウンセリング制度、誕生会、忘年会、永年勤続

企業福祉の実施状況

者の表彰制度、パーティ、リフレッシュ休暇制度、各種相談制度等がこれにあたる。

なお、④の関係の多くは、この種の中に入る制度が多い。

⑦ 退職後の生活保障や雇用以外の取扱いに関する場合

この種のものとしては、企業年金（適格年金や厚生年金基金＝調整年金）、中小零細企業で中小企業退職金共済制度（特定退職金共済制度）等の退職金関係をはじめ、個人年金の援助、共済会・互助会の利用、レクリエーション参加、退職会（社友会・社友OB会）の設立等がこれに当たる。

㈶生命保険文化センターは、企業の福祉制度の実態と今後の意向を捉えるために、「企業の福利厚生に関する調査」を昭和五五年より三年ごとに実施している。ここに紹介する一部分は第七回（平成一〇年九月・東京都区部及び政令指定都市の正規従業員三〇人以上の民間企業・一四〇〇社集計）の状況である。

この調査による、企業福祉の実施状況は、別表②のとおりである。

別表② 企業福祉制度の実施状況（従業員規模別）

（単位：％）

	退職一時金・年金制度	死亡退職金・弔慰金制度	疾病予防制度	財産形成援助制度	長期休暇制度	社宅・独身寮等	自己啓発に対する援助	体育・娯楽施設、保養所等
全体	94.0	93.3	79.8	76.9	55.0	53.4	52.7	51.4
従業員規模別								
30 ～ 99 人	92.6	92.1	76.7	72.3	54.9	46.3	49.0	44.2
100 ～ 299 人	97.3	95.6	86.9	87.4	52.7	68.1	60.0	66.7
300 ～ 999 人	99.0	99.1	92.1	95.8	60.5	85.5	65.1	81.1
1,000 人以上	99.4	99.4	91.8	96.2	67.5	94.3	85.4	92.2

	教育・結婚資金や入院治療等への貸付	看護・介護休職制度	社員食堂等	育児支援制度	持家促進制度	退職準備教育制度	遺族・遺児育英年金制度
全体	38.7	25.0	24.8	23.9	19.2	8.5	7.8
従業員規模別							
30 ～ 99 人	34.6	20.7	20.3	19.7	14.6	7.0	4.8
100 ～ 299 人	45.0	32.1	35.7	29.9	26.6	10.7	12.1
300 ～ 999 人	61.5	48.7	36.7	48.8	43.4	13.7	20.5
1,000 人以上	72.3	53.9	55.5	54.7	61.0	34.0	44.9

（注）集計ベース：全企業

企業福祉に対する今後の動向

この調査における、企業福祉に対する今後の動向は、つぎのとおりである。

拡充意向のある施策として、「実施している」と回答した企業における「拡充していきたい」施策をみると、「自己啓発に対する援助」が二七.七%、「退職準備教育制度」が二〇.一%、「疾病予防制度」が一五.八%となっている。

また、実施意向のある施策として、「実施していない」と回答した企業における「今後実施していきたい」施策をみると、「看護・介護休職制度」が四三.五%、「自己啓発に対する援助」が三七.七%、「疾病予防制度」が三五.六%となっている。

このように、拡充・実施意向のある施策としては、従業員の健康づくりや高齢化に対応した施策や、従業員の能力開発や自立支援としての意味合いを持つ施策などが挙げられている。

一方、縮小・廃止意向のある施策として、「実施している」と回答した企業における「縮小・廃止していきたい」施策をみると、「社宅・独身寮等」が一五.五%、「体育・娯楽施設、保養所等」が四.二%、「持家促進制度」が三.五%となっている。（別表③）

別表③　企業福祉制度に対する今後の意向

（単位：％）

拡充・実施意向		縮小・廃止意向および今後とも実施しない意向	
実施している福利厚生制度の中で拡充していきたい施策（上位三項目）		実施している福利厚生制度の中で縮小・廃止していきたい施策（上位三項目）	
実施していない福利厚生制度の中で今後実施していきたい施策（上位五項目）		実施していない福利厚生制度の中で今後も実施していくつもりはない施策（上位五項目）	

自己啓発に対する援助	27.7	看護・介護休職制度	43.5	社宅・独身寮等	15.5	社員食堂等	95.8
退職準備教育制度	20.1	自己啓発に対する援助	37.7	体育・娯楽施設、保養所等	4.2	社宅・独身寮等	92.9
疾病予防制度	15.8	疾病予防制度	35.6	持家促進制度	3.5	持家促進制度	85.4
		長期休暇制度	29.8			遺族・遺児育英年金制度	84.9
		退職一時金・年金制度	29.3			財産形成援助制度	81.3

企業福祉の今後運営
―カフェテリア方式―

企業福祉の運営について、現在、話題になっているのが「カフェテリア方式」である。

カフェテリア方式とは、現行の企業福祉の項目で、施策をポイント化して、従業員に与えられた持ちポイントの範囲内で自分に必要なものを選択できる、いわゆる選択型企業福祉をいう。

企業では、カフェテリア方式で企業福祉の項目を全部一挙にポイント方式に切り替えることはできないし、ポイントを要しない項目もあるので、当分現行制度の併用となろう。

ここに、「トヨタ自動車」のカフェテリアプランの概念図をみてみよう（参考文献、産労総合研究所発行・労務事情九七九号二〇〇一年二月一日号）（別表④）

別表④　選択型企業福祉制度（カフェテリアプラン）の概要図

1　導入のねらい

① 従業員一人当たりの予算枠を一定としたまま、満足度を維持・向上するためのスクラップ＆ビルドを行いやすい仕組みに改革
② 選択をキーワードとした自己責任意識の醸成と自助努力の助成
　▼従業員は自分のライフスタイルやライフステージに基づいてメニューを選択し、かつ会社の補助の生かし方を自己の責任で選択

2　現行制度の改廃と原資の再配分

現行制度の改廃	現行制度の継続
① 食事関係の補助・手当の廃止　⑤ 退職金結婚加算の廃止 ② 寮費負担割合の見直し　　　　⑥ ワーキングウェア補助の廃止 ③ 会社直営保養所運営見直し　　⑦ ゆう・とりっぷ廃止 ④ すまいるプラン適用要件見直し　⑧ 在勤手当廃止	

自らのニーズと責任で会社補助を選択	補助の選択は不要

セレクトメニュー	コアメニュー
・メニューを選択してポイント（＝会社補助）を消費…一年単位 ・事前に利用の計画を立てられ、継続的に利用するもの等を期初申請し、残ったポイントは随時利用するメニューで消費	ポイントなしで利用可能

外部機関提供メニュー	トヨタ独自の選択メニュー	既存制度のセレクト化	現行制度中心
■医療・健康づくり 　人間ドック 　スポーツ施設利用 　　　他 ■自己啓発 　語学・パソコン 　実務教室利用　他 ■育児 　育児施設 　育児サービス ■リフレッシュ 　宿泊施設1000ヵ所 合計20メニュー	■介護 　介護積立・ 　介護施設・サービス 　用品購入・レンタル ■財産形成 　定年後プラン 　従業員持株会 ■リフレッシュ 　旅行積立 　各種旅行補助 ■生活支援 　民間家賃援助 合計16メニュー	■生活支援 　給食補助 　寮・社宅サービス 　ワーキングウェア 　購入補助 　会社直営保養所 合計4メニュー	■保険 　団体自動車保険 　ハッピーライフ　他 ■財産形成 　財形貯蓄 　すまいるプラン　他 ■生活支援 　新車社内販売 　車両購入資金融資 　住宅融資 ■会社施設利用 　厚生センター 　駐車場

選択肢拡大　『Support Your Action』…自助努力助成

カフェテリア方式の取組み状況

前出の㈶生命保険文化センターの調査によるとその取組み状況は次のとおりである（別表⑤）。

※従来からの規程の組み方であるために順序がまちまちであるので許されたい。企業福祉の各項目の規程

別表⑤　カフェテリア方式の企業福祉制度の取組状況（従業員規模別）

（単位：％）

	実施中・検討意向あり	実施している・実施準備中	検討中	今後検討したい	検討するつもりはない	不明
全　　体	28.3	0.4	1.6	26.4	71.1	0.6
従業員規模別						
30～99人	25.4	0.2	1.2	24.0	74.4	0.2
100～299人	31.5	0.6	1.3	29.6	66.6	1.9
300～999人	46.2	1.4	4.1	40.6	52.8	1.1
1,000人以上	61.8	2.4	12.6	46.7	36.9	1.3

（注）①　集計ベース：全企業　　②　本質問は新規質問項目

親睦会規約

第一章　総則

(名称)
第1条　本会は、○○会と称する。

(目的および事業)
第2条　本会は、会員の親睦、共済、福利増進を図ることを目的として次の事業を行う。
① 会員の慶弔、災害、傷病に対する給付金等の支給、その他会員相互の共済に関する事項。
② 社内誌「○○」の編集。
③ その他、本会の目的を達成するため必要と認める事項。

(本部および運営)
第3条　本会の運営に当たっては各事業部を一単位とする。ただし、本部、○○事業部、××事業部および株式会社○○会は、連合して一単位とする（以下本部連合という）。

2　各単位の本部は、それぞれ左記に置く。
① 本部連合は本部総務部総務課
② △△事業部は業務部総務会計課
③ □□事業部は業務部総務会計課

第二章　会員

(会員)
第4条　本会は、○○株式会社および株式会社○○会の役員および従業員をもって会員とする。ただし、試用者は除く。

2　嘱託者は、本人の希望により各単位の本部ならびに副会長の承認を得て本会の会員となることができる。

(入会および退会)
第5条　第4条の役員および従業員は、すべて入社とともに会員となり退職とともに退会する。ただし嘱託者は第4条の2により、入会の承認を受けた日から会員となり、退職とともに退会する。

第三章　会費

(経理)
第6条　会の運営に要する経費は、次により支弁する。
① 会員の会費の積立
② 会社からの補助金。ただし、金額は○○株式会社役員会において決定する
③ 第五章に規定する旅行実施のつど、当該旅行に要した費用の半額を補助する
④ 社内誌「○○」に関する費用は全額会社負担とする
⑤ 会社取引その他からの寄贈、寄付金
⑥ 資産から生ずる利息

2　会員の会費は、毎月の給与支給時に給料より控除する。会費は、会員各自の基本給（役員は基本給と役付奨励金の合計）額の一・三％とし、その最高限度額を○○○円とする。ただし、一〇〇円未満の端数がある場合は、二五円以下は切捨てとして二六円以上は五〇円以下は五〇円とし、また五〇円を超える分につき七五円以下は七六円以上は一〇〇円単位まで切り上げるものとする。

3　試用期間中の者が各種行事に参加し、採用された後三ヵ月以内に退会した場合は、試用期間中および本採用後の期間中にその者のために要した費用分を、本人より退会時に徴収する。

(会費の返還)
第7条　納入した会費は、特殊な事情がない限り原則として返還しない。特殊の事情の認定は各事業部の決定に一任する。

第四章　給付金

(給付の種類)
第8条　給付金は次の七種類とする。
①、結婚給付金　②、出産給付金　③、入学給付金　④、傷病給付金　⑤、災害給付金　⑥、弔慰給付金　⑦、退会銭別金

2　共済会給付金申請書・給付金を受けようとする者は、第17条の手続により所要の

親睦会規約

書類を添付して申請する。

（結婚給付金）
第9条　会員または会員の子が結婚したときは、次の金額を支給する。
① 会員の場合　勤続五年未満の者　〇〇〇〇〇円
　　　　　　　勤続五年以上の者　〇〇〇〇〇円
② 会員の子の場合　〇〇〇〇円

（出産給付金）
第10条　会員または会員の配偶者が分娩したときは、次の金額を支給する。
〇〇〇〇円

（入学給付金）
第11条　会員の子が小学校に入学したときは、一人につき次の金額を支給する。
〇〇〇〇円

（傷病給付金）
第12条　会員が傷病により欠勤二週間以上におよぶときは次の金額を支給する。
〇〇〇〇円

有給休暇の期間は欠勤期間に導入しない。

（災害給付金）
第13条　会員が風水火震災その他非常の災害により、自己の家屋、家財等に著しい損害をうけたときは、その損害の程度に応じ、そのつど幹事会において金額を決定し支給する。

（弔慰給付金）

第14条　会員または会員の家族が死亡したときは、次の金額を支給する。
① 会員　有家族者　〇〇〇〇〇円
　　　　独身者　　〇〇〇〇〇円
② 配偶者　〇〇〇〇円
③ 父母、子　〇〇〇〇円
④ 兄弟、姉妹（同居に限る）〇〇〇〇円

2　実父母と養父母とがある場合は、入社時に会社へ申告した者の一方に限る。養子に出た子および子の配偶者ならびに兄弟姉妹の配偶者を除く。

（遺族の範囲と順位）
第15条　会員が死亡した場合、弔慰給付金の支給範囲は、左記の順位と遺族の実情を勘案して幹事会がこれを決定する。
①、配偶者（内縁関係にある者を含む）
②、子　③、父母　④、孫　⑤、祖父母
⑥、兄弟姉妹　⑦、前各号以外のもので死亡当時主として会員の収入によって生計を維持している者。

（退会せん別金）
第16条　会員が退会する場合次の基準により退会せん別金を支給する。ただし、懲戒免職による場合は本条を適用しない。

三年以上勤続したものが退会する場合は、退会せん別金を支給するものとし、支給金額は勤続一年につき〇〇〇円とする。

ただし、一年に満たない端数月は勤続期間に算入しない。

（証明および申請）
第17条　第9条から第14条の慶弔給付金を受けるには、事由発生後、遅滞なく申請書に左の証明書を添えて会計幹事に申請しなければならない。ただし、口頭で会計幹事に申請し、幹事会の承認を得ることでこれにかえることができる。この場合の申請は、会計幹事へなすものとする。

① 結婚給付金　所属長の証明書
② 出産給付金　同
③ 入学給付金　同
④ 傷病給付金　医師の発行する診断書、ただし会社へ提出するものので、代えることができる。
⑤ 災害給付金　市区町村長または警察署長、または、これと同等と認められる者の発行する罹災証明書。ただし会社へ提出するもので、代えることができる。
⑥ 弔慰給付金　死亡診断書。ただし、会社へ提出のもので代えることができる。

2　結婚および入学給付金については、事前に申請しても差支えない。

レクリエーション委員会規程

第五章　旅行および各部会

（旅行、各部会）

第18条　第2条第③号の目的を達成するため、会員の自治により年二回（うち一回は一泊とし、他の一回は日帰りとする）を限度として旅行を実施し、また左の部会を設置することができる。

① 野球部、卓球部、華道部、クッキング部、ワンダーフォーゲル部
② その他幹事会の決議による部会

2　旅行および各部会の運営は、各単位に一任する。

（編集委員）

第18条の2　社内誌「〇〇」を編集するため、会長は編集委員長を指名する。なお、編集委員長は各単位持ちまわりとする。

2　各単位幹事会は、各単位ごとに編集委員若干名を適宜委嘱するものとする。

（旅行委員の輪番制）

第19条　会員は、一度は必ず旅行委員会になるものとし輪番制を採用する。一度も委員に選出されない会員のある限り再任されることはない。

（各部の部長）

第20条　各部の部長は、副会長が幹事中より毎年〇月中に任命する。

（部会の予算と決意）

第21条　各部長は選任された後、毎年会計年度の開始一ヵ月以前に当該年度の活動計画と要求予算を、また毎会計年度終了後一週間以内に当該年度の決算書を幹事会へ提出しなければならない。

第六章　役員

（役員）

第22条　本会には次の役員を置く。

一、会長　一名　二、副会長　三名（各単位ごと一名）　三、幹事　若干名　四、会計幹事　三名（各単位ごと一名）

（役員の選出）

第23条　会長は、社長が役員または役職者中から推薦する。

2　副会長は、各単位ごとに幹事の推薦により幹事の互選で選出する。

3　会計幹事は、本部連合においては本部総務課長△△事業部ならびに□□事業部においては、それぞれ総務会計課長がこれに当たる。

4　幹事は、各単位ごとに管理職の役職者（役員は除く）その他の役職者、一般男子会員および一般女子会員よりそれぞれ若干名を選出するものとし、その定数は各単位ごとに会長がこれを決定する。幹事の選出方法は会計幹事がこれを決める。

5　役員の任期は、会計幹事を除きすべて一ヵ年とする。

6　次年度の役員は、毎年〇月中に選出する。

（幹事会）

第24条　幹事会は、副会長が会長と相談の上これを召集する。幹事会は、会長、副会長、幹事、会計幹事をもって構成し重要事項を審議決定する。

付　則

第25条　本規約は平成〇〇年〇月〇日から実施する。

レクリエーション委員会規程

（目的）

第1条　本委員会は、レクリエーション委員会（以下委員会という）と称し、クラブ、部活動、慰安旅行、ハイキングなどを通じ、〇〇株式会社の従業員（役員を含む）の健康増進、趣味も含めた文化教養の啓発とともに、従業員相互の親睦融和を増進し、明朗で健全な職場形成のため、事業所長の諮問にこたえ、承認されたレクリエーション活動の推進に当たることを目的とする。

（原則）

第2条　委員会は事業所長のレクリエーション活動に関する諮問機関として事業所ごとに設置する。委員会は事業所長の諮問

レクリエーション委員会規程

があったときは、これに答申し、あるいは委員会が必要と認めたときは、意見を具申することができる。

2　全社にわたる行事を行う場合は別に定める。

3　会社を代表する△△部、□□部の運営については別に定める。

(答申、具申の決定)
第3条　委員会の答申、具申は全委員一致で決定するものとする。最善をつくしても、全委員一致の決定ができなかったときは、そのままの状態を第2条の手続により答申しなければならない。

(決裁)
第4条　決裁は各事業所長が行うが、答申、具申と異なった決裁をしたときは、その理由を委員会に明示しなければならない。

(実施)
第5条　決裁を受けたものについては、委員会は責任をもってその実施の推進に当たる。

(委員会の審議事項)
第6条　各事業所長が第2条の手続を経て、委員会に諮問、あるいは委員会が答申、具申する内容は次の通りとなる。

(1)　レクリエーション活動の各クラブ員の名簿および代表者の確認、および年間予算案の作成。

(2)　レクリエーション活動に関する一切の実施計画の作成。

(3)　レクリエーション活動と認め得る各種クラブ、部の認証年間予算の中で各事業所長によって認証されなければならない。

(総括)
第7条　各事業所長は、年度のはじめに認証した年間レクリエーション活動の概要ならびに補助金に係る予算を取りまとめて、社長(所管常務)の承認を受けるものとする。

(委員の任免)
第8条　委員は各事業所ごとに各クラブ、部の代表者の中から選ばれた者および事業所長の指名した者とし、その割合は五〇対五〇とする。委員の人数は事業所ごとに決める。

(委員の任期)
第9条　委員の任期は毎年四月一日より一年とし、重任を妨げない。

(委員会開催時間)
第10条　委員会は、原則として就業時間外に開くものとする。

(委員長)
第11条　委員会には委員長をおき、委員長は事業所長が任命する。

(クラブ・部の運営)
第12条　各クラブ、部は民主的精神を基調とし、親和的に運営されねばならない。

2　各クラブ、部は前項を基調とした規約を定め、その規約は委員会を通じ、事業所長によって認証されなければならない。

(クラブ・部の年度計画、行事、決算)
第13条　各クラブ、部は年度ごとに活動計画を作成し、委員会を通じて事業所長の決裁を経るものとする。

2　各クラブ、部の代表者は行事を行う前、および行った後にその概要を委員会に報告しなければならない。

3　各クラブ、部は年度ごとに補助金に係る決算を行い、委員会を経て、事業所長に報告するものとする。

4　年度は四月一日より翌年三月末日とする。

(クラブ、部活動時間)
第14条　クラブ、部の活動は、原則として就業時間外に行うものとする。

2　会社代表としてクラブ、部の活動を就業時間内に行う必要があるときは、事業所長、所管常務を経て事前に社長の決裁を受けるものとする。

(付則)
1　この規則は委員会の意見に基づいて事業所長を経由し社長の決裁により改廃する。

2　この規則は〇〇年〇月〇日より実施する。

福利厚生規程

第一章　総則

(目的)
第1条　この規程は、就業規則にもとづいて社員の福利厚生に関する事項を定める。

(慶弔見舞)
第2条　慶弔災害に際し、慶弔見舞金を贈呈する。

(被服等の貸与)
第3条　事務および作業遂行の際に使用するため、業務上必要と認めた者に貸与する。

(昼食現物支給)
第4条　昼食を現物で支給する。

(職員住宅)
第5条　会社が所有または借り上げた住宅を、業務上必要と認めた者に貸与する。

(住宅資金等の貸与)
第6条　自己居住のために必要な住宅を取得し、またはこれを維持することを容易にするための住宅資金の貸与ならびに本人および家族の慶弔、子女の入学、育英等職員の一時的多額な出費を救済するための生計資金の貸付を行う。

(運転免許取得費用の補助)
第7条　社員が自動車等の運転免許を取得した場合にその費用の一部を補助する。

(慰安旅行等費用の補助)
第8条　社員が慰安旅行等を行う場合にその費用の一部を補助する。

(所管)
第9条　この規程にもとづく規定の適用ならびに施設の設置、改廃計画および運営については人事部、施設の修理、営繕および物品の得失については庶務部の所管とする。

2　前項にかかわらず、本社地区以外に所在する社員住宅(借上住宅を含む)の所管運営の一部を、その住宅所在地の事業所長に委任することができる。

(解釈適用の疑義)
第10条　この規程の解釈適用の疑義については、第9条の所管にしたがい、各所属長の指示による。

第二章　慶弔見舞

(慶弔災害の範囲)
第11条　第2条の慶弔災害とは、次のものをいう。

(1) 結婚の場合
(2) 出産の場合
(3) 死亡の場合
　ア　本人の死亡
　イ　家族の場合
(4) 災害の場合
(5) 傷病の場合

(贈呈の手続)
第12条　社員が前条各号の一に該当するときは、慶弔見舞金を贈呈する。

(1) 前条第4号の事由のときは、所定の申請書を人事部長に提出し、その指示による

(結婚祝金)
第13条　社員が結婚するとき、または婚約が成立して退職するときは、次の祝金を贈呈する。

　結婚祝金　○○○○○円

(出産祝金)
第14条　社員または配偶者が出産したときは、次の祝金を贈呈する。

(1) 第一子の場合　　○○○○円
(2) 第二子以下の場合　○○○○円

(死亡弔慰金)
第15条　社員または、その家族が死亡したときは、次の香華料および花環料を贈呈する。ただし、社員または遺族の希望により、花環料を現物に替えることができる。

福利厚生規程

2 父母とは、本人の実父母（別居の場合も含む）をいい、他家に入った場合は同居する養父母をいう。

(単位 円)

勤続区分 \ 対象		本人	配偶者	父母または子 本人が喪主	父母または子 本人が非喪主	3親等以内の同居親族
勤続5年以上のもの	香華料	○○○○○	○○○○○	○○○○○	○○○○○	○○○○○
	花環料	○○○○○	○○○○○	○○○○○	○○○○○	
勤続5年未満のもの	香華料	○○○○○	○○○○○	○○○○○	○○○○○	
	花環料	○○○○○	○○○○○	○○○○○	○○○○○	

（災害見舞）
第16条 火災、風水害、その他の災害にあったときは、次の基準により見舞金を贈呈する。ただし、罹災者が非世帯主および借家借間人のときは、それぞれ半額とする。

(1) 住居および家財全損
　○○○○○○円以内
(2) 住宅および家財半損
　○○○○○円以内
(3) その他災害の程度により
　○○○○円以上

（傷病見舞金）
第17条 社員が傷病により欠勤（休暇を含む）した場合は、次の区分により傷病見舞金を贈呈する。
欠勤の日数は実際に要した日数とするも医師の診断書等により確認できる場合はこれによることができる。

	業務上の傷病	業務外の傷病
欠勤（休暇を含む）が2週間を超え、3カ月以内のとき	○○○○○円	○○○○○円
引続き欠勤がさらに3カ月以上におよんだとき	○○○○○円	○○○○○円

第三章　被服貸与

（貸与の範囲）
第18条 次の社員に、被服を貸与する。

（借用証の差入）
第19条 被服を貸与された者は、ただちに被服借用証を差入れるものとする。

（着用）
第20条 貸与された被服は、勤務についているときに限り着用するものとする。

（貸与期間の延長）
第21条 被服の貸与期間は第18条に定めたとおりであるが、いちじるしく汚損していないときはその期間を延長することがある。

貸与する社員	貸与被服の内容	貸与期間	着用期間	1回の貸与
女子社員	夏季用事務服上衣	2カ年	6月から9月まで	2着
	冬季用事務服上下	3カ年	10月から5月まで	2着
自動車運転手	夏季用作業服上衣	2カ年	6月から9月まで	2着
	冬季用作業服上下	3カ年	10月から5月まで	2着
用務員	夏季用作業服上衣	2カ年	6月から9月まで	2着
	冬季用作業服上下	3カ年	10月から5月まで	2着

402

福利厚生規程

（保存）
第22条　貸与を受けた被服は大切に使用し、清潔に保存しなければならない。

（紛失汚損）
第23条　被貸与者の不注意により、貸与被服を紛失または汚損したときは、これを弁償させる。

（返還）
第24条　被貸与者は、貸与期間が満了したときおよび退職するときは、ただちに貸与被服を返還しなければならない。

第四章　電話の貸与

（電話の貸与）
第25条　業務上必要と認める課長相当以上の社員には、その住宅に電話を架設し貸与することができる。

（電話の名義）
第26条　貸与した電話の加入者名義は、会社とする。

（電話料の負担）
第27条　貸与した電話の修繕費および次の電話料金は、会社がこれを負担する。
(1) 基本料付加使用料
(2) 会社用務の度数料および市外通話料
(3) 会社の都合によって移転した場合の移転料

（自己名義の電話）
第28条　第25条に該当する社員が自宅に自己名義の電話を所有している場合および新設した場合の電話料金に関しては、前条の規程を準用するものとする。ただし、自己名義の電話で自家営業と共同使用の場合はその半額を負担する。

（返還）
第29条　会社名義の架設電話は退職および転勤等により、業務上必要となった場合はただちに返還しなければならない。

第五章　昼食現物支給

（昼食現物支給）
第30条　昼食を一人一ヵ月〇〇〇〇円を限度として、現物で支給する。

第六章　社員住宅

第一節　入居

（入居者）
第31条　入居者は原則として、役職者とし、その他の者については業務上の必要に応じて社長が決める。

（入居の手続）
第32条　社員住宅の貸与を受けようとする者は、所属長を経て、所定の申請書を社長に提出（人事部経由）しなければならない。

（承認）
第33条　前条の申請があったときは、その事情を審査し、必要と認めたときはこれを貸与する。

（入居）
第34条　社員住宅の貸与を受けた者（以下使用者という）は、すみやかに入居しなければならない。

2　入居後五日以内に所定の様式による借用証を所属長を経て社長に提出しなければならない。

（入居の特例）
第35条　業務上特別の必要がある者には社員住宅に入居を命ずることがある。

2　事業所内の居住は、社員住宅の使用とみなす。

第二節　居住および費用

（使用者の管理義務）
第36条　使用者は、居住するにあたっては次の事項に留意し、善良なる管理をしなければならない。
(1) 家屋および設備を汚損しないこと
(2) 火災、盗難の予防には万全の注意を払うこと

（禁止事項）
第37条　使用者は、次の行為をしてはならない。ただし、社長がやむを得ない事由があると認め承認を与えたときはこの限りでない。
(1) 自己の家族および使用人以外の者の使用、転貸またはこれに類する行為

福利厚生規程

(2) 建物、造作物、付属施設等の設備の新設または模様替
(3) 社員住宅内における営業もしくはこれに類する行為

(弁償)
第38条 使用者の責に帰すべき事由により建物および付属施設が災害にかかり、または汚損し、もしくは盗難にかかったときは、その程度により使用者をして原状に復させ、その相当額の弁償をさせることがある。

(使用者の負担する施設)
第39条 社員住宅の施設のうち、電気、ガス、水道等の使用上必要な器類(調理台、流し等を除く)およびその他通常使用者が負担すべきものと思われるものは、使用者の負担とする。

(使用者の負担する費用)
第40条 次の諸費用は、使用者が負担する。ただし、共用部分の費用および電話(組合名義に限る)の基本料付加使用料は会社が負担する。ただし社員住宅が事業所に接続し、または社屋と一体をなしているために、その費用を分割することができないときはこの限りでない。
(1) 電気、ガス、水道、テレビ、ラジオおよび電話の料金
(2) 汲取、塵芥、汚物の処理等衛生に関する費用
(3) 町内費、寄付金、町規等による費用
(4) 硝子の修理、障子の張替、電燈の取替等軽易な施設の補修
(5) 使用者負担による施設費およびその維持費
(6) その他前号に準ずる費用

(使用料)
第41条 使用者は次に定める基準により、使用料を会社に支払わなければならない。

区　分	使用料(月額)
一世帯のみの独立家屋または社屋と同一棟内にある家屋	○○○〜○○○円
家族寮	○○○円
独身寮	○○○円

2 前項の使用料は当日分を当月の給与支給日に支払うものとする。
3 月の中途において、入居または退居したときの使用料は、日割計算によって支払うものとする。この場合、一日の使用料は月額の三〇分の一とし、円未満の端数は切り捨てる。

第三節　営　繕

(営繕)
第42条 会社は、必要のつど社員住宅の補修または改造を行う。

(修理、改造の申請)
第43条 使用者が使用する建物および付属施設を修理または改造を希望するときは、所属長を経て庶務部に申請し、承認を受けなければならない。
2 前項の場合において庶務部が必要と認めた場合修理または改造を行う。
3 使用者が承認を受けないで、修理または改造を行ったときは、工事の中止または原状復帰を命じ、その費用については会社は負担しない。

(畳の表替)
第44条 畳の表替(裏替しを含む)は表替後、原則として満三ヵ年を経過したとき、庶務部が必要と認めたとき会社が表替えを行う。ただし、この期間内であっても入居者に異動があったとき、損傷の程度により表替えを行うことができる。

(襖の張替)
第45条 襖の張替えは、張替え後原則として満三ヵ年を経過した後、庶務部が必要と認めたとき、当組合が張替えを行う。ただしこの期間内であっても、入居の際損していときに限り、会社が張替え、または修理を行うことができる。

(硝子の修理等)
第46条 次の各号の補修は、入居の際破損しているときに限り、会社が行う。
(1) 硝子の修理
(2) 障子の張替
(3) 電燈笠等

第四節　退居

(退居)
第47条　使用者が、次の各号の一に該当したときは、一週間以内にその社員住宅を明渡さなければならない。ただし、やむを得ない事由によって社長の承認を受けたときは、その期間を延長することができる。
(1) 社員の資格を失ったとき
(2) 異動等により社員住宅に居住する資格または必要がなくなったとき

(退居の手続)
第48条　前条の事由または自己の都合により退居するときは、所定の様式による退居届を所属長を経て人事部長に提出しなければならない。

(移転)
第49条　会社が管理上必要と認めたときは、使用者を他の社員住宅へ移転させることができる。

(退居の特例)
第50条　使用者がこの章の規程に違反したとき、または会社の指示に従わないときは退居を命ずることがある。

(立退料)
第51条　社員住宅を退居するときは、立退料は支給しない。

第五節　借上住宅

(貸与対象)
第52条　業務上の必要により転勤(同一都府県内の転勤は転勤とみなさない)を命ぜられ赴任に際して社員住宅または寮(以下会社施設という)がないため、借家もしくは借間せざるを得ない社員を対象とし、当該家屋または部屋を会社が賃借し、これを社員住宅として貸与する。

2　借上住宅の入居者が家主の都合(他に売却、賃貸、家族の転入等)により立退きを要請された場合は、引続き借上げ住宅の貸与対象とし、旅費規程第○条第○項第○号による移転料を支給する。

3　次の各号の一に該当する場合はその事情により借上住宅貸与該当者に準じた取扱いを行うものとする。
(1) 採用時配属にあたり、居住の本拠地を離れ通勤不可能地に勤務を命ぜられたとき
(2) 婚姻により世帯主となった職員が借家または借間した場合で、借家または借間した日から二ヵ月間経過したとき

(4) 当該住宅の対象物件が父母または、これに類する者の所有であるとき

(貸与規模基準)
第53条　借上住宅の家賃額は原則として、次の基準によるものとする。
(1) 課長・代理以上の社員
    月額○○○○○円以内
(2) その他の社員
    月額○○○○○円以内

2　入居者の事情により貸与規模基準を超える場合、超える部分の家賃額は入居者の負担とする。

(使用料)
第54条　入居者より次に定める基準による使用料を徴収する。ただし、使用料が国税庁通達による家賃相当額の五〇％を下回る場合は、当該家賃相当額の五〇％まで引き上げるものとする。
(1) 家賃月額○○○○○円以内の場合はその一五％
(2) 家賃月額○○○○○円超○○○○○円以内の場合はその二〇％

福利厚生規程

(3) 家賃月額〇〇〇〇〇円超〇〇〇〇〇円以内の場合はその三〇％
(4) 家賃月額〇〇〇〇〇円超〇〇〇〇〇円以内の場合はその四〇％

使用料は月額をもってこれを定め原則として給与から控除する。ただし、月の途中において入居または退居した場合は月額の三〇分の一をもって日割計算によって徴収する。この場合円未満の端数は切り捨てる。

(借上住宅の対象家屋)
第55条 借上住宅の対象は原則として次の各号に該当する住宅とする。
(1) 独立住宅(含アパート)
(2) 借上げ期間は一ヵ年以上可能なもの
(3) 事業所所在の市町村またはその事業区域内に所在するもの

2 前項の場合においては、権利金・礼金・敷金を要する場合は会社負担とする。ただし、仲介手数料・不要なものとする。

(契約および賃借料)
第55条の2 社長は賃主と当該建物、部屋について賃貸借契約を締結することとし、その賃借料は会社の負担とする。

(入居の手続)
第55条の3 借上住宅の貸与を受けようとする者は、所定の様式により、所属長を経て社長の承認を受けなければならない。

2 借上住宅に入居した者は、入居後五日以内に所定の様式による借用証を所属長を経て理事長に提出しなければならない。

(善良な注意義務)
第55条の4 入居者は次の事項に留意し、善良なる管理をしなければならない。
(1) 家屋および設備を汚損しないこと
(2) 火災の予防には万全の注意を払うこと

(禁止行為)
第55条の5 入居者は次の行為をしてはならない。
(1) 自己の家屋および使用人以外の使用、転貸、またはこれに類する行為
(2) 建物・造作物・付属施設等の設備の新設または模様替
(3) 借上住宅内における営業、またはこれに類する行為

(弁償)
第55条の6 入居者の責に帰すべき事由により建物および付属施設を汚損または滅失したときは、その程度により入居者に原状を復させ、もしくは相当額の弁償をさせることがある。

(費用の負担)
第55条の7 入居者はガス・水道・電気料金・衛生費・町会費・その他これらに準ずる費用を負担する。

(営繕および管理)
第55条の8 借上住宅の営繕・建物の火災保険料および除雪費用等建物の維持管理に伴う費用は原則として家主の負担とし、家主が負担しない場合は入居者が負担するものとする。

(退居)
第55条の9 入居者が次の各号の一に該当した場合は、五週間以内に退居しなければならない。ただし、やむを得ない事由により社長の承認を受けた場合は、その期間を延長することができる。
(1) 社員の資格を失ったとき
(2) 転勤等により借上住宅に居住する資格または必要がなくなったとき

2 入居者がこの規程に違反した場合、退居を命ずることがある。

(退居の手続)
第55条の10 入居者が退居する場合は、退居後五日以内に所定の様式による退居届を社長に提出しなければならない。

第七章 住宅資金等の貸付

(貸付手続)
第56条 第6条による貸付手続は別に社員貸付要綱に定める。

(補助額)
第57条 削除

第八章 運転免許取得費用の補助

第九章　慰安旅行等費用の補助

（補助額）

第58条　第8条による補助額は社員一人につき年額〇〇〇〇〇円とする。

2　前項の補助は旅行等を行う時点に在籍する所属社員を対象とする。ただし、すでに補助対象となった社員が配置換えなどで転入した者は除くものとする。

第十章　職員預り金

第59条　社員預り金の取扱いについては別に定める。

第十一章　厚生寮

（目的）

第60条　この規程は、会社の社員ならびに役員およびその被扶養者の保健保養を目的とする〇〇県〇〇郡〇〇町〇〇所在の厚生寮〇〇荘（以下厚生寮という）の利用に関する事項について定める。

（主管）

第61条　厚生寮運営の主管は、人事部とする。

厚生寮の利用に関しては、本社において人事部担当者のほか、他の事業所においては庶務係が事務を担当（以下担当者という）とする。

（利用者の範囲）

第62条　厚生寮を利用することができる者は次の各号に掲げるものとする。

(1) 会社の社員ならびに役員
(2) 前号にかかる被扶養者
(3) 前各号に準ずる親族または友人ならびに会社が認める者

（利用の内容および期間）

第63条　厚生寮はこれを利用する者に対し宿泊、休憩および食事の便を提供する。厚生寮の利用は一回につき三泊四日以内を原則とする。ただし、利用状況の繁閑により増減伸縮することがある。

（定員）

第64条　厚生寮の宿泊利用定員は四〇名とする。ただし冬期シーズンまたは部屋割の都合、あるいは社員研修期間等により、増減することができる。

（利用の申込）

第65条　厚生寮を利用しようとする者は、別表に定める「〇〇荘利用申込書」をその所属する担当者に提出する。この申込は、利用しようとする最初の日の一ヵ月前から受け付けるものとし、受付期限は原則として七日前までとする。

2　やむを得ない事情により所定の手続ができないときにおいても、直接厚生寮へ申込をしてはならない。

（利用の承認）

第66条　利用申込を受付けた担当者は、所定事項を確認のうえ、すみやかに人事部に送付する。

人事部は先着順により利用者を決定し、担当者経由で利用申込承認書を交付する。ただし、人事部が利用申込状況を公平に勘案し、必要と認めるときは、利用日の変更を勧告することがある。

2　会社が業務上の必要により使用する場合は一般の利用に優先することがある。

（利用料等の支払方法）

第67条　厚生寮を利用する者は、別表に定める区分により、宿泊料、管理料、食事料ならびに入湯税等を退寮の際、管理人に支払わなければならない。（別表略）

2　各料金は、年毎に検討するものとし別表に定める。

3　利用者は管理人ならびに寮従業員に対して心付を贈呈してはならない。

（利用の取消）

第68条　厚生寮利用の手続の完了したものが、自己の都合により利用の取消をしようとする場合はすみやかにその旨を担当者経由人事部に連絡し、利用承認書を返納しなければならない。

2　取消は利用の二日前までとし、これ以降の場合には利用料を徴収することがある。

（利用承認書の提出）

第69条　利用者は厚生寮に到着した際、直ちに管理人に利用承認書を提出しなければならない。

慶弔見舞金規程①

第一章 総則

（目的）
第1条 この規程は、就業規則第57条の定むるところにより、慶弔見舞に関する事項を規定する。

2 社員の慶弔禍福に際し、会社は祝福、弔慰、見舞の意を表し、金品を支給する。

（慶弔見舞金の内容）
第2条 慶弔見舞金の内容は、結婚祝金、出産祝金、入学祝金、傷病見舞金、災害見舞金、死亡弔慰金の六種類とする。

（勤続年数の計算）
第3条 この規程における勤続年数の計算は、採用の日から支給事由の発生の日までの満年数とする。

（適用範囲）
第4条 第2条の対象者は、就業規則第3条に定むる社員に適用する。

2 前項に適用する社員以外の者は、そのつど決める。

第二章 結婚祝金

（結婚祝金と勤続年数の関係）
第5条 社員が結婚した場合には、次の勤続年数の区分により、結婚祝金を支給する。

① 勤続三年未満の者　二〇、〇〇〇円
② 勤続三年以上五年未満の者　三〇、〇〇〇円
③ 勤続五年以上一〇年未満の者　五〇、〇〇〇円
④ 勤続一〇年以上の者　七〇、〇〇〇円

（再婚の場合）
第6条 前条の結婚が再婚の場合は、祝金を半額とする。

（双方社員の場合）
第7条 結婚の当事者双方が社員の場合でも第5条の祝金は各々に支給する。

（祝電等）
第8条 結婚式において、会社幹部が出席しない場合は、会社は社長名で祝電をおくる。

第三章 出産祝金

（出産祝金）
第9条 女性社員ならびに配偶者が出産した場合は、次により祝金を支給する。

一産児につき　三〇、〇〇〇円

（死産の場合）
第10条 前条が死産の場合は、見舞金として前条の半額を支給する。

2 前項の場合は、第20条第2号の弔慰金は支給しない。

（利用者心得）
第70条 厚生寮を利用する者は別に定める利用者心得「〇〇荘利用者の皆さんへ」を順守しなければならない。

（利用禁止、弁償）
第71条 厚生寮において利用者が次に掲げる各号に該当する行為をおかしたときは、その利用を禁止し、または弁償させるものとする。

(1) 厚生寮の設備、物品および器具をみだりに破損し、または持出したとき
(2) 他人に伝染するおそれのある病気を有する者が偽って利用申込をしたとき
(3) 厚生寮の秩序もしくは風紀をみだし、または、他人に迷惑をおよぼしたとき
(4) 正当な理由なく前条の厚生寮利用者心得および管理人の指示に従わないとき
(5) 前各号のほか、厚生寮の利用を禁止する必要があると認められたとき

付　則

（実施期日）
この規程は平成〇〇年〇月〇日から実施する。

慶弔見舞金規程①

第四章　入学祝金

（入学祝金）
第11条　勤続一年以上の社員の子女が入学する場合は、次の区分により入学祝金を支給する。
① 小学校　　二〇、〇〇〇円
② 中学校　　二〇、〇〇〇円
③ 高等学校　三〇、〇〇〇円

（証明書の提出）
第12条　前条第3号の場合は、入学についての当該学校の入学証明書を提出しなければならない。

第五章　傷病見舞金

（業務上の場合）
第13条　社員が業務上の傷病により療養のために休養する場合は、次により傷病見舞金を支給する。

七日以上勤務不能の場合　　三〇、〇〇〇円

2　前項の支給は、六ヵ月経過し、引続き休養で勤務不能の場合はさらに支給する。
3　役員会の協議により、第1項の金額は増額することがあり、かつ、見舞品を副えることがある。

（私傷病の場合）
第14条　勤続六ヵ月以上の社員が、私傷病により療養のため休養する場合、次の傷病

見舞金を支給する。
① 三〇日以上勤務不能の場合　　一〇、〇〇〇円
② 六〇日以上勤務不能の場合さらに　　一〇、〇〇〇円

（証明書の提出）
第15条　前2条（第13・14条）の手続にはさらに医師の証明書を提出しなければならない。

第六章　災害見舞金

（災害見舞金）
第16条　勤続六ヵ月以上の社員が、火災、水災、震災、その他災害により、住居に損害をこうむった場合には、次の区分により見舞金を支給する。

① 扶養家族のある世帯主の場合
　ア　全焼、全壊のとき　　　　一〇〇、〇〇〇円
　イ　半焼、半壊のとき　　　　五〇、〇〇〇円
　ウ　一部損失のとき　　　　　三〇、〇〇〇円
② 扶養家族のない世帯主および非世帯主の場合
　ア　全焼、全壊のとき　　　　五〇、〇〇〇円
　イ　半焼、半壊のとき　　　　三〇、〇〇〇円
　ウ　一部損失のとき　　　　　一五、〇〇〇円

2　前項の一部損失とは、被害の度合いが五分の一以上の場合をいう。

（受給順位）
第17条　前条の場合、有資格者が二名以上ある場合は、世帯主または年長者に対して支給する。

（証明書の提出）
第18条　第16条の災害の場合、各々の官公庁の証明書を提出しなければならない。

第七章　死亡弔慰金

（本人の場合の弔慰金）
第19条　社員が死亡した場合は、その遺族に対して弔慰金を香典として贈呈する。
① 業務上による死亡　　二〇〇、〇〇〇円
② 業務外における死亡　　五〇、〇〇〇円

2　葬儀に際しては、会社名および社長名を記した花環もしくは生花一対を供する。
3　葬儀が遠方で、会社代表者が出席できない場合は、会社名および社長名を記した弔電をおくるものとする。
4　とくに功労のあった社員に対しては、第1項各号の額を増すことがある。

（家族の場合の弔慰金）
第20条　社員の配偶者、子女および父母が死亡した場合は、次の区分により弔慰金を

慶弔に関する取り扱い内規②

① 香典として贈呈する。
② 配偶者　　　　　三〇、〇〇〇円
③ 子女および父母　二〇、〇〇〇円
④ 義父母（同居の場合）一〇、〇〇〇円
⑤ 祖父母（同居の場合）一〇、〇〇〇円

2　葬儀に際しては、会社は、会社名および社長名を記した花環もしくは生花を供することがあり、かつ弔電をおくるものとする。

3　第2号以下の場合、有資格者二名以上いるときは、喪主または年長者に支給する。

（施行）
付　則
第21条　この規程は、平成一〇年七月一日より施行する。

二、参列者の制限
　参列者の名簿を提出する。

一、当事者の早期届出
　慶弔の当事者は就業規則に基き、すみやかに所定の届出を行う。特に結婚の場合は、三週間前に届出るものとし、社内に招待者のあるときは、その名簿を提出する。

三、慶弔式参列の社員区分
　慶弔式に参列する区分を次の通りとする。
(1) 業務上の参列者　会社を代表して参列する者
(2) 準業務上の参列者　職務上または社会通念上、参列が順当と思われる参列者（基準として直属上長）
(3) その他の参列者　私的な立場の参列者

四、参列者に対する出勤上の取り扱い
(1) 業務上の参列者　出勤扱いとする。
(2) 準業務上の参列者　出勤扱いとする。但し休日の場合は休日出勤扱いとしない。
(3) その他の参列者　出勤扱いとしない。

五、参列者に対する旅費の支給
(1) 業務上の参列者　交通費・日当を支給する。
(2) 準業務上の参列者　交通費を支給し、日当は支給しない。
(3) その他の参列者　交通費・日当を共に支給しない。

六、参列者に対する祝金・香典等の補助支給
(1) 業務上の参列者　金額を協議し、全額支給する。但し参列者の私的な祝金についての補助金は支給しない。担当者または課長代理以上　一〇、〇〇〇円補助する。
(2) 準業務上の参列者　金額を協議し、全額支給する。但し、参列者の私的な香典についての補助金は支給しない。
(3) その他の参列者　補助はなし。

祝金
(1) 業務上の参列者　全額支給する。但し参列者の私的な祝金は支給しない。

香典
(1) 業務上の参列者　全額支給する。但し、参列者の私的な香典についての補助金は支給しない。
(2) 準業務上の参列者　補助はなし。
(3) その他の参列者　補助はなし。

七、その他総務の指導基準
(1) グループで贈る祝金・香典等の金額
所属グループ
役職グループ　一人当り三、〇〇〇円以内
(2) 媒酌人の祝金および当事者の媒酌人への礼金
媒酌人の祝金　五〇、〇〇〇円
媒酌人への礼金　一〇〇、〇〇〇円

社内預金管理規程

第一章　総則

（目的）
第1条　従業員の預金（以下社内預金という）の管理はこの規程の定めるところによる。

（社内預金の種類）
第2条　社内預金は次の四種類とする。
一　普通預金
二　定期預金
三　積立預金
四　住宅積立預金

（預金資格）
第3条　預金者は社員および準社員でなければならない。ただし、次の場合は預金を認める。
イ　特別社員および、特別準社員は、普通預金、定期預金、積立預金のみに預金できる。
ロ　社員、特別社員、準社員および特別準社員以外の従業員は普通預金のみに預金できる。
ハ　嘱託は個別認定による。
ニ　出向先会社に会社預金制度のない出向社員

（通帳・証書・印鑑）
第4条　預金者には通帳を交付し預金者が保管する。
この預金に関する通帳、証書または質入その他担保の目的としてはならない。

2　通帳、証書または印鑑を紛失、汚損、変更等の場合には直ちに「印鑑変更届」「通帳再交付願」等により会社に届け出て必要な手続をとらなければならない。

3　本条の規程違背にもとづく事故については会社は責任を負わない。

（預入・払戻）
第5条　預金の預入れまたは払戻しの場合は「預金預入申込書」または「預金払戻請求書」により通帳を添えて会社に申し出るものとする。

2　預金の預入れまたは払戻しは全額払戻しのほかは百円単位とする。
一回〇〇〇〇〇〇円以上の払戻しの場合は前日（休日を除く）の午後一時までに申し出なければならない。

3　預金の源泉は会社の支払う賃金に限るものとする。

4　預金者一人当たりの預金残高は、第2条に定める四種類の預金の合計で〇百万円までとする。

（転勤者の扱い）
第6条　預金者が転勤する場合は解約するものとする。
ただし、定期預金は満期日まで継続して預入れできる。

（退職・解雇・死亡の扱い）
第7条　預金者が退職、解雇または死亡した場合、本人または遺族は預金残高全額の払戻しを受けなければならない。

2　預金者が業務上の都合により、定年前に解雇された場合は退職日までの利率は満期の場合の利率を適用する。

（長欠・休職の扱い）
第8条　長欠の場合、給与の発生がなくても会社よりの立替えで社内預金への積立てを継続する。

2　休職の場合は、次に従うものとする。
(1)　休職の時点で原則として解約とし、解約に伴う残高の扱いは本人に確認する。
(2)　休職以前、長欠期間中の会社立替え分については、復職または退社時点で精算する。
(3)　住宅積立預金についてはその取扱いを本人と協議し、解約の場合は利息を満期扱いとする。また、復職時、住宅貸付との関連では住宅積立の実績を認める。

第二章　普通預金

（預入）
第9条　この預金の預入れは原則として現金預入れによる。

第三章　定期預金

（利率）
第10条　この預金の利率は年利〇・〇〇〇％とする。（下限利率五厘）
半年複利とし毎年三月三一日および九月三〇日をもって元金に繰入れる。
(1) 算出利子に生じた円未満の端数は切捨てる。
(2) 利子計算は片端入とする。
(3) 預金の一〇円未満の端数には利子をつけない。
(4)

（預金の期間）
第11条　この預金は一年満期の定期預金とする。

（預入）
第12条　定期預金の預入は預金者の申込みにより次の各号のいずれかの方法によるものとするが、預入金額は〇〇〇〇〇円以上とする。
(1) 現金預入れによる方法。
(2) 満期の到来した定期預金または定期積立の元利合計額の全部または一部を継続預入れする方法。

（中途解約）
第13条　この預金は原則として満期日以前には払戻ししないものとする。ただし事情やむを得ないと認められる場合はこの限りではない。

（利率）
第14条　この預金の利率は次の通りとする。

区分	利率	中途解約
満期	年利〇・〇〇〇％	年利〇・〇〇〇％

（満期後の継続預入）
第15条　満期後預金の全部または一部について継続預入れしない者は満期日までに届け出て満期日後払戻しの手続をとらなければならない。
2　前項の届出がないものについては元利合計全額について継続預入れしたものとして扱う。
3　前々項の届出をした金額については満期日以後は普通預金の利率を適用する。

第四章　積立預金

（預金の期間）
第16条　この預金は一口〇〇〇〇〇円で一二回預入れの一年定期積立とする。

（預入）
第17条　この預金の預入れは賃金からの振替えを原則とする。

（中途解約）
第18条　この預金は原則として満期日以前には払戻ししないものとする。ただし、事情やむを得ないと認められる場合はこの限りでない。

（利率）
第19条　この預金の利率は次の通りとする。

区分	利率	中途解約
満期	年利〇・〇〇〇％	年利〇・〇〇〇％

（満期日の継続預入）
第20条　定期預金の取扱いに準ずる。
2　利子は満期日に元金に繰り入れる。
3　その他は普通預金の取扱いに準ずる。

第五章　住宅積立預金

（預金の期間）
第21条　この預金は一口（一口は毎月〇〇〇円、各賞与から〇〇〇〇円、計年〇〇〇〇円）以上とし、一〇年間または宅地・建物入手時あるいは補修時まで積立てるものとする。
ただし、別に指定する地区においては積立期間は一五年間とする。

（預入）
第22条　この預金の預入れは賃金ならびに賞与からの振替を原則とする。

（利率）
第23条　この預金の利率は次の通りとする。

区分	利率
満期	年利〇・〇%
中途解約	所定の利息の一五%引とする。

2　利息計算、毎年〇月〇日に一年複利による利息をつける。

（中途解約）

第24条　次の場合以外は中途解約とする。

イ、満期日後の払戻。

ロ、自己の居住する住宅を新築、購入、増改築、移転、修理または宅地の購入にあてるとき。

第六章　社内預金の保全措置

第25条　社内預金の保全措置　普通預金、定期預金、積立預金、住宅積立預金の返還を果たすため、次の支払保全措置をとる。

1　保証契約の締結　金融機関等と保証契約を締結する。

2　信託契約の締結　会社の有する財産を信託財産とする信託契約を締結する。

3　質権の設定　会社又は第三者の有する質物とする質権設定契約を締結する。

4　抵当権の設定　会社又は第三者の有する財産を抵当権の目的物とする抵当権設定契約を締結する。

5　預金保全委員会の設置　労使で構成する保全委員会を設置し、関係帳簿等の監査等を行なう。

（事務局）

持家制度規程

付則

この規程は平成〇〇年〇月〇日から実施する。

（社内預金を行なう場合は、必要事項を労働者代表と協定して、所轄の労働基準監督署長へ届出なければならないことに留意）

第一章　総則

（目的）

第1条　この規程は、〇〇福祉会規約第七九条にもとづき、会員の財産形成貯蓄ならびに住宅融資について定める。

（運営）

第2条　この制度の実施および運営のため、〇〇持家制度運営委員会（以下運営委員会という）および〇〇持家制度事務局（以下事務局という）を設ける。

（運営委員会）

第3条　運営委員会は、労使各々三名で構成し、次の業務を遂行する。

(1) 住宅融資の審査

(2) 提携金融機関の決定

(3) この制度に関する重要事項の決定

第4条　事務局は、福祉会に設置する。

2　事務局は、次の業務を遂行する。

(1) 貯蓄の奨励・加入・積立・および脱退に関する事務

(2) 融資に関する事務

(3) 文書および統計書類の作成と保管業務および経理の定期報告

(4) 不動産物件紹介・資金計画相談・税務相談・法律相談などに関するサービス

(5) その他、運営委員会より命じられた事項

（労使の事務援助）

第5条　会社および組合は、この制度の円滑な運営を図るため、次のとおり業務を分担または援助する。

(1) 会社

① 積立金および返済金の控除および納入

② 融資の連体保証

③ 金融機関との折衝

④ その他、運営委員会から要請された事項

(2) 組合

① 融資の連体保証

② その他、運営委員会から要請された事項

（加入資格）

第6条　この制度の加入者は、福祉会会員と

持家制度規程

する。ただし、融資適用者は、同章一六条に該当する者に限る。

（提携金融機関）
第７条　提携する金融機関は次のとおりとする。
(1) ○○銀行
(2) ○○金庫
(3) ○○信託銀行
(4) ○○証券

第二章　貯　蓄

（加入時期と手続）
第８条　この制度の加入時期は毎年六月と一二月の二回とする。
２　前項による加入申込みの受付期日は、そのつど公示する。

（財形貯蓄）
第９条　財形貯蓄の種類は別表のとおりとする。
２　同一人が加入できるのは二金融機関までとする。

（積立）
第10条　加入者は、次の各号の定める方法を併用して積立を行うものとする。
(1) 給与積立　五、○○○円以上で一、○○○円単位
(2) 賞与積立　給与積立の二以上の整数倍

２　前項については、毎年六月・一二月に変更することができる。ただし、この制度により住宅金融を受けたとき、および他の金融機関より住宅融資を受けたときは、返済開始月からの積立額を一、○○○円以上一、○○○円単位の額に変更することができる。

別表　財形貯蓄の種類

銀　行	預金の種類	積立期間	据置期間
(1) ○○銀　行	積立定期預金	積立期間３年以上	３カ月間据置き
(2) ○○金　庫	〃	〃	〃
(3) ○○信託銀行	金銭信託	〃	２年間据置き
(4) ○○信託銀行	〃	〃	〃
(5) ○○信託銀行	〃	〃	〃
(6) ○○証　券	公社債投資信託	〃	〃
(7) ○○信託銀行	金銭信託	〃	２年間据置き

（給与控除ならびに預入れ）
第11条　会社は、前条の積立については加入者の給与および賞与から積立額を控除し、各金融機関へ預け入れるものとする。

（積立ての中断および再開）
第12条　積立の中断は、加入者もしくは家族に疾病・災害その他やむを得ない事情がある場合に行うことができる。
２　中断後、積立を再開する場合の申込手続は、第八条に準じて行うものとする。

（脱退）
第13条　加入者は、次に該当する場合を除き、原則として脱退できない。
(1) 退職または解雇されたとき
(2) 加入者もしくは家族に疾病・災害その他やむを得ない事情があるとき

２　脱退した加入者は、原則として再加入することができない。

（積立金の払戻し）
第14条　加入者は、次に該当するときは、積立金の元利合計額の払戻しを受けることができる。
(1) 満期に達したとき
(2) 脱退したとき
(3) 積立開始後三年以上経過し、金融機関より融資を受けたとき

（税法上の優遇）
第15条　積立金については、所定の手続きをとることにより勤労者財産形成制度・少

第三章　住宅融資

(融資資格)

第16条　この制度によって融資を受けることができる従業員のうち社員A・Bとし、次の各号のすべての条件を備えている者とする。

(1) 満二三歳以上かつ勤続三年以上の者

(2) 第七条の提携金融機関（○○証券は除く）の財形貯蓄に加入し継続して三年以上積み立てている者

(融資対象)

第17条　住宅融資の対象は会社の勤務地五店舗以上に通勤可能な範囲で、自己の居住する住宅を建設することを目的とし、次の各号のいずれかに該当するものとする。ただし、特別事情がある場合は運営委員会で決定する。

(1) 二〇坪以上の土地購入をするとき

(2) 住宅の新築または増改築をするとき

(3) 土地付住宅、分譲マンションを購入するとき

2　店舗・事務所・倉庫貸室など事業の用に供するもの、および趣味・娯楽もしくは保養の目的に使用する別荘、その他住宅は融資対象としない。ただし、自己の居住する部分と併設している場合は、居住部分のみ対象とする。

3　自宅を保有し、新たに買換えを目的として土地のみを購入した場合は二年以内に家を建てなければならない。

(融資額)

第18条　融資金額は、次の各号のいずれか低い方の額を限度として運営委員会で認めたものとする。

(1) 一〇〇万円以上二、〇〇〇万円まで（一〇万円単位）

(2) 自己積立金の一〇倍まで

(3) 前年年収の三・〇倍まで

(4) 取得物件額の九割まで

(分割融資)

第19条　土地と建物の取得時期が異なるとき、または増改築をするときは追加融資を受けることができる。

2　二回目以降の融資限度額は、前条に定める事項を適用して計算した金額から借入額を控除した額とする。

(融資手続)

第20条　融資を希望する者は、所定の申込書類に所要事項を記入し、事務局に提出するものとする。

2　事務局は運営委員会に諮り、融資の可否を決定するとともに、一〇日以内に当該申込者に通知する。

(使途に関する書類の提出)

第21条　借入人は融資金の使途に応じ、必要書類を事務局に提出しなければならない。

(融資日)

第22条　融資実行日は、原則として毎月二六日とする。

(融資の方法)

第23条　融資は金融機関を貸主、当該借入希望者を借入人、会社もしくは組合（労働

額貯蓄非課税制度および住宅貯蓄控除制度の優遇措置を受けることができる。

別表　融資期間および利率

金融機関	期間	利率	付帯条件
○○銀行	20年以内	○.○○%	生命保険料含む
○○金庫	25年以内	○.○○%	1,000万円までの生命保険料 を含む / 1,000万円までの生命保険料
○○信託銀行	20年以内	○.○○%	生命保険料含む
○○信託銀行	20年以内	○.○○%	〃
○○信託銀行	20年以内	○.○○%	〃
○○信託銀行	20年以内	○.○○%	〃

持家制度規程

第24条 金庫のみ）を借入人の連帯保証人とする証書貸付により行う。

（融資期間および利率）
第24条 融資期間および利率は別表の通りとする。
2 前項は金融情勢の変化により、金融期間と協議のうえ変更することがある。
3 利率の変更があった場合は、そのつど加入者に公示する。

（利子補給）
第25条 融資を受けた者に対し、次の通り利子補給を行う。ただし、利子補給の範囲として、借替え融資額の部分については、対象としない。
(1) 融資額のうち五〇〇万円までは、融資額の三％を三年間給付する。
(2) 融資額のうち五〇〇万円を超え一、〇〇〇万円までの部分についてはその融資額の一・五％を三年間給付する。

（再借入れ時の利子補給）
第26条 増改築や買替えのために、再度融資を受けたときの利子補給は、最初に融資を受けたときの利子補給の上限額を限度として給付する。
このときの計算方法は、次の通りとする。

最初の融資時の利子補給上限額－最初の利子補給額＝今回利子補給額

（返済方法）
第27条 融資金およびその利息は、元利均等月賦返済および元利均等月賦返済と半年月賦返済の併用とし、毎月の給与および賞与から控除する。

（担保）
第28条 借入人は融資金により、取得した不動産ならびにこれに付随する物件について、当該金融機関のため第一順位の抵当権を設定するものとする。
2 前項の場合、公的金融機関から融資を受けたときに限り、公的金融機関を第一順位、当該金融機関を後順位の抵当権を設定することができる。
3 第一項の不動産が土地である場合は、その土地上の建物、建物である場合にはその敷地についても第一項の規定を準用する。
4 取得した不動産が借地のものであるときは、借入人は賃貸契約書の写し、および地主の抵当権設定承諾書を事務局に提出しなければならない。
5 本条各項に要する諸費用は借入人の負担とする。

（連帯保証人）
第29条 この制度により融資を受ける場合は、会社もしくは組合の連帯保証のほか、委員会が適当と認めた連帯保証人（主たる法定相続人）を一名たてるものとする。

（生命保険）
第30条 借入人は、金融機関の指定する団体信用保険に加入し融資相当額の生命保険契約を締結し、かつ金融機関のための質権を設定する。

（火災保険）
第31条 借入人は、担保に差し入れた不動産ならびにこれに付随する物件について事務局の指定する火災保険契約を締結し、融資金を完済するまで継続しなければならない。
2 借入人は、前項保険契約について保険金請求権のうえに金融機関のために質権を設定する。
3 この制度による融資と公的金融機関の融資を併せてうけている場合は、公的金融機関の指定する保険会社と火災保険契約を締結し、当該金融機関のために後順位の質権を設定する。

（即時返済）
第32条 借入人が次に該当したときは、融資残額を一括して直ちに完済する。
(1) この制度を脱退したとき
(2) 融資金をこの制度で定める使途以外に使用したとき
(3) 融資を受けて取得した不動産または物件を事務局の承認を得ずに転売譲渡または転貸したとき
(4) 融資を受けて建築または購入した住宅が火災等の理由により滅失したとき

社員持家借上規程

(目的)
第1条 この規程は、会社が転勤社員の持家(以下建物という)を借り上げ、社宅として使用する際の事項について定めたものである。

(建物の定義)
第2条 この規程の適用を受ける建物とは次のものをいう。
 1 社員が所有権を有している家屋およびその敷地(借地を含む)
 2 社員が所有権を有している日本住宅公団等の分譲アパートであって、公団が第三者の入居を許可したもの。

(建物の適格要件)
第3条 借上げの対象となる建物は、原則として次の要件を充たしていなければならない。
 ① 建物の現状(第10条第1項第1号ないし第3号所定の部分を中心に)

 1 会社への通勤可能な場所にあること。
 2 著しく広大、または狭小、あるいは老朽家屋でないこと。
 3 間取・設備等が社宅として適当であること。
 4 什器、備品、庭園樹木、動物等特別な管理や手入れを必要としないこと。
 5 日照、通学、通院、買物等、周囲の影響に難点が認められないこと。
 6 建物復元費用相当額の火災保険を付保している。

(借上げ申請)
第4条 1 社員が建物の借上げを希望する場合には、所定の用紙により、会社へ申請しなければならない。
 2 借上げ申請は、転勤発令時、家族引きとめ時、または建物完成時に行わなければならない。
 3 前項にかかわらず特段の事情があると会社が認めたときは適宜申請することができる。

(建物の調査)
第5条 借上げ申請を受けた場合、会社は建物を検分調査し、社員との間で次の事項を確認し、所定の「社員持家調査書」を作成する。

(借上げ決定)
第6条 1 当該建物が第3条に定める適格要件を充たしている場合、会社は社宅の必要度等を勘案し必要に応じて借上げる。
 2 会社が借上げを決定したときは、所定の「借上げ決定通知書」を交付するものとし、賃貸借契約書の交換はおこなわないものとする。

(引渡し・借上時補修)
第7条 1 社員は指定された日までに会社に建物を引き渡さなければならない。
 2 会社は社員から入居していたときの状態のまま建物の引渡しを受け必要な補修を行うものとする。
 3 前項における補修内容が第10条第1項第1号ないし、第3号に定める部分、および耐用年数の大半を経過している設備または入居者の生活に支障を来たすと思われる部分の補修費用は所有者の負担とする。

 ② 第7条第3項所定の社員負担で行う借上げ時補修の内容程度

(借上げ料)
第8条 1 建物の借上げ料は月額○○円とし、次のとおり取り扱う。
 ① 新任地において、社宅管理規程第6章に定める持家社宅を適用する。
 ② 月の途中で返還した場合当該月の借上げ料は支払わない。

(5) この制度または金融機関との融資契約に違反したとき
 2 前項により即時返済を行わない場合、会社は退職金その他一切の給付金から当該未返済元利金を優先控除し、当該金融機関に支払うものとする。

(運用細則)
第33条 この規定に必要な細則は、福祉会資産形成事業部運営委員会が定める。

付則 平成○○年○月○日施行

住宅財形融資制度に関する協定書

③ 月の途中で返還した場合当該月の借上げ料は全額支払う。
④ 借上げ料は一ヵ月遅れで支払う。
　前項にかかわらず、海外出向者等、持家社宅の適用が困難な場合には、次の算式により借上げ料を算出する。ただし、上限は月額〇〇円とする。
① 総理府統計の坪当たり家賃×建物の延坪数×二分の一
② 借上げ料は、当該月分を当月末日までに支払う。
③ 一ヵ月に満たない端数を生じた月の借上げ料は日割計算により支払う。

（借上げ建物の管理）
第9条　会社は借上げた建物を社宅として使用し善良なる管理者の注意をもって管理保全する。

（社員の費用負担）
第10条　1　社員は建物について次の費用を負担しなければならない。
① 敷地、建物本体および構築物（門・塀等）に関する補修費
② 外廻り建具（ガラスを除く）の補修費
③ 電気、ガス、給排水および衛生設備の基幹部分の補修費
④ 公租公課
⑤ 火災保険料
⑥ 借地の場合は借地料
⑦ マンションの場合は公益費の80％相

当額
⑧ 天災地変等不可抗力な事由にもとづく補修費
2　前項の定めにかかわらず前項第1号ないし第3号に関する補修が、会社の故意または過失により生じたものであることが明らかな場合には、これに要する費用は会社が負担する。
3　火災保険は会社が指示する建物復元費用相当額を付保しなければならない。
4　持家社宅の適用をうける場合は、建物内部の定期補修、小修理の費用として、月額〇〇円を負担しなければならない。

（会社の費用負担）
第11条　前条に定めのない部分に関する補修費用は原則として会社が負担する。

（損害賠償）
第12条　天災地変、類焼等、不可抗力な事由により、建物が滅失または損傷した場合、会社はその損害について、賠償の義務を負わない。

（施行）
第13条　この規程は平成〇〇年〇月〇日より施行する。

住宅財形融資制度に関する協定書

（目的）
第1条　会社は、財産形成貯蓄制度に定める

住宅財形貯蓄を行っている社員が、自ら所有しかつ居住するための土地の取得ならびに住宅の新築、購入および増改築（以下「土地住宅取得等」という）に際して、これを助成するために住宅財形融資（以下「融資」という）制度を設ける。

（融資の種類）
第2条　融資の種類は、年金福祉事業団および雇用促進事業団の転貸融資である財形転貸融資、財形受託金融機関からの財形銀行融資、ならびに財形銀行融資Ⅰ、財形銀行融資Ⅱの三種類とする。

（融資の対象）
第3条　融資の対象は次の各号に定めるものとする。
(1) 土地の購入
(2) 住宅の新築・購入
(3) 住宅の増改築

（融資の資格条件）
第4条　融資を受ける者は、次の各号の条件を満たしていなければならない。
(1) 社員（新特別社員、特別社員、嘱託を除く）であること
(2) 勤続三年以上にして正常に勤務しており、将来とも勤続の見込みがあること
(3) 住宅財形貯蓄を三年以上継続して行っていること
(4) 融資を受けようとする事由に応じ、会社が適当と認める額以上の住宅財形

住宅財形融資制度に関する協定書

別表　融資金の協定額

地区		土地・建物同時購入	建物のみ新築・購入	土地購入	増改築	
					建替えまたはこれに準ずる増改築	その他の増改築
○○地区	住宅財形融資A	1,700万円	600万円	1,100万円	500万円	350万円
	住宅財形融資B	300	100	200	—	—
	計	2,000	700	1,300	500	350
その他地区	住宅財形融資A	1,100	550	550	500	350
	住宅財形融資B	100	50	50	—	—
	計	1,200	600	600	500	350

貯蓄を有していること

(5) 住宅財形貯蓄預金残高を全額払戻してもなお土地・住宅等の取得のための必要な資金が不足していること

(6) 自己の収入によって家計を維持していること

(7) 土地・住宅取得等に関し具体的計画があること

(8) 会社の行う融資金に対して十分返済能力があること

（融資を受けようとする者の努力義務）

第5条　融資を受けようとする者は、融資金の年間返済額が年収の三〇％を下回るべく自主的、計画的に十分な預金を行うよう努めなければならない。

（融資の制限）

第6条　会社は、同一社員に対して同一事由による二回以上の融資は行わない。ただし、会社がとくに認めた場合はこの限りではない。

（融資金）

第7条　融資金は、住宅財形融資Aと住宅財形融資Bに区分し、財形転貸融資および財形銀行融資Ⅰにより融資する。

2　融資金の限度額は別表の通りとする。なお、住宅財形融資Bは、住宅財形融資Aの限度額を超えた場合に融資する。

3　会社は、財産形成貯蓄制度にもとづく住宅財形貯蓄を行っている者に対しては、つぎに定める金額を最低限融資するものとする。

(1) 土地・住宅等の取得価格と住宅財形貯蓄額（以下「預金額」という）との差額が預金額の二・五倍以上ある場合は、預金額の二・五倍相当額

(2) 土地・住宅等の取得価格と預金額との差額が預金額の二・五倍未満の場合は差額の全額

4　前項の最低限融資額が二項に定める融資限度額を下回る場合は、その全額を財形転貸融資および財形銀行融資Ⅰにより融資するものとし、上回る場合は、上回る額を財形銀行融資Ⅱにより融資する。

（付加融資）

第8条　○○ホーム物件を購入する場合は、第七条の融資金に加えて財形銀行融資Ⅰとして三〇〇万円を限度に付加融資する。

（融資金に対する利息）

第9条　融資金に対する利息は次の通りとする。

(1) 財形転貸融資および財形銀行融資Ⅰに対する利息は、元利均等払方式とし、住宅財形融資Aは年利三・二％、住宅財形融資Bは年利六・〇％とする。

(2) 財形銀行融資Ⅱに対する利息は、金融機関からの借入利率とする。

（返済期間）

第10条　融資金の返済期間は次の通りとする。

住宅財形融資制度に関する協定書

(1) 土地・建物同時購入、建物のみ新築・購入および土地購入の場合の返済期間は、一〇年、一五年、二〇年、二五年とし、このうちいずれか一つを選択するものとする。

(2) 建替えまたはこれに準ずる増改築およびその他の増改築の場合の返済期間は、一〇年または一五年とし、このうちいずれかを選択するものとする。

(返済方法)
第11条　融資金は元利均等払方式にもとづき、月例賃金および一時金から次のいずれかの方法により返済するものとする。

(1) 全額月例賃金返済
(2) 月例賃金　二分の一、
　　一時金　　二分の一返済
(3) 月例賃金　四分の三、
　　一時金　　四分の一返済

2　前号における返済方法は、返済の中途で変更することはできない。

(融資の契約)
第12条　融資を受ける者は、融資額決定後すみやかに会社および会社が斡旋する金融機関との間で所定の融資契約を締結しなければならない。

(融資金の支払い)
第13条　融資金の支払いは毎月二八日とする。

2　二八日が銀行の休業日にあたる場合はその翌日とする。

ただし、二月についてはその前日とする。

(一括中途返済)
第14条　融資金は所定の手続きを行うことにより、返済の中途で一括して繰上げ返済することができる。

(退職金等の充当)
第15条　融資を受けた者が死亡、または退職したときは、融資金を一括して返済しなければならない。

2　会社が必要と認めたときは退職金、その他の給与金を融資金の返済にあてるものとする。

(融資を受けた者の義務)
第16条　融資を受けた者は、住宅財形貯蓄の預金残高をすみやかに全額払戻し、当該融資金とあわせて全額土地・住宅等の取得資金に供さなければならない。

2　融資を受けた者は、融資を受けた日から四ヵ月以内に土地・住宅等の取得を行うとともに、当該土地・住宅取得等にかかわる必要証書をすみやかに会社に提出しなければならない。

3　融資を受けて土地を取得した者は、その融資を受けた日から五ヵ年以内に当該土地に自ら所有し、かつ居住するための住宅を取得しなければならない。

4　融資を受けた者は、会社の定める住宅生命保険に加入しなければならない。

(抵当権の設定)
第17条　融資を受けた者は、土地・住宅等の取得と同時に取得物件に対して会社の抵当権とする第一順位の融資金相当額の抵当権を設定し、登記しなければならない。

ただし、次に該当する場合は、会社の承認を受けて第二順位以下とすることができる。

(1) 会社が行う融資のほかに、公共機関(住宅金融公庫等)および金融機関からの住宅融資を受けているとき、また
(2) すでに会社から融資を受けて当該住宅に抵当権を設定し、登記が行われているとき

(保証人)
第18条　融資を受ける者は、融資契約を締結する際、勤続五年以上の社員のなかから保証人二名を設定しなければならない。

2　会社は、前項の保証人が適当でないと認めたときはその変更を求めることができる。

(火災保険の付保)
第19条　融資を受けた者は、第一七条(抵当権の設定)により抵当権を設定した住宅につき、会社の承認する金額の火災保険を付保し、融資金完済までこれを継続しなければならない。

(賃貸または譲渡の禁止)
第20条　融資を受けた者は、融資金を完済するまで会社の承認なくして取得した物件

420

住宅財形貯蓄規程

(目的)
第1条　この規程は、社員が勤労者財産形成促進法およびその他関係法令にもとづき貯蓄を行うに際し会社はそれを援助し、もって社員の住宅取得の促進ならびに生活の安定向上に資することを目的とする。

(取扱窓口)
第2条　この制度の実施および運営については人事部福祉サービスセンターが主管になり、この制度に関する一切の事務のとりまとめを行う。

(加入資格)
第3条　この制度に加入できるものは社員就業規則第〇条に定める社員で、かつ住宅取得を目的として貯蓄を行うものに限る。ただし、すでに社員住宅取得資金貸付規定にもとづく融資を受けたものは除く。

(積立金の使途)
第4条　積立金は加入者が自ら所有し、かつ居住する住宅の新築、購入、増改築または居住するための土地購入に要する資金に供さなければならない。

(住宅融資制度との関連)
第5条　住宅資金の借入れを希望するものはこの制度に加入しなければならない。住宅ローン融資斡旋規程にもとづく住宅資金融資を希望するものはこの制度に加入しなければならない。

(加入および積立の開始)
第6条　加入希望者は別に定める受託金融機関(以下銀行という)と財形貯蓄契約を締結するために、住宅財形貯蓄申込書を毎年三月または九月に会社を経由して銀行に提出し、それぞれの翌月より積立を開始する。

2　会社は銀行から加入者の財形貯蓄契約に関する取引証の交付を受け、これを保管する。

(預入代行)
第7条　積立金は加入者の天引預入依頼書にもとづき毎月の給与および毎期の賞与から控除し、それぞれ銀行に預入する。

(積立金額)
第8条　毎月の給与ごとの積立額は三、〇〇〇円以上五〇、〇〇〇円以下の一、〇〇〇円単位の金額とし、毎期の賞与ごとの積立額は賞与支給額の範囲の一、〇〇〇円単位の金額とする。

(積立期間)
第9条　積立期間は三年以上の任意の期間とし、加入者が加入申込時に指定する。

(住宅貯蓄契約)
第10条　この制度に加入するものは住宅貯蓄契約を締結するために財形住宅申込書を会社を経由して銀行に提出しなければならない。

住宅貯蓄契約の種別	コース名	積立期間
長期住宅貯蓄契約	長期コース	7年以上
短期住宅貯蓄契約	短期コース	3年以上7年未満

2　前項の住宅貯蓄契約の内容を変更または解約しようとするものは変更・解約申込書を会社を経由して銀行に提出しなければならない。

3　住宅貯蓄契約を締結するものは、租税特別措置法に定める要件に該当しないことが明らかになった場合、遅滞なくその旨を会社に申し出なければならない。

4　前項の要件違反の場合、別に定める手続きに従って会社は加入者から所得税追徴額相当分を徴収し、税務署に納付する。

(非課税貯蓄)
第11条　加入者は租税特別措置法に定める財産形成貯蓄非課税制度および所得税法に定める少額貯蓄非課税制度の適用を受け

(実施時期)
第21条　平成〇〇年〇月〇日

を賃貸もしくは譲渡し、または担保に供するなどの行為をしてはならない。

契約を締結するために財形住宅申込書を会社を経由して銀行に提出しなければならない。

財形貯蓄多目的ローン規程

（利息）
第12条 積立金の利息は銀行所定の利息とする。

（利息計算）
第13条 積立金の利息は毎年二回三月二五日および九月二五日に計算し、翌日をもって元金に繰り入れる。
2 利息は預入れの日から払出しの日の前日分までを計算する。

（貯蓄奨励金）
第14条 会社は積立残高により次の貯蓄奨励金を支給する。
(1) 積立残高一五〇万円未満の場合は、銀行所定の利率に会社が利率保証年九・八％とする額から銀行所定の利率で算出した額を差し引いた額
(2) 積立残高一五〇万円以上五〇〇万円未満の場合は年間積立額の一％相当額

（払戻）
第15条 積立金の払戻は毎月二五日（休日の場合は前営業日）に行うものとし、加入者はその月の五日までに所定の払戻請求書を会社の取扱窓口に提出しなければならない。

2 解釈代金は会社が銀行より受け取り、加入者があらかじめ会社に申し出た方法により遅滞なく加入者に支払うものとする。

3 積立金の一部払戻は原則として認めない。

（積立額の変更）
第16条 毎月の積立金については毎年三月または九月に所定の申込書を会社の取扱窓口に提出することにより、それぞれの翌月より積立額を変更することができる。
また六月賞与の積立金については毎年五月に、一二月賞与の積立金については毎年九月に、所定の申込書を会社の取扱窓口に提出することによりそれぞれ積立額を変更することができる。

（積立の中断復活）
第17条 積立の中断は原則として認めない。ただし、やむをえず中断するときは所定の申込書により申し出た翌月から中断することができる。
復活する場合も同様の手続による。

（解約手数料）
第18条 住宅取得目的以外の解約および加入時に設定した積立期限内の解約について、解約手数料を要する場合、解約手数料は加入者が負担する。

（加入者の義務）
第19条 加入者は次の場合所定の届出書により遅滞なく会社を経由して銀行に届出なければならない。
(1) 届出印を紛失したとき
(2) 改印したとき
(3) 改姓、改名したとき
(4) 住所を変更したとき

(5) その他届出事項に変更があったとき
第20条 会社は銀行から諸通知の交付を受けたとき遅滞なく当該加入者に交付する。

（付則）
第21条 この規程は平成〇〇年〇月〇日より施行する。

財形貯蓄多目的ローン規程

（総則）
第1条 この規程は、社員財産形成貯蓄制度規程（以下「財形貯蓄規程」という）第一一条に定める金融機関からの借入れに関する事項について定める。

（借入申込資格）
第2条 この規程による借入れを申込む資格を有する者は、次の各号のすべてを満たす者とする。
(1) 財形貯蓄規程第八条に定める財形貯蓄取扱い金融機関の財形貯蓄に加入している者
(2) 財形貯蓄の預入の実績が六ヵ月以上で借入後も引続き預入れを続ける者
(3) 満二〇歳以上の者
(4) 借入前三ヵ月間は、当規程を利用した借入実績ならびに借入残がないことにより、貸付けについては、会社と金融機関が適当と認める者

財形貯蓄規程

第一章　総則

（目的）
第1条　この規程は、勤労者財産形成促進法にもとづく財産形成貯蓄（以下財形貯蓄という）に関する事項を定め、従業員が継続して財形貯蓄を行い、会社がこれを助成することにより従業員の財産形成に資することを目的とする。

（加入資格）
第2条　財形貯蓄に加入できる者は、当社在籍従業員で加入後三年以上勤務する見込

（融資限度額）
第3条　融資限度額は、次の各号に掲げる金額のうちいずれか低い方の金額とする。
(1) 一〇〇万円
(2) 税込年収の三〇％相当額
(3) 積立金の一〇倍以内

（融資金額）
第4条　融資金額は、最低一〇万円以上とし前条に定める限度内で借入希望者の希望する五万円単位の金額とする。

（融資手続）
第5条　借入れを希望する者は、金融機関の定める所定の申込書類に、所要事項を記入し貯蓄会を通じて、金融機関に提出するものとする。

2　融資申込締切日は、毎月末日とする。

3　融資は、金融機関を貸主、当該借入希望者を借主とする証書貸付の方法により当該申込締切日の属する月の翌月末日迄に行うものとする。

4　融資金は、原則として貯蓄会を通じて借入人に交付する。

（融資期間）
第6条　融資期間は、六ヵ月以上の六ヵ月きざみとし最長期間は三年とする。

（利率）
第7条　利率は、年利〇・〇％とする。
ただし、金融情勢の変化した場合は、会社は金融機関と協議の上これを変更することができる。

（返済および利息支払方法）
第8条　借入人は、金融機関の定めるところに従い、返済金および利息を元利均等分割償還の方法で、融資を受けた翌月から最終期限に至るまで毎月の給料、あるいは毎月の給料および賞与より返済するものとする。

2　会社は、貯蓄会より委任を受けて前項の償還金を当該借入人の給料または賞与から控除し、金融機関に払い込むものとする。

（資金使途）
第9条　借入人の資金使途は自由とする。ただし、事業性資金は除くものとする。

（担保）
第10条　借入人の当該借入れに際する担保は、不要とする。

（連帯保証人）
第11条　借入人の当該借入れに際する連帯保証人は、不要とする。
ただし、借入人が金融機関所定の審査において必要と認められた場合は、連帯保証人をつけることがあるものとする。

（即時返済）
第12条　借入人が次の各号の一に該当するとき、または本規程による融資にかかわる会社と金融機関の協定が効力を失ったときは、当該借入人は、金融機関からの通知、催告等がなくても融資金の残額を直ちに完済しなければならない。
(1) 借入人が死亡・退職または解雇により借入人の資格を失ったとき。
(2) 第九条に違反したとき。

（規程の変更等）
第13条　この規程の変更、その他本規程に定めのない事項については、会社および金融機関が協議の上、人事部長がこれを決定する。

（施行）
第14条　この規程は平成〇〇年〇月〇日より施行する。

財形貯蓄規程

みの者（以下契約者という）とする。ただし、嘱託および出向者、海外勤務・海外出向または一年以上にわたる海外研修のため出国する者を除く。

（取扱金融機関）

第3条　財形貯蓄の取扱金融機関は〇〇銀行、〇〇銀行、〇〇銀行、〇〇銀行、〇〇信託銀行、〇〇信託銀行とする。

（財形貯蓄の種類）

第4条　財形貯蓄の種類は住宅財形貯蓄と一般財形貯蓄の二種類とする。

（加入申込みの方法）

第5条　1　財形貯蓄への加入申込みは仮申込書の提出をもって行うものとする。

2　仮申込書の提出により会社が当該申込者に関する取扱金融機関を決定し、「〇〇財形貯蓄申込書・印鑑届」および「〇〇財形住宅貯蓄申込書」（以下申込書という）の提出完了を経て正式加入申込みとする。

2　財形貯蓄への加入は第4条に規定する種類ごとに一人一契約までとする。

（積立期間および据置期間）

第6条　1　積立期間は三年以上とし、積み立てを開始する際にあらかじめ積立期間を定めるものとする。

2　財形貯蓄の種別は取扱金融機関により次のいずれかとする。

別表

（財形住宅貯蓄契約の定義）

財形住宅貯蓄契約とは、自己の居住の用に供する家屋、またはその敷地の取得、および家屋の増改築（以下住宅等という）を目的とし、かつ、次の各号に掲げる要件を満たすものをいう。

1　三年以上の期間にわたって定期的に積立てをするものであること。

2　積立期間中に積立てをした金額を住宅等の取得費用の一部に充当すること。

3　取得価額から前項の積立金額を控除した残高に相当する金額（その金額が積立金額の二・五倍に相当する金額を超える場合にはその二・五倍に相当する金額）を取扱金融機関より融資を受けること。

4　取得する住宅等が次のいずれかであること。

(イ)　取得する家屋の床面積が一六五㎡以下およびその土地の面積が三〇〇㎡以下であること。

(ロ)　床面積の増加を伴う家屋の増改築であること。

（財形住宅貯蓄契約の種類とその定義）

1　長期財形住宅貯蓄契約

七年以上の期間にわたって積立てを行い、積立期間満了後三年以内に住宅等を取得するもの。

2　短期財形住宅貯蓄契約

三年以上七年未満の期間にわたって積立てを行い、積立期間満了後二年以内に住宅等を取得するものであること。ただし、まず土地のみを取得する場合には、土地取得後二年以内に家屋を取得するもの。

（住宅貯蓄控除）

1　財形住宅貯蓄契約に基づいて積立てを行っている場合には、毎年の年末調整時に積立てをした年度分の所得税額から、次の区分（資料―編注）に応じて該当金額の税額控除を受けることができる。

なお、年間積立額には、その年（一月一日〜十二月三十一日）に課された利息相当額および奨励金を含むものとする。

2　財形住宅貯蓄契約の要件を欠いたときは、すでに控除を受けた税額控除相当額の追徴に応じなければならない。

（住宅貯蓄控除要件の特例）

財形住宅貯蓄控除要件に該当しなく

財形貯蓄規程

区　　分	税額控除額	税額控除期間
長期財形住宅貯蓄契約	年間積立額の○％。ただし、その金額が○万円を超える場合には○万円	3ヵ月
短期財形住宅貯蓄契約	年間積立額の○％。ただし、その金額が○万円を超える場合には○万円	3ヵ月

取扱金融機関	貯蓄の種別	積立期間	据置期間
普通銀行	積立定期預金	三年以上	三ヵ月
信託銀行	金銭信託	三年以上	二ヵ年

なった事由が次に掲げる場合に該当するときには、すでに控除を受けた税額相当額の追徴を受けない。

1　長期財形住宅貯蓄契約の場合
(イ)　契約者の死亡・疾病・失業（住宅等の取得後の退職を含む）または災害によるとき。

(ロ)　積立期間の満了後三年以内に住宅等を取得しなかった場合において第一八条に規定する月例給等の一〇〇％以内とし、両者に加入する場合の預入総額は月例給等の一〇〇％を限度とする。

① 契約者の出国、生計を一にする配偶者およびその他親族の疾病などの事由により住宅等取得が著しく困難になったとき。
② 積立期間満了後、五年以上の長期債券などを購入して積立開始時から一五年を経過するまで債券などの保管を委託したとき。
③ 一五年間積立てを継続したとき。

2　短期財形住宅貯蓄契約の場合
(イ)　契約者の死亡・疾病・失業または災害によるとき。
(ロ)　転勤などにより土地の取得後二年以内に家屋を取得ができなかった場合で、その事情解消後一年以内に家屋を取得したとき。

3　預入れ限度
(1)　住宅財形貯蓄のみに加入の場合の預入れ限度は元本○○○万円とする。
(2)　一般財形貯蓄のみに加入の場合の預入れ限度は元本○○○万円とする。
(3)　両者に併用加入の場合
住宅財形貯蓄の預入れ限度は元本○○○万円とし、一般財形貯蓄の預入れ限度は元本○○○万円までの少額貯蓄非課税限度とする。

（財形貯蓄の源泉と限度）
第7条　1　財形貯蓄の源泉は会社が支給する毎月の給与および毎期の賞与とし（以下月例給等という）、これから所定額を天引き控除し取扱金融機関に預け入れるものとする。

2　住宅財形貯蓄および一般財形貯蓄の毎回の預入れ限度は、それぞれ第一三条に

（利息等）
第8条　財形貯蓄に対する利率または配当率、利息または配当金の計算方法および計算の時期ならびに利息または配当金の元本繰入れ、支払等については取扱金融機関の定めによるものとする。

（利子所得の非課税扱い）
第9条　法令の定めるところにしたがい、次の区分により利子所得につき非課税の取扱いが受けられる。
(1)　住宅財形貯蓄のみに加入の場合の非課税限度額は元本○○○万円とする。
(2)　一般財形貯蓄のみに加入の場合の非課税限度額は元本○○○万円とする。
(3)　両者に併用加入の場合

財形貯蓄規程

住宅財形貯蓄の非課税限度額は元本〇〇〇万円とし、一般財形貯蓄の非課税限度額は元本〇〇〇万円までの少額貯蓄非課税限度とする。

（奨励金の支給と限度）

第10条 1 第八条の利息等に加え、財形貯蓄の契約者に対し、会社は次の区分により、毎年二回四月、一〇月に奨励金を支給するものとする。

貯蓄の種類	取扱金融機関	奨励金（年率）
住宅財形貯蓄	普通銀行	〇.〇〇％
	信託銀行	〇.〇〇％
一般財形貯蓄	普通銀行	〇.〇〇％
	信託銀行	〇.〇〇％

2 奨励金の計算方法は第八条に準ずるものとする。

3 奨励金の支払は次を限度とする。
(1) 住宅財形貯蓄のみに加入の場合の支給限度は元本一、〇〇〇万円とする。
(2) 一般財形貯蓄のみに加入の場合の支給限度は元本七〇〇万円とする。
(3) 両者に併用加入の場合
住宅財形貯蓄の支給限度は元本〇〇〇万円とし、一般財形貯蓄の支給限度は元本〇〇〇万円までの少額貯蓄非課税限度とする。

4 奨励金支給明細は年二回それぞれ五月一五日、一一月一五日までに契約者に通知する。

5 第八条の利率が著しく変動し、契約者の受取る利息および会社の金利負担について再考慮を必要とするときは奨励金の利率を変更することがある。

（払戻し）

第11条 1 契約者は貯蓄契約を存続したまま、一部払戻しを行うことはできない。

2 契約者が満期払戻しまたは中途解約を行うときは「〇〇財形払戻請求書」（以下払戻請求書という）に必要事項を記入押印の上、所属店の主管課を経由して、取扱金融機関に提出することにより行う。
なお、当該払戻金は取扱金融機関より会社経由契約者に支払われるものとする。

第二章 住宅財形貯蓄

（定義）

第12条 住宅財形貯蓄とは従業員が自己の居住の用に供する家屋またはその敷地の取得、増改築等住宅目的のために積み立てる貯蓄をいう。

（毎回の積立限度額）

第13条 毎回の積立限度額は月例給および賞与のそれぞれ三〇％以内とする。

（積立方法、積立額）

第14条 1 積立ては月例給支給時に控除し、毎月給と賞与との両方から行うものとし、賞与のみからはできない。

2 積立ては月例給支給時に控除し、毎月二〇日に会社は契約者に代わって取扱金融機関の各口座に預入れをする。賞与支給時の預入れは前項に準じて速やかに預入れを行うものとする。

3 積立額は〇〇〇円単位とする。

（住宅貯蓄控除）

第15条 別表に記載する財形住宅貯蓄契約にもとづいて積立てを行っている場合には、法令の定めるところにより、年末調整時に積立てをした年度分の所得税額から一定金額の税額控除を受けることができる。

（奨励金の取扱い）

第16条 第10条に規定する奨励金支給において、契約者が第12条による住宅目的に使用しない場合、および目的外に使用した場合は原則として奨励金のうち一.五二％相当額を会社に返還するものとする。

第三章 一般財形貯蓄

（定義）

第17条 一般財形貯蓄とは従業員が住宅以外の財産形成目的のために積み立てる一般的な貯蓄をいう。

（毎回の積立限度額）

財形持家転貸融資規程

(目的)
第1条 本規程は従業員の持家取得を促進するため、勤労者財産形成促進法に基づく雇用促進事業団(以下「事業団」という)の行う勤労者財形持家転貸融資を、会社が財形住宅金融株式会社(以下「財住金」という)を通じて行うことを目的とする。

(融資の対象)
第2条 1 融資の対象となる住宅は、建物の延床面積が四〇㎡以上二二〇㎡以下(但し一戸建新築住宅は七〇㎡以上二二〇㎡以下・住宅改良の場合は改良後の延床面積が四〇㎡以上で上限なし)で、建築基準法等関係法令に適合する住宅とし、本人(夫が単身赴任の場合は妻子)の居住する本人名義(共有名義も含む)のものとする。

2 融資対象となる土地は、住宅の建築、購入資金と併せて借入申込をする場合に限る。この場合の土地購入または借地権取得の資金については、原則として二年前の日以降に購入または取得したものにかかわる旧債務の弁済のための資金も対象とする。なお、土地のみの先行取得は対象としない。

(融資の種類)
第3条 融資の種類は次の通りとする。
1 住宅建設資金、住宅を新築(土地の購入、整備または借地権取得のための資金を含む)する場合の資金
2 新築住宅購入資金、次の条件に適合する新築住宅を購入する場合の資金
 (1) 借入申込受理日から起算して二年前の日以降に竣工、または竣工予定の住宅で、まだ人の住んだことのないもの。
 (2) 購入者に所有権の移転登記がされていないもの。
 (3) 床面積が、マンションの場合四〇㎡〜二二〇㎡、一戸建ての場合七〇㎡〜二二〇㎡の範囲のもの。
3 既存住宅購入資金、次の条件に適合する既存住宅を購入する場合の資金
 (1) 購入者に所有権の移転登記がされていないもの。
 (2) 借入申込受理日前に、人が居住していたことがあるもの。
 (3) 「中古住宅物件概要書」の判定欄がすべて「適」であるもの。
 (4) 耐火構造の住宅については、昭和五〇年四月一日以降の建築であるもの。
 (5) その他の構造の住宅については、昭和五七年四月一日以降の建築であるもの。
 (6) 一戸建住宅については、敷地面積が一〇〇㎡以上のもの。

(積立方法、積立額)
第19条 1 積立ては月例給のみ、または月例給と賞与との両方からはできない。
2 積立ては月例給支給時に控除し、賞与二〇日に会社は契約者に代って取扱金融機関の各口座に預入れをする。
3 賞与支給時の預入れは前項に準じて、速やかに預入れを行うものとする。
4 積立額は一、〇〇〇円単位とする。

付 則

(施行)
第20条 この規程は平成〇〇年〇月〇日より施行する。

第18条 毎回の積立限度額は月例給および賞与のそれぞれ一〇〇%以内とする。

財形持家転貸融資規程

4 住宅改良資金、増築、改築、修繕等の工事を行う場合の資金
(1) 改良後の延床面積が四〇㎡以上のもの（上限なし）

　む）が、前年度年収に対し次の基準に適合する額

借入申込者の年収（税込）	年間返済額の年収比率
一五〇万円まで	二五％以下
二五〇万円まで	三〇％以下
四〇〇万円まで	三五％以下
四〇〇万円以上	四〇％以下

（融資資格）
第4条　融資の申込ができる従業員は、次の各号の条件をすべて備えている者とする。
1　財形貯蓄（住宅・年金・一般のいずれも可）を一年以上継続して行い、残高が五〇万円以上であること。
2　満二〇歳以上、六〇歳以下の社員・嘱託社員・準社員で、完済時の年齢が満七五歳を超えてないこと。
3　原則として勤続年数が一年以上あること。
4　団体信用生命保険に加入できること。
5　一定基準以上の年収があること。

（融資限度額）
第5条　融資限度額は五〇万円以上で一〇万円単位とし、次のいずれか低い額とする。
1　三、〇〇〇万円
2　財形貯蓄残高の一〇倍
3　購入資金の八〇％以内（本制度以外の借入金を含む）
4　年間返済額（本制度以外の借入金を含む）が、前年度年収に対し次の基準に適定できない場合は、建物価格の六〇％以内で、原則として1,〇〇〇万円以内とする。但し、借地権のため土地に抵当権が設

（融資利率）
第6条　融資利率は事業団の定める利率とする。但し、本規程の融資に対し国の利子補給がある場合は、当該利子補給後の利率とする。

（返済方法）
第7条　融資金の返済及びその利息の支払は、元利均等月払返済方式または元利均等半年払い（二月・八月）との併用とし、毎月七日に本人指定の銀行口座から財住金が引落すものとする。

（返済期間）
第8条　融資金の返済期間限度は次のとおりとする。
但し、最終返済時の年齢が、満七五歳を超えないこととする。

（融資の申込）
第9条　融資を受けようとする者は、住宅建設資金融資については着工前、住宅購入資金融資については所有権移転登記前に、「勤労者財産形成転貸融資申込書」に所定事項を記入し、必要書類を添付の上、総務部総務課に提出する。
なお、住宅建設資金融資の着工、住宅購入資金融資の所有権移転登記は、財住金からの「貸付予約通知書」発行後とする。

住宅の種類	住宅の構造	表示登記の時期	最長期間
新　築	耐　　　火		35年
	簡易耐火		30年
	高耐久性木造		30年
	木　　　造		25年
既　存（中　古）	耐　　　火	17年以内	20年
	簡易耐火	10年以内	20年
	木　　　造	5年以内	20年
	木　　　造	5年以上10年以内	15年
改　良	すべての構造		15年

（住宅の審査）
第10条　貸付決定がされた申込者は、住宅建

設の場合には、財住金の定める設計審査・竣工検査を、住宅購入の場合には、住宅購入審査等を受けなければならない。

（融資金の交付）
第11条　融資金の交付は、毎月一〇日とし、財住金から本人指定の銀行口座に振込むものとする。二七日（交付日が土曜・日曜・祝日にあたる場合は、銀行の翌営業日）とし、

（債務保証）
第12条　融資を受けようとするときは、債務保証のため、財住金の指定する保証会社の保証または損害保険会社の保証保険に加入しなければならない。

（生命保険の加入）
第13条　被融資者は、原則として財住金の指定する団体信用生命保険に加入しなければならない。

（火災保険の付保）
第14条　被融資者は、原則として財住金の定める財形特約火災保険を付保し、質権を設定しなければならない。

（手数料等）
第15条　融資・返済に伴う財住金所定の手数料は、本人負担とする。

（抵当権の設定）
第16条　被融資者は、この融資により取得する土地・建物に、財住金の定める抵当権を設定しなければならない。

（その他）
第17条　本規程に定めのない事項及び融資、返済事務、細則等については、事業団及び財住金の定めるところによる。

（規程の改廃）
第18条　本規程は、勤労者財産形成促進法等関係法令の改正、経済情勢の変化、その他の理由により改正または廃止することがある。

従業員持株会規約

（名称）
第1条　この会は、PTK従業員持株会（以下本会という）と称する。

（目的）
第2条　本会は、株式会社PTRおよび株式会社STK（以下会社という）の従業員に株式会社PTKの株式（以下株式という）の保有を奨励し、その取得を容易ならしめ、もって各従業員の財産形成の一助とすることを目的とする。

（入会の資格）
第3条　会員は、会社の従業員に限る。

（入会）
第4条　本会に入会を希望する会社の従業員は、毎年六月一日から六月末日までに理事長宛に申込むことにより、七月より会員となることができる。

（拠出金）
第5条　拠出金は一口一、〇〇〇円とする。
2　会員は、本給の一〇％を越えない範囲で毎月一定の口数を、また賞与時には別途月例の三倍の口数を、拠出するものとする。
3　会員は、やむを得ぬ事由がある場合は、理事長に申請し、その承認を得て拠出を休止することができる。
4　拠出を休止した会員は、休止期間が終了したときまたは休止事由が消滅したときは、速やかに理事長あてに拠出の再開を申請するものとする。
5　拠出口数を変更しようとする会員は、毎年六月末日までに理事長あてに申請するものとし、七月分から口数を拠出する。

（奨励金）
第6条　会員は、本会と会社との間に結ばれた覚書に基づき、会社から奨励金として次の金額を受け、これを本会に拠出するものとする。
(1)　第5条第2項の拠出金に対して細則に定める割合を乗じた金額
(2)　事務代行手数料相当額

（株式の購入）
第7条　本会は、拠出金および前条第1号の奨励金の合計金額（以下株式購入資金という）をもって、原則として拠出日後遅滞なく市場から時価（委託手数料を含

む）で株式の購入を行なう。

2　株式購入資金のうち、一〇〇株の購入代金に満たない部分（以下残金という）は、次回の株式購入資金に繰入れる。

（理事長の受託）

第8条　会員は、前条により購入した株式および第11条により取得した株式にかかわる持分を、管理の目的をもって理事長はこれを受託する。

（果実の帰属）

第9条　前条により理事長に信託された株式（以下信託株式という）にかかわる配当金、中間配当金、無償交付株式等の果実は、自動的に信託財産に帰属するものとする。

（配当金等の再投資）

第10条　理事長は、信託株式にかかわる配当金および中間配当金を株式の購入に充てるものとし、購入の方法は第7条に準ずるものとする。

（新株式の引受）

第11条　信託株式につき新株引受権が割当てられた場合には、会員は割当日現在の登録された持分に応じて当該新株引受権の割当配分を受けるとともに、振込金相当額の臨時拠出金を拠出するものとする。ただし、この臨時拠出金については奨励金はないものとする。

2　理事長は、前項の臨時拠出金の合計金額をもって新株式の払込金に充当するも

のとする。

（持分の計算）

第12条　本会は、信託株式およびそれにかかわる果実について、次の要領で算出した株式数を、それぞれ各会員の持分として会員別持分明細簿に登録する。

(1)　第7条により購入した株式について、当該購入時の各会員の株式購入資金（前月からの繰越金を含む）に応ずる株式数。

(2)　第10条により購入した株式ならびに信託株式にかかわる配当金について、購入した株式にあっては当該基準日における各会員の登録された持分に応ずる株式数。

(3)　第11条により取得した株式については、各会員の臨時拠出金に応ずる株式数。

(4)　信託株式にかかわる無償交付株式については、当該割当日における各会員の登録された持分に応ずる株式数。

2　第7条第2項の残金については、株式購入直前の会員の株式購入資金額に応ずる金額を、各会員に残金として会員別持分明細簿に記録する。

（権利の譲度・質入）

第13条　会員の登録された信託に関する権利は、他に譲渡または質入することはでき

ない。

（会員別持分明細簿の設置）

第14条　本会は、第12条による会員別持分明細簿を所定の場所に設置し、会員の閲覧に供する。

（残金明細書）

第15条　本会は、毎年二回、各会員に対し残金明細書を交付する。

2　会員は、必要な場合は何時でも、自己の持分に関する残高明細書を請求することができる。

（持分の一部引出し）

第16条　会員は、その登録された持分が一〇〇株を越えた場合には、その持分の一部を引出すことができる。

2　会員は、前項による持分の一部引出しに際し、株券を受領する代わりに本会を通じて市場において時価で売却し、その代金より委託手数料および有価証券取引税を差引いた金額を受領することができる。

3　第1項により引出された株式数は、これを会員別持分明細簿上の当該会員の持分より控除する。

（株式の組入れ）

第17条　会員は、自己の保有する株式を、本会の持分に組入れることができる。

（退会）

第18条　会員は、理事長あてに届出ることに

従業員持株会規約

より、何時でも退会することができる。ただし、一旦退会した者は再入会することはできない。

2　会員が会社の従業員でなくなった場合は、自動的に退会するものとする。

（退会精算）

第19条　退会者は、退会の届出を行なった日（以下退会日という）における持分残高に相当する株式および第12条第2項の残金の払戻しを受けるものとする。ただし、一〇〇株未満の持分残高については、これを時価で売却し、その代金から委託手数料および有価証券取引税を差引いた金額を払戻すものとする。

2　退会者は、前項の払戻しに際し、任意の株式数を本会を通じて売却することができる。

3　退会日現在において権利確定後未受領の配当金等がある場合は、次のとおり処理するものとする。

(1)　配当金および中間配当金は、本会が受領した後遅滞なく現金にて払戻しをする。

(2)　配当株式、無償交付株式は、本会が株券を受領した後遅滞なく、第1項の規程に準じて払戻しをする。

4　第11条第1項により新株引受権の割当配分を受けた会員が、臨時拠出金の拠出日前に退会しようとする場合は、退会に先立って当該臨時拠出金を拠出するものとする。この場合、本会は、新株式の株券受領後遅滞なく、当該退会者に対し、第1項の規程に準じて払戻しをする。

5　退会者は、退会現在における第12条による持分計算の際に生じた配当不能の端数株式にかかわる持分の払戻しの請求はできないものとする。

（信託株式の議決権）

第20条　信託株式にかかわる議決権は、受託者たる理事長がこれを行使する。ただし、会員は各自の持分に相当する株式の議決権の行使について、理事長に対し各株主総会ごとに特別の指示を与えることができる。

（役員の選任）

第21条　本会の役員として、理事および監事それぞれ若干名をおく。

2　理事および監事は、会員のなかから、次の手続きにより選任する。

(1)　理事会は、任期満了の一カ月前までに次期役員の候補者を推薦し、理事長はこれを書面にて会員に通知する。

(2)　前号の候補者に異議ある会員は、書面にて理事長にその旨申出る。

(3)　第1号の通知発信後二週間経過したとき、前号の異議が会員数の二分の一に満たない場合に当該候補者は選任されたものとし、現役員の任期満了と同時に就任する。

(4)　第2号の異議が会員数の二分の一を越えた場合は、理事会は、直ちに新たな候補者を推薦し、第1号から第3号の手続をとるものとする。

3　役員の任期は、就任の翌年の六月末日までとする。ただし、任期満了時において前項第4号の手続が進行中の場合、もしくはその他特別の事由により次期役員が選任されるまでの期間任期を延長するものとする。なお、再任を妨げない。

4　理事は互選により理事長を選任する。

5　理事長は本会を代表し、本規程に定める義務を執行する。理事長に事故があるときは、理事会で予め定めた順序に従って、他の理事がこれに代わるものとする。

（理事会）

第22条　理事は理事会を構成し、本会の運営にあたる。

2　理事会は、必要に応じて理事長がこれを招集する。

3　理事会は次の事項を決定する。

(1)　本規約または本規約に基づく細則の規定により理事会が決定すべきものとされた事項。

(2)　その他本会の業務の処理上重要と理事長が認めた事項。

4 理事会の決定は、出席理事の過半数によってこれを行なう。

（監事）
第23条 監事は、理事の業務を監査する。
2 監事は、必要と認めたときは何時でも、本会の業務の状況につき、理事長に報告を求めることができる。
3 監事は、理事会において意見を述べることができる。

（事務処理の委託）
第24条 本会の事務処理は、野村証券株式会社に委託する。

（経費負担）
第25条 本会の経費は、拠出金および奨励金のなかから支払うものとする。

（業務報告）
第26条 理事会は、毎年六月末日をもって過去一年間の業務の状況報告書を作成し、監事の承認を得たのち、会員に報告するものとする。

（本会の所在地）
第27条 本会の所在地は、尾西市開明字郷中四五　株式会社ベルテクノ社内とする。

（規約の変更）
第28条 本規約の変更は、次の手続によるものとする。
(1) 理事会は変更案を起案し、会員に書面にて通知する。
(2) 前号の変更案に異議ある会員は、書面にて理事長に対しその旨申出る。
(3) 第1号の通知発信後二週間経過したとき、前号の異議が会員数の三分の一に満たない場合は当該変更案は効力を発生する。
(4) 第2号の異議が会員数の三分の一を越えた場合は、理事会は当該変更案を修正のうえ、改めて第1号から第3号の手続をとることができる。

（運営の細目）
第29条 本会の運営に関する細目は、理事会の定める本会運営細則によるものとする。

付　則

第1条 本規約は、平成〇年〇月〇日より実施する。

第2条 株式が公開されるまでは、規約第7条第1項の規定にかかわらず株式の購入は供給のある場合にのみ行なうものとし、株式購入資金のうち株式購入に充てられなかった部分は、専門の金融機関等に本会の名義で積立てるものとする。

第3条 前条の積立金について発生する利息等は、遅滞なく各会員の積立金額に応じて配分し、各会員の積立金額に加算するものとする。

第4条 株式が公開されるときは、本会は積立金および利息などの総額をもって公開のための募集または売出しにかかわる株式の一部を取得するものとする。

第5条 株式が公開されるまでは、規約第16条に基づく持分の一部引出し、および第19条に基づく株式の払戻については、当該株式をすべて、別に定める価格で本会が買い取り、現金で精算するものとする。

第6条 前条の価格は、理事会で定められた売買価格とする。

第7条 本会発足当初の理事および監事は、規約第21条第2項の規定にかかわらず発起人会において選任するものとする。

賃借社宅規程

（目的）
第1条　賃借社宅規程における社宅とは、当社の従業員が持家を取得するまでの暫定期間、当社の従業員およびその家族を居住させるために会社名義で契約する借上家屋をいい、本規程は社宅の管理および使用についての必要事項を定める。

（管理）
第2条　社宅の管理・運営は人事部長が統括し、各支店長・店・工場長は所管の社宅の管理にあたる。

（入居資格および条件）
第3条　各本・支社・店・工場において、本規程の適用を受ける者は、次の条件を有し、かつ所定の手続を経て、会社が承認した者とする。

① 当社従業員で、同居の扶養家族を有する者。扶養家族とは、当該従業員の配偶者およびその子を原則とする。それ以外で両親を扶養家族として扱う場合等は社会通念上、明らかに当該従業員が継続して扶養義務を有する場合に限り認める。

② 公団・公営住宅を除き、会社契約できる家屋に入居すること（賃貸人が入居者と親族関係にある場合は、独立家屋と認められる場合に限る）。社宅適用者は財形貯蓄加入を原則とする。

③ 上記以外の費用はすべて個人負担とする（共益費、管理費、更新料、敷金増額分、契約更新時の地域負担金等）。

④ 能な者に適用する。

（月額家賃ならびに敷金、礼金等の限度額）
第4条　会社が認める「月額家賃」ならびに「その他の費用」（敷金、保証金、礼金、権利金等）の最高限度額は次表の通りとする。ただし、非転勤者は「その他の費用」を個人負担とする。

資格	月額家賃の限度額 東京地区	月額家賃の限度額 その他地区	敷金、保証金、礼金、権利金等の限度額
12～級	○○○○円	○○○○円	敷金（保証金）＋礼金（権利金）は家賃6カ月以内（大阪・名古屋を除く）
8～11	○○○○	○○○○	敷金（保証金）は家賃30カ月以内、礼金（権利金）は家賃5カ月以内（大阪）
見習社員～7	○○○○	○○○○	敷金（保証金）は家賃5カ月以内、礼金（権利金）は10カ月以内（名古屋）

（転勤者用社宅の期限）
第5条　社宅入居者が転勤後五年経過しかつ満四五歳に達した場合は、それ以降の社宅適用について非転勤者として扱う。

（社宅使用料）
第6条　家賃は暦月単位で会社が賃貸人に支払い、社宅使用料は、次の算出方法により暦月単位で徴収する。ただし社宅使用料の最低限は○○○○円とし、一○○円未満の端数は会社負担とする。

転勤者　　月額家賃×○・五
非転勤者　月額家賃×○・七

2　下表に該当する場合は社宅使用料を減額する。ただし公団・公営住宅については、会社負担該当分を給与に計上する。

	公団・公営	民間
東京23区	社宅使用料－0,000円	住宅使用料－0,000円
東京地区（東京23区を除く）	社宅使用料－0,000円 ただし社宅使用料の最低額○○○○円にかかわらない。	社宅使用料－0,000円
その他地区	規定どおり	

① 同居の扶養家族を四人以上有する者は、上記家賃限度額に○○○○円加算したものとする。

② 仲介業者の手数料は転勤当初に限り、法定内（家賃一ヵ月分）を会社が負担する。

③ 東京地区は、都内各事業所に通勤可

賃借社宅規程

（転居）
第7条　社宅入居者が転勤によらず次の各号のいずれかに該当し、転居を希望する場合は、人事部長の承認を得て第4条の基準の範囲内で他の物件に転居することができる。
① 公団・公営住宅に入居する場合。
② 社宅に災害が発生し、住宅として不適当になった場合。
③ 賃貸人から正当な明渡要求があった場合。
④ 出産、その他の事由によって、同居の扶養家族が二名以上増加した場合。
2　前項によらず転居する場合は、償却分を除いた敷金のみを会社負担し、社宅使用料については転勤者扱いとする。
3　非転勤者は前各項によらず転居自由とする。

（償却費の会社負担）
第8条　前条の正当な理由または持家取得により会社契約を解約したときの償却費の扱いは次による。
① 契約書に、敷金・保証金からある一定額を差し引くことが記載されている場合は、契約時の家賃（第4条の範囲）五ヵ月までを限度として会社負担とする。
② 契約書に記載されていないが、慣習によってある不特定額を償却される場

（適用開始）
第9条　本規程は、当社の従業員が扶養家族を有する場合に適用するが、結婚によるときは、結婚日の前月から適用する。
2　転勤・転居等により、社宅使用が重複する場合は、一ヵ月間認め、社宅使用料は両方から徴収する。
3　申請の遅れ等の場合は、三ヵ月を限度として適用をさかのぼる。

（入居資格の喪失）
第10条　社宅入居者が次の各号のいずれかに該当する場合、会社契約を解約する。
① 退職した場合は、発令後一ヵ月以内
② 扶養家族を同伴して海外に駐在した場合は、発令後一ヵ月以内
③ 長欠・休職等で社宅を退居する場合は一ヵ月以内

（退居費用）
第11条　転勤者が社宅適用後五年以内に持家を取得し社宅を退居する場合は、退居費

用として次の額を支給する。
(1) 北海道、東北、広島、四国、九州地区……月額家賃限度額内の家賃一ヵ月分までを会社負担とする。
東京、名古屋地区……前第一項以外全額個人負担とする。
2　転勤者が社宅適用後五年をこえてまた非転勤者が持家を取得し社宅を退居する場合は退居費用として、前項の半額を支給する。
③ 公団・公営住宅の場合は、月額家賃限度額内の家賃一ヵ月分までを超過額の五〇％を、会社が負担する。

（社宅使用上の心得）
第12条　社宅入居者は本規程にしたがい、善良な注意をもって社宅を使用し、また当社社員として円満な隣人関係を営まなければならない。
2　社宅入居者は会社の承諾なく、社宅を転貸もしくは他人を同居させ、または社宅の目的以外に使用してはならない。
3　社宅入居者が故意もしくは過失により、家屋を破損もしくは滅失させたときは、全額入居者の負担により修理し、または損害を弁償しなければならない。

（届出）
第13条　本規程の適用者または適用を受けようとする者が、次の各号のいずれかに該当する場合は、そのつど所定の様式によって届け出なければならない。
① 社宅入居を申し込む場合：賃借社宅利用申請書、賃貸借契約書
② 契約更新等によって月額家賃、その他の費用に変更がある場合：賃借社宅利用申請書、賃貸借契約書

③ 転居の場合：転勤者賃貸借社宅転居申請書……事前に提出（転勤者のみ）

④ 退居の場合：賃貸借社宅退居届……事前に提出

(届出書類提出経路)

第14条　前条で定める届出書類は、次の経路で提出し、人事部長の承認を受けなければならない。

(本社)　本人→所属長→人事部

(支社)　本人→所属長→総務課→人事部

(その他)　本人→所属長→総務課→支店長

(工場長)　→人事部

(業務の分掌)

第15条　業務の分掌は次のとおりとする。

① 社宅使用料の徴収　人事部

② 家賃の支払　経理部

(個人契約の家屋への入居)

第16条　本規程は原則として、会社契約を結んだ場合に適用するが、賃貸人の都合等で会社契約を結べない場合は社宅として準用し、会社負担該当分を給与に計上する。ただし第6条2項の東京二三区、東京地区の特例を適用しない。

(その他)

第17条　社宅として該当しなくなったにもかかわらず、所定の手続を怠った者は、該当日にさかのぼって、会社負担分を返還しなければならない。

2　本規程に定めのない事項については、人事部長の承認によって決定する。

(付　則)

1　本規程は平成○○年○月○日から実施する。

2　第11条の退居費用の対象となる転勤者は、平成○○年○月○日から換算する。

3　転勤者が平成○年○月○日以降五年以内に土地を取得し、さらに五年以内に持家を建築した場合は、転勤者扱いとして第11条1項の退居費用を支給する。

4　第5条の転勤者社宅の期限に該当する者は、平成○○年○月○日まで従来どおり転勤者として取り扱う。

独身寮管理規程

第一章　総　則

(意義)

第1条　この規程は会社が独身従業員のために施設した独身寮（以下寮という）の管理運営に関し、必要な事項を定める。

(目的)

第2条　この規程は寮における共同生活の風紀、秩序を維持し、寮員相互が寮生活向上に努め円滑な寮管理の徹底を図ることを目的とする。

第二章　管　理

(管理統括)

第3条　寮の管理および運営に関する事項は厚生課長（支店では総務課長、以下これに準ずる）がこれを担当し、人事部長（支店では支店長、以下これに準ずる）が統括する。

(管理人・賄人の設置)

第4条　寮の管理および運営を迅速、円滑にするため案内に管理人・賄人を置く。

(指示・命令)

第5条　管理人・賄人は厚生課（支店では総務課、以下これに準ずる）に所属し、厚生課長の指示・命令にしたがって寮の管理責任および賄責任を負い、その業務を行う。

(管理人・賄人の業務)

第6条　管理人・賄人の業務等については、別に定める寮勤務者服務規程による。ただし賄人のみ勤務する寮については常住する賄人が管理人業務を代行する。

(寮役員の選出)

第7条　寮には寮員の中から互選により選出され、かつ会社が適当と認めた次の役員をおく。

寮長　一名　　副寮長　一名　　会計委員　一名　　防火管理者　一名　　火元責任者　若干名

独身寮管理規程

ただし、寮の規模に応じて役員を増減することがある。

(寮役員の任務)
第8条 寮長は寮員を代表し、管理人と協力して会社と相互に緊密な連携を保持し寮の運営に当たる。

2 副寮長は寮長を補佐し、寮長が不在または事故あるときはこれを代行する。

3 会計委員は寮会費を管理するとともに管理人と連携して会計業務につき会社との連絡を行う。

4 防火管理者は原則として寮長があたり、人事部長の指揮・監督を受けて寮の防火管理業務を統轄する。

5 火元責任者は防火管理者の指揮のもとに各自の担当フロア(部屋を含む)の防火管理業務を遂行する。

(寮役員の任期)
第9条 寮役員の任期は一年とし、毎年〇月に改選するものとする。ただし、再選重任を妨げない。また役員が任期の途中に退寮、転寮したときはその つど補充選挙を行う。その者の任期は〇月までとする。

(寮員以外の寮利用)
第10条 寮員以外の者が集会・訪問・宿泊等の目的をもって寮施設を利用したいときはあらかじめ厚生課長に申し出て承認を得なくてはならない。ただし訪問・宿泊で急を要する場合は厚生課長の代理として寮長(不在のときは管理人)の判断により許可することができる。この場合は事後すみやかに厚生課長に報告しなければならない。

2 前項の承認を得て寮施設を利用する場合は寮生活の秩序を乱し、または支障をきたすことがないよう十分注意しなければならない。もしこれに反した場合は寮長・管理人は協議の上即刻退去を命じることができる。

社内の者の宿泊・来訪については会社所定の来訪者ノートに記入の上、寮長の承認を得るものとする。

(寮長副寮長ならびに寮役員の任期寮員外の寮利用の承認その他寮運営に関する重要事項について寮長は会社に報告するものとする。)

第三章 入 寮

(入寮資格)
第11条 寮に入寮できるものは従業員で会社が認めた者に限る。

(申込手続)
第12条 前条により認められた者が入寮を希望する場合は、所定の入寮申込書を所属長を経て厚生課長に提出しなければならない。

(入寮者の決定)
第13条 入寮者の選考、入居先の決定および寮室の定員数の決定は人事部長がこれを行う。

(誓約)
第14条 入寮を許可されたものは入寮にさきだち別紙の誓約書を会社に提出するものとする。

(寮室の割当)
第15条 寮室の割当て、転室に関しては寮長の責任で決定し、必ず厚生課長に報告するものとする。ただし会社が不適当と認めたときは、これを変更することができる。

(在寮期間)
第16条 寮は入寮希望者の公平な利用をはかり、各人の独立心をつちかうため次の通り在寮期間を定める。
一 高校卒業者 卒業年度より〇年
二 大学 〃 〃 〇年

第四章 日常生活

(寮員の義務)
第17条 寮員はこの規程を誠実に守り、寮生

独身寮管理規程

活の風紀、秩序を維持し、良識ある共同生活の向上に努めなくてはならない。

（門限）
第18条　寮員の門限は〇〇時とし、この時間に遅れる場合はあらかじめ寮長または管理人に届け出なくてはならない。

（外泊）
第19条　寮員が外泊（出張を含む）する場合は外泊先および予定日数をあらかじめ寮長および管理人に届け出なくてはならない。

（入浴）
第20条　入浴時間は原則として〇〇時より〇〇時までとする。

（面会）
第21条　寮員は面会人のある場合は寮長（不在のときは管理人）に連絡し、来訪者ノートに記入しなければならない。

（行事）
第22条　寮員が寮の内外を問わず団体行事（レクリエーションを含む）を行おうとする場合はその計画および実施についてあらかじめ管理人と協議し、厚生課に連絡しなければならない。

（順守義務）
第23条　寮員は次の事項を誠実に守らなくてはならない。
① 建物、付属施設および備品等を大切に使用しその保全に努めること。

② 寮室および所持品等を常に清潔に整頓しておくこと。
③ 他の寮員の睡眠を妨げる行為をしないこと。
④ 電気・ガス・水道等を浪費しないこと。
⑤ 火気の取扱いはとくに注意し、常に防火処置の万全を図ること。
⑥ 外出・帰寮の際は必ず名札板で在否を明示すること。
⑦ 寮会および会社・寮における火災予防のための訓練・会合等は業務上やむをえない場合を除いて積極的に参加すること。
⑧ 常に身辺の清潔と服装に注意し、他人に不快の念を与えることがないよう努めること。
⑨ その他共同生活の道義を守り、互いに協力し、かつ他人に迷惑を及ぼさないこと。

（禁止事項）
第24条　寮員は次の行為をしてはならない。
① 寮室または付属施設等を改変すること。
② 寮内における商業またはこれに類すること。
③ 寮内における危険物の使用またはこれに類する物、居住者に損害を与え著しい迷惑を及ぼすこと。

④ みだりに備品等を持出すこと。所定の場所以外で火気および電気器具の使用または喫煙をすること。
⑤ 寮内においてラジオ、テレビ、ステレオ等の音量を高くしまたは音の大きな楽器をならして居住者に迷惑を及ぼすこと。
⑥ 寮内において家畜、きん獣等を飼育すること。
⑦ 寮室にベッド、冷蔵庫等の大型什器を持ちこむこと。
⑧ その他これに準じてスペースを大幅に占拠するものについては寮長の判断に従い転室、その他の際には寮長から撤去の指示があった場合はこれに従わなければならない。
⑨ 寮長またはその付近で政治活動、宗教の布教活動等を行い、他の寮員および会社に迷惑をおよぼすこと。
⑩ 所定の場所以外での自炊またはこれに類すること。
⑪ 許可なく寮員を入替えること。
⑫ その他、前各項に準ずること。

第五章　防火および安全衛生

（安全衛生）
第25条　寮員は互いに寮員の安全衛生と寮施設の保全に努めなければならない。

（防火と防災）

独身寮管理規定

第26条 寮員は吸い殻、電気、ガス等、火気の取扱いに注意し、常に防火措置の万全を図るとともに盗難に対しても十分注意をはらい相互に迷惑を及ぼす事故が生じないよう厳に留意しなくてはならない。

（安全心得）
第27条 寮員は廊下、階段、非常口に障害物を置かないようにし、安全装置・火災報知器等は常に有効であるよう注意するとともに、その使用方法を熟知しておかなくてはならない。

（応急措置）
第28条 寮員は火災、その他の災害が発生し、または発生する危険を予知した場合は、直ちに管理人および会社に通報するとともに、相協力して臨機応変の措置により被害の防止に努めなければならない。

（電気器具の使用）
第29条 寮員の電気器具の使用について次の通り定める。

① 電気スタンド、テレビ、ラジオ、ヘヤードライヤー、電気カミソリ、ステレオ、ズボンプレッサー、電気毛布、電気アンカ、電気ポットは寮室での使用を認める。使用上は取扱いに十分気をつけるとともに使用後は必ず電源を切ること（差込みを抜く）。

② アイロン、トースター、コンロ（電熱器）、電気ストーブの寮室内の使用は禁じ、指定された場所で使用すること。

③ その他の電気器具の使用についてはそのつど管理人および寮長の承認を得るものとする。なお原則として第②号に準ずる過熱性の高い器具は使用を禁止する。

④ 各寮室の電気許容量をこえた、たこ足配線は漏電の危険があるので禁止する。

⑤ 扇風機、ホームコタツ
　(1) 扇風機は夏期中、ホームコタツは冬期中に各室必要に応じ一個を備品として貸与する。
　(2) 使用期間が過ぎたら、きちんと整備して所定の位置に保存すること。紛失したり故意または不注意により破損した場合は実費弁償とする。

（公衆衛生）
第30条 寮員は公衆衛生に留意し、炊事場、食堂、浴場、トイレ等は常に清潔に保つように心がけなければならない。

（罹病の届出）
第31条 寮員が罹病した時はすみやかに管理人に連絡して適当な措置を受けなくてはならない。

（伝染病）
第32条 寮員が伝染病にかかり、またはその疑いのある場合は直ちに管理人に連絡するとともに会社の指示に従わなければならない。

第六章　退　寮

（退寮事由）
第33条 寮員が次に該当する場合は原則として、一週間以内に退寮しなければならない。

① 従業員としての身分を喪失したとき
② 結婚したとき
③ この規程に違反し共同生活上の風紀、秩序、公安を乱したとき
④ 所定の在寮期間を経過したとき
⑤ 医師の診断により集団生活に有害な疾患にかかり退寮の必要を認めたとき
⑥ 寮員が退寮を希望し、会社において本人の勤務上差支えないと認めたとき

（退寮手続）
第34条 寮員が退寮するときは原則として一週間前までに所定の退寮届を寮長と所属長を経て厚生課長に提出するとともに寮室を清掃し、一切の貸与品を返却し、備品その他について管理人の点検を受けなくてはならない。

第七章　費　用

（寮費）
第35条 寮員は所定の寮費（賄費および家賃）を毎月支払わなくてはならない。

給食規程①

第1条（目的）　この規程は、就業規則第53条にもとづき、社員の給食に関する事項を規定する。

第2条（摘要範囲）　本規程により給食を受ける者の範囲は次のとおりとし、本社に勤務する者とする。

イ　就業規則、第3条によるもの。

ロ　臨時社員および嘱託（常勤者に限る）

（食事単価）
第3条　本規程による給食は、準カフェテリア方式とし、主食は全員喫食するものとして、会社が全額負担する。
また、副食その他、一品料理等については別に定めた金額とし、会社四〇％、個人六〇％の負担率とする。

（食事時間）
第4条　食事時間は、

イ　一直勤務者については正午より四五分間。

ロ　二直勤務者の夜勤者については、零時より四五分間とする。

ハ　寮生には、朝食を七時より四〇分、夕食は午後五時より六時までとするも、定時制高校に通学する者は除く。

また、寮生で残業時間が二時間を超える場合の夕食は、午後六時四五分より行う。

（食券の発売および取扱い）
第5条　食券は一〇〇円券八四枚綴りを毎月一回所定日に発売し、四二枚綴りを毎週水曜日、食堂において食券購入マークカードと引換えに発売するものとする。なお、その代金は、各月度の賃金より控除する。食券は各自の責任において保管するものとし、紛失、盗難等による再発行は行わない。また、火災により消失した場合も原型が残っている灰を持参しない限り再発行は行わない。

（食券の単価）
第6条　食券は一枚につき一〇〇円の金券とし、八四枚綴り五、〇四〇円（六〇％）、四二枚綴り二、五二〇円（六〇％）とする。

（休日出勤者の食事）
第7条　休日出勤者に対しては、別途発行の食券により給食を行う。
前項の食券は所属係長より、前日に受け取るものとする。また個人負担金一食につき、一五〇円は賃金より控除する。

（残業食）
第8条　六時間以上にわたる残業者に対しては、残業食を行う。

（食事の方法）

（支払時期と方法）
第36条　寮費は毎月一日より月末までを一カ月分として毎月二五日支給の給与から控除徴収する。
月途中の異動については三〇分の一の日割計算額を当月分の寮費とする。

（その他の費用）
第37条　私用の電話料金、寮員に責ある場合の修繕費、その他寮員の負担を必要とする費用は各寮の定める方法で会社に支払わなければならない。

（会社の負担）
第38条　寮施設に対する租税公課、火災保険料、寮員の私財に対する火災保険料（保険金は別に定める）は全額会社負担とする。

第八章　雑　則

（規程に定めのない事項）
第39条　この規程の解釈に疑義が生じた場合および この規程に定めのない事項およびこの規程の解釈に疑義が生じた場合は人事部長が決定する。

（寮員の生活と自治）
第40条　寮員の生活および自治に関する細部については別に定める寮自治細則の定めるところによる。

（付則）
第41条　この規程は平成〇〇年〇月〇日から実施する。

食堂・給食等利用に関する規程②

食堂・給食等利用に関する規程②

(目的)
第1条　この規程は、役員および社員の食堂・給食等利用に関する事項を定めることを目的とする。

(適用者)
第2条　食堂利用者は、役員および社員とする。

2　社員には、パートタイマー・契約者（嘱託・臨時雇用者）を含むものとする。

(食堂設備の設置)
第3条　会社は前条の適用者の喫食のために、全員収容可能な食堂を設置する。

2　食堂には、喫食に必要な設備を設置する。

(給食等の方法)
第4条　給食の方法は、委託による「出前弁当方式」とし、メニューはA、B、Cの三種類とする。

2　メニューは、翌週分を前週の水曜日に委託業者が作成したものを、食堂ならびに各職場に掲示するものとする。

3　個人持参の弁当も食堂で喫食するものとする。

4　役員および社員は、職場での喫食を禁じ、すべて食堂を利用することとする。

(食堂従事者)
第5条　会社は昼食の準備のために、食堂従事者（パートタイマー）三名を配置する。

2　食堂従事者の勤務は午前一〇時より、午後三時までの五時間勤務とする。

3　食堂従事者は、総務課長の指揮命令により、次の業務を行うものとする。

① 湯茶（冷・温）およびミソ汁の準備をする。

② 委託業者から弁当を受け取り、各人の所定の席に申込メニューにより配分する。

③ 各人にミソ汁を配給（セルフ・サービス方式）する（弁当持参者も含む）。

④ 食事終了後のあと片付けをする。

⑤ ミソ汁等の材料の発注・受領をする。

第9条　食事はセルフサービスとし、食事終了後は食器、残菜物は必ず指定の場所に返却の事。

(給食委員会)
第10条　給食委員会は（以下本委員会という）会社八名、組合二名、および各独身寮一名ずつとする。

ただし、老年、中年、若年層より選ばれた男女、各3名あての委員により構成する。委員長は委員の互選により選任し、会議の議長となる。

(委員の任期)
第11条　委員の任期は一カ年とする。ただし、重任を妨げない。補欠選出された委員の任期は、前任者の残任期間とする。

(委員会の目的)
第12条　本委員会は給食および会館喫茶室に関する一切の事項について、その方針ならびに具体的事項を協議決定して炊事担当者（給食業者をいう）に指示し、実施され、社員の健康維持ならびに向上のためにつくすことを目的とする。

(委員会の任務)
第13条
イ　献立に関する事項（献立委員会の議を得て一週間前に、献立表を作成発表するものとする）。

ロ　給食についての苦情の受付および処理（本委員会を招集し、意見を正し、即刻是正するよう努めなければならない）。

(献立委員会)
第14条　献立委員会は、給食委員会と同じ委員により構成する。ただし、会社の栄養士は別途加わるものとする。

(本社以外の者の取扱い)
第15条　本社内外で勤務する社員で給食を受けられない者に対しては、出張期間を除く日数に乗じて会社負担金の給付を行う。

(実施期日)
第17条　本規程は平成〇〇年〇月〇日より実施する。

(付則)
第18条　本規程は平成〇〇年〇月〇日より改訂実施する。

会社保養施設利用に関する規程

4 食堂従事者は、常に清潔を旨とし衛生上に留意するものとする。

（申込方法）
第6条 「出前弁当」の申込は、各職場単位に、メニューに従い各人ごとにA、B、Cの区分により一括して総務課までに申込むものとする。
2 申込の時刻は午前九時〇〇分でとする。

（喫食時間）
第7条 食堂における喫食時間は正午より一時間とする。

（出前弁当単価・食事手当等）
第8条 出前弁当単価はA、B、Cともに五五〇円とし、会社補助一五〇円、本人負担は四〇〇円とする。
2 前項の本人負担分は、給与の締切期間に準じて給与より控除
3 弁当持参者および外食者は、一回につき食事手当を一五〇円とし、給与の締切期間中の回数に応じて支給する。ただし、役員には適用しない。
4 ミソ汁は会社の負担とする。

（喫食の心得）
第9条 喫食は、他の者に迷惑にならないよう順序よく、ゆっくり食事し済食器等は指定場所に各自運び手数のかからぬよう協力するものとする。

（残業食）
第10条 業務の都合で、残業を命ぜられた者は、その時間が二時間三〇分以上にわたる場合で、本人が希望する場合は、次により取り扱う。
① 残業食は契約食堂とする。
② 残業食は会社の発行する伝票による。
③ 残業食は契約食堂のメニューによる。
④ 契約食堂のメニュー価格にかかわらず、会社の補助額は三五〇円補助する。本人負担は会社の補助額を差引いた額とする。
⑤ 残業食の喫食時間は午後五時三〇分より午後六時までとする。（午後六時より残業開始）。
⑥ 支払い方法は会社が一括支払い、本人負担分は第8条第2項による。

付 則

（負担割合の変更）
第11条 経済状況の変化にともない、出前弁当委託業者との契約価格変更の場合の負担割合は、社員会代表と協議の上決定する。
2 残業食の負担割合も前項に準ずる。

（施行）
第12条 この規定は平成〇年〇月〇日より施行する。

会社保養施設利用に関する規程

（目的）
第1条 この規程は、会社が従業員の福利厚生を向上するために設置する、海の家、山の家などの保養所を利用するに際しての心得について定めたものである。

（利用者）
第2条 会社保養施設を利用できる者は、次の各号に掲げる者とする。
① 社員（臨時社員を含む）およびその家族
② 定年退職社員およびその家族
③ 社員の紹介する者で、会社が認めた者
④ その他会社が承認する者

（利用料金）
第3条 利用料金は、前条第1号および第2号に該当する者の場合は、一泊二食につき〇〇〇〇円、第3号および第4号に該当する者の場合は、一泊二食つき〇〇〇〇円とする。
2 前項の規定にかかわらず、利用者の都合によって食事をとらず、宿泊のみとする場合は、一泊〇〇〇〇円とする。
3 利用者の希望によって昼食をとる場合の昼食代金は、〇〇〇円とし、そのつど

貸与品規程

保養所施設管理責任者に支払うものとする。

⑤ 前各号のほか、施設管理責任者の指示に従うこと。

4 第1項および第2項の利用料金は、利用前日までに本社厚生課に支払うものとする。

(利用手続)

第4条 会社保養施設を利用しようとする者は、その責任者を定め、利用者数、宿泊数、利用時間等について、利用日の一週間前までに、本社厚生課に予約申込書を添付して提出しなければならない。

2 会社は、前項予約申込みについて審査の上、利用責任者に対し諾否等について、利用日の四日前までに通知するものとする。

(利用上の注意事項)

第5条 会社保護施設を利用する者は、次に掲げる事項を順守しなければならない。

① 保養所は、すべての社員の厚生施設であることを認識し、什器、備品を損傷しまたは他人に迷惑をかける行為をしないこと。

② 午後○○時閉門、午後○○時を消灯時間とし、その時刻以降は、放歌や騒音行為を一切しないこと。

③ 利用時間の交替時刻は、午後○時とすること。

④ 居室、炊事場、風呂場、便所および洗面所は、清潔に利用すること。

(雑則)

第6条 保養所施設管理人は、本社労務課に所属するものとし、本社関係各課および施設利用人との連絡保持に留意し、利用者に十分満足を与える奉仕をするとともに、施設管理人の就業時間その他就業に関する責任をもつ。

2 前項の管理人の就業時間その他就業に関する事項は、別に定める。

(付則)

この規程は、平成○○年○月○日から実施する。

貸与品規程

第1条 本会社の従業員は業務上必要のあるときは物品を貸与する。

第2条 この規程は第1条により貸与する物品の取扱いについて定める。

第3条 貸与する物品は業務遂行に際して充分に活動できるように考慮し貸与するのであるから、貸与品は大切に取扱い常に優良な状態を保つよう手入れを怠らず、また汚損等によって他人に不快の感を与えぬように努めなければならない。

第4条 作業服等は原則として就業規則第○条に定める従業員に貸与する。

第5条 貸与品の規格については本社で統一制定する。

第6条 貸与品の貸与期間および数量は原則として別表のとおりとする。

第7条 前記貸与期間中であっても汚損がひどいときは、所属長の許可を得て汚損品引換に交付することができる。

別表

区分	貸与品目	数量	貸与期間	備考
外勤者	作業衣(夏冬)上下	各1	1年	新入社員には2着交付
	防寒服上衣	1	3年	寒冷地は上下を交付(北陸、北海道)
	雨具上衣	1	3年	〃
	安全靴	1	6カ月以上	損傷がひどいときのみ新たに交付
	作業帽	1		損傷のつど新たに交付
	安全帽	1		記名の上貸与、損傷のつど新たに交付
内勤者(男子)	事務服(四季兼用)	1	2年	
〃(女子)	〃(夏冬)上衣	各1	2年	新入社員には夏服のみ2着交付

ホームヘルパー利用補助規程

(目的)
第1条 本規程は、会員が、不時の際、ホームヘルパーを利用した場合、その費用の一部を給付することにより会員の家庭生活の安定を図り、会員が安心して勤務をし得るよう援助することを目的とする。

(利用者の範囲)
第2条 この制度を利用できる者の範囲は、会員で原則として被扶養者のある世帯主とし、かつ会社の雇用条件に定められた通勤区域内に居住するものとする。

(費用援助の内容)
第3条 この制度における費用援助は、会員が援助を必要とする場合にホームヘルパーの派遣を依頼して、家事作業を行わせることによって生じる費用を対象とする。

(ホームヘルパーの作業内容)
第4条 ホームヘルパーの作業の内容は、援助を必要とする事由に応じて共済会が定める基準によるが、その範囲は洗濯、掃除、食事の準備および後始末、被服の修理、子供の世話等平常の家事運営に必要な作業とする。病人の専門的看護または家業の手伝いは含まない。

(ホームヘルパーの費用援助)
第5条 会員が、ホームヘルパーの派遣費用給付を受けることができる場合は次の各号とする。
1 家事担当者の病気による家事援助
2 妻の出産による家事援助
3 家族の病気による家事援助
4 以上の事由にもとづく留守番、保育
5 その他特に常任理事が必要と認めた場合

(作業時間)
第6条 ホームヘルパーの作業時間は原則として、午前九時から午後五時までの八時間(実働が七時間、休憩一時間)とする。ただし第一日目は、家庭に到着した時刻から午後五時までとする。事情により、共済会が必要と認めた場合は一日二時間を限度に延長することができる。

(利用の限度)
第7条 ホームヘルパーの利用期間は、原則として連続六日以内とする。ただし特別の理由があり常任理事がそれを認めた場合は利用期間を延長することができる。

(利用申込み)
第8条 この制度の利用希望者は、所定の利用申込書に所要事項を記入し、利用しようとする日の原則として二日前までに共済会へ提出する。

(利用料金の支払)
第9条 この制度を利用した者は所定の利用料金(基本日給、時間外給、紹介手数料、受付手数料、交通費)を利用終了時に、直接ホームヘルパーに支払うものとする。

(利用料の補助)
第10条 共済会は一日につき、基本日給、紹介手数料の七〇%相当額(一〇円未満の端数は切り捨てる)を利用者に対し、補助するものとする。ただし、本制度の目的に反して利用した場合は、この限りではない。

(運用細則)
第11条 この制度の運用は、別に定めるホームヘルプ制度運用細則によるものとする。

付 則
この規程は平成〇〇年〇月〇日から施行する。

第8条 交付の時期は冬期九月夏期四月とする。

第9条 貸与中の作業服等の補修および洗濯の費用は、使用者の負担とする。

第10条 転勤者および長期出張を命ぜられたときは、貸与中の作業服等の貸与品は各自持参するものとする。

第11条 退職するときは、貸与品を返納しなければならない。

第12条 作業服等の貸与を受けたときは、所定の借用証を提出しなければならない。

付 則
この規程は〇〇年〇月〇日から実施する。

退職後医療保険手続き規程

（目 的）
第1条 1 この手続は、会社が生命保険会社と契約を締結することにより、社員が在職中から一定額を保険料として積み立てることにより、定年退職後七〇歳までの医療保障を得ることを目的とする。
2 生命保険会社との契約については別に定めるところによる。

（加入資格）
第2条 当社社員で加入年齢五五歳一一カ月未満の者が、本人の希望により加入できるものとする。
ただし、加入日現在すでに罹病（医師の診断による）している者を除く。

（加入時期）
第3条 加入は毎年〇〇月〇日よりとする。

（保険料）
第4条 1 加入者は〇〇〇円以上〇〇〇円以内の別に定める保険料を選択できるものとする。
2 会社は、加入者が選択した保険料を賃金より控除し、当該生命保険会社へ払込みを実施する。

（保険料の増額・減額）
第5条 1 加入者は、毎年一回の新規加入募集時において、所定の手続により保険料を増額することができる。
2 加入者は本人の事情により保険料の減額をする場合には、所定の手続により脱退し再加入することとする。

（在職中の脱退・死亡）
第6条 1 加入者が保険料積立期間中（在職中）に本人の事情によりやむを得ず脱退した場合には、保険会社の定めた基準により脱退一時金が支払われるものとする。
2 加入者が保険料積立期間中に死亡した場合には、前項の脱退一時金に見舞金を加算した遺族一時金が支払われるものとする。

（退職後医療給付）
第7条 1 在職中の積立期間が四年一カ月以上の定年退職者で必要源資を積み立てた者は別に定める「医療保険契約申込書」を提出し、受理された者は、退職後七〇歳まで本人が下記事項に該当し、別に定める条件を満たした場合、医療保険一口について次の医療給付を受けることができる。ただし、医療保障開始日においてすでに入院しているときは、その入院に関する各給付金は支払われない。
① 入院給付金……一日につき〇〇〇〇円
② 看護給付金……一日につき〇〇〇〇円
③ 手術給付金……一回につき〇万〇〇〇〇円〜〇〇万円
④ 死亡（高度障害）保険金……〇〇万円
⑤ 災害保険金……〇〇万円
2 積立金額が医療保険に必要な原資の二口分を超えた者は、前項の医療給付の二口を限度として申し込むことができる。

（終身保険）
第8条 積立金額より医療保険に必要な原資を差し引いて残額がある者は、残額を一時金で受けることに代えて、終身死亡保険を選択することができる。
第9条 給付および必要資源の詳細な内容等についてはすべて、別に定める「医療保険約款」「企業年金保険契約」および「団体終身保険契約」によるものとする。

定年退職者等医療基金規約

第一章 総 則

（名 称）
第1条 この基金は定年退職者等医療基金（以下本基金という）と称し、事務局をKMT共済組合（以下共済組合という）内におく。

（目 的）
第2条 本基金は、相互扶助の精神に基づき規約所定の給付を行うことにより退職後の医療費負担の軽減をはかり、もって生活の

定年退職者等医療基金規約

安定に資することを目的とする。

（加入資格）
第3条　共済組合規約で定める本基金への社員で次に該当する者に対して、本基金への加入資格を付与する。
(1) 勤続一〇年以上の定年退職者
(2) 選択定年により退職する社員
(3) 役員に就任したことにより退職する社員
(4) 勤続一〇年以上かつ六〇歳以上で退職する常勤嘱託
(5) その他の定年退職者

（加入方法）
第4条　本基金へ加入する前条第1号ないし第4号に該当する者は、二〇万円を、また第5号の社員は三〇万円を本基金への拠出金として添え、退職日までに事務局宛加入申し込みの手続きをする。
ただし、共済組合規約で定めた会社はこれを代理することができる。

2　前項の加入手続きをした場合、共済組合は一〇万円を当該拠出金に上乗せ補給し、本人分として本基金に拠出する。

第二章　会　員

（権　利）
第5条　前条所定の手続きにより本基金に加入した者は会員としてこの規約に基づく給付を受ける権利を有する。
ただし、拠出金については返戻等一切の請求権はない。

（資格喪失）
第6条　会員が次の各号に該当する場合は、会員資格を喪失する。
(1) 満七〇歳に達したとき
(2) 死亡したとき
(3) 不正に請求したとき
(4) 二重請求をしたとき
ただし、第11条第1項の給付についてはこの限りでない。

（保険証の提示）
第7条　会員は、事務局の必要に応じ健康保険証の提示を求められた場合、すみやかにこれを提示しなければならない。
事務局はこれが提示されない間、給付を停止することができる。

（異動届）
第8条　会員は次の各号に該当するときは、すみやかにその旨事務局に通知しなければならない。
(1) 住所変更
(2) 電話番号変更
(3) 会員が死亡したとき
(4) 振込先および口座番号変更
(5) その他事務に支障をきたす変更

第三章　給　付

（給付期間）
第9条　本基金は会員の退職年齢にかかわらず会員が満六〇歳から第六条各号により資格を喪失する日の前日まで規約所定の給付を行う。
ただし、第6条第2号についてはその当日までとする。

（医療補助金）
第10条　会員が保険診療を受けた場合、健康保険を適用しうる医療費（入院一部負担金を含む）のうち自己負担分を医療補助金として給付する。
ただし、月額二〇、〇〇〇円を限度とする。

（特別医療金）
第11条　会員が健康保険適用の適用により医療機関に入院し、健康保険適用外の部屋代差額ならびに看護料がある場合、おのおの日額三、五〇〇円を限度に特別医療金として給付する。
ただし一入院八〇日を限度とする。

2　前項は、給付期間内であっても共済組合員資格を有している者については適用しない。

（特別弔慰金）
第12条　会員が満六〇歳に達する前に死亡した場合、別に定める特別弔慰金を給付する。

（申請方法）

定年退職者等医療基金規約

第13条 医療補助金、特別医療金および特別弔慰金の申請方法は別に定める。

(給付金額の算定および支払い)
第14条 医療補助金の給付金額については暦月で、また特別医療金の給付金額については入院日数で、それぞれ算定する。

2 前項で算定した給付金額は、毎月一五日までに申請のあった分について、その月の末日までに会員が指定した銀行口座に一括して振り込む。

(請求権の時効)
第15条 この規約に基づく請求は、その事由の発生した日より一年以内に行なわなければその効力を失う。

第四章 基金の管理・運営

(管理委員会)
第16条 本基金の管理運営に関し、次の事項を審議・決定するため医療基金管理委員会(以下委員会という)を設ける。

(1) 基金財政の年度決算
(2) 基金の運営状況
(3) 原則として五年ごとの基金財政・給付内容の再検討
(4) 規約の改廃
(5) その他重要な事項

(役員および任期ならびに選任方法)
第17条 委員会に次の役員をおく。任期は二年とし重任を妨げない。

委 員 長　　一名(共済組合理事長とする)
副委員長　　二名(委員長が甲種評議員から指名された委員および乙種評議員から指名された委員の中からそれぞれ一名を指名する)
委　　員　　若干名(共済組合理事長が甲種および乙種評議員の中から定の給付をのぞく)は、共済組合福祉課経費をもってこれにあてる。

会計監査　　二名(委員の互選とする)

(任務)
第18条 各役員の任務は次のとおりとする。

委員長……委員会を代表し、会務を総理する。
副委員長……委員長を補佐し、委員長事故あるときはその職務を代理する。
委　員……委員会の重要な業務に参与する。
会計監査……会計事務を監査する。

(委員会の開催)
第19条 委員会は委員長の招集により毎年五月および一一月定期に開催し、委員の定数の三分の二以上の出席をもって成立する。

2 委員長がとくに必要と認めた場合は臨時に開くことができる。

3 委員長は議長として委員会を主宰する。

4 議事は出席者の全員一致をもって決する。

第五章 会　計

(決算)
第20条 本基金の会計年度は毎年四月一日から翌年三月三一日までとし、毎年三月に財政の決算を行う。

(運営費)
第21条 本基金の運営上必要な経費(規約所定の給付をのぞく)は、共済組合福祉課経費をもってこれにあてる。

第六章 付　則

(実施期日)
第22条 この規約は一九九八年一〇月一日から制定実施する。

(経過措置)
第23条 この規約実施日にすでに共済組合規約第1条で定める役員となっている者は、規約第3条第3号に該当するものとし、第4条所定の加入手続きをすることができる。

補給金支給規則

(目的)
第1条 この規則はKMT共済組合事業の一環である、定年退職者等医療基金(以下本基金という)に加入する者(出向社員を含む)に対して、拠出金の一部を補給することにより、退職後の医療費負担の軽減をは

成人病対策規程

かり、もって生活の安定に資することを目的とする。

（加入者）
第2条　次に該当する者は本基金に加入する。
(1) 勤続一〇年以上の定年退職者
(2) 選択定年により退職する社員
(3) 役員に就任したことにより退職する社員
(4) 勤続一〇年以上かつ六〇歳以上で退職する常勤嘱託
（ただし本基金所定の加入申込書を会社へ提出した者）

（補給内容）
第3条　会社は前条で定めた加入者に対して補給金一一五、〇〇〇円を支給する。

（支給方法）
第4条　前条の補給金は退職日に退職金に合算して支給する。

（加入者拠出金）
第5条　加入者は本基金への拠出金として退職金から二〇〇、〇〇〇円を拠出するものとし、会社は退職金支給時にこれを控除するる。

（加入手続）
第6条　本基金への加入手続きは会社が行う。

成人病対策規程
（人間ドック実施に関する規程）

（目　的）
第1条　この規程は、〇〇商事株式会社互助会（以下「本会」という）の会員および30歳以上の配偶者（以下「会員等」という）が成人病等の潜伏性疾患を早期発見することにより、会員等の健康の増進を図ることを目的とする。

（種　別）
第2条　人間ドックの種別は、次のとおりとする。
① 宿泊人間ドック　　一泊二日
② 日帰り人間ドック　　一日

（実施医療機関および検査料）
第3条　1　人間ドックの実施医療機関は、本会の指定する医療機関とし、検査項目および検査料（本会負担金および会員等一部負担金）は別に定めるものとする。
2　前項の会員等一部負担金は、受診申込みの際本会に払い込むものとする。

（申込みおよび承認）
第4条　人間ドックを利用しようとする会員等は、別紙様式（略）による人間ドック利用申込書を本会に提出し、その承認を受けなければならない。

（利用回数）
第5条　人間ドックの利用回数は、原則として年度内一人一回とする。

（その他）
第6条　この規程に定めるもののほか必要な事項は、会長が別に定めるものとする。

附　則
（施行）
第7条　この規程は、平成〇〇年〇月〇日から施行する。

（注）
(1) 指定する医療機関：日本赤十字社医療センター
(2) 人間ドッグ検査料（平成一一年度）
① 宿泊の場合　　七三、〇〇〇円
② 日帰りの場合　　四四、〇〇〇円
(3) 本会補助
① 宿泊の場合　　二三、〇〇〇円
② 日帰りの場合　　一五、〇〇〇円
(4) 会員等負担
① 宿泊の場合　　五〇、〇〇〇円
② 日帰りの場合　　二九、〇〇〇円

○○定年退職者OB○○会会則

第1条（名称）この会は、○○定年退職者OB○○会（以下OB会）と称す。

第2条（目的）この会は、○○の労使の協力と援助をもって次のような活動をする。
1. 定年退職者の健康増進と親睦交流の推進
2. 同じ会社で働いた仲間同士として先輩、後輩の良き相互関係に立ち地域社会と○○機器発展のために寄与する。
3. その他目的達成に必要な事項

第3条（構成）このOB会は、○○株式会社の定年退職者有志によって構成するが、その他入会を希望する者については、役員会で認めた場合、同じ扱いにする。

第4条（機関）このOB会の活動を推進する為、次の機関を置く。
1. 定期総会　　2. 役員会
3. 理事会

第5条（総会）総会はOB会の最高協議の場であって、会員全員をもって構成する。
1. 定例総会は年一回開催する。
2. 臨時総会は会長もしくは幹事が必要と認めた時期開催する。
3. 総会の議決は出席会員の過半数の同意を得るものとする。

第6条（役員会、理事会）

1. 役員会は役員をもって構成し、OB会活動の基本方針について協議決定する。理事会は具体的な行動活動を推進する。
2. 役員会、理事会は会長がこれを招集する。

第7条（役員）このOB会に次の役員をおく。
1. 会　長　　一名
2. 副会長　　二名
3. 会　計　　二名
4. 理　事　　若干名
5. 監　事　　二名

第8条（役員の任務）
1. 会長は会を代表し、会務を統轄する。
2. 副会長は会長を補佐し、会長事故あるときはこれを代行する。
3. 理事は理事会を構成する他業務を分担する。

第9条　本会の入会金は、一万円とする。ただし、理事会においてこれを変更することができる。既納の入会金は理由のいかんにかかわらず、これを返却しない。

第10条　本会は、会員が規約に違反しまたは本会の体面を著しく傷つけた場合は退会を求め、または除名することができる。

第11条　次の場合会員はその資格を失う。
(1) 退　会
(2) 死　亡
(3) 除　名

(4) 二年以上消息不明の場合

第12条
(1) 本会に代表理事一名、副代表理事二名、常任理事若干名、理事若干名および監事三名以内を置く。
(2) 役員の任期は二年とし、中途選任された役員の任期は現任役員の残任期間とする。ただし、再任を妨げない。

第13条　役員は総会で選任し、会社に届け出るものとする。

第14条　役員の権限は次のとおりとする。
(1) 代表理事は本会を代表し、総会・理事会の議長となり、会務を統括する。
(2) 副代表理事は、代表理事を補佐し、代表理事に事故あるときは、あらかじめ定めた順序に従いその職務を代行する。
(3) 常任理事は、代表理事の委任を受けて会務を執行する。
(4) 理事は理事会を構成し、総会の議決にもとづき会務を執行する。
(5) 監事は会計を監査し、その結果を総会に報告する。

第15条
(1) 本会に相談役を置き、会社の会長および副会長、社長ならびに相談役にこれを委嘱する。相談役は各会議に出席し、意見を述べ本会の運営につき、助言および指導を行うことができる。

第16条　定時総会は、毎年五月に、臨時総会は随時代表理事が招集する。

○○○B会会則

第17条 総会は、全会員をもって構成し次の事項を議決する。
(1) 規約の変更に関すること。
(2) 役員の選任および解任に関すること。
(3) 事業計画および予算の決定に関すること。
(4) 事業報告および決算の承認に関すること。
(5) 本会の解散に関すること。
(6) その他理事会の決議により、付議された事項。

第18条 常任理事会は代表理事、副代表理事、常任理事をもって構成し、定期的にまたは必要により随時代表理事がこれを召集し、次の事項を議決する。
なお、支部長は随時常任理事会に出席し、議決に関わることができる。
(1) 総会、理事会に付議する事項
(2) 代表理事から諮問された事項
(3) 支部および分会の設置事項
(4) 会員からの具申事項
(5) 会社との連絡事項
(6) その他日常会務の立案、計画、実施事項

第19条 理事会は理事をもって構成し、必要により代表理事がこれを召集し、次の事項を議決する。
(1) 総会に付議する事項
(2) その他本会の運営管理に関する基本的事項

第20条 (1) 総会の議事は会員の過半数が出席し、(委任状を含む)その会員の過半数の同意をもってこれを決する。
(2) 理事会の議事は、出席理事の過半数の同意をもってこれを決し、可否同数のときは議長の決するところによる。
(3) 常任理事会の議事は、出席者の過半数の同意をもってこれを決する。

第21条 本会の運営に要する費用は、次の資金をもってこれに充てる。
(1) 会員の納付する入会金
(2) 援助金、寄付金
(3) 前各号より生ずる収入

第22条 本会の会計年度は、毎年四月一日に始まり毎年三月三一日に終わる。

第23条 本会の運営に関する細則は、常任理事会の決議により別に定める。

第24条 本会の事務局を会社人事部に置く。

第25条 この会則は平成○年○月○日より施行する。

付則

1 支部細則
(1) 各支部は夫々事務所を設け、規約第3条の趣旨に対し、支部活動を行う。
(2) 各支部は支部長一名、副支部長若干名、幹事若干名を選任する。

○○○B会会則

1 (名称) 本会は○○○B会と称す。

2 (目的) 本会は○○ファミリーの精神を尊重して会員相互の親睦並に互恵互助を計るとともに○○石油㈱(以下○○、○○と省略する)の会社情報を会員に伝達し連帯意識の高揚を期することを目的とする。

3 (本部) 本会の本部は東京都 (○○本社内) に置く。

4 (会員) 本会は正会員および賛助会員をもって構成し、所定の手続きにより本部に登録する。
(1) 正会員
正会員は○○、○○を円満に退職した従業員ならびに本会に次の会の育成に賛意を表した会社の発展
(イ) 賛助会員
○○、○○の役員で当会の設立趣意に賛同した役員。
(ロ) (退任後は正会員となる)
子会社および関連会社で当会の発展育成に賛意を表した会社。

5 (役員及任期) 本会に次の役員を置く。
(1) 役員
会長 一名
専務理事 一名
理事 若干名
会計監査 一名
(2) 役員の任期

○○○ＯＢ会会則

役員の任期は二年とし再任は妨げない。

6 （役員の選出）　会長は定時総会において会員中より選出し、専務理事、理事、会計監査は会長指名による。

7 （総会）　本会の定時総会は毎年四月開催する。ただし会長が必要と認めた場合は臨時総会を開催することができる。

8 （理事会）　理事会は会長が招集し次の事項を審議決定する。
 (1) 活動方針
 (2) 年度運営計画及事業予算
 (3) 会則の細目を定める内規
 (4) 其の他これらに属せざる事項

9 （会計）
 (1) 本会の会計年度は毎年四月一日より翌年三月末日とする。
 (2) 決算は会計監査人の監査を受けなければならない。
 (3) 決算および予算は総会において承認を得るものとする。

10 （会計区分）　本会の会計区分は運営費と基金の二本建とする。
 (1) 運営費は理事会が決定した年度運営計画および事業予算にもとづき本会の目的に沿った運営活動に要する諸経費を賄うものとする。
 (2) 基金は本会存続の安定と発展に必要な経済的基盤を確立するため積み立てるものとする。

11 （財源）　本会の運営費および基金は会費および○○、○○両社の助成金ならびに其の他の収入をもって充当する。
 (ロ) 賛助会員は年額壱万円の賛助金を毎年二月末日までに納入するものとする。

12 （支部）　本会には必要に応じ支部を置く。支部に対しては毎年支部活動への助成金を交付する。助成金を受けた支部は毎年四月に年度末の決算報告書を会長あてに提出するものとする。

13 （退会）　本会を退会せんとする正会員は会長に退会届を提出し会員登録を抹消する。ただし、納入した会費は一切返戻しないものとする。

14 （除名）　本会員で本会の名誉を汚す如き行為のあった場合は、理事会の決議により除名することがある。

15 （会則の改定）　本会則の改定は総会において決定する。

16 （会則の有効月日）　本会則は平成○○年○月○日以降有効とする。

○○○ＯＢ会内規

1 （支部）　正会員は入会と同時に支部設置のある地区に在住するものは夫々その支部員となる。支部設置なき地区に在住するものは地方会員となる。

2 （年会費および寄付金）
 (イ) 会費
　正会員は支部在籍者年額五千円、地方会員年額三千円を年会費として毎年二月末日までに納入するものとする。
 (ロ) 寄付金
　賛助会員は賛助会員になったとき基金として一口金二万円以上の寄付をお願いする。

3 （基金）　基金の源泉は寄付金および運営費剰余金として将来運営費の相当部分が基金の果実で賄えるまで積立てを継続する。

4 （休眠会員）　正会員が都合により年会費を滞納したときはその事情を斟酌のうえ休眠会員とすることができる。ただし休眠会員に対しては本会の活動がその間停止されるる。

5 （慶弔見舞）　本会は会員に次の祝品または見舞金を贈る。
 (イ) 祝品
　(1) 国家的表彰を受けた者
　　長寿祝
　　　古　希（満七〇歳）
　　　喜　寿（満七七歳）
　　　傘　寿（満八〇歳）
　　　米　寿（満八八歳）
　祝品、記念品の種類、金額は理事会に於て決定する。
 (ロ) 見舞金
　(1) 弔の場合
　　香典一万円、花環一万円または供花ただし遺族が花還または供花を必要と

社内慰安旅行実施基準

(目的)
第1条　この基準は、福利厚生の一環として、社員間の親睦および知識・教養を高めるために実施する社内慰安旅行(以下、旅行という)の円滑な運営を図るため、実施方法等について定める。

(実施単位)
第2条　旅行は、原則として、広島本社・事業部ごと、東京本社は各本部、各営業所はCPS合同を一グループとして実施する。ただし、海外営業所のその他の都合で前記グループで実施できない場合は、広島本社と各営業所は総務第一部長、東京本社は総務第二部長の承認を得た場合に限り、前記のグループをさらに小グループに分けて実施できる。

(実施時期、日程、回数)
第3条　①　旅行は、各グループとも、業務に支障のない日に一泊二日以内(ただし、夜行便を使用する場合に限り、二泊(車中一泊)三日も可とする)で、毎年度一回実施する。

②　業務、その他の都合により、旅行が実施できない場合は、事前に総務第一部長の許可を得て慰安会に代えることができる。

なお、旅行と慰安会の区分の判断は、総務第一部長が行う。

②　キャンセルの場合は、理由を問わず、一切会社補助はしない。

(実施計画)
第6条　①　各グループはそれぞれ責任者を決定し、責任者は、毎年二月末までに次年度の旅行の実施予定時期、参加予定者数、予算等所定の事項を記入した「社内慰安旅行実施一次計画書」を総務第一部長に提出する。

②　旅行実施日において継続して三カ月以上雇用されているアルバイト

ただし、①、②いずれの場合も、原則

(参加対象者)
第4条　旅行に参加できるのは、以下の者とする。

①　社員、準社員、営業技術員、臨時社員、パートタイマー、嘱託

(会社補助)
第5条　①　旅行に対する会社補助は、参加者一人につき、以下のとおりとする。

として、他企業からの派遣社員、応援者は含まない。

区　分	前項①該当者	前項②該当者
慰安旅行	12,000円以内	6,000円以内
慰 安 会	10,000円以内	5,000円以内

計画にあたっては旅行の趣旨に基づき、

しない場合は香典として二万円

(2)　会員の配偶者が死亡した時は弔電をおくる。

(ロ)　病気見舞金
・一ケ月以上入院またはこれに準ずる場合は見舞金として五千円
・長期療養者には毎年見舞金として三千円

(ハ)　災害見舞金
風水害、火災等の災害により家屋其の他の財産に損害を蒙ったときは災害見舞金を贈るものとしてその金額は理事会で決定する。

6　(役員手当)　当会の役員は原則として無給とする。ただし専任者には手当支給し額は理事会で決定する。

7　(事務局)　当会に事務局を設置し、必要に応じ事務局員を置くことがある。

8　(内規の変更月日)　本内規則は○○年○月○日以降有効とする。

業務外傷病扶助規程

できるだけ多数の所属員が参加できるよう計画を立てる。

② 各グループの責任者は、旅行実施二週間前までに、行き先・日程の詳細、参加者名、予算等を記入した「社内慰安旅行実施二次計画書」を総務第一部長に提出する。

③ 総務第一部長は提出された「二次計画書」を基に、旅行内容、安全性等を検討し、妥当であると認めた場合は、実施の承認を責任者に通知する。

④ 総務第一部長は、参加者数が参加対象者の過半数に満たない場合は、責任者に対し、計画の変更を求めることがある。

⑤ 承認後、計画事項に変更が生じた場合は、責任者は速に総務第一部長に報告し、再承認を受けなければならない。

(実施)
第7条 参加者は、旅行期間中も会社の名誉を害し、信用を傷つけるようなことをしてはならない。

(報告)
第8条 ① 各グループの責任者は、旅行終了後二週間以内に、「社内慰安旅行実施報告書」に領収書類および参加者名簿と参加者全員が写っている写真を添えて、総務第一部長に提出する。

② 総務第一部長は、「実施報告書」を点検・承認後、会社長にて会社補助分を責任者に一括して支給する。

(その他)
第9条 ① 異動によりグループを移った場合は、会社補助はどちらか一回に限る。

② 「二次計画書」を提出せずに旅行を実施した場合、あるいは「実施報告書」が二週間以内に提出されなかった場合、および「実施報告書」に故意による不正があった場合は、会社補助は行わない。

③ 旅行中に事故等の発生も考えられるので、できる限り傷害保険等に加入することが望ましい。

(実施)
第10条 この標準は平成 年 月 日より実施する。

業務外傷病扶助規程

この規程は、従業員の業務外の事由による負傷疾病または死亡に対する見舞金の支給について定めたものである。

第一章 通勤災害見舞金

(見舞金の種類)
第1条 通勤災害に対する見舞金の種類は、次のとおりとする。
(1) 休業見舞金
(2) 障害見舞金
(3) 遺族見舞金

(休業見舞金)
第2条 従業員が通勤により負傷し、または疾病にかかり、療養のため欠勤したとき、労災法による休業給付(休業特別支給金を含む)が次表の額を下廻る場合は、その差額を休業見舞金として支給する。

区　分	額
(1) 災害から九〇日間	基準賃金相当額
(2) 休職発令までの期間及び休職期間最初の一年	基準賃金相当額
(3) 休職期間二年目及び三年目の二年間	基準賃金相当額の80%

② 前項において休業見舞金を支給する場合は、所定の基準賃金に係わる所得税相当額を差引いた額とする。

③ 休業見舞金は毎月賃金締切日までのものを賃金支払日に支給する。

(障害見舞金)
第3条 従業員が通勤により負傷し、または疾病にかかり、なおったときに身体に障害があり労災法により障害給付を受けるときは、その障害等級に応じて、次の障害見舞金を支給する。

業務外傷病扶助規程

障害等級	見舞金
1等級	860万円
2	770万円
3	680万円
4	470万円
5	380万円
6	300万円
7	260万円
8	160万円
9	130万円
10	110万円
11	80万円
12	60万円
13	40万円
14	20万円

（遺族見舞金）
第4条　従業員が通勤により死亡したときは、死亡した従業員の遺族に対して次の遺族見舞金を支給する。
1　有扶養者　八五〇万円
2　独身者　六五〇万円
② 前項の遺族の範囲および順位は、死亡した従業員の配偶者、子、父母とする。ただし、その遺族がいずれもいない場合、死亡した従業員と同一世帯に祖父母などがいるときは、事情を勘案して決定する。

（適用の除外）
第5条　通勤による負傷、疾病または死亡の原因が自己の過失によるときは、見舞金の一部または全部を支給しないことがある。
2　労災法の規定に基づいて保険給付の一部が行われないときは、見舞金の全部を支給しない。
3　第8条（診断書等の提出）の定めに従

わないときは、見舞金の一部または全部を支給しないことがある。
4　第3条および第4条に定める障害見舞金および遺族見舞金の支給事由が会社に在職中に生じた場合において、退職または解雇の後に確定した場合においては、その見舞金は、支給しない。

（第三者の行為による事故）
第6条　会社は、見舞金支給の原因である事故が第三者の行為によって生じた場合において見舞金を支給したときは、その支給した価額の限度で見舞金を受けた従業員が第三者に対して有する損害賠償の請求権を取得する。
第7条　見舞金を受けるべき従業員が第三者から同一の事由について損害賠償・保険給付または、これに準ずる給付を受けたときは、会社は、その価額の限度で見舞金は支給しない。また、その損害賠償等を受けることが予想されるときは、その結果がわかるまで見舞金の支給を差し止めることがある。

（同一事由による第三者からの給付との関係）

2　前項の保険給付には、労災法の保険給付および当該従業員が任意に加入した保険による保険給付は含まない。

（診断書等の提出）
第8条　会社は、見舞金を支給するにあたりまたは支給している間、必要と認めると

きは、医師の診断書または報告書等を提出させることがある。また会社が指定する医師の診断を受けさせることがある。前項の場合正当な理由なくして拒んではならない。

第二章　特別見舞金

（特別見舞金）
第9条　従業員が通勤災害以外の業務外傷病により死亡したときは、死亡した従業員の遺族に対して、次の特別見舞金を支給する。
1　勤続一〇年未満の者　七〇万円
2　勤続一〇年以上の者　一〇〇万円
2　前項の遺族の範囲および順位は、第一章第4条第2項の定めを適用する。

（第三者の行為等に関する事項）
第10条　前条に定める特別見舞金支給の原因である事故が第三者によって生じた場合は、第一章第6条および第7条を適用する。

（他の給付金との関係）
第11条　業務災害附加給付規程第8条およびこの規程第一章第5条に定めるところの「適用除外」に該当し、遺族附加給付または遺族見舞金が支給されない場合は、この章に定める特別見舞金を支給する。

退職者の送別会・記念品代の取り扱い（内規）

定年退職者の送別会・記念品代の取扱いは下記により行い、自己都合による退職者はこれに準ずる。

1 送別会
定年退職者、および勤続一〇年以上の自己都合退職者の送別会は、別表による社員の出席によって行う

2 記念品
左記の区分による記念品代を贈る

勤続年数	定年	自己都合
三〇年以上	三〇万円	三〇万円
二〇年以上三〇年未満	二〇万円	二〇万円
一五年以上二〇年未満	一五万円	一〇万円
一〇年以上一五年未満	一〇万円	五万円

3 費用
送別会、記念品代の費用は、下記による

イ 会社主催の送別会は、定年退職者または勤続一〇年以上の自己都合退職者とする

ロ 一般職、現業職とも一名当たり六、〇〇〇円を目安とし、内三、〇〇〇円は会社負担とするが、残額は出席者負担とする

ハ 出席希望者の費用も、同一の取り扱いとする

2 送別会の取り扱い
イ 送別会費 会社が三、〇〇〇円を補助し、残額は出席者の負担とする

ロ 記念品代 全額会社が負担

4 自己都合退職者の取り扱い
自己都合による退職は、原則として円満退職の場合に適用し、円満退職以外の場合は退職の事由によりその都度決定する

平成　年　月　日制定

付　則

（施行）
第12条　この規程は平成　年　月　日より施行する。

制定　昭和　年　月　日
改訂　平成　年　月　日

運用

1 円満退職以外の退職について
(1) 解釈　懲戒解雇、論旨退職、および失態・事故等により懲戒を受けまたは懲戒のおそれがあっての退職の申し出等をいう

(2) 取り扱い
イ 懲戒解雇　送別会、記念品代　共になし

ロ 論旨退職　送別会　なし
　記念品代　二〇年以上の場合のみ規定の½〜⅓

ハ その他の自己都合　送別会　なし
　記念品代　二〇年以上の場合のみ規定の⅔〜½

退職者の送別会・記念品代の取扱内規

別表　送別会出席者

区　分	勤務15年以上の定年 〃 20年以上の自己都合退職者	勤務10年以上の定年 〃 15年以上の自己都合退職者	勤務10年未満の定年 〃 10年以上の自己都合退職者
部　長 副部長	役員　　全　員 所属部　　〃 他部門　　希望者	役員　　全　員 所属部　　〃 他部門　　希望者	役員　　全　員 所属部　　〃 他部門　　希望者
課　長	役員　　全　員 所属部　　全　員 他部門　　希望者	役員　　全　員 所属部　　全　員 他部門　　希望者	社長・専務・常務内1名 担当役員 所属部　　全　員 他部門　　希望者
係　長	社長・専務・常務内1名 担当役員 所属部　　全　員 他部門　　希望者	社長・専務・常務内1名 担当役員 所属部　　全　員 他部門　　希望者	担当役員 所属部　　全　員 他部門　　希望者
主任係員	社長・専務・常務内1名 担当役員 所属部　　全　員 他部門　　希望者	担当役員 所属部　　全　員 他部門　　希望者	所属部　　全　員
現業職	社長・専務・常務内1名 担当役員 製造部長 所属工場　全　員 他部門　　希望者	製造部長 所属工場　全　員 他部門　　希望者	所属工場　全　員

（註1）会社主催の送別会は、定年退職者または勤続一〇年以上の自己都合退職者とする
　（2）男性、女性共同一の取り扱いをする
　（3）本社営業各部は、同一部と見なす
　（4）送別会にかぎり、他工場は他部門と見なす
　（5）所属部員が五名以下の部の出席者については、別途考慮する
　（6）会費は、出席希望者も同じ扱いとする

XI 労働協約

IX 学 術 討 論

XI 労働協約（解説）

労働協約とは

労働協約というと、内容も形式も何か非常にむつかしいもののように思われがちであるが、簡単にいえば、労働協約とは、労働組合と使用者との労働条件などについての約束を書面にしたものである。

労働協約は、労働者側が労働組合をつくって、その団結の力で使用者と団体交渉を行い、組合員の納得のいく線の条件を使用者と協定し、これを明文化したものである。ところで、労働条件などについて、労働組合が使用者と交渉して決めるというところまでは「団体交渉」である。「労働協約」は、それから先の問題で、団体交渉によって協定した内容を文書にまとめあげて、双方がこれを確認し

そして将来のある時期までは双方とも協定した事項を守ること、したがって、このように決めた事項については、いちいち団交を繰り返したり、その変更を要求して紛争を起こしたりしない、という約束をして始めて「労働協約」が成立するのである。

労働協約はなぜ必要か

これが必要な理由を説明しよう。団体交渉で労働条件を決めても、労働組合がその後すぐに、もっと良くしてくれと要求し、いつでも争議行為が行えるということでは使用者はたまったものではあるまい。年中団体交渉に追いまくられてしまうであろうし、賃金についての団体交渉であれば、支給賃金に必要な資金がいくら必要なのか将来を見通

した計算もできず事業の計画がたたなくなる。労働組合の立場も同じである。せっかく団体交渉で決められた労働条件を、いくらもたないうちに使用者が変えようと言い出すようでは、落ち着いて仕事もできない。だから、団体交渉によって決められたことを書面に作成し、一定期間労使ともこれを守り、争議行為を行わないことにしておけば、労使とも安心というわけである。

労働協約の要件と効力

労働協約が有効に成立するためには、次の三つの要件を備えなければならない。

① 労働組合と使用者またはその団体との間で結ばれた約束であること。

② 労働条件その他労使関係に関することを内容とするものであること。

③ 書面に作成し、両当事者が署名又は記名押印したものであること。

この①当事者、②内容、③形式の三つの要件は必ず備えていなければならず、このどれを欠いても、次に述べるような労働協約としての効力をもちえない。逆にこの三つの要件を備えていれば、名称が労働協約でない「覚書」「協定」等であっても労働協約としての効力をもつことになる。

労働協約は書面に作成するものである。これは、その内容を文書によって明確にし、当

事者の意思決定に慎重を期すためである。その意味で、書面に作成されない口頭協定や、テープレコーダーに記録してあるような取り決めは労働協約としての法律的効力は認められない。なぜなら口頭約束などに法律的効力を認めると当事者の最終的な意見が確認できないことが多く、労使関係の安定といった観点から妥当でないからである。

次に労働協約の効力についてであるが、労働協約の中心となる労働条件についての効力は、労働契約や就業規則に優先する。その結果、例えば、労働協約で一日の労働時間が七時間と決められているのに、就業規則または労働契約では八時間となっているときは、労働協約で決められた七時間が優先する。そして、使用者が労働協約で決められた基準を守らないときには、労働組合はもちろんのこと、組合員である個々の従業員も直接使用者に対して労働協約で決められたとおりのものを要求できる。また、たとえ使用者と労働者個人との話し合いで、労働協約で定められた基準以下の労働条件を了承しても、その個別的な労働条件は無効となり、あくまでも労働協約で定められた基準が適用されることになるのである。

労働協約の内容と決め方

労働協約となる事項は、大きく分けると組合員の労働条件の基準に関するものと、労働条件の基準のない労使間の約束事に関するものになる。前者が、どちらかといえば使用者と個々の従業員との間の労働条件の規範を示す個別的な労働関係の規律であるのに対し、後者は、労働組合という「団体」そのものと、となるようなショップ協定、非組合員の範囲に関する協定などについての条項がある。

前者の労働条件の基準については一般的に、

① 基本給、諸手当、賞与、昇給、退職金などに関すること
② 労働時間、休憩、休日、有給休暇などに関すること
③ 安全衛生、災害補償などに関すること

などの基準が決められる。

後者の労働条件に直接関係のない労使間の約束事に関する事項としては、

① 労働組合の組織に関すること
② 労働組合の活動に関すること
③ 団体交渉に関すること
④ 労使協議制に関すること
⑤ 争議に関すること
⑥ 苦情処理に関すること

などがあげられる。労働条件に関するものが基本的に重要であるのはもちろんであるが、これについては特に説明を要しないと思われるので、労働条件に直接関係のない労使間の約束事に関する事項について少し説明しよう。

ショップ別および組合活動

労働組合の組織に関することとしては、組合であることが従業員としての身分の条件となるようなショップ協定、非組合員の範囲に関する協定などについての条項がある。

労働組合活動に関することとしては、組合専従者を認めるかどうか、就業時間中の組合活動を認めるかどうか、これらを認めた場合のその基準や手続き、また組合事務所、組合掲示板など会社施設の利用をどの程度認めるか、あるいはチェックオフ（組合費の給与からの天引き）を認めるかなどの条項が考えられる。

日頃はきわめてルーズな労務管理をしており、組合活動についてもきちっと規則に沿って何かことが起きると急にいろいろの規則を引っぱり出してきて、規則づくめで押えようとする態度がよく見かけられる。例えば、ビラ等は組合掲示板などの所定場所以外では禁止されているにもかかわらず、平素所定の場所以外のロッカーや通路にはってあっても長い間黙認しておりながら、何かあると自己の怠慢な労務管理をたなに上げ、急に「規則違反だ」として撤去しようとする。それに対して、「労働組合運動に対する弾圧だ」とか、「労使慣行を一方的に破るものだ」と

かの非難の声がでてくることになる。したがって、こういう点についてもできるだけ詳しく具体的に労働協約の中に決めるとともに、平素からの労務管理においてもその労働協約に決められた通りに行うなどの努力をし、不明朗な職場慣行が作られることを防止しなければ、信頼関係のある明るく秩序ある職場は生まれない。

団体交渉に関することとしては、団体交渉の手続きや交渉人員の条項、特定の労働組合を従業員の唯一の交渉団体として認めるという、唯一交渉団体条項などがある。

労使協議制に関することとしては、労使協議機関の構成、付議事項あるいは決定事項の効力に関する条項などについては「XIII 労使協議制に関する規程」をみられたい。

労働協約書

前文

MS工業株式会社（以下「会社」という）とMS労働組合（以下「組合」という）は対等の立場に立ち、相互の理解と信頼をもって相協力し、会社の健全なる発展と組合員の社会的経済的地位の向上を図り、平和的にして正常な労使関係を維持することを目的としてこの協約を締結し、誠実にこれを実行することを約束する。

第一章 総則

（協約の優先）
第1条　この協約は就業規則その他会社が制定する諸規則もしくは会社と組合との間の協定または会社と従業員との契約に優先する。

（唯一交渉団体）
第2条　会社は当該組合が従業員の唯一交渉団体であることを認める。

（協約の適用範囲）
第3条　この協約は会社と組合並びに組合員に適用する。但し、労働条件その他組合員に関する部分については非組合員にも適用する。

（組合員の資格）
第4条　会社の従業員はこの組合に加入しなければならない。但し、次に掲げる者については非組合員とする。
(1) 7等級以上の者（管理職）
(2) 営業所長（覚書第二）
(3) 次の掲げる部所の6等級の者
　ア　企画部　　一名
　イ　人事部　　三名
　ウ　経理部　　三名
　エ　秘書室　　三名
(4) その他会社と組合が協議決定した者

（ユニオンショップ制）
第5条　組合を除名された者または脱退した者については会社はこれを解雇する。但し、解雇により会社の業務の運営に著しく支障を生ずるおそれのある者については協議決定する。

（細目及び補足協定）
第6条　会社と組合はこの協約に基づいて細目協定を締結することができる。
2　会社と組合は各事業所の特殊事情について必要ある場合は補足協定を締結することができる。
3　前各項による細目協定及び補足協定がこの協約より不利益になるときはすべてこの協約が優先する。
4　第1項及び第2項により締結された細目協定及び補足協定はこの協約の失効と同時にその効力を失うものとする。

（双方の通知義務）
第7条　会社は定款その他諸規則の制定改廃並びに役員に異動が生じた場合、その他会社が必要と認めた場合には当該事項を組合に通告する。
2　組合は規約の制定改廃並びに執行委員の異動及びその他の労働団体に加入または脱退した場合は会社に通告する。

（語句の定義）
第8条　この協約における語句の定義は次のとおりとする。
(1) 協議決定とは、会社と組合が協議して決定しなければその行為を行うことのできないものをいう。
(2) 同意とは、相手方の同意がなければ権限を有する者がその行為を行うことのできないものをいう。
(3) 意見の尊重とは、特に重大な支障のない限り相手方の意見を採用して権限を有する者がその行為を行うものをいう。
(4) 許可とは、権限を有する者の承諾がなければその行為を行うことのできないものをいう。
(5) 通告とは、原則として文書をもって相手方に届出すればその行為を行うことのできるものをいう。

第二章　労使懇談会

（目的）

第9条　会社と組合は、企業の経営に関する諸問題について意思疎通と相互理解を深め、労働組合の建設的な意見を企業の経営に反映させ、社業の発展並びに従業員福祉の向上に資するを目的とする。

（懇談事項）
第10条　懇談事項は次のとおりとする。
(1) 経営方針、経営計画に関する事項
(2) 技術、生産、営業等会社業績全般に関する事項
(3) 従業員の福祉に関する事項
(4) その他会社と組合が必要と認めた事項

（構成員）
第11条　構成員は次の通りとする。
(1) 会　社
　役員、人事部長及び人事部長が指名した者
(2) 組　合
　執行委員及び執行委員長が指名した者

（開催）
第12条　開催日は原則として三月、九月に開催するものとする。
2　前項の他、会社、組合いずれか一方から申し入れがあった場合は、申し入れ後一〇日以内に臨時に開催することができる。

（開催手続）
第13条　開催手続は次のとおりとする。
(1) 定期開催
　口頭により連絡するものとする。但し、特に議題がある場合は、あらかじめその議題を連絡するものとする。
(2) 臨時開催
　文書をもって連絡するものとし、文書には議題を記載するものとする。

（機密保持）
第14条　労使懇談会で知り得た事項中、会社、組合とも相手が指定した機密事項は他に漏らしてはならない。

（専門委員会）
第15条　議題の審議について会社と組合が必要と認めたときは専門委員会を設けて議事を委託または諮問することができる。
2　専門委員会の構成及び運営は労使懇談会においてその都度定める。

（団体交渉と労使懇談会の関係）
第16条　労使懇談会の性格上、団体交渉におよぶことはないものとする。但し、会社と組合が必要と認めた事項については別に団体交渉をもつものとする。

（記録）
第17条　労使懇談会の議事については必要な重要事項は議事録に記載し、確認をしたうえ相互に保有する。

（費用の負担）
第18条　労使懇談会の費用の負担は次とする。
(1) 労使懇談会費
　会社負担とする。
(2) 旅費、日当
　会社と組合の折半とする。

第三章　人　事

（人事の原則）
第19条　人事は会社が組合の適性と意思を尊重して、慎重かつ公平に行う。
2　会社と組合は人事について、個々の人事以外必要と認めた場合は審議する。

（採用）
第20条　会社は従業員を定期またはそれ以外で大量に採用しようとする場合並びに定期採用を中止した場合は、あらかじめその人員、職種、必要理由及び選考基準を組合に通告する。
2　前項の通告について会社と組合が必要と認めた場合は、その内容について審議する。但し、個々の具体的な採用についてはこの限りでない。
3　会社は退職した従業員を再雇用した場合は、その人員、職種、必要理由及び選考基準を組合に通告する。

（試用期間）
第21条　会社が従業員として採用する者の試用期間は三ヵ月とする。但し、都合により試用期間を設けないかまたは短縮することがある。
2　試用期間中の者がその期間を終え正式に採用されたときは、試用の当初から採用されたものとみなす。

（人事異動）

第22条　会社は業務の都合により組合員の転勤、出向、派遣、配置転換、駐在、リフレッシュまたは職種変更を命ずることがある。

2　前項の場合についての本人への事前通告は一五日以前を原則とする。

3　第1項の場合で転居を伴う異動については会社は本人の生活条件を勘案するものとする。

4　会社は組合員を大量に異動させる場合は大要について組合に通告する。

5　第1項の出向、派遣は本人の同意を得て行う。その取扱いは別途協定とする。

（人事異動の語句の定義）

第22条の2　前条に掲げる語句の定義は次のとおりとする。

(1)　転勤とは事業所並びに住居の変更を伴う異動をいう。

(2)　配置転換とは原則として同一事業所において業務内容の大幅な変更または組織間の異動の場合と住居の変更を伴わない事業所間の異動をいう。

(3)　駐在とは現所属のまま一定期間（一ヵ月以上一年未満）業務応援または技術習得のため事業所並びに住居の変更を生ずる場合をいう。但し、必要によりその期間を延長することがある。

(4)　リフレッシュとは1年を目途とし期間満了後は原則として発令前職場に復帰させる異動をいう。

(5)　出向、派遣については別途協定とする。

（組合執行委員の人事異動）

第23条　会社は組合執行委員の人事異動については、組合の同意を得て行う。

（休職事由）

第24条　会社は組合員が次の各号の一に該当した場合には休職を命ずることがある。

(1)　会社の命により会社外の職務につくとき

(2)　業務外の傷病により次の期間欠勤した場合

ア　勤続一年未満の者が引続き三ヵ月欠勤した場合

イ　勤続一年以上の者が引続き六ヵ月欠勤した場合

ウ　勤続一〇年以上の者が引続き一ヵ年欠勤した場合

(3)　公務に服する期間で会社が必要を認めた場合

(4)　組合専従者となる場合

(5)　懲戒処分による場合

(6)　一身上の都合で休職を申し出た期間で会社がこれを許可した場合

(7)　その他前各号に準ずる場合

（休職期間）

第25条　休職期間は次の通りとする。但し、事情により延長することができる。

(1)　前条第1号の場合

第22条第5項の期間

(2)　前条第2号の場合

ア　勤続一年未満の者　三ヵ月

イ　〃　一年以上の者　一ヵ年

ウ　〃　一〇年　〃　一年六ヵ月

エ　〃　二〇年　〃　二ヵ年

(3)　前条第3号、第4号、第6号、第7号の場合

一ヵ年以内における必要な期間

（休職期間の取扱い）

第26条　会社は第24条第1号及び第4号に該当する場合または特別の理由がある場合を除いて、休職期間を勤続年数に算入しない。

2　休職を命ぜられた期間中の給料は法令の定めのある場合を除き、原則として支給しない。但し、その他の待遇は勤務を前提とするものを除き一般従業員と変わらないものとする。

（復職）

第27条　休職期間中休職理由の消滅した場合及び休職期間の終了した場合は、原則として原職に復職させる。但し、正常な業務の運営上止むなく他職務に復職させる場合は組合に通告する。

（定年）

第28条　会社は組合員の定年を満六〇歳とする。

（表彰の基準）

第29条　会社は組合員が次の各号の一に該当

労働協約書

するときはこれを表彰する。
(1) 永年勤続一〇年、二〇年、三五年、四〇年、定年の者
(2) 業務に精励し会社の業績に顕著に貢献し特に他の模範となる者
(3) 業務上有利な発明、発見、改良、考案または提案をした者
(4) 災害を未然に防止し、または災害にあたり特に功労のあった者
(5) その他前各号に準ずる篤行または功労のあった者

第29条の2　表彰の体系は次のとおりとする。
（表彰の体系）
(1) 年度最優秀表彰
(2) 善行表彰
(3) 永年勤続表彰

第30条　表彰の方法は次のとおりとする。
（表彰の方法）
(1) 表彰状授与
(2) 賞金授与
(3) 賞品授与
(4) 有給休暇付与　但し、三日以内とする
(5) 昇給　但し、基本給の一割とする

第31条　会社は組合員が覚書第6の各号の一に該当するときは、情状によって第33条第1号乃至第5号の処分を行う。
（懲戒解雇の基準）

第32条　会社は組合員が覚書第7の各号の一に該当するときは懲戒解雇する。但し、情状により他の懲戒処分にとどめることがある。
（懲戒の方法）

第33条　会社は懲戒を次により一または二を併課して行う。但し、反則が軽微であるか、特に情状酌量の余地があるか、または改悛の情が明らかに認められたときは、懲戒を免じ訓戒に止めることがある。
(1) 譴責
　始末書をとり、将来を戒める。
(2) 減給
　ア　始末書をとり、一回の額が平均賃金一日分の半額以内、二回以上の場合でも総額が一賃金支払期における賃金総額の一割以内を減給して将来を戒める。但し、その期間は引き続く一ヵ月以内とする。
　イ　この場合の平均賃金の計算は労働基準法第12条第1項による。
(3) 出勤停止
　始末書をとり、七日以内の出勤を停止して将来を戒める。但し、無給とする。
(4) 降格
　始末書をとり、降格して将来を戒める。
(5) 懲戒解雇
　予告期間を設けず即時解雇する。行政官庁の認定を受けたときは解雇予告手当を支給しない。

2　退職金は原則として支給しない。但し、情状により、自己都合退職の支給額より減額して支給することがある。
（賞罰委員会）

第34条　会社が組合員の賞罰を行う場合は賞罰委員会の議を経ていなければならないが、賞については年度最優秀表彰及び善行表彰を対象とする。

2　罰についてはすべて賞罰委員会の議を経ていなければならない。特に懲戒の場合は当人の十分なる弁明の機会が与えられる。

3　賞罰委員会は会社、組合双方各3名で構成する。その運営については別途覚書にて細目協定する。
（解雇の基準）

第35条　組合員が次の各号の一に該当するときは解雇する。
(1) 無届欠勤引き続き一四日以上にして正当な理由のない者
(2) 精神または身体の障害により業務に耐えられないと認められた者
(3) 止むを得ない事業上の都合があるときから申し入れのあった場合には審議する。但し、あらかじめ組合に通知し、組合

2　前項により組合員を解雇しようとする場合は、三〇日前に予告するか三〇日分の平均賃金を支給する。
（解雇予告除外）

第36条 懲戒処分による解雇の場合には、行政官庁の認定を受け、予告せず、予告手当も支給しない。

(人員整理としての解雇)
第37条 会社は企業整備等止むを得ない理由により組合員の解雇または人員整理（希望退職、退職の勧告、その他これに類する全ての行為）を行おうとするときは、そのつど、その基準、適用条件について組合と協議決定する。

(解雇制限)
第38条 会社は組合員が業務上負傷しまたは疾病にかかり療養のために休業する期間及びその後三〇日間、並びに産前産後の女性が本協約第70条の規定によって休業する期間及びその後三〇日間は解雇しない。但し、業務上傷病による療養開始後3年を経過した日において、労働者災害補償保険法に基づく傷病補償年金の給付を受けている場合、もしくは同日後において給付を受けること になった場合、または天災地変その他止むを得ない事由のために事業の継続が不可能となった場合においてはこの限りでない。
2　前項但書後段の場合においては、その事由について行政官庁の認定を受けなければならない。

(退職)
第39条 組合員が次の各号の一に該当する場合は退職する。

(1)　本人が死亡したとき
(2)　退職を願い出て承認されたとき
　但し、退職願は退職日の14日前までに提出するものとする。
(3)　定年に達したとき
(4)　休職期間中、休職理由の消滅した場合で相当期間内に本人の復帰の意思表示がないとき
(5)　休職期間が過ぎて相当期間内に本人の復帰の意思表示がないとき
(6)　休職期間が過ぎてその理由が消滅しないとき

第四章　労働条件

(賃金)
第40条 この協約で賃金とは、給料、手当、賞与（一時金）、退職金その他名称の如何を問わず労働の対価として支払われるものをいう。

(給料の支払日)
第41条 給料の計算期間は前月の二一日からその月の二〇日までをもって締切り、毎月25日に支払う。但し、勤務実績に応じて計算される給料の計算期間は前月の一一日からその月の一〇日までとする。
2　給料の支払日が休日に当たるときはその前日に繰り上げる。

(時間割及び日割計算の方法)
第42条 基準賃金を時間割計算及び日割計算する場合は次のとおりとする。

(1)　時間割計算
　　基準賃金×$\frac{1}{162}$
(2)　日割計算
　　基準賃金×$\frac{1}{162}$×所定労働時間数

(給料の支払方法)
第43条 給料は通貨をもって直接本人に全額支払う。
2　前項にかかわらず、組合との協定書に基づき、本人の希望する金融機関に、本人名義の口座に振込むことができる。

(賃金からの控除)
第44条 会社は賃金支払の際、その内訳を明示した内容明細表を添付し、次の各号に定めるものを賃金から控除することができる。

(1)　所得税、住民税、社会保険料、その他法令で定められたもの
(2)　社宅及び寮の使用料
(3)　社友会等の会費
(4)　貸付金の月割返済元利金
(5)　斡旋販売費
(6)　職域団体保険料
(7)　労働組合費
(8)　労働金庫積立金及び返済金
(9)　通信教育費
(10)　財形貯蓄、財形年金
(11)　従業員持株会拠出金及び奨励金

労働協約書

(12) その他会社と組合が協定したもの

2 会社は組合員が死亡または退職した場合に、前各号に掲げるもののうち未払金額があるときは退職金から控除することができる。

(給料の非常時払)
第45条 会社は組合員の請求により次の各号の一に該当するときは、第41条の規定にかかわらずそのつど遅滞なく既往の労働に対する給料を支払う。
(1) 本人または家族の出産、疾病、結婚、葬儀または災害のため臨時に費用を必要とするとき
(2) その他止むを得ない事由で臨時に費用を認めたとき

(平均賃金)
第46条 本協約において平均賃金とは労働基準法第12条の規定による平均賃金をいう。

(賃金体系)
第47条 賃金体系は次のとおりとする。但し、それぞれの内容については別途協定する。

```
                                    ┌─ 年 齢 給
                        ┌─ 基 本 給 ─┤
                        │           └─ 職 能 給
            ┌─ 基準内賃金 ─┤
            │           │           ┌─ 資 格 等 級 手 当
            │           │           ├─ 職  位  手  当
            │           └─ 手  当 ─┤
            │                       ├─ 住  宅  手  当
            │                       └─ 家  族  手  当
  ┌─ 月例賃金 ─┤
  │         │                       ┌─ 通  勤  手  当
  │         │                       ├─ 寒冷地特別手当
  │         │                       ├─ 駐  在  手  当
賃 金 ─┤         └─ 基準外賃金 ── 手  当 ─┤─ 別  居  手  当
  │                                 ├─ 運  転  手  当
  │                                 ├─ 特 殊 勤 務 手 当
  │                                 ├─ 外  勤  手  当
  │                                 └─ 時 間 外 勤 務 手 当
  ├─ 賞与（一時金）
  └─ 退職手当
```

(昇給)
第48条 会社は毎年一回、三月二一日付をもって定期的に昇給を行う。
2 金額、配分方法及び対象者区分については会社と組合で協議決定する。

(賞与)
第49条 賞与（一時金）は毎年二回支給する。
2 支給の時期は七月と二月を原則とする。
3 支給金額、配分方法、計算基礎額、対象者区分及び支給方法等については会社と組合で協議決定する。

(休業手当)
第50条 会社は会社の責に帰すべき事由による休業の場合は休業期間中、当該組合員に平均賃金の六〇％以上の休業手当を支給する。
2 前項の支給率については、そのつど会社と組合で協議決定する。

(初任給)
第51条 新規学卒者の初任給は第47条の基準内賃金額と世間相場を勘案のうえ決定する。
2 新規学卒者以外の中途採用者の賃金の決定は、前項を基準として、前歴、経験年数を考慮して、職能給の格付けにより決定する。

(旅費)
第52条 会社は組合員に出張を命じたときは旅費を支給する。
2 支給基準及び支給額は別途に協議決定す

(3) 本人死亡のとき
但し、1,000円未満の端数は1,000円単位に切り上げる。

区分	1, 2, 3, 4等級	5等級	6等級
勤続　5年以上	基準賃金　2ヵ月分	同左	同左
〃　　3年　〃	〃　　　　1　〃		
〃　　3年未満	〃　　　　0.7〃		
付加弔慰金	70,000円	90,000円	110,000円
会社役員一同	80,000円	同左	同左
供花代（実費）	花環、生花	同左	同左

（注）7、8、9等級は管理職（非組合員）

(4) 配偶者死亡のとき

区分	1, 2, 3, 4等級	5等級	6等級
勤続　5年以上	60,000円	80,000円	100,000円
〃　　3年　〃	45,000円	60,000円	75,000円
〃　　3年未満	30,000円	40,000円	50,000円
会社役員一同	50,000円	同左	同左
供花代（実費）	花環、生花	同左	同左

（注）7、8、9等級は管理職（非組合員）

（慶弔金及びその他の見舞金）
第53条　会社は組合員が次の一に該当するときは、それぞれ次の金額を支給する。

(1) 本人結婚のとき
　　勤続五年以上
　　三年以上　　　　五〇、〇〇〇円

(2) 本人または配偶者出産のとき
　　勤続三年以上　　二〇、〇〇〇円
　　一年以上　　　　一〇、〇〇〇円
　　一年未満　　　　一〇、〇〇〇円

(5) 父母、子が死亡したとき
　　勤続三年以上　　三〇、〇〇〇円
　　〃　一年以上　　二〇、〇〇〇円
　　〃　一年未満　　一〇、〇〇〇円
　　会社役員一同（喪主の場合）三〇、〇〇〇円
　　供花代（実費）生花

(6) 祖父母、兄弟姉妹、配偶者の父母が死亡したとき（祖父母のうち母方の祖父母については同居に限る）
　　勤続三年以上　　二〇、〇〇〇円
　　〃　一年以上　　一〇、〇〇〇円
　　〃　一年未満　　一〇、〇〇〇円

(7) 公傷病入院一五日以上のとき　五〇、〇〇〇円

(8) 私傷病入院一ヵ月以上のとき　二〇、〇〇〇円
但し、同一傷病による場合二回限りとする。

(9) 災害見舞金
但し、同一傷病による場合は一回限りとする。
但し、現住する家屋が天災地変その他これに類する災害にかかった場合とする。

労働協約書

(単位　円)

			全壊全焼	半壊半焼	一部壊焼	床上浸水	家　　財
本人世帯主	自　宅	家　間	150,000	75,000	50,000	50,000	50,000
	借　家	借　間	80,000	50,000	30,000	30,000	40,000
本人非世帯主	自　宅	家　間	70,000	50,000	30,000	30,000	40,000
	借　家	借　間	50,000	40,000	30,000	30,000	40,000

(転勤手当)
第55条　会社は組合員が転勤を命ぜられたときは、次の規定により転勤手当を支給する。
(1) 扶養家族を有する者
基準賃金の一・三五ヵ月分（税込）
(2) 扶養家族を有しない者
基準賃金の一・一五ヵ月分（税込）

(退職金)
第56条　会社は組合員の退職金について別に定める退職金規定により退職金を支給する。

(労働時間)
第57条　組合員の普通勤務時間（休憩時間を除く）については別途協定する。

(始終業時刻)
第58条　各事業所における始終業時刻並びに工事現場など事業所外で就業する場合の始終業時刻については別途協定する。

(各事業所の休憩時間)
第59条　各事業所の休憩時間は次のとおりとする。
(1) 本社・支社・営業所
一二時〇〇分～一二時四五分
(2) 工　場
一二時〇〇分～一二時四五分
2 前項の休憩はいっせいに与えなければならない。但し、会社と組合の「一斉に休憩時間を与えない協定」による場合は、この限りでない。
3 第1項の休憩時間は自由に利用させなければならない。

(時間外勤務)
第60条　第58条の規定にかかわらず、事業所別に労働基準法第36条に定められた手続きをすることによって会社は時間外及び休日勤務をさせることができる。
2 組合員が、転勤休暇、駐在休暇、慶弔休暇、災害休暇のときに会社の命令により出勤した場合、休日出勤として取り扱う。

(時間外勤務の休憩時間)
第61条　会社は時間外勤務を命ずる場合には、四時間単位三〇分の割合で休憩時間を与える。

(事業所外での労働時間)
第62条　組合員が出張、営業その他事業所外で労働時間の全部または一部を労働する場合で労働時間を算定し難い場合には、通常の労働時間労働したものとみなす。但し、会社が予め別段の指示をした場合はこの限りでない。

(育児時間)
第63条　育児時間については労働基準法第67条による。但し、無給とする。

(休日)
第64条　組合員の休日は次のとおりとする。
(1) 毎週日曜日
(2) 毎週土曜日
但し、年末年始の仕事納め及び仕事始めの日が土曜日にあたる場合を除く。
(3) 国民の祝日

2 勤続一〇年以上の組合員には事情により増額されることがある。
3 生計を共にする二人以上の組合員に本条を適用するときは、いずれか金額の多い方の一人に支給する。

(駐在手当)
第54条　会社は組合員が駐在を命ぜられたときは、駐在期間中、基準賃金の二〇％に相当する金額を駐在手当として支給する。

但し、祝祭日が日曜日にあたる場合は翌日休日とする。

(4) 労働祭（五月一日）

(5) 会社創立記念日（六月五日）

(6) 年末年始（一二月三〇日から翌年一月四日まで）

（休日の振替、臨時休日）

第65条　会社は業務の都合により前条の休日を他の日に振り替えまたは臨時に休日を設ける場合には、組合と協議決定しなければならない。

（年次有給休暇）

第66条　会社は、組合員が入職後二カ月を経過した者に一〇日の年次有給休暇を与え、つぎの一年間において勤続年数に応じ、下表に掲げる日数の年次有給休暇を与える。

ただし、全勤務日（四月一日〜三月三一日）八割以上勤務した場合とする。

勤務年数	付与日数
入社	10
1	11
2	12
3	14
4	16
5	18
6以上	20

2　前項の計算方式は、斉一管理方式（四月一日〜三月三一日）とし、勤続六カ月未満は六カ月とみなして切り上げ計算する。

3　第1項の出勤率の算定にあたり、次の各号の期間は出勤とみなして取り扱う。

(1) 業務上の傷病による休暇期間

(2) 産前産後の休業期間

(3) 育児休業制度および介護休業制度に基づく休業期間

(4) 会社の都合による休業期間

(5) そのほか慶弔休暇および特別休暇

(6) 年次有給休暇の期間

4　年次有給休暇は本人の請求のあった場合に与える。

ただし、事業の正常な運営上やむを得ない場合は、その時季を変更させることができる。

5　年次有給休暇をとろうとする者は、所定の手続きにより事前に会社に届出るものとする。

6　当該年度の年次有給休暇の残日数は翌年度に限り繰越するものとする。

7　年次有給休暇に対しては通常の給与を支給する。

（慶弔休暇）

第67条　慶弔休暇は次のとおりとする。

(1) 本人結婚のとき　　七日

(2) 妻が分娩するとき　五日

(3) 子が結婚するとき　三日

(4) 兄弟姉妹および配偶者の兄弟姉妹が結婚するとき　一日

(5) 父母、配偶者、子が死亡したとき　七日

(6) 祖父母、兄弟姉妹及び配偶者の父母が死亡したとき　三日

但し、配偶者が喪主の場合は七日とする。

(7) 配偶者の祖父母、兄弟姉妹が死亡したとき　一日

（配偶者の祖父母のうち母方の祖父母については同居に限る）

2　前項各号に該当する目的地が主要鉄道駅間の距離五〇〇km以上又は片道所要時間四時間以上のときは、往復二日間の旅行日を前項の日数に加算する。

（表彰休暇）

第68条　表彰休暇は第三章第30条第4号の定めるところによる。

（生理日の就業が著しく困難な女子組合員に対する措置）

第69条　生理日の就業が著しく困難な女子組合員が休暇を請求した時は与える。この場合一ヵ月につき二日以内は有給とする。

（産前産後休業）

第70条　産前六週間以内（多胎妊娠の場合は一四週間以内）に出産する予定の女性組合員は請求して休業することができる。但し、無給とする。

労働協約書

2 産後八週間を経過しない女性組合員は就業させない。但し、産後六週間を経過した本人が就業を申し出て医師が支障ないと認めるときはこの限りではない。

（母性健康管理のための休暇）

第71条 妊娠中または出産後一年を経過しない女性組合員から、所定労働時間内に、母子健康法に基づく保健指導または健康診査を受けるために、通院休暇の請求があったときは、次の範囲で休暇を与える。

① 産前の場合
　　妊娠二三週まで……………四週に一回
　　妊娠二四週から三五週まで…二週に一回
　　妊娠三六週から出産まで……一週に一回
　　ただし、医師または助産婦（以下「医師等」という）がこれと異なる指示をしたときには、その指示により必要な指示をすることとする。

② 産後（一年以内）の場合
　　医師等の指示により必要な時間。

③ 妊娠中または出産後一年を経過しない女性社員から、保健指導または健康診査に基づき勤務時間等について医師等の指導を受けた旨申出があった場合、次の措置を講ずる。

① 妊娠中の通勤緩和
　　通勤時の混雑を避けるよう指導された場合は、原則として一時間の勤務時間の短縮または一時間以内の時差出勤

② 妊娠中の休憩
　　休憩時間について指導された場合は、適宜休憩時間の延長、休憩の回数の増加

③ 妊娠中または出産後の諸症状に対応する措置
　　妊娠中または出産後の諸症状の発生またはそのおそれがあるとして指導された場合は、その指導事項を守ることができるようにするため作業の軽減、勤務時間の短縮、休業等

前各号の給与の処置は、無給とする。

（育児休業等）

第72条 組合員は、一歳に満たない子（特別の事情ある場合は一歳六ヶ月）を養育するため必要があるときは、会社に申し出て育児休業をし、又は育児短時間勤務制度の適用を受けることができる。

2 育児休業をし、又は育児短時間勤務制度の適用を受けることができる組合員の範囲その他必要な事項については、「育児休業、育児のための深夜業の制限及び育児短時間勤務に関する協定」の定めるところによる。

（介護休業等）

第73条 組合員のうち必要のある者は、会社に申し出て介護休業をし、又は介護短時間勤務制度の適用を受けることができる。

2 介護休業をし、又は介護短時間勤務制度の適用を受ける組合員の範囲その他必要な事項については、「介護休業、介護のための深夜業の制限及び介護短時間勤務に関する協定」の定めるところによる。

（転勤休暇）

第74条 組合員が転勤を命ぜられて転居をする場合、新旧両勤務地（同一都市内を除く）の距離に応じて七日以内の転勤休暇を与える。

（駐在休暇）

第75条 組合員が駐在を命ぜられて転居をする場合、新旧両勤務地（同一都市内を除く）の距離に応じて七日以内の駐在休暇を与える。

（夏季休暇）

第76条 会社は毎年七月一日から八月三一日までの間に組合員の申請により夏季休暇を支給する。但し、日数については別途協定する。

2 前項期間中の土曜日のうち休日を除く土曜日を土曜夏季休暇とする。工場に関しては、土曜夏季休暇相当分として平日二日間の一斉夏季休暇を支給する。

3 前項の期間内に夏季休暇を申請しなかったときは辞退したものとみなす。

（災害休暇）

第77条 災害休暇は次のとおりとする。必要により担当官庁の証明書の提出を求めることがある。

(1) 現住する家屋が倒壊焼失等の災害を受けたとき　　五日

(2) 現住する家屋が天災により著しい災害

を受けたとき　前項の日数は実情によりその期間を延長することがある。

第七八条　特別休暇は次のとおりとする。

(1) 伝染病その他により交通を遮断されまたは就業を禁止されたとき、その日数。但し、本人罹病した場合を除く。

(2) 証人、鑑定人、参考人または陪審員となり裁判所に用務があるとき、またはこれに準ずるときは同事実を証明のうえ、なお、必要により証明書の提出を求めることがある。

(公傷休業)

第七九条　組合員が業務上傷病し診断書を提出した場合、その日数を公傷休業とする。

第五章　苦情処理委員会

(目的)

第八〇条　会社と組合員の間に苦情があるときは、これを公正迅速に処理するため苦情処理委員会(以下委員会という)を置く。

2 委員会の決定は会社並びに組合双方誠実にこれを履行する。

(苦情の内容)

第八一条　前条において苦情とは、次の各号の一に該当する苦情をいう。

(1) 労働協約、就業規則及びその他服務規程の解釈、適用に関する事項

(2) 労働条件に関する事項

(3) 人事に関する事項

(4) その他前各号に準ずる事項

(委員会の構成)

第八二条　委員会の構成は次のとおりとする。

(1) 会社側委員

　労務担当役員、人事部長、人事部担当マネジャー

(2) 組合側委員

　委員長、副委員長、書記長

但し、欠員を生じた場合または苦情の当事者あるいは関係者である委員は、双方了解のうえで代理人を出席させることができる。

(機密保持)

第八三条　委員及び関係者は苦情処理に際し知り得た事項を漏洩してはならない。

(苦情の申立)

第八四条　苦情の申立は組合員のみ行うことができる。

2 申立は所定の文書をもって苦情処理委員または事務局に行うものとする。

(苦情の受理)

第八五条　苦情の申立があった場合、委員会は申立の事実が苦情であるか否か、また委員会の機能に属するか否かを速やかに決定し、申立人に通知する。

この場合次の各号の一に該当するものはこれを却下する。

(1) 労使懇談会、団体交渉に属する事項

(2) 会社の自由裁量にゆだねられる事項

(3) その他適当でないと思われる事項

(苦情申立の期限)

第八六条　苦情の申立はその事実発生後一ヵ月以内になされなければならない。

(審議)

第八七条　委員会は苦情を受理したときはその日から一〇日以内に審議し解決する。

2 委員会の決定がなされるまで苦情の原因となる事実の効力は停止することはない。

3 委員会は必要に応じ関係者の出席を求め事情を聴取し意見を述べさせることができる。

(不利益取扱いの禁止)

第八八条　苦情の申立を行ったことにより不利益な取扱いを受けることはない。

(委員の資格)

第八九条　苦情処理委員は会社の在籍者とする。

(事務局)

第九〇条　委員会の事務取扱い及び記録は人事部とする。

(費用)

第九一条　委員会運営の費用は会社、組合双方で負担するものとする。但し、所定就業時間内の賃金控除は行わない。

第六章　安全衛生

(労働安全衛生法の適用)
第92条　本章における安全衛生についての協定は、次の各条に掲げるもの以外は全て労働安全衛生法を適用するものとする。

(健康診断)
第93条　会社は組合員の健康診断について労働安全衛生法第66条に従いこれを実施する。また成人病の健康診断の実施については別途協議決定する。

(業務上災害による不利益扱いの禁止)
第94条　会社は組合員が業務上負傷または疾病にかかった場合において、そのための治療、休業等を理由に人事上の不利益な取扱いをしない。

(放射線性物品の取扱い)
第95条　放射線性物品の取扱いについては別に定める安全規則による。

第七章　災害補償

(療養補償)
第96条　会社は組合員が業務上災害または通勤災害によって、負傷しまたは疾病にかかった場合においては労働基準法(以下労基法という)第75条に定める療養補償または労働者災害補償保険法(以下労災法という)第13条に定める療養補償給付を行う。

(休業補償)
第97条　会社は組合員が業務上災害または通勤災害によって、負傷しまたは疾病にかかり就業できない場合は、その期間中、基準賃金に家族手当を加えた合計相当額と労災法による休業補償給付額との差額を公傷見舞金として支給する。但し、次の各号に該当する場合は支給しない。

(1) 補償を受けて療養休業中他の業務に従事したとき

(2) 業務上災害または通勤災害による負傷または疾病について医師が全治または就業可能と診断したにもかかわらず就業しないとき

(障害補償)
第98条　会社は組合員が業務上災害または通勤災害によって、負傷しまたは疾病にかかり治ゆした後、なお労災法施行規則別表の障害等級表に定める身体障害が存する場合は、労基法第77条に定める障害補償または労災法第15条に定める障害補償給付の他に労災法の認定をまって二〇万円～五〇〇万円の範囲で一時金を支給する。

2　会社は組合員が解雇されまたは退職した後に、労災法の障害等級が認定された場合にも前項と同様に別表1 (業務上災害)、別表2 (通勤災害)の金額を一時金として支給する。

(遺族補償)
第99条　会社は組合員が業務上災害または通勤災害により死亡した場合は、その遺族に対して労基法第79条に定める遺族補償または労災法第16条に定める遺族補償給付の他に労災法第16条の認定をまって次の金額を一時金として支給する。解雇または退職の後も同様とする。

区　分	業務上災害	通勤災害
勤続満一年未満の者	一、八五〇万円	一、二〇〇万円
勤続満一年以上 満三年未満の者	一、九五〇万円	一、三五〇万円
勤続満三年以上の者	二、〇〇〇万円	一、五〇〇万円

2　前項の場合には、葬祭料は実費を会社が負担する。但し、最高限度を一五〇万円とし、労災法の葬祭料と調整を行う。

3　遺族補償を受ける遺族の範囲および順位は労災法第16条の2、第16条の7の定めるところによる。

(身分補償)
第100条　会社は組合員が業務上災害または通勤災害によって負傷しまたは疾病にかかり就業できない場合は、療養開始後三年を経過し、解雇に至るまで従業員身分を保障する。但し、療養開始後三年を経過するまでに死亡した場合は、その死亡時までとする。

(傷病補償年金)
第101条　組合員が業務上の傷病及び通勤災害で療養開始後一年六ヵ月またはそれ以上経

過したときに労災法の定めるところにより（障害等級一級～三級の者）傷病補償年金を受ける。

2　会社は前項により解雇する場合は平均賃金一、二〇〇万円分以内で上乗せするものとする。

（介護補償給付）
第102条　組合員が業務上の傷病及び通勤災害で介護を要する場合は、法定（労災法）の給付を受ける。

（退職金の取扱い）
第103条　会社は組合員が業務上災害または通勤災害によって死亡した場合、及び治ゆした後、なお労災法施行規則別表に定める身体障害が残る場合並びに従業員身分保障期間が過ぎた場合で、解雇または退職のときは会社都合扱いの退職金を支給する。

（第三者行為災害の調整）
第104条　会社は組合員が第三者による災害または労災法による災害を受けるときは、労災法による補償以外の補償を会社が行う同一事由について、第三者から労災法による補償以上の補償を受けるときは、その超える金額相当分の第三者に対する損害賠償請求権を会社が取得するなどする法定外補償の範囲内とする。但し、その調整は会社が行う。

第八章　福利厚生及び教育

（福利厚生に対する会社の責任）
第105条　会社は組合員の福利厚生をはかるため組合と協力のうえ必要な施設及び制度の拡充に努め、さらに組合員の教養の向上、健康の保持、健全の娯楽についての便宜をはかるため必要な措置を講ずる。

（福利厚生専門委員会）
第106条　会社と組合は前条の目的を達成するため会社、組合双方からなる福利厚生専門委員会を設ける。

2　福利厚生専門委員会の運営については別途協議決定する。

（新入社員教育）
第107条　会社は、新たに採用した従業員に対し速やかに労働協約、就業規則その他業務上必要な事項及び安全衛生について教育を実施する。

（教育訓練）
第108条　会社は組合員に対して業務の知識、技術の向上、人格の形成その他必要な教育訓練を行うものとする。

2　前項による教育のうち必要なものについては、組合が参加するものとする。

第九章　組合活動

（組合活動の自由）
第109条　会社は組合員の組合活動の自由を認める。

2　本条にいう組合活動とはこの協約に基づくすべての組合の行為をいう。

3　会社は組合員が組合活動をした故をもって不利益を与えてはならない。

（就業時間中の組合活動）
第110条　会社は組合員の組合活動は原則として就業時間外に行うものとし、第3号から第6号にあっては会社の許可を得なければならない。この場合、会社は業務上支障のない限り許可する。

第1号並びに第2号にあってはあらかじめ会社に通告するものとし、次の各号の一に該当する場合はこの限りではないが、

(1)　団体交渉、労使懇談会、苦情処理委員会、その他会社と組合が行う各種会議等に出席するとき

(2)　執行委員会並びに代議員大会に出席するとき

(3)　前号以外の組合協約に定められたところの正規の機関の会議等に出席するとき

(4)　組合の加盟団体に組合員を派遣し、またその会議に出席するとき

(5)　行政官庁等の会議、講習会に出席するとき

(6)　前各号のほか、緊急止むを得ない事由に基づき組合が必要と認めたとき

2　前項による会議と組合活動に従事した者は組欠（組合欠席・欠勤）とする。

（会社施設の利用）
第111条　組合員が組合活動のために会社施設等を利用する場合には、そのつどあらかじ

め会社に届出て許可を得なければならない。この場合、会社は業務上支障のない限り許可する。

2 組合活動に必要な掲示板の設置については各支部において協議決定する。

(文書の配布)
第112条 組合は会社構内及び施設内において組合活動に必要なパンフレット、機関紙、新聞、情報等を自由に配布することができる。但し、就業時間中を除く。

第一〇章 組合専従者

(組合専従者の選定)
第113条 会社は組合が従業員である組合員の中から組合専従者一名をおくことを認める。

2 組合が専従者を選定して届出た場合、会社は特に重大な支障のない限り、これを承認するものとする。

3 組合専従の期間は一年とする。但し、再任を妨げない。

(組合専従者の保障)
第114条 会社は組合専従者に対して、専従期間中及びその満了後において組合専従の事実を理由に他の従業員と差別待遇することはない。

(組合専従者の休職及び復職)
第115条 組合専従者は専従期間中これを休職扱いとし、その期間は勤続年数に通算する。

2 組合専従者が専従期間を満了し、または

その職を解任されたときは、休職を解き、原則として専従前の担当職務に復職させる。但し、会社都合により他職務に配属する場合は組合に通告する。

(専従期間中の取扱い)
第116条 組合専従者の専従期間中の取扱いは次のとおりとする。

(1) 会社は組合専従者に退職手当を除く賃金を支払わない。但し、第53条に規程する慶弔金及びその他見舞金は支給する。

(2) 会社は、組合専従者がその期間を満了し復職したときは、昇給もしくは昇格について組合専従の事実を理由に不利益な査定をしない。

(3) 組合専従者の健康保険料、厚生年金保険料、労働保険料等は組合が負担し、その関連事務は会社が行う。

(4) 労働協約及び就業規則その他会社諸規則は、勤務を前提とする条項を除き組合専従者にこれを適用する。

(5) 福利厚生に関する制度の適用、施設の利用等については、他の従業員と同様とする。

(組合専従者に関する責任)
第117条 組合は専従者の行為に対して責任を負う。

(外部労働団体への加入並びに役職兼務)
第118条 組合は組合の正規の機関の手続きを経て、外部団体に加入あるいは支持すると

き並びに組合専従者が外部労働団体の役職を兼任するときは、会社に通告する。

(不文事項の協議)
第119条 会社と組合は組合専従者に関し本協約に特に定めのない事項の取扱いについては、そのつど協議決定するものとする。

第一一章 団体交渉

(団体交渉の原則)
第120条 会社と組合は、団体交渉に際して双方の人格を尊重し、対等の立場において誠意と秩序をもって妥結に至るよう努力しなければならない。

2 団体交渉は本社において行う。

(団体交渉応諾の義務)
第121条 会社並びに組合は相手方から団体交渉の申し入れを受けたときは、原則としてその申し入れのあった日から五日以内にこれに応じなければならない。但し、正当な事由ある場合はこの限りではない。

(団体交渉申し入れ手続き)
第122条 団体交渉の申し入れは次の事項を文書に記載して、その相手方に提出するものとする。但し、継続審議中の議題については口頭で申し入れることができる。

(1) 交渉の事項
(2) 交渉の日時
(3) その他 交渉に必要と認めた事項

(交渉時間)

第123条　団体交渉は原則として就業時間中に行う。但し、双方の同意あるときはこの限りでない。

（交渉委員）
第124条　団体交渉の交渉委員は会社及び組合が任意に選出し、あらかじめ相手方に通告するものとする。また交渉の途中において変更する場合も同様とする。

（団体交渉付議事項）
第125条　団体交渉の対象となる事項は、組合及び組合員の労働条件、労働環境並びにこれに関連する事項とする。

（議事録の作成）
第126条　団体交渉にあたっては議事録を作成し、会社、組合双方の確認を得なければならない。

（妥結事項の効力）
第127条　団体交渉により妥結した事項は、労働協約と同等の効力を有するものとする。本協約の規程と異なる場合は、その部分について本協約が改訂されたものとする。

3　団体交渉により妥結した事項は、文書により会社、組合双方の代表者が記名捺印のうえ、各一通を保管する。

（傍聴）
第128条　団体交渉は会社、組合双方が必要と認めたときに限り傍聴させる。

（機密の保持）
第129条　団体交渉において機密とすることを申し合わせた内容については他に洩らしてはならない。

（自主交渉）
第130条　会社及び組合は第三者に交渉を委任しない。

（争議中の団体交渉）
第131条　争議行為中であっても、会社、組合いずれか一方から申し出がある時は二四時間以内に団体交渉に応じなければならない。

第一二章　争議行為

（争議行為の定義）
第132条　この協約において争議行為とは、同盟罷業、怠業、作業所閉鎖、その他会社または組合がその主張を通すためにする行為とこれに対する行為で業務の正常な運営を阻害するものをいう。

（交渉努力）
第133条　会社または組合が争議を行うときは団体交渉を経ていなければならない。但し、当事者の一方が正当な事由なく団体交渉に応じない場合はこの限りではない。

（斡旋及び調停の申請）
第134条　会社または組合は団体交渉において解決できない事項について労働委員会に斡旋または調停を申請することができる。

2　会社、組合いずれか一方から斡旋または調停を申請するときは、あらかじめ相手方に通告のうえ行うものとし、相手方もこれに応じなければならない。

3　第1項により斡旋または調停の申請がなされ、その斡旋または調停が成らない場合、その日から3日を経なければ争議行為を行うことができない。

（争議行為の予告）
第135条　会社または組合が争議行為を行う場合には、最低二四時間前までに文書をもって相手方に通告しなければならない。

（争議中の施設の利用）
第136条　会社は組合が争議中であっても、非組合員並びに争議不参加者の業務に支障のない限り本協約第九章第111条に定める会社施設の利用を認める。

2　会社は争議中であっても、組合員の正常な日常生活を保持するため厚生施設の利用を制限し、もしくは食糧その他生活必需物資の正常な入手を阻害することはない。

（争議中の労働者雇人の禁止）
第137条　会社は争議行為の予告がなされた後は、代替としていかなる者とも新たに雇用契約または代替としての社外発注をすることはしない。

（争議中の非組合員業務の妨害禁止）
第138条　組合は争議行為中非組合員の通常業務を妨害しない。

（会社の争議行為妨害の禁止）
第139条　会社は組合の正当な争議行為中いかなる争議妨害行為も行わない。

給与に関する協定

（争議行為による損害賠償）
第140条　会社は、組合の正当な争議行為による損害の賠償を組合または組合員に対して請求しない。

（争議行為を理由とする不利益扱いの禁止）
第141条　会社は組合の行った正当な争議行為については組合員に対して不利益な取扱いをしない。

（争議不参加者）
第142条　争議行為中は、次の各号の一に該当する組合員のうち必要最小限度の組合員を争議不参加者とする。但し、当該担当業務に直接関連する場合はこの限りでない。

(1) 営業所長（第4条(2)以外の営業所長）
(2) 駐在所の責任者各一名
(3) 出張所長
(4) 営業所長（第四条(2)の営業所長）以外で三等級以上の者がいない場合の所員一名
(5) 電話交換手
(6) その他会社と組合が協議決定した者

（争議中の賃金不払）
第143条　争議中の賃金は支払わない。その計算は次による。

日額＝基準賃金×$\frac{1}{162}$×所定労働時間数

時給＝基準賃金×$\frac{1}{162}$

第一三章　協約の期間及び効力

（有効期間）
第144条　この協約の有効期間は平成一一年四月一日から一ヵ年とする。

（改訂の手続）
第145条　この協約の期間満了に際して会社または組合のいずれか一方がこの協約を改訂しようとするときは、期間満了二ヵ月前までに改訂案を添えて申し入れる。

2　前項の申し入れがなく期間満了したときは、この協約はさらに一ヵ年ごと自動的に更新されるものとする。

3　第1項により会社、組合いずれか一方の申し入れにより団体交渉に際して協定が成立しない時も期間満了に限り、この協約が引き続き効力を有するものとする。

付　則

第146条　本協約書（協約書に付随する協定、規定、覚書等を含む）は二通書面に作成し、会社、組合の代表者が記名捺印し、各一通ずつ保有する。

第147条　この協約書に付随する協定、規定、覚書等はこの協約書と同等の効力を有するものとする。

平成一一年四月一日

MS工業株式会社
代表取締役社長　㊞

MS労働組合
執行委員長　㊞

給与に関する協定

（昭和四二年六月一日締結）
（改訂12回）

第一章　総　則

（目的）
第1条　この協定は、労働協約に基づき、組合員に対する給与の決定、計算および支払の方法、締切および支払の時期ならびに昇格、賞与に関する定めをすることを目的とする。

なお、今後は定期昇給と経済の変動に伴うベース・アップとは区分して行うこととする。

株式会社KW流通（以下会社という）とKW流通労働組合（以下組合という）は、労働協約（第四章　給与）に基づいて「給与に関する協定」を締結する

（給与決定の原則）
第2条　組合員の給与は、社会的水準、会社の支払能力、物価、本人の能力、年齢、勤続、職責などを考慮して定める。

（給与の構成）
第3条　給与は、基準内給与と基準外給与と

給与に関する協定

に分け、その構成はつぎのとおりとする。

```
         ┌─年齢給
         ├─勤続給
         ├─職能給
1 基準内給与─┼─基本給
         ├─役付手当
         ├─家族手当
         ├─営業手当
         ├─皆勤手当
         └─調整手当

         ┌─時間外勤務手当
2 基準外給与─┼─休日出勤手当
         ├─深夜勤務手当
         └─通勤手当
```

（締切および支払）

第4条　給与は前月二一日より当月二〇日までの分を当月末日に支払う。

2　前項の支払日が休日にあたる場合は前日に支払う。

（非常時払い）

第5条　前条の規程にかかわらず、つぎの各号に該当する場合は、既往の就労に対する給与を支払う。

① 組合員またはその収入によって生計を維持する者が結婚、出産、死亡または疾病にかかり、あるいは災害を受けたとき

② 組合員またはその収入によって生計を維持する者が、やむをえない事由により帰郷するとき

③ 組合員が解雇されたとき（懲戒解雇を含む）

④ その他事情やむをえないと会社が認めたとき

ただし、第3号を除き、本人（本人死亡の場合はその遺族）より請求のあった場合に支払う。

（給与の支払形態および計算方法）

第6条　給与の支払形態は月給制とする。給与の計算方法はノーワーク・ノーペイを原則とする。

2　就業規則第43条（年次有給休暇）、第44条（慶弔休暇）、第45条（特別休暇）は通常の給与を支払う。ただし、第45条第1号（生理による休暇）および第2号（出産休暇）は無給とする。

3　組合員が欠勤した場合は、つぎにより給与を控除する。

$$\frac{基準内給与}{1ヵ月平均所定労働日数} × 欠勤日数$$

4　組合員が遅刻、早退、私用外出をした場合は、つぎにより給与を控除する。

$$\frac{基準内給与}{1ヵ月平均所定労働時間} × (遅刻・早退・私用外出時間数)$$

（中途入退者の計算）

第7条　給与締切期間中の中途において、入社または退社した組合員の当該締切期間の給与は、入社以降または退社までの日数に

ついて日割り計算により支給する。その計算式は、つぎのとおりとする。

$$\frac{基準内給与（月額）}{1ヵ月平均所定労働出勤日数} × 出勤日数 ＋ 通勤手当月額$$

（給与の支払方法）

第8条　給与は、通貨で、組合員本人に対して直接にその全額を支払う。ただし、つぎに掲げるものは、給与から控除するものとする。

① 給与所得税
② 地方住民税
③ 健康保険料個人負担分
④ 厚生年金保険料個人負担分
⑤ 雇用保険個人負担分
⑥ 組合との書面協定により控除対象としたもの

2　前項の前段にかかわらず、組合員本人の希望する金融機関に本人名儀の口座に振込むことがある（「給与の金融機関口座振込み協定書」による）。

第二章　基準内給与

（基本給）

第9条　基本給は、年齢給、勤続給、職能給で構成される。

（年齢給）

第10条　年齢給は、別表1「年齢給早見表

給与に関する協定

のとおりとする。

ただし、五〇歳をもって昇給は停止するものとする。

(勤続給)
第11条　勤続給は、別表2「勤続給早見表」のとおりとする。

ただし、五五歳時点の勤続給をもって、昇給は停止するものとする。

(職能給)
第12条　職能給は、職能分類を別表4「職層・職能等級・職位表」のとおりとし、その職能に対応する給与とする。

2　前項の等級に応じ、それぞれ最低級号を決め、考課を用いて運用する。

職能等級、最低級号額、昇給単価、考課評定は、別表5「職能給とその運用」のとおりとする。

(付加給)
第13条　在職間のアンバランス、ベースアップ等の場合は、付加給で調整する。

(役付手当)
第14条　役付手当は、管理監督の地位にある者に対し、つぎの役付手当を支給する。

① 本部長　　一〇〇、〇〇〇円
② 部長　　　七〇、〇〇〇円
③ 次長　　　五五、〇〇〇円
④ 課長　　　四五、〇〇〇円
⑤ 課長代理　四〇、〇〇〇円
⑥ 係長　　　三〇、〇〇〇円

⑦ 主任　　　七、〇〇〇円
⑧ チーフ　　三、〇〇〇円

(家族手当)
第15条　家族手当は、扶養すべき家族を有する者に、つぎの区分により支給する。ただし、子女は第二子までとする。

① 配偶者　　　　　　一〇、〇〇〇円
② 子女(一子につき)　三、〇〇〇円

(営業手当)
第16条　営業手当は、営業業務に従事する者に、つぎのとおり支給する。

一律　　二五、〇〇〇円

(皆勤手当)
第17条　皆勤手当は、第4条の締切期間中の無遅刻、無早退、無私用外出、無欠勤の精励恪勤者に、つぎのとおり支給する。ただし、皆勤手当は、管理職(係長以上)および営業従事者を除くものとする。

一律　　六、〇〇〇円

(調整手当)
第18条　調整手当は、業務の困難、責任の度合等を考慮して支給することがある。

第三章　基準外給与

(時間外勤務手当)
第19条　時間外勤務手当は、就業規則第30条(始業・終業・休憩時刻)に定める所定就業時間を超え、早出、残業した場合に支給する。

2　前項の計算方法は、一時間につき、つぎの計算方式による。

基本給+付加給+役付手当+皆勤手当+調整手当+営業手当 / １ヵ月平均所定労働時間 ×1.25

(休日出勤手当)
第20条　休日出勤手当は、就業規則第36条(休日)に出勤した場合に支給する。

二　前項の計算方法は、一時間につき、つぎの計算方式による。

基本給+付加給+役付手当+皆勤手当+調整手当+営業手当 / １ヵ月平均所定労働時間 ×1.35

(深夜勤務手当)
第21条　深夜勤務手当は、就業規則第41条(深夜勤務)により午後一〇時より午前五時までの間に勤務した場合に支給する。

2　前項の計算方法は、一時間につき、つぎの計算方式による。

基本給+付加給+役付手当+皆勤手当+調整手当+営業手当 / １ヵ月平均所定労働時間 ×0.25

(通勤手当)
第22条　通勤手当は、現住所より一キロメートル以上の通勤者に別途定める額を支給する。

2　会社の許可を得てマイカー通勤をする者については、別途定める額を支給する。

(適用除外)
第23条　管理職の職位にある者および営業手当受給者は、第19条および第20条は適用しない。

第四章　昇給および昇格等

（昇給）

第24条　昇給は原則として4月分給与をもって定期昇給を行う。

（定期昇給の内容）

第25条　定期昇給は、自動昇給部分と査定昇給部分に分ける。

2　自動昇給部分は、基本給のうち、年齢給部分および勤続給部分とする。

3　査定昇給部分は、基本給のうち第12条（職能給）部分とする。

（ベース・アップ）

第26条　経済状況の変化に応じてベース・アップを行うことがある。

2　ベース・アップによる昇給は原則として付加給で行う。

3　前記の配分は会社と組合で協議のうえ行う。

（臨時昇給）

第27条　臨時昇給は、つぎの各号の一に該当する者について、昇給の必要を生じた場合に行う。

① 特に功労のあった者
② 中途採用で技能優秀、成績良好の者
③ その他会社が必要と認めた者

2　臨時昇給の内容は、基本給のうち、第12条（職能給）あるいは第13条（付加給）な

（昇格）

第28条　会社は、必要に応じて、組合員の職務遂行能力、責任感、企画力、判断力、勤務成績等勘案のうえ、第12条の職能給の昇格（昇級）を行うことがある。

2　昇給により昇級した場合の職能給の取り扱いは、職能等級号の直近上位とする。

（新規学卒者の初任給）

第29条　新規学卒者の初任給は、基準内給与総額と世間相場を勘案のうえ決定する。ただし、基本給はつぎのとおりとする。

① 年齢給……第10条
② 勤続給……第11条
③ 職能給……第12条

高校卒	1等級	14号
短大卒	1等級	20号
大学卒	2等級	11号

2　世間相場と基準内給与との差額は付加給とする。

（中途採用者の初任給）

第30条　新規学卒者以外の中途採用者の給与の決定は、前条を基準として、前歴、経験年数を考慮して、職能給の格付けを行う。

ただし、単純労務に従事する者の職能給の格付けは学歴にかかわらず1等級とする。

第五章　賞　与

（賞与の支給）

第31条　賞与は、原則として7月（上期）および12月（下期）に会社の業績に応じて支給する。

（賞与の算定期間）

第32条　賞与の算定期間は前年11月二一日より五月二〇日までを上期賞与に、五月二一日より一一月二〇日までを下期賞与の期間とする。

（賞与の支給条件）

第33条　賞与の支給条件は、当該期間における組合員の勤務成績、出勤率、貢献度を査定のうえ考慮して決定する。

（賞与の不支給）

第34条　当該算定期間において、中途入社し、勤務日数が二ヵ月未満の場合は支給しない。

2　賞与支給当日、社員として在籍していない者には支給しない。

付　則

（実施）

第35条　この協定は平成〇〇年〇月〇日より実施する。

（有効期間）

第37条　この協定の有効期間は平成〇〇年〇月〇日までとする。

ただし、前項の期間終了一ヵ月前までに

給与に関する協定

会社および組合共に改訂の意思表示のない場合は、自動的に一ヵ年ごと更新するものとする。

平成〇〇年〇月〇〇日

株式会社KW流通
代表取締役社長　㊞

KW労働組合
執行委員長　㊞

〔別表1〕

年齢給早見表

16歳～25歳 1歳につき1,000円		26歳～35歳 1歳につき1,200円		36歳～45歳 1歳につき800円		46歳～50歳 1歳につき500円	
16歳	70,000円	26歳	81,200円	36歳	92,800円	46歳	100,500円
20歳	75,000円	30歳	86,000円	40歳	96,000円	50歳	102,500円
25歳	80,000円	35歳	92,000円	45歳	100,000円	※50歳で停止 51歳以上	

〔別表2〕

勤続給早見表

勤続1年～15年 1年につき500円		勤続16年～30年 1年につき300円		勤続31年～ 1年につき200円	
1年	500円	16年	7,800円	31年	12,200円
5年	2,500円	20年	9,000円	35年	13,000円
10年	5,000円	25年	10,500円	40年	14,000円
15年	7,500円	30年	12,000円	※55歳時点の勤務給 をもって停止	

― 給与に関する協定

[別表3]

職 能 給 表

号＼等級 ピッチ	1 800	2 1,000	3 1,200	4 1,400	5 1,600	6 1,800	7 2,000	8 2,200	9 2,400	10 2,600
1	73,000	92,000	113,000	137,000	153,000	171,000	191,000	213,000	234,800	264,000
2	73,800	93,000	114,200	138,400	154,600	172,800	193,000	215,200	237,200	266,600
3	74,600	94,000	115,400	139,800	156,200	174,600	195,000	217,400	239,600	269,200
4	75,400	95,000	116,600	141,200	157,800	176,400	197,000	219,600	242,000	271,800
5	76,200	96,000	117,800	142,600	159,400	178,200	199,000	221,800	244,400	274,400
6	77,000	97,000	119,000	144,000	161,000	180,000	201,000	224,000	246,800	277,000
7	77,800	98,000	120,200	145,400	162,600	181,800	203,000	226,200	249,200	279,600
8	78,600	99,000	121,400	146,800	164,200	183,600	205,000	228,400	251,600	282,200
9	79,400	100,000	122,600	148,200	165,800	185,400	207,000	230,600	254,000	284,800
10	80,200	101,000	123,800	149,600	167,400	187,200	209,000	232,800	256,400	287,400
11	81,000	102,000	125,000	151,000	169,000	189,000	211,000	235,000	258,800	290,000
12	81,800	103,000	126,200	152,400	170,600	190,800	213,000	237,200	261,200	292,600
13	82,600	104,000	127,400	153,800	172,200	192,600	215,000	239,400	263,600	295,200
14	83,400	105,000	128,600	155,200	173,800	194,400	217,000	241,600	266,000	297,800
15	84,200	106,000	129,800	156,600	175,400	196,200	219,000	243,800	268,400	300,400
16	85,000	107,000	131,000	158,000	177,000	198,000	221,000	246,000	270,800	303,000
17	85,800	108,000	132,200	159,400	178,600	199,800	223,000	248,200	273,200	305,600
18	86,600	109,000	133,400	160,800	180,200	201,600	225,000	250,400	275,600	308,200
19	87,400	110,000	134,600	162,200	181,800	203,400	227,000	252,600	278,000	310,800
20	88,200	111,000	135,800	163,600	183,400	205,200	229,000	254,800	280,400	313,400
	∫	∫	∫	∫	∫	∫	∫	∫	∫	∫
25	92,200	116,000	141,800	170,600	191,400	214,200	239,000	265,800	292,400	326,400
	∫	∫	∫	∫	∫	∫	∫	∫	∫	∫
30	96,200	121,000	147,800	177,600	199,400	223,200	249,000	276,800	304,400	339,400
	∫	∫	∫	∫	∫	∫	∫	∫	∫	∫
40	104,200	131,000	159,800	191,600	215,400	241,200	269,000	298,800	328,400	365,400

――― 以 下 省 略 ―――

給与に関する協定

〔別表4〕　　　　　職層・職能等級・職位表

職　層	職能等級	職　位
管　理　職	10　等　級	本　部　長　・　部　長
	9　等　級	部　長　・　次　長
	8　等　級	次　長　・　課　長
	7　等　級	課長・課長代理
	6　等　級	課長代理・係長
監　督　職	5　等　級	係　長　・　主　任
	4　等　級	主　任　・　チ　ー　フ
	3　等　級	チーフ・上級職
一　般　職	2　等　級	中　　級　　職
	1　等　級	初　　級　　職

〔別表5〕　　　　　職能給とその運用

職能等級	最低級号	ピッチ額	評定 S 5号〜	評定 A 4号	評定 B 3号	評定 C 2号	評定 D 〜1号	下限（初号）〜上限
1等級	1〜1 73,000円	800円	4,000円	3,200円	2,400円	1,600円	800〜0円	10〜1 / 10〜
2等級	2〜1 92,000	1,000	5,000	4,000	3,000	2,000	1,000〜0	9〜1 / 9〜
3等級	3〜1 113,000	1,200	6,000	4,800	3,600	2,400	1,200〜0	8〜1 / 8〜
4等級	4〜1 137,000	1,400	7,000	5,600	4,200	2,800	1,400〜0	7〜1 / 7〜
5等級	5〜1 153,000	1,600	8,000	6,400	4,800	3,200	1,600〜0	6〜1 / 6〜
6等級	6〜1 171,000	1,800	9,000	7,200	5,400	3,600	1,800〜0	5〜1 / 5〜
7等級	7〜1 191,000	2,000	10,000	8,000	6,000	4,000	2,000〜0	4〜1 / 4〜
8等級	8〜1 213,000	2,200	11,000	8,800	6,600	4,400	2,200〜0	3〜1 / 3〜
9等級	9〜1 234,800	2,400	12,000	9,600	7,200	4,800	2,400〜0	2〜1 / 2〜
10等級	10〜1 264,000	2,600	13,000	10,400	7,800	5,200	2,600〜0	1〜1 / 1〜

争議協定書

○○株式会社（以下会社という）と○○労働組合連合○○労働組合（以下組合という）とは、○○年○月○日に締結した労働協約書第○条にもとづき、次の通り争議協定を締結する。

第一章 総則

第1条 （便宜供与）

会社は争議行為中であっても、従来供与していた組合事務所および掲示板の使用を認める。

2 争議行為中組合または結合支部が前項以外の会社施設を使用しようとするときは、事前に書面で会社の了解を受けなければならない。

3 組合または結合支部は、前二項において使用することを認められた会社施設において、当該施設供与の目的を逸脱するような行為を行ってはならない。

第2条 （構内立入り）

前条により使用することを認められた会社施設への争議行為参加者の立入りについては、あらかじめ会社および組合支部が協議して定める。

2 争議行為参加者は、会社構内において会社および組合支部の協議して定めた場所以外に立ち入ってはならない。ただし、会社の許可を受けた者はこの限りでない。

第3条 （厚生施設の利用）

会社は争議行為中であっても、社宅、寮、家族浴場、社宅売店、店、配給所、理髪所および診療所を平常の目的および方法で、争議行為参加者が利用することを認める。

第4条 （就業制限）

会社は、社員以外の者を争議行為参加者の業務に従事させない。ただし、会社は争議行為の予告を受ける以前から引続き雇用していた臨時の従業員を従前の業務に従事させることができる。

第5条 （非常事態の就業）

争議行為中であっても会社施設に火災、風水害、突発的事故等の非常事態が発生し、または発生するおそれがあるときは、組合は災害の防止に協力する。

第6条 （争議行為の中止、終了の通知）

会社または組合は、争議行為を中止または終了するときは、直ちに相手方にその旨通知しなければならない。

第7条 （争議行為の終結）

会社および組合は争議行為が終結したときは、会社業務を可及的すみやかに正常な状態に回復するよう努力しなければならない。

第二章 争議行為中の取扱い

第8条 （争議行為非参加者）

保全業務要員、特別業務要員、出向者、当社事業所以外に駐在している者および海外駐在員は、争議行為非参加者とする。

2 次に掲げる組合員は争議行為非参加者として取り扱う。ただし、その者が争議行為に参加したときは、この限りではない。

イ 組合が争議行為に参加すると会社に通告した以外の者

ロ 争議行為通告前にあらかじめ届け出て、争議行為当日の年次有給休暇、特別休暇（忌引休暇を除く）、傷病欠勤、看護欠勤、事故欠勤または転任休暇が認められていた者

ハ 争議行為開始前日の勤務時間終了時までにあらかじめ届け出て争議行為当日の忌引休暇が認められていた者

ニ 争議行為通告前から無届欠勤し、争議行為当日もなお、その欠勤が継続している者

ホ 争議行為通告時において、争議行為当日が休職または出勤停止に該当することが明らかである者

ヘ 争議行為通告前に争議行為当日の出張が予定されていた者

（争議行為中の給与）

争議協定書

第9条 争議行為参加者に対しては、争議行為参加期間中の給与を支給しない。ただし次に掲げる場合はこの限りでない。
イ 第5条の規定により災害の防止に従事した期間の給与
ロ 第11条の規定による引継ぎ業務が争議行為開始時以後に及んだ場合の給与

(休暇、欠勤の取扱い)
第10条 争議行為参加者に対する休暇および欠勤の取扱いは、次のとおりとする。
イ 年次有給休暇
　争議行為中の実施および争議終結後の振替実施は、認めない。
ロ 特別休暇、傷病欠勤、看護欠勤
　争議行為中は実施しない。

(争議行為参加者の業務引継)
第11条 争議行為参加者は、争議行為開始までに会社の指示にしたがい、機械、設備、製品、資材その他の会社物件に損傷をきたさないよう必要な措置をするとともに、担当の業務および会社物件を所属課長または、その指示を受けた者に引き継がなければならない。ただし、引継ぎを受ける者が争議行為開始までに引継ぎに来ないときは、組合は引継ぎ業務の責任を負わない。

第三章　保全業務要員

(保全の趣旨)
第12条 組合は、生産設備保全のため、保全業務要員を組合の争議行為中就業させる。ただし、会社が第4条の規定に違反したときは、この限りでない。
2 保全業務要員は、会社の職制の下にその指揮監督にしたがって所定の保全業務に従事するものとする。

(保全業務要員の人数)
第13条 保全業務要員の人数は、別表1（略）の通りとする。
2 本協定締結後において職制、配置人員、生産施設状況の変さらにより、別表1の人数の変更を要する場合は、そのつど会社および組合が協議して定める。
3 保全業務要員に病弱、やむを得ない急務その他の事由により欠員を生じたときは、第15条に準じてその代務者を指名し、就業させることができる。

(保全業務要員の人数の変更)
第14条 会社および組合は特別の事情により、保全の趣旨を全うし得ないおそれがあるときは、前条の保全業務要員の人数を変更することがある。
2 前項の変更については、そのつど会社および組合は協議して定める。

(保全業務要員の指名)
第15条 保全業務要員の指名は、会社および組合支部が協議の上行う。

第四章　特別業務要員

(特別業務要員Ⅰ)
第16条 会社および組合は、次に掲げる組合員を争議行為中就業させる。
イ 保安担当者
ロ 秘書担当者
ハ 乗用車運転手
ニ 電話交換手
ホ 庶務連絡要員
ヘ タイピスト
ト 金銭出納要員
チ 人事業務補助要員
リ 診療業務従事者（医師、薬剤師、X線技師、看護婦）
ヌ 浴場勤務者
ル 売店勤務者

(特別業務要員Ⅱ)
第17条 会社および組合は、業務を停止することにより、事業の将来に重大な影響を及ぼすおそれのある業務に従事する組合員を争議行為中就業させることがある。
2 前項の特別業務要員の人数は、そのつど会社および組合が協議して定める。

(準用規定)
第18条 第13条第3項および第15条の規定は、特別業務要員にこれを準用する。

第五章 効力

（有効期間）

第19条 本協定の有効期間は、平成〇〇年〇月〇日から平成〇〇年〇月〇日までとする。ただし、期間満了の〇カ月前までに会社および組合のいずれの側からも改訂案を添えて改廃の意思表示がないときは、本協定は一カ年の期限で更新されるものとする。

以上の協定を確認するため、本協定書三通を作成し、会社および組合各一通を保管する。

平成〇〇年〇月〇日

在籍専従者規程

第1条 労働協約第〇条第〇項に定める専従者の取扱いはこの規程による。

第2条 この規程において、専従者とは、組合員が会社の業務を離れて組合の業務に専従する者をいう。

第3条 専従期間は一カ年とし、この期間は休職を命じ賃金、手当、賞与、旅費、その他の給与はこれを支給しない。

第4条 専従者の身分、待遇は、勤務、給与およびその他の労働条件に関する条項を除き、就業規則および労働協約の規程を適用する。

第5条 専従者の健康保険、厚生年金保険および失業保険の保険料は組合がこれを負担し、保険事務は会社が取り扱う。

2 労災保険および労働基準法による災害補償は、組合が負担する。

第6条 専従期間前に発生した年次有給休暇は、会社に復帰後、これを与えるものとし、請求権の消滅時効は中断することとする。

第7条 会社の福利厚生に関する諸制度は、一般組合員と同様に専従者に適用する。

第8条 専従者を解かれたときは、休職を解き、会社および本人の実情に応じて、適当な職務に就業させる。

第9条 専従期間は会社に復帰したときに、これを勤続年数に通算する。

第10条 専従者が復帰したときの賃金は賃金規程の定めるところによる。

第11条 次の各号については、そのつど、会社と組合が協議して決定する。
① 専従者の人数の増減
② 専従者に就任する時期
③ 専従期間の延長

第12条 その他この規程に関し疑義を生じたときは、会社と組合が協議して決定し、その事項をこの規程に追加、または条項を変更することとする。

第13条 組合役員が全〇〇労働組合連合会の専従者となるときは、この規程を適用する。

第14条 この規程は〇〇年〇月〇日から実施する。

第15条 この規程の有効期間は労働協約に準ずる。

会社と組合はこの規程を確約し、その証として本証二通を作成し、署名調印の上各一通を保有する。

平成〇〇年〇月〇日

以上

苦情処理委員会協定

（目的）

第1条 苦情処理委員会（以下委員会という）は組合員の賃金ならびに昇格に関する苦情を迅速公正に処理することを目的とする。

（対象）

第2条 本委員会で処理する事項は次の通りとする。
① 格付基準にもとづく昇給ならびに昇格による昇給
② 経験係数別定期昇給
③ 職種手当
④ 一時金
⑤ その他賃金に関する事項

（苦情の申立）

第3条 組合員が賃金ならびに昇給に関し、苦情のある場合は本人または、本人の依頼により、組合支部長（支部長事故ある

転勤協定書

○○株式会社(以下会社という)と○○労働組合(以下組合という)とは、本社(支社を含む)の各事業所から○○製造所に転勤する組合員に対する転勤条件ならびに、同製造所における給与取扱いについて次のとおり協定する。

第14条 この規程は平成○○年○月○日から実施する。

記

1 転勤条件

(1) 旅費規則の定めるところにより支給する。
赴任手当、転勤旅費および移転料は社員

(2) 支度金
本人税込○○万円、家族帯同の場合、配偶者税込○万円、その他扶養家族(家族手当の受給資格者に限る)一名につき税込○万円を加算し、転勤者一名につき最高税込○○万円まで支給する。

(3) 慶弔帰郷手当
慶弔暇は労働協約の定めるところによる。なお、慶弔のため、○○地方外に行く際の費用の一部を援助するため、次の場合に限りそれぞれの金額を支給する。
結婚、葬祭のため、○○地方外に行く際の費用の一部を援助するため、次の場合に限りそれぞれの金額を支給する。
イ 本人の結婚 結婚地までの普通乗車券往復(特急利用の場合は特急料金、急行利用の場合は急行料金を含む)本人分相

場合は副支部長または書記長)が口頭で、所属部課長に申し立てるものとする。

(職場処理)
第4条 所属部課長は疑義、苦情の申立を受けた日の翌日から原則として○労働日以内に本人に回答し、解決をはかるものとする。
この場合必要があれば、人事担当課長および組合支部長は立ち合うことができる。

(委員会の構成)
第5条 委員会は地区委員会、中央委員会の二本立とし、構成を次のとおりとする。
① 地区委員会は、会社側委員三名、組合側委員三名(支部三役)で構成する。
② 中央委員会は会社側委員三名、組合側委員三名(中央三役)で構成する。
委員会には、必要に応じて若干名の参考人を呼び意見を求めることができる。

(地区委員申立)
第6条 所属部課長において処理困難な場合または申立人が処理に不服ある場合は文書によって、地区委員会に申し立てることができる。

(地区委員会処理)
第7条 前条の申立てがあった場合はその翌日から原則として○労働日以内に委員会を開催し申立てにある苦情を処理するものとする。

(提出方法)
第8条 申立書書式は別表(略)の通りとし、会社各事業所委員会事務局および労働組合各支部事務所に用意する。
2 本人が記入し支部執行委員会を経由し会社委員会事務局に提出する。

(再審申立)
第9条 地区苦情処理委員会において処理困難の場合、または、申立人が処理に不服のある場合は中央苦情処理委員会に申し立てることができる。

(中央委員会処理)
第10条 中央苦情処理委員会は第7条と同一精神で苦情を処理するものとする。

(委員長)
第11条 地区、中央各委員会に会社側委員より選出した委員長一名をおく。
2 委員長は会議の招集、議事の進行および決定事項の処理等に当たるものとする。

(事務局)
第12条 委員会に関する事務は労務担当課長が当たり、事務局は委員会の審議に関する資料の作成、提出を行うとともに記録の作成保管を行う。

(秘密の漏洩禁止)
第13条 委員は本委員会において関連的に知った個人の秘密に属する事項を他にもらすことはできない。

(実施)

転勤協定書

ロ 当額を税込で支給する。なお、配偶者の○○への旅費を同様の基準で支給する。

ハ 本人、配偶者 結婚地までの普通乗車券往復（特急、急行料金は前号に同じ）夫婦分相当額を税込で支給する。

ニ 子女の結婚 結婚地までの往復航空賃（ただし、利用する場合に限る。鉄道利用の場合は特急または急行料金を加えて支給）夫婦分相当額を税込で支給する。

ホ 配偶者の父母の死亡 葬祭地までの往復航空賃（ただし、利用する場合に限る。鉄道利用の場合は前号に同じ）本人分相当額を税込で支給する。

ヘ 配偶者の死亡 別居の場合、葬祭地までの往復航空賃（ただし、利用する場合に限る。鉄道利用の場合は前号に同じ）本人分相当額を、同居の場合、葬祭地までの二名分相当額を税込で支給する。

ト 本人の実兄弟姉妹の死亡 葬祭地までの往復航空賃（ただし、利用する場合に限る。最長区間を出身事業所までとする）の往復航空賃（ただし、利用する場合に限る。鉄道利用の場合は前号に同じ）本人分相当額を税込で支給する。

(4) 普通帰郷手当
二年に一回、出身事業所までの帰郷を予定し、旅費の一部を援助するため次の金額を支給する。

イ 金額

本　人　税込　○○○○円
配偶者　　税込　○○○○円
その他の扶養家族（家族手当受給対象者に限る）一名につき
　　　　　税込　○○○○円
ただし、転勤者一名につき一回最高○○○○円とし、鉄道賃無料の幼児は対象外とする。

ロ 資格取得期間その他
満二カ年以上○○製造所に勤務することが予定される者に、転勤後満一カ年を経た後の○月○日または○月○日を初回とし、その後は満二カ年ごとに支給する。
ただし、転勤時が平成○○年○月○日以前である場合にも、取扱い上平成○○年○月○日を転勤時とみなす。
以上の条件は、平成○○年○月○○日までに入社した組合員に限り適用する。

(5) 住宅関係の特別取扱い

イ 住宅資金貸付規則の一部適用除外
○○製造所在勤中は、住宅資金貸付規則第○条（土地購入者の義務）の自家建設、入居義務の期間計算を停止する。

ロ 社宅規則第○条の入居期限に関する特別取扱い
○○で満五年をこえて社宅に入居する場合、満五年をこえる期間は、入居期間計算を停止する。

ハ 自家の処分に関する取扱い
本人が会社借上げを希望する場合、会社は善良な管理が可能な範囲で借上げるよう配慮する。
その他の処分を本人が行う場合、会社はあっせん手続サービス等の便宜をはかる。

ニ 対象者
イおよびロは○○年○月○日以前に入社した組合員に、ハは当該組合員全般に適用する。

(6) 自家用車運搬費
イ 本社地区運送業者倉庫と○○地区運送業者倉庫間の運賃費のみを会社負担とし、その他の費用は個人負担とする。ただし、××工場と○○間の運搬費については上記個人負担実費のうち○○○○円を限度として会社が負担する。

ロ 本人が直接、運送業者を通じて運搬した場合、会社は○○○○円を限度として運送実費を負担する。ただし、××工場と○○間については○○○○円を限度として会社が実費負担する。

ハ 本人が直接、輸送した場合の費用は全額個人負担とする。

(7) 別居手当

会社のつごうで別居を余儀なくされる者に限り、労働協約に定める別居手当の代わりに、特別に次の金額を支給する。なお、○○地方内に家族のある場合は労働協約に定める別居手当を適用する。

金額　月額税込　○○○○○円

基準外賃金とし、基礎賃金としない。

2　転勤期間と出身事業所への復帰

会社は、上記期間を経て出身事業所への復帰を希望する者について、退職者の補充、増産要員として復帰に努力する。

この場合、職種、役職等については、再転勤先の人事序列にしたがい、不公平な取扱いをしない。

○カ年程度を予定する。ただし、建設のために行く者のうち一部は期間を短縮することがある。

3　○○製造所勤務を予定して採用する者の他工場実習中の帰省取扱

満○カ年以上にわたり、他工場で実習することを予定する者に限り、他工場在勤○カ月を経たのち、実際に帰郷する場合、次の金額と休暇を与える。頻度は満一カ年に一回とする。

イ　金額　本人の出身地まで普通乗車券往復（特急利用の場合は特急料金、急行利用の場合は急行料金を含む）本人分相当額を税込で支給する。

ロ　休暇　労働協約第○条に定める休暇として一回に三日を与える。

4　本協定は、転勤期間および特に定めるものを除き、健康保険組合○○支部、○○生活協同組合および○○販売株式会社に出向し、○○で勤務する組合員に準用する。

5　本協定の有効期間

本協定は成立の日から発効し、有効期間は三カ年とする。

期間満了の一カ月前までに会社または組合より改訂の申入れがないときは、一カ年ごと自動的に更新するものとする。

平成○○年○月○日

会社代表

組合代表　㊞　㊞

転籍に関する協定

（目的）

第1条　この協定は、○○株式会社（以下「会社」という）社員（以下「社員」という）の転籍に関する事項を協定したものである。

（転籍制度の基本的考え）

第2条　会社は、関連会社との相互援助および共存共栄の精神にのっとり、その経営施策の遂行、管理上の運営もしくは営業販売活動の推進を通じて、経営基盤の確立および指導育成にあたることを基本的考えとし、これら関連会社（以下「転籍先」という）に対して、社員の転籍を命ずることがある。

（転籍者の基本的心がまえ）

第3条　転籍者は、転籍先の繁栄と発展に寄与することをもって転籍先に移行し、転籍先でのすみやかなる業務の遂行およびその従業員との意思の疎通を密にして相和し、協力と同化に努めなければならない。

（転籍者処遇の原則）

第4条　会社は、転籍させようとする社員の選定にあたっては、本人の意思を尊重し同意を得るとともに、転籍者の基本的身分および労働条件等が、著しく不利とならないよう取り扱うものとする。

（転籍者の身分）

第5条　転籍者は転籍先において役員もしくは従業員として勤務する。

以後転籍先の規定により、以後転籍先において役員もしくは従業員として勤務する。

（退職金）

第6条　転籍者には、厚生年金基金規約の一時金給付にもとづき、会社退職時に該当退職金を支払う。

（給与）

第7条　転籍者の転籍後の給与は、転籍先の基準により転籍先が支払う。

（賞与）

第8条　転籍先の転籍後の賞与は、転籍先の

転籍に関する確認事項

（福利厚生施設の利用）
第9条　転籍者は、転籍後も原則として会社の許可を得て厚生施設を利用できる。
　転籍者の住宅・寮については、原則として転籍先がこれを調達し、転籍者が転籍先の定める貸借料を支払うものとする。
　ただし、転籍者の転籍時までに転籍先が住宅・寮の調達を行うことができなかったときは、会社の社宅入居者で転籍先の勤務に支障をきたさない限り、転籍後六カ月を限度として、その継続利用を認める。

（福利厚生制度の移行および解約）
第10条　厚生資金の貸付、厚生年金基金、財産形成貯蓄、任意団体生命保険、および社会保険等の福利厚生制度は、原則として転籍時をもって転籍先に移行させるものとする。
　ただし、転籍先において制度のないものについては、転籍時に解約等の処置をとる。

（転籍旅費等の支払い）
第11条　転籍者の転籍にともなう旅費、荷造費、運送費等の諸費用は、原則として会社の基準にもとづいて、転籍先がこれを支払うものとする。

（苦情処理）
第12条　転籍該当者が苦情を申し出た場合は、会社と組合は苦情処理委員会に諮問のうえ解決するものとする。

（協定の改廃）
第13条　この協定の改廃および定めのない事項については、その都度会社、組合双方協議のうえ決定する。

（施行期日）
第14条　この協定は、○○年○月○日から実施する。

（有効期間）
第15条　この協定の有効期間は締結の日より三カ年とする。
2　会社および組合より改廃の意思表示のない場合は、一年ごと自動更新するものとする。

　　平成○○年○月○日
　　　　○○株式会社
　　　　　代表取締役　　㊞
　　　　○○労働組合
　　　　　執行委員長　　㊞

転籍に関する確認事項

第1条　この協定第2条における転籍先とは、資本参加、技術援助、経営指導等、会社と何らかの取引を有する関連ある独立した企業をいう。

第2条　この協定第2条における転籍先は、つぎのとおりである。
　①　○○販売株式会社等全国販売会社
　②　○○会社（五社の社名を列記）

第3条　転籍先に増減等の変更ある場合には、会社は組合に通知、説明を行うこととする。

第4条　この協定第2条、第3条、第4条にもとづいて転籍を命ずる場合には、原則として二週間前に本人に内示し、承認を得ることとする。
　転籍確認後は、三カ月の出向期間を経て転籍することを原則とする。

第5条　転籍者が、本人の責に帰さない事由等によりやむなく転籍先を退職せざるを得ない場合で、かつ本人が復籍を希望する場合には、この間の事情を斟酌し、本人の不利益とならないような取扱いのもとに、復籍を認める。

第6条　前条による復籍後の勤続年数は、転籍前の勤続年数に通算する。したがって、退職金の取扱いは、通算勤続年数にもとづく退職金から本協定第6条にもとづいて支給した退職金を時価換算して、差引き支払うこととする。

　　平成○○年○月○日
　　　　○○株式会社
　　　　　代表取締役　　㊞
　　　　○○労働組合
　　　　　執行委員長　　㊞

一年単位の変形労働時間制労使協定①

一年単位の変形労働時間制労使協定①

株式会社EC製作所と株式会社EC製作所従業員代表者は一年単位の変形労働時間制に関し、労働基準法第三二条の四により、次のとおり協定する。

記

(勤務時間)
第1条　所定労働時間は、一年単位の変形労働時間制によるものとし、一年を平均して週四〇時間を超えないものとする。

2　一日の所定労働時間、始業・終業の時刻、休憩時間は次の通りとする。

① 七月、一二月、三月
所定労働時間＝一日八時間三〇分
(始業＝午前八時三〇分、終業＝午後六時、休憩＝正午～午後一時)

② 前期①以外の期間(四月、五月、六月、八月、九月、一〇月、一一月、二月)
所定労働時間＝一日七時間三〇分
(始業＝午前九時、終業＝午後五時三〇分、休憩＝正午～午後一時)

(休日)
第2条　休日は、別紙年間カレンダーの通りとする(別表①)。

(特定期間)
第4条　特定期間は次の通りとする。
七月四日～七月一七日、
一二月五日～一二月一八日、
三月五日～三月一八日

(対象となる従業員の範囲)
第5条　この協定による変形労働時間制は、次のいずれかに該当する従業員を除き、全従業員に適用する。

① 一八歳未満の年少者
② 妊娠中または産後一年を経過しない女性従業員のうち、本制度の適用免除を申し出た者
③ 育児や介護を行う従業員、職業訓練または教育を受ける従業員その他特別の配慮を要する従業員に該当する者のうち、この制度の適用免除を申し出た者

(協定届)
第6条　会社は、協定締結後速やかに所轄の労働基準監督署に、所定様式により協定届をするものとする。(参考・別表②)

(有効期間)
第7条　この協定の有効期間は起算日(平成一一年四月一日)から一か年間とする。ただし、会社および従業員代表より申出がないときは一か年ごと自動的に更新するものとする。

第3条　対象期間の起算日は平成一一年四月一日とする。

(起算日)

平成一一年三月二六日
株式会社EC製作所
代表取締役社長　　　　　㊞
株式会社EC製作所
従業員代表　　　　　　　㊞

―参考―この労使協定による「就業規則規定例」は別表②

―― 一年単位の変形労働時間制労使協定①

別表①　1年単位の変形労働時間制カレンダー（平成〇〇年4月～平成〇〇年3月）

日月火水木金土	日月火水木金土	日月火水木金土	日月火水木金土
4　…　…　…　…　1　2　③ ④　5　6　7　8　9　⑩ ⑪　12　13　14　15　16　⑰ ⑱　19　20　21　22　23　㉔ ㉕　26　27　28　㉙　30　…	7　…　…　…　…　1　2　3 ★　④　5　6　7　8　9　10 ★　11　12　13　14　15　16　⑰ ⑱　19　⑳　21　22　23　㉔ ★　㉕　26　27　28　29　30　31	10　…　…　…　…　1　② ③　4　5　6　7　8　⑨ ⑩　⑪　12　13　14　15　⑯ ⑰　18　19　20　21　22　㉓ ㉔　25　26　27　28　29 ㉛	1　…　…　…　…　…　① ②　③　④　5　6　7　⑧ ⑨　⑩　11　12　13　14　⑮ ⑯　17　18　19　20　21　㉒ ㉓　24　25　26　27　28　㉙ ㉚　31　…　…　…　…　…
5　…　…　…　…　…　① ②　③　④　⑤　6　7　⑧ ⑨　10　11　12　13　14　⑮ ⑯　17　18　19　20　21　㉒ ㉓　24　25　26　27　28　㉙ ㉚　31　…　…　…　…　…	8　①　2　3　4　5　6　⑦ ⑧　⑨　⑩　⑪　⑫　⑬　⑭ ⑮　16　17　18　19　20　㉑ ㉒　23　24　25　26　27　㉘ ㉙　30　31　…　…　…　…	11　…　1　2　③　4　5　6 ⑦　8　9　10　11　12　⑬ ⑭　15　16　17　18　19　⑳ ㉑　22　㉓　24　25　26　㉗ ★　㉘　29　30　…　…　…	2　…　…　…　1　2　3　④　⑤ ⑥　7　8　9　10　⑪　⑫ ⑬　14　15　16　17　18　⑲ ⑳　21　22　23　24　25　㉖ ★　㉗　28　29　…　…　…
6　…　…　1　2　3　4　⑤ ⑥　7　8　9　10　11　⑫ ⑬　14　15　16　17　18　⑲ ⑳　21　22　23　24　25　㉖ ㉗　28　29　30　…　…　…	9　…　…　…　1　2　3　④ ⑤　6　7　8　9　10　⑪ ⑫　13　14　⑮　16　17　⑱ ⑲　⑳　21　22　㉓　24　25 ㉖　27　28　29　30　…　…	12　…　…　…　1　2　3　4 ★　⑤　6　7　8　9　10　11 ★　12　13　14　15　16　17　⑱ ⑲　⑳　21　22　㉓　㉔　㉕ ㉖　27　28　㉙　㉚　㉛　…	3　…　…　…　1　2　3　4 ★　⑤　6　7　8　9　10　11 ★　12　13　14　15　16　17　⑱ ⑲　⑳　21　22　23　24　25 ㉖　27　28　29　30　31　…

※丸数字の日は休日　★印は48時間をこえる週

別表②　就業規則の規定例

（1年単位の変形労働時間制）
第19条　労使協定により一年単位の変形労働時間制を採用し、所定労働時間は対象期間を平均して一週40時間以内とする。ただし、一年単位の変形労働時間制が適用されない場合については一週40時間とする。
2　一年単位の変形労働時間制の労働日ごとの所定労働時間、始業・終業時刻及び休憩時間は、次のとおりとする。
　　なお、年間における休日は、別途定める年間カレンダー表によるものとする。

月	所定労働時間	始業時刻	終業時刻	休憩時間
4月～6月、8月～11月 1月～2月	7時間30分	午前9時	午後5時30分	正午～午後1時
7月、12月、3月	8時間30分	午前8時30分	午後6時	同　　上

3　第1項の対象期間は一年間とし、その起算日は毎年4月1日からとする。

参考―別表③

一年単位の変形労働時間制労使協定①

様式第4号（第12条の4第6項関係）

1年単位の変形労働時間制に関する協定届

事業の種類	事業の名称	事業の所在地（電話番号）	常時使用する労働者数
一般機械器具製造業	株式会社ＥＣ製作所	○○区○○町3－4－5 （電話 0000－0000）	150 人

該当労働者数 （満18歳未満の者）	対象期間及び特定期間 （起算日）	変形期間中の各日及び各週の 労働時間並びに所定休日	変形期間中の1週間の 平均労働時間数	協定の有効期間
140 人 （　　　）	1年（平成○○年4月1日～○○年3月31日） 特定期間 7月4日～7月17日 12月5日～12月18日、3月5日～3月18日	（別紙）		平成○○年4月1日 から1年間

労働時間が最も長い日の労働時間数 （満18歳未満の者）	労働時間が最も長い週の労働時間数 （満18歳未満の者）	対象期間中の最も長い連続労働日数	特定期間中の最も長い連続労働日数	対象期間中の総労働日数
8 時間 30 分 （　　時間　　分）	51 時間 00 分 （　　時間　　分）	9 週	12 日間	250 日

労働時間が48時間を超える週の最長連続週数　3 週

対象期間中の労働時間が48時間を超える週数　9 週

旧協定の対象期間	旧協定の労働時間
	37 時間 26 分

旧協定の労働時間が最も長い日の労働時間　　時間　　分

旧協定の労働時間が最も長い週の労働時間　　時間　　分

協定の成立年月日　平成○○年 3 月 26 日

協定の当事者である労働組合の名称又は労働者の過半数を代表する者の
職名 製造第二課 係長
氏名 ○○ ○○

協定の当事者（労働者の過半数を代表する者の場合）の選出方法（ 投票により選出 ）

平成○○年 3 月 26 日

使用者 職名 株式会社ＥＣ製作所 代表取締役社長
氏名 ○○ ○○ ㊞

○○労働基準監督署長殿

記載心得

1 法第60条第3項第2号の規定に基づき満18歳未満の者に変形労働時間制を適用する場合には、「該当労働者数」、「労働時間が最も長い日の労働時間数」及び「労働時間が最も長い週の労働時間数」の各欄に括弧書きすること。

2 「対象期間及び特定期間」の欄のうち、対象期間については当該変形労働時間制における時間通算の期間の単位を記入し、その起算日を括弧書きすること。

3 「対象期間中の各日及び各週の労働時間並びに所定休日」については、別紙に記載して添付すること。

4 「旧協定」とは、則第1条の4第3項に規定するものであること。

一年単位の変形労働時間制協定②

FJ商事株式会社と、FJ商事株式会社従業員代表者とは、一年単位の変形労働時間制の適用について次のとおり協定する。

(対象者)
第1条 対象者は、次の各号を除く全ての社員とする。
① 次のアからエまでのいずれかに該当する場合
ア ○○部○○課に所属し、○○の業務に従事するとき
イ 部課に所属し、□□の業務に従事するとき
ウ □□部□□課□□分室に所属し、□□の業務に従事するとき
エ その他、業務上の事由によって、会社が対象から除外することが必要と認めるとき
② 対象期間の初日に、この変形労働時間制が適用となる職場に在籍していないか、又は途中で退職することが予定されるとき
③ 次の事由で、本人が適用の除外を申し出、又は会社が適用の除外が必要と認める場合
ア 妊産婦であるとき
イ 幼児期の子の育児又は老人等の介護に当たるとき
ウ 職業訓練その他の教育を受けるとき
エ その他、アからウまでに準じる事由があるとき
④ 年少者その他、法令上の制限に該当する場合

2 会社と従業員代表者とが協議のうえ、前項に準じて適用することが適当と認めた場合は、嘱託社員、パートタイム社員その他、社員[注正社員]以外の従業員の一部についても適用する。

(対象期間)
第2条 この協定の対象期間は、平成○年四月一日から平成○年三月三一日までの一年間とする。

(労働日・休日)
第3条 この変形労働時間制の実施期間中の労働日・休日は、次の各号のとおりとする。
① 労働日：次号の休日を除く日
② 休日：
ア 日曜日 (労働基準法上の法定休日とする)
イ 土曜日。ただし、一二月の第一週並びに最終週 (三○日又は三一日にあたるときはその前の週) の土曜日、及び三月の第一週並びに最終週の土曜日を除く。
ウ 国民の祝日・同休日・同振替休日
エ 八月の第二週並びに最終週の月曜日
オ 年末年始の時期 (一二月三○日から翌年一月三日までをいう)
(国民の祝日・同休日・振替休日にあたるときは火曜日)、及び二月の第二週並びに最終週の月曜日 (括弧内前と同じ)

(所定労働時間)
第4条 この変形労働時間制の実施期間中の始業・終業時刻は、次のとおりとする。ただし、土曜日を労働日とする場合は、始業時刻午前九時、終業時刻正午 (実労働時間三時間) とする。

期　　間	始業時刻	終業時刻	参考・実労働時間
4月1日から7月31日まで	午前8時30分	午後5時30分	8 時 間
8月1日から8月31日まで	午前9時	午後5時	7 時 間
9月1日から11月30日まで	午前8時30分	午後5時30分	8 時 間
12月1日から12月31日まで	午前8時	午後6時	9 時 間
1月1日から1月31日まで	午前8時30分	午後5時30分	8 時 間
2月1日から2月28日まで	午前9時	午後5時	7 時 間
3月1日から3月31日まで	午前8時	午後6時	9 時 間

一年単位変形労働時間制協定③

株式会社○○印刷所（以下「会社」という）と株式会社○○印刷所労働組合代表（以下「労働組合代表」という）とは、「一年単位の変形労働時間制」に関し、次のとおり協定する。

記

（対象者の範囲）
第1条　この協定のもとづく一年単位の変形労働時間制は、会社の正規全従業員に適用する。
ただし、第2条の期間の中途で退職することが明らかな従業員および第2条の期間の中途で採用した従業員は除くものとする。

（対象期間）
第2条　この協定の対象期間は平成○○年○月○日より平成○○年○月○日までとする。

（労働時間）
第3条　前条の期間中における各日の所定労働時間および始業・終業の時刻は、別表のとおりとする。

（休日）
第4条　対象期間の休日は、次の通りとする。

期　　　間	所定労働時間	始業時刻	終業時刻
平成○年6月1日 〜平成○年8月31日	7時間	午前9時	午後5時
平成○年9月1日 〜平成○年11月30日	8時間	午前8時30分	午後5時30分
平成○年12月1日 〜平成○年2月28日	9時間	午前8時	午後6時
平成○年3月1日 〜平成○年5月31日	7時間	午前9時	午後5時

（休日の振替その他）
第5条　会社は、業務上のやむを得ない事由があるときは、休日の振替、始業・終業時刻の繰上げ・繰下げ又は休憩時間の変更を行うことができる。

（時間外・休日労働）
第6条　会社は、業務上のやむを得ない事由があるときは、時間外労働又は休日労働を命じることができる。

2　前項の場合、賃金規則による所定の割増賃金を支給することとする。

（清算）
第7条　対象期間の中途でこの協定を適用されず、又は同じく適用されなくなった従業員については、その従業員がこの協定に基づき労働した期間を、平均して一週間あたり四〇時間を超えて労働した時間に対して、賃金規則により所定の割増賃金を支給する。

注　{実労働期間中の実労働時間}
－{（法定時間外労働時間・法定休日労働時間）＋（四〇×実労働期間の暦日数÷七）}によって計算

2　前項の期間における休憩時間は、正午から午後一時までとする。

3　会社は来客の応対その他のために必要な場合は、労使協定により、一部の社員について、前項の休憩時間を変更することができる。

（有効期間）
第8条　この協定の有効期間は平成　年四月　日から一年間とする。ただし、期間満了の一か月前までに労使のいずれからも改廃の意思表示がないときは、自動的に更新し、以降についても同様とする。

平成　年三月二〇日

FJ商事株式会社
代表取締役社長　　　　　　　㊞

FJ商事株式会社
従業員代表　　　　　　　　　㊞

三ヵ月単位変形労働時間制協定④・一週間単位の非定型的変形労働時間協定⑤

三カ月単位変形労働時間制協定④

○○株式会社と○○株式会社従業員代表は、三カ月単位の変形労働時間制に関し、次のとおり協定する。

第1条 この協定にもとづく三カ月単位の変形労働時間制は、当社に勤務する正社員に適用する。ただし、正社員のうち次の各号に該当するものを除く。
① 第2条の期間の中途で採用した者
② 第2条の期間の中途で退職することの明らかな者

第2条 変形労働時間制の起算日は、平成○年○月○日とし、対象期間における所定労働日および所定休日は、別紙「年間休日予定表」の通りとする。

第3条 対象期間は、平成○○年○月○日から平成○○年○月○日までの三カ月とする。

第4条 対象期間における各労働日の所定労働時間は、八時間とする。

第5条 第3条に定める休日に労働させ、または前条に定める所定労働時間を超えて労働させた場合には、会社は給与規程第○条に定めるところにより割増賃金を支払う。

第6条 会社は第3条に定める所定労働時間を超えて労働させた場合は、給与規程第○条にもとづき時間外手当を支払う。

（時間外手当）
第6条 対象期間における所定労働日は、前条に定める休日以外の日とする。

（所定労働日）
① 毎週土曜日および日曜日
② 国民の祝日および休日
③ 年末年始（一二月二九日～一月三日）
④ 会社が定める日
（注：就業規則どおり）

平成○○年○月○日
株式会社○○印刷所
代表取締役社長 ○○印
株式会社○○印刷所
労働組合代表 ○○印

第7条 妊娠中または産後一年以内の女性従業員が請求した場合は、この協定はその女性従業員には適用しない。

（育児短時間勤務者等の取扱い）
第8条 育児休業規程による短時間勤務者、職業訓練または教育を受ける者、その他特別の配慮を要する者に対しては、会社と労働組合代表で協議決定するものとする。

（不適用の取扱い）
第9条 この協定に疑義が生じた場合は、会社と労働組合代表はすみやかに協議のうえ決定するものとする。

（疑義）
第10条 この協定の有効期間は平成○○年○月○日までとする。

（有効期間）

一週間単位の非定型的変形労働時間協定⑤

第1条 会社は、労使協定を行い一日の勤務時間を一〇時間を限度として、一週間の勤務時間を四〇時間と定める。
2 一週間は日曜日から土曜日までとする。
3 休日は原則として日曜日とする。

第2条 一週間の各社員の各日の勤務時間は前条の範囲で定め、毎週土曜日の午前中に会社掲示板で文書で掲示することによって通知する。
2 前項の各社員の就業時間の決定に当たってとくに希望のある社員は金曜日までに各所属長に申し出るものとする。この場合において会社はできるだけ当該社員の希望を尊重して前項の所定勤務時間を定めるものとする。

第7条 この協定は、平成○○年○月○日から適用する。

第7条 この協定有効期間は第2条の対象期間とする。

平成○○年○月○日
○○株式会社 代表取締役社長 ○○○○印
○○株式会社労働組合代表 ○○○○印

フレックスタイム協定書①

○○株式会社と○○労働組合とはフレックスタイム・システムの円滑かつ効果的運用を図るため、この協定を締結する。

○○年○月○日

レストランYBC 取締役社長 ——㊞
レストランYBC 従業員代表 ——㊞

第一章 総則

（導入目的）
第1条 フレックスタイム・システムは労務政策として試行導入する。

（適用）
第2条 この協定は労使双方で協定した者に対して適用する。

2 この協定に定めのない事項は、労働協約または就業規則によるものとする。

（用語の定義）
第3条 この協定に用いる用語の定義は次のとおりとする。

(1) フレックスタイム・システムとは、始業および就業を所定の時間帯のなかで、個人の自主的選択によって行い、その実労働時間の合計が労使で定めた契約労働時間に達するよう勤務する制度をいう。

(2) 労働時間帯とは、最も早い労働開始時刻から、最も遅い労働終了時間までの時間帯をいう。

(3) フレックスタイムとは、適用者個人が始業、終業を自主的に選択できる時間帯をいう。

(4) コアタイムとは適用者全員が勤務している時間帯をいう。

(5) 標準労働時間とは、各事業所の労使で協定した時間で有給休暇、代休等の時間計算の基準となる時間をいう。標準労働時間帯とは各事業所の労使で協定した時間帯で時間外勤務、直行、直帰等の時間計算の基準となる時間帯をいう。

(6) 契約労働時間とは、労使で定める一カ月間に労働しなければならない時間をいう。

(7) 「貸し時間」とは契約労働時間を超えて労働した時間をいい、「借り時間」とは契約労働時間に不足した時間をいう。

(8) 「欠勤」とは、労働時間帯においてまったく労働しなかった場合をいう。

（事業所決定事項）
第4条 次に掲げる事項は、各事業所の労使により協議決定する。

(1) 導入年月日
(2) 適用範囲
(3) 契約労働時間
(4) 労働時間帯の区分
(5) フレックスタイム・システム適用者の時間外勤務に関する事項
(6) フレックスタイマーの設置場所
(7) 安全保安基準に関する事項
(8) フレックスタイム・システムの中断・中止
(9) その他労使で合意した事項

第5条 フレックスタイム・システム導入後、導入が適当でないと、労使どちらかが認める事態が生じた場合は、協議の上、中断、または中止することがある。

3 会社は、緊急やむを得ない事由のある場合には、第1項により通知した各社員の所定勤務時間を第○条の範囲内に変更（休日の振替変更も含む）することができる。

4 第1条の勤務時間を超えた場合は、二割五分増の割増賃金を支払う。

第3条 会社は、別に協定する時間外、休日労働に関する協定の範囲内で時間外労働を命ずることがある。

第4条 この協定で疑義が生じた場合は、労使協議のうえ速やかに解決するものとする。

第5条 この協定の有効期間は締結の日より一カ年とする。

第二章 勤務基準

（始業・終業の時刻）

第6条　始業・終業の時刻はフレックスタイムにおいて、各自が自主的に選択することができる。

（年少者の勤務）
第7条　満一八歳未満の者は一日につき、九・五時間以上労働しないものとする。

（契約労働時間の遵守）
第8条　フレックスタイム・システム適用者は、一カ月間の実労働時間が当月の契約労働時間に一〇時間を加算、または減算した時間の範囲になるよう労働しなければならない。

2　貸し時間は、当月において割増賃金を支払う。借り時間は、一〇時間の範囲で翌月の労働時間と調整するものとする。

3　借り時間が一〇時間を超えた時間については、翌月の労働時間と調整する。

（欠課）
第9条　コアタイムにおける遅刻、早退、私用は欠課とし、その時間は勤務したものとして取り扱う。

2　欠課はその合計時間七時間四〇分につき欠勤一日とする。

3　欠課はその合計回数四回につき欠勤一日とする。ただし通院はこの限りでない。

（欠勤）
第10条　欠勤は標準労働時間を勤務しなかったものとして取り扱う。

（時間外勤務）
第11条　時間外勤務時間は契約労働時間は含めないものとする。

2　女性の時間外勤務は一日二時間、一カ月間二〇時間、年間一五〇時間を超えない範囲で行うことができる。

3　満一八歳未満の者は時間外勤務をしてはならない。

4　時間外勤務を行う者は、標準労働時間帯終了前のフレックスタイム中に残業食をとることができる。ただし、食事に要する時間は、労働時間に含めない。

（有給休暇、代休）
第12条　年次有給休暇、特別有給休暇および代休は標準労働時間を労働したものとする。

（公用、電車事故、災害）
第13条　公用、電車事故、災害は、そのために要した時間を労働したものとして取り扱う。ただし、原則として証明を必要とする。

2　天災等の災害による遅延または退社は、会社が認めた場合に標準労働時間帯を労働したものとして取り扱う。

（出張）
第14条　一日を超える出張は標準労働時間を労働したものとして取り扱う。

（直行・直帰）
第15条　直行または直帰は標準労働時間帯の開始時点から、または終了時点まで労働したものとして取り扱う。

（私　用）
第16条　コアタイムにおける私用は所属長の許可を受けなければならない。

2　フレックスタイムにおける私用は所属長の許可を要しない。

（組合活動）
第17条　コアタイムにおける組合活動は、労働協約第〇条第〇項の各号に該当するものに限り認められるものとする。

2　標準労働時間帯における組合活動は、労働協約第〇条第〇項の各号に該当する組合活動は、標準労働時間帯における組合活動として取り扱う。

3　労働協約第〇条第〇項の各号、第〇号、第〇号、第〇号および「労働協約第〇条の特例に関する協定」に該当する部分について賃金カットを行わない。

（争議行為）
第18条　標準労働時間帯内における争議行為としての職場離脱行為は、その時間を労働したものとして集計し、賃金カットを行う。

（人事異動に伴う措置）
第19条　フレックスタイム・システム適用部門から非適用部門へ異動した者の貸し時間または借り時間は、ともに切り捨てるものとする。

2　フレックスタイム・システム非適用者が月の途中において適用者となった場合

フレックスタイム制に関する協定②

（対象労働者）
第1条　対象労働者の範囲は、研究開発部及び研究所の従業員とする。

（清算期間）
第2条　清算期間は毎年一月二一日を起算日とし、毎月二一日から翌月の二〇日までとする。

（清算期間における総労働時間）
第3条　総労働時間は一日七時間を基準とし、その時間に当該期間の就業規則に定める所定労働日数を乗じた時間とする。

（標準となる一日の労働時間の長さ）
第4条　標準労働時間は、一日七時間とし、有給休暇については七時間の労働とみなし取り扱う。

（コアタイム）
第5条　必ず労働しなければならない時間帯は一〇時から一五時までとする。

（フレキシブルタイム）
第6条　従業員の選択により労働することができる時間帯は次のとおりとする。
開始　七時から一〇時まで
終了　一五時から二一時まで

（休憩）
第7条　休憩時間は就業規則の定めるところ（一二時から一三時まで）による。

（労働時間の清算）
第8条　各清算期間終了時における労働時間の清算は、次の各号に定めるところによる。
① 第3条の総労働時間を超えて労働した場合には、賃金規定の定めるところにより時間外手当を支払う。
② 第3条の総労働時間に不足した場合には、当該時間について翌月分の労働時間の範囲内で翌月分の労働時間で清算することができる。

（労働時間の管理）
第9条　フレックスタイム制の労働時間の管理は次のとおりとする。
① 従業員は自己の労働時間を個人別勤務票に記録して（別紙・フレックスタイム勤務時間記録表）、所属長に提出しなければならない。
② 従業員は、月間総労働時間に著しい過不足が生じないようにしなければならない。
③ 各人の月間総労働時間を三〇時間を超えて労働する必要がある場合、所定休日に労働する必要がある場合及び午後一〇時以降に労働する必要がある場合には、事前に所属長の承認を得なければならない。
④ 従業員は、時間外・休日労働協定の範囲を超えて時間外労働及び休日労働をしてはならない。
⑤ 遅刻・早退・欠勤に関する就業規則

③ 所属長の承認を得て第6条に定める時間帯の前後に勤務した場合においても、この本協定に定める労働時間として総労働時間に含めて取り扱う。
④ 所属長の承認を得て休日に労働した場合には、賃金規定に定める休日労働手当を支払い、本協定上の取扱いはしない。

（新規採用者の取り扱い）
第20条　新規採用者は教育期間中、標準労働時間帯を勤務するものとする。

（作業形態の変更）
第21条　フレックス・タイム・システム導入による作業形態の変更は、事前に組合と協議するものとする。

（有効期間）
第22条　この協定は○○年○月○日から実施し、その有効期間は実施の日から○カ月間とする。

（改廃）
第23条　この協定の有効期間中、その運用について疑義が生じた場合、または改廃が必要であると労使のいずれかが認めた場合は、協議のうえ決定する。

付　則

は、標準労働時間にその月の残りの労働日数を乗じたものを契約労働時間とする。

裁量労働のみなし労働時間制に関する協定①

の定めは、第5条のコアタイムについてこれを適用する。

（有効期間）

第10条　この協定の有効期間は、平成〇〇年三月二一日から平成〇〇年三月二〇日までの一か年とする。ただし有効期間満了の一か月前までに、会社、組合いずれからも申出がないときは、自動的に一か年間有効期限を延長する。以降も同様とする。

平成〇〇年三月一日

HK食品株式会社
代表取締役社長　㊞

HK食品労働組合
執行委員長　㊞

別紙　　　　　フレックスタイム勤務時間記録表

所属　　　課　氏名

日	曜	始業時刻	終業時刻	実労働時間	累計時間	フレキシブルタイムの前後に労働した時間	深夜	休日出勤	遅刻早退	その他代休等	所属長印
1											
2											
3											
4											
5											
30											
31											
合計											

（注）
① 実労働時間は、昼休みその他の休憩時間を差し引いた就業時間を記入すること。
② 累計時間は、毎日の労働時間の累計を記入すること。
③ フレキシブルタイムの前後に労働した場合は、その時間を記入すること。
④ 休日出勤は、休日出勤と始業時刻、終業時刻を記入すること。
⑤ 年休、諸休暇、振替休日は、その他欄にその旨記入すること。

裁量労働のみなし労働時間制に関する協定①

AS株式会社とAS従業員代表は、労働基準法第38条の2第4項にもとづき、裁量労働のみなし労働時間制に関し、次のとおり協定する。

記

（対象者）
第1条　この協定は、情報処理システムの分析または設計の業務に従事する者に適用する。

（業務遂行の裁量性）
第2条　前条の社員については、原則として、その業務の遂行の手段および時間配分を、その者の裁量にゆだねるものとする。

（みなし労働時間）
第3条　第1条の社員については、次に掲げる時間労働したものとみなす。

一日八時間三〇分

（時間外手当）
第4条　みなし労働時間が所定労働時間を超える部分については、時間外労働として取り扱い、時間外手当を支給する。

（欠勤等の取扱い）
第5条　第1条の社員が、欠勤、休暇等によって労働しなかった日については、第3条の規定は適用しない。

（有効期間）

裁量労働のみなし労働時間制に関する協定②

裁量労働のみなし労働時間労使協定②

株式会社TKとTK労働組合は、労働基準法第38条の2の裁量労働に従事する者の労働時間につき、次のとおり協定する。

記

（適用対象業務）

第1条　裁量労働に該当する業務および裁量労働に従事する労働者（以下、裁量労働従事者という）は、次のとおりとする。

① 研究所における研究開発の業務に従事する労働者（研究開発員）

② 本社開発室における新商品、新技術などの開発の業務に従事する労働者（企画開発員）

（みなし労働時間）

第2条　前条の者が業務の遂行に通常必要とする労働時間は所定労働時間（七時間）のほかに、一日二時間とみなす。

この労働時間の内訳は次のとおりとし、事業場内および事業場外の労働時間を合計し、一日九時間の労働を行ったものとみなす。

株式会社TK代表取締役
AS株式会社従業員代表
AS株式会社従業員代表　㊞㊞

この協定の有効期間は、平成〇〇年〇月〇日から一年間とする。

平成〇〇年〇月〇日

2　前条に定める者が、事業場内において一日九時間を超えて労働しようとする場合は、これを事前に所属長に申請し、許可を受けなければならない。

この場合には、その労働時間は前項のみなし時間には含めず、別途これを加算する。

研究所で労働した時間	左の場合に「みなし」となる労働時間
0時間	9時間
11時間	9時間
6時間	8時間
8時間	8時間

（休憩および休日）

第3条　休憩および休日は、就業規則の定めるところによる。

（休日労働および深夜労働）

第4条　休日労働および深夜労働については、賃金規定の定めるところにより割増手当を支払う。ただし、休日労働および深夜労働については会社の指示によるものとする。

（欠勤等の取扱い）

第5条　欠勤、有給休暇、研修その他事業場外において営業活動などに従事しなかった場合は第2条に定めるみなし労働時間の規程はこれを適用しない。

2　遅刻・早退、私用外出その他会社の指揮命令を離れ開発活動などに従事しなかった時間に相当する賃金は特に定めるもののほか、これを控除する。

（疑義）

第6条　本協定に疑義が生じたときは、労使協議のうえ速やかに解決するものとする。

（有効期間）

第7条　本協定の有効期間は、平成〇〇年〇月〇日から平成〇〇年〇月〇日までの一年間とし、本協定満了の一カ月前までに労使のいずれからも異議の申し出がないときは、本協定はさらに一年間更新するものとし、以降も同様とする。

平成〇〇年〇月〇日

株式会社TK　取締役代表社長　㊞
TK労働組合　執行委員長　㊞

裁量労働に関する協定書

(適用対象業務)
第1条　裁量労働に該当する業務および裁量労働に従事する組合員(以下、裁量労働従事者という)は、次のとおりとする。
① 研究部門における研究開発の業務に従事する者
② 企画室における新商品、新技術等の開発の業務に従事する者

(裁量労働の原則)
第2条　裁量労働従事者は、原則として当該業務の遂行につき裁量を有し、会社は業務遂行の手段および時間配分の決定等につき具体的な指示をしないものとする。
ただし、研究テーマの選択等従事業務の決定および内容等についての指示ならびに職場秩序および施設管理上の指示はその限りではない。

(労働時間の取扱い)
第3条　裁量労働従事者が、所定労働日に勤務した場合は、所定労働時間(七時間)のほか、一日二時間労働したものとみなす。

(出張等の取扱い)
第4条　前条にかかわらず、裁量労働従事者が業務上の必要等により出張し、当該出発日に出張先で労働する場合、その他資料収集等事業場外で勤務する場合は、所定労働時間労働したものとみなす。ただし、休日の出張で旅行のみのときは労働時間には該当せず、出張手当等は労働協約の定めるところによる。

(休憩、休日)
第5条　裁量労働従事者の休憩、休日は労働協約の定めるところによる。

(休日労働)
第6条　裁量労働従事者が、この条の定めにより休日に出勤した場合は、所定労働時間労働したものとみなす。

(休日労働)
第6条　裁量労働従事者が、この条の定めにより休日に出勤した場合は、所定労働時間労働したものとみなす。

2　前項の休日労働については、労働協約の定めるところにより休日割増手当を支払う。

3　裁量労働従事者は、休日に出勤する場合はその旨を所属長に事前に申請し、許可を得なければならない。

4　裁量労働従事者は、時間外、休日労働協約に定める休日出勤日数を守らなければならない。

5　専門職および指揮命令以外の女子は、法定休日(日曜日)に勤務させてはならない。

(深夜労働)
第7条　裁量労働従事者は深夜(午後10時から翌午前五時まで)に、この条の定めにより労働した場合は、その時間に相当する深夜割増手当を支払う。

2　前項の深夜労働をする場合は、その旨を所属長に事前に申請し、許可を受けなければならない。

3　専門職および指揮命令者以外の女子は深夜労働につかせてはならない。

(勤怠管理)
第8条　裁量労働従事者が出勤した場合は、所定の出勤簿に押印しなければならない。事業場外において勤務する場合においては原則として事前に、この旨を所属長に届け出なければならない。

2　裁量労働従事者の休暇、欠勤、欠務(一部時間の不就労)、私用外出の手続は労働協約の定めるところによる。ただし、当該業務遂行上必要な労働時間の配分に関するものについてはこの限りではない。

(施行)
第9条　この協定書は、平成〇〇年〇月〇日より施行する。

夏期一斉休暇協定
（年次有給休暇の計画的取得）

MZ株式会社代表取締役と、MZ株式会社労働組合執行委員長は、組合員の休養及び健康の維持増進を目的として、夏季一斉休暇を実施することとし、これに関し次の通り協定する。

記

第1条　平成一三年八月一〇日から八月一九日までを、夏季一斉休暇期間とする。

第2条　第1条の休暇期間のうち、八月一四日、八月一五日及び八月一六日は、夏季休暇用特別休日とする。

第3条　第1条の休暇期間のうち、八月一〇日、八月一三日及び八月一七日は、年次有給休暇の振り当て日（以下「年休振り当て日」という。）とする。

第4条　従業員は、前条第2項の規定にかかわらず、年次有給休暇を請求するものとする。

2　前条第2項の規定にかかわらず、八月一三日現在に有する年次有給休暇の日数から五日を控除した残りの日数が年休振り当て日の日数に満たない組合員に対しては、その年休振り当て日の日数と年次有給休暇請求日数との差については、有給の特別休暇とする。

2　当初より、会社における年次有給休暇の権利を有さない従業員については、年休振り当て日は有給の特別休暇とする。

第5条　前条までの規定に基づき年次有給休暇を請求するものとなっている者で該当条項に規定する日数分の年次有給休暇を請求しない者については、その部分について無給の特別休暇日とする。

第6条　有給の特別休暇日は、就業規則の定めるところによる所定労働時間を労働した場合に支払われる通常の賃金が支払われるものとする。

2　無給の特別休暇日は、前項に規定する賃金が支払われないものとする。

第7条　本協定の有効期間は、平成一三年八月一〇日から平成一三年八月一九日までとする。

平成一三年七月一六日

MZ株式会社
　代表取締役社長　㊞

MZ株式会社労働組合
　執行委員長　㊞

保存有給休暇協定

A株式会社（以下会社という）とA労働組合（以下組合という）とは「労働時間に関する協約」により、消滅する有給休暇の取扱いについて次のとおり協定を締結する。

記

第1条　保存有給休暇は、第一保存有給休暇と第二保存有給休暇に分け、次のとおり定める。

（定義）
(1)　第一保存有給休暇とは、「労働時間に関する協約」第〇条〇号により消滅する有給休暇のうち、一定限度積立て保存したものをいう。

(2)　第二保存有給休暇とは、第1保存有給休暇を積立て限度まで積立て、更に消滅する有給休暇が生ずる場合、一定限度積立て保存したものをいう。

（積立限度）
第2条　第一保存有給休暇の積立日数限度は九〇日とし、これを超える残日数は消滅する。

2　第二保存有給休暇の積立日数限度は六〇日とし、それを超える残日数は、第二保存有給休暇に積立る。

3　第一保存有給休暇の積立限度を超える残日数は、第二保存有給休暇に積立てることができる。

（使用の制限）
第3条　保存有給休暇は、労働基準法でいう有給休暇と異なり、法の規制を受けるものでなく、次の場合にのみ使用することができる。

(1)　第一保存有給休暇
① 一週間以上（暦日）の休業を必要とする傷病で、医師の診断書がある場合、

育児休業に関する労使協定

○○株式会社（以下「会社」という）と○○株式会社労働組合代表（以下「組合執行委員長」）は、育児休業制度に関し、下記のとおり協定する。

記

（育児休業制度の適用除外者）
第1条　会社は、次の各号のいずれかに該当する従業員には、育児休業制度を適用しない。
① 継続雇用期間一年未満の者。
② 休業申請から起算して一年以内に雇用関係が終了することが明らかな者。
③ 所定勤務日数が著しく少ない者（一週間の所定労働日数が二日以内該当者とする）。
④ 配偶者（育児休業に関わる子の親である者に限る）が常態として養育できる者。

（育児休業規程第〇〇条）の申し出があった場合、次に該当する者には承認しないことができるものとする。

第4条　会社は従業員から勤務時間の短縮措置（育児休業規程第〇〇条）の申し出があった場合、次に該当する者には承認しないことができるものとする。

（短時間勤務の申し出の不承知）
所定労働時間が一日五時間以内の者

第5条　労働保険、社会保険等の取扱い
育児休業期間中の社会保険等の取扱いは、休業期間中も継続し、保険料の従業員負担分は国の取扱いにより免除するも

医師の診断による日数
② 一週間以上（暦日）の休業を必要とする災害の場合、会社が認めた必要な日数
③ 勤続一〇年以上の者で三か月前に目的・期間を明記し会社に申請し、会社が認めた場合、原則として連続一週間（暦日）以内三〇日以内
④ 満六五歳定年退職の場合およびフレックス定年退職の場合、保有する日数ただし、原則として退職前一年間の期間内で連続使用とする。

(2) 第二保存有給休暇
① 満六五歳定年退職の場合、第一保存有給休暇の使用後保有する日数ただし、原則として退職前一年間の期間内で連続使用とする。

2 前一項(1)号の③の場合、在籍期間中三回を限度とし、業務上必要ある場合は、使用期間中といえども出社を命ずることがある。

（適用範囲）
第4条　A株式会社に在籍するA連合労働組合員および組合加入資格のない者（ただし、嘱託、雑給、アルバイター等の個別契約者を除く）

（有効期間）
第5条　協約の有効期間は、平成〇〇年〇月〇日から平成〇〇年〇月〇日かまでの三か年間とする。

ただし、平成〇〇年〇月〇日かまでに労使いずれか一方より改定の申出がない場合は自動的に一年間延長されるものとする。
平成〇〇年〇月〇日か

㈱AS製作所
代表取締役　　　　㊞

AS労働組合
執行委員長　　　　㊞

（育児休業の途中終了）
第2条　育児休業中の従業員が、前条の第4号または第5号の適用除外者になった場合は、当該事由が生じた日をもって育児休業は終了するものとする。

2 前項の事由に該当した従業員は、速やかにその根拠となる事実を会社に届出しなければならない。

3 会社は、前項の届出があった場合は、直ちに育児休業の終了および復職の日を当該従業員に通知するものとする。

（通知）
第3条　会社は第一条に該当する従業員から育児休業の申請があった場合、対象に該当しないためその付与しないことを速やかに通知する。

⑤ 当該子が養子の場合、実親、養親のいずれかが常態として養育できる場合の者。

育児のためのフレックスタイム制に関する労使協定・介護休業等に関する協定書

のとする。

（疑義）
第6条　この協定および育児休業規程に疑義が生じた場合は、会社と組合代表との間で協議決定するものとする。

付　則
この協定は平成○○年○月○日より実施するものとする。

平成○○年○月○日

○○株式会社
代表取締役社長　○○　　㊞

○○労働組合
執行委員長　○○　　㊞

育児のためのフレックスタイム制に関する労使協定（例）
― 旧労働省・モデル ―

○○株式会社と労働組合は、労働基準法第三二条の三の規定に基づき育児のためのフレックスタイム制について、次のとおり協定する。

（育児のためのフレックスタイム制の適用社員）
第1条　従業員で、一歳に満たない子と同居し、養育する者のうち、会社に申し出た者に育児のためのフレックスタイム制を適用する。

（清算期間）
第2条　労働時間の清算期間は毎月一日から月末までとする。

（総労働時間）
第3条　清算期間における総労働時間は、清算期間の日数に応じて下記の時間数とする。

三一日	一七七時間
三〇日	一七一時間
二八日	一六〇時間

（一日の標準労働時間）
第4条　一日の標準労働時間は八時間とする。

（コアタイム）
第5条　コアタイムは、午前一〇時から午後三時までとする。ただし、正午から午後一時までは休憩時間とする。

（フレキシブルタイム）
第6条　フレキシブルタイムは、次のとおりとする。
始業時間帯＝午前八時～一〇時
終業時間帯＝午後三時～七時

（超過時間の取扱い）
第7条　清算期間中の実労働時間が総労働時間を超過したときは、会社は、超過した時間に対して時間外割増賃金を支給する。

（不足時間の取扱い）
第8条　清算期間中の実労働時間が総労働時間に不足したときは、不足時間を次の清算期間にその法定労働時間の範囲内で繰り越すものとする。

（有効期間）
第9条　本協定の有効期間は、平成○年○月○日から一年とする。ただし、有効期間満了の一か月前までに、会社、組合いずれからも申出がないときには、さらに一年間有効期間を延長するものとし、以降も同様とする。

平成○年○月○日

○○株式会社
代表取締役　○○○○　㊞

○○労働組合
執行委員長　○○○○　㊞

介護休業等に関する協定書

○○株式会社と○○株式会社労働組合代表（以下「会社」という）と○○株式会社労働組合代表（以下「執行委員長」という）は、会社における介護休業等に関し、次のとおり協定する。

記

（介護休業制度の適用除外者）
第1条　会社は、次の各号のいずれかに該当する従業員には、介護休業制度を適用しない。
①入社一年未満の従業員
②申出の翌日から九三日以内に雇用関係が終了することが明らかな従業員
③日々雇用される者（法定）
④期間を定めて雇用される者（法定）
⑤一週間の所定日数が二日以下の者

（不適当通知）
第2条　会社は、前条に該当する従業員から

介護休業の申請があった場合対象従業員に該当しないため、その付与しないことを速やかに通知する。

（短時間勤務の申し出の不承認）

第3条 会社は、従業員から勤務時間の短縮措置（介護休業規程第20条）の申請があった場合、次に該当する者には承認しないことができるものとする。

所定労働時間が一日六時間以内の者

（介護休業期間中の社会保険等の取扱い）

第4条 労働保険、社会保険の被保険者資格は休業期間中も継続し、保険料の従業員負担分は会社が立て替え、この分は復職後に給与・賞与より、退職になった場合は退職金から控除して返還するものとする。

（疑 義）

第5条 この協定および介護休業規程に疑義が生じた場合は、会社と従業員代表との間で協議決定するものとする。

（実 施）

第6条 この協定は平成○○年○月○日より実施する。

付 則

平成○○年○月○日
○○株式会社
代表取締役社長　㊞
○○労働組合
執行委員長　㊞

介護のためのフレックスタイム制に関する労使協定
―旧労働省・モデル―

○○株式会社と労働組合とは、労働基準法第三二条の三の規定に基づき、介護のためのフレックスタイム制について、次のとおり協定する。

（介護のためのフレックスタイム制の適用社員）

第1条 家族を介護する従業員のうち、会社に申し出た者に介護のためのフレックスタイム制を適用する。

（清算期間）

第2条 労働時間の清算期間は毎月一日から月末までとする。

（総労働時間）

第3条 清算期間における総労働時間は、清算期間の日数に応じて以下の時間数とする。

三一日　一七七時間
三〇日　一七一時間
二八日　一六〇時間

（一日の標準労働時間）

第4条 一日の標準労働時間は八時間とする。

（コアタイム）

第5条 コアタイムは、午前一〇時から午後三時までとする。ただし、正午から午後一時までは休憩時間とする。

（フレキシブルタイム）

第6条 フレキシブルタイムは、次のとおりとする。

始業時間帯＝午前八時～一〇時
終業時間帯＝午後三時～七時

（超過時間の取扱い）

第7条 清算期間中の実労働時間が総労働時間を超過した場合、会社は、超過した時間に対して時間外割増賃金を支給する。

（不足時間の取扱い）

第8条 清算期間中の実労働時間が総労働時間に不足したときは、不足時間を次の清算期間にその法定労働時間の範囲内で繰り越すものとする。

（有効期間）

第9条 本協定の有効期間は、平成○年○月○日から一年とする。ただし、有効期間満了の一か月前までに、会社、組合いずれからも申出がないときには、さらに一年間有効期間を延長するものとし、以降も同様とする。

平成○年○月○日
○○株式会社
代表取締役　○○○○　㊞
○○労働組合
執行委員長　○○○○　㊞

新技術導入に関する覚書

○○自動車株式会社(以下「会社」という)と○○労働組合連合会○○自動車労働組合(以下「組合」という)は、マイクロエレクトロニクスをはじめとする先端技術を用いた自動化、省力化設備・機器(以下「新技術」という)の導入に関し、本覚書を締結する。

1 (目的)

会社および組合は、技術の進歩が企業の存続、発展と人間社会の進歩に不可欠なものであるとの共通認識に立ち、新技術の導入が従業員におよぼす影響を配慮しつつ、協力して新技術の円滑な導入を進める。

2 (労使協議)

(1) 新技術の導入にあたっての労使協議は、「経営協議会に関する協定書」(○○年○月○日締結)にもとづき、信頼と協力の精神をもってこれを行う。

(2) 会社は、新技術の導入にあたっては、その導入計画、予想される組合員への影響およびそれに対する対策案を、事前に組合に提示し協議を行う。

3 (雇用の維持)

会社は、新技術の導入を理由とする解雇、一時帰休は行わない。

4 (労働条件の維持)

会社は、新技術の導入を理由とする役職の降格および賃金・労働諸条件の切下げは行わない。

5 (安全・衛生の確保)

会社は、新技術の導入に伴う安全・衛生の確保に万全を期し、諸対策を講じる。

6 (教育・訓練)

会社は、新技術の導入に際し、当該職場の組合員に対して、技能の習熟および安全の確保に関し、本人の適性、能力に応じて必要な教育・訓練を行う。

7 (配置転換、職種変更)

会社は、新技術の導入を理由として組合員の配置転換、職種変更を行う場合は、本人の適性、能力を十分考慮するとともに、必要な教育・訓練を行う。

8 (有効期間)

(1) この覚書の有効期間は、平成○○年三月一日から、平成○○年二月二九日までの一カ年とする。

(2) 有効期間満了日の一カ月前までに、会社および組合のいずれからも改訂の意思表示がないときは、この覚書はさらに一カ年更新され、その後も同様とする。

平成○○年○月○日

○○自動車株式会社
取締役社長
○○労働組合連合会
○○自動車労働組合
執行委員長

新技術導入に関する協定書

○○電気株式会社(以下会社という)と○○労働組合(以下組合という)はマイクロエレクトロニクスに代表される新技術を用いた自動化・省力化機器、設備(以下新技術という)の導入に関し、次のとおり協定する。

一 目 的

会社および組合は、技術の革新が社会の進歩と企業の維持・発展に不可欠なものであるとの共通認識に立ち、新技術の導入が従業員におよぼす影響を配慮しつつ、労働の人間化と労働者生活の向上のため相協力して新技術の円滑な導入を進める。

二 事前協議

会社は、新技術の導入によって新たな勤務態勢やその他の労働条件に大幅な変更を決定する場合、その計画を事前に組合に提示し、組合員に及ぼす影響について協議を行う。

三 労使会議

① 信頼と協力の精神にもとづき、会社・組合は各々五名以内の代表者をもって新技術に関する中長期的な導入計画、その他重要な事項について労使会議を開催する。

② この会議は、原則として二カ月ごとに開

催される労使懇談会に包含して行う。
③ 労使会議において、中央労使協議会または支部労使協議会もしくは専門委員会等で審議すべきと判断された事項については当該各機関に委ねるものとする。

四 配置転換・職種転換の原則
　配置転換および職種転換を行う場合、会社は次の各号を考慮する。
(1) 本人の適性・能力および意思
(2) 本人の賃金およびその他の労働条件
(3) 必要な教育訓練

五 新技術教育・訓練
　会社は、新技術の導入に際し、当該職場の組合員に対して、技能の習熟および安全の確保に関し、本人の適性・能力に応じて必要な教育訓練を行う。

六 安全・衛生
　会社は、新技術の導入に伴う安全・衛生の確保に万全を期し、必要な対策を講じる。

七 雇用の確保
　会社は新技術の導入に際し、導入を理由とした解雇・一時帰休は行わない。

八 有効期間
　この協定書の有効期間は、平成○○年○月○日から平成○○年○月○日までの一年とする。

九 更新
　有効期間満了の日の一カ月前までに、会社および組合のいずれからも改訂の申し入れがないときはこの協定はさらに一年更新され、その後も同様とする。

　平成○○年○月○日

　　○○電気株式会社
　　　　取締役社長　○○
　　○○全労働組合
　　　　執行委員長　○○

ノー残業デーに関する協定

　株式会社○○（以下会社という）と○○労働組合（以下組合という）とは、双方の合意に基づき、「ノー残業デー」について下記のとおり協定する。

（目的）
第1条　この協定は業務の計画的かつ効率的遂行を促し、もって時間外労働の削減により従業員の健康維持に資することを目的とする。

（ノー残業デーの設定曜日）
第2条　ノー残業デーは週二日とし、下記のとおり設定する。
① 店内営業・事務部門とそれに準ずる部門……………木曜日
　○○店、○○店、○○店……………………………月曜日
② 店外営業部門とそれに準ずる部門……………………月曜日
③ ○○店装飾担当で別に協定した者……………………火曜日

第3条　下記の業務についてはノー残業デーを適用しない
① 店内の保安業務
② 電気機器の保守作業
③ 売上金納金受入れ
④ その他やむを得ない理由により会社が認めた場合
　ただし、会社は原則として事前に組合へ通知する。

（繁忙期の取扱い）
第4条　中元期（七月一日〜七月一五日）、歳暮期（一二月一日〜一二月三一日）の各繁忙期のノー残業デーの取扱いは、原則として平常月と同様とするが、業務上支障のある場合に限り残業を認める。ただし、第2条第2号に該当する部署については六月二四日〜七月一五日を中元期、一一月二四日〜一二月三一日を歳暮期とする。また、ギフトセンター・物流センターについてはタスクフォース設置期間中を繁忙期とする。

（協定書の保管）
① 店内営業・事務部門とそれに準ずる部

ノー残業デーに関する協定

第5条 この協定については協定書二通を作成し、会社・組合各々一通を保管する。

平成○年○月○日

株式会社○○
代表取締役 ○○ ㊞

○○労働組合
執行委員長 ○○ ㊞

XII 教育訓練・能力開発に関する規程

XII 教育訓練・能力開発に関する規程（解説）

これからの教育訓練のあり方

企業を発展させるためには、企業づくりに伴い「人づくり」が大切である。

それは経営者の手腕もさることながら、従業員にすぐれた人材を得ることが必要である。従業員の採用には選考が非常に重視されるものであるが、採用後においては、従業員の質を高めるための教育訓練はなおさら重要で、この任に当たるのが管理監督者であろう。従業員の教育訓練に不熱心な管理監督者では、いかに新しい機械や技術を導入しても、あまり効果がみられない。

それに反して、企業自体と管理監督者が従業員の教育訓練を積極的に行ない、その技術水準の向上を図り、従業員自身もまた自らの向上を願ってこれに応ずるならば、その成果は払った努力に何倍かする大きなものになろう。

企業における教育訓練は、教育訓練の担当者だけでなく、それぞれのポジションの管理監督者の十分検討された計画のもとに実施される必要がある。そして長期的・計画的な教育訓練制度の確立によって、はじめて効果的な期待ができるものである。

教育訓練は企業にとって利益であり、さらに社会にとって役立ち、従業員にとって「働きがい」「生きがい」「やりがい」のあるものでなければならない。

教育訓練の方針

教育訓練は漠然と行なうより、一定の目標に従い、しかも、経営方針にマッチするように計画が樹立されなければならない。それは直接、企業に役立つ「よい従業員」の養成である。つまり、企業にとって効果的でなければならないのである。

企業にとって何のプラスにもならないような教育訓練は実施しない方がましである。それは企業の主たる活動が生産やサービスを行なうことであって、教育訓練はそうした活動に役立つことを目的としているわけである。

経営者及び管理監督者が部下従業員の教育訓練方針をたてるには、おおよそ、次のような点に留意しなければならない。

① 企業の目的使命を分析検討し、企業の基本方針を明確にすること
② 企業内の事情を調査し、関係資料を分析すること
③ 教育訓練の目標を設定すること
④ 方針を簡潔明瞭に成文化すること
⑤ 方針を部下従業員に周知徹底すること

良き従業員養成訓練

働く意欲のある部下を養成すること

従業員の働く意欲というものは、部下従業員の経営に対する態度のいかんによって決まってくるものである。その部下が自分の仕事にどのような興味や関心をもっているか、会社や上役（管理監督者）に対して、どれほどの理解や信頼を寄せているかなどにかかっている。

② 良き技能を備えた部下を養成すること

いくら働く意欲があっても、仕事に関する知識や技能がなくては従業員としての意味がない。

機械を使うものが、その操作が満足にできなかったり、計算事務をやる者がそろばんや電卓その他のOA機器の使い方を知らないようでは仕事にならない。

③ 良き組織人としての部下を養成すること

企業活動は組織によって行なわれている。社長を頂点、一般従業員を底辺とするピラミッド型の組織で、従業員はすべてこの組織のどこかに位置して働いている。

したがって、経営組織が組織としての機能を十分に発揮するためには、組織の各部分を受持っている、従業員相互の十分なる協同協力がなければならない。

④ 良き社会人としての部下を養成すること

企業が社会的存在であるかぎり、従業員をよき社会人としての良識ある人間として養成しなければならないことは当然である。

効果的教育訓練の実施

① 企業の実態に即した教育訓練をすること

企業はそれぞれ業種、規模、伝統、立地条件、従業員構成などその基盤となるものが異なっているが、その企業の実態に即した教育訓練が必要である。実施にあたっては、企業の実態に即した方法を検討しなければならない。

② 経済性にあった教育訓練を実施すること

企業であるかぎり経済性を無視するわけにはいかない。教育訓練の効果の測定は困難であるが、実施に伴う経費、時間的なロスが効果に見合ったものであることが必要である。

しかし、企業によっては、実際には教育訓練の効果を過小に評価し、時間的な損失など過大に評価する傾向がみられるので注意を要する。

③ 必要に応じた教育訓練を実施すること

漠然と教育訓練をするのでなく、どこに問題があるのかを十分検討し、何が部下に欠けているのかをはっきり見きわめて訓練すること。

④ 上から下へ順次に教育訓練を実施すること

教育訓練は結局その結果を実行に移すことに意義がある。部下が訓練によって習得したり、良い考え方ややり方を実行しようとしても、管理監督者の方が旧態依然とした考え方ややり方をしていたの

では、かえって部下からの軽視や不信を招き、逆効果となってしまう。したがって、教育訓練は管理監督者から行なう必要がある。

⑤ 創造力の育成に意を用いること

創造力とは、全くの無の中から新しいものを生む精神力ではなくて、一般には仕事とのあいだに何らかの関係がないと思われるようなもの、あるいはほとんど関係がない、あるいは全く無関係と思われるようなもの、あるいは全くの無関係のものとの間に何らかの関係や共通点を見出して、それを結びつけて考える精神活動のことである。その精神活動を組立てる要素は次のとおりである。

イ　多方面についての知識や興味

ロ　その多方面のものの間に何らかの関係があるのではないかと気がつく（着想）

ハ　その着想にもとづいて、その結びつきを十分考える（発想）

このように着想や発想を奨励するには、提案制度とともに、教育訓練のなかで創意や研究心を刺激する方法が望まれる。

⑥ 計画的な教育訓練を実施すること

実施に先だって、教育訓練の内容、方法、担当者、対象、時期、日時、教材などについて十分計画を練り、準備することが大切である。

教育訓練の種類

企業の教育訓練で管理監督者の果たす役割の大きいことは、前項で分かると思われるが、もう少し教育訓練の種類や内容についてふれてみよう。

教育訓練は、その体系を分析すると職階別訓練と職能別訓練とに分けられる。そのほかにも教育訓練の対象からみて知識、技能および態度の教育訓練、目的からみて安全訓練、接遇者訓練、販売訓練などがある。

以下、代表的な教育訓練について、その内容、特色、用いる場合の留意点について説明しておこう。

新入社員教育

新入従業員は、採用過程において健康、知識、知能、性格などの選考を経て入社したのであるが、それぞれ職場に配置しても、直ちに業務を担当し、職務を遂行するだけの能力を持っていないのが普通である。そこで教育が必要となってくる。

新入社員教育を大きくわけると、次の3つからなっている。

① 入社前教育

この教育は、企業に対する正しい認識と入社希望を持たせることなどをねらいとするもので、企業に関する情報をパンフレット（社内報など含む）の形で配布するほか、職場見学、懇談会などの開催が行なわれている。

② 入社時教育

俗に「新入従業員教育」と銘をうって行なう教育で、多くの企業で実施されている。これは、新入社員に対して職務知識、心構え、安全衛生などについて徹底してやり、あるいは予備的知識を授けることによって技能知識の向上を促進させるものである。

新入従業員教育は職場配置前（職場配置はしておいても）一定の場所に集め、全日制あるいは半日制（この場合は職場配置が決まって、半日は職場訓練を行なう。この職場訓練はその職場の管理監督者を中心に訓練が行なわれる）で、期間は一週間か二週間ぐらいが普通である（企業によっては合宿で行なうところもある）。

③ 追指導教育

追指導教育は、仕事に関する知識、技能を補充したり、態度の変容をより推進したりするために行なうもので、配属された職場での実務指導（OJT）が中心になるので、職場における管理監督者業務の一つといえよう。また、管理監督者は、未知の世界に入ってきた新入社員の受け入れについても十分意を用いなければならない。

管理監督者の教育訓練

管理監督者は、管理機構の先端にあって、トップ層の決定事項や方針を部下に伝達し、部下の職務の指導監督を行ない、敏速、正確、効果的に企業活動を執行するものである。企業が生き物のように敏速に活動できるた

④ 一般従業員教育

すでに一人前の業務に従事している熟練者を対象とするものと、未熟練な者を対象とするものに大別される。未熟練者（中途入社）に対しては、従業員として の自覚、誇りを持たせ、新しい仕事、職場への適応の仕方について方向づけをしてやり、戸惑いからの脱出に手を貸してやらなければならない。

なお、入社して五〜六年の中堅従業員層になると、自分たちが実質的な仕事の担い手と考えがちである。新入従業員の上にあって、管理監督者の下にある。それだけに自身過剰と責任の軽さから、経営者や管理監督者層の批判に走ったり、また同僚との協調関係を損ないがちである。

この層に対する教育訓練の配慮は、「経営組織に対する認識」「仕事の効率的な進め方と改善」「上司に対する認識と補佐」「同僚との協調」「新入従業員に対する指導援助」などである。

めには、その組織のなかに神経系統と同じような意思の疎通が命令や報告、相談のかたちで行なわれなければならない。それで、組織の支柱は意思の疎通であり、意思疎通あっての相互理解であり、それに常に教育訓練は機能がついて回ることになる。一方、教育訓練は意思の疎通によって相手の考え方、態度、言動に変容を得ようとするものだといわれている。だから、組織＝意思疎通＝教育訓練ということになるわけである。

いわば組織の神経である意思疎通を円滑にするのが管理監督者の使命である。それだから管理監督者の能力は企業の運命を左右するものであるといっても過言ではないだろう。管理監督者の教育訓練の方法としては、次のような定型訓練がある。

① MTP (Management Training Program)

中堅管理者を対象にして、管理、監督の技術向上に使われる訓練方式である。この訓練は会議方式四〇時間構成である。内容は、「管理の基礎」「部下の育成」「仕事の改善」「仕事の管理」「人間関係」「管理の展開」の六部門からなっている。

② TWI (Training Within Industry)

職場における第一線監督者の監督能力を向上させ、生産能力を高めるための訓練方式である。その内容は、監督者に必要な「作業指導（仕事の教え方）」「作業改善（仕事の改善）」「人間関係（人の扱い方）」の三部門からなっている。なお、三部門修了者中心に「安全（安全作業のやり方）」が追指導の段階で採入れられている。

最近、よく「今さらTWIでもあるまい」という言葉も聞かれるが、管理監督者層の教育訓練の基礎としては、これを無視するわけにはゆかないだろう。

③ JST (Jinjiin Supervisor's Training)

人事院において、TWI・MTPを参考にして作成したもので、事務系統の管理監督者向きである。二四時間構成で、内容は、「仕事の管理」「仕事の改善」「部下の教育訓練」「部下の扱い方」などについて、標準コースで一会合二時間、一二会合の二四時間となっている。

④ 実務上訓練（OJT）

日常の職場活動のなかで、管理監督者が部下従業員に接して仕事をやりながら、あるいは仕事の合間に「働く意欲のある従業員」「良き技能を持つ従業員」「良き組織人としての従業員」「良き社会人としての従業員」になるよう指導し、「生きがい」「やりがい」「働きがい」を感ずる部下にしこむのが実務上訓練（OJT～On The Job Training）である。

中高齢者の教育訓練

高齢化社会の到来とともに、企業において定年制延長、高齢者の採用や配置換えが増加し、それに伴う教育訓練の必要性が高まってきた。つぎのような一般的傾向を知ったうえで、教育訓練計画を立てる必要がある。

① 体力・気力低下による作業環境、労働強度などの配慮
② 職場の人間関係と自尊心の関係
③ 頭脳労働者は、若年層と比べ知的能力の面で劣らない
④ 自己ペースで、仕事は確実に行なう
⑤ 環境の急激な変化に敏速に対応しにくいので、計画的・継続的な指導により、自己研鑽、自己啓発の援助を行なうように配慮

自己啓発援助制度

能力開発・人材開発の基本は、社員が自分自身で勉強しようとする心構え、姿勢である。すなわち、「自己啓発援助制度」というのは、「仕事に関連した知識・技能を身につけたい」という社員の行動を会社側が側面から援助しようという制度である。

具体的には、

① ビジネスに関連する通信教育の受講料

資格取得援助制度

わが国では、職業にかかわる資格がきわめて多い。公認会計士、税理士、中小企業診断士、社会保険労務士等をはじめとして、さまざまな資格制度がある。

社員が公的な資格を取得することは、会社にとって好ましいことである。日常の業務に直接的に役立つ資格をとれば、会社の戦力がそれだけ向上することになる。かりに、日常の業務にストレートには役立たないとしても、社員が資格取得のために勉強すれば、社内に啓発ムードが広まるから、会社にとってプラスである。

このため、社員の公的資格の取得を援助する制度を採用するとよい。取得に要する費用の一部を補助することにより、側面的に資格取得を奨励する。

の全部または一部を援助する。

② 中小企業診断士や社会保険労務士などの公的な資格の取得に要した費用の全部または一部を援助する。

③ 外国語の習得に要する費用を援助する。

④ 講習会やセミナーへの出席を有給扱いとする。

⑤ 外国の業界事情視察ツアーの参加費の一部を負担する。

など、さまざまな方法がある。

教育規則

第一章 総則

（目的）

第1条　この規則は、会社が社員教育の円滑かつ効果的な運営を期するため定めたものである。

会社は、企業の発展、社員の生活安定を図り、国家社会の繁栄、国民福祉の増進に寄与するという基本的使命を達成するためには、社員各人の進歩と向上が必須の要件であることを認め、次の基本方針のもとに社員教育を強力に推進する。

1　愛社心を高揚する。

会社が、○○産業における激甚な競争を克服して行くためには、愛社心を基盤とする社員各人の進歩、向上とおう盛なる勤労意欲が必須の条件となる。

2　職務上の知識、技能の向上を図る。

社員が、日常の職務を完全に遂行するためには、各人が優れた知識、技能を十分に体得することが必要である。

3　役付社員の管理監督能力の向上を図る。

各級役付社員は、部下を管理、監督して所管業務の遂行にあたるものであるから、部下の資質、能力を向上し職場士気を高め、会社業務の効率化を推進する責任がある。

4　職場の秩序を確立する。

会社は、社員が相協力して職場の業務達成のため共同の生活を営むところである。したがって職場の秩序と人の和を積極的に確立する必要がある。

（教育の実施）

第2条　社員教育は、会社が経営管理の一環として推進する。

（教育の種類）

第4条　会社は、次の各号に定める教育を行う。

(1)　知識、技能の教育
　(ア)　管理監督に関する知識および技能
　(イ)　担当業務に関する知識および技能
　(ウ)　職責に関する知識

(2)　態度教育
　(ア)　職場士気高揚に関する教育
　(イ)　マナー教育

(3)　前各号のほか会社が必要と認めた教育

第二章　教育実施上の原則

第5条　この章は、教育実施上、よるべき基本的な原則について定めたものである。

（教育を受ける義務）

第3条　社員は、会社の指示する教育を進んで受けるとともに、自らの進歩と向上に常に最善をつくさなければならない。

（必要点にもとづいた教育）

第8条　教育の実施に関与する者は、教育の必要点を明確に把握し、適正な実施目的と方法を定めなければならない。

（教育の継続）

第9条　教育の実施に関与する者は、常に教育を継続して行い、一時的な実施に終わらせてはならない。

（業務および生産への活用）

第10条　教育の実施に関与する者は、教育を単に実施するにとどまらず、教育を受けた者が実際の業務および生産に活用するように援助しなければならない。

2　教育を受ける者は、教育を単に受けるのみならず、実際の業務および生産に活用しなければならない。

（各部課長の行う教育）

第6条　各部課長は、教育担当部課と協力して部下の指導に不断の努力を払って教育成果の充実を図らなければならない。

（教育担当部課長と他の部課長との基本関係）

第7条　教育担当部課長は、他の各部課長と緊密に連携の上、適切な指針と援助を提供する。

2　各部課長は、前項の指針と援助を積極的に活用する。

3　前2項のほか教育担当部課長が、他の各部課長とともに、分担する責任および職務の詳細に関しては、第三章、第四章および第五章に定める。

教育規則

第三章 教育に関する責任の区分

第11条 この章は、教育担当部課長と、他の各部課長との教育に関する責任区分を明らかにするために定めたものである。

（各部課長の責任）

第12条 各部課長は、部下社員の担当する職務遂行に必要な知識、技能ならびに態度の向上を目的とする教育を計画実施するとともに、その成果について直接の責任を負う。

2 前項のほか各部課長は、第13条第1項に定める教育実施後の指導およびその成果について責任を負う。

（教育担当部課長の責任）

第13条 教育担当部課長は、社員に共通して必要な知識、技能ならびに態度の向上を目的とする教育の計画およびその実施に関し、直接の責任を負う。

2 前項のほか教育担当部課長は、各部課の担当業務に関する教育計画を総括し、必要に応じその円滑なる実施を援助する。

第四章 各部課長の職務権限

第14条 この章は、各部課長の社員教育に関する職務内容について定めたものである。

（部　長）

第15条 部長は、所属各課長の担当業務に関する教育計画を審査するとともに、当該部の教育計画を作成する。

2 部長は、所属各課の教育実施の成果について審査する。

3 部長は、所属部門の教育計画ならびに教育成果について教育担当部長に通報する。

（課　長）

第16条 課長は、所属従業員の担当業務に関する教育計画を作成し、部長に提出する。

2 課長は、所属従業員の教育成果について部長に報告する。

第五章 教育担当部課長の職務権限

第17条 この章は、教育担当部課長の社員教育に関する職務の詳細について定めたものである。

（担当取締役）

第18条 担当取締役は、会社における教育の担当責任者として、教育基本方針にもとづき、会社の全般的教育の実施方針を作成し、社長の承認を得て、勤労部長および各工場長に指示する。

（勤労部長）

第19条 勤労部長は、本社における教育の責任者、ならびに各工場の教育の調整の責任者として、次の各号の職務を行う。

(1) 本社および各工場における教育の必要点検を参酌して、会社における教育の実施方針案を作成し、担当取締役に提出する。

(2) 各工場における教育計画ならびに教育成果について審査し、必要に応じ各事務部長に指示する。

(3) 本社における教育計画ならびに教育成果について審査する。

（人事課長）

第20条 人事課長は、次の各号の職務を行う。

(1) 毎年三月および九月に、本社各部課の教育計画を総括して、本社全般にわたる教育計画を作成し、勤労部長に提出する。

(2) 本社各部課の教育の実施を調整する。

(3) 毎年○月および○月に、本社各部課教育実施報告書を総括して、本社全般にわたる教育実施報告書を作成し、勤労部長に提出する。

(4) 担当取締役または勤労部長が各工場長または事務部長に対して行う指示等に関する事務手続を行う。

(5) 各工場長または事務部長から担当取締役または勤労部長に対して行う報告等に関する事務手続を行う。

(6) 前各号のほか、勤労部長の指示により教育に関する事務的事項を処理する。

（工場長）

第21条 工場長は、担当取締役の指示により、工場における教育の責任者として、工場における教育計画ならびに教育成果につ

(事務部長)

第22条　事務部長は次の各号の職務を行う。

(1) 毎年〇月および〇月に、工場各部課の教育計画を総括して、工場各部課の教育実施報告書を作成し、工場全般にわたる教育計画を作成し、工場長に提出する。

(2) 工場各部課の教育の実施を調整する。

(3) 毎年〇月および〇月に、工場各部課の教育実施報告書を総括して、工場全般にわたる教育実施報告書を作成し、工場長に提出する。ただし、第13条第1項に定める教育の実施報告書については、工場長の承認を得て、勤労部長に提出する。

(工場勤労課長)

第23条　工場勤労課長は、次の各号の職務を行う。

(1) 担当取締役または勤労部長から工場長または事務部長に対して行う指示等に関する事務手続を行う。

(2) 工場長または事務部長が担当取締役または勤労部長に対して行う報告等に関する事務手続を行う。

(3) 前各号のほか、事務部長の指示により教育に関する事務的事項を処理する。

第六章　教育関係機関

(教育関係機関の設置)

第24条　本社および各工場は、教育計画の作成およびその円滑な実施に資することを目的とする機関を設けることができる。

付　則

第25条　この規程は平成〇年〇月〇日より実施する。

訓練要綱

(訓練の目的)

第1条　訓練は、〇〇株式会社の社員として強固なる責任感を養成しあわせて職務に必要な知識技能を身につけ、気力おう盛な実行力を有する人材を養うことを目的とする。

(訓練の方針)

第2条　訓練の目的を達成するためには、管理、監督の地位にあるものは絶えず部下指導を行わなければならない。

2　訓練は、組織的・計画的に人事管理と密接な関連をもって実施されなければならない。

3　訓練は、社員の各階層と各職能に応じて実施する。

(訓練の対象)

第3条　訓練は、全社員を対象として行う。

(訓練の体系)

第4条　訓練の体系は別表1のとおり、階層別訓練・職能別訓練・教養講座の三体系とする。

(階層別訓練)

第5条　階層別訓練は、経営者・管理者・作業監督者・中堅社員・新入社員の五つの訓練に分ける。

(職能別訓練)

第6条　職能別訓練は、別表1のとおり各部門別に行う。

(訓練の内容)

第7条　訓練の内容については、おのおのの訓練対象者により、重点を変えて効果的な内容を選定して実施する。

(訓練の実施機関)

第8条　訓練の実施は、別表2のとおり、人事部門と各部門に分けて担当する。

2　経営者・管理者・中堅社員・新入社員訓練は、人事部が実施し、作業監督者訓練は事業所が実施する。これらの訓練はすべての訓練に優先する。

3　職能別訓練は、各部門が実施の責任をもち、人事部はその実施のための援助を行う。

4　教養講座は、各事業所が実施の責任をもち、人事部は実施のための援助を行う。

(訓練実施の責任者)

第9条　全社的訓練の責任者は人事部長とし、各部門および事業所においては、その長を実施責任者とする。

訓練要綱

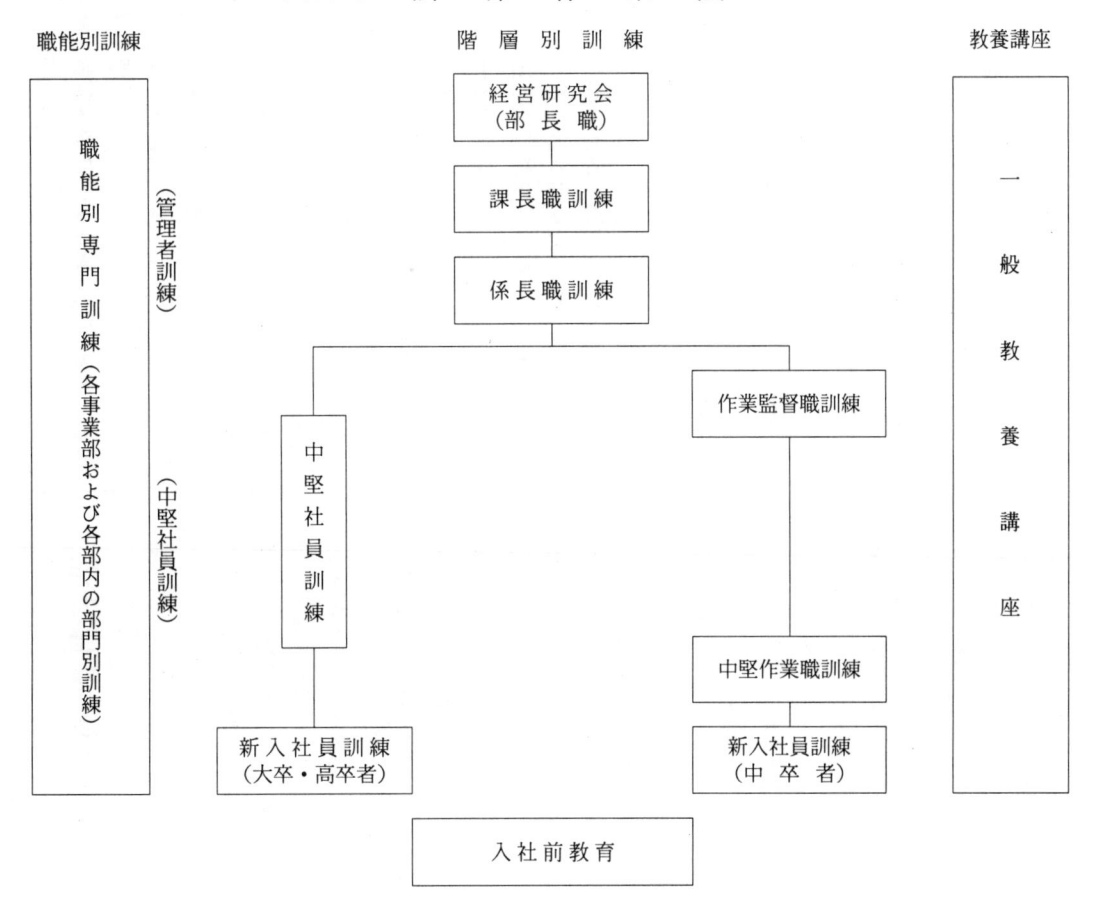

<別表1> 訓練体系図

職能別訓練

職能別専門訓練(各事業部および各部内の部門別訓練)
- (管理者訓練)
- (中堅社員訓練)

階層別訓練

- 経営研究会(部長職)
- 課長職訓練
- 係長職訓練
  - 中堅社員訓練
    - 新入社員訓練(大卒・高卒者)
  - 作業監督職訓練
    - 中堅作業職訓練
    - 新入社員訓練(中卒者)
- 入社前教育

教養講座

一般教養講座

<別表2> 訓練体系表

訓練内容	対象	階層別訓練 人事部担当	階層別訓練 事業所担当	職能別訓練 各部門担当(事業部もしくは部)	教養講座	上司の行う日常指導
経営者訓練	部長職	○		上級専門訓練	全般的教養を高める	各部署の上長は部下の能力性格を理解把握した上で職務遂行能力が向上するよう指導する
管理者訓練	課長職	○				
管理者訓練	係長職	○				
管理者訓練	作業監督職		○			
一般社員訓練	中堅・事務・技術職	○		中級専門訓練		
一般社員訓練	中堅作業職		○			
新入社員訓練	中途入社者	○		初級専門訓練(実務)		
新入社員訓練	大学・高卒新入社員	○				
新入社員訓練	中卒新入社員		○			

注 1. 部長職とは、本部長・部長・次長およびこれと同等の管理者をさす。
　 2. 課長職とは、課長・課長代理およびこれと同等の管理者をさす。
　 3. 係長職とは、係長およびこれと同等の管理者をさす。

（訓練実施基準）
第10条 訓練体系にもとづき、訓練実施の基準を別に定める。
（訓練の計画と報告）
第11条 人事部長は、毎年○月末までに翌年度の訓練計画を立て各部門の長に連絡するものとする。
 2 各部門の長は、年度ごとに訓練計画を立て、人事部長に報告しなければならない。
 3 各部門の長は、年度ごとに訓練結果を人事部長に報告しなければならない。
（訓練終了後の処理）
第12条 所定の訓練終了に際して、その効果をさらに伸展させるために各部門の長は部下の適性配置・追指導を怠ってはならない。
（訓練経費）
第13条 各訓練に要する経費は、計画的支出を図るために、予算手続によるものとし、予算と実績との対照表を作成して人事部長に報告するものとする。
 2 全社的訓練に要する経費は、人事部担当とする。

付 則
本要綱は平成○○年○月○日から実施する。

能力開発援助規程

一 主 旨
(1) 全社各層社員に自己啓発、相互研鑽の気風を確立し、これにより資質・能力の向上を促進するために、職務上もその効果の反映が期待できる教育について、機会を提供し、必要経費の一部を補助する。
(2) 「教育研修参加者の取扱い」との関連本取扱は「教育研修参加者の取扱い」のうちの「三業務外扱い」とする教育研修に対し適用する。

二 内 容
事業部（場）ごとに教育担当課が次の方法で行う。
(1) コース、教材、資格試験の紹介
社外コース（主として通信教育）および社内コース（シリーズあるいは単発）などのうち、自己啓発に適しているコースおよび教材を積極的に紹介する。
(2) グループ編成
援助の対象たる自己啓発は原則として「グループ研修」とする。
(3) 能力開発活動の援助
社員の資質能力の向上に役立つテーマについてコースを設定する。
・職場ぐるみ訓練などについては、標準プログラムを作成し、教材教具を提供するなど実質的な援助をする。
・講師等の適任者の推薦希望があれば、社内外から紹介する。
・この活動を主体的に進めるため自己啓発プロモーター（○○キャンプ研修村インストラクター、OJT推薦者、自己啓発活動リーダーなどを総称したもの）を設ける
(4) 費用の一部補助
補助を受けようとするグループは事前に活動計画を提出して承認を受けなければならない。承認を受ければ別に定める「補助基準」により一部を補助する。
(5) 会社施設の提供
自己啓発活動に対しては、とくに支障のないかぎり会社施設（教室、会議室等）を無償で提供する。

三 補助の適用を受ける活動の種類と補助基準
(1) 社外コース
① 原則として教育担当課紹介の通信教育をうけ、半期合計二五時間以上の自主スクーリングをもつこと。
② 補助額は受講料（スクーリング費用を含む）三分の一以内とする。
ただし、一人半期六、〇〇〇円を限度とする。
(2) 社内コース
① 社内（教育担当課企画あるいは参加

能力開発援助規程

者の自主企画のいずれを問わず)で実施するものでシリーズコースと単発コースに分ける。

② シリーズコース

ⓐ 一回の時間が三時間以下で一定のスケジュールの下にシリーズで続けられるコース。(英会話勉強会など)

ⓑ 半期合計二五時間以上のグループ活動をもつこと。

ⓒ 補助額は「施設利用料＋講師謝礼＋資料代」の合計額の三分の一以内とする。

ただし、一人半期一〇、〇〇〇円を限度とする。

③ 単発コース

ⓐ 一回完結的に行われるコース(ケース・スタディ、職場の問題解決討議、ファミリー・トレーニング、集団宿泊研修など)

ⓑ 一回の実質活動時間が三時間以上の活動をもつこと。

ⓒ 補助額は「交通費＋食費＋宿泊費＋施設利用料＋講師謝礼＋資料代」の三分の一以内の金額に一日につき三〇〇円(半日の場合一五〇円)を加算する。

ⓓ 一人半期の累積額は一〇、〇〇〇円を限度とする。

(3) 発表会

① 各種運動事務局の承認したもので「施設利用料＋講師謝礼＋資料代」は会社負担とする。

② その他の経費については一回三〇〇円を限度に実費を補助する。

(4) 資格試験

① 教育担当課(職能別教育も含め)の推奨したもので、合格者に対して受験料の全額(実習、スクーリング費用は除去する)を支給する。

② 同じ資格試験であっても、級(ランク)が異なれば別の試験として扱う。

四 補助額の算定基礎

① 交通費……実質(グリーン車、船一等は除く)

② 食 費……通常の食事費

③ 宿泊費……事業場外の施設利用の場合に限るが、社内施設の場合でもその実費(保養所利用料を含む)

④ 施設利用料……会場費、器具使用料、グラウンド使用など

⑤ 講師謝礼

(イ) 社外講師……講師謝礼(税込)、交通費、食事費、宿泊費

(ロ) 社内講師……「社内講師の謝礼基準」により算定する

⑥ 資料代

(イ) グループ活動に使用する図書、テキストの購入経費……ただし、個人所有を希望するものについては、本人負担とする

(ロ) 作成した資料……コピー、オートファックス等

五 支給方法

(1) 支給時期

① 原則として終了時に支給する。

② 教育担当課が紹介する通信教育等、あらかじめ補助の条件を満たすことが予定され、かつ金額が明確で、かつ多額の出費を必要とするものについては事前に補助する。ただし、本人の責任により中途で脱落する場合には返却させる。

(2) 支給手続

おおむね次の手順による。

(イ) あらかじめ活動計画を所属上長経由、教育担当課まで提出する。

(ロ) グループ責任を定めて、計画遂行の状況および参加者各人の出欠の有無を記録する。

(ハ) 研修終了後、もしくは期末に研修結果(もしくは途中経過)報告書とグループ単位の経費計算書および領収書を添えて提出する。

(ニ) それにより基準になる補助額を算出し支給する。

教育研修参加者の取扱い

一 業務上扱いとするもの

教育研修が業務上不可欠であって特定の受講者を会社が指名する場合。

〔例〕
① 玉掛講習会等法規により資格取得を義務づけられており、その取得のために実施するもの。
② テレタイピスト養成教育、セールスセミナー等そのニーズ、目的、内容、緊急性等から業務遂行上必要不可欠なもの。

〔勤務・給与取扱い〕
(1) 勤務…有給（通常勤務）
(2) 時間外…通常時間外勤務
(3) テキスト代、資料代、講師謝礼…会社負担
(4) 出張時
　① 往復路…出張旅費規定にもとづく
　② 教育実施中…月額旅費にもとづく
　　(イ) 宿泊
　　(ロ) 朝夕食　　　現物支給
　　(ハ) 日当

二 特別取扱い

特別な事情により一部の特定者または特定のグループについて、教育研修参加に関し上長の助言、勧奨が伴う場合は個々にその事情を認定の上で特別に取り扱う。

〔例〕組班長教育、生産管理教育、ZD・QC教育等の階層別職能別等の自主研修のうち、その参加に関し、上長の助言、勧奨が伴うもの。

〔勤務・給与取扱い〕
(1) 平均時間外教育研修
　　一時間につき　　　三〇〇円
　　ただし一日につき　一、八〇〇円を限度とする。
(2) 休日教育研修
　　一日につき　一、八〇〇円
　　半日につき　　　九〇〇円
(3) テキスト代、資料代、講師謝礼…会社負担
(4) 出張時
　① 往復路…出張旅費規定にもとづく
　② 教育実施中…月額旅費にもとづく
　　(イ) 宿泊
　　(ロ) 朝夕食　　　現物支給
　　(ハ) 日当

三 業務外扱いとするもの

(1) 本人の自由意思にもとづき、参加の希望、援助の申入れがあり、本人から会社が自己啓発の機会を提供援助する教育研修の場合。

〔例〕
① 教養講座、英会話勉強会、技能検定準備講座等。
② ZD・QCサークル活動のうち、本人またはそのグループが自主的に企画し、自主的に運営を行う教育研修。
③ レクリエーション、キャンプ、ハイキング等本人のまったく自由意思で参加する文化体育活動等本人の資質、能力の向上に寄与し、職務上もその効果の反映を期待できる教育研修。

(2) この取扱いをするものについては、本人またはグループ代表者から署名捺印のある申込書を提出させる等の手続を明確にする。

〔勤務・給与取扱い〕
(注) 無給
　① 自己啓発援助制度による援助あり
　② コース・教材・資格試験の紹介
　③ グループ編成
　④ プログラム作りの援助と講師の紹介
　⑤ 活動計画を事前に提出し、承認を受けた場合に費用の一部補助
　⑥ 会社施設の提供

研修休職規程

（目的）
第1条　本規程は、従業員が自己啓発のため休職する場合の取扱いを定める。

研修休職規程

（対象）
第2条 研修休職の対象者は、次の事由のすべてを満たす者とする。
① 自己の研修を目的とする一定期間の研修を申し出た者。
② 勤続五年以上で、休職期間終了後、引続き勤務する意思のある者。

（休職期間）
第3条 研修休職期間は、最短一カ月、最長一カ年とし、在職中三回までの実施を認める。ただし、その間隔は最短五年に一回とする。

（運営）
第4条 本規程の運営については、会社・組合協議決定する。

（手続）
第5条 休職を希望する者は、所定の申請用紙に記入し証明するものを添えて、原則として二カ月前までに所属長を経て人事部教育訓練担当に申し出る。

（研修休職付与の認定）
第6条 研修休職の申し出があったとき、会社・組合により次にあげる各項目を十分検討し、認定の可否を決定する。また、必要に応じて計画を変更させることがある。
① 研修目的
② 研修内容（研修先、主宰機関、研修費用等）
③ 休職実施時期
④ 休職実施期間
⑤ 休職希望者の能力、実績
⑥ 休職希望者の経済事情
⑦ 休職希望者の所属する要員がある。

（研修休職者の義務）
第7条 休職実施者は、休職期間中の連絡先および定期に対し、休職実施以前に会社連絡の方法を明らかにしておく。

（休職期間の変更）
第8条 休職期間の変更を申し出た場合は、本規程第三条で定めた範囲内で認める。

（休職成果の報告）
第9条 研修休職終了後、休職実施者は、人事部教育訓練担当に研修休職の成果を報告する。
なお、必要に応じ会社・組合が認めた場合は、研修成果の発表の場を設ける。

（休職期間中の賃金および賞与）
第10条 研修休職期間中の賃金および賞与は支給しない。

（勤続年数）
第11条 研修休職の期間は勤続年数として加算する。
2 復職後一年未満で退職する場合は、原則として休職期間中の勤務年数は加算しない。ただし、勤務する意思はあるが、退職を余儀なくされる事由が発生した場合は、会社・組合協議の上加算すること

がある。

（経験年数）
第12条 休職期間中の経験年数は加算しない。

（社会保険）
第13条 休職期間中は、社会保険の被保険者の資格は継続し、従業員負担分保険料は一時会社が立替える。
2 休職期間中または復職後に休職期間未満で退職する者は、従業員負担分保険料を退職時に会社に返済しなければならない。
3 復職後、休職期間以上勤務した者の従業員負担分保険料は会社負担とする。

（福利厚生）
第14条 休職期間中の福利厚生の取扱いについては、出勤しないために受けることのできない事項を除き一般と同様とする。
なお、割賦返済の残額がある場合、研修休職期間中の返済額を支払うものとする。

（復職）
第15条 復職時の職場は、原則として原職とする。
復職後、必要により再教育を行う。

（能力昇給）
第16条 研修休職を実施する者の能力昇給に関する取扱いは、原則として賃金規程による。
2 前項にかかわらず、研修休職の期間お

通信教育制度要項

本規程は平成○○年○月○日より施行する。

（付則）

第17条　本規程に関し疑義が生じた場合は、その都度会社・組合協議の上解決する。

（疑義）

② 休職期間が六カ月以上一年未満で四月一日をはさみ、かつ四月をさかのぼって六カ月未満の場合……復職した年度の能力昇給の時期は、復職時とするが、翌年四月一日付能力昇給は実施しない。

① 休職期間が六カ月未満で四月一日をはさむ場合……復職した年度の能力昇給の時期は、復職時とする。

よび時期によって、次のとおり取り扱う。

識を体系的に学習、習得することによって、能力向上を図るため、通信教育制度を設ける。

1　目的

事務系社員として必要な基礎的、専門的実務知識および管理者として必要な基礎知識を体系的に学習、習得することによって、能力向上を図るため、通信教育制度を設ける。

2　教育内容と受講資格（次表）

3　教育の委託先（以下、委託先という）

○○大学通信教育部
○○ビジネスペンスクール
○○英語教育協会

4　実施方法

① 募集・配本スケジュール（事情により若干変更する場合がある）

② レポート提出

受講者は、各配本毎に、指定のレポートを本社総務部を通じて委託先宛提出する。

委託先では、レポートを添削、採点の

時期	内容
一月下旬	募集開始
二月中旬	申込み締切り
三月一日	履修開始日（第一回配本）
以後別に定める期間毎に	第二回以降の配本

（注）希望受講者およびビジネス・ペンコースについては、上記のほか九月一日を履修開始日とする。申込みも受けつける。

教育内容（コース名）	受講資格
ビジネス・ペンコース	事務職社員3級の者
ビジネス文章コース	履修開始日現在勤続11カ月以上の事務職社員2級の者
事務職中堅コース　A．人事実務コース　B．総務実務コース　C．財務実務コース　D．営業実務コース　E．資材実務コース（いずれか1コースを選択）	事務職社員1級の者
事務職主任コース	事務職主任の者
副参事コース　Aコース（事務職主任コース未受講者、対象）　Bコース（事務職主任コース受講済み者、対象）	事務職技術職副参事1級、同2級の者
希望受講者のみ対象　科目自由選択コース　別に定める諸科目のなかから4〜6科目を任意に選択（ただし、将来、上記受講資格の発生する科目は選択できない）	
実用英語コース　A．1級コース　B．2級コース　C．3級コース（いずれか1コースを選択）	

（注）　1．各コースの科目内容は、別に定める。
　　　　2．希望受講者とは、受講資格のない者が必要により受講を希望し、人事担当役員が認めた者をいう。
　　　　　　ただし、希望受講者は、履修開始日現在、勤続11カ月以上でなければならない。

資格取得援助制度規程

(趣　旨)

第1条　社員の自己啓発、能力開発ならびにキャリア形成を促進し、もって企業活力の向上を図るため、資格取得援助制度を実施する。

(適用者)

第2条　本制度の適用を受けることができる者は、次に該当する社員とする。
① 勤続一年以上
② 勤務態度が良好であること
③ 今後とも引き続き当社に勤務する意思のあること

(援助対象資格)

第3条　本制度の対象となる資格は、次に掲げるものとする。
① 社会保険労務士
② 行政書士
③ 司法書士
④ 中小企業診断士
⑤ 宅地建物取引主任者
⑥ 税理士
⑦ 情報処理技術者
⑧ 消費生活アドバイザー

(費用援助の内容)

第4条　費用援助の内容は、次のとおりとする。
① 通信教育受講料の援助
　　資格取得のための通信教育講座受講料の二分の一
② 受験料の援助
　　資格試験の受験料の全額
③ 交通費
　　スクーリングおよび受験のために要する交通費の全額

(費用援助を受けられる者)

第5条　費用援助を受けることのできる者は、当該資格試験に合格した社員とする。

(費用申請の方法)

第6条　費用援助を受けようとする社員は、次の書類を添えて人事部へ申請するものとする。
① 通信教育機関の領収証
② 資格の合格通知の写し
③ 交通費の明細

(費用申請の期間)

第7条　費用援助の申請は、原則として、当該資格試験に合格してから1カ月以内に行うものとする。一カ月を経過してからの申請に対しては、費用援助を行わないことがある。

(利用回数)

第8条　社員は本制度を繰り返し利用することができる。

(付　則)　本規程は、平成○年○月○日から施行する。

上、成績一覧表とともに会社宛送付し本人に返却する。

③ 修了試験

修了試験の実施要領および合格判定基準は、別に定める。

ただし、ビジネス・ペンコース、ビジネス文書コースならびに希望受講者については、修了試験を行わない。

④ 費　用

全額会社負担。ただし、希望受講者については、次のとおりとする。

申込時……受講料、半額会社負担、半額本人負担

終了時……合格者のみ、本人負担分を会社負担に変える。

(ただし、実用英語コースの会社負担については、申込時七五〇〇〇円、修了時合格者に対しては七五〇〇〇円とする)

5　昇格選考との関係

別に定める、内規第四九号(公式資格および通信教育を昇格要素とする件)における「通信教育修了合格」とは、レポートが全て合格するとともに、修了試験のあるコースでは修了試験に合格して、修了証の交付を受けることを言う。

6　施　行

○○年○月○日より施行する。

自己啓発援助制度規程

（目　的）

第1条　社員一人ひとりが自己啓発に努めることは、能力開発を図り、職務遂行能力を向上させるうえできわめて意義が大きい。このため、自己啓発援助制度を実施することとする。

（対　象）

第2条　自己啓発を援助する対象は次に掲げるものとする。

① 担当する業務または職業生活にかかわる「図書の購入」
② 業務の国際化、社会の国際化に対応する「外国語の習得」
③ 公的資格の取得にかかわる「通信教育の受講」

（援助の内容）

第3条　自己啓発にかかわる費用を会社で援助するものとする。援助の額は、次のとおりとする。

① 図書の購入　購入費の三分の二を会社で負担する。ただし、負担の単位は一〇円とする。
② 外国語の習得　外国語学校の入学料および授業料の二分の一を会社で負担する。負担の単位は一〇〇円とする。
③ 通信教育の受講　通信教育受講費用の二分の一を会社で負担する。

（対象社員）

第4条　費用の負担を受けることのできる社員は、次の各号に該当する者とする。

① 勤続年数が三年以上であること
② 日頃の勤務態度が良好であること
③ 自己啓発の成果を会社業務に役立てる意思のあること

（費用の申請）

第5条　本制度を利用して費用の援助を受けることを希望する社員は、所定の申請書（別紙）に必要事項を記入し、領収書を添付の上、人事部に提出するものとする。

（費用の支払）

第6条　援助費用の支払は、賃金支給日に行うものとする。

（付　則）　本規程は、平成〇年〇月〇日から実施する。

別紙

　　　　　　　　　　　　　　　　　　　　平成　年　月　日

ＳＲ株式会社
　代表取締役社長殿

所　属	部　　課
氏　名	
入社年月	年　　月

自己啓発援助費用の申請

下記のとおり、自己啓発費用の援助を申請します。

(1) 啓発の種類	①図書購入　②外国語習得　③通信教育受講
(2) 啓発の期間	平成　年　月　日～平成　年　月　日
(3) 啓発の具体的内容	
(4) 啓発費用の内訳	①　　　　　　　　　　　　円
	②　　　　　　　　　　　　円
	③　　　　　　　　　　　　円
	④　　　　　　　　　　　　円
	計　　　　　　　　　　　　円

事務用機器貸与制度規程

（総則）

第1条　この規程は、事務用機器貸与制度について定めるものである。

（定義）

第2条　「事務用機器貸与制度」とは、事務用機器の貸与を希望する社員に対して、当社が購入または借用した機器を貸与し、社員の自宅において業務のために利用させる制度をいう。

（目的）

第3条　事務用機器貸与制度は、業務の効率化・合理化、労働時間の有効利用と短縮化を図るために実施するものである。

（貸与機器の種類）

第4条　貸与する機器の種類は、次のとおりとする。

① ファクシミリ
② パソコン
③ その他必要と認めるもの

（費用の負担）

第5条　費用の負担は次の基準にする。

① 運搬、据付費用－事務用機器の自宅までの運搬、据付（または撤去）に要する費用は、会社がその実費を負担する。
② 通信費、光熱費－貸与を受けた社員が負担する。
③ 用紙代－会社が現物支給する。

（貸与の期間）

第6条　機器の貸与の期間は、一年単位とする。

必要に応じて、継続使用を許可する。

（貸与者の義務）

第7条　機器の貸与を受けた社員は、次の事項を守らなければならない。

① 貸与された機器をもっぱら会社業務のために使用すること
② 貸与された機器を大切に取り扱うこと

（申込み）

第8条　貸与を希望する社員は、所定の用紙に必要事項を正確に記入して、総務部長に申し込むものとする。

（申込者の資格）

第9条　申込者は、次の各号に該当する者とする。

① 勤続年数が一年以上であること
② 業務上、事務用機器の使用を必要とすること
③ 今後とも引き続き当社に勤務する意思があること

（審査）

第10条　社員から貸与の申込があったときは、総務部長が資格の有無を審査し、貸与の可否を決定し、申込者に通知する。

（返還）

第11条　次の各号の一に該当するときは貸与機器を返還しなければならない。

① 退職するとき
② 休職を命ぜられたとき
③ 事務用機器使用の必要度の少ない職務に異動になったとき
④ 会社が返還を命令したとき

（付則）

この規程は、平成○年○月○日から施行する。

自己研修レポートの取扱いについて

1（目的）

四等級以上の中堅幹部の能力啓発は、自己研修を中心に行い、その結果についてはレポート提出を義務づける。

2（対象）

四等級以上の事務技術系統、ただし営業、事務系統は三等級以上、技術系統は五等級以上。

3（レポートの提出回数・時期）

(1) レポートの提出は毎年二回、○月末と○月末とし、所属長を通じて工場委に提出する。
(2) 提出期限に遅れたときは、次回の受付とする。

4（テーマの設定）

(1) 自己研修テーマは、毎年○月と、○

月に本人と所属長が、合議の上、職務分析による職能分類基準を参照にして仕事に使えるテーマを定める。

(2) 自己研修レポートは、提出回数のうち一回は、創造性・人間性に関する本人の自由意志によるテーマを取り入れる。

5 (レポートの記入方法)

レポートの提出は、ウデづくり研修報告書と所定のレポート用紙を使って行う。

レポートの記入方法は別に定める「自己研修レポート記載要領」による。

6 (レポートの判定)

(1) 提出されたレポートについては、事前に所属長は「レポートの記載要領」の規定通りか否かチェックし、テーマに対する内容についての意見を記入し、査定者に提出する。

(2) レポートの査定者は、次の者が行い、合否を決定する。

① テーマの難易度　ウェイト　一〇
② 記入要領の規定にしたがっているか　ウェイト　一〇
③ レポートの内容(論旨・組立・表現)　ウェイト　五〇
④ 業務への貢献度　ウェイト　三〇

四・五等級　昇格試験委員
六・七等級　役　員　会

(3) レポートの判定基準は、次により行う。

四等級受験　三カ月間に　三回以上
五　 〃　　　　　　　　　四 〃
六　 〃　　　　　　　　　五 〃
七　 〃　　　　　　　　　五 〃

なお、前年度に昇格試験を受験し、不合格になったときは、引続き毎年一回以上レポートを提出するものとする。また合格して昇格が一年のびた場合は、その年に一回は提出する。

(次回受験の有効回数に入る)

(2) 係長で管理職研修に参加する者については自己研修レポートを毎年一回以上とする。

(3) 提出時期は、毎年八月末現在で規定以上のレポート件数があるときは、昇格試験の受験資格を有する。

(注) 提出回数のうち、一回は本人の自由裁量でよい(ただし創造性、人間性に関するもの)。

(4) 大学特別研修のレポートは自己研修レポートとして扱う。

(5) 監督職研修のレポートは三回で自己研修レポート一回分とみなす。

7 (昇格試験との結びつき)

(1) レポートの合格件数が、次の件数に達しないときは、原則として上位等級に受験できないものとする。

(4) 講習会レポートは自己研修レポートとしては認めない。

8 (結果の事務手続)

自己研修テーマ設定およびレポートの提出の事務手続は次の通りとする。

(1) 目標・テーマ
本人→所属長→部長→工場委→人事部

(2) レポート提出(コピーを提出)
本人→所属長→部長→工場委→人事部

(3) レポート判定結果
人事部→査定部→工場委→所属長→本人

9 (実施日)

平成○○年○月○日から実施する。

国内留学規則

第1条 (目　的)

この規則は、社員のうち、盛んな向学心をもちながら勉学の機会に恵まれない者に、就学の機会を与えることによって、職場士気の高揚をはかるとともに、会社業務に有用な技術的知識、技能を習得させることを目的とする。

第2条 (対　象)

国内留学生(以下留学生という)は、この規則によって修学する社員をいう。

2 留学生は、次の各号の資格を有する社員のうちから選抜する。

国内留学規則

第3条 留学先は、原則として次の各学校の工学系の学部学科に限る。

(1) 昼間大学
東京大学、東京工業大学、早稲田大学、慶応義塾大学、横浜国立大学

(2) 夜間大学
日本大学、東京都立大学、中央大学、工学院大学、東京電機大学

(推せん)
第4条 本社および各工場は、毎年七月に、次年度の留学希望者のうちから、勤務成績、人物、健康状態等を考慮の上、それぞれ若干名の留学候補者を推せんする。

2 前項の推せん後において、被推せん者が留学候補者として適当でないと認められる事情が発生したときは、その推せんを取り消すことがある。

(社内選考)
第5条 前条の被推せん者に対して、社内選考を行い、原則として五名の入学受験者を選抜する。

2 社内選考は、筆記試験および面接によって行う。

3 筆記試験は、次の科目について行う。
(1) 数学
(2) 理科
(3) 英語

(受験校の指定)
第6条 前条によって選抜された入学試験受験者の受験校については、本人の希望を参考として会社が指定する。

2 一年度に受験する学校の数は、受験者一名につき三校を限度とする。

(不合格者の再受験)
第7条 社内選考不合格者は、翌年度に限り社内選考を再受験することができる。ただし、翌年度においても、第4条に定める本社または工場の推せんを受けることを必要とする。

2 入学試験不合格者は、翌年度に限り入学試験を再受験することができる。ただし、翌年度においては、当該年度の社内選考を受験することを必要とせず、その人員は、第5条第1項に定める当該年度の入学試験受験者人員に含めない。

3 第2項の規定にかかわらず、第1項に定める再受験によって社内選考に合格した者が、入学試験に不合格となったときは、翌年度の入学試験を再受験することはできない。

(受験料)
第8条 入学試験の受験料は会社が負担する。

(勉 学)
第9条 留学生は、選抜留学の栄誉と責任を自覚し、修学につとめなければならない。

(留学生勤務)
第10条 昼間大学に入学した留学生(以下昼間留学生という)は、本社人事課所属とし、留学休職とする。ただし、その期間(休学期間を除く)は勤続年数に算入する。

2 夜間大学に入学した留学生(以下夜間留学生という)は、本社所属とし、通常どおり勤務するものとする。ただし、夜間留学生の通学について、会社が必要と認めたときは、就業時間を短縮することがある。

(学校納付金)
第11条 留学先学校に納入しなければならない入学金、授業料その他の学校納付金は、会社が負担する。

(図書および教材)
第12条 留学中の勉学に必要な図書および教材は、会社が貸与する。

(通学交通費)
第13条 留学生の通学に要する交通費は、会社が負担する。

(福利厚生施設の利用)
第14条 留学生は留学期間中、社宅その他の福利厚生施設を利用することができる。

(留学先)
第3条 留学先は、原則として次の各学校の工学系の学部学科に限る。

※留学資格
(1) 留学開始予定時において、勤続二年以上に達する者
(2) 高等学校卒業者、またはこれと同等以上の学力を有すると認められた者

海外留学規則

（目　的）

第1条　この規則は、社員のうち○○○国○○○にあるCENTER OF ETUDES INDUSTRY（○○○○工業研修所以下CEIという）または海外の大学院および大学院に準ずる教育研究機関に留学を志望する者にその機会を与えることによって、会社業務に有用な知識、技能を習得させ、あわせて国際的視野を広めさせることを目的とする。

（対　象）

第2条　この規則によって留学する社員を海外留学社員（以下留学社員という）という。

2　留学社員は、次の各号の資格を有する社員のうちから選抜する。

(1) 大学卒業以上の社員であって、留学開始予定時に、CEI留学については勤続五年以上、その他の留学については勤続三年以上に達する者

(2) 当社に永年勤続の意志を有する者

（留学先）

第3条　留学先は、CEIまたは海外の大学院およびこれに準ずる教育研究機関に限る。

（教育資金貸付の制限）

第15条　留学生は、自己の留学のために教育資金貸付規則による貸与を受けることはできない。

（留学休職者の取扱）

第16条　昼間留学生の留学休職期間中の給与その他の取扱いは、第2項以下、第5項までに定める。

2　留学休職期間中、留学休職者に対して、休職発令時の基準賃金相当額を留学手当として支給する。ただし、基本給の全般的な改訂が行われたときは、留学手当もこれを適用する。

3　留学休職者については、留学休職中は昇給および昇格を行わない。ただし、復職後、基本給および資格の調整を行う。

4　留学休職期間中、留学休職者に対して、賞与支給時期に賞与の五〇％相当額を一時金として支給する。

5　留学休職者の復職後初年度の年次有給休暇日数は、留学休職期間中出勤したものとみなして算出し、請求することができる。

6　留学休職期間は皆勤表彰の対象としない。

（留学休職者の適用除外）

第17条　社規のうち留学休職者に対して適用を除外される規則および条項は、別に定める。

（工場実習）

第18条　留学生に対して、留学先学校の定める長期休暇中に工場実習を行わせることがある。

（留学生に対する監督指導）

第19条　会社は、留学生の監督を行う。

2　留学生は、会社の召集に応じて出頭の上、自己の勉学状況および身辺の事情等について報告し、その指導にしたがわなければならない。

（訓戒および留学取消し）

第20条　留学生は、次の各号のいずれかに該当するときは、訓戒または留学取消しを受けるものとする。

(1) 就学態度が著しく不良と認められるとき

(2) 健康に支障を生じて、就学が適当でないと認められるとき

(3) 学業成績が著しく不良と認められるとき

(4) 留学生が留学を辞退し、それが適当と認められるとき

（卒業後の取扱い）

第21条　留学生は、学校卒業後、留学によって取得した能力および適性に応じた職務に配置されるものとする。

海外留学規則

（推せん）

第4条　本社および各事業所は、CEI留学については毎年〇月に、その他の留学については毎年〇月に、翌年度の留学希望者のうちから、勤務成績、人物、健康状態等を考慮のうえ、それぞれ若干名の留学候補者を推せんする。

2　前項の推せん後において、被推せん者が留学候補者として適当でないと認められる事情が発生したときは、その推せんを取り消すことがある。

（社内選考）

第5条　前条の被推せん者に対して、CEI留学については毎年〇月に、その他の留学については毎年〇月に社内選考を行い、CEI留学については〇名または〇名、その他の留学については、原則として〇名の留学候補者を選抜する。

2　社内選考は、筆記試験および役員面接によって行う。

3　筆記試験は、次の諸科目について行う。
(1)　論文
(2)　外国語（ただし、CEI留学については英語）

（留学志願先の指定）

第6条　前条の規定により選抜された留学候補者のうち、CEI以外に留学する者の入学志願先については、本人の希望を参考にして指定する。

（不合格者の再受験）

第7条　社内選考不合格者は、翌年度以降も社内選考を再受験することができる。ただし、翌年度以降においても、第4条に定める本社または各事業所の推せんを受けなければならない。

2　留学志願先（CEIを除く）の選考に不合格となり、当該年度内に留学できないときは、翌年度に限り、社内選考を受験することなく再度入学志願することができる。その人員は、翌年度の留学候補者人員に含めない。

（留学社員の決定）

第8条　CEI留学については、会社はCEIの入学定員にもとづいて当該年度のCEI留学社員一名または二名を決定する。

2　その他の留学については、会社は留学志願先の入学許可にもとづいて、原則として二名の当該年度留学社員を決定する。

（留学志願および入学手続に要する費用）

第9条　留学志願および入学手続に要する費用は、会社が負担する。

（留学期間）

第10条　留学社員の留学期間は、往復に要する日数を除き、原則として、CEI留学については一年、その他の留学については一年または二年とする。

（留学準備）

第11条　留学候補者は、選抜されたのちただちに留学のための準備を開始する。

2　留学候補者に対し、必要と認められる場合は、留学前に適当期間、語学の補習その他の準備教育を受けさせる。

3　前項に関する準備に要する費用は、会社が負担する。

4　留学の確定した者のうち、本社所在地以外で勤務する者については、留学準備のため本社所在地勤務とすることがある。

（留学費）

第12条　留学に要する費用は、次のとおり支給する（上表）。

	CEI留学	CEI以外の留学
支度金	〇〇万円	〇〇万円
滞在費	月額〇〇〇米ドル（ただし、〇〇〇〇〇〇奨学会からの支給分を含む）	米国において月額〇〇〇米ドル、その他において月額〇〇〇米ドルを基準として、留学先所在地により、そのつど決定する。
渡航費	実費	実費
学校納付金	〇〇〇〇〇〇奨学会負担	実費
図書教材費	〇〇〇〇〇〇奨学会負担	年額　〇〇〇米ドル
渡航雑費	実費	実費
その他	会社が必要と認める金額	会社が必要と認める金額

発明考案取扱規程

（留学期間中の取扱い）

第13条　留学社員は、本社人事課所属とし、留学休職とする。ただし、その期間（休学期間を除く）は勤続年数に算入する。

2　留学休職期間中、留学休職者に対する給与は、次の各号により支給する。

(1)　留学社員に扶養家族のある場合は、休職発令時の基準賃金の八〇％相当額を留学手当として支給する。

(2)　留学社員に扶養家族のない場合は、休職発令時の基準賃金の四〇％相当額を留学手当として支給する。

3　前項にかかわらず基本給の全般的な改訂が行われたときは、留学手当にもこれを適用する。

4　留学休職期間中、留学休職者に対して賞与支給時期に賞与の五〇％相当額を一時金として支給する。

5　留学休職期間中、留学休職者については、昇給および昇格は行わない。ただし、復職後、基本給および資格の調整を行う。

6　留学休職者の復職後初年度の年次有給休暇日数は、留学休職期間中出勤したものとみなして算出し、請求することができる。

7　留学休職期間は、皆勤表彰の対象としない。

（留学社員に対する指示）

第14条　勤労部長は、ＣＥＩ留学社員の研修その他について必要な指示を与えることができる。

2　勤労部長および留学社員の研究事項を主管する部長（以下主管部長という）は、ＣＥＩ以外の留学社員の研究その他についても必要な指示を与えることができる。

（留学中の報告）

第15条　留学社員は三カ月に一回留学中における研究、勉学の状況および身辺の事情を勤労部長および主管部長（ただし、ＣＥＩ留学については勤労部長のみ）に文書をもって報告しなければならない。

（留学終了後の報告）

第16条　留学社員は、留学を終えて帰着したときは、留学の経過および研究事項について、次の各号の報告をしなければならない。

(1)　帰着後ただちに勤労部長、主管部長および関係役員に口答で報告する。

(2)　帰着後六〇日以内に勤労部長あてに報告文書を提出する。

（召還）

第17条　留学社員が、次の各号の一つに該当するに至ったときは、留学社員を免じこれを召還することがある。

(1)　会社の規則、命令に違反し、または学業成績、就学態度等が著しく不良と認められ、留学社員としての本分に反するとき

(2)　健康その他の支障により、留学の目的を達成しえないことが明らかとなったとき

(3)　国際情勢その他特別の事情により、留学の目的を達成する見込みがなくなったとき

（留学に関する費用の返納）

第18条　留学社員または留学社員であったものが、次の各号の一つに該当するに至ったときは第12条による費用の全部もしくは一部を返納させることがある。

(1)　留学社員が留学中に、または留学社員であったものが留学終了後五年以内に、退職もしくは解雇されたとき

(2)　留学社員が前条第1号により、留学社員を免ぜられたとき

発明考案取扱規程

（目　的）

第1条　この規程は従業員（兼務役員を含む。以下同じ）がなした発明考案に関する取り扱いおよび褒賞について定める。

（発明考案）

第2条　この規定でいう発明考案とは、会社が工業所有権の出願を決定したすべての考案をいう。

（発明考案の届出）

534

発明考案取扱規程

第3条 従業員が会社の業務範囲に属する有益な発明考案をなした場合は、提案書（発明考案の旨明示。以下「考案書」という）に所要事項を記載し、その詳細を会社に届け出るものとする。なお、会社の業務範囲以外の発明考案についても、本人の自発的請求にもとづいて、この規程により取り扱うことができる。

（考案書の記載要領）
第4条 考案書の記載要領は次のとおりとする。

(1) 所属・考案者氏名・提出年月日を記入し、共案者があれば共案者氏名を記入する。なお、共案者とは、共同考案者のことをいい、その扱いはすべて考案者と同等とする。

(2) 考案の名称を記入する。名称は、その考案の内容を簡潔・明瞭に表現したものとし、名称だけでその考案の内容が分かるものがよい。

(3) 考案の目的とその効果について、具体的に記入する。とくに、従来のものにどんなものがあったかおよびその欠点は何かなどについて述べ、それに対する改善点等を記入する。

(4) 考案の構成と機構について、図面と照らし合わせて説明する。なお、図面にはその見方について正面図・斜視図・断面図等明記する。

（考案書の提出）
第5条 考案書は、提案制度事務局に提出する。

2 考案書の提出を受けた事務局は、考案者に受付票を発行する。なお、受けつけた考案書は生産本部において技術管理課特許係、営業本部においては開発室特許係に回付し、審査・出願等の手続を依頼する。

（審査および出願決定）
第6条 生産本部関係者の発明考案の出願可否は、技術部長、生産本部長、副社長の審査を経て、社長が決定する。

2 営業本部関係者の発明考案の出願可否は、開発室長、営業本部長、東京専務、副社長の審査を経て、社長が決定する。

（出願手続）
第7条 工業所有権の出願が決定したときは、特許係において出願に要する資料・図面等を整備し、すみやかに特許庁に対し、出願手続を行うものとする。

（出願費用）
第8条 出願に要する費用は、すべて会社負担とする。

（発明者・考案者および出願人の取扱い）
第9条 発明者・考案者は、発明考案をなした者当人とし、出願人は株式会社〇〇〇とする。

（工業所有権の権利）
第10条 従業員がなした発明考案に関する工業所有権を受ける権利または工業所有権は、会社に譲渡しなければならない。

（工業所有権の処分）
第11条 会社は工業所有権についての権利放棄、移転および実施の許諾等の処分に関する一切の権限を有する。

（出願可否通知等）
第12条 出願可否は、特許係から提案制度事務局を通じて本人へ通知する。

2 考案書等出願関係書類は、特許係にて保管する。

（褒賞）
第13条 褒賞は出願褒賞、登録褒賞、実施褒賞に区分し、それぞれ次のとおりとし、開発室または人事部から考案者へ授与する。ただし、褒賞授与時に本人が退職している場合は支給しない。

(1) 出願褒賞
　出願褒賞は出願が決定したときに、次のとおり授与する。
　① 特許出願賞　　　　　三〇〇〇円
　② 実用新案出願賞　　　二〇〇〇円
　③ 意匠出願賞　　　　　二〇〇〇円

(2) 登録褒賞
　登録褒賞は、発明考案が工業所有権

提案委員会規程

第1条（目　的）

本規程は、提案制度取扱規程にもとづき提案委員会に関する基本事項を定め、会社の提案制度を維持推進することを目的とする。

第2条（構　成）

提案委員会は、会社が任命した委員若干名をもって構成する。

第3条（任　期）

(1) 委員長は委員のなかから会社役員会が指名する。
(2) 委員長は委員会の議長として議事を主催する。

委員長および委員の任期は一カ年として毎年〇月に改選する。

ただし、再任することもある。

第4条（任　務）

提案委員会は、前条の目的を達成するため、次の事項を行う。

(1) 提案の受理、審査
(2) 提案者への援助活動
(3) 提案の具体的実施方法の立案
(4) 実施された提案の評価
(5) 提案制度の調査、研究
(6) 提案制度の普及に関する事項
(7) 委員会の運営に要する費用の予算審議
(8) その他提案制度の目的達成に必要な事項

第5条（開　催）

委員会は次の場合に委員長の召集によって開催される。

(1) 毎月一回以上定期開催
(2) その他委員長が必要と認めたとき

第6条（関係者の意見聴取）

委員会は必要に応じ提案事項に関係ある者の意見を聴取するものとする。

第7条（専門会議）

(1) 委員会は提案の種類に応じ、臨時に関係者を含めた専門会議を編成し召集することができる。
(2) 専門会議における検討結果はさらに提案委員会に付議するものとする。

第8条（資格者の認否）

委員会は提案資格者について認否を決定することができる。

第9条（審査の方法と処理）

(1) 委員会は効果がありかつ実施可能と認めた提案を採用する。
(2) 採用提案は、委員の過半数以上の採点により決定する。
(3) 採点の方法は別に定められた審査基準による。
(4) 採用提案は審査された実施の具体案を添付して人事部長経由担当役員に提出する。

第10条（実施提案の評価）

委員会は実施後の提案について、六カ月ごとに評価を行い、人事部長経由担当役員に報告しなければならない。

第11条（事務局）

委員会の事務局は人事部におく。

第12条

(3) 実施褒賞

工業所有権の行使により、会社に対して大きな貢献をなした場合に、貢献利益の程度に応じて実施褒賞を授与する。なお、その金額は職務内容を考慮の上、特許係にて算定し、常務会の審査を経て、社長が決定する。

第14条（技術ノウハウとしての取り扱い）

発明考案として提案されながらも、審査において出願に値しないとされたものは、これを技術ノウハウの提案とみなし、提案制度規定にもとづいて審査表彰することができる。

登録査定になったときに、次のとおり授与する。

① 特許登録賞　　　一〇〇〇〇円
② 実用新案登録賞　　五〇〇〇円
③ 意匠登録賞　　　三〇〇〇円

付　則

この規定は、平成〇〇年〇月〇日から実施する。

提案制度取扱要綱

本規程は平成〇〇年〇月〇日から実施する。

第1条（目 的）
本制度は、人間性にもとづく自己啓発の潜在的能力を鼓舞し、業務改善に対する創意工夫を奨励することにより、業務の能率化と企業の社会的向上を図り、また経営に対する従業員の参画意識にもとづく作業意欲を高揚して社内の人間関係の向上に役立てることを目的とする。

第2条（提案内容）
(1) 人間尊重を基本として危険、災害の誘発防止。
(2) 事務、作業能率を増進させる企画または設備の改善。
(3) 経費、時間、資材の節約。
(4) 製造方法、品質、設備、工具等、作業環境の向上。
(5) 廃品の利用。
(6) その他業務全般にわたる改善案。

第3条（提案資格者）
提案資格者は、当社の従業員（ただし管理職待遇職は除く）または関連会社、協力外注工場（社内外注業者も含む）特約店などの従業員であること。

第4条（提案方法）
提案の方法は次のとおりとする。
(1) 直接事務局に提出する（提案箱に投入する）。
(2) 所属長に提出する（所属長は補足意見を付する）。
(3) 提案委員に提出する。

第5条（提案要領）
提案は原則として書類によるものとする（備付提案用紙）。
ただし、書類による提案が困難の場合は管理者、提案委員、委員会事務局に口頭で申し出るものとする。

第6条（提案の処理）
提案は受理次第、提案台帳に記録し、整理保管し返却しない。

第7条（提案委員会）
受理された提案は、毎月定例開催の提案委員会で検討する。
委員会の構成ならびに運営に関しては別に定める。

第8条（提案の審査）
(1) 提案委員会は受けつけた提案に対し、別に定める審査基準にしたがって、その採否を決定する。
(2) 採用された提案については、「別に定める評価基準」によって、評価採点を行う。
(3) 評点が五〇点以上の採用提案には委員会が次の具体案を立案添付し、これを人事部長経由担当役員に提出する。
　① 実施のスケジュール
　② 実施の具体的方法
　③ 実施による予測効果
(4) 不採用提案は理由を添付して、提案者に通知する。

第9条（報賞金）
(1) 採用された提案に対しては、委員会の評点にしたがって、評点相当の報賞金が与えられる。
(2) 不採用となった提案者には記念品をおくる。

第10条（表 彰）
次のものは半期ごとに（年初式日と創立記念日）社長より表彰状と報賞金が手交される。
(1) 一件の評点が五〇点以上のもの
(2) 半期間を通じ評点の合計が八〇点以上でかつ採用件数が三件以上のもの
(3) 半期間を通じ提案件数が一〇件以上でかつ評点の合計が六〇点以上のもの
（注記）　半期間とは〇月～〇月、〇月～〇月の半年の期間をいう。

第11条（採用提案の実施）
(1) 採用提案については、提案委員長が関係部署長にその実施を勧告または参考として通知する。
(2) 委員会は六カ月ごとに実施状況の評価を行い、これを人事部長経由担当役

改善提案規程

第一章 総則

（目的）

第1条 この規程は広く社員が経営に参画する道を開き、社員の知恵のすべてを集めて現状を脱皮し、未来に挑戦する基盤を生み出すことを目的とする。

（改善提案事項）

第2条 この規程で改善提案とは、経営の改善、業務の改善、業務能率の向上、社員等の労働条件の改善、事故または災害防止のために有益な改善意見、発明、着想をいい、自己の職務の範囲を越えたものであってもかまわない。
ただし、下記のようなものは除く。
(1) 単なる思いつきや具体性を欠くもの。
(2) まったく模倣したものまたは同一の提案がすでに出されているもの。
(3) 単なる苦情または欠点の指摘にとどまるもの。

2 特許実用新案権が取得できる程度の発明の場合は、別に定める規程により担当部へ回付する。

（提案者の範囲）

第3条 提案者は個人のほか共同ないしグループまたは関係会社協力工場の者を含むものとする。

第二章 改善提案委員会

（委員会の目的）

第4条 改善提案委員会は改善提案の促進、基準の設定、審査等を行うことを目的とする。

（委員会の構成）

第5条 委員会は中央委員会および部門委員会とし、構成は次のとおりとする。

(1) 中央委員会
 委員長 人事部長
 委 員 部門委員長または部門事務委員長の指名による
 事務局 人事部労務課

(2) 部門委員会
 委員長 部門長
 委 員 委員長の指名による
 事務局 委員長の指定による

（中央委員会の審議事項）

第6条 中央委員会では次の事項の審議を行う。
(1) 改善提案規程の改廃
(2) 全社表彰の審査確認
(3) 年間改善提案実績の審査および承認
(4) 改善提案の促進に関する事項

（部門委員会の審議事項）

第7条 部門委員会では次の事項の審議を行う。
(1) 部門における改善提案の推進および実施についての方針
(2) 部門における改善提案についての審査。ただし、二部門以上にまたがる改善提案または他の部門に対する改善提案は最も関係の深い部門の審査とする。
(3) 年間改善提案の再審査。

（委員会の開催）

第8条 中央委員会は必要に応じ委員長の召集によって開催する。
2 部門委員会は毎月一回開催する。

第三章 改善提案に関する手続

（提案の申請）

第9条 提案者は所定の改善提案カードに必要事項記入の上、所属長に提出するかまたは提案函に投入するものとする。
2 所定の改善提案カードに十分記入できない場合、または口頭で申し出た場合、所属長はその趣旨をカードにまとめ改善提案とする。

（提案の受理）

第10条 所属長または事務局は申請された提案が第2条に照らして適切であると認

第12条 本規程は平成〇〇年〇月〇日から実施する。

員に報告する。

改善提案規程

るときは受理する。適切でないと認めるときは、その趣旨を提案者によく説明し返却する。

2 受理にあたっては不十分な点を補足し、できるだけ完全な提案としなければならない。

（提案の審査）

第11条 受理された提案は委員会の審議により、採用・不採用・保留の決定をし、理由を付して事務局へ回付する。

2 事務局は提案審査結果通知書を所属長を経由して、提案者に手渡すものとする。

3 提案の採否は締切日より一カ月以内に決定し提案者に通知しなければならない。

4 保留の決定がなされた提案は六カ月以内に再審査しなければならない。ただし、保留提案を再度保留にすることはできない。

（提案の実施）

第12条 所属長は採用が決定した提案をすみやかに実施しなければならない。

2 委員会が採用実施された提案のうちで他部門に適用可能であると認めたものについて、事務局はすみやかに関係部門の事務局を経て提案内容を主管する担当課長に連絡しなければならない。

（効果の算定）

第13条 担当課長は実施した提案についてその効果を算定し、事務局を経由して委員会に回付しなければならない。実施した提案の効果が確実に推定できない場合は、実施期間一カ月以上の実績資料をもって効果を算定する。

（提案の再審査）

第14条 採用された提案が第13条にもとづく効果算定の結果、当初予想された効果を大幅に上回る場合は再審査を行わなければならない。

2 採用された提案または不採用となった提案について審査内容に疑義のある場合、当該関係者は再審査を請求できる。

3 再審査の実施または請求の期限は決定の日より一年とする。

（提案の登録および表彰）

第15条 部門事務局は採用された提案および効果算定の終わった提案につき、登録した表彰を行う。

2 提案の登録は所定の様式により中央事務局の管理するデータファイルへ直接行うものとする。

第四章 改善提案の審査基準

（提案の採否決定基準）

第16条 提案の採否は次の基準をもとに行う。

(1) 採用……ただちに実施でき、現状よりも効果があると認められるもの。

(2) 不採用……実施できないもの、実施できても効果の期待できないもの。

(3) 保留……種々の事情により当分採用の決定ができないもの（直ちに実施できないもの）ただし、六カ月以内の審査結果を出すものとする。

（提案の採点基準）

第17条 採用不採用にかかわらず採点するものとする。

2 採点は効果三〇点数、着想一五点、努力一五点で行う。ただし、不採用となった提案については効果点を除くものとする。

3 採点の判断基準は次の通りとする。

① 効果……a 金額評価できるものは金額の算出を行い細則1—(1)により採点する。
b 金額評価できないものは細則1—(2)の基準により判定する。

② 着想……細則2の基準により判定する。

③ 努力……細則3の基準により判定する。ただし努力判定は所属長の意見を聞くものとする。

4 前項の採点に対して提案者の職務等級または職務内容を考慮して細則4に定める係数により総合評価点を算出する。

第五章 改善提案表彰基準

（表彰の区分）

改善提案規程施行規程

第18条 表彰は一次表彰、アイディア賞、努力賞、追加褒賞および二次表彰とする。

(一次表彰)
第19条 一次表彰は第16条により算出した総合評価点にもとづいて細則6に定める褒賞金を贈る。

(アイディア賞)
第20条 不採用になった提案のうち今ただちに実行不能であるが、その着想が極めて独創性に富むものについてはアイディア賞として総合評価点にしたがって細則6に定める褒賞金を贈る。

(努力賞)
第21条 不採用になった提案のうち着想に独創性はほとんど認められないが、提案に対する努力が著しいものについては努力賞として細則6に定める褒賞金を贈る。

(追加褒賞)
第22条 第14条による再審査の結果、追加褒賞を適当と認めるときは新たに決定した褒賞とすでに贈呈した褒賞との差額を追加褒賞として贈る。

(二次表彰)
第23条 採用された提案がとくに優秀と認められた場合、二次表彰を行う。

付則
この規程は平成〇〇年〇月〇日から実施する。

---

1 効果点の採用基準

(1) 金額算定できるもの

① 効果の算出
効果の算出は次の表にしたがって行う。

イ 一時間あたり労務費は毎年部門事務局で部別もしくは課別に決定するものとする。ただし、労務費は賞与労務付帯費を除く直接労務費とする。

ロ bにおける生産台数は実施時点の前後各六カ月間の実績および見込みの一カ月平均とする。見込みが困難なものについては担当課長の判断による。

ハ c・dにおける単価は年度計画の標準単価による。

② 改善提案実施経費の算出
改善提案実施経費は一年償却とし、一カ月あたりに平均化するものとする。ただし、効果が大きく経費が〇万円を超えるときは設備償却規程にしたがってもよい。

③ 効果金額の算出
効果金額＝（効果）−（実施経費）による。

④ 効果点の算出
効果点の算出は③による効果金額により、次の表を基準に行う。ただし、効果金額の基準は毎年中央事務局で決定する。

改善内容		効果の算出
労務費改善	a 工数を削減した	（削減工数）×（1ヵ月あたり所定労働時間）×（1時間あたり労務費）
	b 作業時間が短縮され生産台数が増加した	（1ヵ月あたり短縮時間）×（1時間あたり労務費）または（1ヵ月あたり増加台数）×｛（1時間あたりの労務費）÷（生産台数増加前の定数）｝
補材改善	c 材料、部品、消耗用具等を削減した	（1ヵ月あたりの削減数量）×（単価）
	d 材料、部品、消耗用具等のコストダウンをした	（コストダウン金額）×（1カ月あたりの使用量）

効果点	効果金額
30点	〇〇〇〇〇〇円
27 〃	〇〇〇〇〇〇円
24 〃	〇〇〇〇〇〇円
21 〃	〇〇〇〇〇〇円
18 〃	〇〇〇〇〇円
15 〃	〇〇〇〇〇円
12 〃	〇〇〇〇〇円
9 〃	〇〇〇〇円
6 〃	〇〇〇〇円
3 〃	〇〇〇〇円

改善提案規程施行規程

効果点	判断基準	
0～7点	少しは効果がある	たいした効果はないが実施した方がよい
8～15点	かなり効果がある	品質アップ、不良率低下、モラール高揚等あったが計算できない場合
16～22点	相当効果がある	
23～30点	著しい効果がある	

2　金額算出できないものは次に従い効果点を算出する。

2　着想点の採点基準

	判断基準	着想点
他に例はあるがとり入れた方がよい	応用性なし	0点
	過去の類似提案程度で独創性に欠けるが参考になる	1～4点
書籍、他社よりヒントを得たものであるが応用着想がよい	類似であるが着眼点がよく独創性もあり応用にみるべきものがある	5～8点
かなりすぐれた着想	各所に独創性が富んでおり広く他の作業に応用できる	9～10点
	全社的に実施化をし、内容次第では実用新案に相当する	11～12点
科学的分析により出されたまったく新しい着想	まったく独自のもので新機軸といえる。実用新案あるいは特許に相当する	13～15点

3　努力点の採点基準

	判断基準	努力点
やや努力をしている	完全性はまったくなくたいした努力をしたとはいえないが、提案しようとした意志は認める	0～2点
	相当修正しなければならないが、努力をしたものといえる	3～4点
かなりの努力が認められる	提案をまとめるまではある程度のヒント指導は受けたが、提案者が中心となって努力したもので修正をすれば実施は可能である	5～8点
相当大きな努力が認められる	提案動機よりほとんど提案者がまとめ、試験および調査がされており内容としても少し手を加えるだけで完全に実施できる	9～12点
著しく努力していることが認められる	データー資料が完備され、そっくりそのまま実施できる状態に仕上がり、大変な努力のあとがはっきり認められる	13～15点

4　提案者の職務内容および職務等級による係数

職務内容および職務等級	係数
ＡＢＣＤ等級または無関係の場合のＥＦ等級	1.0
やや関係ありの場合のＥＦ等級または関係ありの場合のＥ等級	0.8
関係ありの場合のＦ等級	0.6
Ｇ等級以上	0.4

5　提案の総合評価点の算出方法

　　効果点、着想点、努力点の合計点に提案者の職務等級または職務内容による係数を乗じて、総合評価点を算出する。ただし小数点以下は四捨五入し整数とする。

　　総合評価点＝（効果点＋着想点＋努力点）×係数

自己申告制度取扱規程

6 褒賞金贈呈基準

表彰等級		総合評価点	褒　賞　金
A		55～60	金額評価できるもの　効果金額×10% 　　　　　　　　　　最高○○万円、最低○○万円 金額評価できぬもの○○○○○円
B		51～54	○○○○○円
B		46～50	○○○○○円
C	アイデア賞	43～45	○○○○円
C	アイデア賞	40～42	○○○○円
C	アイデア賞	37～39	○○○○円
C	アイデア賞	34～36	○○○○円
C	アイデア賞	31～33	○○○○円
C	アイデア賞	28～30	○○○○円
D	アイデア賞	22～27	○○○○円
E	アイデア賞	16～21	○○○○円
F	アイデア賞	8～15	○○○円
努力賞		0～7	金　券（○円券×○枚）

総　則

（目　的）
第1条　自己申告制度は、人事に関して会社と個々の従業員との意思疎通の充実化を図るとともに、それによって適正な人事管理、配置を実施し能力向上および勤務態度の向上を資することをもって目的とする。

（申告者）
第2条　自己申告の有資格者は就業規則第6条に定める社員とする。
ただし、毎年四月一日現在、勤続一年未満および休職中の者を除く。

（申告方法）
第3条　自己申告の方法は、別に定める自己申告書に必要事項をペンまたはボールペンにて記入およびチェックし、定められた期日までに所定の封筒に入れて密封し、所属上長に提出するものとする。この場合封筒裏面に本人の氏名を明記しなければならない。
所属上長は開封することなくこれをとりまとめ一括して、社長あて提出または郵送するものとする。
（上　長）

自己申告要領

第4条　前条の所属上長とは次の解釈による。
1　部課制がある職場にあっては課ごとに収集して部長がまとめる。
2　部課制のない事業所にあっては、職場単位にて、しかるべき管理監督者が収集して、その事業所の責任者がまとめる。

(提出期日)
第5条　提出期日は次の区分による。
1　職場または事業所ごとの収集
　毎年四月三〇日まで
2　社長あて提出
　毎年五月一〇日まで
　ただし、会社の都合により、その期日を若干変更することがある。変更する場合あらかじめ、変更される期日を告示する。

(申告の誠実義務)
第6条　申告者は誠実に申告を行い決して事実に反する申告をしてはならない。

(申告義務)
第7条　申告有資格者は、毎年所定の提出期日まで必ず申告書を提出しなければならない。

(申告の処理)
第8条　会社は、提出された申告内容を個別に点検の上総合的に検討し、人事管理上適正かつ有効と判断した場合、および人事対策上の必要がある場合に、申告を参考として配置転換などの人事的措置を行う。

したがって申告者は自己の申告による希望事項が、ただちに実現されると期待してはならない。

(秘密義務)
第9条　総務部所属の従業員にして、自己申告に関する業務を担当する者は、職務上知り得た各申告内容を他に漏らしてはならない。

(管　理)
第10条　自己申告書は職場または事業所別に区分するか、または、個人別にして総務部にて管理する。
必要がある場合は、申告事項を社員経歴簿に略記し、人事管理の適正記録化を図るものとする。

付　則

(実施)
第11条　本自己申告制度取扱規程は、平成〇〇年〇月〇日より実施し、それまでの自己申告制度に関する規程などは一切無効とする。

自己申告要領

(目　的)
第1条　自己申告制度は、従業員それぞれがもつ勤務上の意識を自己申告により把握し、人事管理に資し経営体質の向上を図ることを目的とする。

(1) 適正人事配置
　従業員の職務適性を的確に把握し、適正な人事配置の一部とする。
(2) 能力の開発と活用
　各人の特性、潜在能力を発掘活用するとともに、能力開発を行う。
(3) 意思疎通、相互理解
　自己申告および個別面接を通じ、ライン間の意思疎通を図り相互理解を深め、よりよい人間関係を築く。
(4) 自己反省、自己啓発
　申告書の作成により、自己反省を促し、さらには今後の自己啓発の目標を明確にする。
(5) モラール向上
　勤務についての各人の希望ならびに意向を把握し、働きよい職場環境を醸成する。

(適用範囲)
第2条　自己申告は全従業員に適用する。ただし、勤務一年未満の者は除く。

(申告者)
第3条　申告者は、申告書記載の際、次の事項を守らなければならない。
(1) 自己申告の主旨を理解すること。
(2) 正直に申告することが、制度の第一要件であり、有利不利にこだわらず自由に申告すること。

543

自己申告制度運営要領

一 自己申告の目的

① 適材適所配置の資料とする。
　適正な人事配置は少数精鋭主義による経営に不可欠であるのみならず、モラールの向上、定着性の確保のためにも必要であり、自己申告により的確な適性を把握して、適正な人事配置の資料とする。ただ本人の申告内容が必ずしもいつもそのまま正しいとはいえず、個人面接を通じて十分な話合いによる結論を出すことに注意を要する。
② 勤務についての個人の希望や意向を把握して、働きよい環境づくりを行うことによりモラールの向上を図る。
③ 上司、部下間の意思疎通、相互理解を図り、上司、部下間に意志疎通を図り、相互理解により、よい人間関係をつくる
④ 各人の希望や意向を申告し個人面接を行うことにより、自己反省、自己啓発の機会を与える。
⑤ モラールの向上を図る。
　申告書を作成させることにより、自己反省させ今後の自己の目標や計画をたてる機会を与える。

二 申 告 者

(1) 嘱託社員全員
　次の者を除く第一種社員から第四種社員まで、参事、主事である課長
(2) 勤続一年以内の者（ただし、申告の必要ありと認めた者に対しては実施する）

三 申告書提出先

係制のある部署　　係長
係制のない部署　　課長
部長直轄部署　　　部長

（個別面接）

第4条 自己申告書は記載内容により個別面接を併せ行い、その補完をもって完成とする。

(3) 感情的要素を含めないこと。
(4) 各項目とももれなく記載すること。

2 個別面接の必要制の有無は、総務部長が判断する。

3 個別面接を必要とする申告者との面接者は、担当役員または人事考課規程第4条に定めるところによる。

（個別面接の原則）

第5条 面接は、交渉、苦情処理の場ではなく、申告書内容の疑義等について相互の立場と気持ちを理解のうえ、解消することを目的とする。

2 面接内容は、職制上の報告以外一切口外することはできない。また必要に応じて報告外とすることができる。

3 面接内容は、原則として申告書記載の範囲内とする。

4 面接での話合いは人事考課に一切結びつかない。

5 申告者の希望あるいは意見は尊重するが、会社全体との関連から必ずしも実現するとは限らない。

（申告時期）

第6条 申告ならびに面接の時期は、毎年一回次により実施する。

自己申告書提出期限　　一二月三一日
個別面接　　一月一〇日～一月三一日
面接者の総務部長提出　　二月五日
社長報告　　二月一〇日

（申告書の提出）

第7条 申告者がもれなく記載した申告書、ならびに面接者が必要により面接補完した申告書は、それぞれ厳封のうえ総務部長へ提出する。

（付　則）

第8条 この要領により難い事項については、社長の定めるところによる。

（実　施）

第9条 平成〇〇年〇月〇日より実施する。

自己申告制度運営要領

四 実施時期

毎年一回 〇月～〇月

五 申告書記入上の注意

(1) 申告書を記入させる前に自己申告の趣旨を十分説明すること。

(2) 申告者が正直に申告するかどうかがこの制度の成否の鍵であるから、どんなことを書いても本人に不利になることはない旨を十分説明し、自由な申告のできるムードをつくること。

(3) 鉛筆は使わず黒のボールペンまたは黒インクでていねいに記入させること。

(4) 各項目とももれなく記入させること。

六 個人面接要領

(1) 申告書が提出されたならば個人面接を実施する。個人面接の目的は申告の不十分な点を補い、申告のさせっぱなしをやめて、申告の内容についての認識を深めるとともに面接を通じて部下との意思疎通を図ることにある。

(2) 面接を行う者

原則として三の申告書提出先にあたる者。人員の非常に多い係にあっては係長、チーフが分担して行っても差し支えない。

(3) 面接場所

できるだけ静かな、話の内容がもれない場所を選ぶこと。

(4) 面接時間

一人に対する所要時間は機械的に決めることなく、相手によって三〇分から一時間の範囲内が適当である。あまり時間が短いとおざなりだとか形式的だとかの悪い印象を与えかえって逆効果となる。

(5) 面接における話合い事項

原則として自己申告書の記述範囲内で話合い、面接の結果についての所見を自己申告書の面接記録欄に記載すること。とくに本人にとって問題の多い項目（例えば人間関係がうまくいっていないと申告した場合など）については時間をかけて話合うこと。

(6) 面接にあたっての注意事項

A 事前の準備

a 本人の性格やタイプについて知識を得ておくこと。相手により面接のやり方を工夫して、よりよい話合いのふん囲気をつくる必要がある。

b 申告書で提起されている問題点については事前に検討し、もし解決できる点があればその解答を用意しておくことが望ましい。

B 話合い前に伝える事項

a 面接の場は交渉や苦情処理の場ではない。お互いの立場や気持を理解し合うことが目的なので、気軽に楽しく話合いをしたいということ。

b 面接の場で話されたことは職制と人事課以外一切もらすことはない。必要ならばまったくこの場限りということにしてもいいので遠慮しないで話してもらいたい、ということ。

c 話の内容は原則として申告書の範囲内とし、プライバシーを侵したり思想を調べたりすることは絶対にしないということ。

d 面接で話されたことを人事考課には結びつけないということ。

e できるだけ希望や意見を生かすようにしたいが、全体との関連から考えて必しもそれが実現するとは限らないので、その点承知しておいてほしいということ。

C 面接の場における基本的態度

a よい聞き手であること。

相手の立場に立って十分話を聞くこと。自分だけでしゃべってしまうことは慎まねばならない。

b 感情的にならないこと。

職制自身の欠点を指摘された場合でも、それが妥当なものであれば率直に受け入れるぐらいの心の広さをもつように心がけること。感情的になると相手は心の扉を閉ざしてしまうものである。

c 上司的観念を捨てること。

個人面接そのものは職制による制度的

自己申告制度取扱規程

自 己 申 告 書（主事用）
年　月　日

部長	課長

所属	氏名 / 役職 / 資格 / 生年月日	今までに習得した技術、資格、免許および過去1年間に受けた研修（セミナー）	面 接 記 録
性格	自分の性格、長所、短所についてなるべく具体的に書いて下さい（例えば「非常に積極性があるが、他人の意見を素直に受け入れる雅量に乏しい」等）。		
人間関係	上司、部下との人間関係はうまくいっていますか（上司との関係は左側、部下との関係は右側に○をつけて下さい）。 □非常にうまくいっている　　　□ □大体うまくいている　　　　　□ □普通　　　　　　　　　　　　□ □あまりうまくいっていない　　□ □うまくいっていない　　　　　□　：（うまくいっていない場合問題点を説明して下さい）		
現在の職務	1．過去1年間に職務遂行上とくに意を用いたのはどういう点ですか（仕事に対して、上司、部下に対して等）。 2．過去1年間に担当している仕事についてうまくいった点、思うようにいかなかった点、苦心した点等について説明して下さい。 3．(A)今後1年くらいの間にとくに重点的にやりたい仕事は何ですか。 　　(B)そのために指導上で上司に希望することまたは受けたい教育等がありますか。 　　(A)　　　　　　　　　　　　(B) 4．現職遂行上あなたに欠けている知識、能力、性格、態度等は何ですか。 5．現在の職務を継続したいと思いますか（該当箇所に○をつけて下さい）。 　A 現職を継続したい 　　□現職が適している 　　□現職でさらに能力を伸ばしたい 　　□他に適職がない 　　□もう少し現職を続けてみないと何ともいえない 　　□その他（　　　　　　　　　　　　　　　） 　B 別の職務にかわりたい。やってみたい職務 　　□将来のため他の職務を経験したい 　　□現職がながい 　　□適職でない 　　□現場環境の違うところを望む 　　□その他（　　　　　　　　　　　　　　　） 　（説明）		
将来の職務	自分の能力をより伸ばすためには将来どのような方面で活躍したいと考えますか。 （第1順位は1、第2順位は2と該当箇所に記入して下さい） 　□製造　□生産管理　□資材　□営業　□営業管理　□販売促進 　□システム企画　□商品企画　□人事　□総務　□経理 （説明）		
自己啓発	A 仕事と直接関係があるなしにかかわらず、あなたが自発的に勉強しているもの。 B またこれから勉強したいと思うもの。		
自己評価	過去1年間の仕事の結果をあなたはどう思いますか（該当箇所に○をつけて下さい）。 　(1)□満足できる　(2)□ほぼ満足　(3)□やや不満足　(4)□不満足 　（説明）		
身上	会社および上司に知ってもらいたい現在の一身上の事情および今後1年間に予想される一身上の変化（妻出産、転居、新築など）を記入して下さい（もしあれば）。		
希望事項	どんなことでもいいですから会社に対する希望事項があれば記入して下さい。		

自己申告制度運営要領

自己申告書（一般用）

年　月　日

（該当箇所に○をつけること）

部長	
課長	
係長	

所属		今までに習得した技術、資格、免許および過去1年間に受けた研修（セミナー）	面接記録
役職			
資格			
氏名			
生年月日			

健康状況
1. 健康
2. 健康だが無理できない
3. 弱い方だが欠勤するほどではない（主病名　　　　　）
4. 病気がちのため欠勤多し（主病名　　　　　）

性格
あなたは左右どちらのタイプに近いですか
- a (1)話をするのは比較的好き　　　　　(2)話をするのはあまり得意ではない
- b (1)誰とでもうまくつきあえる　　　　(2)どちらかというとつきあいはうまくない
- c (1)一つのことをじっくりやる　　　　(2)どちらかというと変化のある仕事に向く
- d (1)割合行動が慎重　　　　　　　　　(2)思ったらすぐに行動する
- e (1)割合神経が繊細　　　　　　　　　(2)あまりものごとにこだわらない
- f (1)新たな分野をきりひらいていく　　(2)ものごとを整理統合するのがうまい
- g (1)ものごとを理論的に考える　　　　(2)理屈っぽいことはあまり好まない
- h (1)どちらかというと人の先頭に立ってリードしていく　　(2)人からアドバイスされて動く

職場
あなたの職場の雰囲気はどうですか。
- a (1)協力的である　(2)お互いに協力しようとしない　(3)どちらともいえない
- b (1)なごやか　(2)固苦しい　(3)どちらともいえない
- c (1)やる気が満ちている　(2)沈滞している　(3)どちらともいえない
- d (1)働きやすい　(2)働きにくい　(3)どちらともいえない

人間関係
上司および同僚との人間関係はうまくいっていますか（上司との関係は左側、同僚との関係は右側に○をつけて下さい）。
〔うまくいっていない場合問題点を説明して下さい〕
- □ 非常にうまくいっている　□
- □ 大体うまくいっている　　□
- □ 普通　　　　　　　　　　□
- □ あまりうまくいっていない　□
- □ うまくいっていない　　　□

現在の仕事
仕事についてどのような希望をもっていますか。
1. いまの仕事を続けたい
2. いまの仕事を離れてもよい
3. できるだけ早く課（係）内の別の仕事をしたい
4. できるだけ早く他の課（係）に移りたい

前問2.3.4.に○をした者のみ記入
変わってしたい仕事は＿＿＿＿＿＿＿＿＿＿＿＿＿＿＿＿
仕事を変わりたい理由は何ですか。
1. 自分の適性や技能を伸ばしたい
2. 健康上の理由
3. いまの仕事は十分熟練した
4. いまの職場の環境がいやだから
5. その他（　　　　　　　　　　　　　　　）

適職性
あなたは現在の職務が自分に適していると思いますか。
質的に
- a (1)むずかしすぎる　(2)ややむずかしい　(3)適当である　(4)やさしいと思う　(5)やさしすぎる

量的に
- b (1)多すぎて負担が重い　(2)少し多すぎると思う　(3)適当である　(4)やや少ないと思う　(5)少なすぎて負担が軽すぎる

あなたの性格に
- c (1)ぴったり合っている　(2)大体合っている　(3)普通　(4)あまり合っていない　(5)まったく合わない

あなた自身興味が
- d (1)大いにある　(2)一応ある　(3)普通　(4)あまりない　(5)まったくない

自己評価
現在の仕事においてあなたの能力はどの程度活用できていますか。
1. 十分に活用している　2. まあまあ活用している　3. 普通
4. あまり活用できない　5. ほとんど活用できない

活用できていない能力は何ですか。また活用している場合でも他の仕事において活用できる能力が別にあれば記入して下さい。
（　　　　　　　　　　　　　　　　　　　　　　　）

この一年間仕事に対する態度は自分で判断してどうでしたか
1. 一生懸命やった　2. ほぼ一生懸命やった　3. 普通　4. やや不十分だった
5. 不十分だった

自己向上カード実施要領

運営の一形式ではあるが、面接にあたっては努めて上司的観念を捨て、言葉づかいに注意し、威圧的態度をとってはならない。

七 申告書の処理

個人面接が終了したら申告書面接記録欄に所見を記入し、面接者が係長、チーフのときは課長を経て部長に、面接者が課長のときは部長に提出する。

部長はコピーを一部とり手許に保管し、原本を総務部長に提出する。

総務部長は各部ごとに統括して分析し、意見書を作成して社長に提出する。

申告書の原本は総務部長が保管する。

自己向上カード実施要領

一 配布記入用紙について

「自己向上カード」……四枚つづりで感圧複写式（ノンカーボン）

- 一枚目……個人控用
- 二枚目……課長控用―ファイル→管理者用
- 三、四枚目……人事課提出用

二 提出ルート

① 本人控を保管し、残り三枚を上司へ提出する。

② 自己向上カードをもとに、所属課長と問題点等について話合い相互理解を図る。

③ 面接後、課長は所見を記入し、部長へ提出し、意見を交換する。

④ 意見交換後、部長は総合所見を記入し、課長控を課長が保管する。残った人事課提出用を人事課へ送付する。

ただし、本社部門は直接人事課へ送付するが、支店工場部門では、総務、管理課長を経由し、一括して人事課へ送付する。

三 提出期日

（〇月〇日～〇月〇日個人配布）

一 所属課長への提出期限
　〇月〇日

二 所属部長への提出期限
　〇月〇日

三 人事課への提出期限
　〇月〇日

四 記入上の注意

一 記入に際しては、十分な時間をかけて自分をよく反省し、率直かつ具体的に記入して下さい。

二 ボールペンで丁寧に記入して下さい。

三 空欄は必ず「なし」と記入して下さい。

五 記入要領

一 「所属」欄は職制表の名称を使用し「係」まで必ず記入して下さい。

二 「入社年月日」欄には、社員として正式に入社した日を記入して下さい。（嘱託、アルバイト、臨時等の身分で勤務を始めた日ではありません）

三 部門、課に所属してからの年数の記入にあたっては、職制変更があった場合でも、実質的に職務の内容が変わっていなければ通算して下さい。

四 年数を算出する場合はすべて〇〇年〇月〇〇日を基準にして下さい。

A 「現在担当職務について」

イ、「職務遂行状況の分析および必要とする知識技能」

一、右側の「具体的知識、技能」欄には、左に記入した職務に関して、それぞれどのような知識、技能を必要とするかを職務別に記入して下さい。

その際職務とそれに必要な知識技能が対比されるように、「番号」欄に同一番号を付して下さい。

二、また、その知識、技能を現在どの程度身につけているかを「十分」「普通」「不足している」の各欄のうち該当する欄に〇印をつけて示して下さい。

自己向上カード実施要領

ふりがな		所属	部 課 係	年齢 歳 ヵ月	勤続 年 ヵ月
氏名			工場 室 支店		

B 今まで1年間の反省——昨年の自己向上カードの『B、自己向上のために』欄に記入したあなたの向上目標の反省

昨年記入した 自己向上目標	どの程度まで達成 できたと思いますか	どのような問題点を 発見しましたか	上司アドバイス

C 自己開発のために——(イ) 自己の分析および発見のために

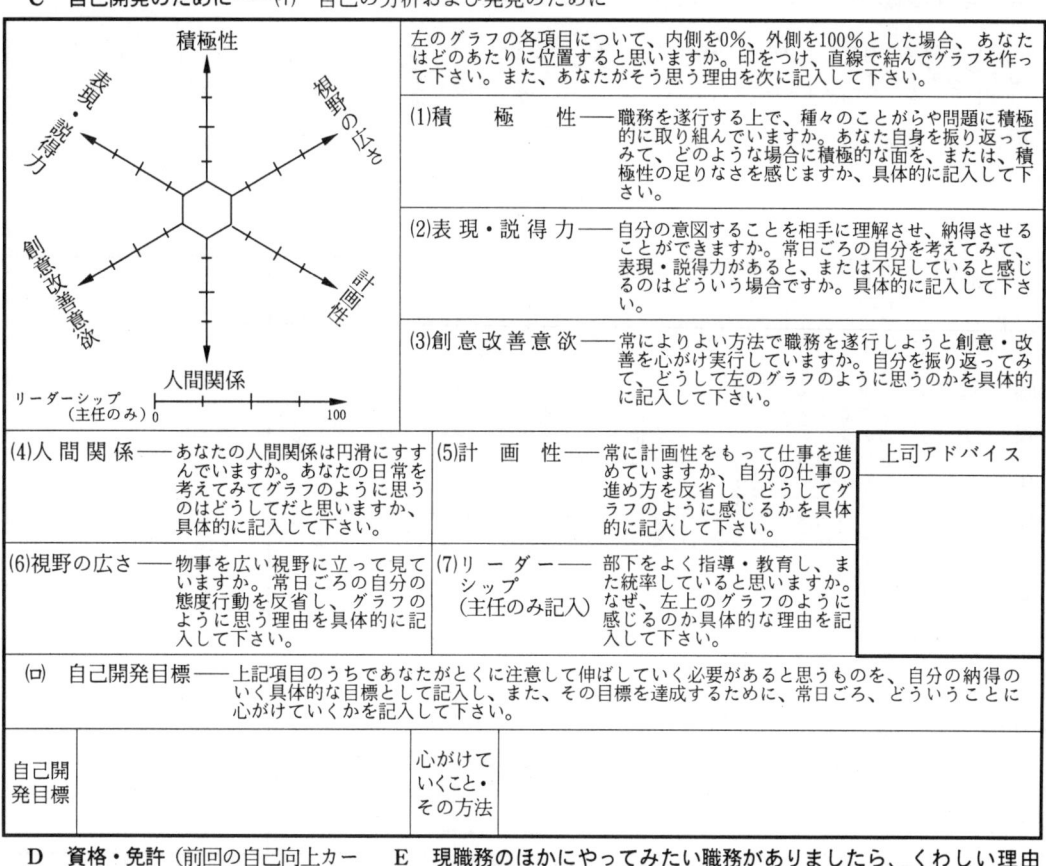

左のグラフの各項目について、内側を0%、外側を100%とした場合、あなたはどのあたりに位置すると思いますか。印をつけ、直線で結んでグラフを作って下さい。また、あなたがそう思う理由を次に記入して下さい。

(グラフ項目:積極性、表現・説得力、視野の広さ、創意改善意欲、計画性、人間関係、リーダーシップ(主任のみ) 0～100)

(1) **積　極　性**——職務を遂行する上で、種々のことがらや問題に積極的に取り組んでいますか。あなた自身を振り返ってみて、どのような場合に積極的な面を、または、積極性の足りなさを感じますか。具体的に記入して下さい。

(2) **表 現・説 得 力**——自分の意図することを相手に理解させ、納得させることができますか。常日ごろの自分を考えてみて、表現・説得力があると、または不足していると感じるのはどういう場合ですか。具体的に記入して下さい。

(3) **創 意 改 善 意 欲**——常によりよい方法で職務を遂行しようと創意・改善を心がけ実行していますか。自分を振り返ってみて、どうして左のグラフのように思うのかを具体的に記入して下さい。

(4) **人 間 関 係**——あなたの人間関係は円滑にすすんでいますか。あなたの日常を考えてみてグラフのように思うのはどうしてだと思いますか。具体的に記入して下さい。	(5) **計 画 性**——常に計画性をもって仕事を進めていますか、自分の仕事の進め方を反省し、どうしてグラフのように感じるかを具体的に記入して下さい。	上司アドバイス
(6) **視野の広さ**——物事を広い視野に立って見ていますか。常日ごろの自分の態度行動を反省し、グラフのように思う理由を具体的に記入して下さい。	(7) **リーダーシップ**(主任のみ記入)——部下をよく指導・教育し、また統率していると思いますか。なぜ、左上のグラフのように感じるのか具体的な理由を記入して下さい。	

(ロ) **自己開発目標**——上記項目のうちであなたがとくに注意して伸ばしていく必要があると思うものを、自分の納得のいく具体的な目標として記入し、また、その目標を達成するために、常日ごろ、どういうことに心がけていくかを記入して下さい。

自己開発目標		心がけていくこと・その方法	

D 資格・免許(前回の自己向上カードに記入したものは除く)　　**E** 現職務のほかにやってみたい職務がありましたら、くわしい理由とともに記入して下さい。

資格・免許		希望職務		その理由	

F 上司・先輩・同僚に理解してほしいこと、希望すること、また、その他何でも記入して下さい

上司に理解してほしい点		先輩・同僚に理解してほしい点		その他	

上司総合所見		所属部長総合所見		総務部長	人事課長	管理・総務課長	部・工場・支店長	所属課長

自己向上カード実施要領

自己向上カード

○○年○月実施

ふりがな		所属	部 工場 支店	課 室	係
氏　名					

| 生年月日 | 年　月　日 | 年齢 | 歳　ヵ月 | 入社年月日 | 年　月　日 | 勤続 | 年　ヵ月 |

| 現在の部・工場・支店に所属してから | 年　ヵ月 | 現在の課に所属してから | 年　ヵ月 | 主任になってから | 年　ヵ月 |

A　現在担当職務について——（イ）職務遂行状況の分析および必要とする知識・技能

現在担当職務の内容およびそれを遂行する上でのポイント（頭に番号を付し箇条書きにして下さい）		左記職務をより充実し、レベルアップするのに必要と思われる知識・技能および、それをあなたが保有している程度（左記職務と関連のあるものの頭に同じ番号を付し、それをあなたが保有している度合で該当する欄に○印をつけて下さい）			
番号	職務内容およびポイント	番号	具体的知識・技能	十分　普通　不足している		

（ロ）現在担当職務状況

項目	程　度	具体的理由・内容	改善の方向	上司アドバイス
仕事の質	イ．むずかしすぎると思う ロ．かなりむずかしいと思う ハ．適当と思う ニ．やややさしいと思う ホ．やさしすぎると思う	（ハ．以外の場合、どのような点でそのように感じますか）	（どうすれば解決できると思いますか）	
仕事の量	イ．多すぎると思う ロ．やや多いと思う ハ．適当と思う ニ．やや少ないと思う ホ．少なすぎると思う	（ハ．以外の場合、具体的にはなぜそのように思いますか）	（どうすれば解決できると思いますか）	
仕事に対する意欲	イ．非常に意欲をもってやれる ロ．かなり意欲をもってやれる ハ．どちらともいえない ニ．あまり意欲はもてない ホ．意欲はもてない	（具体的にそれはどうしてですか）	（ハ、ニ、ホの場合どうしたら意欲がもてるようになると思いますか）	
職場環境	イ．非常に働きやすい ロ．かなり働きやすい ハ．とくに働きにくいということはない ニ．やや働きにくいと思う ホ．働きにくいと思う	（具体的にはそれはどうしてですか）	（ハ、ニ、ホの場合どうしたらもっと働きやすくなると思いますか）	
能力の発揮度	イ．十分に能力を発揮している ロ．かなり能力を発揮している ハ．あまり能力を発揮していない	（具体的にそれはどうしてですか）	（ハの場合どうしたらもっと能力を発揮できるようになると思いますか）	

（ハ）職務発展のためのビジョン——今後あなたの仕事のあるべき方向、進めたい方向について、あなたはどのように考えていますか
（仕事の達成目標をどこにおいているか、今かかえている問題は何か、どのように解決しようとしているか）

（ニ）知識・技能修得のために

必要とする知識・技能のうちで、あなたがぜひ修得したいと思うものを目標とし、またそれをどのようにして修得するかを具体的に記入して下さい。

修得目標		達成計画	

従業員意見調査要領

ロ、「現在担当職務状況」

一、「程度」については自分に最もよく該当すると思われるものを一つ選んで記号を○で囲んで下さい。

二、「具体的内容理由」および「改善方向」については、あなたの率直な意見を記入して下さい。

率直な意見により、上司は正しく状況を把握でき、あなたへの適正な業務分担と育成への具体的な手がかりとなります。

ハ、「職務発展のためのビジョン」

今後あなたの仕事はどうあるべきか、どのような方向にもっていくべきか、達成目標をどこにおいているか、かかえている問題は何か、それをどのように解決しようとしているか、ということについてご記入下さい。

ニ、「知識、技能修得のために」

現在の職務をより充実、発展させるために、あなたが必要だと思う知識、技能のうちで、とくに修得したいと思うものを目標として掲げ、それを実際に修得するためには、どのようにすればよいか具体的で実現可能な形にして記入して下さい。

B 「今まで一年間の反省」

昨今の向上目標達成状況はどうか、この一年間をふり返ってみて下さい。

※今回初めての方は、この一年間をふり返って気づいたこと、問題点がありましたらご記入下さい。

C 「自己開発のために」

イ、「自己の分析および発見のために」

一、図では各項目とも内側から外側に向かって不十分な状態から十分な状態へと発展していくことを示しています。

各項目の座標に自分自身の状態をポイントし、それを結んで六角形のグラフを作って下さい。

グラフの座標は、絶対的な基準ではなく、あなた自身のものさしとして考えて判定して下さい。したがって、できあがった六角形は、大きさよりも、むしろ形が重要になります。全体の形をよく見て、今後の向上のポイントはどこかということをお考え下さい。

二、図の各項目について、あなたがそのように思う具体的理由、分析結果を各項目の記入欄に記入して下さい。

ロ、「自己開発目標」

上に記入した六項目（主任は七項目）のうちで、あなた自身、これからとくに伸ばしていこうと思うものを具体的目標として取上げて、その目標に到達するためには、実際に日常どのようなことに心掛けていくかを具体的な行動の形で記入して下さい。

D 「資格・免許」

先回の自己向上カードに記入したもの以外で、現在保有しているものを記入して下さい。

E ほかにやってみたい職務

現在の担当職務以外にとくに担当したい職務や希望がありましたら、ご記入下さい。今後の人事配置を検討させていただきます。

ただ、必ずしもご希望通りにはなりませんが、その点ご了承下さい。

F その他

常日ごろ、仕事の上では話す機会がないようなことがらなど、何でも記入して下さい。

従業員意見調査要領

「従業員意見調査」とは、モラール・サーベイ (morale survey) のことである。この調査は「勤労意欲調査」とか「従業員態度調査」とも呼ばれている。

従業員が企業に対して、日常考えている希望や意見を聞き、企業が反省すべき点は反省し、経営者と従業員の意思疎通を円滑にするとともに、人事・労務管理の改善のための資料を提供するものである。

ここに紹介する「職場意見調査」は労働省方式のものである。

従業員意見調査要領

〈記入上の注意〉

1 この質問票にはあなたの名前は書く必要はありません。下の欄はみなさんのお答えを統計的にまとめるために必要です。該当する番号を○印でかこんでください。

2 回答欄の番号「イ・ロ・ハ」のうち、あなたの考えにしたがってくれたと思うものを○でかこんでください。一つの質問に一つだけ○印をつけてください。

3 全部の質問に番号順に答えてください。

4 あなたが記入した質問票は秘密にしますから思ったままを記入してください。なお質問票はすべて行政機関において集計・処理しますので、会社の人に見られることはありません。

5 となりの人と相談しないでください。もし、なにか分からないことがあったら手をあげて質問してください。

性別	1. 男	2. 女		
年齢	1. 19歳以下	2. 20～29歳	3. 30～39歳	
	4. 40～49歳	5. 50歳以上		
勤続	1. 1年未満	2. 1～5年	3. 6～10年	
	4. 10年以上			
学歴	1. 中卒	2. 高卒	3. 大（短大・高専）卒	
職階	1. 役付	2. 一般		
所属	部　　　課			

番号	質問	回答
		イ　ロ　ハ
1	会社の方針や指示がみんなに徹底していると思いますか。	徹底している　徹底していない　なんともいえない
2	上役は仕事のやり方を適切に指導していると思いますか。	指導している　指導していない　なんともいえない
3	自分の仕事に、はりあいを感じることができますか。	感じることができる　感じることはない　なんともいえない
4	職場には直ちに改善すべきだと思うような危険有害な個所がありますか。	ある　ない　なんともいえない
5	職場ではみんなで意見を出し合ったり、助け合ったりしていると思いますか。	思う　思わない　なんともいえない
6	経営幹部とは気軽に話合えますか。	話合える　話合えない　なんともいえない
7	上役はみんなの仕事がなめらかに運ぶように取計らっていると思いますか。	取計らっている　取計らっていない　なんともいえない
8	いまの仕事は、あなたに適していると思いますか。	適している　適していない　なんともいえない
9	仕事の疲れを翌日まで持越すことが、たびたびありますか。	ある　ない　なんともいえない
10	職場では同僚の中に勝手にふるまう者がいると思いますか。	いる　いない　なんともいえない

従業員意見調査要領

番号	質問	回答 イ	回答 ロ	回答 ハ
11	経営幹部の手腕はみんなに信頼されていると思いますか。	信頼されている	信頼されていない	なんともいえない
12	上役は部下にまかせたほうがよい仕事は、まかせていると思いますか。	まかせている	まかせていない	なんともいえない
13	あなたの仕事は職場にとって、かけがえのない大事な仕事だと思いますか。	大事な仕事だと思う	大事な仕事だとは思わない	なんともいえない
14	休憩時間は自分の思うように利用することができますか。	利用できる	利用できない	なんともいえない
15	職場の雰囲気はよいと思いますか。	よい	わるい	なんともいえない
16	会社の賃金ベースは世間なみだと思いますか。	世間なみ以上と思う	世間なみ以下と思う	なんともいえない
17	上役はあなたの仕事ぶりを正しく認めてくれますか。	認めてくれる	認めてくれない	なんともいえない
18	いまの仕事をしていて一人とり残されているような不安を感じることがありますか。	感じることがある	感じることはない	なんともいえない
19	休日や休暇は満足にとることができますか。	とれる	とれない	なんともいえない
20	ほかの人とくらべて、あなたの賃金の決め方は公平だと思いますか。	公平	不公平	なんともいえない

番号	質問	回答 イ	回答 ロ	回答 ハ
21	上役の人柄を信頼することができますか。	信頼できる	信頼できない	なんともいえない
22	いまの仕事には自分の能力や工夫を生かす余地があると思いますか。	ある	ない	なんともいえない
23	残業も含めて、いまの労働時間は適当だと思いますか。	適当	不適当	なんともいえない
24	会社ではみんなの福利厚生に努力していると思いますか。	努力している	努力していない	なんともいえない
25	あなたは今後とも、この会社で働きたいと思いますか。	はっきりしている	はっきりしていない	なんともいえない
26	昇進や昇格は公平に行われていると思いますか。	公平	不公平	なんともいえない
27	あなたの上役に何人もいて、仕事の指図をするどれに従ってよいか困ることがありますか。	ある	ない	なんともいえない
28	仕事の指図をする人が何人もいて、どれに従ってよいか困ることがありますか。	ある	ない	なんともいえない
29	会社では、みんなの意見や要望がとりあげられていると思いますか。	とりあげられている	とりあげられていない	なんともいえない
30	職場では人の配置や仕事の割当などが適切に行われていると思いますか。	適切	不適切	なんともいえない

従業員意見調査要領

（自由意見欄）

このページには、皆さんのご意見を自由に書いてください。この欄のご意見も、すべてまとめて処理し、だれが書いたなどと問題にすることはありません。人事・給料その他の待遇のこと、仕事や職場のこと、同僚や上役のこと、自分の生活上のこと、経営上のこと、その他なんでもけっこうです。

XIII 安全衛生管理規程

安全輸血遺傳與檢驗

XIII 安全衛生管理規程（解説）

労働災害の防止と、より快適な職場づくりを目指す諸施策の実施が強く望まれるところである。

安全及び衛生

安全及び衛生の規制・保護については、昭和四七年に労働安全衛生法が制定されたため「労働者の安全及び衛生に関しては、労働安全衛生法（昭和四七年法律第五七号）の定めるところによる。」（四二条）とし、労働基準法から削除された。

しかし、憲法二七条にもとづく最低労働条件としての基準が、労働安全衛生法で確保されていることにはかわりがなく、安衛法は労基法と同じ性質の法律である。

労働安全衛生法は、人命尊重の立場から、労働災害を防止するために事業主が講じなければならない措置について、具体的かつ詳細に規定している。

安全管理体制及び健康診断

安全衛生委員会等設置義務

① 安全委員会……（労働安全衛生法第17条）
建設業・製造業等常時一〇〇人以上
（同法施行令第8条）

② 衛生委員会……（同法第18条）
常時五〇人以上
（同法施行令第9条）

③ 安全衛生委員会……（同法第19条）
①、②の委員会に代えて、安全衛生委員会の設置ができる。
常時一〇〇人以上（同法第19条）

④ 安全管理者……五〇人以上（同法第11条）
政令で定める業種

⑤ 衛生管理者……五〇人以上（同法第12条）

⑥ 産業医……五〇人以上（同法第13条）

⑦ 作業主任者……労働災害を防止するため管理を必要とする作業（同法第14条）

⑧ 安全衛生（衛生）推進者……規模一〇人～四九人、業種により安全衛生推進者又は衛生推進者（同法第12条の2）

⑨ 安全衛生教育（同法第59条）

危険有害業務の禁止

労働基準法では、満一八歳以下の年少者については、有害な業務や坑内労働に就くことを禁止している（同法第62条、第63条）。制限される有害業務は、年少者労働基準規則第8条に示されている。女性については妊産婦を中心に制限がある（第64条の三）。制限される業務は、女性労働基準規則第1条に示されている。

健康診断

① 採用の場合医師の健康診断
……労働安全衛生規則第43条

② 常時使用する従業員は一年一回定期
……労働安全衛生規則第44条
労働契約に伴う忠実義務を具体化したものの一つである。

③ 有害業務従事者は年二回（六カ月ごと）

④ その他あり

……労働安全衛生規則第45条

健康診断の結果、労働者の健康を保持するために必要があると認められるときは、労働安全衛生法第66条の5によって必要な措置を講じることになっている。

① 就業場所の変更
② 作業の転換
③ 労働時間の短縮
④ 深夜業の回数の減少
⑤ 施設又は設備の整備
⑥ 作業環境の測定の実施

安全衛生教育

① 会社が、従業員に対し、業務に必要な知識、技能とあわせて安全衛生教育を実施することは大切なことである。
　労働安全衛生法でも、従業員を雇入れた時や、従業員の作業内容を変更させるときなどに、従事する業務に必要な安全及び衛生に関する教育を行うべきことが定められている（同法第59条）。

② 特定の業務に就かせる際に、一定の資格や講習を必要とするものがある。安全を確保する上からも十分な注意が必要である（同法第61条）。

③ 近年、科学の進歩に伴って新しい化学物質が広く使用されている。有機溶剤など有害物を取り扱う作業については、安全の確保と健康障害防止の観点から、その取扱いに十分な注意が必要である。

会社の業務内容、作業実態による具体的な例

〔遵守事項〕

① 機械設備、工具等は就業前に点検し、異常を認めたときは、速やかに会社に報告し、指示に従うこと
② 安全装置を取り外したり、その効力を失わせるようなことはしないこと
③ 作業に関し、保護具を使用し、又は防具を装着しなければならないときは、必ず使用し、又は装着すること
④ 喫煙は、所定の場所で行うこと
⑤ 常に整理整頓に努め、通路、避難口、消火設備のある所に物品を置かないこと
⑥ 火災等非常災害の発生を発見したときは、直ちに臨機の措置をとり、会社に報告し指示に従うこと
⑦ 従業員は、安全の確保と保健衛生のために必要に応じて会社に進言し、その向上に努めること

災害補償義務

① 労働者災害補償保険（以下「労災保険」という。）制度は、業務上の事由又は通勤による従業員の負傷、疾病、障害又は死亡

【参　考】
　労働者災害補償保険法に定める主な給付等の種類は次のとおりです。

業務災害に係る給付等		通勤災害に係る給付等	
Ⅰ	療養補償給付	Ⅰ	療養給付
Ⅱ	休業補償給付	Ⅱ	休業給付
Ⅲ	傷病補償年金	Ⅲ	傷病年金
Ⅳ	障害補償給付	Ⅳ	障害給付
Ⅴ	遺族補償給付	Ⅴ	遺族給付
Ⅵ	葬祭料	Ⅵ	葬祭給付
Ⅶ	介護補償給付	Ⅶ	介護給付
Ⅷ	特別支給金等	Ⅷ	特別支給金等

について必要な保険給付を行い、あわせて被災した従業員の社会復帰の促進及びその遺族の援護などを図ることを目的とした政府管掌の保障制度である。

ただし、業務災害により休業する場合の最初の三日間は、労災保険からの休業補償給付が行われないので、事業主は、労働基準法に基づいて平均賃金の六〇％以上の休業補償を行う必要がある。

② 従業員を使用するすべての企業は、労災保険に加入しなければならない（ただし、従業員が五人未満の個人経営の農業、従業員を乗し使用しない林業、総トン数五トン未満の水産業は任意適用となっている。）

③ 業務上又は通勤により被災した従業員に対しては、労災保険から必要な給付等が行われますので、事業主は給付の請求手続き等について援助を行うことが必要である。

④ 従業員が業務上の事由又は通勤によって被災した場合の労災保険給付を受ける権利は、退職しても変更されることはない。

安全衛生規則（規模五〇人未満）

第一章　総則

（目的）
第1条　この規則は、就業規則第〇〇条および第〇〇条に基づき、業務上の災害疾病を予防するため、従業員の安全衛生に必要な事項を定めるものとする。

（遵守義務）
第2条　従業員はつねに自己の健康管理に留意し、職場における安全衛生の維持向上を図るため、他の関係法令とともにこの規則を守らなければならない。

第二章　安全衛生管理担当者

（安全衛生管理責任者）
第3条　安全衛生管理に関する責任者は、役員である担当部門の長（総務部長）がこれに当たる。

2　安全衛生管理責任者の職務は次のとおりとする。
(1) 従業員の危険または健康障害を防止するための措置、危険性・有害性等の調査及びその結果に基づく措置、従業員の安全衛生教育の実施、健康診断その他健康管理に関する事項、労働災害の原因管理に関する事項、労働災害の原因調査、再発防止対策に関する事項その他災害防止に必要な安全衛生管理業務に関する立案計画および決定。
(2) 前号に関する決定事項の実施について衛生管理者への指示、助言、提案、勧告。
(3) その他従業員の危険、健康障害の防止に関する重要事項。

（衛生管理者）
第4条　衛生管理者1名または若干名を選任する。

2　衛生管理者は安全衛生管理責任者の指示を受けて第3条第2項第1号の業務のうち、衛生に係る事項について統計、調査、研究、教育を行うとともに、安全衛生管理責任者に対する助言、提案を行う。

（産業医）
第5条　産業医一名を委嘱する。

2　産業医は東京SK健康保険組合の医師のうちから委嘱する。

3　産業医は従業員の健康維持増進、健康障害防止に関することのうち専門的医学知識を要する事項について事業主若しくは安全衛生管理責任者に対して勧告し、または衛生管理者に対して指導することができる。

（衛生委員会）
第6条　安全衛生に関する重要事項について調査審議し、社長に対して意見を述べるために、衛生委員会を設ける。

2　衛生委員会の職務は次のとおりとする。
(1) 従業員の危険、健康障害を防止するための基本となるべき対策に関する事項。
(2) 労働災害の原因および再発防止対策に関する事項。

（衛生委員会委員）
第7条　衛生委員会の委員は次の者をもって構成する。

区分	人員	選任条件
委員長	1	総務部長がこれに当たる
会社が指名する者	2	衛生管理者および安全衛生における経験者
従業員の互選により指名する者	2	ただし、その半数以上は従業員のうちから選任する
計	5	

2　各委員の任期は二年とする。ただし、再任されることを妨げない。

3　委員に欠員を生じたときは補選し、その任期は前任者の残存期間とする。

（衛生委員会の運営）
第8条　衛生委員会の運営は次の要領による。
(1) 会議の開催は委員長の随時招集による。
(2) 委員長に事故があるときは、使用者側委員の他の委員が委員長の職を代行する。
(3) 会議の有効成立は構成員の過半数の出席による。

第三章 安全衛生管理活動

（随時命令）

第9条 所属長はその所属員の安全衛生管理法令若しくは会社の安全衛生規則に違反する行為については正に是正を命ずることができる。

（災害報告）

第10条 負傷者若しくは急病者が発生したときは、所属長は速やかに安全衛生管理責任者または衛生管理者に報告しなければならない。

（病院移送）

第11条 傷病者の病院移送の必要の有無は衛生管理者がこれを判断する。ただし急を要する場合は所属長の判断で病院に移送し、前条の報告は事後に行うことができる。

（定期健康診断）

第12条 従業員は年一回東京〇〇健康保険組合において会社の行う定期健康診断を受けなければならない。

2 （随時健康診断）

診断項目は別表のとおりである。

第13条 会社が従業員の健康保持のうえで必要と認めたときは、随時会社指定の医療機関に健康診断を受けさせることができる。

（職場の環境整備）

第14条 会社は従業員の安全と健康保持のため、職場における温度湿度（冷暖房）、換気、採光、照明等につき、つねに環境の整備に努めなければならない。

付　則

この規則は平成〇〇年〇月〇日より実施する。

（4）委員会の議決は出席委員の過半数をもってこれを行う。賛否同数のときは委員長の決するところによる。

（5）委員会において必要と認めたときは、関係者の出席を求め、報告、説明その他必要な意見を徴することができる。

安全衛生規則

別表

一般健康診断項目一覧

一般健康診断項目	正常範囲	検査のねらい
1．既往歴及び業務歴の調査		仕事と関連のありそうな異常 取り扱っていた物・仕事の内容
2．自覚症状及び他覚症状の有無の検査		どんな症状を感じているか 他の項目と関連して総合判断
3．身長・体重・視力・色覚及び聴力の検査		体重は増減とも変化に注目 視力・聴力は仕事に関連も
4．胸部X線検査		結核だけでなく心臓や肺もみられる
5．血圧の測定	最大140未満 最小 90未満	心臓・血管の異常などをみる 自己管理の動機にもなる
6．尿　検　査　蛋白 　　　　　　　糖	（－） （－）	腎臓の障害に関係あり 糖尿病に関係あり
7．貧血検査　ヘモグロビン 　　　　　　　g-dl 　　　　　赤血球数　万	男　13.5～17.6 女　11.3～15.2 男　427～570 女　376～500	貧血の種類・程度をみる
8．肝機能検査　　GOT KU 　　　　　　　　GPT KU 　　　　　　　　γ/GTP 　　　　　　　　U-L	8～40 5～35 男8～50 女6～30	肝臓の働きをしらべ、病気の種類や程度をみる アルコールによる肝障害の程度を表すといわれている
9．血中脂質　総コレステ 　検査　　　ロール mg-dl 　　　　　トリグリセライド（中性脂肪）	120～220 空腹時 35～150	病的に高いときは高脂血症と言われ、治療が必要
10．心電図検査		心臓の異常について

（注）定期健康診断では省略できる項目あり。
　　「6」以降の項目については省略することがある。（人によって受診）。

安全衛生委員会規程

第一章　総則

第1条　本委員会は〇〇株式会社安全衛生委員会という。

第2条　本委員会は労働基準法その他法令ならびに就業規則にもとづく従業員の安全および衛生管理に関して調査・研究審議し安全衛生活動の推進徹底を図ることを目的とする。

第3条　本委員会の下部機構として本社各部・支社・営業所および出張所にそれぞれ安全衛生推進委員会を置く。

第4条　各安全衛生推進委員会の下部機構として現場安全衛生管理委員会を置く。

第二章　安全衛生委員会

第5条　安全衛生委員会（以下委員会という）の構成は次のとおりとする。

役名	員数	選任方法
委員長	一名	会社代表者またはその指名した者
副委員長	一名	委員長が委員のなかから指名した者
委員	若干名	従業員三〇名ないし五〇名につき一名の割合で従業員のなかから委員長が指名した者、および産業医。ただしその半数は労働組合が推せんした者
幹事	若干名	委員のなかから委員長が指名した者

第6条　委員の任期は二年とする。補欠または増員によって選任された委員の任期は前任者の残任期間と同一とする。

第7条　委員長は会務を総括し委員会の議長となる。

第8条　委員は委員長の指示により安全作業および職場衛生に関する調査、指導監督を行いその結果を委員会に報告する。

第9条　幹事は委員会の事務を担当し次の事項を処理する。
(1)　議事録の作成・整理および保管
(2)　安全衛生推進委員会との連絡ならびにその計画活動の調整および指導
(3)　その他委員会の関連事務

第10条　委員会は委員長が召集し毎月一回定期的に開催する。

第11条　安全衛生委員会は前項のほか委員長が必要と認めたときは随時開催する。

第12条　委員会は次の事項を審議しこれを実施する。
(1)　安全衛生に関する基本方針ならびに計画
(2)　会社に対する安全衛生対策具申

(3)　安全衛生推進委員会の答申事項
(4)　安全衛生表彰に関する事項
(5)　その他安全衛生に関し必要な事項

第13条　委員会の決議は過半数の委員が出席し、その出席委員の過半数によって行う。

第14条　委員会は委員以外の者を招き意見を聴することができる。

第15条　委員会は小委員会を設け専門事項または研究を要する事項を審議することができる。

第三章　安全衛生推進委員会

第16条　安全衛生推進委員会（以下推進委員会という）は所属職務の安全衛生に関して、その対策を総合的に検討し必要な施策を推進するとともに委員会に必要事項を具申する。

第17条　推進委員会の構成は次のとおりとし、その運営にあたっては委員会の運営に関する第6条ないし第10条を準用する。

(1)　本社各部

役名	員数	選任方法
委員長	一名	部長またはこれに準ずる者
副委員長	一名	委員長が委員のなかから指名した者
委員	若干名	従業員および協力会社役員・従業員のなかから委員長が指名した者
幹事	一名以上	委員のなかから委員長が指名した者

快適職場推進委員会規程

（目的）
第1条　HN興産株式会社（以下「会社」という）は、快適職場推進のため、会社と各職場の社員代表との間で、快適職場推進の事項について、労使のコンセンサスをえるために「快適職場推進委員会」（以下「委員会」という）を会社内に設置する。

2　前項の委員会は、労働安全衛生による「安全衛生委員会」を兼ねるものとする。

（構成）
第2条　委員会は、会社を代表する委員四名と社員を代表する委員四名及び衛生管理者一名計九名をもって構成する。

2　会社を代表する委員は、代表取締役社長が役員及び管理職の中より指名した者とする。

3　社員を代表する者は、各職場より選出された者とする。

4　衛生管理者はその資格のある者。複数の資格者がいる場合は互選による。

（委員の任期）
第3条　委員の任期は三カ年とする。委員に欠員を生じた場合は、会社委員、社員委員の区分に従って補充する。補充された委員の任期は欠員委員の残存期間とする。

（2）支社・営業所および出張所

関する第6条ないし第10条を準用する。

役名	員数	選任方法
委員長	一名	支社長・営業所長または出張所長
副委員長	一名	委員長が委員のなかから指名した者
委員	若干名	従業員および協力会社役員・従業員のなかから委員長が指名した者
幹事	一名	委員のなかから委員長が指名した者

第18条　推進委員会は次の事項を審議しこれを実施する。

(1) 委員会の示達事項
(2) 安全衛生に関する思想知識の普及徹底
(3) 安全衛生行事の計画
(4) 安全衛生教育および安全作業・職場衛生の計画
(5) 災害防止および職場衛生の調査改善
(6) 提案事項の検討
(7) その他安全衛生に関し必要と認める事項

第19条　推進委員会は審議結果および実施状況を文書をもって委員会に報告する。

第四章　現場安全衛生委員会

第20条　現場安全衛生委員会（以下現場委員会という）は災害および疾病を未然に防止するための対策を検討実施する。

第21条　現場委員会の構成は次のとおりとしてその運営にあたっては委員会の運営に関する第6条ないし第10条を準用する。

役名	員数	選任方法
委員長	一名	推進委員会委員長が指名した者
副委員長	一名	委員長が委員のなかから指名した者
委員	若干名	担当社員および現業員のなかから委員長が指名した者ならびに各協力会社役員・従業員のなかから委員長が指名した者
幹事	一名以上	委員のなかから委員長が指名した者

第22条　現場委員会は次の事項を審議しこれを実施する。

(1) 推進委員会の示達事項
(2) 安全衛生思想の周知徹底ならびに関連行事の運営
(3) 安全衛生に関する教育制度
(4) 災害防止および現場衛生に関する対策
(5) その他必要と認める事項

第23条　現場委員会は審議結果および実施状況を推進委員会に報告する。

付　則

この規程は平成○○年○月○日から実施する。

快適職場推進委員会規程

2 委員の再選は妨げないものとする。
（議長）
第4条 委員会に議長を置く。議長は会社を代表する委員の筆頭者とする。
2 議長に事故のあるときは、議長の指名した者がこれにあたる。
（開催）
第5条 委員会の開催は次のとおりとする。
① 定例開催 三月、六月、九月、一二月
② 臨時開催 緊急を要する案件が生じたとき
2 前項の委員会の開催は、その期日、場所、付議事項について、五日前までに各委員に通知するものとする。ただし、緊急を要する場合は口頭連絡で開催することがある。
3 委員会は、会社側委員及び社員側の委員のそれぞれ過半数以上の出席によって成立する。
（付議事項）
第6条 委員会に付議する事項は「説明事項」及び「協議事項」に分ける。
2 説明事項は次のとおりとする。
① 業界における快適職場推進等（社員の安全衛生対策等）の状況
② 職場環境の快適化を図るために会社が講ずべき措置の内容
③ 新入社員の安全衛生教育に関する事項
（軽易な場合）

3 協議事項は次のとおりとする。
① 安全衛生教育の計画
② 安全衛生対策の改善事項
③ 作業環境の管理
④ 作業方法の改善
⑤ 機械器具、工具等の定期点検（機械器具・工具一覧表は別表
⑥ 操作担当者が指定されている原動機等の操作
⑦ 消防施設（通路、非常口、消火設備等）
⑧ 安全装置、衛生設備、などの維持管理
⑨ 火気の使用場所、使用方法
⑩ 廃材、廃棄物等の処理方法
⑪ 社員の健康診断
⑫ 予防接種の完全実施
⑬ 労働安全衛生法に関すること
⑭ その他快適職場達成のため必要な事項
（協議事項の決定）
第7条 協議事項の決定は、出席委員の過半数の賛成による。
2 委員会において協議された事項は、会社に報告するものとする。
3 報告を受けた会社は、職制をとおして社員に通知するものとし、極力主旨の実現に

努力しなければならない。
（専門委員会）
第8条 前条の付議事項について、専門的な研究、情報収集等を委員会が認めた場合は、専門委員会を設けることができる。
2 専門委員会の委員は、議長が委員の中より委嘱する。
（事務局）
第9条 委員会に事務局を設ける。
2 事務局は総務課におく。
3 総務課委員会の業務に従事する書記1名を配属する。
（議事録）
第10条 委員会の付議事項の議事は、議事録に記載しなければならない。
2 議事録は正確を記するため、出席委員は議事録を点検のうえ、記名、捺印するものとする。
3 議事録の保管は10年とする。

付　則
（施行）
第11条 この規程は平成〇〇年〇月〇日より施行する。

※別表の機械機具・工具一覧表は省略

安全衛生に関する労使協定

基本協定

第1条 治療

会社は業務に起因するとの医師の診断があった疾病の場合、次の措置をとるものとする。

(1) 治療に要する費用
　当該治療費のうち個人負担分は全額会社負担とする。

(2) 通院に要する通院時間は就業時間内とする。

(3) 当該交通費は全額会社負担とする。

(4) 一定期間療養を要すると判断された場合
　当該療養期間は特別有給休暇として扱う。

(5) 当該業務を離れる必要があると判断された場合
　所属長は当該業務の担当を解き本人と相談の上、他の適正な部署に配置転換させる。

第2条 予防

1 定期健康診断
　次の業務を担当するものについて、一般対象として行われている定期健康診断とは別に、それぞれ次の基準にしたがい、定期健康診断を実施するものとする。

(1) 運転業務（とくに胃下垂、内臓疾患の検診）年二回

(2) フォークリフト業務（とくに胃下垂、椎間板ヘルニア、内臓疾患の検診）年二回

(3) 電話交換業務（とくにメニエル氏病の検診）年二回

(4) チェッカー業務、パンチャー業務、タイピスト業務、電話交換業務（とくに腱鞘炎、頸肩腕症候群の検診）年二回

(5) その他（とくに冷房により生ずる疾患の検診）そのつど

2 業務改善
　会社は、前項にいう疾病を予防するため、当該業務の改善を積極的に行う。

第3条 安全衛生委員会

1 会社および組合は、前条の目的を達成するため、それぞれの代表者により構成される安全衛生委員会を設置する。

2 安全衛生委員会は次の定める事項について協議決定する。

(1) 前条第1項に定める定期健康診断の具体的実施に関する事項

(2) 指定病院設置に関する事項

(3) 前条第2項の改善に関する事項

(4) レジチェッカーの定員に関する事項

業務上の傷害、疾病に対する企業補償協定

会社は従業員が、業務上の傷害もしくは疾病により死亡もしくは障害をうけた場合、本協定に定めるところにより労災申請にもとづく労働基準監督署の判断によりこれを決定する。
　ただし、当該傷害もしくは疾病により死亡もしくは障害をうけた場合、本協定に定めるところにより労災申請にもとづく労働基準監督署の判断によりこれを決定する。

第1条 協定の優先

本協定は現行の労働協約、その他労使の諸協定および会社就業規則その他会社諸規程に優先する。

第2条 本協定にいう従業員

本協定にいう従業員とは、社員・見習社員・定時社員・準社員・嘱託社員・臨時社員等の名称および雇用形態のいかんにかかわらず、会社と雇用契約を結ぶすべての者をいう。

第3条 医師選択の自由

業務上の傷害もしくは疾病により、傷害を受けた者もしくはその疑いある者が、医師の診断を受ける場合、医師の選定は診断を受ける者の意向によるものとする。
　ただし、会社または組合が特定の病院を当該する個人に対して推せんすることは妨げない。

第4条 医療費および療養費

(1) 従業員の業務上傷害もしくは疾病に

頸肩腕障害患者の退職後に関する協定

よる医療費および療養費は、完全に治るまで、会社においてその全額を負担する。ただし、健康保険もしくは労災保険により支給される医療費については、これを控除して負担することができる。

(2) 前号において医療費および療養内容に疑義ある場合、当該事項は労使の協議決定事項とする。

第5条　休業補償
従業員が業務上の傷害もしくは疾病により休業した場合、会社はその従業員が通常勤務していた場合に支払われるべき基本給、住宅手当、一時金等の賃金の一〇〇%を、その休業日より補償する。ただし労災保険より給付される賃金の部分については、これを控除して支給することができる。

第6条　法定外補償
従業員が業務上の傷害もしくは疾病により死亡もしくは傷害を受けた場合、会社は労働基準法または労災保険法による補償および給付以外に労災保険法の定める障害等級に準じて会社および組合で別に協議決定した額を補償する。

第7条　労災保険の適用
会社は従業員が業務上の傷害・疾病もしくは業務上の疑いある傷害・疾病により死亡もしくは障害を受けた場合は、労災

保険の申請をすみやかに行い可能な限り労災保険の適用を受けるよう努力する。ただし労災保険の適用を見合わせるとの会社および組合による合意がある場合は、この限りでない。

頸肩腕障害患者の退職後に関する協定

第1条　退職後の療養費
企業内認定されている患者が退職後も引き続き療養を行う場合、療養費の個人負担分は会社がこれを負担する。

第2条　退職予定者の労働者災害補償保険の療養補償給付申請
企業内認定されている患者が退職する場合、患者は労働者災害補償保険の療養補償申請をすみやかに行い、会社はこれを全面的に協力する。

第3条　労災認定後の会社負担療養費
前項において労働者災害補償保険の療養補償給付支給が決定された場合、第1条に定める療養費の負担は、決定された労働者災害補償保険の療養補償給付額の範囲においてこれを免除する。

第4条　労災保険給付以外の療養費
前条の場合、労働者災害補償保険により支給されない療養費はその部分について会社がこれを補償する。ただし、治療費および治療内容に疑義ある場合は「業務上の傷害、疾病に対する企業補償に関する協定」の第4条の第2項を適用して労使協議する。

第5条　退職後の療養補償期間
企業内認定患者の退職後の治療費について、会社の補償期間は三年を基準とし、完治しない場合は患者および労使で個別にその後の補償期間を協議決定する。

第6条　療養費請求方法
企業内認定患者の退職後の療養費請求は、一カ月単位で請求項目に領収書をつけ郵送にて会社へ請求する。会社は受領後一週間以内に請求額を請求者へ郵送する。

レジチェッカー業務に関する協定

本文
○○株式会社（以下会社という）と○○労働組合（以下組合という）とは、レジチェッカー業務に起因する業務上疾病を予防するため、当該業務に関して以下のとおり確認し、ここに協定する。

第1条　一日の最高執務時間
レジチェッカー業務における一日の執務時間は、同一人につき最高四時間までとする。ただし、執務時間とは、実際にレジを打鍵しているか否かを問わず、レジに対面し、打鍵可能な状態での作業時

レジチェッカー業務に関する協定

間をいう。

第2条　連続作業基準

1　連続執務時間

レジチェッカー業務における連続執務時間は、六〇分を超えないものとする。

2　レジチェッカー業務の繁忙時の連続打鍵時間

レジチェッカー業務における連続打鍵時間およびその運用は次のとおりとする。

(1) レジチェッカー業務における連続打鍵時間は、六〇分を基準とする。

(2) 会社は、六〇分を基準とした連続打鍵時間にもとづき、レジチェッカー業務と他の業務を交互に行わせるものとする。

(3) 会社は、六〇分を基準とした連続打鍵時間の後、引続きレジチェッカー業務が予定される場合、必ず一〇分を基準とした休息を与えるものとする。ただし、引続きレジチェッカー業務が予定されない場合にも当該休息を与えるものとする。

第3条　休憩室の設置

会社は、レジチェッカー業務に伴う休息を与えるため、当該する売場に近接する場所に休憩室を設置する。

第4条　レジ一台あたりの必要人員

第1条にもとづき、レジ一台あたりの必要人員は次のとおりとする。

一部制店　　○○人
二部制店　　○○人

第5条　レジ必要人員の確保

会社は、次の基準にしたがい算出される人員を、第1条にもとづくレジ必要人員として、各売場、各事業所において確保する。

(イ) 平常日の最高開放台数×レジ一台あたり必要人員＝各売場レジ必要人員

(ロ) 繁忙日の最高開放台数×レジ一台あたり必要人員＝各売場レジ必要人員

(ハ) パートタイマーなどの社員の人員計算は、八時間労働に換算して行うものとする。

(2) 必要人員の対象は、暫定措置として、店長および専門職社員を除く社員とする。

(3) 必要人員からの除外者

業務上疾病についての診断書によりレジ作業を禁止されたものは、人員算定から控除する。

第6条　適用範囲

この協定に定める基準の適用範囲は、次の部署を除くすべてのレジチェッカー業務とする。

(1) 第一営業本部における紳士、呉服およびイージー売場

(2) 第三営業本部におけるすべての売場

(3) 各営業本部におけるサービスコーナー

(4) その他、業務上疾病に関連しないと支部労使協議において判断される売場

第7条　実施期日

この協定の以下の条項の実施期日は、次のとおりとする。

(1) 第1条、第4条、および第5条

第1条、第4条、および第5条の実施期日は、次のとおりをめどとし、繰延べされるとしても、その後一週間以内とする。ただし、実施期日までの暫定措置として、最高執務時間は六時間とし、可能な限りそれを短くするものとする。

第一営業本部　平成○○年○月○日
第二営業本部　平成○○年○月○日

(2) 第2条の実施日は、平成○○年○月○日をめどとし、繰延べされるとしても、その後一週間以内とする。ただし、第2条第2項第(3)号のただし書きについては、平成○○年○月○日までに完全実施するものとし、可能な限り早期に実施するものとする。

第8条　特別協議事項

災害補償に関する取扱規程

第一章 総則

（目的）

第1条 この規程は社員の業務上災害および通勤途上災害に関する災害補償の取扱いについて定める。

（定義）

第2条

1 業務上災害とは、社員が業務上の事由により負傷、疾病または死亡し、労働者災害補償保険法（以下労災保険法という）の業務上の認定を受けたものをいう。

2 通勤途上災害とは、社員が通勤途上の事由により負傷、疾病または死亡し、労災保険法の通勤災害の認定を受けたものをいう。

第二章 業務上災害

（療養補償）

第3条 （法定分）社員が業務上災害により負傷または疾病したときは、療養させ、療養に必要な費用を補償する。

（休業補償）

第4条 社員が業務上災害により休業するときは、休業期間中法定の休業補償を行うほか、その休業期間中法定の休業補償を行うべき給与総額（交通費、昼食補助手当を除く）と、上記法定分との差額を見舞金として支給する。

（休業期間中の取扱い）

第5条 社員が業務上災害により休業するときの休業期間中の取扱いは次のとおりとする。

(1) 昇給・賞与については欠勤扱いとしない。

(2) 退職金の勤続年数に、この休業期間を算入する。

(3) 復職した時の年次有給休暇は、前年度八割勤務した場合と同じ基準とし、復職した月別に、この基準にしたがって与える。

（障害補償）

第6条

1 社員が業務上災害により負傷または疾病し、治癒したときに、なお、身体に障害を残した場合は、この障害の程度に応じて法定の障害補償を行うほか、付加補償給付として、特別障害見舞気を別表―1の通り支給する。

2 社員が業務上災害により負傷または疾病し、治癒したときに、なお、法定の障害等級に含まれない障害を身体に残した場合は、状況判断の上見舞金を支給する。見舞金の額は障害の程度等により別表―2の通りとする。

3 社員が業務上災害により負傷または疾病し、治癒したときに、身体に障害を残さなかった場合において休業するときは、事前により見舞金を支給することがある。見舞金はその都度決定する。

（遺族補償）

第7条 社員が業務上災害により死亡した場合、遺族に対し法定の遺族補償を行うほか、付加補償給付として特別弔慰金を別表―3の通り支給する。

第二営業本部のレジ必要人員の対象範囲について、会社および組合は、〇〇年〇月〇日実施をめどに、その将来的な適切な基準を協議する。

第9条 パートタイマー社員への適用

この協定はパートタイマー社員に従事するものに対して、レジチェッカー業務に従事するものに対して、レジチェッカー業務に従事するパートタイマー社員に適用する。ただし、パートタイマー社員への適用については、次の配慮を行う。

(1) 六〇分を基準とした連続打鍵時間に伴う一〇分を基準とした休息は有給とする。

(2) レジチェッカー業務に伴う業務上疾病により、当該業務の遂行が診断結果などにより困難となった場合において、残存契約期間中は、契約時賃金を保障する。

災害補償に関する取扱規程

（葬祭料）
第8条　社員が業務上災害により死亡した場合、その葬儀は原則として会社が施行し、法定の葬祭料は遺族に支給する。

（傷病補償年金）
第9条
1　（法定分）第3条の規程によって、補償を受ける社員が療養開始後一年六か月またはそれ以後経過したときは傷病補償年金に切替える（解雇は三か年以後とする）。その後は、この規程に定める補償を行わない。
2　前項において、療養開始後三年を経過した時点で、その後二年程度の加療により就業できると見做した場合は休業補償を継続する。
　　ただし、上記についての判断は労災病院または公的医療機関による。

（介護補償給付）
第10条　（法定分）障害補償年金の一定の障害により、現に介護を受けているときに支給する。

（分割補償）
第11条　第6条および第7条により補償を受ける者の同意を得て、その補償に替え、法に定める分割補償を行うことがある。

（補償の権利）
第12条
1　（法定分）補償を受ける権利は社員の退職により変更されることはない。
2　補償を受ける権利は、これを第三者に譲渡してはならない。

（補償の相殺）
第13条　第三者による補償のある場合は、会社付加分の範囲内でその補償分を相殺して支給する。

（退職餞別金）
第14条　法定の打切補償もしくは長期傷病給付を受けて退職する場合は、退職時に将来残ると予想される障害の程度により特別障害見舞金に見合った退職餞別金を支給する。
　　ただし、障害等級等の判断は労災病院または公的医療機関による。

（認定を受けなかった場合および申請中の取扱い）
第15条
1　会社が業務上災害の疑いありと判断して労働基準監督署へ申請した場合の取扱いは次のとおりとする。
　(1)　申請中は業務上災害の取扱いに準ずる
　(2)　業務上災害に認定されなかった場合の取扱いは以下の通りとする
　　イ　労働基準監督署からの申請結果の通知日までは業務上災害に準ずる（交通費、昼食補助手当を除く）と、上記の法定分との差額を見舞金として支給する。
　　ロ　労働基準監督署からの申請結果の通知日以降は私傷病扱いとする
2　会社が業務上災害でないと判断したとき、本人から労働基準監督署へ労働災害の申請があった場合の取扱いは以下の通りとする
　(1)　申請中は私傷病扱いとする
　(2)　申請の結果、業務上災害に認定された場合は発生時にさかのぼり業務上災害の取扱いを行う
　(3)　申請の結果、業務上災害に認定されない場合は私傷病扱いとする
3　会社が、第1項、第2項の判断を行うまでの取扱いは業務上災害に準ずる。

なお、状況判断の上、会社は業務上災害に準じた取扱いを行うこともある

第三章　通勤途上災害

（療養給付）
第16条　（法定分）社員が通勤途上災害により負傷または疾病したときは、療養させ、療養に必要な費用を給付する。

（休業給付）
第17条　社員が通勤途上災害により休業するときは、休業期間中、法定の休業給付を行うほか、その休業期間中に支払われるべき給与総額（交通費、昼食補助手当を除く）と、上記の法定分との差額を見舞金として支給する。

（休業期間中の取扱い）

災害補償に関する取扱規程

第18条　第15条により社員が休業するときの休業期間中の取扱いは次の通りとする。
(1) 昇給については、欠勤扱いとしない
(2) 賞与については、賞与対象期間のうち、休業期間中については、六〇％を賞与として支給する
(3) 退職金の勤続年数に、この休業期間を算入する
(4) 復職したときの年次有給休暇は、最低でも前年度五割勤務した場合と同じ基準とし、復職した月別にこの基準にしたがって与える

（障害給付）
第19条
1　社員が通勤途上災害により負傷または疾病し、治癒したときに、なお、身体に障害を残した場合は、法定の障害給付を行うほか、付加給付として通勤途上災害に対する特別障害見舞金を別表ー4のとおり支給する。
2　社員が通勤途上災害により負傷または疾病し、治癒したときに、なお、法定の障害等級に含まれない障害を身体に残した場合は、状況判断の上、見舞金を支払う。
見舞金の額は、障害の程度等により別表ー5のとおりとする。

（遺族給付）
第20条　通勤途上災害による死亡の場合、遺族に対し、法に定める遺族補償給付を行うほか、付加給付として通勤途上災害に対する特別弔慰金を別表ー6のとおり支給する。

（葬祭給付）
第21条　（法定分）社員が通勤途上災害により死亡した場合、葬祭を行う者に対し、法定の葬祭給付を行う。

（傷病年金）
第22条
1　（法定分）社員が通勤途上災害により負傷または疾病して療養開始後一年六か月またはそれ以後経過したときは傷病年金に切替える（解雇は三か年以後とする）。
2　療養開始後三年を経過した時点で、その後二年程度で会社に復帰できると見做した場合は休業給付を継続する。
ただし、上記についての判断は労災病院または公的医療機関による。

（介護給付）
第23条　（法定分）障害年金の一定の障害により、現に介護を受けているときに支給する。

（退職餞別金）
第24条　社員が法定の長期傷病給付を受けて退職する場合は、退職時に、将来残ると予想される障害の程度により、通勤途上災害に対する特別障害見舞金に見合った退職餞別金を支給する。

ただし、障害等級の判断は労災病院または公的医療機関による。

第25条
1　会社が通勤途上災害の疑いありと判断して労働基準監督署へ申請した場合および申請中の取扱いは次のとおりとする。
(1) 申請中は通勤途上災害の扱いに準ずる。
(2) 通勤途上災害に認定されなかった場合の取扱は以下の通りとする。
イ　労働基準監督署からの申請結果の通知日の前日までは通勤途上災害に準ずる。
ロ　労働基準監督署からの申請結果の通知日以降は私傷病扱いとする。なお、状況判断の上、会社は通勤途上災害に準じた取扱いを行うこともある。
2　会社が通勤途上災害でないと判断したとき、本人から労働基準監督署へ通勤途上災害の申請があった場合の取扱いは以下のとおりとする。
(1) 申請中は私傷病扱いとする
(2) 申請の結果通勤途上災害に認定された場合は、発生時にさかのぼり通勤途上災害の取扱いを行う
(3) 申請の結果、通勤途上災害に認定さ

災害補償に関する取扱規程

れない場合は私傷病扱いとする

3　会社が第1項、第2項の判断を行うまでの取扱いは通勤途上災害に準ずる。

(補償の相殺)

第26条　第三者による補償のある場合は会社付加分の範囲内でその補償分を相殺して支給する。

ただし、遺族給付および障害等級一級から三級に該当し退職する場合の障害給付に限り別表-7の金額は相殺しない。

付則

この規程は平成○○年○月○日より実施する。

別表1　業務上災害に対する特別障害見舞金

① 障害等級一～四級に該当し、退職する場合

障害等級	金　額
一級	1,500万円
二級	1,500万円
三級	1,500万円
四級	1,250万円

※ただし、扶養者のある場合は特別加算金として100万円を加算して支給する。

② 退職しない場合

障害等級	金　額	障害等級	金　額
一級	1,500万円	八級	500万円
二級	1,350万円	九級	400万円
三級	1,200万円	一〇級	300万円
四級	1,050万円	一一級	200万円
五級	900万円	一二級	150万円
六級	750万円	一三級	100万円
七級	630万円	一四級	55万円

※①、②の障害等級は、労働基準法第七七条の別表に定めるところによる。

別表2　障害等級に含まれない障害を残した場合の見舞金
一万円～三〇万円の範囲内とする。

別表3　業務上災害に対する特別弔慰金

	金　額
特別弔慰金	1,500万円

※ただし、扶養者のある場合は特別加算金として100万円を加算して支給する

別表4　通勤途上災害に対する特別障害見舞金

① 障害等級一～四級に該当し、退職する場合

障害等級	金　額
一級	500万円
二級	500万円
三級	500万円
四級	400万円

※ただし、扶養者のある場合は特別加算金として100万円を加算して支給する。

② 退職しない場合

障害等級	金　額	障害等級	金　額
一級	500万円	八級	170万円
二級	450万円	九級	130万円
三級	400万円	一〇級	100万円
四級	350万円	一一級	70万円
五級	300万円	一二級	55万円
六級	250万円	一三級	30万円
七級	230万円	一四級	20万円

※①、②の障害等級は、労働基準法第七七条の別表に定めるところによる。

別表5　障害等級に含まれない障害を残した場合の見舞金
五、〇〇〇円～一〇万円の範囲内とする。

別表6　通勤途上災害に対する特別弔慰金

労働災害特別補償規程・通勤途上災害規程

労働災害特別補償規程

第1条（この規程の趣旨）
従業員就業規則第○条の○にもとづく特別補償に関しては、この規程の定めるところによる。

第2条（特別補償の種類）
特別補償は、特別弔慰金および特別見舞金の二種とする。

第3条（特別弔慰金）
1 従業員が業務上の災害で死亡したときは、その遺族に対し特別弔慰金一五〇〇万円を支給する。
2 従業員が通勤途上の災害で死亡したときは、その遺族に対し特別弔慰金七五〇万円を支給する。

第4条（特別見舞金）
従業員が業務上の災害または通勤途上の災害により、身体に障害が残った場合には、法令に定める身体障害等級に応じ別表の特別見舞金を支給する。

第5条（認定基準）
この規程における「業務上の災害」および「通勤途上の災害」とは、労働者災害補償保険法の認定基準によるものとする。

第6条（第三者による補償）
通勤途上の災害において同一の事由により、第三者から補償を受けた場合には、その額がこの規程による特別補償額に達しない場合にその差額を支給する。ただし、労働者災害補償保険法による補償給付は、第三者からの補償とはみなさない。

第7条（重大な過失）
従業員に重大な過失があった場合にはこの規程による特別補償の全部または一部を支給しないことがある。

附則
この規程は、平成○○年○月○日から施行する。

別表7

特別弔慰金	金額
有扶養者	二〇〇万円
無扶養者	一〇〇万円

※ただし、扶養者のある場合は特別加算金として一〇〇万円を加算して支給する。

別表　特別見舞金　　　　　　　　　　　単位：千円

区分 障害等級	業務上災害 退職する場合	業務上災害 退職しない場合	通勤災害 退職する場合	通勤災害 退職しない場合
1	50,000	30,000	25,000	15,000
2	50,000	30,000	25,000	15,000
3	50,000	30,000	25,000	15,000
4	30,000	20,000	20,000	12,000
5	20,000	20,000	15,000	12,000
6	20,000	15,000	15,000	12,000
7	15,000	10,000	10,000	10,000
8	—	10,000	—	10,000
9	—	10,000	—	10,000
10	—	7,000	—	7,500
11	—	7,000	—	7,500
12	—	5,000	—	5,000
13	—	5,000	—	5,000
14	—	5,000	—	5,000

通勤途上災害規程

第1条（定義）
本規程における「通勤途上災害」とは従業員が通勤の途上で被った災害で行政官庁の認定を得たものをいう。

第2条（適用範囲）
本規程は、本採用、臨時、パートを問わず、○○株式会社に籍を有するすべての従業員に適用される。

第3条（事故の届出）
通勤途上において事故が発生した場合には、受傷者は遅滞なく「通勤途上災害報告書」を所属長、工場管理係長（支店は総務係長）経由にて、交通安全委員会事務局宛届け出るものとする。

第4条（書類の審査）
① 前条の届出にもとづき、交通安全委

572

員会事務局において書類の審査を行う。事務局では状況により本人の出頭を求め、事情聴取を行うことがある。

② 第1項後段については交通安全委員会事務局の依頼により工場管理係、支店総務係がこれを代行する場合がある。

第5条 (労災の申請手続)

交通安全委員会事務局は前条の審査により、労災保険給付申請の適否を判断し、被災者に対する指示は、工場管理係、支店総務係にてこれを行う。

第6条 (休業補償)

① 待機期間中の給与については、基本給の一〇〇％を補償する。

② 治療開始後四日目より満三カ月間法定給付に基本給の二〇％を附加給付として加算し支給する。

③ 第三者給付、自賠責等により補償される場合には、その部分を控除した額を補償する。

第三者の補償額が法定給付と附加給付の総額を上回る場合には補償しない。

第7条 (休職)

① 従業員が通勤途上災害による欠勤が、勤続一〇年未満の者については三カ月以上、勤続一〇年以上の者については六カ月以上にわたるときは、就業規則第○条における「交通災害」に該当す

るものとし、休職制度を適用する。

② 行政官庁より認定されなかった事故については、私傷病と同等の扱いとする。

第8条 (特別餞別金)

前条第1項の規程により、休職期間が満了した時は自然退職とするが、退職に際し、特別餞別金として二四〇万円を支給する。

第9条 (見舞金)

通勤途上災害により欠勤する者については、病気見舞金として一カ月毎に二、〇〇〇円を支給する。

第10条 (特別弔慰金)

通勤途上災害において、受傷者が死亡した場合には、勤続年数、扶養家族の有無により、左表の特別弔慰金を一般弔慰金に加算して支給する。

勤続 \ 扶養者の有無	有扶養	無扶養
～五年未満	一〇〇万円	五〇万円
五年以上～一〇年未満	一四〇万円	七〇万円
一〇年以上～二〇年未満	一八〇万円	九〇万円
二〇年以上	二四〇万円	一二〇万円

※本条の勤続年数は、入社した日から起算するものとする。

第11条 療養給付、障害給付については、労災法の規程によるものとする。

第12条 通勤途上災害の認定を受けなかった特例の場合は労使協議の場でその取扱いを協議する。

第13条 本規程は、平成○○年○月○日以降認定を受けたものより適用する。

安全衛生管理規程

第一章 総則

(目的)

第1条 この規程は、業務遂行上発生する災害および疾病を予防するため、労働安全衛生法第58条および労働安全衛生規則にもとづき、会社の安全管理、衛生管理に関する基本事項を定め、従業員の安全と健康を確保し、快適な作業環境の形成を促進するとともに、あわせて業務遂行の円滑化と生産性の向上に資することを目的とする。

(安全、衛生管理の範囲)

第2条 安全、衛生管理の範囲を、次のとおりとする。

① 業務遂行上発生する人的原因 (作業行動欠陥によることをいう) による災害の防止

② 業務遂行上発生する物的原因 (施設の欠陥によることをいう) による災害の防止

③ 業務遂行上使用する物資による健康障害の防止

安全衛生管理規程

④ その他業務遂行に関連して生ずる健康障害の防止

第3条 安全、衛生管理については、関係法令および会社諸規程との関係）

2 この規程に定めるものの他にこの規程に定めるもののない事項については、社内諸規程および内規による。

3 この規程にもとづく安全、衛生に関する細部事項は、別に定める。

（遵守の義務）

第4条 従業員はこの規程ならびに別に定める安全、衛生基準について安全管理者、衛生管理者、安全指導者、作業主任者の指示にしたがい、常に職場の安全衛生の向上に努めなければならない。

第二章 安全、衛生管理の基本

（職制と安全、衛生担当部署との関係）

第5条 安全衛生管理は、職制を通じて行なうことを原則とする。

2 職制の安全、衛生管理を総合的に推進するため、事業場ごとに安全、衛生担当の係を置く。

3 安全、衛生担当の係は、次にかかげる業務を行う。

① 災害防止対策の研究企画立案
② 災害原因の調査およびその対策の検討
③ 安全、衛生に関する決定事項の実施促進
④ 安全、衛生に関する指導広報活動
⑤ 安全、衛生に関する教育訓練の基本計画立案と実施
⑥ 安全、衛生委員会および専門委員会の運営事務
⑦ 安全、衛生に関する官公署、団体、業界等との渉外事務
⑧ 健康診断、疾病予防のための措置の実施
⑨ 災害発生時の救急援助
⑩ 災害統計等の記録、保管
⑪ その他安全、衛生に関する事項

第三章 安全、衛生管理機構

（総括安全衛生管理者）

第6条 事業所長、工場長または総務部長をもって、総括安全衛生管理者とする。総括安全衛生管理者は、各事業場における次の業務を統括管理する。

① 従業員の危険または健康障害を防止するための措置に関すること
② 危険性・有害性等の調査及び必要な措置に関すること。
③ 従業員の安全または衛生のための教育の実施に関すること
④ 健康診断の実施およびその他健康管理に関すること
⑤ 労働災害の原因調査および再発防止対策に関すること
⑥ 前各号に掲げるもののほか、労働災害を防止するために必要な業務

（主務安全衛生管理者）

第7条 安全衛生管理担当の七等級者（課長クラス）または六等級者をもって、主務安全衛生管理者とする。主務安全衛生管理者は衛生管理者の資格を取得し、他の安全衛生管理者と協力し、総括安全衛生管理者の業務にかかる技術的事項の管理を推進する。

（安全・衛生管理者）

第8条 事業所における各部門の長をもって、安全管理者とする。安全管理者のうち、衛生管理者の資格を取得した者を安全衛生管理者とする。安全衛生管理者は主務安全衛生管理者に協力し、総括安全衛生管理者の業務のうち、安全、衛生にかかる技術的事項を管理する。

（産業医）

第9条 事業所ごとに産業医を置く。ただし、専属産業医がいない場合は、非専属産業医を委嘱することができる。

2 産業医は次の業務を行い、必要ある場合は事業所長に勧告し、または衛生管理者に対して指導、助言をしなければならない。

① 健康診断の実施、その他従業員の健

574

安全衛生管理規程

康管理に関すること

② 衛生教育、その他従業員の健康保持増進を図るための措置で、医学に関する専門的知識を必要とするものに関すること

③ 従業員の健康障害の原因調査および再発防止のための医学的措置に関すること

④ 産業医は一ヶ月に一回職場を巡視し、必要な事項について助言しなければならない。

（作業主任者）

第10条　政令で定める作業区分に応じて、それぞれの資格ある者のうちから、作業主任者を置く。

作業主任者は当該作業に従事する従業員を指揮して、それぞれの法規に定める事項を行なう。作業主任者をおくべき業務は、次の項目とする。

① ボイラー取扱い業務
② 電気工作物業務
③ 危険物業務
④ 乾燥設備作業業務
⑤ プレス作業
⑥ はい作業業務
⑦ 木工加工作業

（安全衛生委員会）

第11条　総括安全衛生管理者の安全、衛生に関する諮問機関として、安全衛生委員会

を設ける。安全衛生委員会の組織運営については、それぞれの安全衛生委員会規則による。

毎月一回合同会議を開き、災害防止対策を検討し、具体的措置を決めるものとする。

第四章　職制の安全、衛生

（職制の安全・衛生職務）

第12条　職制の長（安全管理者または安全衛生管理者）は、次にかかげる職務を行なうとともに、担当職務をよく把握し、災害を未然に防止するための監督、指導を行うものとする。

① 安全、衛生に関する業務計画立案への参画
② 安全、衛生に関する諸規程の実施状況の把握
③ 安全、衛生に関する教育訓練の実施状況の把握
④ 担当する施設、機械または物品の定期点検および整備ならびに危険がある場合の応急措置または適当な防護の措置
⑤ 安全装置、保護具の定期点検および整備
⑥ 発生した火災原因の調査および対策樹立への参画、実施
⑦ 労働環境衛生に関する調査
⑧ 作業条件、施設等の衛生上の改善
⑨ 安全指導者、作業主任者の統括
⑩ その他安全、衛生に関する事項

2　安全管理者および安全衛生管理者は、

班長をもって安全指導者とする。

（安全指導者）

第13条　各部門の六等級者（係長クラス）

2　安全指導者の役割りは、別に定めるところによる。

（安全指導者、作業主任者の職務）

第14条　安全指導者、作業主任者の職務は、法令に定めるものの他次の通りとする。

① 担当する施設機械または物品の点検、設備および異常ある場合の応急措置または適当な防護の措置
② 安全装置および保護具工具等の点検整備
③ 性能検査の準備、立会
④ 作業者の安全保持のための指揮監督
⑤ 事故発生時の応急措置、原因調査の報告
⑥ その他安全、衛生に必要な事項

第五章　安全装置

（安全装置）

第15条　従業員は、次にかかげる機械および器具については、安全装置を有しないものを使用してはならない。また、法に定める検査に合格したものでなければ使用してはならない。

① 堅固な覆いを有しない研磨盤の砥石

安全衛生管理規程

② 安全装置を有しないプレスまたは切断機
③ 性能検査に合格しないボイラー
④ 保護装置のない電気機器
⑤ 性能検査に合格しない起重機
⑥ 巻きこまれる恐れのある覆いのない回転体またはベルト
⑦ その他法令または安全基準で定めるもの

（従業員の遵守事項）
第16条　従業員は安全装置を取りはずし、またはその機能を失わせてはならない。臨時に安全装置を取りはずし、または機能を失わせる場合は、安全管理者または安全指導者あるいは作業主任者の許可を受けねばならない。

第17条　前条の許可をうけて、安全装置を取りはずし、または機能を失わせたとき、もしくはこれの必要がなくなったときは、ただちにこれを現状に復さねばならない。また、安全装置に異状を発見した場合は、速やかに安全管理者、安全指導者に報告しなければならない。

（使用禁止の明示）
第18条　安全管理者、安全指導者は、安全装置のない機械器具には修理中、使用禁止等の明示をして従業員に使用させてはならない。

第六章　安全点検

（安全点検）
第19条　災害予防措置として法令に定める自主検査を含め、次の区分で点検を行うものとする。
① 安全状態の点検
　(イ) 日常点検　安全指導者または作業主任者があらかじめ定められた箇所を就業の前後に行う点検
　(ロ) 定期点検　安全管理者または安全衛生管理者が、あらかじめ定められた方法により一定の期日に定めて行う点検
　なお、法令に定める自主点検の結果は記録の上、三年間保管するものとする。
② 安全行為の点検
　安全作業基準による作業の実施状況の点検
　(ロ) 第1項の点検区分による点検は作業場ごとに定める

第七章　災害発生時の措置および報告

（災害発生時の措置）
第20条　災害事故を発見した者は、負傷者の救護を第一とし適切な措置を取るとともに、直属上司に急報しなければならない。

（災害の報告）
第21条　前条の知らせを受けた上司は、速やかに臨機の処置を指示するとともに、事業所長、工場長または管理課係に報告しなければならない。

（再発防止の措置）
第22条　災害事故および負傷者が発生したときは、安全管理者は事故確認書を事業所長へ報告するとともに、原因の調査と再発防止のための措置を取らねばならない。

（報告）
第23条　総括安全衛生管理者は、次の各号にかかげる災害については、速やかに人事部長に報告するものとする。
① 休業一日以上の災害
② 人に傷害を与える恐れのあった重大な物的事故
③ その他とくに報告の必要を認めた災害

第八章　就業制限および禁止

（免許を必要とする業務）
第24条　次の各号にかかげる業務に従事する者は、それぞれ資格免許を有するものでなくてはならない。
① ボイラー取扱い業務
② 電気工作業務
③ 危険物取扱い業務
④ その他法令による免許を要する業務

（特殊業務作業者）
第25条　次の各号にかかげる業務に従事する

安全衛生管理規程

者は、それぞれ定める技能講習修了者および特別教育修了者のうち、安全管理者から指名された者でなければならない。

① 電気工作物の施行または高圧ならびに低圧電線路およびこれに属する電気機械器具の取扱い業務
② 砥石車の取替えおよび試運転業務
③ アーク溶接業務
④ ガス溶接業務
⑤ フォークリフト運転業務
⑥ 玉掛け業務
⑦ その他安全管理者の指定する業務

（立入制限）
第26条 従業員は、次にかかげる場所に業務に関連なく、みだりに立ち入ってはならない。
① 高熱物を取り扱う場所
② 著しくガス、蒸気または粉塵を発散し、衛生上有害な場所
③ 有害物を取り扱う場所
④ 危険物を取り扱う場所
⑤ 立ち入りを禁止された柵または囲いの中
⑥ その他立ち入りを禁止されている場所

（就業制限）
第27条 次の各号にかかげる業務に従事する者は、満一八歳以上の者でなければならない。

① 運転中の原動機または原動機から中間軸までの動力伝導装置の掃除、給油、検査、修理またはベルトの掛け替え業務
② 動力によるプレス機械の金型または シャーの刃部の調整および掃除業務
③ 動力によるプレス機械、シャー等を用いる厚さ八ミリメートル以上の鋼板加工業務
④ 岩石または鉱物の破砕器に材料を供給する業務
⑤ ゴム、ゴム化合物または合成樹脂のロール練り業務
⑥ 危険物を製造し、または取り扱う業務で爆発、発火または引火の恐れのあるもの
⑦ 鉛、水銀、クローム、ひ素、黄りん、ふっ素、塩素、青酸、アニリン、その他これに準ずる有害なもののガス、蒸気または粉塵を発散する場所における業務
⑧ 土石、獣毛等の塵埃または粉末を著しく飛散する場所における業務
⑨ ラジウム放射線、エックス線、その他の有害放射線にさらされる業務
⑩ 多量の高熱物体を取り扱う業務および著しく暑熱な場所における業務
⑪ 焼却、清掃または屠殺業務
⑫ その他女子年少者労働基準規則第八条に規定する業務

（女子の就業制限）
第28条 次の各号にかかげる業務に、満一八歳以上の女子を就業させてはならない。

① 運転中の原動機または原動機から中間軸までの動力伝導装置の掃除、給油、検査、修理またはベルトの掛け替え業務
② 動力によるプレス機械のシャー等を用いる厚さ八ミリメートル以上の鋼板加工業務
③ 岩石または鉱物の破砕器に材料を供給する業務
④ 多量の高熱物体を取り扱う業務および著しく暑熱な場所における業務
⑤ 鉛、水銀、クローム、ひ素、黄りん、ふっ素、塩素、青酸、アニリン、その他これに準ずる有害なもののガス、蒸気または粉塵を発散する場所における業務
⑥ その他女子年少者労働基準規則第9条に規定する業務

（就業禁止事項）
第29条 次の各号の一に該当する者は、就業を禁止する。
① 病毒伝ぱのおそれある伝染性の疾病にかかった者
② 心臓、腎臓、肺等の疾病で労働のため病勢が著しく増悪するおそれのあるものにかかった者
③ 就業によって病状悪化の恐れのある者および病後健康が回復しない者

安全衛生管理規程

（健康上保護を要する者の措置）
第30条 健康上保護の必要を認めたものは就業禁止の他、業務の転換および労働時間の短縮等の措置をとる。
（就業制限および禁止の遵守）
第31条 従業員は、就業制限または就業禁止を受けた場合は、その指示にしたがわねばならない。

第九章 健康管理

（作業環境の維持管理）
第32条 事業場の長は、事業場における衛生の水準の向上を図るため、作業環境を快適な状態に維持管理するよう、適切な指示をしなければならない。
（作業環境測定）
第33条 有害な業務を行う屋内作業場、その他の作業場では必要な作業環境測定を行い、その結果を記録しておかねばならない。
作業環境の測定を行う作業場は、次のとおりとする。
① 土石、岩石または鉱物の粉塵を著しく発散する屋内作業場
② 暑熱、寒冷または多湿の屋内作業場で労働省令で定めるもの
③ 著しい騒音を発する屋内作業場
④ 有機溶剤を製造し、または取り扱う業務を行う屋内作業場
⑤ 特別化学物質を製造し又は取扱う屋内作業場
（作業環境測定の実施）
第34条 作業環境の測定については、各事業場の安全、衛生担当の係が作業環境測定士の資格を取得し、これを実施せねばならない。作業環境測定士がいない事業場では、当該作業環境測定を作業環境測定機関に委託しなければならない。
2 作業環境測定の項目、記録の保管については、それぞれの事業場の衛生基準で定めるものとする。
（健康診断等）
第35条 従業員は、会社の行う定期健康診断および予防接種を正当な理由なくして拒むことはできない。ただし、健康診断期間中に他の医師の診断を受け、その結果を証明する診断書およびX線写真を提出した場合はこの限りでない。
2 健康診断項目については、別に定める。
（特殊健康診断）
第36条 次の各号の一に該当する者は、定期健康診断の他、特殊健康診断を受けなければならない。
① 多量の高熱物体を取り扱う業務または著しく暑熱な場所における業務
② 著しく塵埃または粉末を飛散する場所および強烈な騒音を発する場所における業務
③ 有害物を取り扱う業務
④ その他衛生管理者が指定する業務

第十章 防火管理

（防火管理）
第37条 防火管理に関しては、別に定める防火管理規程による。

第十一章 安全衛生教育

（教育への参加）
第38条 従業員は、会社が行う安全衛生に関する教育に進んで参加しなければならない。
（教育の区分）
第39条 安全衛生教育訓練は、次の各号により行うものとする。
① 新入従業員に対して行う教育訓練
② 新作業就業者に対して行う教育訓練
③ 一般従業員に対して行う教育訓練
④ 安全指導者、作業主任者に対して行う教育訓練
⑤ 管理職位にある者に対して行う教育訓練
⑥ 特殊作業者に対して行う教育訓練
2 前項各号による安全衛生教育訓練の内容・方法については、別に定める。

第十二章 保護具

（保護具）

産業用ロボット安全規則

第一章 総則

（目的）
第1条　この規則は社内で使用する産業用ロボットならびにその周辺装置で構成されるロボットシステムにかかわる災害を未然に防止するため、ロボットの管理、導入計画、保全点検、および操作に関する一般的事項について定める。

（適用範囲）
第2条　この規則は、日本工業規格の産業用ロボット分類のうち、生産用として使用するサーボ機構付可変シーケンスロボット、プレイバックロボット、数値制御ロボットおよび知能ロボットの作業に適用する。

（関係法令の遵守）
第3条　この規則は関係法令との間に差異がある場合は関係法令を優先するが、明らかに本規則が内容において安全性にすぐれていると判断される場合は、本規則を優先する。なお上記法令に定められた事項は、本規則に記載されていなくとも遵守しなければならない。また関係法令は最新のものであること。

第40条　従業員は、次の各号の一に該当する業務に就業する場合は、所定の保護具を使用しなければならない。

① 多量の高熱物体を取り扱う業務
② 有害物を取り扱う業務
③ 著しくガス、蒸気または粉塵を発散し、安全衛生上有害な場所における業務
④ 強烈な騒音を発する業務
⑤ 感電の恐れのある業務
⑥ その他会社の指定した業務

（保護具の管理）
第41条　従業員は、会社から支給された保護具は使用に注意し、紛失、破損、散逸、不潔にならぬよう心がけねばならない。

（掃除）
第42条　従業員は、会社の行う大掃除については、所属長の指示にしたがわねばならない。

（廃棄物の処理）
第43条　従業員は清掃に注意し、廃棄物を定められた場所以外に捨ててはならない。

第十三章　安全衛生基準

（安全基準・衛生基準の作成）
第44条　事業場の長は、本規程の効果を上げるため各事業場の特性にあった安全基準、衛生基準を定め災害防止、作業環境の向上に努めなければならない。

（規程の改廃）
第45条　この規程の改廃は、安全衛生委員会において審議され、人事部長の決裁を経て行う。

（実施）
第46条　この規程は、平成〇〇年〇月〇日から実施する。

（免許、技能講習）
次の各号に該当する業務に従事するものは、資格免許取得および講習を修了しなければならない。ただし、すでにこれらの免許を取得している者および講習を修了しているものは、この限りでない。

① 第7条に掲げる衛生管理者業務
② 第10条に掲げるボイラー業務
　電気工作物取扱い業務
　危険物取扱い業務
　乾燥設備作業業務
　プレス作業業務
　はい作業運転業務
　木工加工作業業務
　第25条に掲げる砥石車の取替えおよび試運転業務
　アーク溶接業務
　ガス溶接取扱い業務
　フォークリフト運転業務
　玉掛け業務

③
④ 第34条に掲げる作業環境測定業務

付　則

産業用ロボット安全規則

(用語の意味)
第4条 この規則で用いられる主な用語の意味は次のとおりである。
① 周辺装置……ロボット本体の制御にかかわる装置
② 作業者……ロボットを操作するなどロボットにかかわる作業を行う指名業務者
③ 作業主任者……ロボットに関連する作業の管理を行う者
④ 被把持物……ロボットによって把持される対象物
⑤ 危険領域……その中に立ち入った場合に危険な状態が起こる恐れがある領域
⑥ 安全手段……安全防護の機能を有する設備・装置および安全防護を実現するための対策・方法
⑦ 自動の状態……直接人が操作することなく決められた順序または、制御命令によって、ロボットが自動的に動作を行っているか、もしくは動作を行いうる状態
⑧ 手動の状態（教示を含む）……直接人が操作を行いうる状態
⑨ フェイル・セイフ……システム内で誤動作や異常が発生した場合に、システムが安全側に動作すること。
⑩ 非常停止……ロボットを含むシステムの異常動作に対処するため、人の意志による急速な停止

第二章 管理体制

(作業主任者の選任)
第5条 ロボット使用部門の管理者は、ロボット作業の管理および指導を行うに当たり十分な知識の技能を有すると認めた者のうちから、作業主任者を選任するとともにその職務を明確に指示しなければならない。

(作業主任者の職務)
第6条 作業主任者は、ロボット作業ごとにロボット製造者が保証する仕様範囲および取扱い注意事項を十分考慮の上、作業指導票を作成しこれを作業者に指導して安全作業の周知徹底を図るとともに、ロボット作業の安全防護のために設けられた安全手段が有効に機能するよう次の事項を行う。
① 非常停止機能が常に有効に動作するよう管理すること
② 危険領域が確実に防護されるよう管理すること
③ ロボットのプログラムおよび設定速度の管理を行うこと
④ 二人以上の作業者によるロボットの操作に関する管理を行うこと
⑤ 操作盤にキースイッチを設けたときは、当該キーを保管すること
⑥ 日常点検、定期点検の管理を行うこと

(作業者の指名)
第7条 ロボット使用部門の管理者は、ロボット作業に必要な知識および技能に関する教育課程を終了した者のうちから作業者を指名しなければならない。

(作業主任の周知)
第8条 ロボット使用部門の管理者は、作業主任者の氏名および職務内容をロボット周辺の見やすい箇所に掲示しなければならない。

(教育)
第9条 ロボット使用部門の管理者は、作業主任者の選任および作業者の指名に先だち別途定める「ロボット作業教育基準」にもとづき、ロボット作業ごとにその作業の実態に即した教育計画を立案し、それを実施しなければならない。主な教育件名を次に示す。
① ロボットの仕様、構造、機能およびその取扱い要領
② ロボットの教示および操作要領
③ 保守点検要領
④ 作業方法および安全（注意）事項
⑤ 異常時の処置

産業用ロボット安全規則

第三章　導入計画

（導入計画）

第10条　ロボット導入計画者は、潜在する危険な状態を想定し万一異常が生じた場合でも、人に対する最大の安全性を図り、かつロボットおよび周辺装置の損傷を最少にするため別途定める「ロボット導入計画基準」にもとづき計画しなければならない。

計画に当たっての基本事項を次に示す。

① 基本思想は社内基準「新設設備機械導入計画基準」によること
② ロボットの外面に鋭利な角および突起等危険な部分がないこと
③ 必要な強度を有すること
④ 人間工学的な配慮により作業の安全を確保すること
⑤ 保全性を確保すること
⑥ 電圧・油圧または空気圧の変動、停電その他の異常もしくは制御系統に起因するロボットの誤動作の際、ロボットによる危険を防止するため、フェイル・セイフ等の本質安全化を図ること
⑦ ロボットの危険領域内に入って教示作業等を行う場合、ロボットの腕の先端速度は三〇 cm／s 以内とすること

第四章　設　置

（機器配置）

第11条　ロボットシステムを構成する機器の配置は、操作性、保全性および安全性を考慮し次の事項を守ること。

① ロボットの動作範囲および操作ならびに保全作業範囲を考慮し、必要な作業空間、作業面積を確保すること
② ロボットの操作盤はロボットの動作範囲内に設置しないこと
③ 非常停止釦は作業者が容易に操作し得る場所に設置すること

（据付）

第12条　ロボット作業を行うに当たり、ロボット本体が容易に移動、転倒しないようアンカボルト等で固定すること。

（電源シャ断装置）

第13条　ロボットシステム専用の電源シャ断装置を設けること。ただし、ノイズ等の外乱によりロボットの誤動作を誘発するおそれのある場合を除く。

また、ロボットシステムを構成する各機器は第三種接地を施すこと。

（電気配線）

第14条　ロボットシステムに供給する電気配線を、通路面において使用しないこと。ただし仮設置配線または移動配線で当該配線の上を車輛その他が通過すること等による絶縁被覆の損傷のおそれのない状態で使用する場合を除く。

（誤動作防止）

第15条　周囲作業環境からノイズ等の外乱が侵入しないよう、ロボットの誤動作を防止するための装置を講ずること。

（危険領域）

第16条　ロボット作業の形態に応じて危険領域を明確にするとともに、安全防護柵等を設け、ロボットが自動の状態で運転または待機している間、人が容易に危険領域内に入れないようにすること。また危険領域内に入ったらロボットが停止する機能を設けること。

（使用前試験）

第17条　飛来または落下することにより、作業者に危険をおよぼす恐れのある加工物では使用する把持機構が当該加工物を確実に把握できるかを試験し、合格しない場合は当該作業をしてはならない。把持機構の試験は、次に示すいずれかの方法により行うものとし、いずれの場合でも加工物を安定して保持した場合、合格とみなす。

① 当該ロボット、把持機構、加工物の組合せにて
　① 定常運転における速度および加速度による繰返し試験を一〇〇回行う方法
　② 定常運転の一二〇％以上の速度およ

産業用ロボット安全規則

び加速度による繰返し試験を四〇回行う方法

第18条 無段可変速のロボットを使用する場合、当該ロボットの最高速度で加工物を安定して把持できない恐れのあるときは、次に示す方法で、使用最高速度および使用最高加速度を求めること。

当該ロボット、把持機構、加工物の組合せにて

① ロボットの動作速度を上昇させ、加工物を安定して保持しうる速度を求め、この速度の八〇％を使用最高速度とすること。ここで加工物を安定に保持しうるとは、第17条の①に定める試験に合格することである

② ロボットの動作速度を上昇させ、加工物を安定して保持しうる加速度を求め、この加速度の八〇％を使用最高加速度とすること。また、これはマイナスの加速度試験でもよいとする

（安全確認）

第19条 ロボットシステム使用部門の管理者は、当該ロボットシステムの稼働に先だち安全管理部門による安全確認検査を受け、合格したものでなければ使用してはならない。

第五章 保全・点検

（安全手段の保全）

第20条 ロボット作業にかかわる危険を防止

するために設けられた安全手段の効力を正当な理由なく低減または、失わせないこととし、次の事項を守ること。

① 作業者は安全手段を取り外し、またはその機能を失わせた状態で使用しないこと

② 作業者は臨時に安全手段を取り外し、またはその機能を失わせる必要があるときは、あらかじめ作業主任者の許可を受けること。なお安全手段を取り外し、またはその機能を失わせたときは、その必要がなくなった後、ただちに元の状態に復すること

③ 作業主任者は安全手段が取り外され、またはその機能を失ったことを発見したときは、速やかにその旨を作業主任者に申し出ること

④ 作業主任者は作業者からの前号の申し出があったときは、速やかに修復すること

第21条 ロボット使用部門の管理者は、ロボットの改造、改善を行った場合新しい危険を伴う恐れがあるので、必要があればこれに対する安全手段を講ずるとともに、第19条による安全確認検査を受けること。

（点検）

第22条 作業主任者は、ロボットシステムおよびその安全手段が常に正常に機能するようロボット作業の実態に即した日常点

検および定期点検の管理を行うこと。
なお、ロボットを停止させ点検または修理等を行う場合は、ロボットの起動装置に施錠するか、もしくは表示板を取り付けること。

（日常点検）

第23条 作業者は日常点検として、作業を開始する前に少なくとも次に示す始業前点検を行い、その記録を一カ月ごとに作業主任者へ報告すること。

① 作業域内の整理、整頓、清掃状態
② 移動、可動電線の絶縁被覆の損傷の有無
③ 操作盤、可搬型操作箱の損傷の有無
④ ロボットの作動および停止状態の確認
⑤ 各種表示灯の確認
⑥ 非常停止装置および安全手段の各種インターロック機能の確認
⑦ ロボット本体の据付ボルトの締付状態

（定期点検）

第24条 ロボット使用部門の管理者はロボット製造者が推奨する定期点検要領にもとづき、点検項目および点検周期を立案し、作業主任者がこれを管理する。

第六章 操 作

（作業服装）
第25条 作業者はロボット作業の実態に即した服装および保護具を装着し、当該作業に従事すること。

（電源の投入）
第26条 作業者は危険領域内に人がいないことを確認し、主電源もしくはサーボ電源等を投入すること。

（教示）
第27条 作業者はロボットが教示の状態で動作している間はロボットの危険領域内に入ってはならない。ただし、教示中に当該ロボットが誤動作してもロボットの腕の先端速度が三〇cm/sを超えない機能が設けられ、その機能が作動中の場合を除く。

第28条 教示作業の安全化を図るための基本事項を次に示す。
① 非常の際の電源停止、被災者の救出等を行わせるため原則として監視人を置くこと。
② 教示する操作釦とロボットの動きを確認して誤操作を防ぎかつロボットから視線をはなさないこと。
③ 誤動作、誤操作による不測の事態を予測し、すぐ身を避けることができるよう足元および周囲に十分注意しておくこと。
④ ロボット製造者が定める操作上の注意事項を遵守すること。

（段取・調整）
第29条 作業者は危険領域内で把持機構等の交換作業を行う場合、主電源もしくはサーボ電源等をシャ断してロボットの駆動エネルギーを開放すること。

第30条 作業者は被把持物、被加工物の交換および調整、ならし運転等の作業を手動の状態で行う場合、ロボットの危険領域内に入ってはならない。
ただし、当該ロボットが誤動作してもロボットの腕の先端速度が三〇cm/sを越えない機能が設けられ、その機能が作動中の場合を除く。

（自動運転）
第31条 作業者はロボットが自動の状態で作動している間は、いかなる場合でもロボットの危険領域内に入ってはならない。なお自動運転中の安全を確保するため次に示す安全手段が設けてあること。
① ロボットが自動の状態にあることを光学的手段等により表示する機能
② 危険領域内に作業者が侵入した場合、ロボットが停止する機能

（プログラムの管理）
第32条 作業者は二つ以上のプログラムでロボット作業を行う場合、作業内容の変更のつど、当該作業とその作業のプログラムとが合致しているかを確認すること。ただし当該作業とプログラムとがシステム上、インターロックされている場合を除く。

（速度等の使用制限）
第33条 作業者は当該ロボット作業において設定された速度、加速度および可搬重量を超えて使用してはならない。

（異常時の措置）
第34条 作業者はロボットの異常作動を発見した場合、速やかに非常停止操作等の危険防止措置を行い、その旨を作業主任者へ申し出ること。

（故障〈事故〉の再発防止）
第35条 作業主任者は故障（事故）または異常が発生した場合、その原因を究明するとともに、この先例を安全防護に生かし故障（事故）または異常再発防止に努めること。なおこの結果を別表-1の「産業用ロボット故障（事故）記録」に記載すること。

（運転記録）
第36条 作業者はロボットの適正な使用およびロボット作業の円滑な安全管理を推進するため、ロボットの稼動時間および停止時間等を別表-2の「運転記録」に記載し毎月これを作業主任者へ報告すること。

産業用ロボット安全規則

第七章 記録

(記録の保管)

第37条 ロボット使用部門の管理者は次に示す記録を三年間保管すること。
① 日常点検および定期点検記録
② 故障（事故）および補修記録
③ 運転記録
④ その他必要と思われる記録類

第八章 雑則

(設計図書類の整備)

第38条 ロボット使用部門の管理者はロボットに関する仕様書、取扱い説明書ならびにロボット作業の作業指導書等を整備保存すること。

(細則等の制定)

第39条 この規則を運用するために必要と認められる場合には別に細則を制定する。

(付則)

第40条 本規則は平成〇〇年〇月〇日より実施する。

(別表1) 産業用ロボット故障（事故）記録

ロボットシステム名称	プラントNo.	設置年月

発生日時 月・日／時　刻	故障（事故）発生状況	故障部位			故障原因	修理・措置内容	修理者	修理日時 月・日／時	ロボット停止時間
		ロボット	周辺	部品名					

産業用ロボット安全規則

(別表2) 産業用ロボット運転記録

年　月

ロボットシステム名称	プラントNo.	設置年月

項目＼日付	ON：正常時間 (Hr) 稼働時間	ON：正常時間 (Hr) 準備時間 段取時間 教示時間	OFF：停止時間 (Hr) 計画保全時間	OFF：停止時間 (Hr) 異常停止時間 3Hr/件以内 チョコ停	OFF：停止時間 (Hr) 異常停止時間 3Hr/件を超えるもの 故障	OFF：停止時間 (Hr) 異常停止時間 3Hr/件を超えるもの 作業環境	備考
1 (　)							
2 (　)							
3 (　)							
4 (　)							
5 (　)							
6 (　)							
7 (　)							
8 (　)							
9 (　)							
10 (　)							
11 (　)							
12 (　)							
13 (　)							
14 (　)							
15 (　)							
16 (　)							
17 (　)							
18 (　)							
19 (　)							
20 (　)							
21 (　)							
22 (　)							
23 (　)							
24 (　)							
25 (　)							
26 (　)							
27 (　)							
28 (　)							
29 (　)							
30 (　)							
31 (　)							
計							

安全衛生心得

第一編　共通安全衛生心得

安全の道しるべ

安全への道は安全規則と安全心得の順守に始まり不断の努力と工夫によって築き上げられる。

安全の励行と連絡の徹底は安全の確保に最も大切である。

どんな立派な安全装置もこれを活用しなければその目的は達せられない。

安全は能率の原動力であり、生産と質と量を向上させる！

安全は誰のためのものでもない。みんなあなた自身のものである！

日常の心得

一、まず健康

健康はあらゆる活動力のみなもとである。

暴飲、暴食、夜ふかしは禁物。

二、家庭円満

家庭の心配ごとを職場に持ち込むと思わぬけがをする。

災害は家庭から尾を引く

——安全であしたの笑顔をゆうべまで——

第1章　一般心得

第1節　服装

(1) よく身に合った服装をすること。

(2) どんな暑いときでも、どんな熱い場所でも裸で作業をしないこと。

(3) だらしのない服装は危険である。

① 機械に巻き込まれやすい、腰手ぬぐい、首手ぬぐいをやめること。

② 上着のすそ、そで口やズボンを引締めておくこと。

③ 作業服が破れたらすぐつくろい、油などでよごれて火のつきやすくなったものはすぐ洗うこと。

(4) 作業帽を必ずかぶること。

(5) 素足、げたばきは禁物。はき物は安全靴のように、すべらないもの、物が落ちてもけがをしないもの、くぎなどを踏んでも通らないものがよい。

(6) 手袋は作業内容に適したものを使う。また、巻き込まれるような危険のある作業には手袋を使わない。ポケットには鋭い刃物その他危険なもの、燃えやすいものを入れないこと。

——正しい服装、作業も安全——

(7) 次の作業にはそれぞれ保護手袋・ゴム長靴・その他の保護具を必ず使うこと。

① 高熱物取扱作業

② 重量物運搬作業

③ 活線作業

第2節　保護具

(1) 保護具は完全なものを確実に使用すること。

(2) 保護具の取扱いをていねいにすること。

(3) 次の作業には必ず保護メガネを使うこと。

① 電気溶接・ガス溶接とその補助作業

② ハツリくず・切り粉などの飛ぶ作業（グラインダー・ハツリ・コーキング・さび落し・砂落し・木工機械・旋盤・フライス作業など）

(4) 音の激しい作業場では必ず耳せんを使うこと。

(5) 粉じんの多い場所や有害なガス、蒸気の発生する場所では、その状態に応じた安全な保護マスクを必ず使うこと。

(6) 次の作業場には必ず安全帽を着用のこと。

① 製缶作業

② 仕上、組立および塗装作業

③ 機械作業

④ 玉掛作業

⑤ 場内運搬作業

⑥ 製缶、組立検査作業

⑦ その他物体の落下するおそれのある場所での作業

安全衛生心得

④ 毒劇性薬品（毒物・劇物・強酸・強アルカリなど）の取扱作業
⑤ その他油ふをいためる作業

(8) 保護手袋は、ハンマーを使用する作業や巻き込まれるおそれのある作業（ボール盤・フライス盤・旋盤・手送り木工機械・ロール機械など回転する機械の作業）には使わないこと。
(9) 保護具の不具合なときは責任者に申し出ること。
(10) 保護具は、作業員みずからの工夫と研究によって安全なものにするよう努めること。
　　　　―安全帽かぶろう頭にも心にも―

第3節　作業一般

(1) 作業心得をよく守り規則にしたがうこと。
(2) 作　業　前
(3) 作業の段取りや順序は前もって工夫し、とくに安全を第一とすること。
(4) 機械・器具・工具と安全装置は作業開始前に必ず点検すること。
(5) 作業中は作業に専念し、熟練しているからといって油断しないこと。
(6) やたらに他人の作業場に入らないこと。
(7) 受け持ち以外の機械や器具・工具を勝手に使わないこと。
(1) いつも元気よく朗らかに―物ごとにくよくよするのは禁物。

(8) 作業中の者には、なるべく近寄ったり話しかけたりしないこと―むだ口・よそ見はけがのもと。
(9) 共同作業では指揮者を決め、よく呼吸を合わせ連絡を十分にすること。
(10) 共同作業で欠員ができたときは、とくに無理をしないこと。
(11) 危険な作業をするときは、必ず危険標示をすること。必要があれば、赤旗・標示板・さく・なわ張りなどを設けたり見張人をおいて警戒すること。
(11) 危険を感じたり危険信号を発見したときは、まず身の安全を図るとともに付近の人にも警告すること。
(13) 工具・材料などの受け渡しは、ていねいに取扱い、決して上げたりしないこと。
(14) 機械の不具合を調べたり、掃除をしたり、注油をしたりするときや歯車の入替えをするときは、必ず機械の運転を止めること。
(15) やむを得ず作業場を離れるときは、機械の運転を止め、材料・工具類を整理しておくこと―とくに電気溶接の場合は元スイッチを切ること。
(16) 停電したときはすぐスイッチを切ること。
(17) 電気の故障は危険だから必ず責任者に申し出る―勝手に修理しないこと。
(18) 電気溶接のアークは目を傷めるから、保護メガネや遮光板を利用し直接目に入らないようにすること。

(19) 踏台には機械・箱などのころびやすい物を使わないこと。
(20) 起重機の下や高所作業の行われている下で作業するときは、常に頭上に注意すること。
(21) 雨天や雪降りのときや、床が油でぬれているときは、すべりやすいから、とくに足元に注意すること。
　　　　作　業　後
(22) 作業後は機械の掃除・手入れ・点検を十分にすること。
(23) 使用後の器具・工具は決められた場所に整頓するか返納すること。
(24) 作業終了後はあと始末を怠らず、作業場をよく清掃すること。
　　　　夜間作業
(25) 夜間作業の段取りを明るいうちにしておくこと。
(26) 夜間はとくに照明用具を完備し、通行の際足元に注意すること。
(27) 外業はとくに高所作業やタンク内の作業をなるべく避けること―とくに単独行動は禁物。
　　　―始業時に今日も誓おう安全作業―

第4節　整理整頓

(1) 作業場は作業員の一人ひとりが進んで整理整頓・清掃すること。整理整頓は災害を半減する。
(2) 工具類を足場・機械・材料などの上に決

587

安全衛生心得

(3) 通路や階段や軌道には、品物を置かないこと。

(4) 通路は白線ではっきり示し、品物を通路に出さないこと。

(5) 品物を運搬したときは、すぐ整頓しておくこと――二度手間かけぬように。

(6) スクラップ・くぎのついた木片・丸棒・パイプの切れ端・切りくず・切り粉などを、作業場や通路に放っておかないこと。板についたくぎは、必ず抜くか折り曲げておくこと。

(7) 品物を不安定に積まないこと。品物は水平に積み、必要があればあて木やまくらをあてがったり、ロープで縛るなど、押してもくずれないようにすること。

(8) 材料・工具・製品などを、設備のない壁や柱に立てかけないこと。

(9) 床面に油を散らさない。また、気がついたらすぐふきとること――すべってけがをしたり、させたりする。

(10) 作業台・工具棚とその引出しをいつも整理整頓しておくこと。

(11) 消火器置場・出入口・非常口・原動機・配電盤・メインスイッチ・担架などの付近には、品物を置かないこと。

(11) 引火性、発火性、爆発性のものなどは、はっきり標示し、必ず決められた場所に置いて放っておかないこと。使用後は必ず決められた場所に整頓しておくこと。

(14) ガス・エアホース・電気溶接線などを、通路・レールを通って周辺に引くときは、一定の場所にまとめておくこと。

(15) 高い所に物を置き放しにしないこと。

(16) 不用の屑物・スクラップ・油ボロなどを所定の容器に区別しておくこと。

(17) ガラス窓などを清掃し、作業場を明るくすること――整頓で狭い通路も広くなる。

第5節 通　行

(1) 構内通行中は、足元や周囲の作業によく注意すること。また、むやみに走らないこと。

(2) 急ぐときは、とくに周囲に気を配ること――出入口や曲がり角から何が突き出るかわからない（車でも、一台だけと思ったら二台続いていることがある）。

(3) ドアを急に強くあけないこと――外側に誰かいるかも知れない。

(4) 通路やレールを横切るときは、必ずいったん停止して前後左右に注意すること。

(5) 通路では次の順序で道を譲ること。
　① 荷物を積んだ車
　② 空　車
　③ 荷物を運ぶ者
　④ 歩行者

(6) 起重機の下や高所作業の行われている下は、やむを得ない場合のほか通らないこと。

(7) 機械・積荷の間、危険な作業場、危険標示、危険さくなどのある所は近道をしないで必ず避けて通ること。

(8) 階段ののぼり降りには手すりに片手をそえること。はしごやタラップ（なわばしご）ののぼり降りには手に品物をもたないこと。

(9) 定盤・光っているレール・鉄板などの上は、とくにすべりやすいから気をつけること。

(10) ポケットに手を入れたまま歩かないこと。

(11) 運搬車は衝突、追突、接触しないように注意し、なるべく前車との距離を三m以上に保つこと。

(11) 構内での各種自動車は決められた速度で徐行すること。

(13) 構内での自転車はむやみに疾走しないこと。また二人乗りをやめる。

(14) 暗い場所と夜間の通行には必ず懐中電灯を使うこと。

――近道、横道、怪我の道――

第6節　火災防止

一　火災予防

(1) 「火気厳禁」を絶対に守ること。キハツ油類は遠方からでも火を呼ぶ。

(2) 決められた場所以外では許可なく火気を使用しないこと。

(3) 油ボロ・鋸くず・切り粉その他燃えやすい物を決められた容器、場所に整理するこ

安全衛生心得

(1) 消火器具・消火せんなどは常に整備し、その配置場所と使用方法をふだんからよく知っておくこと。

二 消 火

(11) 喫煙は決められた場所ですること。—くわえ煙草をしないこと。

(10) 電灯の笠には、紙その他燃えやすいものを使わない。

(9) 風のあるときは、とくに火気取扱いに注意すること。

(8) 作業用移動灯は必ず保護金網をつけたものを使い、油そうタンク内では防爆灯を使うこと。

(7) 溶接・溶断作業のときは、周囲に火のつきやすい物がないかどうかをよく確かめること。バーナーの点火には、必ず指定された発火器を使うこと。

(6) 残り火・電気スイッチ・ガスコックなどのあと始末は厳重にすること。—漏電、出火の原因となる。

(5) 火鉢・ストーブ・電熱器などは燃えない物の上に置き、付近を常に清掃すること。—直接板張りの上に置くのは危険。ストーブ・煙突など加熱出火のおそれがある物にはとくに注意すること。

(4) 破れた被覆電線や過大なヒューズ銅線などを使わないこと。

(3) 火災の際はガスのバルブを締め、電気のスイッチを切ること。

(2) 火災が起こったら、大声で付近に知らせるとともに守衛所および変電所に急報し、一人で消そうとしてはいけない。

(1) と—積み上げたり、長時間炎天にさらすと、自然発火することがある。

(2) 電気設備や電気配線の付近へ注水するときは、まず電気の通じていないことを確かめること。—感電することがある。

(3) 煙にまかれたら地をはって逃げること。作業服に火が付いたらころがりながら消すこと。

—時計を見るより火を見て帰れ—

第7節 新入者心得

(1) けがの大部分は、作業に不慣れのために起こるものであるから、この心得をよく守って安全作業を励行すること。

(2) 指導員や先輩の教えにしたがい安全な作業方法を早く覚えること。

(3) 早く工場内の事情がわかるようになること。

(4) 与えられた機械や器具・工具の性能をよくのみこむこと。

(5) 小さなことがらでも不審な点は指導員や先輩に尋ねること。—早合点や独断は絶対に禁物。

(6) 他人の機械・器具などには絶対に手出し

(5) 油類に水は絶対に禁物。消火器を使うこと。

(6) 煙にまかれたら地をはって逃げること。

(7) 時計を見るより火を見て帰れ

第8節 安全指導心得

(1) まず作業場内の危険な場所を教え、災害の起こりやすいことがらについて注意を与えること。

(2) 定期的にまたは必要に応じて部下に安全教育をすること。

(3) 自己および部下の仕事に関する安全心得を十分理解し、常に災害防止に努めること。

(4) 常に安全装置、保護具や危険標示を工夫するとともに、その使用励行に注意すること。

(5) 災害が発生したときは、その原因や対策を検討し、同じ事故を二度と繰返さないようにすること。

—安全はかけ声よりも心がけ—

第二章 救護と衛生

第1節 衛生一般

(1) 身のまわりや作業場は常に清潔に保つこと。

(2) 休憩時間中は努めて体を休め、とくに屋内作業者は屋外へ出て、新鮮な空気と日光に親しむこと。

(3) 有害物を決められた置場以外に放置しないこと。

をしないこと。—好奇心や無理から取り返しのつかぬ事故を起こすことがある。

—知らぬ機械に手出しは危険—

589

安全衛生心得

(4) 窓ガラス・電球・電灯の笠は、常にきれいにして採光をよくすること——よごれると明るさが三分の一に減る。

(5) 所定の場所以外でタンやツバをはいたり、小便をしないこと。

(6) 洗面所、便所等をとくに清潔にし、落書、破損などをせぬこと。

(7) 更衣所は常に清潔を保ち、通風を良くすること——また不用なよごれものを置かぬこと。

第2節 負傷疾病等の処置

(1) すぐ手当を受けること。

(2) けがや、やけどは、小さくても油断せず医師の診察をうけておくこと。

(3) 打撲傷やねんざは、きず口がなくても必ず医師の手当を受けること。

(4) 水におぼれたり感電やガス中毒した者を救い出すときは、救出者自身が二の舞にならないように十分注意すること。

(5) 目に異物が入ったときは、しろうと治療をせずにすぐ専門の医師の手当を受けること。

(6) 気分の悪いときは無理をせずにすぐ医師の手当を受けること。

第3節 救急法

救急法は医師の手当を受けるまでの、誰でも知っていなければならぬ応急手当である。救護用具を常に整備しておき、置場所とその使用法を十分心得ておかねばならない。負傷者が出たときは、きずの大小にかかわらず、すぐ医師に連絡して治療を受けること。その際、あわてて医師のもとに運ぶことだけを考えず、状況に応じて次の救急法を行う。

(1) 運転中の機械装置などで事故者が出たときはすぐに運転を止めること。

(2) 出血のある場合は次の方法でまず止血すること。

① 動脈を指圧する止血法。

② ひもや布などによる止血法。なお、原則として薬品を使わないこと

(3) 水におぼれたり感電やガス中毒のため人事不省に陥った者には、寸刻を争って人工呼吸を行うこと。水におぼれた者には人工呼吸に先立ちまず水を吐かせること。

(4) 負傷者は、原則として、すぐ水平に寝かせること。患者が吐き気を催したときは顔を横に向けて吐かせ、起き上がらないようにすること。

(5) 骨折の疑いのある者はやたらに移動させてはならない。負傷者を医師のもとに搬送するときは副木を使うこと。搬送には担架よりも戸板類がよい。

出血多量のときは止血してから人工呼吸を行うこと。

師を現場に急行させること。きず口には決して手を触れないで、なるべく減菌ガーゼをあてて包帯すること——脱脂綿をあてがってはいけない。

(7) 意識不明の者や、腹部打撲の者には、飲物を与えないこと。

(8) やけどをしたときはすみやかに次の処置をすること。

① 小さなやけどのときは植物性油を塗って医師のもとに行かせること。

② 大きなやけどのときは、すぐ着物を脱がせること。布が肉についているときは、無理にはがさないで、その部分を切り取って残すこと。患者はシーツでくるみ、できればホウ酸水をかけて毛布でくるみ、大急ぎで医師のもとに運ぶこと。

(9) ガス中毒にはまず通風換気の方法を講じ、すぐ医師の手当を受けること。

(10) ほとんどの場合、できる限り保温する。

(11) 脊椎・頸椎骨折の場合は、できるだけ医師の

第二編 工具取扱に関する安全心得

第一章 一般心得

(1) 工具はそれぞれの作業に適したものを使うこと。

(2) すべて工具は、その用途以外には使わないこと。

(3) 工具は使用前に必ず点検し、不完全なも

590

安全衛生心得

第二章 工具別作業心得

——まにあわせ工具道具は事故のもと——

第1節 ハンマー作業心得

(1) クサビのないハンマー、頭の抜けそうなもの、柄の折れそうなもの、まくれたもの、変形したものを、絶対に使わないこと。

(2) ハンマーを振る前には、必ず周囲に注意すること。

(3) 手袋をはめたままハンマーを振らないこと。

(4) ハンマーは使用中もときどき点検すること。

(5) さびついた材料その他スケールの飛ぶハンマー作業では、必ず保護メガネをかけること。

(6) 狭い場所や足場の悪いときのハンマー作業には、とくに反動に注意すること。

(7) ハンマーの柄は打ちはずすと折れやすいから気をつけること——長柄のハンマーはとくに折れやすい。また高熱作業場では、ときどき柄をしめらせること。

(8) 大型ハンマーを使うときは、自分の力を考え無理をしないこと。

(9) 材料に凹凸やひずみのあるものは、はね返って思わぬけがをすることがあるからとくに注意すること。

(10) ハンマーの共同作業ではよく呼吸を合わせること。

(11) ハンマーの代わりにスパナ・レンチなどを使わないこと。

(12) ハンマーをあてがねの代わりに使わないこと。

(13) 焼きの入ったものをむやみにハンマーでたたかないこと。

(14) ハンマーの柄は熟練工が取り替えること——しろうとの取り替えたものは危険。

——いつも点検ハンマーの柄——

第2節 タガネ作業心得

(1) 常に刃先に注意し、切れ味の悪いものを使わない。

(2) タガネの頭のまくれを必ず削り落すこと。

(3) ハツリ作業には必ず保護メガネをかけること。

(4) ハツリ作業は、はじめに軽く打ち当たり具合をよくしてから次第に力を加えること。

(5) ハツリくずは、他人をきずつけるから、その飛ぶ方向に注意すること。

(6) ニューマニックタガネを普通のタガネの代わりに使わないこと。

(7) 焼入れした材料をタガネでハツリしないこと。

(8) バイトを重ね積みに置かないこと——きちんと並べて整頓。

第3節 スパナ、レンチ作業心得

(1) スパナはナットによく合ったものを使うこと——合わないスパナは力を入れると必ずはずれる。

(2) スパナ、レンチは小きざみに使い、手前に引くこと。

(3) スパナでたたいたりして使わないこと——ハンマーでたたいたり、スパナをハンマーの代わりに使わないこと——やむを得ずパイプをはめて使うときは絶対に抜けない方法を講ずること。

(4) スパナ・レンチを使うときは、はずれても倒れないように身構えをよくすること。とくに、足場上など高所の作業ではできるだけ命綱を使うこと。

(5) スパナとナットの間には絶対にかませ物をしないこと。

(1) 工具をていねいに取り扱い、不良工具はすぐ工具係に返し、勝手に修理しないこと。

(2) のを絶対に使わないこと。

(4) 工具が傷んだときは、使用中でもすぐ完全なものと取り替えること。

(5) 工具を常に一定の場所に置くこと——作業場にちらかしておいてはいけない。

(6) 手や工具が油じみているときは、完全にふきとってから作業すること。

(7) 工具を機械・材料・足場・作業台のふちなど、落ちやすい場所に置かないこと。

(8) 工具を確実に手渡すこと——決して投げてはいけない。

(9) 作業終了の際は、必ず工具の数や破損の有無を点検すること。

安全衛生心得

(6) パイプレンチを使うときはすべり止めを確実にすること。
(7) スパナやレンチをほかの用途に使わないこと。

第4節 ヤスリ、バイス作業心得

(1) ヤスリは完全な柄をよく差し込んで使うこと――使用中もたびたび抜けるから注意。
(2) 焼ききずのあるヤスリは、使用中に折れて思わぬけがをすることがあるからよく調べること。
(3) ヤスリは折れやすいから決してたたかないこと。
(4) ヤスリ粉を口で吹き払わないこと――目をけがすることが多い。
(5) ヤスリをテコやジャッキのハンドル代わりに使わないこと。
(6) バイス台は常に整理整頓しておくこと――バイス台の端に材料・工具などを置くのはあぶない。
(7) バイスは、はさみ口の完全なものを使い、締めつけを確実にすること。
(8) バイスは使用中もときどき締め具合を点検すること。

第5節 グラインダー作業心得

(1) 砥石車の取付と試運転は必ず決められた者がすること。
(2) 砥石車はこわれやすいから、とくにていねいに取り扱い、取付け前には必ずきずの有無を点検すること。
(3) 砥石車は規定の大きさのものを規定の速度で使用すること。
(4) 砥石車を軸に静かに入れること――穴の大きなものやかたいものを無理にたたき込んではいけない。
(5) フランジは必ず左右同じ大きさで、砥石車の直径の二分の一以上であること。
(6) 砥石車とフランジの間には、吸取紙・皮などのパッキングを入れること。
(7) 砥石車の取付けが終わったら少なくとも三分間以上試運転をして安全なことを確かめること。その際、砥石車の回転方向より身をかわしていること。
(8) カバーを決して取りはずさないこと。カバーのないグラインダーは絶対に使わないこと。
(9) 砥石車と研磨台の間隔は三mm以下に保つこと。
(10) 透視板のついていないグラインダーの作業には、必ず保護メガネを使うこと。
(11) 砥石車は側圧に弱いから、側面を使わないようにすること。
(11) 研磨するときは砥石車に軽くあて、強く押さえつけないこと。
(13) 移動式グラインダーを固定式グラインダーに代用しないこと――足で押さえたり、万力でくわえたり、仮取付けのまま使うのはけがのもと。
(14) 研磨台の調節は必ず運転を止めてからすること。
(15) 移動グラインダーを置くときは、回転を止め、カバーを下にして置くこと。
(16) 責任者はグラインダーの点検・手入を怠らないこと。
(17) 砥石車の研磨面に凹凸のあるものはドレッサーで修正して使うこと。
――グラインダーを使うときにはまず眼鏡――

第6節 気圧工具心得

(1) 気圧工具は機械力を応用したものであるから、滑動部には常に油やグリスを差し、円滑に動くようにすること。
(2) 気圧工具は機能が十分であるかどうかを使用前に点検し、ドレンを完全に抜くこと。
(3) 気圧工具の使用開始の際は、バルブのあけ方に注意し、一時に全部をあけないこと。ニューマチックホースを折曲げてはいけない。
(4) 工具の取替えや故障のときは必ず元バルブを締めること。
(5) 気圧工具をホースにつないだまま使用しないときは、必ずスナップを抜き取り、元バルブをしめておくこと。
(6) 気圧工具を使用するときは必ず保護メガネを使うこと。
(7) 気圧工具は反動で思わぬけがをするから身構えに注意すること。

防火管理規則

(8) ホースの継手は確実に接続し、はずれてけがしたり、エアーがもれたりしないようにすること。

(9) ニューマチックハンマーでためし打ちするときは必ず丈夫なものにあてて行い、ピストンがとび出さないようにすること。

(10) 筒口は使用中次第に熱くなるから、ときどき筒口とスナップを取り替えること。

(11) 筒口とスナップセットで指をはさまれないようにすること。

(11) スナップの部分を直接素手では押さない——スナップが折れたときに危険だから手袋を使うこと。

(13) 仮締めボルトをはずしたり、穴を合わせるために入れたポンチをはずす場合にニューマチックでたたくときは、急にボルトやポンチがとび出すことがあるから十分注意すること。

(14) セット取替えのときは、ハンマーを上向きにしたり、セット口からのぞいたりしないこと——ピストンがとび出して大けがをすることがある。

(15) 材料はしっかりと押え、安定させてからタガネをあてること——すわりが不安定のため思わぬけがをすることがある。

(16) ハツリ作業中タガネがすべり、切り粉や鉄板のかどなどでけがをすることがあるから、すべらないようにすること。

(17) ハツリ作業は足をしっかり踏みしめ、足場の悪いときは完全に直してからかかること。

(18) ハツリ終わりのときや込め金ライナーなどの端を切断するときは、とくに目に注意すること——決してその方向に目を向けない。もう一息で切れると思うときに、ごく軽く鉄砲を使うこと。

(19) ドリルやリーマなどの取替えのときは手袋を使わないこと——巻込まれて腕を折ることがある。

(20) ドリル機械を移動するときは、回転を完全に止め、きりを抜き取ってからすること。

(21) てんびんを使用するときは、穴が貫通したとたんに股間を打つことがあるから注意すること。

(22) 穴が貫通したとたん手がすべり、ドリルが引っかかって押えがはずれたり、きりが折れたりすることがあるから注意すること。

第7節 吊上げ工器具心得

(1) チェーンブロックは少なくとも、年一回性能検査をすること。

(2) チェーンブロックをつらないこと。

(3) フックは正しく掛けること——開き過ぎたフックは危険である。

(4) チェーンブロックは、荷重用チェーンや上下フックに注意して、すりへったものや、きずのあるものを一切使わないこと。

(5) シャックルは、とくにピンの曲がったも

のやネジのすり減ったものを使わないこと。

(6) ワイヤロープは素線の損傷に注意し、長さ三〇〇㎜の間で切断数が素線数の一〇分の一以上となったものを使わないこと、つぼの部分に異常のあるものを使わないこと。

(7) ワイヤロープは、さびないように、常に油で手入れしておくこと。

(8) ワイヤロープのねじれは必ず戻しておくこと。
——ロープの点検は念入りに——

(9) テークル、ブロックなどに使うマニラロープは、ワイヤロープに比べて力が弱いから、異常のあるものを一切使わないこと。

(10) 長く使わなかったマニラロープは、保管中に力が弱っているから、見た目に異常がなくても十分点検してから使うこと。

防火管理規則

第1条 喫煙について

1 喫煙は定められた所で行い、それ以外はたとえ車中でも禁煙とする。

2 喫煙許可区域でもくわえ煙草での作業、歩行は禁ずる。

3 煙草の吸ガラ、マッチは必ず灰皿に捨てて床に捨てないこと

4 灰皿は砂または水を入れておくこと

5 吸ガラ、マッチの軸は必ず水で湿ら

防火管理規則

第2条 臨時火気使用について（溶接・ガスバーナー・トーチランプ・ストーブ・電熱ヒーター等）

1 臨時火気使用に際しては所定の用紙に必要事項を記入の上、火元責任者、防火担当者を通じて防火管理者に提出すること
2 火気使用の場合は許可証の交付をうけ、必要に応じて消火器を備えること
3 構内でのたき火は一切禁止する
4 焼却とし、焼却は必ず所定の場所で行い必ず見張人をつけること
5 危険物の焼却は少量ずつ行い、とくに黒煙の激しいときは消防署に連絡すること
6 焼落とし、焼却後は注水して完全に消火すること。
7 強風のときは焼落とし、焼却は中止すること
8 火気使用中は近くに危険物を置いたり、危険物を取り扱う作業をしないこと

第3条 危険物の貯蔵および取扱い（パーメックは除く）

ここでいう危険物とは消防法でいう危険物第四類をいう。これには各種溶剤類はもちろん、ワニス類、エナメル類（溶剤の含んだもの）も入っている

1 危険物はすべて屋内貯蔵所（以下貯蔵所という）または少量危険物取扱所（以下取扱所という）に貯蔵すること
2 貯蔵、取扱所には無用の者の立入りを禁ずる
3 貯蔵所では詰換え、調合等の作業はできるだけ行わないこと
4 貯蔵所・取扱所内で溶剤類をこぼした場合はすみやかにふき取り、換気すること
5 危険物は使用中以外のものはすべて密栓すること
6 貯蔵所・取扱所内ではスパークの出る器具・はき物は一切使用しないこと
7 貯蔵所・取扱所内では容器を転倒したり、衝撃を与えないこと
8 貯蔵所の周囲三メートル以内に可燃物その他消火の妨げになるものは置かないこと
9 作業場内には余分な危険物を持ち込まないこと
10 危険物を取り扱う作業場では火気は一切使用しないこと。やむを得ないときは作業を中止し、危険物を安全な場所に移すこと
11 グラインダー・サンダー等スパークの出る作業は危険物および危険物取扱作業所と十分な距離（五メートル以上）を離すこと
12 危険物の近くあるいは作業所ではスパークの出る電気器具は使用しないこと
13 危険物は直射日光下あるいは温度の高い場所に放置しないこと
14 作業終了後は危険物は必ず所定の場所に返すこと
15 危険物を加熱するときは直火を用いないこと
16 マンホールタンク・その他これに類する容器内部で危険物を取り扱う作業を行う場合は必ず換気すること。換気はできるだけ下部より行うこと
17 マンホールタンク等で作業する場合は外に必ず監視人を置き、常に連絡を取ること
18 マンホールタンク内で塗装作業するときは、電気器具は必ず防爆器具を用い、ナイフスイッチ、テーブルタップ等は持ち込まないこと。またスパークの出る器具は使用しないこと
19 マンホールタンク内で塗装中は開口部から少なくとも一〇メートル以内では火気およびスパークの出る器具は使用しないこと
20 中古タンクに入るときは以前に使用していた薬品、ガス等を確かめてから入ること
21 マンホールタンクでは塗装後も少な

防火管理規則

くとも二時間は換気を行い、また再度入るときもあらかじめ換気すること

22 危険物の廃液は一日一回以上安全な場所で焼却するか、埋めること

23 危険物はミゾ・川・海等に捨てないこと

24 危険物（シンナー・油・パーメック等）のしみこんだウエスは堆積せず、すみやかに焼却すること

25 危険物の入っていた空缶は完全に空にして捨てること
とくに溶接・溶断の場合は爆発するから注意すること

26 マンホールタンク内で塗装するときは、時々ガス濃度を検知器で測定すること

第4条 パーメックの貯蔵および取扱について

1 冷暗所に貯蔵し、直射日光および火気・暖房を避けること

2 他の薬品と同じ場所に置くことはできるだけ避けること

3 酸類・アミン類・重合促進剤・金属等の物質あるいは木・綿・紙・織物・ワラなどとの接触をさけること

4 運送中に転倒、転落その他衝撃を与えない様にし、横置、逆置は絶対にさえないこと

5 運送に際しては他の危険物との混載をできるだけさけること。ナフテン酸コバルト・アニリンとの同一梱包は絶対さけること

6 容器は常にふたをしておくこと

7 容器はポリエチレン・ステンレス、ガラス、ホーロー製品を使用し、鉄、銅合金、鉛、ゴム等は使用しないこと

8 容器、器具は常に新しいものを使用し、古いものを使用する場合は良く洗い、乾燥させること

9 ナフテン酸コバルト、ジメチルアニリン等の促進剤と直接混合したり接触させないこと。樹脂に混合する場合はまず促進剤を良く混合し、ついでパーメックを混合すること

10 他の薬品と混合する場合はあらかじめ少量で試験し、危険のないことを確かめてから混合すること

11 こぼれた場合は木粉、砂等で吸収させた後、床を水、石ケン水で十分洗浄すること

12 パーメックを吸収した吸収剤またはウエスはすみやかに少量ずつ焼くか土中に埋めること

13 同一のウエスでパーメックおよびコバルトをふかないこと

14 パーメックおよびコバルトの入った

ポリエステルは発熱するから残材は水で冷却するか、完全に冷えてから捨てること

第5条 プロパンガスの貯蔵および取扱について

1 容器の貯蔵所は不燃材料を用い通風を良くすること

2 電気器具はすべて耐爆構造とする

3 貯蔵所の周囲には境界さくを設け、消火器を設置し、見やすい個所に「火気厳禁」の表示をすること

4 容器は引火栓または発火性物質の近くに置かないこと

5 容器は立てておき、転倒しないようにする事（五〇キロボンベ）

6 容器は直射日光をさけ三五度以下に保つこと

7 運送中は容器は直立させ、転倒しないよう縄がけをすること

8 運送中または横にして転がすときは容器は必ずキャップをつけること

9 容器の積みおろしはていねいに行い、コンクリート、鉄筋等に直接積みおろして衝撃を与えないこと

10 容器調整器は屋外の通風の良い場所に置き、かつもれたガスが出入口、窓等から侵入しない距離におくこと

11 調整器、バルブ、コックは不良品を使用しないこと

容器弁に調整器を取りつけるときは砂等が入らないよう注意すること

12 配管は耐火、耐圧、耐油性材料を使用のこと

13 常時使用する燃焼器具からのゴムホースは三メートル以内とし、それ以上は金属配管を使用すること

14 ゴムホースは老化したり損傷したものは使用しないこと

また容易に、はずれないようホースバンドでしめること

15 配管もれはときどき石ケン水で調べること

16 燃焼器具は家屋、建具等の可燃物から三〇センチ以上、上部一メートル以上離すこと（トタン、スレート等の場合は二分の一まで短縮）また不燃性台の上に置くこと

17 ストーブを使用する場合は適当な不燃性台上に置き、可燃物から五〇センチ以上、上部一・五メートル以上離すこと

18 燃焼器具の近くに可燃物、引火性物質をおかないこと

19 風等で炎が消されないよう、またゴムホースを押しつけてガスを遮断し炎を消さぬよう注意すること

20 使用後は燃焼器具の止栓を完全にしめること。なお長時間外出または夜間、ガス使用終了後は容器弁、配管弁もしめること

第6条 電気器具の取扱いについて

1 スイッチは確実に取りつけられ、かつ一相に二本以上の電線を挿入しないこと

2 スイッチに結線する場合は電線はネジで確実に固定し、ヒューズ等にひっかけないこと

3 破損したスイッチ・コンセントは使用しないこと。とくに充電部の露出したナイフスイッチは危険である

4 刃の接触部が著しく変色したもの、またはとけたものは使用しないこと

5 ヒューズは確実に取りつけ、かつ過大な容量のヒューズを使用しないこと

6 負荷に応じた電線・スイッチを使用すること

7 雨のかかる所、湿気の多い所にスイッチ・コンセントを取りつけないこと

8 白熱電灯の電球線にビニールコードを使用しないこと

9 屋外で使用する移動電線は二種キャプタイヤケーブル以上の絶縁効力のあるものを使用すること

10 コードを固定して使用しないこと

11 移動電線と機械器具との接続は完全にすること

12 可燃性ガスのある場所では防爆器具を使用するとともに、配線は金属管工事をすること

13 電球が可燃物に接触したり、破損した場合に、近くの可燃性ガスに引火しないよう電源を切ること

14 蛍光灯がちらついたり、うなりを生じているものは継続して使用しないこと

15 作業終了後は元スイッチまで切っておくこと

第7条 消火器・消火器具の設置基準および取扱方法

1 消火器、砂、水、火災警報機等は所定の場所に設置すること

2 防火用水には専用のバケツを三個以上、また消火砂には専用のスコップを一個以上常備すること。専用バケツは作業に使用しないこと

3 消火器は一・五メートル以下の見やすい所、取りやすい所におくこと

4 消火器は通行あるいは作業のじゃまになる所に置かないこと

5 湿気の多い所、雨のかかる所に置かないこと

6 湿気の著しく高い所または低い所に置かないこと

7 検査票に検査年月日あるいは薬液の詰換え日を記入すること

8 修理、詰換えのとき、代わりのもの

非常災害防衛規程

第一章 総則

（目的）
第1条 この規程は、天災地変等に際し本社・研究所・工場・支店が事業所を挙げて従事する災害防衛活動（以下防災という）ならびに被災従業員の救援に関する事項を定め、被害を初期のうちに最小限に防止することを目的とする。

（事業所の長の任務）
第2条 本社以外の各事業所の長は、天災地変に際して臨機応変の処置を講ずるとともに、すみやかに総務部長あてに状況を報告しなければならない。

（防災対策本部）
第3条 会社は、状況に応じ本社に防災対策本部を設けて対策を決定し、必要があるときは全権を委譲した役員を被災地に派遣する。

（責任者の任務）
第4条 各責任者は、被災の実態をよく把握して沈着、冷静に迅速適切な処置を行って防災に遺憾のないよう努めなければならない。

（従業員の任務）
第5条 従業員は、上司の指示に従って行動し、みだりに担当部署を離れず、また人心を動揺させるような言動をつつしみ、一致協力して防災目的の完遂に努めなければならない。

（事業所間の応援）
第6条 被災事業所が他の事業所からの応援を必要とする場合は、総務部長にあて依頼する。

（店部ごとの防災）
第7条 工場にあっては、第二章にもとづき、本社・研究所および支店にあっては、第二章に準じて必要な細部事項を定める。

（被災従業員の救援）
第8条 被災従業員に対しては、労働組合の協力を得て第三章に定める救援処置を講ずる。

第二章 工場防災

（防災体制発令）
第9条 工場長は、防災体制を発令する必要があると認めた場合は、防災体制発令の旨と工場防災対策本部の所在位置を公知しなければならない。工場長は防災および救援に関する一切の事項を統括する。

を置くこと

9 消火器は倒れないように支持するとともに容易に取り外しできること

10 容器外面の腐蝕が激しいもの、ホースが硬化して亀裂の入ったものあるいは取付け金具、ノズル等の不良品は早急に修理すること

11 消火粉末の変質したものは取り換え、不足のものは補充すること

12 泡消火器は一年一回薬液の取換えを行うこと

13 消火器は次のように使い分けること
・ABC消火器 —
・粉末消火器（木・紙・ワラ） 油火災 電気火災
・泡 消 火 器 油火災
・建物火災 油火災 電気火災
・建物火災（木・紙・ワラ）

14 消火器の使い方

(1) 粉末消火器およびABC消火器……上の安全ピンを取って押しボタンを強打すると耐圧ボンベが破壊し、不燃性ガスの圧力で粉末が出てくるから、先のノズルを開き放射する。

(2) 泡消火器（転倒式）……ノズルハンドルをもって転倒させると鉛ぶたが取れ、明ばん水と重曹水が反応して炭酸ガスを出し、この圧力で泡が放射する。

(3) 泡消火器（押しボタン式）……上のキャップを取って押し、ボタンを強打すると転倒式と同様に泡が出てくるから、逆にして良く振りながら泡が放射する。

非常災害防衛規程

(防災、救援の組織)
第10条 工場防災体制下における組織は、次のとおりとする。

```
                    ┌─ 職場防災班
          ┌─ 現場各課長 ─┤
          │           └─ 作業班
工場防災   │           ┌─ 給与班
対策本部 ─┼─ 工務課長  │
工場長    │  または   ─┼─ 救援班
次長      │  工作動力  │
          │  課長および├─ 警備整理班
連絡伝令班│  工作      │
          │           ├─ 輸送班
          ├─ 人事課長 ─┤
          │           └─ 資材補給班
          ├─ 業務課長
          ├─ 総務課長 ── 渉外広報班
          └─ 診療所長 ── 診療班
```

(課長の任務)
第11条 各課長は、工場長および次長を補佐し、前条に定める各班を編成の上、各班の班長を定め、これを統括する。
各班長には主として主査または主任技師をもって当てる。

(各班の任務)
第12条 第10条に定める各班の任務は次のとおりとする。

班名	任務
連絡伝令班	防災対策本部につめ、諸般の連絡に任ずる。
渉外広報班	各種情報の収集、広報 本社および関係諸官庁との連絡 渉外および受付
資材補給班	防災諸資材の調達補給
輸送班	防災物資その他の諸資材運搬輸送
警備整理班	気象情報の把握 場内外の警備 非常呼出連絡 駆付者および呼出者の記録整理 従業員その他の避難誘導
救援班	救援必要度の調査 救援者派遣・救護活動 従業員および家族の輸送
給与班	従業員の宿泊斡旋・非常給食・援護物資の購入配付 家屋および家財の被災状況調査
作業班	構築物・機械類および諸資材の防災作業
職場防災班	職場防災
診療班	傷病者の応急医療 防疫

(火災その他突発事故の処置)
第13条 火災その他の突発事故については、防火管理規程により対処し、状況に応じてこの規程を適用する。

(駆けつけ者)
第14条 従業員は非常災害の発生を感知した場合は、事情の許す限り駆けつけ、防災に従事しなければならない。

第三章 救護処置

(被災従業員の連絡義務)
第15条 従業員もしくはその家族が被災し、被害が大きい場合は、すみやかに工場へその旨を連絡しなければならない。

(救援内容)
第16条 従業員もしくは、その家族が被災した場合は、この章に定めるところにより救援者の派遣・非常給食・救援物資・贈与金・金融および防疫の処置を行うものとする。

(救援者の派遣)
第17条 救援者の派遣は、従業員もしくはその家族の生命身体が危険な場合または住居の被災が甚大な場合に行う。従業員不在等により必要があると認める場合は、救援者の派遣を行うことがある。

(非常給食)
第18条 居住地区一帯にわたる被災で必要があると認める場合は、非常給食を行うことがある。

(救援物資)
第19条 従業員もしくは、その家族が被災により当座の生活に困難を来たすと認める場合は、被災の程度に応じて食料品・医薬品・日用品および衣料品等の生活必需品を必要の範囲において配付する。

安全衛生標識規程

付則

この規程は平成〇〇年〇月〇日から実施する。

第1条　本規程は〇〇工場安全衛生規則第〇条により安全衛生標識に関することを規定する。

第2条　安全衛生を目的として、色彩および標識を用いる。

第3条　色彩および標識に用いる色は次の八色とする。

（色名）　（表示事項）
赤　　防火、停止、禁止
黄赤　危険
黄　　注意
緑　　安全、進行、救急救護
青　　用心
赤紫　放射能
白　　通路、整頓
黒　　一般指示

第4条　次の場所および物体には色彩を施さねばならない。

（場所・物体）　（配　色）　（備考）
①消化せん　　　　赤、周囲に白線を引く
②消化器および防火用具　赤
③非常持出品　　　「非常持出」とかき、上下に赤線を引く　けい光塗料がよい
④緊急停止ボタン　赤
⑤裸スイッチ台　　全体を周囲を黄赤または縁どる　黄赤に
※⑤裸スイッチ台（内面）黄赤（外面）青
⑥スイッチ箱　　　黄赤
⑦機械の安全カバー内面　黄赤
⑧機械の危険個所　黄赤
⑨クレーンのフックおよび運転台ホイストおよびチェーンブロックのアーム　黄と黒との交互色※　同※　制限荷重と記載のこい側の露出歯車の場合は側面がよい
⑩プレスのラム　　黄と黒との交互色※※※　同と記載のこ
⑪台車および手押車　黄と黒との交互色※※※　側面に施すのがよい
⑫ピットの縁床面の突起物　黄と黒との交互色※※　制限荷重と記載のこ
⑬退避場所および非常口　緑
⑭救急箱および保護具箱　緑、白で名称記載
⑮救急箱および担架の位置　緑
⑯安全通路　白線

（注）※裸スイッチ台は一般に好ましくない。

（贈与金）

第20条　災害見舞金の贈与は、従業員贈与金内規に定めるところによる。

贈与は実地調査の上、調査委員会に図って迅速に行うものとする。ただし、事業所の長（本社においては人事部長）が必要があると認める場合は、決定以前にその一部を仮贈与することがある。

（金融）

第21条　被災に対する金融は、従業員金融規程に定めるところによる。ただし、被害が大きい場合は、別途金融を考慮することがある。

（防疫）

第22条　従業員もしくは、その家族が被災し、住居が汚染され、防疫の必要がある場合は、健康診断・消毒・防疫薬品の支給その他の処置を行う。

第四章　常時準備事項

第23条　各事業所は重要物件の損失防止、緊急時の連絡確保、被災従業員に対する救援のため、次の事項を準備しなければならない。

(1) 非常持出を要する物件の指定ならびにその搬出順序

(2) 従業員の住所ならびに連絡方法を明記した住所録の作成および保管

やむをえないときに限り用いること。
※※黄と黒との交互色とは、幅一五〇ミリメートルごと向かって右上四五度の傾斜線状に色彩を施す。

第5条 安全衛生標識の種類を次のとおり定める。その形状は、JISZ九一〇三（一九六三）の定めるところによる。
1 防火標識
2 禁止標識
3 危険標識
4 注意標識
5 救護標識
6 用心標識
7 放射能標識
8 方向標識
9 指導標識

第6条 次に掲げる場所にはそれぞれに適切なる安全衛生標識を掲げなければならない。

設置場所	標識種類
火災危険場所	火気厳禁
カーバイト置場	禁煙
液体酸素集合場	防火
引火性貯蔵所	○m以内火気厳禁

場所	変電所
高圧電気設備個所	立入禁止、係員以外立入禁止
コンプレッサー室	禁止
動力試験場	使用禁止
その他立入使用禁止場所	運転禁止
変電所	高電所
高圧通電個所危険	送電中
危険物置場	爆発危険
通路面の危険箇所	注意
修理点検物品	注意
救急箱	救護
修理中	用心	修理中
放射線機器	放射線	放射中
取扱箇所		放射線使用室
出入口、非常口	方向	
クレンのガーダー等よく見える場所	指導	安全第一

安全衛生表彰基準
（平成○○年○月○日制定）

（目的）
第1条 この基準は安全衛生委員会規程の定めにもとづいて、業務に関する安全衛生活動を推進し、事故・労働災害および疾病の防止等について功労のあった者に対する表彰について定める。

（表彰の区分）
第2条 表彰は社長賞・安全衛生委員長賞および安全衛生推進委員長賞とし、それぞれ賞状および副賞を授与する。副賞については別に定める。

（受賞資格者）
第3条 受賞資格者は次のとおりとする。
(1) 従業員・現業員および現業班
(2) 協力会社およびその現業班ならびにこれに属する者
(3) その他前記に準ずる者
ただし短期臨時の者を除く。

（表彰基準）
第4条 表彰は次の基準に該当する者に対して授与する。
(1) 無事故・無災害の者
(2) 事故および労働災害の防止に功労のあった者
(3) 非常災害の救助等で功労のあった者
(4) 環境衛生活動上の向上および改善に功労のあった者

（社長賞）
第5条 社長賞は表彰基準に該当する者で、とくに功績顕著な者に対し、安全衛生委員長の推せんにより社長が授与する。

（安全衛生委員長賞）
第6条 安全衛生委員長賞は過去一年間に表

安全衛生表彰基準

彰基準に該当する者のうちから安全衛生推進委員長の推せんにより安全衛生委員会の審査を経て委員長が授与する。

（安全衛生推進委員長賞）

第7条　安全衛生推進委員長賞は過去六カ月間に表彰基準に該当する者に対し、委員の申請により安全衛生推進委員会の審査を経て委員長が授与する。

表彰について委員長は事前に安全衛生委員長に報告しなければならない。

協力会社の現業班およびこれに属する者またはこれに準ずる者の表彰は、その会社の代表者の推せんを必要とする。

（災害および事故）

第8条　災害とは労働者災害補償保険法の適用を受けたことをいい、事故とはその他の業務上の事故をいう。ただし、第三者行為等によるやむを得ない事情によるもの、その他特別の事由のあるものについては、安全衛生委員会または安全衛生推進委員会の認定により災害または事故より除外することができる。

（表彰の時期）

第9条　表彰は毎年、年初および全国労働安全週間または全国労働衛生週間中にそれぞれ行う。

（備　考）

安全衛生推進委員長賞の副賞は当分の間、安全衛生委員長の指示する金額相当の品を授与し、社長賞および安全衛生委員長賞の副賞についてはそのつど関係者協議のうえ決定する。

XIV 自動車管理規程

XIV 自動車管理規程（解説）

自動車管理規程の重要性

自動車を保有し、業務で使用している会社が多い。自動車は、会社業務の効率化、生産性の向上を図るうえでまことに便利な手段である。だからこそ、高価であるにもかかわらず、広く使用されているわけであるが、管理が適切でないと、業務の効率化を図れない。業務の効率化を図ることができなければ、自動車を使用する効果はない。それどころか、交通事故の発生など、さまざまな問題を招きかねない。

自動車を使用している会社では、自動車の効率的使用と運転者の安全確保のため、保有の実態、業務の使用状況に即した自動車管理規程を作成し、それによって自動車の適切な管理を行っていくことが望ましい。

管理規程に盛り込むべき内容は、主として次のとおりである。

(1) 管理担当部門

自動車の管理に責任を持つ部門を明らかにしておく。台数がそれほど多くない会社では、総務部門が全社的な統括を行い、日常の清掃、洗車、キーの保管、点検・整備は、実際に自動車を使用する部門に委ねるのが現実的であろう。

(2) 安全運転管理者の選任

道路交通法は、5台以上の自動車を使用する事業所に、自動車の安全運転を行わせるために、安全運転管理者を選任することを義務付けている。安全運転管理者について、選任の基準とその任務を規定しておく。

(3) 自動車保険の取り扱い

自動車保険の取り扱いを定めておく。

(4) 自動車の運転資格と運転者の心得

自動車を運転できる者の資格を決めておく。

自動車を運転する者の心得を明確にしておく。最近は、携帯電話を掛けて運転中に事故がおきているため、「運転中は携帯電話を掛けないこと。やむを得ず掛けるときは、安全な場所に停車させてから掛けること」という条項を盛り込んでおく。

(5) 整備・点検の責任

整備、点検は、事故を防ぐ重要な条件である。このため、「自動車を運転する者は、自分が使用する自動車に関し、安全運転ができるよう常に整備・点検を行わなければならない」と規定しておく。

交通事故対策規程の重要性

社員が業務遂行中に交通事故を起こしたときは、会社は、迅速、かつ、的確に対応しなければならない。対応が遅くなると、「誠意に欠ける」として問題の解決がむずかしくなると同時に、会社の信用が低下する。交通事故に迅速・的確に対応するため、あらかじめ合理的な対応策を取りまとめ、その内容を社員に周知しておくことが必要である。

規程には、主として次の事項を盛り込む。

・道路交通法による対応（道路交通法の定めるところにより、負傷者の救護、道路における危険防止のための措置、警察への通報

マイカー通勤規程の重要性・マイカー業務使用規程の重要性

マイカー通勤規程の重要性

地方都市や郊外に立地している会社では、公共交通機関が不便であることなどの理由により、社員にマイカー通勤を認めているところが多い。そのような会社の場合は、マイカー通勤の取り扱い基準を規程として取りまとめておくことが望ましい。規程がまったくなかったり、あるいは不備であったりすると、万一事件・事故が発生したときに、社員と被害者との間でトラブルが生じる。場合によっては、会社の使用者責任が問われる。規程に盛り込む内容は、主として次のとおりである。

(1) マイカー通勤の手続き

マイカー通勤については、

① 社員の自由に委ねる
② 会社への届出制とする（届出があれば原則として認める）
③ 会社による許可制とする

の3つがある。

マイカー通勤は、社員にとってまことに便利であるが、常に交通事故の危険性が付きまとっている。交通事故を起こしたり、あるいは巻き込まれたりすると、会社も影響を受ける。このため、会社による許可制にするのが妥当であろう。

(2) 許可の基準

マイカー通勤を許可制にするときは、許可の基準を明確にしておく。許可の基準としては、

① 運転免許を持っていること
② 運転技術が高いこと。これまで重大な

事故を起こしていないこと
③ 通勤のための公共交通機関がないこと、あるいは、きわめて不便であること
④ 一定額以上の保険に加入していること

などが考えられる。

(3) マイカー通勤者の心得

マイカー通勤者の心得を明確にしておく。心得としては、

・道路交通法を遵守し、安全運転を行うこと
・飲酒運転、暴走運転をしないこと
・心身が疲労しているときは運転をしないこと
・会社が指定した場所に駐車すること

などが考えられる。

(4) 会社の免責事項

次の事項について会社はいっさい責任を負わないことを明確にしておく。

① 通勤中に起こした交通事故
② 駐車中に生じた車両の盗難、損傷等

マイカー業務使用規程の重要性

経営を取り巻く環境がきわめて厳しいこともあり、社員のマイカーを業務で使用し、自動車経費を節減する会社が増えているといわれる。マイカーは、乗り慣れた車であるので、社員の中にも「どうせ車を使うのならマイカーを使いたい」と希望する者が多い。マイカーを業務で使用するときは、その取り扱い基準

・会社への緊急連絡と連絡事項
・交通事故証明書の交付と会社への提出
・交通事故報告書の提出
・会社による事故処理と損害賠償
・個人的な示談の禁止
・社員の損害賠償責任（社員が故意または重大な過失によって起こした交通事故による損害賠償は、社員の責任において賠償しなければならないこと）
・求償権の行使（社員が起こした交通事故について会社が賠償責任を履行した場合、社員に重大な過失または法律違反があるときは、会社はその社員に対し、会社が負担した賠償金の支払いを請求することがあること）
・車両の損害賠償責任（社員が故意または重大な過失によって会社の車両に損害を与えたときは、その損害を賠償しなければならないこと）
・課金の負担義務（社員が故意または過失によって道路交通法に違反し、罰金、科料または反則金を課せられたときは、すべて社員が負担しなければならないこと）

を規程化しておくべきである。

規程に盛り込む内容は、主として次のとおりである。

(1) マイカー使用の手続

マイカーを業務で使用する場合の取り扱いについては、

- 社員の自由に委ねる
- 会社への届出制とする
- 会社による許可制とする

などがある。マイカーの使用を無条件で認めると、公私混同を助長する可能性がある。また、マイカーを業務で使用しているときに事故を起こすと、会社の使用者責任を問われることがある。このため、会社による許可制とするのが適切である。

(2) 許可の基準

マイカーの業務使用を会社による許可制とするときは、許可の基準を明確にしておく。許可の基準としては、

① 業務で自動車を使用する必要性
② 申請者の運転技術
③ 自動車の型式、仕様、外観
④ 自動車の使用年数
⑤ 自動車保険への加入の状況

などが考えられる。

(3) 費用の支払基準

費用の支払いについては、主として次の3つが考えられる。

① 毎月一定額の「マイカー業務使用手当」を支払う

② 毎月、ガソリン代、オイル代、駐車場代および高速道路利用料金の実費を支払う

③ 毎月、ガソリン代、オイル代、駐車場代および高速道路利用料金の実費を支払うほか、自動車保険料、車検・定期点検費用、修繕費の一部を負担する

(4) 会社の免責事項

次に掲げる事件、事故については、会社はいっさいその責任を負わないことを明確にしておく。

① 本人の不注意で発生した交通事故
② 本人の不注意による自動車の盗難、損傷
③ 会社の許可を得ないでマイカーを業務で使用して起こした事故

(5) 罰金等の負担

マイカーを業務で使用しているときに生じた交通事故、交通違反について課せられた罰金、科料、反則金等の課金は、すべて本人の負担とすることを明確にしておく。

自動車管理規程

第1章 総則

（総則）
第1条 この規程は、業務に使用する自動車の管理を定める。

（目的）
第2条 この規程は、自動車の効率的使用と運転者の安全の確保を目的として作成するものである。

（対象の車両）
第3条 この規程は、会社が保有する自動車のほか、次のものも対象とする。
(1) 原動機付自転車
(2) 会社が借り上げているもの

第2章 管理組織

（管理担当部門）
第4条 自動車については、総務部が統括管理を行い、日常の清掃、洗車、キーの保管、点検・整備等については、実際に業務において自動車を使用する部門が行う。

（安全運転管理者）
第5条 会社に、法律の定めるところにより、安全運転管理者を置き、これを公安委員会に届け出る。

（安全運転管理者の任務）
第6条 安全運転管理者は、自動車の安全な運転に必要な業務を行う。

（車両管理台帳）
第7条 総務部は、「車両管理台帳」を作成する。「車両管理台帳」には、車名、車種、登録番号、型式、購入年月日、購入先および自動車保険に関する事項等を記載する。

（自動車保険）
第8条 自動車保険の内容は原則として次のとおりとし、加入手続きは総務部において行う。
(1) 自動車損害賠償責任保険
(2) 自動車任意保険
  ① 車両保険　　　○○○万円
  ② 対人賠償保険　○○○万円
  ③ 対物賠償保険　○○○万円
  ④ 搭乗者保険　　○○○万円

（自動車税）
第9条 自動車に関する税金の納付は、総務部において行う。

第3章 運転者

（運転資格）
第10条 会社の自動車を運転できるのは、業務遂行上自動車を必要とし、かつ、安全運転ができる者として会社から許可された社員に限る。
2 会社の許可を受けていない者は、会社

（誓約書の提出）
第11条 会社は、運転を許可した者について、交通法規の遵守および安全運転等を誓約する書面の提出を求める。

（運転者台帳）
第12条 総務部は、運転を許可した者について、「運転者台帳」を作成する。「運転者台帳」には、氏名、住所、運転免許の種類、取得年月日および交通違反・事故歴等を記載し、運転免許証のコピーを添付する。

（運転者の心得）
第13条 会社から自動車の運転を許可された者（以下、単に「運転者」という）は、次の事項を遵守しなければならない。
(1) 交通法規および運転マナーをよく守って安全運転を行うこと
(2) 運転中はシートベルトを着用すること
(3) 業務に関係のない者を同乗させないこと
(4) 運転中は携帯電話を掛けないこと
(5) 個人的な用事で使用しないこと
  やむを得ず掛けるときは、安全な場所に停車させてから掛けること

（禁止事項）
第14条 運転者は、次のいずれかに該当するときは、絶対に運転してはならない。

の自動車を運転してはならない。

自動車管理規程

(運転日報)
第15条 運転者は、自動車の安全運転について安全運転管理者から指示命令を受けたときは、その指示命令に従わなければならない。

(整備・点検)
第16条 運転者は、自分が使用する自動車に関し、安全運転ができるよう、常に整備・点検を行わなければならない。

(修理)
第17条 運転者は、修理を必要とする個所を発見したときは直ちに所属長を通じて総務部長に報告し、その指示に従わなければならない。ただし、緊急を要するときは直ちに修理し、事後速やかに報告するものとする。

(法定整備・点検)
第18条 法律で定められた整備、点検は、会社指定の自動車整備会社で行う。

(給油)
第19条 運転者は、ガソリンが少量になったときは、適宜給油しなければならない。

2 給油は、原則として会社指定の給油所で行い、納品書に所属部署名および氏名をサインする。

(安全運転管理者の指示命令)
(1) 酒を飲んだとき
(2) 心身が著しく疲労しているとき
(3) その他正常な運転ができる状態にないとき

(運転日報)
第20条 運転者は、自動車を運転したときは「運転日報」を作成し、所属長に提出しなければならない。

(車外の駐車)
第21条 運転者は、社外において自動車から離れるときは所定の場所に駐車し、必ず自動車に施錠しなければならない。

(格納)
第22条 運転者は、運転が終了したときは自動車を車庫に納め、自動車に施錠しなければならない。

(洗車、清掃)
第23条 自動車の洗車および清掃は、運転者の責任とする。

2 最終使用者は、自動車を洗車、清掃のうえ、返却しなければならない。

(届出)
第24条 運転者は、免許証の記載事項に変更があったときは、速やかに会社に届け出なければならない。

(付則)
この規程は、○○年○月○日から施行する。

自動車管理規程

(目的)
第1条 この規程は、会社が占有する車両の管理および合理的運用に関する事項を定める。

(車両の定義)
第2条 この規程で車両とは、社有であるとを問わず、社外からの借りあげである自動車、および原動機付自転車をいう。

(所管)
第3条 車両の所管は総務部とする。ただし特定の車両以外は、各部門長がその運用を行う。

本社販売部〜販売部長
○○工場〜工場長
資材部倉庫課〜資材部長
研究部〜研究部長
各営業所〜所長
以下所属長という。

(車両台帳)
第4条 ① 総務部は車両台帳を作成し、社有車両をすべてこれに記載し、登録を行う。

② 車両台帳には次の各号の事項を記載する。
(イ) 車種、形式、登録番号、購入年月日および購入価格、決算期における減価償却後の現存価格
(ロ) 主たる使用目的
(ハ) 修理年月日、おもな修理箇所、修理費、および修理原因
(ニ) 車体検査の受検年月日

自動車事故取扱規程

(ホ) 廃車または売却年月日
(ヘ) 事故の記録
(ト) 自動車保険その他の各種保険に関する事項
(チ) 税金に関する事項
(リ) 保管格納する場所、および担当運転者
(ヌ) その他車両管理上必要と認める事項

(車体検査)
第5条 ① 車両は、すべて法令によるほか、所属長が必要と認める車体検査、ならびに車体整備を受ける。
② 所属長は、前項の車体検査、ならびに車体整備の結果を総務部に報告する。

(修理)
第6条 ① 車両の修理はすべて所属長の指示にしたがって発注する。
② 前項の規定にかかわらず、事故その他の理由により緊急の修理を要するときはその限りでない。

(日常整備)
第7条 車両の保守は、所属長の所管とし、各車両の担当運転者が日常整備の任にあたる。

(駐車格納場所)
第8条 昼間の駐車、ならびに夜間もしくは休日の格納場所は所属長の指示による。

(運用報告)
第9条 所属長は、定期もしくは臨時に車両使用状況ならびに車両管理上必要な意見を総務部長に具申する。

(車両の運転)
第10条 ① 車両は、すべて法令にしたがって運転しなければならない。
② 車両は、職務として運転を命ぜられた者のほかは運転してはならない。
③ 交通事故が発生したときは、その車両の運転者は法令に定める処置を行うほか、ただちに所属長に報告し、その指示を受けなければならない。

(車両使用手続)
第11条 車両の使用については、所属長の許可を受けなければならない。

(名簿の作成)
第12条 総務部は、所属長を通じ、次の各号にあげる名簿を作成し、管理しなければならない。
① 車両を運転する者。
② 従業員で法令に定める自動車免許証を有する者。
③ 従業員で自己の占有する車両を有し、常時これにより出勤する者。

(運転手)
第13条 職務として運転を命ぜられた運転手は、この規定によるほか、別に作成する執務心得にしたがって勤務しなければならない。

(カギの管理)
第14条 所属長は、車両のカギを管理するものとし、その管理方法については総務部と連絡のうえ行うものとする。

附則
この規定は、平成○○年○月○日から施行する。

自動車事故取扱規程

(目的)
第1条 この規程は、会社の業務遂行中に自動車により事故をひき起こした場合における取扱いを規定するとともに、従業員の安全を図り、かつ会社財産を保護し、もって自動車利用の管理を目的とする。

(定義)
第2条 ① この規程で事故とは、車両によって生ずる人の死傷および物の損壊をいう。
② この規程で従業員とは命令で自動車を運転ならびに自動車に搭乗し職務を遂行する者をいう。

(事故取扱および事故報告)
第3条 事故が発生した場合の事故取扱事務は、各所属長が主管し、これを処理する。この場合、速やかに総務部に報告する。

(事故の措置)
第4条 総務部は、事故報告を受理したとき

交通事故対策規程

は、経営会議の指示にしたがい必要に応じ、事故内容を検討のうえ現場調査を行い、所定の措置をしなければならない。

（事故責任の明確）
第5条　従業員が会社の業務遂行中に事故をひき起こした場合その損害賠償または損害賠償請求の責任は、会社が負うこととする。

ただし、業務遂行中といえども無免許、飲酒および従業員の故意または、重大な過失にもとづくものについてはその限りではない。

（業務の見解）
第6条　事故をひき起こしたときが、会社の業務遂行中であるか否かについての判断および、第5条の判断は、事故査定委員会において審議する。

（損害の弁償）
第7条　従業員が第5条の規定により弁償義務の生じたる場合は、いかなる理由かを問わず会社に対し完納しなければならない。

（事故査定委員会の構成）
第8条　事故発生に対し、その取扱いを円滑にするために事故査定委員会を構成する。

（査定委員会の編成）
第9条　査定委員会の委員は、総務部長および所属長ならびに親睦会の指名にもとづき、会社より任命された親睦会委員によ

って編成される。

（査定委員会の運営）
第10条　査定委員会の運営管理は、総務部が担当し、総務部においてその事務を行う。

（査定委員会の開催）
第11条　査定委員会は、毎月一回開催を原則とするが必要に応じ開催することができる。

開催にあたっては、そのつど総務部長が招集する。

（査定委員会の業務）
第12条　査定委員会は、本規定第6条にもとづき同第5条の事故につき審議決定するとともに、本規定第13条による異議上申の取扱方法を決定する。

（査定委員会と従業員の関係）
第13条　従業員は、そのひき起こした事故の取扱いについて、事故査定委員会の決定に服従しなければならない。ただし、取扱内容に相違があり、いちじるしく異議を生じた場合には、所属長を通じ査定委員会に上申することができる。

（査定委員会の議事保存）
第14条　事故査定委員会の事務担当者は、委員会議事録を作成し、永久にこれを保存する。

（罰則）
第15条　事故をひき起こした従業員に対して、

当該事故が第5条に規定する故意または重大なる過失にもとづくものであることが明らかとなった場合は、会社懲戒委員会にこれを報告する。

（個人示談の禁止）
第16条　従業員が事故をひき起こした場合、それが軽微なものといえども事故現場において個人が示談をしてはならない。

（規定遵守の義務）
第17条　従業員は、本規程に定める条項にしたがわなければならない。

（附則）
第18条　本規程は、平成〇〇年〇月〇日から実施する。

交通事故対策規程

（目的）
第1条　この規程は、社員が会社の車両を運転中に起こした事故の取り扱いを定める。

（道路交通法の対応）
第2条　社員は、交通事故を起こしたときは、道路交通法の定めるところにより、速やかに次の措置を講じなければならない。

(1) 負傷者のあるときは、直ちに負傷者を救護する

(2) 道路における危険防止のための措置を講じる

(3) 最寄りの警察に通報する

(会社への緊急連絡)
第3条　社員は、前条に定める措置が完了したときは、速やかに会社に次の事項を連絡しなければならない。
(1) 事故の内容
(2) 事故の時刻
(3) 事故の場所
(4) その他必要な事項

2　連絡事項は、前条で定める事項と同一とする。

(事故を起こされた場合)
第3条　社員は、第三者によって交通事故を起こされたときは、速やかに会社に連絡しなければならない。

(交通事故証明書)
第4条　社員は、交通事故を起こしたときまたは起こされたときは、速やかに警察に届け出て事故証明書の交付を受け、これを会社に提出しなければならない。

(交通事故報告書の提出)
第5条　社員は、交通事故を起こしたときまたは起こされたときは、速やかに会社に交通事故報告書を提出しなければならない。

(事故処理の原則)
第6条　社員が業務遂行中に起こした事故の処理は、会社が行う。

2　事故処理は、総務部の所管とする。

(個人的な示談の禁止)
第7条　社員は、業務遂行中に起こした交通事故について、会社を通すことなく、個人で勝手に示談をしてはならない。

(事故による損害賠償責任)
第8条　社員が業務遂行中に起こした交通事故による損害賠償の責任は、会社が負うものとする。

(損害賠償の方法)
第9条　会社による損害賠償は、原則として示談によって行う。

(損害賠償交渉の委任)
第10条　被害者への損害賠償は、自動車保険を付保している損害保険会社に委任する。

2　総務部は、損害保険会社に賠償交渉の経緯を適宜報告させ、これを役員に報告しなければならない。

(社員の損害賠償責任)
第11条　第8条の定めにかかわらず、社員が故意または重大な過失によって起こした交通事故による損害賠償については、社員の責任において賠償しなければならない。

(求償権の行使)
第12条　社員が起こした交通事故について会社が賠償責任を履行した場合、社員に重大な過失または法律違反があるときは、会社はその社員に対し、法律違反した賠償金の支払いを請求することがある。

(課金の負担)
第13条　社員が故意または過失によって道路交通法に違反し、罰金、科料または反則金を課せられたときは、すべて社員が負担しなければならない。

(車両の損害賠償責任)
第14条　社員は、故意または重大な過失によって会社の車両に損害を与えたときは、その損害を賠償しなければならない。

(付則)
この規程は、〇〇年〇月〇日から施行する。

自動車修理規程

(総則)
第1条　この規程は、自動車の修理手続きについて定める。

(修理申請書の提出)
第2条　社員は、自分が使用している会社の自動車について、安全運転を確保するために修理が必要であると判断したときは、「自動車修理申請書」を、所属長を経由して総務部長に提出しなければならない。

(修理依頼)
第3条　総務部長は、修理申請書の内容をチェックし、必要であると判断したときは、業者に修理を依頼する。

(指定業者)
第4条　業者は、会社指定の業者とする。

（自動車の引き渡し等の責任）
第5条　次に掲げることは、原則として、自動車の使用部門が行う。
(1)　修理済み車の業者への引き渡し
(2)　修理済み車の検収
(3)　修理済み車の業者からの引き取り

2　自動車の使用部門は、業者から修理済み車を引き取ったときは、総務部へ報告する。

（修理費の支払）
第6条　自動車の使用部門から報告があったときは、総務部は、修理代の支払手続きをとる。

（修理費の社員負担）
第7条　前条第2項の定めにかかわらず、社員の不注意によって生じた修理個所の費用については、本人に負担させる。

（修理期間中の対応措置）
第8条　自動車の修理期間中、業務のために自動車を必要とするときは、次のいずれかによって対応する。
(1)　レンタル業者からのレンタル
(2)　社員のマイカーの使用

2　いずれの方法をとるかは、関係者が話し合って決定する。

（付則）
この規程は、〇〇年〇月〇日から施行する。

安全運転者表彰規程

（総則）
第1条　この規程は、安全運転に努めた社員の表彰について定める。

（対象者の範囲）
第2条　この規程の対象者は、日常業務で社有車を運転する者とする。

（表彰の対象）
第3条　表彰の対象は、次のとおりとする。
(1)　2年間、無事故、無違反であること
(2)　5年間、無事故、無違反であること
(3)　10年間、無事故、無違反であること

（表彰の方法）
第4条　表彰は、賞状および金一封を贈ることによって行う。

（表彰の時期）
第5条　表彰は、表彰者が発生した都度行う。

（氏名の公表）
第6条　会社は、表彰を受けた社員の氏名を公表する。

（人事記録への登録）
第7条　会社は、表彰を受けた事実をその社員の人事記録に登載する。

（付則）
この規程は、〇〇年〇月〇日から施行する。

安全運転教育規程

（総則）
第1条　この規程は、安全運転教育の取り扱いについて定める。

（対象者）
第2条　会社は、業務で自動車を運転する社員を対象にして安全運転に関する教育を実施する。

2　業務で会社の自動車を運転する社員は、必ず安全運転教育を受講しなければならない。

（実施）
第3条　安全運転教育は、毎年1回、定期的に実施する。

（内容・時期）
第4条　安全運転教育の内容および実施期日は、その都度決定し、社員に通知する。

（協力依頼）
第5条　会社は、安全運転教育の実施について、必要に応じ、交通安全協会その他関係団体に協力を依頼する。

（企画・運営）
第6条　安全運転教育の企画および運営は、総務課で行う。

（給与の取り扱い）
第7条　安全運転教育の受講のための時間は有給扱いとする。

マイカー通勤規程

（付則）
この規程は、〇〇年〇月〇日から施行する。

（総則）
第1条 この規程は、マイカー通勤の取り扱いについて定める。

（マイカーの定義）
第2条 この規程において「マイカー」とは、社員が保有し、または他から借用している車両で、道路交通法に基づき運転免許を要するものをいう。

（許可の申請）
第3条 マイカー通勤を希望する者は、会社に申請して許可を受けなければならない。

（許可の基準）
第4条 会社による許可の基準は、次のとおりとする。
(1) 運転免許を保有していること
(2) 過去において重大な交通事故を起こしていないこと
(3) 通勤のための公共交通機関がないこと、あるいはきわめて不便であること
(4) 次に掲げる自動車保険に加入していること
　対人賠償保険――五,〇〇〇万円以上
　対物賠償保険――三〇〇万円以上

（遵守事項）
第5条 マイカー通勤を許可された者は、次に掲げる事項を誠実に遵守しなければならない。
(1) 道路交通法を遵守し、安全運転を行うこと
(2) 飲酒運転、暴走運転をしないこと
(3) 心身が疲労しているときは運転をしないこと
(4) 会社が指定した場所に駐車すること

（届出）
第6条 マイカー通勤者は、次のいずれかに該当するときは、速やかに会社に届け出なければならない。
(1) 車両を変更したとき
(2) 通勤経路を変更したとき
(3) マイカー通勤をやめるとき
(4) 交通事故、交通違反を起こしたとき

（会社の免責事項）
第7条 会社は、次に掲げる事項についてはいっさい責任を負わない。
(1) マイカー通勤者が通勤中に起こした事故
(2) 駐車中に生じたマイカーの盗難、損傷等

（許可の取り消し）
第8条 会社は、次に掲げるときは、マイカー通勤の許可を取り消す。
(1) この規程に違反したとき
(2) 重大な交通事故を起こしたとき

(3) その他マイカー通勤者として適格でないと認められるとき

（ガソリン代の支給）
第9条 会社は、マイカー通勤者に対してガソリン代の実費を支給する。

（マイカーの業務使用）
第10条 会社は、マイカーを業務で使用することは認めない。社員は、やむを得ずマイカーを業務で使用するときは、あらかじめ会社の許可を受けなければならない。

（所管）
第11条 マイカー通勤に関する事項は、総務部の所管とし、総務部長がこれを統括する。

（付則）
この規程は、〇〇年〇月〇日から施行する。

マイカー通勤取扱規程

（目的）
第1条 この規程は、社員が所有し、通勤のために使用する車両（以下「マイカー」という）の取扱いに関する事項を定める。

（マイカーの定義）
第2条 この規程でマイカーとは、道路交通法第84条に規程する自動車および原動機付自転車「運転免許証を要する。

（マイカー通勤手続）
第3条 社員でマイカー通勤をしようとする

マイカー通勤取扱規程

者は、次に掲げる事項(別紙①「マイカー通勤許可願」)を会社に願い出て、許可を受けなければならない。

① 車種
② 車両番号
③ 免許証
④ 自動車検査証の写
⑤ 保険に関する事項
⑥ 通勤経路
⑦ 誓約書(別紙②)

2 会社は、前項の許可願が適正である場合、許可し、許可書を与える。(別紙③)

3 許可を受けた後において、願出事項に変更を生じた場合には速やかに変更届を提出しなければならない。

(保険加入の義務)
第5条 マイカー通勤をしようとする者は、その使用する車両に対して、次の保険に加入していなければならない。
① 自動車損害賠償保険(強制)
② 任意保険
　ア 対人損害賠償保険(五、〇〇〇万円以上)
　イ 対物損害賠償保険(三〇〇万円以上)
　ウ 搭乗者保険(八〇〇万円)

(会社構内の安全運転)
第6条 マイカー通勤者は、会社構内における運転について、次の各号を遵守しなければならない。

① 出入の際は、指定する場所に一時停止し、四囲の状況を確認のうえ出入すること
② 会社構内およびパーキング場内の速度は五キロメートル以内とし、歩行者優

別紙①

○○株式会社
　取締役社長　　　　殿

マイカー通勤許可願

　この度マイカーによって、通勤いたしたいので、許可願います。

所属　　　部　　　課　　　係	申請年月日　　年　月　日 氏名　　　　　　　　　　㊞ 生年月日　　　年　月　日	
現住所	電話	
緊急連絡先	電話	
車種 (1)　　　　年式　　　　登録番号		
免許の種類	免許証番号	
免許取得年月日　　　　年　月　日		
保険会社名	保険証明書	
保険金額　対人¥　　　　対物¥　　　　搭乗者¥		
通勤経路		

マイカー通勤取扱規程

別紙②

平成　年　月　日

誓　約　書

○○株式会社
　　取締役社長　　　　殿

　　　　　　　　　　　　　　　　　　　　　所　属
　　　 　　　　　　　　　　　　　　　氏　名　　　　　　㊞

　マイカー通勤を承認いただきました上は、会社のマイカー通勤取扱規程を遵守致します。なお万一、規程に違反し会社に損害をかけたときは損害金全額を私の責任において弁済することを誓約いたします。

別紙③

（表）

マイカー通勤許可証

　　　　　　　　　　　　　　　　　　氏　名
　　　　　　　　　　　　　　　　　　勤続場所

車　種　　　　　　　　輪
車　名　　　　　　　　　　　　　　（　　　　色）
登録番号

　　　上記車両の通勤を許可する。

　　　　　　　　　　　　　　　　　平成　年　月　日
　　　　　　　　　　　　　　　　　　○○株式会社　㊞

（裏）

既提出の申請書で車両を変更したり、あるいは保険期限経過のものについては再提出か届出をする。

許可証はウインドガラスから見える位置に置くものとする。

構内駐車場利用規程

構内駐車場利用規程

1 目的

この規程は、○○株式会社(以下「会社」という)の構内駐車場の適正なる運用を図ることにより、限られた駐車場を有効に活用することを定めたものである。

2 対象範囲

(1) 会社に勤務している者で、自動車により通勤を希望する者。

(2) 会社以外の在籍者で常態として駐在し、勤務する者で、自動車により通勤を希望する者。

3 許可条件

対象範囲に該当する者で、次の許可条件に適合し、かつ会社が許可した者につき駐車場の利用を認める。

(1) 通勤距離二km以上

(2) (1)の通勤距離未満であっても自動車によること以外には通勤が著しく困難であると認めた者、もしくは特別の事情があると認めた者。

4 駐車許可証

第7条 会社構内のパーキングは、会社より許可を与えられた所定の場所とする。

2 パーキング場内のマイカーには、ボデーカバーをつけてはならない。

3 マイカー通勤許可証を明示しなければならない。

(運転禁止)

第8条 マイカー運転者が、次の場合に該当するときは、運転を禁止する。

① 整備不良車(道交法第62条)
② 装備不良車(道交法第63条の2)
③ 免許証不所持(道交法第64条)
④ 酒気帯び運転(道交法第65条)
⑤ 過労運転(道交法第66条)
⑥ 最高および最低速度の遵守(道交法第68条~第69条)
⑦ 安全運転の義務(道交法第70条)
⑧ 定期点検整備義務(道路運送車両法第48条)

(業務使用の禁止)

第9条 社員のマイカーは原則として社用に使用してはならない。

ただし、緊急やむを得ない場合は、会社の了解を得た場合に限り、社用に使用することができる。

先を守って運転すること
③ 会社構内およびパーキング内の器物に損傷を与えないように注意を払うこと

---

2 前項「ただし書」の場合は、会社は、燃料費等の使用料を負担する。

(事故処理等)

第10条 マイカー通勤者が、通勤途上等運転中に起こした事故については、会社は責任を負わない。

2 マイカーの会社構内パーキングにおける破損盗難等の事故については、会社はその責任を負わない。

3 会社構内およびパーキング場で事故を起こした場合は、法にもとづく解決を図るものとする。

(会社の無関与)

第11条 マイカー通勤者が通勤途上において起こした事故については、会社は関与しない。

(通勤災害)

第12条 マイカー通勤者が通勤途上において災害を受けた場合は、就業規則第○○条(通勤災害)による。

(通勤手当)

第13条 マイカー通勤者に対する通勤手当は、給与規程第○○条による。

(注)

① 片道三五km以上
② 三五km未満~
③ 二五km未満~
④ 一四km未満

二五km以上   一六、一〇〇円
              二〇、九〇〇円
              一五km以上   六、五〇〇円
                          四、一〇〇円

(施行)

第14条 この規程は平成○○年○月○日より施行する。

マイカー駐車場管理規程

（総則）
第1条 この規程は、マイカー駐車場の管理について定める。

（所管）
第2条 駐車場の管理は総務部の業務とし、総務部長がこれを統括する。

（駐車場の区分）
第3条 会社は、駐車場を次の3つに区分して使用する。
(1) 社有車駐車場
(2) 出入り業者車両駐車場
(3) 社員マイカー駐車場

（許可の申請）
第4条 駐車場の使用を希望する者は、会社に申請し、その許可を受けなければならない。

（許可の基準）
第5条 会社は、次に掲げる事項を審査して許可を決定する。
(1) 駐車場の収容能力
(2) 申請者の運転技術
(3) 自動車の車種、型式および外観
(4) 自動車保険への加入状況
(5) その他必要な事項

(1) 会社は駐車を許可した者に、所定の許可証を発行する。
(2) 次に該当する場合は駐車許可証を速やかに返還しなくてはならない。
① 退職
② 住所変更により許可条件に適合しなくなったとき。
③ 遵守事項違反により駐車許可を取り消されたとき。

5 通勤距離
通勤距離は、原則として自宅より会社までの距離とする。

6 通勤経路
(1) 通勤距離の経路は、会社で合理的な経路と判断した経路で、計測したものとする。
(2) 駐車場所
駐車許可者は、会社が勤務別に指定した駐車場所に駐車しなければならない。

7 遵守事項
(1) 交通法則を守り、交通事故防止に努めること。
(2) 自動車運転中はシートベルトを必ず着用すること。
(3) 会社主催の交通安全講習会は必ず受講すること。
(4) 会社で定めた額以上の任意保険に加入すること。
(5) その他会社で決定した事項を守ること。

8 違反者の措置
(1) 駐車場もしくは遵守事項に違反した者は駐車許可を取り消すこととする。
(2) 駐車許可を受けないで取り消された者の措置にいては別に定める。

9 管理責任
会社は、駐車場で発生した盗難、物損事故等の管理上の責任は、一切負わない こととする。

付　則
(1) この規程は、平成一二年七月一日より適用する。
(2) この規程による駐車許可者については、会社が必要と認める時期に見直すこととする。

〈細則〉

1 任意保険の加入額について
(イ) 対人保険　五千万円以上
(ロ) 対物保険　二〇〇万円以上
(ハ) 搭乗者保健　五〇〇万円以上

2 駐車許可を受けないで侵入した者の措置
(イ) 許可を受けないで侵入した者は、就業規則に準拠し処分する。
(ロ) 駐車した場所が業務に支障がある場合、重大な障害がある場合は会社で所等、移動する。

自家用自動車の業務上使用規程

第3条　この規程は、従業員の私有車を業務上使用する場合について準用する。

（届出、許可）

第4条
1. 従業員が私有車を会社の業務に使用する場合は「個人所有自家用車業務上使用許可願書」（様式2号）および「損害保険加入の状況」（様式2号）を本社においては所属長経由総務部長、支店以下においてはその長に提出しなければならない。ただし、原則として一現場に対し一台とする。
2. 会社は前項による届出を受けた場合、届出事項を確認の上、下記許可基準にもとづき許可、不許可の決定をしなければならない。

（許可基準）
(イ) 会社所有の自動車の配車が間に合わず、やむを得ず私有の自家用車を利用する必要があるとき
(ロ) 会社所有の自動車が配置されていない事業所で、連絡業務のために自動車を必要とするとき
(ハ) 会社所有の自動車の配置されている事業所であっても業務のため、なお自動車を必要とするとき
(ニ) その他とくに会社が必要と認めたとき

（申請者への通知）

第6条　会社は、許可を決定したときは、次の事項を速やかに申請者に通知する。
(1) 駐車位置
(2) 許可の有効期間

（許可の有効期間）

第7条　許可の有効期間は2年とする。

（許可の更新）

第8条　許可の更新を希望する者は、会社に申請し、その許可を受けなければならない。許可の更新については、第5条の規定を準用する。

（利用者心得）

第9条　駐車場を利用する者は、次の事項を遵守しなければならない。
(1) 会社から指定された場所に駐車すること。指定されていない場所には絶対に駐車しないこと
(2) 駐車場を清潔にすること。ごみを散らかさないこと
(3) 駐車場への出入りに当たっては、他の車両および歩行者に十分注意すること
(4) 他の車両に損傷を与えたときは、速やかに会社に報告すること
(5) 駐車場において不審者を見つけたときは、直ちに会社に通報すること

（会社の免責）

第10条　会社は、駐車中に生じた車両の盗難、損傷等についていっさい責任を負わない。

（届出）

第11条　駐車場を使用している者が次のいずれかに該当するときは、速やかに会社に届け出なければならない。
(1) 自動車を変更したとき
(2) マイカー通勤を中止するとき

（特別の指示）

第12条　会社は、経営上の都合により、駐車場の使用について特別の指示を出すことがある。会社から特別の指示が出されたときは、社員は、その指示に従わなければならない。

（廃止）

第13条　会社は、経営上の都合により、駐車場を廃止することがある。この場合、社員は無条件で会社の決定に従わなければならない。

（付則）

この規程は、○○年○月○日から施行する。

自家用自動車の業務上使用規程

（目的）

第1条　通勤使用の制限規程を準用。

（用語の定義）

第2条　通勤使用の制限規程を準用。

（規定の適用）

マイカー業務使用規程

（総則）
第1条　この規程は、社員のマイカーを業務において使用する場合の取り扱いについて定める。

（許可の申請）
第2条　業務においてマイカーの使用を希望する者は、あらかじめ会社にマイカーの使用を申請し、その許可を受けなければならない。

（許可の基準）
第3条　会社は、マイカー使用の申請が出されたときは、次に掲げる事項を審査して許可を決定する。

（許可の条件）
第5条
（ロ）運転経験二年以上の者
（イ）過去一年間無事故の者
（ハ）次の任意保険に加入している者
　①対人賠償保険　　二、五〇〇万円
　②搭乗者傷害保険　　三〇〇万円
　③対物賠償保険　　三〇〇万円
（ニ）身体、性格に異状または障害のない者

（費用の負担）
第6条　業務のため配車された場合、下記料金を会社負担とする。
（イ）燃料費
（ロ）高速道路通行料
（ハ）一時駐車料

上記料金は「乗用車燃料費その他請求内訳書」（様式3号）を作成し、月一回取りまとめ請求のこと。ただし燃料費は別途通達による。

（ロ）、（ハ）については領収書添付の上請求のこと。

（駐車場の利用）
第7条　従業員が私有車を業務上使用することを認められた場合は、会社の駐車場または施設の状況により使用させる。

（事故の取扱い）
第8条
1　業務上の事故による対人対物の賠償費用は会社が負担する。ただし保険による補償額をこえる部分とする。

2　運転者の故意または過失に起因する法令違反に対する罰金、科料は運転者の負担とする。

3　事故発生の場合は、事故の大小にかかわらず速やかに本社においては所属長経由総務部長、支店以下においてはその長に「事故報告書」（様式4号）を届出しなければならない。

（安全運転の義務）
第9条　私有車の業務上使用を認められた者は、法定の整備点検を受けることはもとより常に車輌の整備に気を配り、仕業点検を怠らず、安全運転を心掛けねばならない。

附則　この規程は平成一〇年七月一日より実施する。

（注記）
(1)　通勤費支給について
業務上使用車で通勤を兼ねる通勤分について別に定める。

(2)　勤務個所に到着後、業務上使用については業務上使用規程第6条により費用を会社負担とする。

(3)　無許可で業務上に使用した者ならびに監督者を処罰する。

通達事項
業務上の使用車に対し下記の燃料費（オイル、タイヤ、消耗品代金を含む）を支給する。

一二〇〇cc以上　　１kmあたり　二三円
一二〇〇cc未満　　１kmあたり　一九円
一カ月使用最高限度　　１、五〇〇km

ただし、本社においては部長、支店・営業所・出張所においてはそれぞれの長が必要と認めた場合はその限りでない。

内勤者の通勤は厳禁する。
現場通勤用車に対しては駐車場のある場合は使用させる。
ただし、駐車場の借上提供、ならびに一時駐車料金は負担しない。

マイカー業務使用規程

(1) 自動車を業務で使用することの必要性
(2) 申請者の運転技術
(3) 自動車の型式、仕様、外観
(4) 自動車の使用年数
(5) 自動車保険への加入の状況

(自動車保険)
第4条 業務において使用するマイカーは、強制保険のほか、次に掲げる額の自動車保険に加入していなければならない。
(1) 対人賠償保険　五、〇〇〇万円以上
(2) 対物賠償保険　三〇〇万円以上

(運転者の心得)
第5条 マイカーを業務で使用する者は、次の事項を遵守しなければならない。
(1) 道路交通法を遵守し、安全運転を行うこと
(2) 安全運転ができるよう、常に自動車の整備・点検を行うこと
(3) 自動車の内部、外部を常に清潔にしておくこと
(4) 自動車に故障が生じたとき、もしくは異常を発見したときは、直ちに運転を中止して適切な措置を講じること
(5) 業務に関係のない者を同乗させないこと
(6) 運転中に携帯電話を掛けないこと。やむを得ず掛けるときは、安全な場所に停車させてから掛けること

(運転禁止)
第6条 次に掲げるときは、絶対にマイカーを運転してはならない。
(1) 酒を飲んだとき
(2) 心身が著しく疲労しているとき
(3) その他正常な運転ができない状態にあるとき

(運転日報)
第7条 マイカーを業務で使用したときは、行き先、目的、出発時刻、帰着時刻および走行距離数などを運転日報に正確に記載し、会社に提出しなければならない。

(会社の費用負担)
第8条 マイカーの業務使用につき、会社は次の費用を負担する。
(1) ガソリン代、オイル代——実費の全額
(2) 駐車料金——実費の全額
(3) 高速道路通行料——実費の全額
(4) 車検・定期点検費用——実費の一部
(5) 修理費(業務で使用中に生じた損傷に限る)——実費の全額
(6) 自動車保険料——実費の一部

(実費の請求)
第9条 ガソリン代、オイル代等の実費の請求は、正確に行わなければならない。

(7) 交通事故が発生したときは、法規に定められた措置をとるとともに、直ちに会社に連絡すること

(締切日、支払日)
第10条 会社が負担する費用は、毎月末日で締切り、翌月25日に支払う。

(補償)
第11条 マイカーを業務で使用中に発生させた事故につき、社員がマイカーに付されていた保険を上回る金額を支出したときは、会社は、その金額が常識的に判断して妥当なものである場合に限り、それと同額の負担を行う。

(補償の対象外)
第12条 前条の規定にかかわらず、社員が第6条の規定に違反して起こした事故による損害については、補償は行わない。

(免責事項)
第13条 会社は、次に掲げる事件、事故については、いっさい責任を負わない。
(1) 本人の不注意で発生した交通事故
(2) 本人の不注意による自動車の盗難、損傷

(課金の負担)
第14条 マイカーを業務で使用しているときに生じた交通事故・交通違反について課せられた罰金、科料、反則金等の課金は、すべて本人の負担とする。

(許可の取り消し)

マイカー出張規程

(総則)
第1条　この規程は、社員のマイカーによる出張の取り扱いを定める。

第2条　会社から出張を命令された場合に、マイカーによる出張を希望する者は、あらかじめ会社に申請し、許可を受けなければならない。

(許可申請)
第3条　社員からマイカー出張の申請が出されたときは、会社は、次の事項を審査して許可を決定する。

(許可の基準)
(1) 出張先における公共交通機関の利便性
(2) 出張業務の利便性
(3) 携帯する物品の量
(4) 本人の運転技術
(5) その他必要事項

(出張者の心得)
第4条　マイカー出張を許可された者(以下、「マイカー出張者」という)は、次の事項を守らなければならない。

(1) 交通法規および運転マナーを守って安全運転を行うこと
(2) 無理のないスケジュールで行動すること
(3) 適宜休息を取ること。長時間にわたって連続運転をしないこと。心身の疲労が強いときは、運転を控えること
(4) 飲酒運転をしないこと
(5) 制限速度を超過しないこと
(6) 運転中は携帯電話を掛けないこと。やむを得ず掛けるときは、安全な場所に停車させてから掛けること

(合理的な経路の利用)
第5条　マイカー出張者は、合理的な経路を利用しなければならない。

(関係者以外の同行)
第6条　マイカー出張者は、出張に関係のない者を同行させてはならない。

(駐車)
第7条　マイカー出張者は、自動車を離れるときは所定の場所に駐車し、必ず施錠しなければならない。

(ガソリン代等の取り扱い)
第8条　会社は、マイカー出張者に対し、次に掲げる費目の実費を支給する。
(1) ガソリン代、オイル代
(2) 高速・有料道路通行料
(3) 駐車場利用料

(実費の請求)
第9条　マイカー出張者は、帰着後速やかに実費の請求を行わなければならない。

(日当・宿泊料)
第10条　マイカー出張者に対する日当および宿泊料は、「出張旅費規程」の定めるところによる。

(労働時間)
第11条　マイカー出張をした日は、所定労働時間労働したものとみなす。

(事故発生時の対応)
第12条　マイカー出張者は、交通事故を起こしたときは、道路交通法の定めるところにより、速やかに次の措置を講じなければならない。
(1) 負傷者のあるときは、直ちに負傷者を救護する
(2) 道路における危険防止のための措置を講じる

第15条　社員が次のいずれかに該当するときは、マイカーの業務使用の許可を取り消す。
(1) 故意または重大な過失によって交通事故を発生させたとき
(2) しばしば交通法規に違反したとき
(3) しばしばこの規定に違反したとき

(所管)
第16条　この制度の管理は総務部の所管とし、総務部長がこれを統括する。

(付則)
この規程は、〇〇年〇月〇日から施行する。

2　マイカーに戻ったときは、携行した物品に異常がないかどうか確認しなければならない。

マイカー出張規程

（会社への緊急連絡）
第13条　マイカー出張者は、前条に定める措置が完了したときは、速やかに会社に次の事項を連絡しなければならない。
(1) 事故の内容
(2) 事故の時刻
(3) 事故の場所
(4) その他必要事項

2　報告事項は、前条で定める事項と同一とする。

（事故を起こされた場合）
第14条　マイカー出張者は、第三者によって交通事故を起こされたときは、速やかに会社に報告しなければならない。

（交通事故証明書の交付）
第15条　マイカー出張者は、交通事故を起こしたとき、または起こされたときは、速やかに警察に届け出て事故証明書の交付を受け、これを会社に提出しなければならない。

（事故処理の原則）
第16条　マイカー出張者が起こした交通事故の処理は会社が行う。

2　マイカー出張者は、自らが起こした交通事故について、会社を通すことなく、個人で勝手に示談をしてはならない。

（損害賠償責任）
第17条　マイカー出張者が業務遂行中に起こした交通事故による損害賠償の責任は、会社が負うものとする。

（社員の損害賠償責任）
第18条　前条の定めにかかわらず、マイカー出張者が故意または重大な過失によって起こした交通事故による損害賠償については、本人の責任において賠償しなければならない。

（課金の負担）
第19条　道路交通法違反によってマイカー出張者に課せられた罰金、科料、反則金は、すべて本人の負担とする。

（付則）
この規程は、○○年○月○日から施行する。

XV 労使協議制に関する規程

XV 労使協議制に関する規程（解説）

労使協議制とは

労使協議制とは、企業の経営・生産・販売・組織・労働条件等の問題について、労働組合（労働組合が結成されている場合）や従業員代表あるいは社員親睦団体（労働組合が結成されていない場合）と経営者との間で話し合うしくみのことである。

このしくみは、労使関係におけるいろいろな面から生ずる問題を解決する制度である。労働組合のある企業では、労使関係の問題を解決する「団体交渉」という制度があるが、それとは異なり"協力"の面から問題を解決する制度といえる。いいかえれば労使におけるスムーズな企業内コミュニケーションの充実をはかる制度といえよう。

労使協議制の付議事項と決定関与

労働省「労使コミュニケーション調査」（平成一一年六月・三〇人以上の民間企業・集計事業数二八三六社・複数回答）によると、付議事項は非常に広汎な範囲にわたって取上げられている。最も多い事項は「労働時間・休日・休暇」八七・三％、次いで「勤務態様の変更」八四・九％、「賃金・一時金」八〇・四％等となっている。

付議事項の決定関与は、「説明報告事項」の割合が比較的高く、特に「説明事項」では、「経営の基本方針」七九・三％、「生産・販売の基本計画」七二・五％、「採用・配慮基準」六四・八％、「会社の組織関係」六一・八％等となっている。

また、協議事項では、「職場の安全衛生」五七・九％、「勤務態様の変更」五七・八％、「労働時間・休日・休暇」五五・四％、「賃金・一時金」五五・三％、「時間外労働の賃金割増し率」五四・六％等の割合が高くなっている。同意事項は一般に低くなっているが、比較的高いのは「定年制」二八・〇％、「時間外労働の賃金割増し率」二六・八％、「賃金・一時金」二六・七％である。

付議事項をグループ（大項目）別に分けてみると

労使協議制における付議事項は、それぞれの企業の特殊事情もあって非常に広汎な範囲にわたって取りあげられている。その事項をグループ別（大項目または中項目）に分けてみよう（前記の労働省の調査以外の項目も入れてある）。

① 経営事項……経営方針、経理状況、生産・事務の合理化方針、会社組織の改廃等

② 生産的事項……生産計画、生産状況、新技術・新機械の導入・生産性の測定等

③ 人事的事項……配転、出向、転籍、一時帰休、人事異動基準、勤務態様の改善、育児・介護休業制度、定年及再雇用（勤務延長）、派遣労働者の受入、職務およ

「社員会など親睦団体との関係」は、法的な拘束力はないが、労使の信義則に則って運用される。今後は、この関係も多くなると思われる。

⑦生産協議会　⑧労務協議会

労使協議機関にどのような名称を付するかについては別に制約はなく、労使で話しあって自由に決定される。しかし、「名は体を表す」の諺もあって、その名称によって多くの従業員が労使協議であることを察知し、その性格・機能が窺い知ることができるような名称が望まれる。

これらの事項については、「経営的事項」および「生産的事項」の問題は主として情報伝達の場として、「人事的事項」および「福利厚生等の事項」の問題は主として協議機関とし、「労働条件事項」については労使共同決定を前提とした協議の場として取りあげられているようである。

今後は、新たな付議事項として、各企業における「IT」(情報技術)の関係が、経営上、生産上、労働条件の事項に取り上げられると思われる。

労使協議制機関の名称

労使協議機関についての名称は、前記の労働省の「労使コミュニケーション調査」にはないので労使協約資料、親睦団体(社員会)、労務管理調査等からみてみると、次のような名称で運用されている。

①労使協議会　②経営協議会
③労使委員会　④労使懇談会
⑤経営懇談会　⑥労働経営協議会

び資格制度、表彰および懲戒等

④労働条件的事項……労働時間、休日、休暇、賃金関係、賞与、退職金、就業規則その他の付属規程等

⑤福利厚生的事項……安全衛生、福利厚生、文化体育活動、公害対策、ボランティア活動等

法定労使協定

労働基準法では、過半数以上の労働組合がある場合は、その組合の代表者、過半数以下の組合や、組合がない場合(未組織事業場)は、従業員の過半数を代表する者との「労使協定」の締結等がある(別表)。また労働基準法以外の労働関係の法規(例「男女雇用均等法」等)を含むと約三〇項目の労使協定がある。これらに対処するためにも「労使協議制」を設置しておく必要がある。

①名称　②委員の選出方法　③委員長の選出方法　④開催　⑤開催手続　⑥付議事項及び協議・諮問・報告及び説明事項の区分　⑦決の取り方(成立要件)　⑧事務局　⑨議事録　⑩その他必要事項　⑪書記の出席

前記のどのような形態であっても、運用する規則には、次の事項は必ず記載する方がよいと考える。(別に法的根拠はない)

「従業員代表との関係」も「法定労使協定」を除くと、「社員会など……」と同じく法的な拘束力はないが、これまた労使の信義則によって運用されることになる。

労使協議制の規程のポイント

労使協議機関の設立は、前にも触れたように、「労働組合との関係」「社員会など親睦団体との関係」「従業員代表との関係」の三つに分けられる。

「労働組合との関係」は、労働協約として法的に拘束力をもっている。

別表　労基法が定める10の労使協定

協定名	協定事項	届出の必要性	届出が協定の効力要件となっているか否か	規則様式
(1) 貯蓄金の管理に関する協定 (法18条2項)	〈社内預金の場合〉①預金者の範囲②預金者1人当たりの預金額の限度③預金の利率および利子の計算方法④預金の受入れおよび払い戻しの手続き⑤預金の保全の方法〈通帳保管の場合〉①預金先の金融機関名および通帳の保管方法	締結と届出	なっている	規則様式第1号
(2) 賃金支払いに関する協定 (法24条1項)	①控除の対象となる具体的な項目②①の項目別に定める控除を行う賃金支払日	締結のみ	—	—
(3) フレックスタイムに関する協定 (法32条の3)	①対象となる労働者の範囲②清算期間（1ヵ月以内）③清算期間における総労働時間④標準となる1日の労働時間⑤コアタイムを定める場合はその時間帯の開始および終了時刻⑥フレキシブルタイムを定める場合はその時間帯の開始および終了時刻等	締結と届出	なっている	規則様式第4号
(4) 1年単位の非定型的変形労働時間制に関する協定 (法32条の4)	①対象となる労働者の範囲②対象期間③労働日および当該労働日ごとの労働時間④有効期間（注2）(注3)	同上	なっていない（罰則有り）	規則様式第5号
(5) 1週間単位の非定型的変形労働時間制に関する協定 (法32条の5)	①週所定労働時間を法定労働時間（44時間または46時間）に達するまでの労働に対し、37条の例により割増賃金を支払う旨の定め	同上	なっていない（罰則有り）	規則様式第5号の2
(6) 時間外・休日労働に関する協定 (法36条)	①時間外または休日の労働をさせる具体的事由②業務の種類③労働者の数④1日および1日を超え一定の期間における延長することができる時間⑤労働させることができる休日⑥有効期間	締結と届出 時短推進委員会の決議（届出可能であるが、届出は必要）	なっている（罰則有り）	規則様式第9号
(7) 事業場外労働に関する協定 (法38条の2第2項)	①当該業務の遂行に「通常必要とされる時間」として定める時間②有効期間	同上	なっていない（罰則有り）	規則様式第12号
(8) 裁量労働に関する協定 (法38条の4第4項)	①業務の種類②当該業務の遂行手段・時間配分の決定等に関し、具体的な指示をしないこととする旨及びその労働時間の算定について、当該協定で定めるところによることとする旨③協定で定める時間④有効期間	同上	なっていない（罰則有り）	規則様式第13号
(9) 計画年休に関する協定 (法39条5項)	〈一斉・班別交替方式型〉①時季②休暇日数（注4）〈個人別、班別交替方式型〉①計画表の作成時期②計画表の作成方法	締結のみ	—	—
(10) 年休の賃金支払いに関する協定 (法39条6項)	年休期間に支払われる賃金は、健康保険法第3条に定める標準報酬日額に相当する金額とする旨	締結のみ	—	—

注1：清算期間の起算日については、就業規則その他これに準ずるものに定めがあるが、労使協定で定めるか選択する必要がある。
注2：有効期間の起算日についても、就業規則その他これに準ずるものに定めるのに労使協定で定めるか選択する必要がある。
注3：1週間の法定労働時間が特定されている事業場においては、変形時間を平均して1週間の労働時間が40時間（常時100人以下の事業場では42時間）の労働時間に該当するものを除く。
注4：班別交替制の場合、各班を特定し、その各班ごとに①時季および②休暇日数を定める必要がある。

629

中央協議会協定・中央労働協議会規則

中央協議会協定

第1条　OS電機株式会社（以下会社という）とOS電機労働組合（以下組合という）とは労働協約書第78条により中央協議会（以下本会という）を設ける。

第2条　本会の議長は社長または会社側委員中より社長が指名した者とする。

第3条　本会は下記の委員をもって構成する。ただし都合によりあらかじめ会社と組合とで協定して変更することができる。
(1) 会社側委員
　社長および役員が指名した者
(2) 組合側委員
　組合の役員（会計監査を除く）および組合員の中から中央執行委員長が指名した者

第4条　本会は会社または組合のいずれかの申入れによって申入れの日から原則として一四日以内に議長が召集して開催する。

第5条　議事はその日の一〇時から一七時までとし、必要な場合は双方の合意によって変更することができる。

第6条　本会に提出する議題は、開催の申入れと同時に議長に提出しなければならない。ただしその期日までに提出できなかった緊急臨時の議題でも、開催の日より五日前までに提出するものとする。

〔覚書〕
　本条の期日以後であっても、やむを得ざる特別の事情があって双方合意した場合は、そのつど提出することができる。
② 議長は議題の提出を受けてからこれを双方に通知するものとする。

第7条　議題の審議について、双方が必要と認めたときは、専門委員会を設けて議事を委託しまたは諮問することができる。
② 専門委員会の構成ならびに運営については、そのつど本会において定める。
③ 専門委員の任免は会社と組合で協議の上議長が行う。

第8条　本会の議事については、必要な主要事項につき要録二通を作成し、会社および組合の代表者各一名これに署名または記名押印してその証とする。

第9条　本会の費用は、会社負担とする。

第10条　本規則は労働協約締結の日から実施する。

中央労働協議会規則

第1条　OS電機株式会社（以下会社という）とOS電機労働組合（以下組合という）とは労働協約書第78条により中央労働協議会（以下本会という）を設ける。

第2条　本会の議長は社長または会社側委員中より社長が指名した者とする。ただし都合により、あらかじめ会社と組合とで協定して変更することができる。

第3条　本会は下記の委員をもって構成する。
(1) 会社側委員
　社長および役員もしくは、非組合員の中から社長が指名した者
(2) 組合側委員
　組合の役員（会計監査を除く）および中央執行委員長が指名した者

第4条　本会は会社または組合のいずれかの申入れによって、申入れの日から原則として一四日以内（特別の事情があるときは二一日以内）に議長が召集して開催する。

第5条　議事はその日の一〇時から一七時までとし、必要な場合は、双方の合意によって変更することができる。

第6条　本会に提出する議題は、開催の申入れと同時に議長に通告しなければならない。ただしその期日までに提出できなかった緊急臨時の議題でも、開催の日より五日前までに提出するものとする。

〔覚書〕
① 本条の期日以後であっても、やむを得ざる特別の事情があって、双方合意した場合はそのつど提出することができる。
② 議長は議題の提出を受けてからこれ

経営参加に関する特別協定書

経営参加に関する特別協定書

AB電器株式会社（以下、会社という）とAB電器労働組合（以下、組合という）とは、経営参加研究委員会の答申書を確認し、経営参加制度の確立について、次のとおり協定する。

記

1 総則

会社と組合は、会社の健全な発展と従業員の労働福祉条件の向上および会社の発展が、それぞれ不離一体であるという共通認識に立ち、労使の対等性と強固な信頼関係に基づき、経営参加制度を確立する。

2 経営参加制度の内容

(1) 「経営委員会」の設置

① 目的……経営上の重要政策について、会社が事前に組合の意見をきき、また、組合から経営提言をする場とする。

② 構成……社長ならびに組合本部三役と認めた者および組合本部三役

③ 付議事項……

　イ 当該年度の経営方針
　ロ 当該年度の事業計画
　ハ 事業の大規模な拡大、縮小およびこれに伴う国内外の投資
　ニ 重要な組織変更
　ホ 上記に準ずる重要な経営政策

④ 開催……原則として月一回とし、必要に応じてその都度開催する。

(2) 「事業場経営委員会」の設置

(1)に準じて設置する。

(3) 「経営懇談会」の設置

① 内容……職能本部長（技術、海外、営業）との経営懇談会および必要に応じて関連事業グループごとに経営懇談会を設置する。

② 目的……所管事項に関連する経営問題についての意見交換と意思疎通を図る場とする。

③ 構成……職能本部長との経営懇談会…本部長と組合本部および関連支部三役　関連事業グループ経営懇談会…事業グループ責任者と組合本部および関連支部三役

④ 開催……原則として年二回とし、必要に応じてその都度開催する。

(4) 「職場運営委員会」の設置

① 目的……生産販売計画、業務計画、レイアウト、生産設備、作業・職場環境など日常の職場運営上の諸問題について労使が話し合う場とする。

② 構成……原則として当該職場の責任者（部課長）と組合（支部委員および担当執行委員）とし、構成単位は事業場、支部間で定める。

③ 開催……原則として二カ月に一回程度（所定労働時間内）とし、必要に応じてその都度開催する。

3 実施日

平成〇〇年〇月〇日より実施する。

なお、労使の信頼関係の基盤が著しく損われ、経営参加制度の本来の目的が達せられない事態となった場合は、会社、組合いずれかの申入れにより破棄できるものとする。

第7条 ① 議題の審議について、双方が必要と認めたときは、専門委員会を設けて議事を委託しまたは諮問することができる。

② 専門委員会の構成ならびに運営については、そのつど本会において定める。

③ 専門委員の任免は、会社と組合とで協議の上議長が行う。

第8条 本会において双方の協議が成立し、または、意見が一致し、あるいは双方が確認した事項については、協定書または確認書二通をこれに作成し、会社および組合の代表各一名これに署名または記名押印してその証とする。

第9条 本会の費用は、会社負担とする。

第10条 本規則は労働協約締結の日から実施する。

経営協議会規則

労働協約の記載事項の例

第11章　経営協議会

（目的・性格）

第115条　会社と組合はこの協約締結の趣旨に鑑み会社事業の発展と経営の民主化をはかる機関として経営協議会を設置する。

（付議事項）

第116条　会社または組合は本協議会において前条の目的達成のため、次の事項を付議する。

(1) 全般的経営の執行方針ならびに実施経過に関する事項

(2) 生産、営業および経理の概況ならびに計画に関する事項

(3) 組織および職制の制定改廃に関する事項

(4) 工場施設の移転、縮小または閉鎖その他企業の整備に関する事項

(5) 従業員福利厚生策の大綱に関する事項

(6) 生産施設資材等改善に関する事項

(7) 作業指導および技術の向上に関する事項

(8) 従業員の健康安全の維持増進に関する事項

(9) 前各号のほか、会社、組合において必要と認めた事項

（運営）

第117条　本協議会を合理的に能率よく運営し、議事の実質的効果を最高度に発揮するため、前条第1項各号に規定する付議事項を経営協議会の議案とする場合は、次に定める手続によって行うものとする。

(1) 第116条第一号から第五号までの経営管理上の付議事項は会社は誠意をもって報告説明し、組合の建設的で公正妥当な意見はこれを尊重する。ただし、第3号から第5号までに定める事項については原則として事前に報告説明し、労働条件に特に大きな影響を及ぼす場合は、団体交渉に回付することがある。

(2) 第116条第6号から第8号までの業務能率に関する付議事項は、相互に説明し、意見を聴取しまたは協議するものとする。

(3) 第116条各号についてはその重要度により適正に区別し、日常交渉、文書交渉または分科会により扱うものとする。

2　本協議会の下部組織として、必要に応じ分科会を設けることができる。

2　本協議会には確証がありかつ十分調査の完了した事項を付議するものとする。

2　前項の議案はその要旨を簡略に整理して事前に相手方に連絡し経営協議会における議事の進行の円滑化をはかるものとする。

（協議員）

第119条　本協議会は会社および組合のそれぞれ指定する各七名の協議員（以下選定協議員という）を選出し相互にその氏名を通知するものとする。

2　前項の協議員は会社側においては会社役員および非組合員中より、組合側においては組合役員中より選定する。

3　第1項に規定する協議員の氏名は毎年9月に相互に通知するものとし、協議員の変更のある場合は事前に相手方に通知するものとする。

（招集）

第120条　本協議会を開催する場合は五日前に議案を明示して会社側においては人事部長、組合側においては書記長が招集するものとする。

2　緊急やむを得ない場合は、二日前に議案を明示して前項により招集することができる。

（成立条件）

第121条　本協議会は会社および組合の選定協議員中より九原則として四名以上出席したときに成立するものとする。

（議事録）

第122条　本協議会は議事録を作成する。この定例的には月一回原則として就業時間中約た場合、双方協議のうえ開催するものとし、か一方が議案を明示して相手方に申し入れ

第118条　本協議会は会社または組合のいずれ

（開催手続）

労使協議会運営細則

(労働協約締結・平成〇〇年〇月〇日)

(細則)
第1条 この細則は労働協約第壹条にもとづいて労使協議会(以下協議会という)の運営について定める。

(種類)
第2条 協議会は中央における中央労使協議会(以下中央協議会という)と、各事業場における事業場労使協議会(以下事業場協議会という)とにわける。

(付議事項)
第3条 ① 協議会には次の事項を付議するものとする。

1 報告事項
 (1) 経営方針ならびに業績の概況に関する事項
 (2) 経理、金融に関する事項
 (3) 営業状況に関する事項
 (4) 増資、減資に関する事項

2 諮問事項
 (1) 事業の拡張、復活、施設の新設改良に関する事項
 (2) 労働協約、就業規則、その他労働条件に関係あるものを除いた諸規程のうち、全従業員に周知する規程の制定、改廃に関する事項
 (3) 生産および事務の合理化、ならびに能率向上に関する事項
 (4) 安全衛生、作業環境に関する事項
 (5) 職制機構の改廃に関する事項
 (6) 財産譲渡、転用に関する事項
 (7) 臨時労働者の雇用に関する事項
 (8) その他会社が組合に諮問することを必要と認めた事項

3 協議事項
 (1) 工場閉鎖、休業、合併、分割、事業の縮小などのうち、労働条件に重大な影響をおよぼす事項
 (2) 就業規則の改廃に関する事項
 (3) 福利厚生に関する事項
 (4) 定期採用、その他これに準ずる大量採用に関する事項
 (5) 大量移動に関する事項
 (6) 協約解釈上の疑義、または紛争処理に関する事項
 (7) この協約により協議の規定のある事項
 (8) この協約の改廃に関する事項
 (9) その他会社、組合双方が協議することに意見一致をみた事項

② 前項第一号については、定期に開催することを原則とする。

③ 協議会に付議することを原則とし、事業場協議会において解決できなかった機密事項の範囲は本協議会においてその都度定める。

(関係者の出席)
第123条 本協議会が必要と認めたときは、選定協議員以外の関係者の出席を求め意見を聴取することができる。

2 前項の場合、人事部長または書記長は相互に了解を得なければならない。

(傍聴者)
第124条 本協議会において会社または組合は相手方の同意を得て傍聴者(三名以内)を出席させることができる。ただし、双方協議のうえ特に非公開と定めたときはこの限りではない。

(発言の許可)
第125条 本協議会において選定協議員以外の者が発言するときは相手方の承認を得なければならない。

(機密の事項)
第126条 本協議会の出席者は、本協議会において知り得た機密事項を他に洩らしてはならない。

2 議事録のうち必要と認めた事項については、会社および組合双方確認するものとし、確認された事項は相互に誠意をもって履行する。

ため人事部長および書記長は各二名以内の書記を任命し本協議会に出席させることができる。ただし、非公開の場合はこの限りではない。

労使協議会規程

（開催）
第4条　協議会は、会社、組合それぞれが必要と認めたとき、随時これを開催する。
ただし、毎月一回は定期に開催するものとする。

（構成）
第5条　①　中央協議会は、会社、組合それぞれ双方から選出されたそれぞれ八名計一六名委員をもって構成し、原則として次のとおりとする。
1　会社側委員　役員及び管理職、会社において必要と認めた者
2　組合側委員　中央執行委員ならびに組合において必要と認めた者
②　事業場協議会の構成は前項を準用する。

（委員の任期）
第6条　協議会の委員の任期は労働協約の有効期間中とする。
ただし、異動、組合役員の改選その他やむをえない事由のある場合は、任期満了前でも委員を変更することができる。

（議長）
第7条　①　協議会は議長を置く。
②　議長は委員の互選によりその都度定める。ただし、定期に開催する中央協議会の議長は本社人事部長とする。
③　議長は協議会を招集し、会議の運営を図るものとする。

事項は、中央協議会に付議するものとする。

④　議長に事故のあるときは協議会の承認をえて議長が委員の中から議長代理を指名し、その職務を代行させることができる。

（付議手続）
第8条　①　協議会に付議する事項は、文書をもって、原則として開催希望日の一週間前までに議長に提出する。
②　前項の文書には次の事項を記載するものとする。
1　付議事項、その要旨
2　開催希望日、時間
3　所要時間
4　その他参考事項
③　議長は、前項による付議事項の提出を受けたときは、すみやかにその内容を各委員に通知しなければならない。

（成立）
第9条　協議会は会社、組合各委員の三分の二以上の出席により成立する。

（議決数）
第10条　協議会の議決は、出席委員の全会一致による。

（幹事）
第11条　会社および組合はそれぞれ一名の幹事を選任し、協議会の事務を掌理せしめる。

（書記および議事録）
第12条　①　協議会には、委員のほか会社、組合双方よりそれぞれ二名以内の書記をおき、議事を記録させることができる。

②　作成された議事録は、会社および組合双方確認するものとする。

（決定事項の効力）
第13条　本会において協議の結果決定した事項は、会社、組合双方確認のうえ書面に作成し、労働協約と同一の効力を与える。

（専門委員会）
第14条　協議会が必要と認めたときは、そのつど専門委員会を儲け、調査研究および審議立案を行わせることができる。
専門委員会の構成および権限については、その都度協議会で決める。

（機密保持）
第15条　①　協議会に出席した者は、会議で知りえた機密を漏洩してはならない。
②　機密を要する事項はそのつど定める。

（実施）
第16条　この細則は労働協約締結の日から実施する。

（締結月日　平成〇年〇月〇日）

労使協議会規程

労働組合のない企業

（目的）
第1条　会社と従業員との意思疎通をはかり、生産性の向上、労務・人事管理の円滑と職場の明朗を期するために労使協議会（以下「協議会」という）を設ける。

労使協議会規程

（協議会の構成）

第2条　協議会は、会社及び従業員の委員それぞれ五名をもって構成する。

2　会社側委員は役員及び管理職（課長以上の職位にある者）の中から取締役社長が任命する。

3　従業員側委員は、管理職を除く正規従業員の中から選出する。選出の方法は労働基準法の労使協定締結代表者の選出方法による。

4　前項の選出は、職場を単位にして各単位の職場から一名を選出するものとする。

5　以下、この会を「委員会」という。

（委員の任期）

第3条　委員の任期は二カ年とし、再任を妨げないものとする。

2　任期の途中で委員の欠員を生じた場合は前条に準じて補充するものとする。補充された委員の任期は前任者の残存期間とする。

（委員長）

第4条　委員会に委員長を置く。委員長は委員の互選によって選出する。

（開催）

第5条　委員会は定期開催と臨時開催に分ける。

2　定期開催は三月、六月、九月、一一月の四回とする。

3　臨時開催は第6条の付議事項が生じたときとする。

4　委員会は、会社側委員、従業員側委員の過半数以上の出席で成立するものとする。

（付議事項）

第6条　委員会の付議事項は、次のとおりとする。

(1)　説明事項

① 経営方針並びに業績の概要
② 経理・金融に関する事項
③ 営業状態に関する事項
④ 生産に関する事項
⑤ 業界の状況に関する事項
⑥ 関係情報に関する事項
⑦ 増資・減資に関する事項
⑧ その他必要な事項

(2)　諮問事項

① 就業規則の改訂に関する事項
② 諸規程の制定・改訂に関する事項
③ 福利厚生に関する事項
④ 労働時間・休日　休暇に関する事項
⑤ 安全・衛生に関する事項
⑥ 労働条件に関する事項
⑦ 賃金・賞与・退職金に関する事項
⑧ その他経営上必要とする事項

(3)　協議事項

① 従業員の表彰に関する事項
② 従業員の懲戒に関する事項
③ 育児・介護休業に関する事項
④ パートの労働条件に関する事項
⑤ 定年退職者の送別会に関する事項
⑥ その他協議を必要とする事項

（付議事項の処理）

第7条　この委員会に付議された事項の処理は次のとおりとする。

① 説明事項…説明事項は報告が中心になるが、その了解点に達するよう努めなければならない。

② 諮問事項…諮問に対しては、十分話し合い、誠実にこれを答申するものとする。

③ 協議事項…出席委員の合意によるものとし、成立した事項についてはこれを誠実に履行するものとする。

2　前項の各号について、委員長は社長あてに経過報告とその結果を文書で報告するものとする。

（付議事項の決定）

第8条　付議事項のうち、諮問および協議事項の決定は、会社側および従業員側委員のそれぞれ過半数以上で決定する。

（機密の保持）

第9条　委員会で機密を申し合わせた内容は、他に洩らしてはならない。

（関係者の出席）

第10条　協議会で、会社及び従業員委員双方が必要と認めたときは、関係者を出席させ、報告、説明、または答弁させること

従業員代表との労使懇談会

(施行)
第15条　この規程は平成〇〇年〇月〇日より施行する。

付則
第14条　労使委員会に要する費用は会社の負担とする。

(費用の負担)

のとする。
議事録は正確を期するために、各委員は議事録を点検のうえ、記名捺印するものとする。

2　書記は、会議に出席しても、議決に加わらないものとする。
書記は、会議に出席し、議事を記録し、議事録を作成し、その他委員会の業務を処理する。

3　事務局に書記を配置し、書記は人事係長とする。

2　第13条　委員会の付議事項は、議事録に記載しなければならない。

(議事録)

(事務局および書記)
第12条　この委員会の事務局は総務部総務課に置く。

2　専門委員会の委員は議長が委員の中より委嘱する。

第11条　付議事項の中、「諮問事項」「協議事項」について、委員会が認めたときは、専門的な研究、情報収集等を委嘱することがある。

(専門委員会)

がある。

第1条　会社と従業員代表は相互の意思疎通をはかり、労務管理の円滑と職場の明朗化を期するために、会社の諮問的機関としての労使懇談会を設ける。

(目的)

第2条　労使懇談会の委員は、会社・従業員代表各五名の委員とする。

2　会社側委員は役員および上級管理職の中から社長が任命したものとする。

3　従業員側委員は各職場単位(職場を五単位に統制)により管理職を除く中から選任された者とする。

4　前項の選任の方法は選挙による。

(構成要員)

第3条　労使懇談会の付議事項は、次のとおりとする。

(付議事項)

(1) 協議事項
① 賃金、賞与、退職金に関する事項
② 勤務延長、再雇用に関する事項
③ 労働時間に関する事項
④ 年次有給休暇に関する事項
⑤ 育児・介護休業に関する事項

⑥ メンタルヘルス・健康管理に関する事項
⑦ 出向・転籍に関する事項
⑧ その他重要な労働条件に関する事項

(2) 諮問事項
① 就業規則その他従業員に関する諸規程、諸規則の制定または改廃事項
② 能率増進その他業績改善事項
③ 安全衛生に関する事項
④ 福利厚生に関する事項
⑤ その他前各号に準じ、労使双方において必要と認めた事項

(3) 説明報告事項
① 経営方針ならびに業績の概況
② 業界(同業種)の景況
③ 労務管理方針および状況
④ ITに関する情報
⑤ 企業合理化に関する対策
⑥ その他経営の人事・労務に関する事項
⑦ その他必要と認められる事項

第4条　前項における付議事項は主として会社が行う。ただし、必要がある場合は、従業員側から提出することができる。

(付議事項の度合い)

2　付議事項の関与の度合いは、次のとおりとする。

① 協議事項…提案された案件について

社員会との経営懇談会

提案説明を行なった後に協議を重ねて結論を見い出す。

② この結果を会社に提出する。

③ 諮問事項…提案された案件について是非、改訂等により諮問を行う。

説明報告…提案された案件について説明あるいは報告を行う。この場合、委員は質疑を行うことができる。

（労使懇談会の代表）

第5条 労使懇談会の代表者として委員長をおく。

2 委員長は経営側代表委員の先任者とする。

（付議事項の通告）

第6条 会社より前条の付議事項の案件が提示された場合は、委員長は開催日の五日前までに文書を以って通告するものとする。

ただし、緊急を要する場合は、委員長の判断により開催することができる。

（開催）

第7条 労使懇談会は、定時および臨時開催とする。

2 定時開催は四半期ごとに一回開催する。

3 臨時開催は緊急を要する案件を生じたときに開催する。

4 前各項の開催は、委員長が行う。

5 会議は委員定数の会社側、従業員側代表の過半数以上の出席をもって成立する

ものとする。

（機密保持）

第8条 労使懇談会に出席した委員は、会議により知り得た事項で機密に属するものは、これを他に洩らしてはならない。

（専門委員会）

第9条 議題の審議について、会社側委員と従業員側委員が必要と認めたときは、専門委員会を設けて議事を委託または諮問することができる。

2 専門委員会の構成および運営は、労使懇談会でその都度定める。

（事務局および書記）

第10条 労使懇談会に事務局をおく。

2 事務局は総務部総務課におく。

3 事務局に書記一名をおく。書記は総務課従業員の兼務とする。

4 書記は労使懇談会開催に出席し議事録の整備その他委員長の指示による業務を行う。

（施行）

この規程は平成〇年〇月〇日より施行する。

社員会との 経営懇談会

（目的）

第1条 経営懇談会（以下懇談会と称する）は会社と社員会が相互に自由かつ率直な意見を交換することによって意思の疎通をはかり、会社の発展と社員会員の地位の向上を期し、かつこの懇談会を通じて社員会の経営参加を行なうことを目的とする。

（付議事項）

第2条 協議事項

(1) この懇談会に付議する事項は、つぎのとおりとする。

(1) 協力基本協定の改定に関する事項
(2) 労働条件および給与に関する事項
(3) 福利厚生の運営に関する事項
(4) 人事管理の基準に関する事項
(5) 安全衛生に関する事項
(6) 会社の行なう経済援助に関する事項
(7) 分科会の目的権限に関する事項
(8) その他双方で必要と認める事項

(2) 説明報告事項

(1) 生産・販売・計画およびこの実施に必要な事項
(2) 能率・技術および品質の向上に関する事項
(3) 経営の一般的状況に関する事項
(4) 職制の変更またはこれにともなう人事異動の方針に関し、社員会より要求のあった事項
(5) 社員会の事業または活動方針の概況
(6) 予算編成方針並びに関連事項
(7) 諸規程の改廃制定

社員会との経営懇談会

(8) その他双方において必要と定めた事項

（懇談会開催期日）
第3条　定例懇談会は、原則として四半期（二月・六月・九月・一一月）に一回開催するものとし、緊急を要する場合は臨時に開催することができる。

（開催の義務）
第4条　会社または社員会はこの規定の定めるところにより、相手方から懇談の申入れがあったときは、これに応じなければならない。

（懇談会委員）
第5条　懇談会委員は、会社・社員会それぞれ五名以内とする。

（懇談手続）
第6条　この懇談会を開催しようとするときは、懇談を行なう日時・付議事項・所要時間を開催の日の七労働日前までに相手方に文書をもって通知しなければならない。
ただし、緊急の場合はこの限りではない。

（協議事項の処理）
第7条　第2条第一項の協議事項について協議が成立したときは、会社・社員会双方確認のうえ、これを書面に作成し基本協定の一部とする。

（分科会）
第8条　この懇談会で、会社および社員会が必要と認めるときは、目的権限を限定して分科会を設けることができる。
分科会の運営については、そのつど協定する。

（議事録）
第9条　この懇談会の議事については、議事録二通を作成し、双方確認のうえ会社および社員会において各一通を保管する。

（機密保持）
第10条　この懇談会において知り得た会社の機密事項および個人の秘密については、他に洩らしてはならない。

（費用）
第11条　この懇談会の費用は、会社負担とする。

（交渉の範囲）
第12条　会社と社員会は懇談会で、協議が成立しなかったつぎの事項以外は、交渉の対象としない。
(1) 第2条第一項の規定に基づく協定の改訂に関する事項
(2) 労働条件および給与に関する事項
(3) 会員を解雇する場合の解雇基準および解雇条件に関する事項
(4) その他会社および社員会双方が交渉を行なうことを必要と認めた事項

（交渉応諾の義務）
第13条　会社および社員会は、本協定の定めるところにより相手方から交渉の申入れがあったときは、これに応じなければならない。

（交渉方式）
第14条　会社と社員会の交渉は、交渉委員会において行なうものとする。

（交渉委員）
第15条　交渉委員は会社を代表するものおよび社員会を代表するもの各三名以内をもって構成する。
会社の交渉委員は、会社役員および会社が選任した課長以上のものにかぎる。
社員会の交渉委員は、社員会役員または社員会理事会において選出した会員にかぎる。交渉委員会には交渉委員以外のものは出席することができない。
ただし、相手方委員の承認を得て交渉委員以外のものが書記または参考人として出席することをさまたげない。

（交渉手続）
第16条　この交渉を申し入れるときは、文書をもって交渉を行なう。
日時・所要時間・交渉事項をあらかじめ一〇労働日前までに相手方に通知しなければならない。

社員会との経営協議会規程

（目的）
第1条　この経営協議会は意思の疎通を図るとともに会社における経営上の諸問題について相互の信頼と理解を深め、協力して生産性を向上し企業の繁栄と従業員の福利増、生活向上に寄与することを目的とする。

（構成）
第2条　この会は会社、親和会会員それぞれ五名の委員をもって構成し、議長は社長がこれに当たる。委員はその都度双方において決定する。

（幹事）
第3条　この会の運営の円滑を期するために会社、従業員は委員中より各一名の幹事、書記を選任する。幹事は庶務を担当し、書記は議事録を作成する。

（付議事項）
第4条　この会は下記の事項を付議する。
1　経営の方針ならびに業績の概況
2　業務運営の企画、改善に関する事項
3　業務年次計画に関する事項
4　生産性向上に関する事項
5　職制機構の改正に関する事項
6　従業員に関する社規、社則その他諸規程制度の改廃に関する事項
7　給与に関する事項
8　福利厚生に関する事項
9　安全衛生に関する事項
10　苦情処理に関する事項

（機密保持）
第5条　この会に付議された機密事項は公表してはならない。機密事項の範囲はその都度決定する。

（開催）
第6条　この会は通常年四回開催する。ただし会社、従業員のいずれが一方の希望により臨時に開催することができる。この場合には開催を希望する方の幹事は原則として七日前までに議題ならびに委員の氏名を文書をもって相手方幹事に提出する。会の招集は議長がこれを行う。

（協議時間）
第7条　一回の会議時間は二時間とし、原則として就業時間内に行う。

（議案の提出）
第8条　議案は七日前までに議長宛提出しなければならない。議長は五日前までに各委員にその議案を知らしめなければならない。
　ただし緊急を要するものは委員の過半数の同意を得てその場で提案することができる。

（協議事項の周知方法）
第9条　協議の結果は朝礼その他の方法により会社および親睦会委員は従業員に周知させなければならない。

　　　附則
　この規程は平成〇〇年〇月〇日より実施する。

ただし、緊急やむを得ないときは会社・社員会双方の取決めにより手続を簡略化することができる。
　交渉の時刻は、午前九時より午後六時の間において行なう。

（秘密を守る義務）
第17条　交渉委員は、交渉によって知り得た秘密を外部に洩らしてはならない。

（交渉事項の処理）
第18条　交渉は双方の誠意と信頼に基づき、建設的に解決をはかり、交渉が妥結したときは、会社・社員会双方確認のうえこれを書面に作成し基本協定の一部とする。

（施行）
第19条　この規程は平成〇〇年〇月〇日より施行する。

改訂11版　社内規程百科		
1975年11月15日　第1版第1刷発行		定価はカバーに表示してあります。
1986年10月24日　第2版第1刷発行		
1988年5月23日　第3版第1刷発行	編　者	経　営　書　院
1989年7月20日　第4版第1刷発行		
1992年6月7日　第5版第1刷発行	発行者	平　　盛　之
1994年7月20日　第6版第1刷発行		
1999年5月22日　第7版第1刷発行		
2002年1月8日　第8版第1刷発行		
2003年4月22日　第9版第1刷発行		
2005年11月21日　第10版第1刷発行		
2007年9月26日　第11版第1刷発行		
2009年9月17日　第11版第2刷発行		

発　行　所

㈱産労総合研究所
出版部　経営書院

〒102-0093
東京都千代田区平河町2－4－7　清瀬会館
電話　03（3237）1601　振替　00180-0-11361

落丁・乱丁はお取り替えします。　　印刷・製本　藤原印刷株式会社
無断転載は禁止します。

ISBN978-4-86326-000-9 C2034